L'école des alliances
Les vins et les mets

REMERCIEMENTS

Ce livre n'aurait pu voir le jour sans la disponibilité, la passion, la complicité gourmande
et les compétences techniques de quelques amis dégustateurs ou cuisiniers
qui ont bien voulu se prêter à ces joutes sensorielles.

Aux verres et aux fourchettes
Josette Barbiéri
Fernand Cousteaux
Nicolas Guy Courbières
Jo Gryn
Gilbert Lepy
Alain Leygnier
Robert Plageoles

Aux marmites et aux casseroles
Dominique Toulousy, Les Jardins de l'Opéra à Toulouse
Claude Darroze à Langon
Pierrette Sarran, Auberge du Bergerayre à Saint-Martin-d'Armagnac
Philippe Puel, Le Cantou à Toulouse
Serge Hamelin, La Réserve à Toulouse
Gilles Goujon, Auberge du Vieux Puits à Fontjoncouse
Guillaume Salvan, La Falaise à Cahuzac-sur-Vère
Manuel Da Motta Veiga, Le Blue Elephant à Paris
Michel Saint-Felix, Côté Rue – Crous Rangueil III Toulouse
Régis Darras, Jean Luc Danjou et Pierre Amaré, lycée hôtelier de Toulouse
Équipe technique du restaurant Les Muriers, lycée Renée Bonnet à Toulouse

Qu'ils en soient tous ici remerciés.

Édition : Catherine Montalbetti
Direction artistique et réalisation : GRAPH'M
Secrétariat d'Édition : Anne Le Meur
Lecture-correction : Patricia Abbou

L'école des alliances

Les vins et les mets

PIERRE CASAMAYOR

HACHETTE

Sommaire

Principes de la dégustation

Potages, entrées froides et chaudes 38

Coquillages et crustacés 81

Poissons 102

Volailles 132

Viandes blanches 158

Viandes rouges 178

Abats 190

Gibiers 204

Plats uniques 216

Fromages et desserts 236

L'action des plats sur la dégustation des vins 268

Pour chaque recette, les proportions sont établies pour un repas de 4 personnes, les ingrédients sont présentés dans leur ordre d'utilisation.

Autres alliances

- Vins de remplacement, souvent moins chers et pris dans des appellations voisines
- Autres vins possibles qui peuvent se prêter à l'exercice, choisis pour leurs accords classiques
- Vins étrangers

L' École de la dégustation

La dégustation des vins suffit-elle à en exprimer la quintessence ? Manquerait-il une dimension à l'univers de celui qui se contente d'ouvrir une bouteille, puis goûte et crache le vin, écrit son commentaire et… passe à la suivante ? Tout comme la Lune dont nous ne connaissons que la face qu'elle consent à nous dévoiler, les vins ont une facette cachée qui ne se révèle qu'en présence d'un plat, sorte de récompense ultime pour les explorateurs de l'univers du goût.
L'apprentissage de la dégustation ne serait donc pas complet s'il ne permettait de découvrir ce monde caché, de débusquer un arôme inconnu révélé par telle épice d'un plat, de percevoir une nervosité nouvelle ou une rondeur naissante induite par l'équilibre sapide du mets, de redécouvrir des tanins arrondis par une texture, de saluer une longueur insoupçonnée, étirée par la palette de senteurs d'une sauce. L'exploration présente aussi des périls : la rencontre d'un vin avec un plat mal choisi peut en effet lui être fatale.

Il existe une littérature abondante sur les mariages des plats et des vins, mais là n'est pas notre propos. L'École des alliances *met en évidence les modifications apportées au vin par les plats. Vaste et inépuisable sujet mais passionnante étude qui trouvera son utilité, ne serait-ce que pour compléter le plaisir de chacun.*

Les vignerons sont souvent inquiets de cette confrontation. Dans certains des plus grands châteaux du Bordelais, on sert le plus souvent – en gants blancs – une nourriture neutre et plutôt fade pour ne pas prendre le moindre risque avec le vin servi. On se prend à rêver de la fête qui associerait ce même vin à un plat choisi non pour le respecter mais pour le révéler. Une fête qui, par mégarde, ignorance ou pesanteur de la routine, peut aussi se transformer en cérémonie funèbre : à la même table qui a vu servir les vins matures sur un pâle rôti, le plus vieux millésime, celui que le propriétaire débouche pour souligner les capacités de longue garde de son cru, est présenté sur des fromages assassins qui lui font perdre ce qu'il lui restait de vie. Combien de millésimes 1961 ont rendu leur dernier soupir sur un camembert, dans les fastes de la salle à manger d'un cru classé ! A contrario, *dans certains repas de prestige, les plus grands cuisiniers invités s'obstinent à inventer des entrées de poisson qui agressent les plus grands vins rouges, alors que la lamproie est à deux encablures.*

se met à table

C'est en Bourgogne que les mariages sont les plus naturels, du plus simple au plus prestigieux, comme ce romanée-conti 1957 un jour servi sur un rosbif-purée qui lui faisait entonner l'alléluia. Ici, la tradition gastronomique est riche et vivante alors qu'à Bordeaux elle est encore à inventer.

Les vignerons de Madiran présentent leurs vins sur un confit de canard, flatteur pour ses tanins, mais ont-ils essayé un délicat fromage de Bethmale qui en révélera la finesse ? Ceux du Val de Loire ont à cœur de proposer un superbe brochet au beurre blanc avec un savennières ou un vouvray secs, mais des écrevisses à la manière de la lointaine Gascogne donneraient à ces vins une hauteur supplémentaire.

Tout au long de cet ouvrage, les vins seront dégustés en deux étapes : d'abord pour eux-mêmes, en dégustation pure, puis sur le mets choisi, afin de détecter les variations entre les deux fiches de dégustation et en déduire les influences, positives ou négatives, du plat sur le vin. Un tel exercice appelle la convivialité, la gastronomie tout comme l'amour se pratique au moins à deux, sous peine de verser dans les plaisirs solitaires. Les thèmes proposés sont l'occasion de repas entre amis où le plaisir doit l'emporter sur l'étude et la conversation sur la méditation.

Les recettes ne demandent qu'un minimum de dextérité ; elles sont en général choisies dans le registre de la cuisine classique ou régionale. La gamme de vins proposés sur les plats est assez large pour que chaque convive apporte sa bouteille, sa bonne humeur et son appétit. Le reste est affaire d'acuité des sens, d'échanges passionnés, d'abandon au plaisir, un retour à l'esprit de l'antique banquet et de ses raffinements. Passer de la froide analyse aux délices de l'hédonisme n'est-il pas le but ultime de la dégustation ?

Petite histoire du vin à table

"LE BANQUET
EST UN PASSE-TEMPS
OÙ LE VIN,
GRÂCE À LA BONNE HUMEUR
QU'IL PROVOQUE,
CONDUIT À L'AMITIÉ".
PLUTARQUE

Si l'histoire du vin à travers les siècles a fait couler beaucoup d'encre, celle de sa place à table est encore à écrire. Comme si le vin n'était autrefois perçu que pour lui-même, sans que l'on ait pris la mesure de son importance dans la gastronomie. Même la célèbre *Bataille des Vins*, écrite vers 1224 par le chanoine et poète Henri d'Andeli, reste silencieuse sur le bon usage des meilleurs crus de l'époque. Quant aux anciens ouvrages de cuisine, qu'ils soient antiques, médiévaux ou du Grand Siècle, ils ignorent le vin avec superbe et s'abstiennent de mentionner une quelconque alliance ou une préférence d'accord. Cette séparation – à chacun sa sphère d'intérêt – perdure jusque dans les écrits de Marie-Antoine Carême, chef de bouche de Talleyrand, et dans ceux d'Anthelme Brillat-Savarin, où les paragraphes consacrés au vin sont rares et les allusions au mariage des plats et des vins inexistantes. L'intérêt que nous portons à ce sujet serait-il récent, avivé aujourd'hui par une abondante littérature et une génération de sommeliers qui a pris le pouvoir dans les salles ? En réalité, il naît d'une longue évolution du rôle du vin et de ses usages. On peut ainsi découvrir au fil de l'histoire les signes précurseurs de la gastronomie actuelle.

Le banquet antique

Le symposium antique, ou banquet, est à l'origine de la place culturelle du vin dans notre société, bien avant que le christianisme ne le sacralise. Son rituel, en hommage à Dionysos, le dieu grec du vin, était strictement codifié. Le vin n'était jamais servi pendant le repas mais à sa suite, lorsque chacun s'était lavé les mains, parfumé et paré d'une guirlande de fleurs. Un président de banquet (le symposiarque) indiquait aux serviteurs dans quelles proportions le généreux vin grec devait être mélangé à l'eau dans un grand cratère avant d'être partagé dans des coupes individuelles : "Allons, apporte-moi, garçon, une coupe que d'un seul coup je boive ; mélange dix mesures d'eau et cinq de vin, qu'à nouveau, sans violence, je célèbre Dionysos". Anacréon révèle ainsi que l'assemblée s'enivrait avec plus ou moins d'intensité selon la force du mariage eau–vin, et puisait l'inspiration dans le divin euphorisant pour composer, accompagnée des musiciens, des poésies lyriques ou, plus rarement, échanger des arguments philosophiques. Platon, Xénophon et Socrate ont laissé trace de ces improvisations littéraires, de même que les peintres ont témoigné de ces agapes en décorant céra-

miques ou mosaïques. Mais c'est à Athénée et son *Deipnosophistes* (le *Banquet des sophistes*) que l'on doit les plus précieux détails sur ces banquets. Souvent les figures féminines – jeunes servantes – se mêlent à celles des convives, ajoutant la sensualité aux gourmandises littéraires. Heureuse époque où le vin était Dieu.

Le Moyen Âge

À l'époque médiévale, le vin est affaire monastique, et la réputation des ordres est souvent liée à la qualité des vins qu'ils servent à leurs hôtes pèlerins. Quant aux nobles, ils ne s'intéressent à la viticulture qu'entre deux croisades, mais ils mettent un point d'honneur à acquérir un vignoble, signe de puissance. Après le Xe siècle et surtout au XIIe siècle, l'essor des villes fait émerger un nouveau groupe de citoyens, les bourgeois. Une viticulture laïque et vivrière apparaît alors. Les conditions de transport interdisent encore d'apprécier les vins d'autres régions, à l'exception de ceux qui transitent par voie fluviale ou maritime. Les tavernes ne proposent généralement qu'un seul type de vin. Comment parler d'accords entre les mets et les vins lorsque le choix est si restreint ? Seule la table royale, notamment celle de Philippe le Hardi, présente quelques crus de Grèce ou de Chypre, aromatisés et vinés pour le voyage. On peut toutefois penser que les traditions régionales vont naître de ces mariages de raison entre les ressources en vins et les denrées d'une même province. Quant au service du vin à table, il s'inspire de l'Antiquité : le vin est toujours gardé à part, tiré au fût dans des pichets ; les échansons l'apportent à table dans des coupes de grès, des hanaps d'étain ou d'argent selon le luxe du repas. Bien souvent, les coupes sont communes et passent de main en main. Seule l'étiquette de la cour d'Angleterre interdit de servir bière et vin dans le même récipient.

Dans la Grèce antique (à gauche, scène de banquet), le vin était mélangé d'eau dans un cratère avant d'être versé dans des coupes. Aux XIIIe et XIVe siècles, les crus de Grèce et de Chypre, ainsi que les vins blancs des régions septentrionales étaient fort appréciés.
En haut, enluminure du roman de Lancelot de Gautier Map, 1274.
Au centre, repas dans un château, enluminure de l'Estoire de Merlin de Robert de Boron, XIe siècle.
En bas, bateau chargé de tonneaux sur la Seine. Enluminure de la vie de Saint-Denis par Yves, moine de Saint-Denis, 1317. Paris, Bibliothèque nationale de France - Département des manuscrits.

Repas organisé à l'Hôtel de Ville de Paris en l'honneur de Louis XIV, en 1687.
À droite, souper du prince de Conti au Temple (Michel Barthélémy Ollivier, 1712-1784).

Le vin de la cour

Si la carafe de verre apparaît dès le XVIe siècle, de même que la fourchette qui fait une timide apparition, elle ne revêt qu'un caractère décoratif. Il faut attendre le XVIIe siècle pour que la bouteille bouchée au liège permette enfin au vin de vieillir à l'abri de l'air. Les verres de Venise remplacent progressivement les coupes opaques pour mettre en valeur la brillance et la transparence des vins fins, c'est-à-dire "tirés au fin" comme à Bordeaux. Dans le même temps, grâce au duc de Richelieu, élégant libertin, le vin de Bordeaux fait enfin son entrée à la cour qui dédaignait jusqu'alors ce vin considéré comme anglais et qui lui préférait celui de Bourgogne, de Champagne, voire le maigre vin de Paris. Être proposé au Roi, même coupé d'eau, est le meilleur moyen pour asseoir sa notoriété, et entrer à la "Cour de la bouche et du gobelet" de Versailles est l'assurance de la fortune. Bien plus tard, Napoléon Ier, pourtant piètre gastronome, établit la réputation du chambertin, parce que La Mission Haut-Brion avait refusé de le livrer. Faut-il pour cela associer le chambertin au veau Marengo ? En 1801, le prince de Talleyrand, sur les conseils de Marie-Antoine Carême, son cuisinier, achète le château Haut-Brion. Le prestige de ce cru lui est fort utile lorsque, en 1815, il invite Metternich à sa table pendant le délicat congrès de Vienne convoqué pour décider du sort de l'Europe après la chute de Napoléon. Le ministre des Habsbourg fait, quant à lui, étalage des bouteilles du Schloss Johannisberg dont il est devenu le maître. Un casse-tête diplomatique et gastronomique pour Carême !

L'eau et le vin

"Boire du vin et prospérer, boire de la bière et dépérir, boire de l'eau et mourir". Ce proverbe allemand, significatif des époques antiques et médiévales, devait garder un fondement jusqu'au XXe siècle (le traitement de l'eau ne fut réel que vers les années 1920-1930) : l'eau est rarement potable et peut être porteuse des pires maladies, les puits des villes étant souvent souillés. L'homme a donc tenté de purifier ce liquide essentiel à sa survie. Vinaigre, alcool, herbes aromatiques sont venus l'aseptiser, puis thé, café et chocolat l'aromatiser. Il ne faut pas voir d'autre justification à la phrase de Pasteur : "Le vin est la plus saine et la plus hygiénique des boissons". Même à la fin du XIXe siècle, l'eau est suspecte.

Cette eau est ajoutée au vin pris à table, comme si le seul fait du mariage lui apportait des vertus sanitaires. Le mélange eau–vin est pris comme une boisson qui doit faciliter l'absorption des aliments et étancher la soif. Il n'y a pas d'eau pure à table, contrairement à notre époque où l'on se désaltère à grandes rasades d'eau minérale tandis que le vin ne joue plus qu'un rôle gastronomique.

Une géographie des manières

Du XVIe au XVIIIe siècle, nombre d'auteurs mettent en avant la diversité des usages en matière de boisson, révélant une fracture entre le monde latin et le monde nordique. Jean-Louis Flandrin nous éclaire à ce sujet : si dans les pays du Nord, Allemands, Polonais, Russes et Anglais ont une réputation de grands buveurs, les Italiens et les Espagnols se font remarquer par leur tempérance. La France se situe entre les deux : "Boire à la française, disait Montaigne, c'est boire à deux repas et modérément, en crainte de sa santé". Il note également que les Allemands boivent surtout après le repas : "Ils remettent sur la table des verres pleins et font deux ou trois services."

La même différence apparaît dans la consommation féminine. Si les Anglaises et Allemandes consomment des boissons alcoolisées, les Espagnoles n'en prennent goutte et les Françaises, selon Lippomano, ambassadeur de Venise, n'en boivent jamais ou rougissent à peine leur eau, selon qu'elles sont demoiselles ou femmes mariées. La différence est encore plus accusée s'agissant du coupage à

l'eau, que l'on soit homme ou femme. Le même Montaigne écrit : "Je haïrais autant un Allemand qui mit de l'eau dans son vin qu'un Français qui le boirait pur !" Est-ce l'effet du climat qui pousse les peuples nordiques à consommer le vin dans son intégrité, la force de l'alcool venant atténuer la rigueur des hivers ? Il est plus sage de penser que les vins du Rhin étaient, comme aujourd'hui, de faible degré et que l'on pouvait aisément les boire purs. En revanche, les vins de France présentaient une richesse alcoolique plus importante et demandaient à être coupés pour constituer une boisson désaltérante. À moins que, comme l'affirme Nimitz en 1709, les vins ordinaires n'aient été si mauvais à Paris qu'ils ne pouvaient être avalés que largement mouillés. Nimitz, dans sa *Correspondance*, ajoutait cependant que les grands vins de Champagne et de Bourgogne se buvaient purs, preuve que la hiérarchie était déjà bien établie.

Une divergence entre deux cultures du vin se profile ainsi : celle qui le considère comme un aliment à prendre à table parmi d'autres et celle qui le tient pour une boisson presque rituelle, une survivance des bacchanales. Le Sud aurait-il désacralisé le vin, alors que le Nord lui garde encore une aura cultuelle ?

La survivance des rites

Depuis le banquet antique, le vin est l'objet de coutumes, rites et usages qui le confortent dans son statut social. Il se partage, il se boit en groupe, à la taverne, au restaurant ou chez soi. On boit le vin sans soif, et comme le dit une chanson médiévale, "il a meilleur goût au milieu des amis". On échange ce sang de la terre comme on échangeait autrefois son sang dans les cérémonies secrètes ; le vin est le ciment des amitiés avant d'être l'argent de la discorde si son abus enflamme les esprits. Il est l'objet de rites codifiés.

Les règles qui président à la bienséance évoluent avec le temps. À la Renaissance, refuser le hanap de vin que l'on se passe de lèvre en lèvre constitue une grave offense. "Je veux que la tasse pleine se promène tour au tour de poing en poing", clame Ronsard. Au cours des jeux d'amour courtois, poser ses lèvres à l'endroit où une belle avait posé les siennes était un signe d'ardent désir. Une telle pratique amoureuse a perduré jusqu'au

En haut, repas de "gens de qualité" au XVIIe siècle.

En bas, le restaurant des Trois Frères Provençaux au Palais-Royal, vers 1839.

Page de droite, déjeuner de gastronomes chez Prosper Montagné, au restaurant de l'Échelle, en 1926 (Paris Ier arrondissement). De gauche à droite, Curnonsky, Dominique Bonnaud, Prosper Montagné, Paul Rebouse, Philéas Gilbert, Auguste Escoffier, Henri Duvernois, Pierre Wolff et Reynaldo Hahn.

XVIIe siècle – un personnage de Molière y fait allusion dans la première comédie de l'auteur, *L'Étourdi*. Pourtant, à cette époque, il est devenu malvenu de boire au même contenant, peut-être parce que la verrerie est apparue et que la baisse des coûts de fabrication a permis de la rendre individuelle. Chacun boit dans son verre et ne peut plus déclarer sa flamme avec ses lèvres mais doit se contenter du discret appel du pied sous la table, limité à ses voisines immédiates. Les manuels de convenance fleurissent à chaque époque, chacun prônant des règles strictes qui hiérarchisent la société. Et telle ou telle pratique admise un jour d'être proscrite le lendemain. Si l'École de Salerne, qui œuvra du IXe au XIVe siècle, conseille de boire "froid", Littré nous éclaire plus tard les qualités d'un vin chambré. Dans son *Journal de Voyage*, le père Labat nous indique qu'il faut placer discrètement son verre au bord de la table pour que l'échanson le remplisse, cependant que les femmes n'ont droit qu'au champagne à l'apéritif et sont privées du plateau de fromages.
Si l'expression "payer sa tournée" a perdu sa signification initiale – faire tourner entre les convives un seul et même verre –, la pratique du toast a perduré. Honneur aux hôtes et convives, héritage des libations rituelles ou incitation à l'ivresse, on ne peut refuser de boire le verre symbolique que l'on va heurter aux autres : trinquer en signe d'intégration au groupe. À moins que l'on ne remplisse la coupe à ras d'un trop disert raseur et que l'on mette ainsi fin à un trop long discours par une rasade. On pourra alors remplacer ses paroles par les chansons à boire – déjà Socrate s'y était illustré – qui ont traversé les âges en prenant, de-ci de-là, quelques couleurs paillardes.

Premiers restaurants, premiers sommeliers

Jusqu'au XVIIe siècle, les bouteilles restent sur le buffet et le vin est amené à table coupé d'eau. Les usages modernes se profilent à la Révolution lorsque les serviteurs se font rares. Les pratiques se simplifient ; la bouteille d'eau et celle de vin sont mises sur table. Grimod de La Reynière, qui a codifié les bonnes manières gastronomiques dans son *Almanach des gourmands* (1803-1812), recommande d'offrir deux verres, l'un de vin pur et l'autre d'eau. À chaque convive de doser le mélange.
Le XVIIIe siècle inaugure par ailleurs l'ère de la restauration. Les cuisiniers de la noblesse, à la rue, sans maîtres et sans emploi, ouvrent les premiers restaurants, dont l'existence sera reconnue par un arrêt de 1786. Cette révolution culinaire va sonner le glas des anciennes habitudes et des blocages corporatistes : les tavernes ne servaient souvent qu'un seul type de vin car chaque tenancier achetait son vin dans sa région de prédilection, tiré au fût au fur et à mesure des besoins ; les traiteurs avaient l'exclusivité de la vente d'aliments solides alors que les cabarets ne pouvaient servir que du "bouillon". C'est chez Beauvilliers (1782), le premier vrai restaurant parisien, puis chez les Trois Frères Provencaux au Palais-Royal (1786), que tout commence. Le nombre de plats servis se réduit par rapport aux tables privées, alors que le choix de vins augmente sur ce qui va devenir la carte. Dans le même temps, la pratique de la bouteille cachetée se développe. Le croisement entre la carte des plats et celle des vins peut alors s'établir, sous les conseils du maître d'hôtel. Le sommelier, successeur des échansons du Moyen Âge, est encore à la cave et ne viendra que bien plus tard au devant du client.

Le service à la française, un pari impossible

Il faut attendre le début du XIXe siècle pour que soit abandonné le service dit "à la française", hérité des traditions antiques. Jusqu'alors tous les plats sont apportés en même temps sur la table et chaque convive se sert à des dizaines de préparations, parfois séparées en plusieurs services. Nos buffets actuels sont les héritiers de cette ancienne pratique. Comment peut-on accorder des vins devant une telle diversité et un choix aussi ouvert, d'autant que les bouteilles restent toujours à part, sur une desserte ? Les restaurants limitent cette pratique pour des considérations économiques évidentes et l'on voit apparaître des vins d'ordinaire, d'entremets, de viande ou de dessert. Brillat-Savarin donne quelques conseils sur la progression en force des vins servis lors d'un même repas ; Honoré de Balzac indique de nettes préférences pour tel ou tel vin dans sa *Physiologie gastronomique*. L'ère moderne se profile.

Le service à la russe, l'ère de la modernité

Le traité d'alliance avec la Russie en 1892 bouleverse la table française. Mode, snobisme ou réelle évolution, les plats sont désormais apportés et desservis les uns après les autres. Le mariage des vins avec cette succession de mets est alors envisageable. Les menus de cette époque sont révélateurs : aux huit à dix plats qu'ils mentionnent – nos aïeux avaient de solides appétits – est associé le même nombre de crus. Si les banquets de la République montrent l'exemple, la bourgeoisie n'est pas en reste et met un point d'honneur à constituer des caves personnelles. Elle sert les vins modestes dans de grands verres et les meilleurs dans de petits. Offenbach se moque de ce paradoxe dans sa *Vie parisienne*. Les écrivains se font aussi les témoins de ces évolutions. Flaubert ou Maupassant dépeignent quelques scènes gastronomiques qui nous apprennent plus que les traités spécialisés, Baudelaire ne délaisse pas le sujet, Erckmann-Chatrian détaillent la cave de Fritz Kobus (*L'Ami Fritz*, 1864), tout comme Huysmans décrit la carte d'un restaurant dans *En ménage* (1881) et note que le pommard ne s'accorde pas avec le "fricot".

Le XXe siècle a précisé ces nouvelles pratiques et les a parfois codifiées avec une rigueur de néophyte. Les guides apparaissent, d'abord à l'usage des voyageurs qui passent de la diligence à la voiture à pétrole, puis aux gastronomes nomades. Le *Michelin*, créé en 1900 par la Manufacture française Michelin, a reflété cette double vocation avant de devenir la bible qu'il est aujourd'hui. Richardin et Babinsky évoquent les alliances dès le début du siècle, mais Escoffier n'en dit mot, trop occupé à codifier la cuisine française. En 1922, Édouard de Pomiane ouvre le dossier, Curnonsky le suit avec *La France à table* à partir de 1934. Il faut attendre l'immédiate avant-guerre pour que Pierre Andrieu invente les accords horizontaux et verticaux en 1939. Les Trente Glorieuses qui suivent la Libération voient exploser les publications de guides, magazines, ouvrages et autres traités de gastronomie qui s'intéressent aux accords gourmands, éditent des règles et arbitrent les élégances de la table. Les cuisiniers se mettent à penser les plats pour tel ou tel vin, grâce à l'apport essentiel de Jacques Puisais, œnologue et esthète qui a su porter la science du goût au rang de l'art.

Le vin unique, une régression moderne

Après la débauche de plats et de vins, mariages croisés et expériences multiples de nos pères, la vie moderne a brandi un couperet simplificateur sur la gastronomie. Le vin unique s'est imposé pour d'obscures raisons diététiques, certains attribuant leurs migraines à la succession de vins différents, alors qu'elle doit plutôt être recherchée dans leur consommation immodérée ou dans la médiocrité des produits avalés. À moins que la paresse n'ait un jour pris le pouvoir ! Cette mode réductrice a privilégié les vins rouges légers, de type primeur comme les beaujolais nouveaux ou certains vins de Loire qui font florès dans la capitale. Ces vins rouges sont servis frais, parfois glacés pour masquer leur indigence et affronter le repas depuis les hors-d'œuvre jusqu'au dessert. En saine réaction à cette tendance, certains restaurateurs proposent aujourd'hui le schéma inverse, un verre de vin différent à chaque plat. À condition qu'elles ne soient pas un prétexte pour vendre au prix fort de petits vins et que les bouteilles ne restent pas en vidange, ces expériences sont passionnantes et transforment le repas en un espace de découverte, à la fois ludique et gourmand. L'histoire est un éternel balancier qui a bien du mal à trouver son équilibre mais, comme l'affirme Jean-François Revel dans son *Festin en paroles*, "Il y a gastronomie lorsqu'il y a permanente querelle entre des Anciens et des Modernes et lorsqu'il y a un public capable, à la fois par sa compétence et par ses richesses, d'arbitrer cette querelle."

Petite école de dégustation gastronomique

ou quelques principes pour apprécier et commenter les plats

“ CELUI QUI MANGE
UNE PÊCHE, PAR EXEMPLE,
EST D'ABORD FRAPPÉ
AGRÉABLEMENT PAR L'ODEUR
QUI EN ÉMANE ; IL LA MET
DANS SA BOUCHE ET ÉPROUVE
UNE SENSATION DE FRAÎCHEUR
ET D'ACIDITÉ QUI L'ENGAGE
À CONTINUER ; MAIS CE N'EST
QU'AU MOMENT OÙ IL AVALE,
ET QUE LA BOUCHÉE PASSE
SOUS LA FOSSE NASALE,
QUE LE PARFUM
LUI EST RÉVÉLÉ,
CE QUI COMPLÈTE LA
SENSATION QUE DOIT CAUSER
UNE PÊCHE. ENFIN, CE N'EST
QUE LORSQU'IL A AVALÉ
QUE, JUGEANT CE QU'IL VIENT
D'ÉPROUVER, IL SE DIT
À LUI-MÊME :
VOILÀ QUI EST DÉLICIEUX ! ”

ANTHELME BRILLAT-SAVARIN,
LA PHYSIOLOGIE DU GOÛT
(1825).

Manger ou déguster, de la survie à la gourmandise

“ Les animaux se repaissent ; l'homme mange ; l'homme d'esprit seul sait manger ”, disait encore Brillat-Savarin dans son ouvrage fourmillant certes d'aphorismes mais aussi d'observations pertinentes et toujours d'actualité. Si la nécessité de se nourrir pousse l'homme à se mettre à table plusieurs fois par jour, la recherche du plaisir l'incite à s'y attarder. Il y a à ce propos une grande différence entre les cultures latine et nordique, cette dernière étant autrefois marquée par une approche plus ou moins puritaine. Ainsi la société danoise du XIXe siècle est-elle éveillée à la délectation gastronomique par une cuisinière française exilée sous les frimas des hautes latitudes que peint le réalisateur Gabriel Axel dans le *Festin de Babette* (1987). L'instant d'un repas, un peu de gourmandise est venue ensoleiller cet univers, un vent de latinité a dispersé les brumes nordiques, le mot gastronomie est entré dans le vocabulaire.
Depuis la préhistoire, la nourriture a joué un double rôle, assurer la survie et apporter une satisfaction à ceux qui l'acceptent ; le passage du goût des aliments crus à celui apporté par la cuisson après la domestication du feu fut assurément la plus grande révolution gastronomique de l'histoire de l'humanité. Plus tard, chaque civilisation apporta sa contribution à la cuisine, les Égyptiens, les Grecs et les Romains poussèrent parfois très loin ce raffinement que les barbares ont tendance à nommer décadence, oubliant que moins un peuple a faim, plus il devient gourmet. Après un Moyen Âge pas si obscur que la tradition veut bien le faire croire, une Renaissance qui remit à l'honneur le plaisir antique, le Grand Siècle et ses fastes, la Révolution française fit passer la gastronomie des cuisines seigneuriales à celles des bourgeois et des restaurants. Démocratisée, cette attitude gastronomique devant la nourriture participe de la culture, et l'art culinaire côtoie désormais celui des muses. Une culture qui a établi ses règles et ses critères, qui se prête à l'analyse et à la critique, qui est un sujet inépuisable de littérature, qui a médiatisé les cuisiniers, qui a ses juges, ses gardiens du temple et ses trublions.

Analyse sensorielle ou hédonisme ?

Les temps modernes ont vu apparaître l'industrie agro-alimentaire, activité fondée sur la transformation des produits agricoles de base en aliments directement consommables. Yaourts et biscuits, plats en conserve ou surgelés, fromages ou confitures industriels, le champ d'application de ce nouvel eldorado est immense ; ces produits ont envahi la grande distribution et notre vie quotidienne.
Cette industrie a eu besoin, comme toute activité reproductive, de normes et de moyens de contrôle.

L'analyse sensorielle est alors un outil prodigieux, même si elle se cantonne souvent à quelques aspects gustatifs d'un produit alimentaire. Un jury dit expert ou bien un jury de consommateurs devra déterminer si le produit proposé répond bien à une liste de descripteurs. Par exemple, on jugera du caractère velouté d'un yaourt, de ses variations en fonction de divers procédés d'élaboration. On pourra aussi analyser les préférences du public afin d'orienter la production. En général, on étudie peu de paramètres à la fois pour ne pas compliquer les résultats, traités par méthode statistique. Ces tests s'effectuent selon des normes strictes, reproductibles, neutres quant à l'appréciation sensorielle.

Une telle analyse n'est pas une dégustation, celle-ci s'appliquant à l'ensemble des sensations et portant un jugement où le plaisir entre en jeu. Déguster un plat, comme un vin, c'est en effet l'appréhender sous toutes ses facettes : impressions visuelles et olfactives, saveurs, équilibre et harmonie, et laisser intervenir les références culturelles et la recherche du plaisir. Rigidité de l'analyse contre hédonisme de la dégustation ? Il ne faut pas opposer les deux : l'une est assise sur la rigueur scientifique et se moque des états d'âme, l'autre associe la même rigueur à la douceur d'une vision plus artistique, plus conviviale aussi. C'est de la seconde attitude dont il sera question ici.

La dégustation des mets

L'environnement, selon qu'il est rustique ou luxueux, la qualité de la nappe, de la vaisselle ou des couverts prédisposent à une appréciation orientée des mets. À cet égard, l'éclairage de la salle à manger, tamisé ou violent, issu de la lumière crue d'un néon ou de la teinte chaude d'un chandelier peut modifier complètement la perception que l'on peut avoir d'un plat. Les matériaux ont aussi leur importance : le bois et la brique réchauffent, le marbre est glacial.

La vue et l'appétence

Les cuisiniers savent combien la présentation d'un plat peut compter dans son appréciation. La première impression est souvent essentielle ; elle conditionne la poursuite du plaisir. Sans tomber dans les excès d'une certaine cuisine japonaise où le maniérisme extrême supplée à la fadeur des préparations, une assiette présentée avec art, associant harmonie des couleurs et des formes, éveille davantage l'appétit qu'une bouillie servie à la louche.

> LA DÉGUSTATION DES PLATS EST, PAR ESSENCE, COMPLEXE, MAIS DE LA COMPLEXITÉ NAÎT LE PLAISIR DE L'ANALYSE, DE LA DIFFICULTÉ CELUI DE LA RÉUSSITE. LE NOMBRE D'OBSERVATIONS EST LIMITÉ PAR L'IMPOSSIBILITÉ DE RECRACHER LES ALIMENTS COMME ON LE FAIT EN DÉGUSTATION DES VINS. EN OUTRE, LA FAIM EST INDISPENSABLE, LE MEILLEUR DES PLATS VOUS SEMBLERA SANS ATTRAITS SI VOUS ÊTES DÉJÀ RASSASIÉ.

À cet égard, la couleur est d'une extrême importance ; elle peut même être discriminante. Si les aliments de couleur blanche annoncent des saveurs douces et fondantes (un blanc de volaille, une sauce crémeuse), ceux de couleur brune une viande braisée, une sauce réduite, mais aussi parfois une oxydation prématurée, la teinte rouge fait penser au sang ; elle peut attirer ou repousser selon les goûts et les habitudes de chacun. Quant à la couleur bleue, elle ne fait pas partie du monde alimentaire. De passionnantes expériences ont démontré que des aliments colorés en bleu perdaient tout leur attrait et que les infortunés cobayes qui les testaient en perdaient leurs repères gustatifs. En général, les couleurs chaudes éveillent l'appétit, les couleurs froides le calment ; le régime carné l'emporte ici sur le végétarien et son vert dominant.
La vivacité des teintes est à double tranchant mais répond aussi aux usages nationaux ; prenons l'exemple des légumes verts. Pour garder leur éclat

et leur vert tendre, les cuisiniers français les cuisent à grande eau salée. D'autres ajoutent du bicarbonate de soude pour cuire les petits pois, qui en deviennent d'un vert cru.

On peut aller plus loin dans l'analyse visuelle en prenant l'exemple du fromage. La couleur d'un camembert prédétermine son goût : blanc et pelucheux, il est sûrement trop jeune ; on le perçoit comme plâtreux et sec avant même de le mettre en bouche. En revanche, une croûte beige, voire brune, suggère un fromage d'une plus grande force aromatique. Même si la dégustation qui suit infirme la première impression, le jugement en sera influencé : la mémoire est imprégnée de références visuelles ineffaçables. Si l'on souhaite commenter cet aspect, il faudra indiquer pour chaque composant du plat son intensité colorante, sa teinte, l'état de sa surface, son brillant et ajouter une appréciation sur l'harmonie des divers éléments entre eux, sur l'art de la présentation.

Les arômes

Les arômes qui se dégagent d'une assiette montent jusqu'au nez du convive dès le service. C'est pour cette raison, et aussi pour garder les aliments au chaud, que l'usage de la cloche trouve sa justification. Son ouverture devant le dégustateur permet une brusque montée des senteurs, le plat annonce sa palette aromatique en même temps qu'il dévoile son aspect. Les amateurs de plaisirs interdits, la dégustation de l'ortolan, ne mangent-ils point la tête sous une grande serviette pour capter toute la fragrance du petit volatile.

Ensuite, la perception aromatique se fait surtout en bouche, par voie rétronasale – il est rare que l'on porte sa fourchette devant son nez à chaque bouchée. Cette sensation qui part de l'arrière-bouche est exacerbée par la chaleur qui entraîne les composés odorants vers les fosses nasales, à une vitesse plus ou moins grande selon leur degré de volatilité. Passeront ainsi successivement divers composés qui, mêlés aux sensations buccales, saveurs dites élémentaires, formeront un complexe mélange odeur–saveur qui stimule le cerveau dans une synthèse sensorielle qui le mènera au "goût" de l'aliment.

La classification des arômes est identique à celle que nous avons employée pour les vins ; ils se groupent en grandes familles, du végétal à l'épicé, en passant par les séries empyreumatique, fruitée, minérale, lactée ou balsamique, etc. Le lecteur pourra se reporter à la lecture du premier tome de *L'École de la dégustation* pour étudier ces listes d'arômes.

Alors que dans les vins l'identification d'un arôme n'est pas chose aisée (il faut souvent procéder par analogies), les senteurs d'un aliment simple sont *sui generis* : une mandarine sent la mandarine et une crème fraîche a des arômes lactés. Du moins dans une première approche, car la même crème fraîche peut présenter des notes florales, surtout lorsque la traite a été effectuée dans les alpages ; la mandarine peut prendre des notes d'épices ou de caramel.

Une fois ces aliments cuisinés, les choses se compliquent. Les saveurs initiales sont transformées par les cuissons, les parfums élémentaires sont dégradés par la chaleur, les divers composants se mêlent, s'influencent, se renforcent ou s'annihilent. La dégustation aromatique du plat devient alors aussi multiple que celle du vin : elle témoigne de la complexité de la grande cuisine. Le mode de cuisson est déterminant, en particulier la température : une cuisson à l'étouffée en présence de liquide ne dépasse pas 100 °C : elle sera plus respectueuse des arômes initiaux qu'une cuisson au four à 250 °C qui dégrade les molécules odorantes et apporte ces notes caramélisées qu'induit la haute température.

L'exemple le plus frappant est celui des épices. Sentis avant emploi, ils sont facilement identifiables et l'on ne peut confondre vanille et gingembre, cannelle et poivre. Cuisinés, mélangés, transformés par la cuisson, ils prennent de tout autres accents.

Le rôle essentiel du gras

On sait que les parfumeurs fixent les parfums sur de la graisse de bœuf. Souvent insolubles dans l'eau, beaucoup de molécules odorantes sont adsorbées par la graisse. C'est la raison pour laquelle les aliments gras sont plus sapides que les autres. Le gras qui persille l'entrecôte emprisonne les arômes de viande et donne une intensité gustative bien supérieure à celle qui se dégage d'un rumsteck, plus maigre. Pour en rester à la viande, les morceaux les plus savoureux sont ceux qui sont proches du gras, de la couenne ou des os. Un jambon ibérique, un Jabugo par exemple, avec ses veines de gras intimement mêlées à la chair, présente une qualité et une complexité bien supérieures à celle des gros jambons où le gras ne fait qu'entourer la viande. Le gras, un peu évolué par le séchage, apporte un délicieux goût de noisette à ce jambon d'exception. La crème d'une sauce, le beurre d'une pâtisserie jouent le même rôle et, malgré les efforts de géniaux cuisiniers, Michel Guérard en particulier, la cuisine diététique ne sera jamais aussi savoureuse que celle qui use, parfois abuse, de graisse d'oie, de saindoux ou d'huile d'olive.

Les saveurs élémentaires représentées par des plats et condiments exemplaires : la brandade de morue, la tarte Tatin, le vinaigre et les artichauts.

À droite, une sauce apporte de nouvelles sensations aromatiques et tactiles lors de la dégustation.

Commenter les arômes d'un plat s'apparente à l'analyse gustative d'un vin. On pourra commencer par identifier les familles aromatiques, puis préciser l'arôme exact, ce qui semble le but ultime de l'analyse, remonter de la dégustation à la liste des ingrédients : un bon dégustateur doit repérer la note de céleri ou la touche de muscade employée par le cuisinier.

Les saveurs élémentaires, notion de solubilité et de volatilité

Les recherches récentes sur les saveurs ont quelque peu bousculé les théories anciennes qui privilégiaient l'existence de quatre saveurs élémentaires, à savoir le salé, le sucré, l'acide et l'amer, chaque saveur étant perçue par des papilles plus ou moins spécialisées. Les progrès de la physiologie ont dévoilé que des complexes pouvaient se former entre les diverses molécules et créer des goûts qui ne peuvent être rangés dans l'une des quatre catégories. Les exemples ne sont toutefois pas légion : la réglisse ou le glutamate, certaines molécules à la frontière du salé et de l'amer. Leur présence dans la cuisine étant des plus limitées, on pourra encore, pour d'évidentes raisons pédagogiques, se contenter de l'ancienne classification des saveurs.

• Le **salé** peut venir de l'aliment mais le condiment est en général ajouté et dosé par le cuisinier. Il vaut mieux à cet égard saler à la cuisson qu'à table, sauf si l'on veut se servir du craquant d'un gros sel marin pour faire contraste avec le moelleux d'un saumon, par exemple.

• Le **sucré** vient parfois de l'aliment de base et plus souvent d'une adjonction. On fera la distinction entre les sucres rapides, que l'on perçoit gustativement dans les fruits et le sucre, et les sucres lents présents dans les aliments riches en amidon (pain, haricots, pommes de terre, pâtes ou riz). Ces derniers sucres n'ont que peu de saveur sucrée.

• L'**acidité** du vinaigre, de l'oseille ou du citron est facilement identifiable. Il faut juger de son équilibre. Bien dosée, elle est rafraîchissante ; trop élevée, elle devient grinçante. Les arômes qui s'ajoutent à cette acidité, ceux du citron ou les épices du vinaigre balsamique, viennent modifier et même diminuer la sensation acide.

• L'**amer** enfin (chicorée, gentiane ou endives) n'est jamais très agréable lorsqu'il est isolé. Il doit être équilibré par du sel et du sucre. Il devient alors subtil et aiguise l'appétit.

Toutes ces saveurs sont perceptibles car les composés qui les déclenchent sont solubles dans la salive, passage obligatoire avant leur action sur les papilles. Une fois dissous, ces composés peuvent agir sur les terminaisons nerveuses des papilles, s'y fixer plus ou moins solidement : la longueur en bouche n'est pas autre chose. L'huile n'a que peu de saveur car elle n'est pas soluble dans l'eau. En revanche, elle peut avoir une grande force aromatique comme dans le cas de l'huile d'olive dont le goût est reconnaissable entre tous. Un aliment a donc du goût lorsqu'il réunit deux facteurs essentiels : il est capable de libérer des composés qui sont solubles dans la salive et/ou qui présentent des caractères aromatiques.

Fadeur, précision et intensité du goût

L'intensité de la perception est tout aussi importante : les aliments modernes, prédécoupés et emballés aux rayons des supermarchés, ont certes bonne mine mais sont souvent d'une fadeur désespérante. Il suffit de manger une tomate bien mûre issue d'un potager et une tomate calibrée mûrie sous serre pour comprendre ce qu'est l'intensité gustative. La précision du goût est une autre notion. Cette même tomate – la première bien entendu – possède par excellence le goût que doit avoir ce fruit, chaque espèce présentant des variantes autour de cette saveur dominante. On parlera alors de pureté, de produit authentique, d'expression aromatique mature, et l'on gravera cette impression dans sa mémoire pour des comparaisons futures.

À cet égard, on ne saurait trop recommander de faire goûter ces produits étalons aux enfants. Leur faculté d'émerveillement est intacte, leur mémoire est vierge, et il vaut mieux qu'ils entament leur vie de gastronome en culotte courte avec un fromage frais au lait cru qu'avec une portion de pâte industrielle stérilisée.

La puissance aromatique de la sauce

Il faut distinguer les sauces élaborées à partir des mêmes éléments qui composent le plat des sauces qui se superposent à l'aliment principal. La sauce d'une daube a capté tous les arômes de la viande qui y a mijoté, enrichis du vin et des aromates. Il en résulte un plat où tout est fondu, où les saveurs se mélangent avec harmonie et unité. Après une longue cuisson, le seul élément qui distingue la sauce de la viande est l'impression tactile différente. Une sauce mayonnaise vient, quant à elle, enrichir la viande blanche froide mais elle n'a pas été élaborée avec cette même viande. Il s'agit alors d'une juxtaposition de saveurs, d'arômes et de textures qui se marient en cas de réussite, s'opposent parfois lors d'hasardeuses rencontres. Une telle sauce est souvent porteuse des arômes principaux, destinés à suppléer à la fadeur supposée de l'aliment.

Bien mâcher pour déguster

Le glouton, celui qui avale sans mâcher, se prive d'une grande part des sensations gustatives. Les aliments, solides pour la plupart, ne libèrent tous leurs sucs que lorsqu'ils sont broyés, pressés, mastiqués. Leurs substances sapides sont alors dissoutes dans la salive. De même, le passage prolongé de l'aliment dans la bouche permettra d'en élever la température, d'augmenter ainsi cette même solubilité et de dégager les arômes les moins volatils à froid.

La durée de la mastication est essentielle. Les aliments libèrent peu à peu leurs composés les plus secrets ; en mangeant rapidement, on laisse dans la bouchée promptement avalée une subtilité à jamais perdue. Le cas des plats de la cuisine moderne est à ce titre des plus révélateurs : Michel Bras, le cuisinier poète de l'Aubrac qui associe à ses plats des herbes aromatiques de montagne, se désespère parfois de voir certains de ses clients avaler le tout sans en extraire la quintessence et passer ainsi à côté d'une aventure gustative exceptionnelle. Cette même cuisine moderne, qui favorise plutôt les juxtapositions, voire parfois les empilages de saveurs et d'arômes, doit-elle se déguster partie par partie ou bien le goûteur doit-il mêler lui-même les divers composants dans sa bouche ?

La cuisine traditionnelle a déjà fait la synthèse des composés par une longue cuisson et par le mariage intime des aliments et des sauces. Elle atteint ainsi une telle symbiose qu'il est bien difficile d'en faire l'analyse. À cet égard, la cuisine moderne est plus facile à appréhender, preuve d'une complexité inférieure. Le commentaire sur les saveurs commencera par une identification et un relevé des notes dominantes, puis on étudiera l'équilibre entre les éléments sapides. Une appréciation de l'assaisonnement doit ponctuer le tout.

La texture, une affaire d'ouïe et de toucher

Il existe une grande différence entre la dégustation des liquides et celle des solides. Si les tanins du vin sont perçus comme une sensation tactile, l'intensité de leur action sur les muqueuses de la bouche reste faible, sauf dans le cas d'un vin mal dégrossi, au grain tannique râpeux. Pour les aliments il en est tout autre-

ment. La texture et sa perception font partie de la personnalité du mets. Une viande peut être fondante, ferme, dure, fibreuse ou filandreuse. Une sauce peut être fluide, onctueuse, farineuse, granuleuse ou collante. Le blanc d'œuf cru est gluant ; le pied de veau est gélatineux ; une terrine de jambon persillé associe deux textures, celle de la gélatine et celle de la viande fibreuse. Une purée est sèche ou lisse, une pâte peut être croquante, croustillante, sablée ou bien molle, pâteuse, avachie. On le voit, tous les termes appliqués au sens du toucher trouvent leur place dans la description tactile des aliments.

La perception de cette texture est souvent accompagnée d'une sensation auditive parfois très intense : le croustillant d'une biscotte peut vous empêcher de suivre la conversation du petit déjeuner ! C'est à cet instant que la sphère de la gastronomie recouvre tous les sens humains, de la vue au toucher, de l'odorat au goût, jusqu'à l'ouïe. En matière de vins, seuls les mousseux portés à l'oreille peuvent ajouter cette musique aux plaisirs de la dégustation. La mastication des aliments amplifie les bruits de la bouche qui forme une cavité résonante très proche de l'oreille interne. Les aliments ont donc leur propre personnalité sonore, en rapport étroit avec leur structure. Le moelleux est presque muet, le craquant est volubile, le croustillant est bavard.

Le rôle de la cuisson

La cuisson transforme les textures. Prenez une viande rouge, une entrecôte par exemple, destinée à la braise. La viande crue est molle, à peine élastique ; le pouce du cuisinier s'y enfonce facilement. Saisie à feu très vif, la surface de la viande se durcit et caramélise, les fibres de la viande se raidissent sous l'action de la température ; le pouce du cuisinier sent une résistance mais l'intérieur de l'entrecôte reste moelleux. C'est la cuisson bleue : la viande est saisie à l'extérieur, presque crue à l'intérieur. Quelques instants de plus et le pouce sent une plus forte résistance : c'est la cuisson saignante. Si l'on attend que la température ait raidi la viande jusqu'en son sein la viande sera à point, la texture sera devenue plus dure et plus fibreuse. De plus, le sang sera entièrement coagulé, la viande paraîtra plus sèche. Ne parlons pas de la cuisson dite bien cuite : un véritable assassinat de texture.

A contrario, prenez un morceau à bouillir, une viande plus fibreuse, riche en collagène qui rend la texture très filandreuse, immangeable lorsqu'elle est grillée ou rôtie. Une longue cuisson à l'eau sera alors nécessaire pour fondre ce collagène et rendre la viande la plus tendre possible. La même action est recherchée dans les marinades, l'acidité du vinaigre ou du vin jouant le rôle attendrissant.

Le commentaire sur les textures est aisé. Il reprendra les termes précédents en les appliquant aux diverses parties du plat, comme dans un poulet, avec les différences rencontrées entre le blanc, le pilon ou l'entrecuisse. On pourra ajouter une appréciation sur la justesse et la pertinence de la cuisson, en fonction de la texture finale obtenue par le cuisinier.

Le rôle de la température

La perception de la chaleur par la bouche et ses muqueuses est d'ordre tactile. La nourriture doit arriver chaude, à bonne température de dégustation, ni trop brûlante – la chaleur anesthésie les sensations et peut même brûler les papilles, une agueusie apparaissant pendant un certain laps de temps –, ni trop froide – les aliments semblent figés et sans expres-

sion aromatique. La température fait donc partie de l'équilibre général. Elle fait d'ailleurs l'objet d'une des notes primordiales dans un concours de cuisine : le plat doit arriver chaud devant le jury. Plusieurs recours sont à la disposition du cuisinier, le réchauffe-plat et les assiettes chaudes. La température sera commentée sur sa justesse.

L'harmonie des composants

Un plat est fait d'associations de plusieurs composants au goût propre, se juxtaposant ou interférant avec les autres. Il doit donc y avoir une heureuse harmonie, un équilibre des saveurs et des arômes, un mariage des textures judicieux. Un blanc de poularde un peu sec doit être associé à une sauce très crémeuse dont l'onctuosité équilibre le plat.

Ensuite, la porte est largement ouverte à l'imagination, au talent et à la faculté d'étonnement. Nous entrons dans l'univers de la subjectivité. S'il est aisé de porter un jugement sur une recette classique, codifiée et maintes fois dégustée, il est plus difficile d'apprécier d'une manière objective la création moderne d'un chef inventif. Un tel va crier au génie, un autre va se fermer devant un plat qui bouscule ses certitudes. Les goûts personnels entrent en jeu, les habitudes familiales et culturelles, l'ouverture d'esprit ou le respect des traditions. La querelle des Anciens et des Modernes n'est pas prête de s'éteindre, prétexte à discussions sans fin, occasion de louanges ou d'anathèmes à parts égales.

Autre élément subjectif, les références à des souvenirs, surtout lorsqu'il s'agit de recettes familiales. La blanquette de veau élaborée par un grand chef n'est jamais aussi "bonne" que celle que faisait votre grand-mère. La lutte est inégale et la dégustation est faussée par ce souvenir. En revanche, les grandes recettes régionales – le cassoulet ou la bouillabaisse – répondent à des critères universels auxquels chacun peut faire référence. Une typicité en quelque sorte, un lien étroit avec un terroir et une culture régionale.

Le commentaire est alors libre. Il permet à chacun d'exprimer sa sensibilité et ses préférences. Il est un point d'orgue aux appréciations antérieures et permet de revenir à cet hédonisme dont se privent les analyses sensorielles de nos chercheurs en agroalimentaire. La gastronomie n'est pas une industrie. Elle est affaire d'artisans, parfois d'artistes.

Le vin à table :
du monologue à la conversation

Les seules personnes qui se préoccupent de vin à des heures parfois matinales sont les professionnels, vignerons, œnologues ou dégustateurs. Encore ne l'avalent-ils pas, ils le recrachent ! Il faut donc changer de culture et se tourner vers les civilisations anglo-saxonnes ou germaniques pour retrouver l'usage du vin à toute heure. Les *wine bars* londoniens ne désemplissent pas, les estaminets suisses vendent plus de fendant que de pastis et les Californiens ont toujours une bouteille dans leur réfrigérateur, prête pour célébrer la moindre occasion. Cette différence de culture, voire d'attitude, se retrouve parfois dans les dégustations et dans les concours internationaux. Certains dégustateurs privilégient souvent les vins qui tranchent par leur concentration et leur force, qu'elle soit alcoolique ou tannique, par la faculté qu'ils ont d'étonner un palais parfois fatigué par une longue série de vins plus discrets. Le dégustateur honnête doit cependant se poser deux questions essentielles : ai-je envie de boire le deuxième verre, ai-je envie de le boire à table ? Si oui, le vin mérite sa distinction. Si non, le vin n'est qu'une bête à concours ! Il suffit d'observer quelles bouteilles sont bues lors du repas qui suit ces "marathons dégustatoires" : ce ne sont pas toujours les bouteilles qui ont obtenu la palme qui sont redemandées. Voilà la preuve évidente qu'un vin dépourvu de cette harmonie qui appelle l'appétence ne connaît qu'un succès de chapelle. Voilà aussi la démonstration que le vin trouve sa vraie place à table : il y devient un acteur de la gastronomie ; il passe du monologue à la conversation.

NOTRE CIVILISATION LATINE RÉSERVE LE VIN À LA TABLE, MÊME SI PAR LE PASSÉ LE VIN A PU JOUER LE RÔLE DE BOISSON UNIVERSELLE, CELLE DONT PARLAIT PASTEUR, DONT L'USAGE S'ÉTENDAIT DE LA TAVERNE AUX CHAMPS EN PRENANT LE VOCABLE DE VIN DE BUVETTE, VIN DE COMPTOIR, VIN DE CONSOMMATION COURANTE. CES TEMPS SONT BIEN RÉVOLUS ET RARES SONT LES CONSOMMATEURS QUI BOIVENT ENCORE DU VIN EN DEHORS DES REPAS.

Le goût personnel, les habitudes culturelles, l'empreinte de la région

Des goûts et des couleurs, on peut discuter à l'infini. Les préférences personnelles sont souvent marquées par l'éducation, l'environnement culturel ou socioprofessionnel. Qui n'a pas le souvenir de madeleines familiales ne comprend rien au texte de Marcel Proust, qui n'a pas volé de confitures restera fermé aux douceurs sucrées. Les habitudes régionales revêtent encore plus de poids, mais si elles enrichissent et définissent la personnalité des gastronomes, elles sont à l'origine d'alliances qui ne sont pas toujours des plus heureuses. Par exemple, boire un cahors sur un fromage de chèvre local, le cabécou de Rocamadour, fait paraître le vin plus astringent, ce dont le cahors peut se passer. On peut aussi s'étonner de voir les plus grands vins rouges italiens confrontés à la tomate dont la cuisine transalpine est si riche. Les habitudes culturelles l'emportent ici sur l'analyse, car cette même tomate n'est jamais l'amie d'un vin tannique. L'aptitude de chacun à percevoir les saveurs et les arômes construit en outre les goûts personnels. Les seuils de perception du salé, du sucré, de l'acide ou de l'amer sont différents d'un individu à l'autre, induisant des préférences variables. Il ne faut donc pas nier tel penchant pour les plats sucrés ou telle répulsion pour l'amertume.

La tyrannie du solide sur le liquide

La première difficulté de la dégustation des vins à table vient de l'imprégnation des muqueuses et papilles par la nourriture. En règle générale, l'aliment solide, de par sa texture et sa richesse en éléments qui tapissent le palais, communique des sensations gustatives qui perdurent plus longtemps que l'aliment liquide. La dégustation d'un vin après une bouchée d'un plat est donc considérablement modifiée par celui-ci, et la première gorgée risque d'être éteinte si les sensations gustatives du plat sont trop intenses. Même une nourriture fade influe sur le goût du vin en exacerbant telle ou telle de ses composantes. En revanche, une nourriture haute en saveur atténuera la sensation due à la force alcoolique du vin, un plat à haute teneur en gras gommera ses tanins. Un peu de charcuterie, quelques cubes de gruyère ou un assortiment de fruits secs font passer bien des vins médiocres pour des crus convenables sur les stands des foires et salons. *A fortiori*, une nourriture épicée réduira le vin à un rôle purement désaltérant, en lui ôtant toute personnalité jusqu'à ce qu'il ait lavé la bouche du feu du plat.

Deux solutions s'offrent au dégustateur : déguster le vin ou le marier avec le plat. Soit il veut déguster le vin pour lui-même et tient à en dégager les qualités intrinsèques, pour son pur plaisir ou pour des raisons professionnelles (rédiger un commentaire par exemple). Il goûtera alors le vin avant toute ingestion du plat et fixera ses sensations en dehors de la nourriture. Il aura bien entendu auparavant rincé sa bouche des empreintes du plat précédent avec un verre d'eau et mâché de la mie de pain. Il écoute alors le vin sur son seul monologue. Soit il recherche une dégustation hédoniste et goûte non pas le vin mais le couple vin–plat et cherche à suivre la conversation qu'ils entretiennent. Il savourera alternativement une bouchée du plat et une gorgée de vin, en étudiant les mariages, contrastes ou interactions entre les différentes sensations. Le plat terminé, il est toujours intéressant de goûter à nouveau le vin en finale et de laisser les sensations s'évanouir doucement dans la bouche. Le vin reprend alors la vedette et le plat le rôle de faire-valoir.

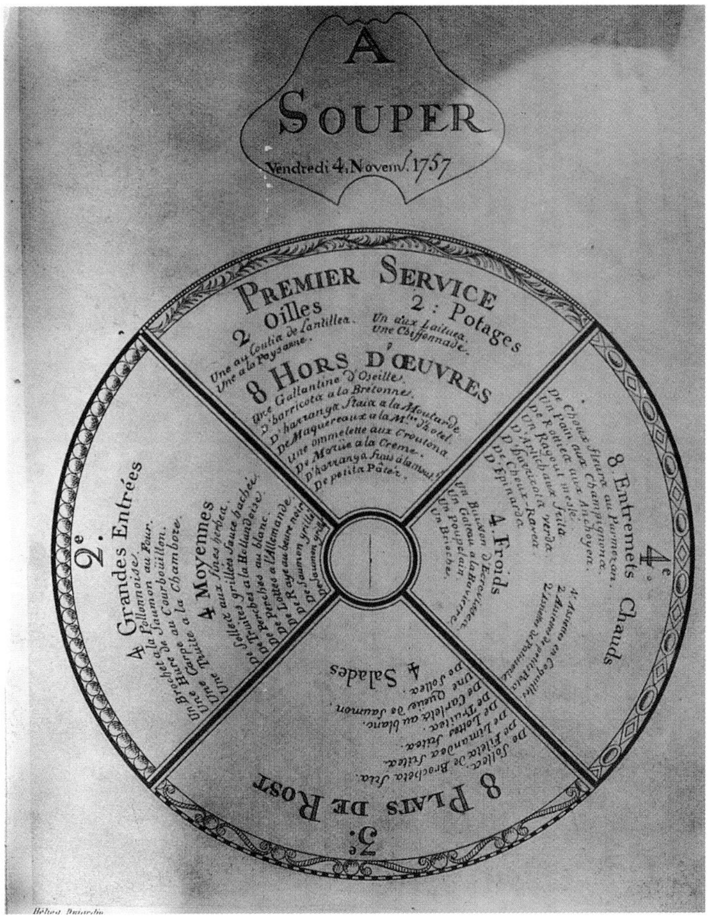

Souper du roi et de la marquise de Pompadour au château de Choisy, le 4 novembre 1757.

Une règle majeure, la progression des vins

Les écoles de sommellerie enseignent deux types de choix en matière d'accords gourmands. Le choix horizontal ne concerne que l'alliance d'un plat avec un vin, en dehors de toute référence au repas. On marie alors leur force respective, leur finesse ou leur palette aromatique : un vin rouge tannique avec une viande grillée, par exemple.

Un choix vertical tient compte de la progression des plats et des vins. L'acuité des sens s'émousse au cours du repas ; aussi est-il judicieux de présenter les vins par ordre de force croissante, les vins blancs avant les vins rouges, les vins légers avant les vins tanniques, les vins simples avant les vins complexes, les vins jeunes avant les vins vieux, les vins secs avant les vins moelleux. Cela suppose que l'ordre des plats soit adéquat, ce qui pose parfois des problèmes insolubles. Présenter le couple foie gras–vin liquoreux en début de repas marque le palais et le vin rouge suivant arrive sur la table avec un lourd handicap. Faites donc comme les Romains sous Lucullus, servez le foie gras en fin de repas, la même bouteille de sauternes pourra se terminer sur le roquefort ! La pratique du "trou" peut être une solution si l'on veut bousculer une progression classique : un verre d'eau fraîche, un sorbet plutôt qu'une eau-de-vie "remettront les papilles à zéro", vierges du vin et du plat précédent. Une telle difficulté incite de plus en plus à bâtir un menu autour d'un vin unique, solution de facilité lors d'un repas au restaurant mais exercice des plus excitants si l'on veut bien se donner la peine de réfléchir aux alliances en sens inverse, en partant des qualités du vin et en imaginant les plats et les recettes qui peuvent le mettre en valeur, de l'entrée au dessert.

Différents types d'alliances

• Les alliances classiques et les mariages audacieux

Les ouvrages qui traitent des accords mets–vins sont légion et ont codifié depuis longtemps quelques harmonies classiques incontournables, conseillées par les sommeliers à une clientèle qui veut être plus rassurée qu'étonnée. On peut à ce propos se poser la question des mariages légitimes qui font intervenir des produits de la même région. L'agneau avec le pauillac, les huîtres avec le muscadet, le cassoulet avec le corbières, la piperade avec l'irouléguy sont des harmonies régionales indiscutables mais on peut tout aussi bien choisir un pomerol, un chablis, un madiran ou un chinon pour changer le monde. Se cantonner aux accords régionaux fermerait la porte à toute alliance avec la cuisine exotique et le camembert qui se verrait condamné au cidre ou au calvados.

• **Les accords de cousinage ou les accords de contrastes**

Les accords classiques marient des qualités voisines : similitudes aromatiques entre vin et plat ou jeux entre l'acidité, les tanins, la sucrosité, la texture. L'acidité d'un plat sera confrontée à celle du vin, tel arôme de vanille pourra se retrouver dans le plat et dans le vin, telle texture moelleuse d'une sauce crémeuse pourra se comparer au gras d'un vin blanc. Il est même possible d'accorder les couleurs : une sauce rouge foncé appelle un rouge très coloré et non un rosé. Les exemples sont nombreux et nous les retrouverons au cours des exercices proposés dans cet ouvrage : un vin blanc minéral en accord avec l'iode des coquillages, un vin blanc gras et beurré avec un poisson en sauce, un vin rouge tannique avec un plat de viande riche en gras et en protéines, un vin rouge épicé et viandé avec un gibier, un vin liquoreux avec un dessert. Dans ce cas, si le vin est bien choisi, ses qualités seront exacerbées par le plat. Un choix certes rassurant, mais qui limite le plaisir de la découverte.

On peut également jouer les contrastes – salé–sucré ou acide–gras – en pensant toutefois que dans ce genre de confrontation un des deux acteurs prend souvent la vedette sur l'autre. Des dialogues parfaits se nouent toutefois entre un foie gras et un vin liquoreux assez acide, tel le jurançon ; les antagonismes gras–acidité, amer–sucré bâtissent un équilibre idéal des saveurs. Le plat s'en trouve ragaillardi et le vin en devient éclatant, ajoutant le plaisir de l'insolite à la satisfaction gastronomique.

Les deux types d'alliance sont faciles à comparer. Il suffit en effet de déguster un vin plein et gras (un hermitage blanc par exemple) puis un autre marqué par sa nervosité (un savennières) sur une poularde à la crème. Dans le premier cas, plat et vin jouent dans le même sens ; le vin renforce son volume et peut basculer dans la lourdeur, mais quelle belle richesse en bouche ! Dans l'autre, le vin s'oppose à la crème pour mettre au grand jour son équilibre de cristal et faire pencher l'accord vers la finesse. À chacun de choisir selon ses goûts, ses envies et son humeur du moment.

Sauces et garnitures

Le grand avantage du cuisinier sur le vigneron, c'est de pouvoir modifier son plat jusqu'au dernier moment, rectifier l'assaisonnement ou raccourcir une sauce. Le cuisinier imagine et adapte son plat en fonction de la connaissance qu'il a du vin : il ajoute tel épice ou tel aromate, adapte son mode de cuisson pour obtenir la texture voulue, bâtit l'équilibre des saveurs du plat en gardant toujours le vin en ligne de mire. Le vin, pour sa part, ne peut être que porté à la bonne température ou aéré. La sauce est souvent l'élément déterminant. Elle imprime son style au plat grâce à ses arômes et à sa texture, pointue ou veloutée ; elle donne la petite nervosité ou l'épice qui complète le tout. Confronté à l'aliment principal, puis à la sauce, le vin réagit de manières différentes. Prenons l'exemple d'une simple entrecôte grillée accompagnée d'un vin rouge tannique – l'accord est des plus classiques. La viande fond les tanins du vin. Ajoutez une sauce au vin, réduite et nerveuse, les mêmes tanins paraissent plus durs.

Le rôle des garnitures est aussi capital, les haricots verts, les fonds d'artichauts ou les fricassées d'asperges sont capables de détruire un bon accord. Les frites ont une action contraire à celle de la viande, la tomate va à l'encontre du moelleux jarret de l'osso buco, la purée de pommes de terre contraste autant avec le boudin qu'avec les vins.

Les catalyseurs d'alliance

Il en est des alliances gustatives comme des réactions chimiques, une infime quantité de tel ou tel composé, nommé catalyseur, peut déclencher ou accélérer les processus. Nous avons déjà parlé du rôle du sel comme agent de sapidité mais tous les apports d'assaisonnement jouent un rôle aussi important : poivre, épices, moutarde ou herbes aromatiques. On peut diviser ces catalyseurs en deux catégories, ceux qui vont dans le même sens aromatique que le vin, qui "tombent sous le sens" en quelque sorte. Ajouter une pincée de romarin à la sauce d'un civet destiné à un vin du Languedoc révélera une harmonie de palettes aromatiques, accompagner un rouget grillé de quelques grains de fenouil flattera les arômes anisés d'un vin blanc de cassis, quelques traits de jus de pamplemousse dans un assaisonnement iront dans le même sens que le sancerre qui affronte une salade de fruits de mer. Mais il est des ingrédients qui révèlent les alliances sans être pour autant présents dans le caractère du vin. C'est là tout le plaisir de la découverte : une pincée de safran exacerbe la note florale d'un vin blanc ; une pointe d'ail fait apparaître l'arôme de truffe dans un cahors. Seule l'expérience, au cas par cas, pourra dégager ces effets et la cuisine moderne trouve ici tout son sens ; elle qui peut s'évader des recettes codifiées et laisser l'imagination du cuisinier libre de toute contrainte. Sans tomber dans les empilages de saveurs ou les apports saugrenus, la cuisine actuelle se met ainsi au service du vin et fait glisser le plat dans son sens.

Les à-côtés

• Le pain

Le pain ou plutôt les pains sont les compagnons indispensables de la table. Ils aident à la mastication, constituent l'équilibre du repas comme un élément central qui fédère l'ensemble des plats. Bien entendu, on fera la distinction entre la croûte, croquante et torréfiée, et la mie, moelleuse et aux arômes de levure, chacune des deux parties jouant son rôle gastronomique. Une bouchée de pain prise en même temps qu'une bouchée de plat peut modifier son équilibre, surtout sa texture. C'est particulièrement vrai pour les fromages très gras dont le pain compense la mollesse. On assiste depuis quelque temps à une multiplication des pains de fantaisie, aux olives, aux noix… Nous en réserverons l'usage à quelques cas bien précis pour ne pas ajouter un élément de confusion à nos dégustations.

• L'eau

On peut déguster les eaux comme les vins en étudiant leur légèreté, leur minéralité, leur force gazeuse ou leur puissance salée. Toutefois, à table elles jouent le rôle d'élément rafraîchissant et désaltérant, tout en facilitant l'absorption des aliments. Une eau légèrement gazeuse rince les papilles entre deux plats ou deux vins. Une eau plate étanche la soif et équilibre ce qu'un dessert peut avoir de trop sucré. Les eaux jouent donc le rôle de modérateurs et aident le dégustateur à recentrer son attention sur le couple vin–plat.

De la cave à la table :
quelques conseils

En quelques instants, des années d'efforts – depuis ceux du vigneron, du maître de chai, du caviste jusqu'aux soins du propriétaire de la bouteille – trouvent à table une issue qui pourrait s'apparenter à l'art éphémère, à un happening, à un feu d'artifice ou à une corrida. Comme le taureau dans l'arène, une bouteille n'a qu'une occasion de démontrer sa bravoure. Aussi faut-il prendre le plus grand soin à la mettre en scène, à l'entourer de fastes et traditions.

Choisir son vin à la cave : le livre de cave

Une cave et l'ordre qui y règne reflètent bien souvent le caractère et les qualités de son propriétaire. Si le rangement des vins par catégories et régions est de règle, la séparation entre le stockage des vins de garde que l'on peut conserver dans leur caisse (et non dans un carton) et des vins à boire qui doivent être accessibles en casiers bien identifiés facilite le choix immédiat. Le livre de cave, sorte de registre des entrées et des sorties, est le principal outil de gestion. Ce livre doit refléter exactement le rangement de la cave ; il doit être mis à jour à chaque achat et à chaque prise de bouteille.

Chaque vin doit y être répertorié, avec sa date et son prix d'achat, le nombre de bouteilles initiales, le nom et les coordonnées du producteur, le numéro du casier, l'état du stock, la date éventuelle de réassortiment. Certains livres permettent de porter les commentaires de dégustation ; ils passent alors du simple statut de registre à celui de journal intime, permettant de suivre la vie du vin, d'en prévoir l'apogée et d'en garder la mémoire. On note aussi les circonstances de la dégustation, le plat d'accompagnement et son accord, la température de service, toute anecdote digne d'être retenue.

LA CAVE EST LE LIEU OÙ LE VIN S'AFFINE ET S'ENRICHIT, GARDÉ À TEMPÉRATURE ET HUMIDITÉ CONSTANTES, RESPECTIVEMENT ENTRE 12 ET 14 °C ET 70 %. IL Y DÉVELOPPE SON POTENTIEL, MAIS SA QUALITÉ Y RESTE VIRTUELLE. LA TABLE EST LE LIEU OÙ IL VA SE SOUMETTRE AU JUGEMENT FINAL.

De nombreux logiciels permettent de gérer son stock par informatique, mais il semble difficile de descendre son ordinateur à la cave, même un portable. Aussi, sans préconiser l'usage de la plume d'oie, préférera-t-on le bon cahier que l'on remplit à la main avec l'application d'un écolier du vin, une sorte d'hommage au monde traditionnel, une parenthèse entre deux modernités trépidantes. Descendre à la cave son livre sous le bras, c'est entrer en sacristie avec son missel. La messe, c'est à table !

Quand remonter les bouteilles ?

Une fois la bouteille choisie, il faut la remonter. Les vins blancs et les vins rouges jeunes peuvent être remontés quelques heures avant le repas, ils seront ainsi faciles à maintenir à la température de la cave. Les vins rouges de garde seront remontés la veille et placés debout dans un endroit frais. Ce sont les vins

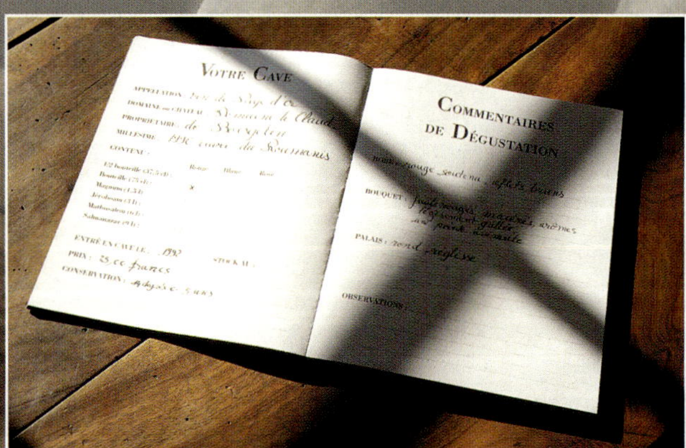

âgés ou les vins qui présentent du dépôt (visible par transparence dès la cave) qui posent problème. Relever une bouteille qui a passé de nombreuses années couchée dans l'obscurité d'une cave peut être un véritable assassinat, surtout lorsque des dépôts pulvérulents de matière colorante sont présents et risquent de se mélanger au vin. On peut relever la bouteille très lentement et l'entreposer deux ou trois jours debout pour que le dépôt retombe au fond mais la meilleure solution consiste à laisser la bouteille couchée, à la transporter dans un panier sans la faire tourner, bref à la mettre sur table dans l'exacte position qu'elle avait en cave.

L'importance de l'environnement

Si le vin est l'un des acteurs principaux du théâtre de la gastronomie, la mise en scène est là pour le mettre en valeur. Qui dit mise en scène dit décor, en particulier teintes et matières. La nappe qui supporte les verres est essentielle, elle sera choisie blanche si l'on veut apprécier l'exacte couleur du vin. En revanche, la couleur et le décor des assiettes, la forme des couverts et le motif des serviettes seront laissées à la fantaisie de chacun. Il ne s'agit pas de transformer une table de fête en laboratoire glacial.

L'éclairage est primordial : il doit apporter de la chaleur, être bien dosé pour une bonne perception, point trop violent pour ne pas rendre les visages blafards, point trop faible pour ne pas effacer les nuances. À cet effet, un variateur de lumière permettra le meilleur ajustement. On bannira néons et lampes à lumière froide et bleue pour revenir à la bonne incandescence, plutôt axée sur le jaune. Quant aux bougies, elles donnent un charme d'antan et créent les ambiances romantiques. Elles permettent de juger de la transparence et de l'éclat du vin mais leur odeur peuvent perturber la dégustation. Réservons donc les bougies pour les tête-à-tête amoureux où les exercices de séduction l'emportent sur ceux de la dégustation.

Pour respecter les arômes du vin, le bouquet de fleurs qui orne toute belle table sera retiré avant de passer à table, sous peine de trouver tous les vins floraux. On fermera la porte de la cuisine pour se préserver de ses odeurs. De même, on évitera les parfums ou eaux de toilette trop violents qui dérangent plus les voisins que soi-même, et la cigarette pendant le repas. Le cigare sera réservé au bouquet final, bien installé au salon avec un verre d'armagnac. La température de la pièce a son importance : le confort physiologique augmente les performances du dégustateur et le plaisir de tout convive. Une salle à manger à 20 °C est idéale en été, à peine plus chaude en hiver. L'humidité aura un rôle important sur la perception aromatique, trop de sécheresse nuit à la perception par nos muqueuses nasales. Quant à l'environnement sonore, bannissons la musique pour mieux apprécier la conversation entre gourmets.

L'art de déboucher

Matériel et tour de main sont nécessaires pour mener à bien l'opération délicate du débouchage. Il existe de nombreux tire-bouchons, tous issus d'une imagination débridée. Le tire-bouchon à vis et à levier, avec sa queue de cochon, est le plus répandu. Il en existe plusieurs types, du folklorique et malaisé tire-

bouchon à tête de cep de vigne jusqu'au couteau du sommelier professionnel, muni d'un levier qui s'appuie sur le goulot de la bouteille. Certains comportent un levier à double action, bien commode pour les longs bouchons. La vis en est parfois recouverte de silicone pour s'enfoncer dans le liège sans l'abîmer. Les tire-bouchons à deux leviers latéraux ne sont pas conseillés, ils ont du mal à s'enfoncer bien droit. Issue du vieux tire-bouchon à vis d'Archimède en bois ou en métal, le principe de la vis sans fin a donné naissance à un tire-bouchon révolutionnaire, le screwpull©, un outil qui convient à tous, débutants compris, mais dont l'aspect n'est pas des plus élégants et qui présente l'inconvénient de transpercer le bouchon, avec les risques gustatifs que cela comporte. Le tire-bouchon à deux lames que l'on enfonce de chaque côté du bouchon est très efficace mais demande une certaine dextérité. Il est irremplaçable pour les très vieux bouchons qui peuvent s'effriter sous l'action d'un tire-bouchon classique. Oublions les gadgets comme les tire-bouchons à gaz qui sont d'ailleurs passés à la trappe de l'inutile progrès.

Quel que soit votre choix, quelques règles sont incontournables.

• Découper la capsule avec la lame du tire-bouchon ou les petites molettes dont il est parfois muni. La découpe peut s'effectuer sous la bague du verre ou au-dessus de la bague. Un bon sommelier doit être capable de découper au milieu de la bague, mais il s'agit plutôt d'un exercice de style. Les bouteilles capsulées à la cire sont du plus bel effet mais le débouchage peut tourner à la catastrophe, avec éparpillement de morceaux de cire sur toute la nappe. Il vaudra mieux enlever la cire à l'office, en tapant dessus avec le manche d'un couteau.

• Nettoyer le dessus du bouchon avec un torchon pour enlever les éventuelles moisissures.

• Enfoncer la vis bien droite et au milieu du bouchon.

• La vis doit être assez longue mais ne doit surtout pas traverser le bouchon.

• Commencer par dégager le bouchon, puis le faire venir doucement et sans à-coups.

• Nettoyer à nouveau le verre du goulot et sentir le bouchon pour déceler une éventuelle odeur anormale. On peut présenter le bouchon accroché à la carafe ou au panier.

Le champagne présente un cas particulier. Ici pas de tire-bouchon, seule la main de l'homme intervient. Commencer par découper la capsule sous le muselet. Défaire celui-ci, sans l'enlever. Tenir d'une main le bouchon et le muselet (celui-ci empêche la main de glisser sur le bouchon), le fond de la bouteille de l'autre. Faire tourner la bouteille et non le bouchon. Retenir le bouchon pour que le gaz s'échappe doucement, avec un bruit discret. La mousse qui vient nettoyer le goulot sera versée dans un verre à part. Servir en tenant la bouteille par le fond.

Seaux, paniers, carafes : les faire-valoir du vin

Les objets qui entourent le vin et son service sont passés de la simple fonction utilitaire à celle – plus enviable – d'éléments décoratifs qui participent au plaisir de la gastronomie. Sans privilégier les onéreuses pièces de collection qui ont plutôt leur place dans une vitrine, un repas où le vin joue la vedette a besoin de ces seconds rôles pour attirer l'attention du spectateur sur le sujet central.

• Les tire-bouchons se doivent d'être élégants et assortis à la table, ce qui n'est pas aisé car les engins les plus performants ne sont pas toujours les plus beaux. On contournera cette difficulté en ouvrant la bouteille à l'avance avec un tire-bouchon efficace et on laissera traîner à table un superbe objet malcommode ! Bannissons donc tout engin porteur d'une publicité de marque, ainsi que ceux qui privilégient la matière plastique.

• Pour faciliter le service on peut utiliser les stoppe-gouttes. Deux types sont tout aussi efficaces : la fine feuille métallique que l'on roule dans le goulot ou la collerette qui l'entoure.

• Le même souci de propreté de la nappe exige des dessous de bouteille, le plus souvent en argent, parfois en étain ou en liège.

• Les paniers–verseurs permettent de garder la bouteille couchée et de laisser un vénérable vin âgé dans la position qu'il avait en cave. Si l'on respecte cette logique, il faut savoir qu'il est très difficile de déboucher une bouteille couchée. En revanche, le service est facilité par l'anse du panier qui peut être en simple osier ou en argent.

• Les carafes à décanter forment un monde à elles seules tant leurs formes, leurs tailles et leurs styles sont variés. De la simple carafe boule à celle à la forme dite "canard", du verre au cristal, agrémentées ou non d'anses et becs en argent, elles ont toujours émoustillé l'esprit créatif des cristalliers et des orfèvres. En fait, chaque type de carafe trouve sa justification : on préférera les fonds larges pour une forte aération, les cols hauts pour préserver les arômes, les petites carafes pour mettre dans un rafraîchissoir. Si la carafe canard est un beau compromis et surtout un superbe objet de table, ses parties métalliques posent un réel problème de nettoyage. Surtout ne pas employer de produit pour argenterie sous peine de marquer les vins d'une odeur exogène désagréable. Complément indispensable de la carafe, l'entonnoir

PRODUCT OF FRANCE
HERMITAGE
APPELLATION HERMITAGE CONTROLEE
1997

en étain ou en argent doit être reposé sur une soucoupe, sous peine de maculer la nappe.

• Les seaux à glace sont indispensables pour régler la température du vin, blanc comme rouge. En métal argenté ou en cristal, ils sont de véritables objets d'art que l'on pose sur une petite desserte à côté de la table. N'oublions pas leur fonction première et choisissons-les de haute taille pour que le goulot de la bouteille soit immergé. Il existe des seaux de grande taille pouvant contenir plusieurs bouteilles, très utiles dans le cas d'un repas–dégustation.

• Le thermomètre à vin "pose" son propriétaire. Il est un peu ostentatoire mais indispensable à tout amateur éclairé. Il en existe de nombreux types, avec des têtes en liège ou en métal, présentés dans de beaux coffrets. On évitera les thermomètres à cristaux liquides qui se collent sur la bouteille, aussi laids qu'inefficaces.

• Le panier transporteur de six bouteilles, à condition qu'il ne soit pas en plastique mais en bois, en osier ou en métal, peut être un bel objet que l'on pose à côté de la table.

Faut-il décanter ?

Une question shakespearienne ! Cette opération possède deux fonctions précises : il s'agit d'une part de séparer le vin clair de ses éventuels dépôts. On parlera alors de décantation. Mais le transvasement est aussi l'occasion d'une oxydation du vin, on parlera alors d'aération. Ouvrir à l'avance une bouteille n'a que peu d'effet sur le vin du fait de la faible surface de contact entre l'air et le vin dans le goulot. Seules quelques odeurs désagréables peuvent être atténuées (bouchon, SO_2, par exemple).

Lorsque le vin présente un dépôt visible dans la bouteille par transparence, la décantation s'impose. Celle-ci demande un certain tour de main : la bouteille remontée avec précaution de la cave, à l'aide d'un panier ou à la main après avoir pris soin de marquer à la craie le dessus de la bouteille (il serait dramatique de la faire tourner ou de la relever et de remettre ainsi le dépôt en suspension). Muni d'une carafe et d'une source de lumière, en général la flamme d'une bougie que l'on observe à travers le verre, on relève très doucement la bouteille en versant le vin dans la carafe. Il existe des tables à décanter, munies de crémaillères ou de leviers qui permettent un mouvement lent et régulier. Elles sont en général trop volumineuses pour être mises sur table ; on les réservera à un coin de la cave. On arrête de verser lorsque la première particule de dépôt se présente au goulot.

La décantation devient problématique pour des vins très vieux, fragiles et très sensibles à la présence d'oxygène. Cette brutale aération peut être fatale à ces vieillards enfermés toute leur longue vie dans leur prison de verre. Et pourtant, ce sont souvent eux qui présentent les dépôts les plus malvenus à la dégustation. Une situation cornélienne, la décantation serait-elle affaire de littérature ? Le panier verseur est la meilleure solution dans ce cas ; il permet de décanter sans oxygéner.

Quant au rôle oxygénant de la décantation, les avis sont partagés, certains ne voyant aucune différence entre un vin en bouteille et un vin qui vient d'être mis en carafe. Intervient ici le critère du moment de la décantation. Si la décantation au restaurant ne peut s'effectuer qu'au tout dernier moment – on ne peut ouvrir une bouteille avant qu'elle ne soit achetée (encore qu'un bon client peut commander l'ouverture de sa bouteille à l'avance) –, rien n'interdit chez soi de moduler le temps d'aération à volonté. L'expérience est ici irremplaçable mais quelques pistes peuvent être fournies.

Pour les vins rouges jeunes une aération ne peut être que favorable. Par son action de dégazage tout d'abord, car les vins jeunes sont souvent riches en CO_2. Par son action sur les arômes de réduction, ensuite, qui peuvent masquer le fruit. Combien de commentaires de dégustation seraient modifiés par une décantation dans des concours où l'on goûte sitôt le flacon débouché. Le vin n'a pas le temps de respirer qu'il est déjà mis en bouche, recraché et noté. L'action de l'oxygène sur la combinaison des tanins est aussi un bénéfice de la décantation. Les tanins des vins jeunes semblent ainsi plus fondus, moins agressifs. Cette règle n'est hélas pas absolue et certains vins très aromatiques peuvent être simplifiés par une aération : le coup de fouet bénéfique dans un cas est trop violent dans l'autre.

Pour lever le doute, rien ne remplace la dégustation expérimentale. On ouvrira la bouteille à l'avance et l'on versera très peu de vin dans un grand verre pour avoir une grande surface d'échange air–vin. Après avoir rebouché la bouteille, on se contentera d'une analyse olfactive en deux temps. La première impression donnera une indication sur le vin servi directement de la bouteille. Attendre un bon quart d'heure en laissant le verre dans un endroit frais et aéré et respirer à nouveau : si le vin a changé en mieux, la décantation s'impose. Si le vin a décliné, mieux vaut oublier la carafe. Cet exercice peut se faire avec des amis, avant le repas.

Si l'on connaît bien le vin que l'on va servir, le livre de cave où l'on aura consigné les expériences précédentes sera un allié précieux pour prendre une décision. En général, on décante plus facilement un vin tannique (un bordeaux par exemple) qu'un vin aromatique (un bourgogne). Ce n'est pas par hasard que l'on trouve des carafes en Gironde et des paniers à Dijon.

Plus le temps passé entre la décantation et le service est long, plus le vin est modifié. On ajustera donc l'heure de la décantation à ce que l'on en attend. Deux heures à l'avance semble une bonne mesure pour un vin jeune, une heure pour un vin à maturité, quelques minutes pour un vin à risque.

Et les vins blancs ? L'usage ne prédispose pas à la décantation des vins blancs mais l'expérience la recommande. Si les petits vins vifs et fringants ont tout à y perdre, les vins blancs de garde, en particulier ceux vinifiés en barrique, y gagnent en expression, en harmonie et en fondu. Indispensables aux graves blancs mais aussi à certains vins de chenin muets à l'ouverture, la décantation leur fait perdre leur timidité initiale, ils en deviennent volubiles. Même les grands chardonnays de Bourgogne renforcent leur complexité. On peut aussi essayer de décanter les champagnes dans une belle carafe de cristal taillé, du plus bel effet sur la table : ils perdent un peu en gaz mais renforcent leur fruité. On gardera cependant les grandes cuvées dans leur bouteille, en réservant la décantation aux champagnes moins prestigieux. Pour les vins liquoreux, l'aération est indispensable, et même très longtemps à l'avance (en gardant le vin au frais), pour se débarrasser du SO_2 migrainigène.

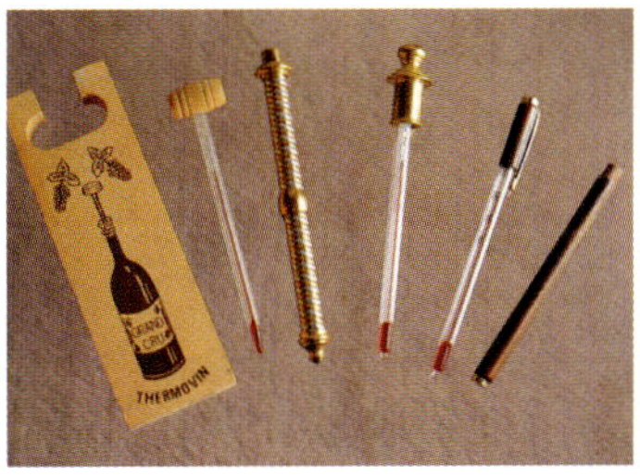

Comment maîtriser la température de service ?

La température du vin dans le verre est d'une importance primordiale. Chaque vin est flatté par une température qui lui est idéale, mais cette valeur absolue doit être atteinte lentement, en évitant les chocs thermiques : pas de compartiment à glaçons du réfrigérateur pour refroidir, pas de four à micro-ondes pour réchauffer !

En général, les vins blancs sont servis trop froids, ce qui tue leurs arômes et les durcit. Les vins rouges sont servis trop chambrés, en oubliant que la température des pièces a augmenté dans nos habitudes citadines modernes ; ils laissent alors apparaître tanins secs et alcool dissocié. Le problème n'est pas tant la température de la bouteille que celle du verre. En effet, le faible volume de liquide est vite influencé par l'air ambiant et la fièvre du vin peut grimper rapidement. Il vaut donc mieux servir le vin un peu plus frais (la pièce est souvent plus chaude que le vin) et surveiller l'évolution à l'aide d'un thermomètre à vin plongé dans le verre, même si cela fait sourire vos invités. Un grand vin rouge peut être sublime à 18 °C et déséquilibré à 22 °C. Il ne lui faut hélas que quelques minutes dans une salle à manger surchauffée pour basculer de la grandeur à la décadence ! L'arme absolue pour éviter ces catastrophes est le seau à glace, pour les vins blancs comme pour les vins rouges. On aura toujours à portée de main un seau rempli d'eau avec quelques glaçons et l'on n'hésitera pas à multiplier les va-et-vient entre la table et ce rafraîchissoir. Cette pratique est bien plus difficile avec une carafe, aussi décantera-t-on les vins plus frais, en estimant leur réchauffement futur dans la carafe. On peut aussi décanter à l'avance et ranger la carafe dans un endroit frais. Quant aux récipients isothermes, bien souvent en terre cuite, ils retardent simplement le réchauffement de la bouteille sans pouvoir en régler la température.

En règle générale, les températures suivantes dans le verre sont une bonne règle de base :

• Bordeaux rouges	de 17 à 18 °C
• Bourgognes rouges	de 15 à 16 °C
• Vins rouges tanniques (vallée du Rhône, Sud-Ouest, Provence, Languedoc)	de 16 à 18 °C
• Vins rouges légers	de 14 à 16 °C
• Vins rouges primeurs et rosés	de 10 à 12 °C
• Vins blancs secs de garde	de 10 à 12 °C
• Vins blancs légers	de 8 à 10 °C
• Vins effervescents	de 8 à 10 °C
Grandes cuvées	de 10 à 12 °C
• Vins liquoreux	de 8 à 9 °C
• Vins doux naturels blancs issus des muscats	8 °C
• Vins doux naturels rouges	de 14 à 15 °C

Les verres

Très prisés des professionnels, les verres INAO sont réservés à la dégustation pure car leur contenance et leur ouverture sont trop faibles pour donner du plaisir à table. Quelques règles restent néanmoins pertinentes. Le verre à pied, plus élégant, est indispensable pour pouvoir agiter le vin et le tenir loin de la chaleur et des odeurs de la main. On évitera les pieds colorés qui influencent la teinte du vin, même pour les verres à vins d'Alsace. Le bord du verre doit être très fin : il participe à la sensation tactile de la dégustation. Les verres gravés ou taillés peuvent perturber l'observation visuelle.

Le verre ne doit être ni trop grand (le vin y semble perdu) ni trop petit (il n'arrive pas à s'y exprimer). Les formes tulipes font ressortir les arômes grâce à leur rapport ouverture–galbe du verre, favorable à un bon dégagement aromatique et à la concentration des arômes vers le nez du dégustateur. Toutefois, le choix de la verrerie est immense et le goût personnel peut prendre le pas sur la théorie. Le plaisir n'est-il pas la règle absolue dès que l'on passe à table ? Les verres à vin blanc peuvent être choisis de taille moyenne, ceux à vins rouges dans des formes plus rondes ; le verre à eau sera plus grand que tous les autres. Les vins effervescents seront servis dans des flûtes plutôt que dans des coupes, même si la coupe à champagne fut, dit-on, modelée sur la courbe d'un sein aussi célèbre que tentateur !

L'entretien des verres et des carafes

Rien de plus désagréable qu'un verre qui sent le détergent ou le torchon, quand il ne s'agit pas d'une odeur de placard ou de carton. On lavera donc verres et carafes à l'eau bouillante, sans liquide à vaisselle, longtemps rincés à l'eau froide et séchés dans un égouttoir, la tête en bas. On pourra les rincer à nouveau avant le repas. Ne jamais garder les verres retournés sur une étagère ; ils y prennent un goût de renfermé. De même, les carafes seront gardées ouvertes, sans leur bouchon. Il est parfois nécessaire de détartrer les carafes : on utilisera de l'esprit de sel, du vinaigre ou du gros sel et l'on rincera abondamment à l'eau claire. Une carafe est toujours rincée avec un peu de vin avant décantation.

Le service du vin

Servir est un art qui obéit aux règles des bons usages mais qui demande un peu de dextérité. Le service au restaurant est affaire de professionnels ; il fait l'objet d'un enseignement spécifique dans les écoles hôtelières, et les concours de sommellerie mettent en valeur ce cérémonial qui préside à l'ouverture et au service du vin. Après avoir présenté l'étiquette, ouvert la bouteille devant le client, le sommelier fait goûter le vin à l'hôte auquel revient le redoutable honneur de décider si le vin convient ou non et de déceler en quelques secondes un éventuel défaut, le très redouté goût de bouchon, par exemple. Une décision lourde de conséquences, de celles qui peuvent renvoyer une bouteille très onéreuse à l'office et gâcher la soirée du sommelier. En définitive, aucun vin, même le plus prestigieux, n'est à l'abri d'un accident et la satisfaction du client fait loi. Le goûteur doit avoir le dernier mot, tout en restant dans les limites de la bonne éducation.

Le service classique est dit "à la pince" : on tient le verre par le pied, entre deux doigts (la "pince"). On élève un peu le verre, la bouteille ou la carafe et l'on verse le vin en inclinant doucement le récipient. Le verre est ensuite reposé devant l'assiette.(À la maison, on peut demander à chaque convive de lever légèrement son verre pour être servi.) On sert le vin par la droite, la bouteille d'une main, une serviette blanche de l'autre pour retenir une goutte qui aurait la mauvaise idée de maculer la nappe blanche. Les verres doivent être remplis à moitié, juste au-dessus de leur renflement. La mode actuelle veut que l'on tienne la bouteille par le cul, les jeunes sommeliers se distinguent ainsi de leurs aînés. La bouteille est alors souvent reposée sur une desserte ou dans un seau à glace, parfois trop loin du client qui peut mourir de soif en attendant que le sommelier veuille bien s'intéresser à son cas.

À la maison, le cérémonial peut être oublié mais le savoir-vivre s'impose. On prendra soin de déguster le vin avant de passer à table, hors la présence de ses invités. La coutume veut que ce soit l'hôte qui serve le vin, mais il est rare qu'il se lève pour atteindre le bout de la table ; il demandera un relais à un ami proche. Bien entendu les dames sont servies en premier, en commençant par celle qui se trouve à la droite de l'amphitryon, puis à sa gauche et en suivant. L'invité masculin qui est assis à la droite de la maîtresse de maison aura l'honneur d'être le premier homme servi, on continue ensuite dans le sens des aiguilles d'une montre. Tout ceci fait partie des conseils des meilleurs manuels mais la convivialité et le bon sens feront l'affaire du quotidien. La délicate affaire de la goutte qui tache la nappe peut être résolue par des petits ronds métalliques qui s'insèrent dans le goulot, ustensiles que l'on peut se procurer chez les cavistes.

Garder une bouteille entamée

Bien souvent, la modération aidant, une bouteille reste à moitié pleine. Il serait criminel de jeter le surplus et le lendemain de repas peut être l'occasion de redécouvrir des qualités qui étaient passées inaperçues dans le feu du repas. Il suffit de protéger le vin d'une oxydation violente, en remettant le bouchon, dans le bon sens bien entendu, et en l'entreposant au frais.

Ce sont les vins les plus aromatiques, les vins blancs jeunes ou les rouges primeurs qui risquent d'être le plus modifiés. Ils perdent leur exubérance et se simplifient. Les vins blancs de garde ou les vins rouges âgés sont parfois éteints, voire usés par cette garde en vidange mais il arrive qu'ils résistent jusqu'au lendemain. En revanche, certains vins austères ou fermés – des vins blancs jeunes de chenin par exemple ou des vins rouges jeunes et très tanniques – prennent une certaine avance sur le temps et dévoilent des charmes et une complexité qu'ils avaient dissimulés lors de la soirée. Chaque cas est particulier et les surprises, bonnes ou mauvaises, sont chaque fois au rendez-vous.

On pourra prolonger la vie d'une bouteille en utilisant un système ingénieux qui consiste à placer un bouchon spécial et faire un léger vide au-dessus du vin à l'aide d'une petite pompe *ad hoc*. Ce matériel est facile à se procurer dans les boutiques spécialisées.

Quant au champagne, sa survie est plus délicate, le gaz carbonique ayant la fâcheuse manie de s'échapper de la bouteille. Oublions la folklorique petite cuillère et autres trucs ; seul le bouchon spécial qui prend appui sous la collerette du goulot peut conserver quelque temps le champagne et ses bulles. Il ne faut point trop rêver cependant et trouver vite l'occasion de finir la bouteille.

Le vin à l'apéritif

Le maître – ou la maîtresse – de maison a choisi les bouteilles du repas. Elles attendent à la bonne température, dans leur carafe à décanter, avant de faire leur entrée dans la salle à manger. Cet instant où l'on fait connaissance, où l'on discute des derniers potins, où l'on commence à saliver et mettre tous ses sens en éveil peut être la meilleure ou la pire des introductions, une contribution à la réussite de la soirée ou une catastrophe irrémédiable. La première impression est essentielle ; aussi est-il impératif de réussir son apéritif. Si l'on se pique de gastronomie, on évitera quelques erreurs fatales à sa réputation.

Les règles de base

L'apéritif consiste à ouvrir l'appétit, et toutes les boissons alcoolisées peuvent remplir ce rôle. Toutefois, il faut préparer la bouche au repas sans l'anesthésier, ce qui impose d'éliminer les boissons agressives, les arômes puissants et les teneurs en alcool et en sucres trop élevées. Enfin, l'amphytrion peut se distinguer, étonner et créer un fil conducteur à la fête gustative qui suivra.

Le problème est donc simple à résoudre : éliminer les boissons anisées, fatales à la perception gustative, les eaux-de-vie même allongées d'eau (on réservera les grands whiskies pour la fin du repas) et les vermouths de bataille qui peuplent trop souvent les armoires à liqueurs.

Un apéritif digne d'un véritable œnophile doit mettre le vin en valeur et seulement le vin. Le choix est infini mais doit toujours tenir compte de la progression du repas. Le vin de l'apéritif doit participer au scénario de la pièce gourmande. Il en est le premier acte et peut éventuellement jouer dans le second si l'on veut limiter le nombre de bouteilles et rassurer les invités migraineux qui craignent la multiplication des flacons. Goûter le premier plat avec le vin servi à l'apéritif est souvent judicieux.

ALORS QUE LE RÔTI FAIT SON DERNIER TOUR DE BROCHE DANS LE FOUR, QUE LA MAÎTRESSE DES LIEUX DONNE QUELQUES TOURS À SA SALADE D'ENTRÉE, QUE LE DERNIER INVITÉ FAIT ENCORE UN TOUR DE PÂTÉ DE MAISONS POUR TROUVER UNE PLACE, L'APÉRITIF EST UN MOMENT PRÉCIEUX POUR FAIRE PATIENTER LES CONVIVES. UN PASSAGE AU SALON AVANT DE CONSACRER SA SOIRÉE AUX PLAISIRS DE LA TABLE.

Ces conseils seraient incomplets si l'on ne faisait mention des amuse-gueules qui accompagnent la boisson apéritive. Là aussi, quelques écueils peuvent être évités, notamment les cacahuètes et autres noix de cajou qui empâtent la bouche, calent l'appétit et apportent d'inutiles calories. On écartera aussi ces préparations étranges, soufflées et aromatisées à grand renfort de molécules de synthèse. L'apéritif doit être l'occasion de présenter quelques petites fantaisies personnelles : olives accompagnées de xérès manzanilla, toasts salés aux anchoix, à la moelle ou au foie gras avec un vin liquoreux, simples crevettes grises qui font si bien chanter un vin blanc sec, certains fromages à pâte pressée qui ensoleillent un vin du Jura. Même de petites huîtres, les gravettes d'Arcachon, peuvent être servies à l'apéritif avec un vin de Graves, bien évidemment.

Les vins effervescents

Un choix classique… La coupe de champagne prise au bar des grands hôtels fait partie d'un cérémonial digne des années folles. Le champagne blanc de blancs, issu de la Côte des Blancs, trouve sa place idéale à l'heure de l'apéritif. Léger, aromatique, il apporte toute sa subtilité à un palais encore vierge de sensations et qui pourra apprécier sa race et sa finesse. Un champagne blanc de noirs sera préféré sur le premier plat, un champagne rosé sur le mets principal. L'occasion de décliner un repas à thème, de l'apéritif au dessert où un champagne plus dosé jouera un rôle rafraîchissant.

Pour des budgets plus serrés, il ne manque pas de vins effervescents d'appellation : crémants d'Alsace, de Bourgogne, de Loire, saumur, blanquette ou crémant de Limoux, saint-péray, seyssel ou gaillac mousseux. On réservera cependant une place de choix aux vins mousseux élaborés selon les méthodes anciennes. Blanquette-de-limoux méthode ancestrale, gaillac méthode gaillacoise ou clairette-de-die, voilà l'occasion de découvrir des produits pétris de naturel, aux arômes fruités, délicieux, dont la suavité n'a d'égal que leur caractère. Pour les amateurs d'exotisme, les Franciacorta italiens ou les bons Asti spumanti, les cavas catalans ou les sparkling wines américains (souvent élaborés par des filiales de maisons champenoises) introduiront un repas typique de leur pays d'origine.

Les vins blancs secs

Le petit vin blanc à l'apéritif a disparu de nos tables. Pourtant, il suffit de rendre visite à nos voisins suisses pour apprécier les charmes d'un "déci" de fendant. Le grand avantage du vin blanc sec est de pouvoir être servi sur les entrées. Le choix est vaste et répond à tous les cas de figure. Par exemple, un repas de poisson pourra débuter par un muscadet ou un menetou-salon, avant de poursuivre par un sancerre ou un savennières sur un brochet au beurre blanc. Un bourgogne-aligoté précédera les meursault ou puligny sur une poularde à la crème. Un coteaux-du-languedoc-Picpoul-de-Pinet introduira le cassis sur une bouillabaisse et un Rias Baixas servira de faire-valoir au Ribera del Duero de la paella. Le principe général à respecter est une progression en force et en finesse aromatique, du début à la fin du repas. Autre exercice plus élitiste : goûter un vin blanc très jeune et servir à table le même vin plus âgé. Un hermitage blanc, un pessac-léognan, un corton-charlemagne se prêteront à ces dégustations verticales.

Les vins blancs moelleux et liquoreux

Les vins moelleux, dont la teneur en sucres résiduels est moyenne, trouvent leur vraie place à l'heure de l'apéritif. Leur légère suavité, leur équilibre et leur nervosité préparent la bouche au repas sans l'empâter. On choisira des vouvray, montlouis et coteaux-du-layon, des gaillac doux, des rieslings Spätlesen allemands, des Orvieto abbocato italiens ou des vendanges tardives alsaciennes, sans trop de sucres restants, avec des amuse-gueules salés.

Dans le cas des vins liquoreux, plus riches et plus sucrés, la prudence s'impose. Il ne faut pas envahir la bouche par trop de liqueur, car sa persistance pourrait déranger le premier vin du repas, surtout s'il s'agit d'un vin blanc sec. On peut se tirer de cet épineux problème en attendant quelque temps avant de passer à table ou – mieux – en gardant la bouteille de vin liquoreux pour le foie gras de l'entrée, mais c'est alors le vin suivant qui en fera les frais. Le choix est très étendu, d'un sauternes ou barsac aux sublimes Trockenbeerenauslesen allemands, en passant par les jurançon vifs et doux à la fois, tout comme savent l'être les quarts-de-chaume ou bonnezeaux qui se prêtent admirablement à cet exercice, ainsi que les sélections de grains nobles alsaciennes. Un repas italien commencera par un reccioto de Valpolicella, un dîner hongrois par un tokay aszú, un repas nord-américain par un vin de glace canadien.

Les vins mutés

On se rapproche de la conception classique du vin d'apéritif. Les vins doux naturels ou les vins de liqueur retrouvent leur vocation première. Que ce soient les banyuls, maury, rivesaltes, rasteau ou les pineau-des-charentes, floc-de-gascogne, porto, madère, marsala et xérès, leur place est ici naturelle. On aura cependant une inclination particulière pour les muscats (de Rivesaltes, Frontignan, Beaumes-de-Venise, Saint-Jean-de-Minervois ou même de Samos) qui apportent leurs arômes intenses et leur finesse. Il faudra à nouveau faire attention à la persistance de la sensation sucrée avant de passer à table. Bon appétit !

Potages, hors-d'œuvre, entrées et salades

Ouverture du rideau rouge de la scène gastronomique, le premier plat servi à table donne son style au repas. Caviar, foie gras, asperges ou pâté de campagne ? D'un côté, le raffinement, de l'autre une certaine rusticité. Le choix des vins comme celui des mets doit répondre à des règles élémentaires. Ainsi si l'on choisit un vin à la fois pour l'apéritif et l'entrée, la première bouteille qui suivra respectera-t-elle une progression de force et de caractère : il serait fâcheux de servir un vin puissant de prime abord. Il est rare et délicat de proposer un vin sur les potages. De même, l'accompagnement des salades pose un problème parfois insoluble : le vin est en effet confronté à son pire ennemi, le vinaigre. Il conviendra de modérer l'agressivité de l'assaisonnement. Quant aux hors-d'œuvre, leur gamme est si variée qu'un seul et même vin ne pourra convenir à tous leurs ingrédients. Si l'on veut mettre un vin en valeur, blanc, rosé ou rouge léger en l'occurrence, l'entrée unique – et pensée pour lui – est la meilleure façon de le flatter : une terrine de poisson pour un bourgogne blanc ou un chardonnay californien, un feuilleté pour un condrieu ou un Orvieto, un saucisson en brioche pour un beaujolais ou un zinfandel, un foie gras en terrine pour un vin d'Alsace, un jurançon ou un Beerenauslese allemand… L'imagination du cuisinier fera le reste. On peut alors frapper les trois coups !

Sur une crème belle aurore

Les potages offrent l'occasion de mettre en avant la fantaisie et la compétence de l'amphitryon, tout comme la richesse de sa cave. Il ne s'agit pas de boire du vin pour étancher sa soif ou pour compenser la sensation solide en bouche, mais de découvrir des alliances purement aromatiques. Le velouté des potages, en particulier de ceux qui contiennent de la crème, influence en outre l'équilibre et la texture du vin. La crème belle aurore choisie pour cette expérience n'est pas une recette banale. Il s'agit d'une préparation riche, très savoureuse et parfumée. Aussi, avons-nous choisi des vins blancs puissants et plutôt âgés. Le lecteur aura sans doute quelques difficultés à se procurer ces bouteilles. Il pourra cependant réaliser l'exercice avec des vins de même âge et issus des mêmes cépages : rolle et clairette pour le premier, viognier pour le second, marsanne et roussanne pour le troisième et chardonnay pour le dernier.

IL N'EST PAS D'USAGE DE GOÛTER DES VINS SUR UN POTAGE. L'ASSOCIATION N'EST PAS TOUJOURS HEUREUSE ET L'EAU APPORTÉE PAR LA SOUPE, LA CRÈME OU LE VELOUTÉ SUFFIT À DÉSALTÉRER LES CONVIVES. LE MAÎTRE DE MAISON SE TROUVE DONC DEVANT UN DILEMME : LAISSER LE VERRE À VIN VIDE DÈS LE DÉBUT DU REPAS OU OSER UNE ALLIANCE QUI POURRA PARAÎTRE AUDACIEUSE, DANS CERTAIN CAS SAUGRENUE.

Le vignoble de l'hermitage dans la vallée du Rhône septentrionale.

Dégustation des vins avant le plat

Côtes-de-provence blanc Château Sainte Roseline 1994

La robe assez pâle laisse entrevoir un reflet vert peu marqué. Le nez, d'une bonne intensité, propose des notes florales délicates, tout en subtilité, alliées à du fruit blanc et à des accents anisés (fenouil, badiane) très caractéristiques des vins blancs de Provence. La bouche est bien construite : sa vivacité équilibre le gras et la générosité du vin. L'expression aromatique de bouche privilégie le fenouil, avec quelques notes de fruits secs. La finale, vive et enlevée, est pétrie de délicatesse et de senteurs. Ce vin élégant se prolonge en dentelle.

Château-grillet 1986

La robe plutôt dorée dévoile un reflet vieil or. Le nez, par sa complexité, demande une analyse fine. Ce sont d'abord des notes d'artichaut, suivies par du poivron, de la rose fanée, presque muscatée, des notes de litchi, de violette, le tout prolongé par un rancio naissant. La bouche a beaucoup de rondeur. Son équilibre penche vers le moelleux tant le gras est important. La finale, très longue, révèle la vraie personnalité du vin : apparaissent des arômes d'abricot sec, de fruits blettis, d'épices douces. Les notes de légumes initiales sont-elles une déviation aromatique ou font-elles partie du caractère du château-grillet vieux ? Quoi qu'il en soit, elles résistent à l'aération.

Hermitage blanc Jean-Louis Chave 1990

Sous une robe dorée, éclatante, le nez mêle la pêche de vigne, le pain grillé, les amandes douces, la noisette, le fruit exotique, les fruits à noyau surmûris, une pointe de truffe. Une palette riche et d'une grande complexité, racée et caractéristique du terroir. En bouche, c'est une ampleur de vin rouge que le dégustateur découvre avec étonnement. Cette opulence de matière donne une sensation de gras et de grande maturité. L'équilibre entre chaleur et structure puissante, presque tannique, est un modèle pour ces vins qui affrontent la garde sans grande acidité. La belle et longue finale reprend toute la palette du nez, en y ajoutant des notes de caramel et de vanille fine.

Corton-charlemagne Bonneau du Martray 1985

Une robe intense, dorée, éclatante. Le nez présente de prime abord un accent viandé, de cuir, qui s'évanouit à l'aération. Viennent ensuite des notes de fleurs lourdes (lys), de tisane, de tilleul et de fruits secs, le tout fondu dans un ensemble de miel, de cire d'abeille, d'épices complexes. La bouche très aromatique et expressive possède une ampleur peu commune. Sa structure et son gras apportent une sensation de velours à ce vin d'une grande richesse. La finale n'en finit pas de décliner le miel et les notes épicées, la mie de pain, les fruits secs, en imprégnant longtemps la bouche. Très beau vin viril et généreux.

Dégustation des vins à table

Ce plat est un véritable révélateur des qualités des vins. Sa texture crémeuse, suave et gourmande fait ressortir le gras et l'équilibre des vins blancs. Les arômes de truffe, loin de dominer, jouent avec leur palette aromatique.

• Le **côtes-de-provence** paraît plus vif, plus léger et perd un peu de son gras. En revanche, ses arômes sont exacerbés. La palette s'oriente vers les fruits secs, tandis que s'estompe la forte note anisée initiale face à la truffe. Dominé par le plat, ce vin n'en garde pas moins toute sa délicatesse.

• Le **château-grillet** est épuré par le plat. Sa composante "légume", qui pouvait déconcerter lors de la première dégustation, disparaît. Au contraire, les arômes d'abricot sec et d'épices douces ressortent, tant au contact de la crème que de la truffe. Le vin s'en trouve structuré, amélioré. Il gagne en jeunesse. Sa complexité et son originalité éclatent au grand jour. Une belle alliance dans laquelle le plat vient au secours du vin.

• L'**hermitage** est à son aise. Ses arômes de fruits secs, ses notes torréfiées, ses accents de pêche sont développés par le plat. Déjà très puissant et structuré, le vin dévoile encore sa carrure et sa force. En finale, les épices et la note de truffe sont soulignées par l'apparition d'arômes de poivre noir qui donnent du relief à l'ensemble. Ce géant domine de la tête et des épaules, mais il n'écrase pas le plat. Il joue avec.

• Le **corton-charlemagne** garde toute sa personnalité. Son fruit est quelque peu exacerbé par la truffe du plat. Le miel, le tilleul, les épices et les fleurs sont soulignés et révélés par la crème. La structure puissante de ce vin, tout comme celle de l'hermitage, semble plus marquée. La longueur aromatique trouve ici un faire-valoir idéal. Déjà très longue et rémanente, la finale de ce vin joue en synergie avec le plat et défie les lois des caudalies. Si la queue de paon existe, c'est ici qu'on la découvrira.

Autres alliances

- **Provence-Corse** : vins-de-corse blanc 2 ans
- **Vallée du Rhône** : condrieu 4 ans, crozes-hermitage blanc 4 ans
- **Bourgogne** : pernand-vergelesses blanc 4 ans
- **Vallée du Rhône** : châteauneuf-du-pape blanc 4 ans
- **Bordelais** : pessac-léognan blanc 4 ans
- **Languedoc-Roussillon** : côtes-du-roussillon blanc 2 ans
- **Jura** : côtes-du-jura blanc 2 ans
- **États-Unis** : chardonnay Carneros Californie 5 ans
- **Espagne** : Ampurdán-Costa Brava blanc 2 ans
- **Italie** : Grave del Friuli blanc 2 ans
- **Allemagne** : pinot gris Baden Auslese 2 ans
- **Nouvelle-Zélande** : chardonnay 5 ans
- **Suisse** : malvoisie du canton du Valais 2 ans

La recette de la crème belle aurore

Ingrédients

1 carcasse de poulet avec les blancs (réserver les cuisses pour une autre recette)
1 oignon
2 carottes
1 bouquet garni
sel et poivre
400 g de champignons de Paris ou 1 truffe fraîche
20 cl de crème fleurette

• Préparer un fond de volaille : couper la carcasse en morceaux. Ajouter l'oignon, les carottes coupées en dés, le bouquet garni, du sel et du poivre. Mouiller d'eau et faire cuire pendant 1h30. Écumer en début de cuisson pour éliminer les éléments indésirables. Laisser refroidir après cuisson et dégraisser en raclant la graisse qui se fige à la surface du liquide.

• Hacher en petits dés les blancs de poulet et les mettre à cuire dans le fond. Ajouter une duxelle de champignons de Paris ou, pour une recette plus luxueuse, 1 belle truffe noire coupée en fins bâtonnets. Ajouter la crème fleurette et laisser réduire 10 mn.

• Rectifier l'assaisonnement et servir en soupières individuelles.

En accompagnement des salades

LE PIRE ENNEMI DU VIN EST SANS DOUTE LA VINAIGRETTE. L'ACIDITÉ FIXE ET VOLATILE DU VINAIGRE EST CAPABLE D'ÉTOUFFER TOUTES LES QUALITÉS D'UN CRU ET D'AMAIGRIR LE BREUVAGE LE PLUS CORSÉ, DONNANT UN GOÛT DE PIQUÉ AU VIN LE PLUS SAIN. C'EST DIRE SI LA DÉGUSTATION SUR UNE SALADE EST DÉLICATE ; NOMBRE D'AUTEURS CONSEILLENT LA PARENTHÈSE DU VERRE D'EAU PLUTÔT QUE LE RISQUE DU PROFOND DÉSACCORD !

On pourrait s'en tenir à cette sage prudence si la gastronomie moderne n'était pas si riche en salades de tous genres : de la simple salade composée qui entame les repas quotidiens à celle, plus sophistiquée, que les grands chefs s'ingénient à créer. La première règle à observer est de modérer l'assaisonnement et de privilégier le vrai goût des composants plutôt que de les noyer dans une vinaigrette agressive.

L'huile

Une salade, c'est d'abord une huile : la gamme des corps gras liquides est étendue. On y trouve des huiles au goût neutre comme l'huile d'arachide ou de soja, qui respectent les saveurs. On les réservera aux salades à base de charcuteries, cervelas ou museau de bœuf, à la lyonnaise. Vient ensuite la très actuelle huile d'olive qui a fait une percée fulgurante grâce à son goût délicat d'abord, à ses qualités nutritives et diététiques ensuite. Très parfumée, elle peut marquer une salade de son empreinte et donner un style méditerranéen à n'importe quel plat. On la choisira vierge et de première pression à froid, plutôt fruitée que végétale, avec une amertume et une acidité modérée. Les huiles de Provence ou d'Italie comptent parmi les plus recherchées. Enfin, les huiles spéciales comme l'huile de noix ou de noisette seront réservées à des salades à base de fromage ou de truffes. N'oublions pas que l'huile a un effet tapissant sur les papilles qui peut retarder la perception sensorielle lors de la dégustation des vins.

Vinaigre ou citron ?

Pas de salade sans vinaigre ou citron. Condiments très répandus et employés depuis la plus haute Antiquité, les vinaigres sont divers. Le vinaigre d'alcool, sans grâce ni complexité, sera évité dans les salades ; on le réservera aux conserves de cornichons ou de petits oignons. Les vinaigres de vin sont légion : du simple vinaigre de vin blanc ou rouge aux vinaigres vieillis de Jerez ou de Banyuls, ou encore aromatisés à la framboise ou à l'échalote… L'imagination des fabricants est sans limite. La seule règle est la modération. Le vinaigre doit souligner et non dominer.
Le vinaigre balsamique, autrefois très coûteux et confidentiel, mérite une mention spéciale. Sa rondeur et son côté suave, presque sucré, atténuent la force de son acidité. Marié à l'huile d'olive, il crée des assaisonnements délicats, respectueux des plats et parfois même des vins.

Quant au citron, lui aussi délicieux mélangé à l'huile d'olive, quelques gouttes suffisent à donner du tonus et à aromatiser une salade de poissons ou de crustacés. Quelques vins blancs aux arômes citronnés pourront s'en trouver confortés.
Peut-on diminuer et même se passer du vinaigre ? Oui, en lui substituant un condiment fort en saveurs. Un jus de viande très réduit et épicé peut, mélangé à de l'huile, constituer une sauce qui relèvera bien des salades. L'emploi d'herbes aromatiques – cerfeuil, estragon, persil ou coriandre – permet aussi de diminuer la dose de vinaigre ou de citron. On pourra par ailleurs confectionner une sauce à base de fromage blanc ou même de yaourt, et ajouter du piment de Cayenne ou d'Espelette, du Tabasco. Les vins rouges s'en porteront bien mieux.

Moutardes, mayonnaises et autres condiments

Liant d'une sauce vinaigrette, la moutarde peut, elle aussi, diminuer l'acidité de la sauce et la compenser par sa saveur détonante. En revanche, il faut écarter les cornichons, pickles ou oignons grelots qui, à l'instar du vinaigre, ne favorisent pas la dégustation avec des vins. Quant à la mayonnaise, pure ou détendue, qui sert souvent de base à des sauces salades plus sophistiquées, elle n'est pas l'amie du vin, qu'elle simplifie et amaigrit. Enfin, la crème fraîche peut valoriser un vin blanc en lui donnant du tonus.

Un vin pour chaque salade

La règle d'or est de choisir des vins simples et modestes : il serait criminel de sortir de la cave ses grandes bouteilles pour honorer une salade. On peut cependant donner de la personnalité aux alliances et surtout respecter le vin choisi en réfléchissant aux accords possibles avec les ingrédients. Il est par ailleurs préférable de sélectionner des vins blancs vifs et nerveux, des rosés aromatiques, plutôt technologiques. Éviter les vins rouges, sauf si l'on souhaite boire un vin unique pendant tout le repas. On choisira alors un vin léger, facile et sans prétention que l'on servira rafraîchi.

• **Salades de crudités :** les salades – laitues, frisées ou autres romaines et mâches – donnent de l'amertume aux vins, le côté végétal masquant leur fruité. On choisira des vins blancs pas trop vifs, d'un bon équilibre moelleux-nervosité : sylvaner, pinot blanc, saint-joseph, mâcon, gaillac perlé, vins blancs du Languedoc tireront leur épingle du jeu sans trop de dégâts.

• **Salades de poissons ou crustacés :** si les ingrédients sont respectés, l'iode doit l'emporter sur l'acidité ; le citron est alors idéal pour donner tonus et arômes. Les vins pourront affronter cette dominante à condition d'avoir suffisamment de puissance aromatique : alsace-riesling, chablis, vouvray sec, sancerre ou entre-deux-mers conserveront leur identité. Si des rougets entrent dans la salade, on préférera un vin blanc plus gras comme un cassis ou un palette, voire un châteauneuf-du-pape blanc, ou un rosé de Provence. Si le luxueux homard est mis en vedette, on s'orientera vers un meursault ou un hermitage blanc, en bannissant mayonnaise et vinaigre agressif.

• **Salades de charcuteries :** les cuisiniers lyonnais aiment mêler cervelas, lardons, foies de volaille et pommes de terre. Le gras comme la force salée et poivrée de ces charcuteries l'emportent bien souvent sur le vinaigre, ce qui invite à choisir un vin rouge fruité et léger en tanins. Quoi de plus naturel que d'y associer des beaujolais, coteaux-du-lyonnais, saint-joseph rouges. Mais sans faire frémir les "mâchonneurs", on peut aussi penser à des anjou rouges, à des saumur-champigny et à quelques vins d'Auvergne. À plat canaille, vins de copains, mais l'accord le plus indiqué restera toujours un rosé corsé du Midi : tavel, côtes-de-provence ou irouléguy.

• **Salades de viande :** les restes du pot-au-feu ou d'un petit salé sont délicieux le lendemain en salade. En les associant à des légumes, à des lentilles ou à des haricots, relevés par un hachis d'échalote et un filet d'huile et de vinaigre bien mesuré, on obtient un sympathique plat du dimanche soir. On le servira accompagné d'un jeune bordeaux rouge, d'un chinon, d'un bergerac ou d'un cahors. Un corbières de macération carbonique sera également à son aise, tout comme un vin rouge de Savoie. Si l'on ne veut sacrifier aucun vin rouge, un rosé-des-riceys, un marsannay ou un bandol feront l'affaire.

• **Salades au fromage :** grand classique, le crottin de Chavignol chaud sur son lit de frisée ne pose aucun problème culturel : on lui associera un sancerre, un pouilly-fumé ou un quincy. Un sauvignon de Duras ne s'en portera pas plus mal.

• **Salades folles ou exotiques :** l'imagination est libre. Mélanges excitants et insolites, poisson et ananas, poulet et pomelo, foie gras et langouste, la gamme est infinie. Un vin blanc sec et vif devrait résister ; on choisira un chenin de Loire, vouvray ou savennières, un muscadet, un apremont ou un reuilly qui joueront avec les divers ingrédients. On pourra aussi rechercher le vin qui ira le mieux avec le fruit de la salade : ananas et jurançon sec, pomelo et sancerre, noix et arbois.

• **Et les salades de fruits ?** Par extension on appelle salade de fruits un mélange de fruits coupés en petits morceaux, sucrés et aromatisés selon l'humeur du chef ; nous quittons donc l'univers du vinaigre pour retrouver celui du sucre.
On distinguera les salades classiques dans lesquelles entrent ananas, pêches, abricots, cerises, quartiers d'orange ou de pamplemousse. Vouvray moelleux, coteaux-du-layon apporteront leur liqueur et leur nervosité, tout comme un jurançon. Toutefois, le meilleur accord – celui qui respecte le vin – sera obtenu avec un muscat, rivesaltes, muscat-de-beaumes-de-venise ou de saint-jean-de-minervois. On réalisera des accords inattendus avec du floc-de-gascogne ou du pineau-des-charentes, surtout si la salade est parfumée à l'armagnac ou au cognac. On pourra aussi siroter un verre de vieux rhum, de kirsch ou de mirabelle si l'eau-de-vie a servi à la salade.
Sur les salades de fruits rouges, on essayera un vin rouge jeune, riche en arômes de framboise. Mais celui-ci risque de se durcir. En revanche, un vin doux naturel rouge élevé en *vintage* (maury, rivesaltes ou banyuls) fera l'unanimité.

Sur un plateau de charcuteries

TRÈS TÔT, LES HOMMES ONT COMPRIS QUE LE SEL POUVAIT CONSERVER UNE VIANDE QUI, JUSQU'ALORS, ÉTAIT RÉSERVÉE À UNE CONSOMMATION IMMÉDIATE. LE SEL EST À CE TITRE AUSSI IMPORTANT QUE LA MAÎTRISE DU FEU QUI PERMIT DE DÉCOUVRIR LES BIENFAITS DE LA CUISSON. CETTE DENRÉE PRÉCIEUSE ET INDISPENSABLE À LA SURVIE NE MANQUAIT D'AILLEURS PAS D'ÊTRE TAXÉE PAR LE POUVOIR AU MOYEN DE LA CÉLÈBRE GABELLE.

Les salaisons peuvent s'appliquer à n'importe quelle viande, mais celle de porc est la plus courante car elle se prête à d'innombrables préparations.

Quelques conseils

Un bon plateau de charcuteries comporte des produits complémentaires. Nous nous limiterons à des denrées salées, sans l'apport aromatique du fumé. En associant des pâtés, rillettes, pâtés de foie, pâtés de campagne, qui apportent la note grasse et moelleuse, à des salaisons, saucissons, saucisses sèches ou jambons crus, salés et poivrés, forts en goût et de texture plus ferme et sèche, on composera des assiettes de dégustation. La progression se fera du moins salé au plus relevé, du plus moelleux au plus sec.

La qualité du porc (élevage, alimentation en particulier) est essentielle pour l'élaboration d'une bonne charcuterie. On préférera donc les produits artisanaux aux denrées industrielles : l'artisan sait acheter ses bêtes, adopte une méthode de préparation traditionnelle, utilise du bon sel et respecte les temps de séchage.

• Les **rillettes** doivent être choisies ni trop grasses, ni trop sèches et seront dégustées à température ambiante.

• Le **pâté de campagne** sera choisi riche en foie de porc et acheté chez le charcutier, à la terrine. La texture est importante : elle doit rester rustique. Il ne faut pas confondre mousse avec pâté.

• Le **jambon cru** sera impérativement choisi à la coupe et non emballé. La tranche doit être très fine et comporter à la fois du maigre et du gras qui donne le goût de noisette au jambon. Enlever le gras du jambon est une hérésie gastronomique.

• Le **saucisson** doit être le plus sec possible, ferme au toucher, issu d'un hachage grossier, coupé en tranches très fines. Sa couleur sera vive ; le gras doit être blanc sous peine de goût de rance.

Dans tous les cas, le choix d'un produit avec label s'impose (Lacaune, Bayonne, Auvergne, etc.). On bannira pour la dégustation tout cornichon, pickles et autres condiments.

Dégustation des vins avant le plat

Rosé-des-riceys Savour Club 1995

Légèrement évoluée, la robe cerise claire présente une pointe de gris. Le nez est assez discret, avec des dominantes framboise, cerise rouge, quelques accents de vanille et de fruits secs. La bouche attaque en rondeur. Elle offre un corps assez léger et une finale qui devient pointue et acidulée. Le fameux goût des Riceys ne s'exprime ici qu'en rétro-olfaction, avec des notes d'amande et de petits fruits rouges.

Tavel Domaine de La Mordorée 1997

Vêtu d'une robe vive et éclatante, cerise à reflets saumon, ce vin est puissant et généreux : fruits rouges très mûrs, fraise compotée, accents floraux qui donnent de l'élégance et de la légèreté. La bouche, riche, possède de l'ampleur et du gras, une présence fruitée, dense et imprégnante, une structure bien bâtie pour un rosé. Un vin qui finit avec rondeur, sur son fruit et quelques notes épicées. Un rosé de classe représentatif de la qualité des tavel.

Beaujolais
Domaine du Vissoux 1995

La robe, petite cerise, est assez dense pour l'appellation. Elle garde des reflets de jeunesse. Le nez est bien typé : belle maturité de fruit, framboise et fraise, notes minérales, quelques épices douces. La bouche très légère, souple et coulante justifie le qualificatif de gouleyant. Très aromatique, offrant ce fruité pur du raisin et des tanins fondus, ce vin renoue avec la vocation historique du beaujolais, celle des vins de soif de mâchons et de pétanque.

Saumur-champigny
Domaine des Roches Neuves
Terres Chaudes 1996

La robe, dense, révèle un fond rubis et un reflet violet. Le nez est représentatif du cabernet franc : notes de poivron rouge, de cassis, de fumée et violette. La bouche a de la structure, de beaux tanins encore vifs. Le fruité originel s'exprime dans une matière dense et mûre. La trame conserve de la mâche. Finale poivrée persistante pour ce saumur-champigny qui se distingue de la production actuelle.

Dégustation des vins à table

Sur les rillettes

Le mets le plus gras joue avec la structure et l'acidité des vins.

• Le **rosé-des-riceys** ne fait pas le poids face au moelleux du plat. Il perd toute consistance. Plus grave, il abandonne sa spécificité aromatique pour ne développer que de la fraîcheur pure. Les rillettes agissent comme une gomme sur la finesse de ce vin.

• Le **tavel** est à son avantage. Il prend de la rigueur dans sa structure, garde son fond et sa palette aromatique. Le gras du plat et le volume du vin jouent dans le même sens ; les arômes sont complémentaires. Il s'agit dans ce cas d'un cousinage.

• Le **beaujolais** trouve avec les rillettes un compagnon de jeu. Si l'aventure lui fait perdre un peu de fruit, elle fait ressortir son côté léger et rafraîchissant. Le gras des rillettes agit comme un révélateur sur ses arômes et le rend très aimable. Le peu de tanins est complètement oublié pour ne retenir que le côté coulant.

• Le **saumur-champigny** conserve sa structure et son fruit intacts : les rillettes ne l'impressionnent pas. Il aurait même tendance à les dominer.

Sur le pâté de campagne

Moins grasse, plus aromatique car riche en foie, plus salée et poivrée, cette charcuterie met en valeur des vins différents.

Autres alliances

- **Bourgogne** : marsannay rosé 1 an
- **Vallée du Rhône** : côtes-du-rhône rosé 2 ans
- **Beaujolais** : chiroubles 3 ans
- **Vallée de la Loire** : anjou rouge 2 ans
- **Alsace** : alsace-pinot noir 1 an
- **Bourgogne** : chablis 1 an
- **Provence-Corse** : vins-de-corse rouge 1 an
- **Languedoc-Roussillon** : faugères rosé 1 an
- **Allemagne** : pinot noir Württemberg 2 ans
- **Italie** : Bardolino 1 an
- **Espagne** : Navarra rosé 1 an
- **Chili** : merlot 1 an
- **Australie** : shiraz 1 an
- **États-Unis** : zinfandel de Californie 2 ans

• Le **rosé-des-riceys** poursuit son chemin de croix, il plie un genoux à la deuxième station et manque de s'évanouir. Ne ressort de l'affrontement que son côté vif et rafraîchissant, ce qui est peu pour ce vin au prix élevé.

• Le **tavel** caracole fièrement devant le pâté. Son côté fruité en est même exacerbé, sa générosité et sa structure prennent dans l'affrontement des côtés plus aimables avec beaucoup de fondu. L'alliance de sa générosité et de la puissance aromatique du pâté est équilibrée. Il s'agit ici d'un mariage harmonieux ou chaque époux garde sa personnalité.

• Le **beaujolais** continue de jouer le rôle rafraîchissant qui lui va bien, mais il perd un peu de ses couleurs fruitées devant les arômes de foie du pâté. La structure légère du vin lui permet de garder sa fluidité, son charme et sa gaieté.

• Le **saumur-champigny** impose encore sa loi aromatique mais commence à arrondir ses tanins. Sa structure s'amabilise avec un grain qui se polit, une trame qui s'affine. Son grand fruit fait merveille avec le côté "foie" du pâté.

Avec les salaisons, jambon et saucisson

Ces charcuteries riches en sel, en poivre, ont un goût dominant. Les vins qui leur sont alliés ont besoin de tous leurs atouts pour garder leur âme dans cette confrontation parfois destructrice.

• Le **rosé-des-riceys** tombe pour la troisième fois. On ne retiendra de sa dégustation que le côté nerveux et acide, avec une complète absence aromatique, dominée et écrasée par la puissance de la charcuterie. Ce vin par ailleurs très délicat a des pudeurs de jeune rosière !

• Le **tavel** s'en tire bien, car son équilibre généreux est capable de s'allier au sel. Il s'agit là d'un mariage de contrastes : le jambon salé fait ressortir le moelleux du vin, le poivre du saucisson renforce sa structure, mais les arômes fruités perdent en intensité.

• Le **beaujolais** est un compagnon plutôt flatteur. C'est là une alliance où l'un des partenaires se met au service de l'autre. Belle abnégation chez ce beaujolais qui accepte de perdre de sa vinosité pour flatter le côté gras du jambon, tout en atténuant la perception salée. Le jambon lui rend la pareille en augmentant l'impression fruitée. Le saucisson, en revanche, écrase le vin qui ne garde que son rôle rafraîchissant.

• Le **saumur-champigny** est le plus à l'aise pour affronter le couple diabolique sel-poivre. Cette alliance de feu n'est pas étonnante ; les arômes poivrés du vin n'y sont pas étrangers. Le sel de la charcuterie renforce le côté fruité, les notes de poivre jouent de concert, les tanins du vin sont arrondis et semblent plus matures. Un mariage explosif digne d'une pièce shakespearienne !

Sur un jambon persillé à la bourguignonne

Les variantes du jambon persillé ne manquent pas. Certains préfèrent écraser la viande à la fourchette, en mêlant gras et viande comme pour des rillettes ; d'autre conseillent de laisser des morceaux entiers. Certains mettent de l'ail, d'autres pas. Quant au mariage chair–persil, on peut soit déposer la gelée au persil au-dessus de la viande, soit alterner les différentes couches pour obtenir une mosaïque à la découpe. Quoi qu'il en soit, l'alliance de la chair de porc et du persil est toujours savoureuse et se prête à la dégustation de vins blancs comme de vins rouges… de Bourgogne bien entendu !
La qualité du jambon est primordiale. On essaiera de se procurer une pièce provenant d'un élevage fermier, engraissée avec une alimentation saine. L'épaule se prête mieux à cette préparation que la cuisse, que l'on réservera à la fabrication du jambon salé et séché traditionnel.

Dégustation des vins avant le plat

Il est toujours intéressant de déguster les vins provenant d'une même maison. Les différences entre les caractères des crus sont évidentes puisqu'ils ont la plupart du temps été élaborés selon des méthodes similaires ; le seul paramètre de distinction reste alors le terroir.

Chablis Louis Latour 1997

La robe, assez pâle, présente un reflet vert prononcé. Ce sont les notes florales qui montent au premier nez, suivies d'une minéralité affirmée ; puis les fruits blancs, la pêche de vigne font entendre leur voix. La bouche attaque sur un fruité bien précis, avec une certaine ampleur de matière, de la rondeur. Toutefois, l'acidité vient rappeler que nous sommes à Chablis. Cette fraîcheur est au bénéfice du fruit qui s'en trouve bien souligné. Le vin finit de manière équilibrée. Il fait preuve d'une bonne persistance aromatique : les notes minérales reviennent sur le devant de la scène.

Givry blanc Louis Latour 1996

La robe, plus soutenue, possède un petit reflet vert sur fond de paille. C'est le fruit qui domine la palette aromatique, accompagné de notes de tisane (tilleul), de quelques touches épicées et florales (acacia). La

LE JAMBON PERSILLÉ EST UNE SPÉCIALITÉ CHARCUTIÈRE DE LA BOURGOGNE. ON PEUT S'EN PROCURER DANS LES BONNES CHARCUTERIES MAIS SON ÉLABORATION NE POSE AUCUNE DIFFICULTÉ À QUI VOUDRAIT SE LANCER DANS L'AVENTURE.

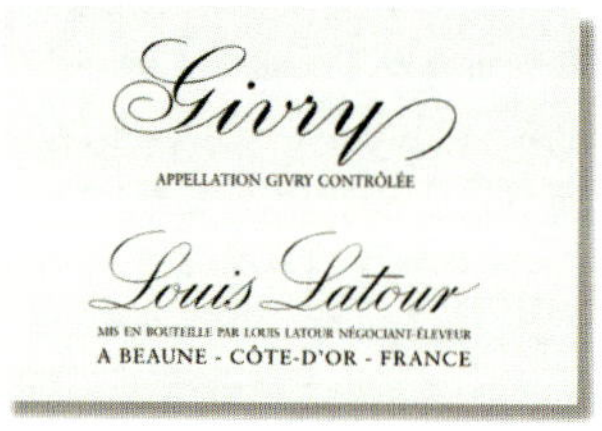

bouche, puissante, possède un certain volume : le fruité est épanoui. La fraîcheur structure l'ensemble et donne beaucoup de vivacité au vin. La finale en paraît un peu tranchante. Le style du millésime est ici bien évident. Quant à la longueur aromatique, elle se situe dans une bonne moyenne. Se déclinent fruits et épices.

Marsannay rouge Louis Latour 1997

La robe, assez légère, possède un fond cerise et un petit reflet pourpre. Le nez a de la complexité : cerise rouge, notes de réglisse, un peu fumées, touche minérale. La bouche attaque en souplesse, avec de la suavité, une matière lisse et bien fruitée. Les tanins montent ensuite, déjà fondus et intégrés dans le vin. La finale revient sur un fruité puissant et expressif. Un vin de charme, déjà facile à boire.

Meursault rouge Louis Latour 1996

La robe de ce meursault est bien plus soutenue que celle du marsannay. Son reflet commence à évoluer. Le nez, certes encore un peu discret, libère un fruité dense et profond, qui s'accompagne d'arômes de cerise cuite, de notes réglissées et d'accents d'épices orientales, légèrement boisées. La bouche, d'un beau volume, se fait veloutée à l'attaque. Son grand fruit s'impose d'emblée. La structure tannique, plutôt intense, repose sur un grain qui demande encore à se fondre. Charpenté et puissant, ce meursault rouge est un vin de garde, qui vaut aujourd'hui par son fruité intense et sa longueur mais qui ne dévoilera ses vraies qualités que dans cinq ou six ans.

Autres alliances

- **Bourgogne :** bourgogne blanc 1 an, montagny blanc 3 ans, fixin 2 ans, monthélie rouge 3 ans
- **Bourgogne :** auxey-duresses rouge 3 ans, saint-aubin blanc 3 ans, santenay rouge 3 ans, savigny-lès-beaune 3 ans
- **États-Unis :** pinot noir de l'Oregon 2 ans
  Espagne : chardonnay Penedès 2 ans
  Italie : pinot noir Alto Adige 2 ans
  Allemagne : pinot gris Franken Kabinett 2 ans
  Suisse : pinot noir du canton de Genève 1an
  Roumanie : pinot noir 2 ans

Dégustation des vins à table

Le plat est fortement marqué par l'alliance de la viande au persil. Les arômes s'expriment avec force. Les goûts sont tout aussi marqués, avec des différences de texture entre la gelée qui apporte fondu et moelleux et la viande plus fibreuse. Le gras du jambon enrobe le tout pour donner une impression de moelleux.

• Le **chablis** est transformé par le plat. Son fruité est rehaussé d'un ton, mais ses arômes minéraux sont presque laissés pour compte. Le gras du jambon atténue son acidité. Le vin paraît plus rond, plus suave, comme s'il gagnait en maturité. Le persil et ses arômes puissants n'altèrent en rien ce fruité. Le vin prend de la hauteur avec ce partenaire idéal.

• L'acidité du **givry** baisse fortement devant le moelleux du plat, ce qui semble être une constante de cette dégustation. Le vin s'en trouve plus harmonieux et le côté tranchant de sa finale disparaît au profit d'une certaine rondeur. Le fruit blanc de sa palette aromatique est rehaussé, la note épicée prend de la force face aux saveurs du jambon. Une alliance au bénéfice du vin.

• Le **marsannay** prend du fruit et perd sa pointe fumée et réglissée ; la note viandée du plat en est sûrement responsable. En revanche, le persil fait apparaître quelques épices qui étaient passées inaperçues à la dégustation. Les tanins, déjà très fondus, sont totalement gommés par le plat ; le vin y gagne plus de charme et de séduction. Un accord très gourmand.

• Le **meursault rouge** est amadoué par le plat : sa force tannique est lissée par la gelée et le gras du jambon ; le côté boisé se fond davantage. Le fruité s'en trouve précisé , la petite cerise noire prenant le dessus. Le plat sert de révélateur : il ouvre le vin et le projette dans l'avenir. Bénéfice habituel des plats qui comportent viande et gras pour des vins rouges de garde.

La recette du jambon persillé

Ingrédients

1 jambon demi-sel desossé, avec l'os à part
1 pied de veau
100 g de persil
1 verre de vinaigre de vin blanc

Pour le bouillon
1/2 litre de vin blanc (bourgogne-aligoté ou mâcon)
3 litres d'eau
1 oignon
2 clous de girofle
4 gousses d'ail
5 g de poivre en grains
1 bouquet garni (persil, thym, laurier, 1 branche de céleri)

Pour la gelée
8 feuilles de gélatine
1 verre de vin blanc (bourgogne-aligoté ou mâcon)

• Faire dessaler à l'eau froide le jambon demi-sel pendant une nuit. Le lendemain, le faire blanchir pendant 1 h à eau frémissante.

• Préparer un bouillon composé du vin blanc, de l'eau, de l'oignon piqué des clous de girofle, des gousses d'ail écrasées. Ajouter le poivre en grains et le bouquet garni. Ajouter l'os du jambon et le pied de veau. Faire cuire le jambon dans ce bouillon, à feu doux, pendant 1h30.

• Pendant ce temps, hacher le persil et le faire infuser dans le vinaigre de vin blanc.

• Après cuisson du jambon, l'égoutter soigneusement, le découper en petits morceaux (soit en cubes, soit en lanières).

• Prendre une grande terrine et y alterner une couche de jambon, une couche de persil vinaigré, jusqu'à épuisement des ingrédients mais en terminant toujours par une couche de persil.

• Préparer la gelée : tremper les feuilles de gélatine dans le vin blanc ; saler et poivrer. Verser sur la terrine. La gelée tiède va s'infiltrer dans les couches de la terrine et faire liaison en refroidissant. Tasser vigoureusement et mettre sur la terrine une planchette de même dimension avec un poids de deux kilos pendant toute une nuit au froid. Démouler et servir en tranches.

FOIE DE CANARD
OU D'OIE :
LE CHOIX EST AFFAIRE
DE STYLE ET DE BUDGET.
LE CANARD EST EN GÉNÉRAL
PLUS GOÛTEUX
ET PLUS RUSTIQUE.
IL EST LE MOINS CHER
DES DEUX.
LE FOIE D'OIE
PRÉSENTE SOUVENT
PLUS DE DÉLICATESSE
ET DE SUBTILITÉ.

Sur des foies gras d'oie

On achètera son foie gras chez un volailler ou, si l'on habite ou voyage en Gascogne, sur un de ces pittoresques "marchés au gras" : les producteurs offrent les canards et les oies au marchandage des clients. Le foie d'oie ou de canard devra être de couleur rose ou beige pâle, ferme au toucher et sans taches brunes. On vérifiera, en écartant les lobes, que le fiel a bien été enlevé, sans laisser de traces vertes. On peut acheter des foies déjà préparés en privilégiant la mention "foie gras entier" sur l'étiquette. La présence de la truffe n'est d'aucun bénéfice.

Dégustation des vins avant le plat

"Tous les goûts sont dans la nature" dit le dicton populaire, mais chaque foie gras est-il promis à un vin particulier ? La querelle vin rouge ou vin blanc liquoreux n'est pas près de s'éteindre en pays gascon, si prompt à s'enflammer autour d'un ballon ovale ou d'une table ronde. Querelle qui oppose les partisans du tanin à ceux du sucre, les amateurs de fruits rouges aux adorateurs du miel, le rustique pour les uns, le raffiné pour les autres. Le terroir offrant les deux types de vins, le concept d'alliance régionale ne peut les départager. Sans entrer dans des considérations gustatives, l'avantage du vin rouge est de toute évidence d'ordre pratique : il permet de ne servir qu'un seul vin pour tout le repas et de garder au foie gras son côté paysan. On le préférera pour ouvrir un repas campagnard. Le vin liquoreux pose au contraire un problème de service : que proposer après un vin aussi long et imprégnant ? Certains amphitryons résolvent cet épineux problème en servant le foie gras en fin de repas (comme dans l'Antiquité), avant un fromage persillé et même un dessert.

AOC saint-julien
Château Branaire Duluc-Ducru 1994

La robe a une belle intensité et des reflets encore jeunes. Fruits rouges, réglisse et vanille, sans oublier une présence boisée plutôt discrète et élégante : les arômes de ce saint-julien ne manquent pas de noblesse : ils sont déjà bien fondus. La bouche, structurée, propose une matière dense et fruitée, une architecture tannique dont le grain se polit, une

bonne concentration et une finale longue. Celle-ci reprend les arômes du nez et développe des épices boisées qui se marient au fruit. Un vin encore jeune mais déjà gourmand.

Gaillac doux
Domaine de Vayssette 1995

La robe dorée et légère ne manque pas d'éclat. Le nez est assez exubérant : fruits confits, pâte de coings, pomme au four, notes botrytisées bien fondues dans un fruit bletti qui traduit une belle surmaturation. La bouche est ronde, lisse et riche, mais ce qui frappe avant tout c'est le bel équilibre entre liqueur et acidité qui donne de la fraîcheur et un côté aérien à ce vin de caresse. La longue finale développe toute la gamme des fruits blancs confits, avec toujours cette pointe vive qui apporte de l'éclat et de la rémanence.

Jurançon
Domaine Cauhapé
Noblesse du Temps 1994

La robe présente un doré profond. La densité et la viscosité apparentes ne trompent pas. La palette aromatique décline les fruits exotiques jusqu'à la nèfle, en passant par les épices boisées (vanille et cannelle), torréfiées, les notes de pain d'épice, de miel et de mangue très mûre. La bouche, dense, offre une

matière opulente et suave, une présence miellée imposante, une explosion aromatique et surtout une acidité qui tend et rafraîchit le vin dans un équilibre de cristal. Belle rémanence en finale, soulignée par cette fraîcheur qui confère aux arômes de la légèreté et une grâce toute aérienne.

Barsac Château Nairac 1994

La robe présente un beau doré, vif et brillant. Les arômes se distinguent ici par leur finesse et leur complexité. Abricot sec, miel, arômes d'encaustique, fruits blancs confits, fruits exotiques très mûrs, le tout égayé par d'élégantes notes florales. La bouche a de la race : belle liqueur séveuse, présence aromatique expressive, équilibre parfait qui donne à ce vin un côté aristocratique et une certaine sérénité. Belle finale où l'on retrouve toute la gamme du nez mais où l'accent est mis sur les fruits confits et l'abricot.

Le vignoble de Gaillac.

Dégustation des vins à table

Le foie gras d'oie présente une texture fondante, lisse et grasse, ses arômes sont délicats, sa saveur est un subtil mélange de salé et d'amertume, relevé par la pointe de vin et de poivre. Le foie mi-cuit est plus fondant que le foie en conserve, mais ce dernier a plus de force gustative.

• Le **saint-julien**, comme prévu, a divisé le jury pour des raisons plus culturelles que gustatives. Si le foie en conserve simplifie les arômes du vin (le vin se vengeant en faisant ressortir le côté amer du foie), le foie mi-cuit a une influence bénéfique sur les tanins du saint-julien. Ceux-ci s'arrondissent, prennent un grain très fin et se fondent dans le plat. Les arômes vanillés ressortent mais le fruit passe derrière les épices du bois. En définitive, ce vin rouge tannique et racé est un bon compagnon du foie gras mi-cuit.

• Le **gaillac** doux épouse toutes les facettes du foie gras. Sur le foie en conserve, il apparaît encore plus aérien. Sa liqueur est renforcée mais jamais excessive. Des arômes floraux, qui étaient passés inaperçus à la première dégustation, apparaissent. Sur le foie mi-cuit, c'est l'équilibre du vin qui est souligné, avec une exacerbation de la sensation sucrée et de la sensation acide, le tout marié dans une expression aromatique renforcée. Le coing prend ici le pas, accompagné de notes miellées et surmûries très suaves. Les deux types de foies conviennent, chacun dans son style.

• Le **jurançon** est un parfait compagnon. Si son côté boisé-torréfié est quelque peu effacé par le foie en conserve (ce qui n'est pas un mal), c'est toute sa puissance aromatique qui s'en trouve confortée. En bouche, la force du vin parle et le foie plie un genou. Sur le foie mi-cuit, on atteint le sublime. L'acidité du vin rafraîchit le gras du foie, alors que sa puissance liquoreuse en gomme l'amertume. Les arômes de fruits exotiques émergent de la palette et accompagnent le foie mieux que n'importe quelle garniture. Domination du foie gras en conserve, épousailles avec le mi-cuit, le jurançon est un seigneur qui choisit ses compagnes.

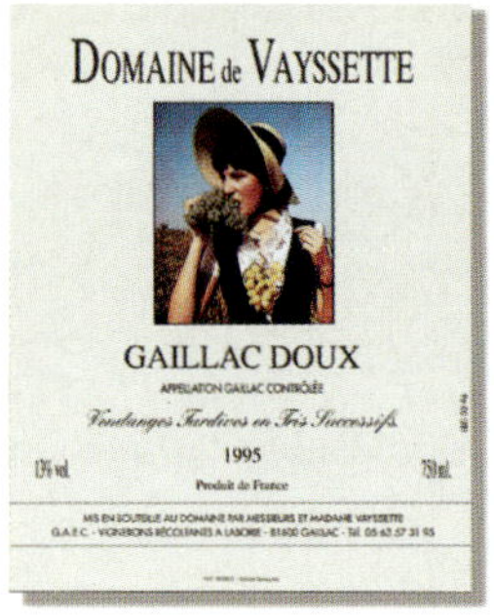

• Le **barsac** trouve dans les deux foies de puissants révélateurs. Le foie en conserve développe la complexité aromatique du vin : des notes mentholées apparaissent, le côté floral se renforce, ce qui donne à la palette aromatique un côté plus aérien. La bouche acquiert davantage de fraîcheur, comme si le sucre était plus léger. L'équilibre du barsac est souligné par le foie gras mi-cuit, ses arômes sont révélés avec précision, surtout en rétro-olfaction : c'est alors que le vin s'éternise en développant l'abricot, le miel, les épices douces.

Autres alliances

Bordelais : médoc 3 ans, cadillac moelleux 3 ans
Sud-Ouest : côtes-de-duras moelleux, pacherenc-du-vic-bilh moelleux 4 ans

Sud-Ouest : cahors 2 ans
Languedoc-Roussillon : banyuls 8 ans
Alsace : alsace-gewurztraminer vendanges tardives 2 ans
Bourgogne : puligny-montrachet 5 ans

Allemagne : riesling Rheingau Trokenbeerenauslese 8 ans
Espagne : málaga pedro ximénez 10 ans
Italie : vino santo de Toscane 4 ans
Grèce : muscat de Samos 1 an
Hongrie : tokaj 5 puttonyos 5 ans
États-Unis : pinot noir de l'Oregon 4 ans

La recette du foie gras d'oie

• Faire dégorger le foie dans une eau froide renouvelée pendant 6 h. Enlever avec la pointe d'un couteau les premiers vaisseaux sanguins qui partent entre les deux lobes, en éliminant toute trace verte.

• Mettre les lobes entiers dans une terrine, saler, poivrer et parfumer avec deux gouttes (et seulement deux gouttes) de jurançon ou d'armagnac. Mettre au bain-marie dans un four préchauffé à thermostat 3 (120 °C) pendant 20 mn. Laisser refroidir en pressant le foie avec une planchette surmontée d'un poids.

Foie en conserve à l'ancienne ou mi-cuit : deux écoles s'affrontent, chacune avec ses farouches partisans. La conserve, surtout de canard, souligne le côté "paysan" du foie, en renforçant sa puissance aromatique. C'est le foie gras que l'on déguste sur une tranche de pain de campagne, comme un casse-croûte de luxe. La terrine mi-cuite, avec son aspect rosé, est plus raffinée. C'est l'entrée idéale d'un repas de fête ou de prestige. On la servira rafraîchie mais non glacée, accompagnée de pain de campagne légèrement toasté (bannir brioche et pain de mie). On pourra garder cette terrine deux semaines au réfrigérateur.

Ingrédients

1 kg de foie d'oie
sel
poivre du moulin
2 gouttes de jurançon ou d'armagnac

Sur des asperges en vinaigrette et coquillages

Il existe plusieurs variétés d'asperges, la blanche qui mûrit entièrement recouverte de terre sableuse, la violette dont la pointe sort de terre et peut synthétiser sa chlorophylle, la verte qui pousse plus haut, et la sauvage que l'on trouve plutôt dans le Midi. L'asperge verte a un goût prononcé, mais la blanche présente plus de finesse et de moelleux. La bonne saison va de mi-avril à fin juin. Les asperges sont vendues en bottes; on sera attentif à leur aspect brillant, non ligneux, sans trace de rouille.
L'asperge se prête bien à la conserve ou à la congélation. Sa cuisson demande un peu d'attention car les pointes cuisent plus vite que les queues et risquent de se réduire en bouillie si le temps de cuisson est trop long. Le meilleur procédé consiste à les peler, à les remettre en bottes et à les cuire, pointe en haut, à l'eau bouillante salée. L'idéal est de pouvoir les ranger dans un ustensile spécial qui s'enfonce plus ou moins dans l'eau. On peut ainsi cuire plus longtemps les queues que les têtes. À défaut, on peut utiliser une grande boîte de conserve percée de trous et suspendue par une anse de fortune. Ne pas oublier de bien égoutter les asperges car elles se chargent d'eau et la restituent dans le plat de service.

L'ASPERGE A UNE RÉPUTATION D'ASSASSIN DU VIN ; CE LÉGUME PEUT VENIR À BOUT ET CONTRARIER LA PLUS AROMATIQUE DES BOUTEILLES. IL EN EST DE MÊME DE LA VINAIGRETTE QUI, TROP CHARGÉE EN VINAIGRE OU CITRON, AMAIGRIT ET MÊME DÉTRUIT LE VIN LE PLUS PUISSANT. DANS CET EXERCICE, ON TENTERA DE RELEVER CE DÉFI AVEC SUCCÈS.

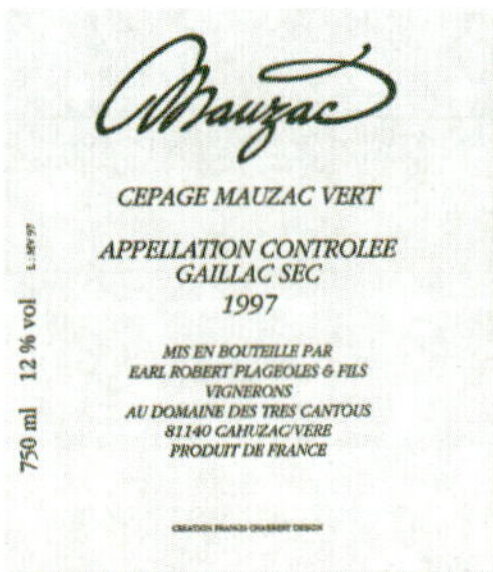

Dégustation des vins avant le plat

Gaillac sec
Robert Plageoles et Fils
Mauzac vert 1997

La robe assez pâle dévoile un léger reflet vert. Le nez est un peu discret, mais la pomme verte, le coing et une petite touche anisée forment un ensemble plaisant et délicat. La bouche a de la vivacité, un bon volume, une expression aromatique bien typée, toujours sur la pomme. La finale svelte reprend la note de fenouil, une pointe acidulée et une touche d'amande amère. Un vin de mauzac bien équilibré.

Alsace-muscat
Domaine Weinbach Réserve 1996

La robe est légère, avec un reflet vert bien marqué. Au nez, ce vin ne renie pas son cépage d'origine, mais il sait garder une grande finesse qui transparaît derrière une puissance aromatique très développée. Zestes d'agrumes, melon, rose fanée se marient dans une belle complexité. La bouche a de l'éclat. D'une acidité rafraîchissante, elle accorde une large place aux arômes. Son équilibre est réussi entre l'amertume propre au cépage et une douceur qui n'alourdit pas le vin. La finale décline la fleur d'oranger, le citron confit et des notes florales. Un alsace-muscat racé et très séduisant.

Gaillac doux
Robert Plageoles et Fils 1997
Mauzac roux

Autre déclinaison du cépage mauzac, qui exprime parfaitement ses qualités lorsqu'il est vinifié en vin moelleux. La robe est plus intense et le reflet vert est déjà fondu. Les arômes sont passés de la pomme verte à la pomme au four, avec des notes de poire bien mûre et d'épices légères. La bouche est ronde, suave, très coulante, avec des arômes bien développés et une finale qui se corse et monte en puissance. Pourtant, ce vin présente un équilibre où la force alcoolique reste modeste, ce qui fait ressortir sa finesse et sa délicatesse.

Cérons
Château de Chantegrive 1990

Une robe dorée à reflets éclatants. Le miel, la cire d'abeille, les notes balsamiques et de fruits confits se dégagent au nez, avec de l'opulence et de la puissance. La bouche riche, dense et confite trouve un bel équilibre entre la puissance alcoolique et une liqueur imposante, entre le sucre et la vivacité. La jolie finale épicée et vanillée reprend les notes du nez et les prolonge en éventail. Un cérons particulièrement puissant dans un millésime exceptionnel.

Dégustation des vins à table

Le fort goût de l'asperge craquante est ici tempéré par la vinaigrette à l'orange, le vinaigre balsamique et le gingembre. Les coquillages apportent beaucoup de personnalité, leur saveur à la fois sucrée et iodée.

• Le **gaillac sec** affronte les asperges avec appréhension mais ne s'en tire pas si mal. Sur les pointes seules, il perd certes de son fruit, mais si l'on goûte le plat dans sa globalité, les coquillages lui rendent son dû. Quant à la vinaigrette, le côté sucré du vinaigre balsamique associé au jus d'orange fait ressortir, tout comme les coquillages, l'équilibre moelleux–vivacité du vin en gommant la pointe acidulée perçue à la dégustation.

• L'**alsace-muscat** dégusté sur les seules asperges garde toute sa puissance aromatique et ne bouge pas d'un iota. Cependant, en bouche, l'amertume du vin et de l'asperge fait ressortir cette composante qui était mieux équilibrée à la dégustation du vin seul. L'acidité en est effacée et la douceur affaiblie. En revanche, l'ensemble asperges, coquillages et vinaigrette épicée forme avec le vin un beau mariage où celui-ci reprend son assise et son équilibre. Ce sont les herbes aromatiques et le gingembre qui servent de faire-valoir. Ils se mêlent à la palette déjà si riche du vin.

• Le **gaillac doux** voit son fruité renforcé ; son côté moelleux en est plus apparent. La pointe d'asperge est révélatrice et son amertume fait ici contraste : elle souligne l'axe sucré du vin et s'estompe ainsi. Le mélange asperges–coquillages fait ressortir la maturité de cette note de pomme cuite si particulière et révèle sa force épicée. Quant au vinaigre balsamique, il donne de l'aplomb au vin et de la rectitude à la structure. Le gingembre complète la palette. Ce vin était fait pour ce plat, mais il faut savoir que les asperges venaient du même terroir.

• Le **cérons** domine de la tête et du goulot. Superbe, il est capable de résister à tout. Même la pointe d'asperge dégustée seule ne parvient pas à le destabiliser. Sa liqueur, sa densité en font un maître absolu qui peut dompter le plat le plus rétif. L'asperge courbe la tête, les coquillages font allégeance et seul le vinaigre balsamique avec sa pointe de gingembre arrive à établir un dialogue. Le vin consent à y répondre car il voit sa composante épicée se renforcer encore, si besoin était.

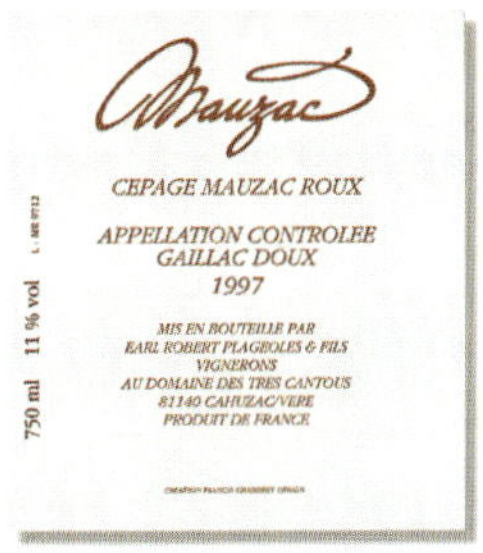

Autres alliances

- **Sud-Ouest :** côtes-de-duras blanc sec 1 an
- **Languedoc-Roussillon :** vin de pays du Roussillon muscat sec 1 an
- **Sud-Ouest :** saussignac 1 an
- **Bordelais :** graves-de-vayres moelleux 5 ans
- **Vallée de la Loire :** anjou blanc sec 1 an
- **Vallée du Rhône :** clairette-de-die 1 an
- **Champagne :** rosé-des-riceys 1 an
- **Vallée de la Loire :** coteaux-du-layon 3 ans
- **États-Unis :** riesling Dry Johannisberg Californie 1 an
- **Espagne :** Valdeorras blanc 1 an
- **Tunisie :** muscat sec de Kelibia 1 an
- **Italie :** moscato d'Asti
- **Allemagne :** müller-thurgau Rheinhessen Kabinett 1 an
- **Suisse :** muscat sec du canton du Valais 1 an

La recette des asperges en vinaigrette et coquillages

• Faire cuire les asperges vertes en botte à l'eau salée. 5 mn de cuisson après les premiers frémissements de l'eau suffiront pour les têtes. Séparer les pointes des asperges à 2 cm et couper les queues en petits bouts de 1 cm de longueur.

• Hacher le mélange d'herbes aromatiques. Confectionner une vinaigrette avec le jus d'une orange, la pointe de gingembre en poudre, l'huile d'olive et le vinaigre balsamique, du sel et du poivre du moulin.

• Faire ouvrir les coquillages, coques et palourdes, dans un mélange de vin blanc, d'oignon, d'ail et de persil. Garder un peu de ce jus de cuisson pour étendre la vinaigrette.

• Monter l'assiette en formant une couronne avec les pointes d'asperges debout. Mélanger les queues d'asperges, les herbes et les coquillages et les disposer au centre. Arroser le tout avec la vinaigrette et décorer de quelques dés de tomates bien mûres.

Ingrédients

- 2 bottes d'asperges vertes
- un mélange de cerfeuil, ciboulette, estragon, tiges d'oignons nouveaux ou cebettes suivant le marché
- 1 orange
- 1 pointe de gingembre en poudre
- 5 cl d'huile d'olive
- 2 cl de vinaigre balsamique
- sel et poivre du moulin
- 300 g de coques
- 300 g de palourdes
- 2 verres de vin blanc
- 1/2 oignon
- 1/2 gousse d'ail
- 2 brins de persil

Pour la décoration

- 2 tomates

Sur une tomate farcie au fromage de chèvre et pistou

La réussite réside dans une sélection rigoureuse de la qualité des légumes. L'huile d'olive sera choisie très fruitée. Celle de Bize Minervois a été utilisée le jour de cette dégustation. Le choix de la tomate est aisé en saison ; les marchés regorgent de légumes frais et mûrs, issus de culture en plein champ. Pour cette recette, la tomate ronde est la bienvenue mais la tomate côtelée de Marmande, plus grosse, fera aussi l'affaire. Les olivettes fermes et parfumées, mais plus petites, conviendront également à la réalisation de ce plat. On évitera bien entendu d'acheter les tomates hors saison, sous peine de ne trouver que des produits farineux et pâlichons qui ont poussé sous serre. Si l'on veut ensoleiller sa cuisine d'hiver avec ce fruit si goûteux, il vaut mieux mettre en conserve des tomates d'été, les plus mûres, achetées bon marché chez le primeur. Entières ou en purée, au naturel ou en sauce, les conserves familiales de tomates sont un vrai bonheur lorsque le ciel est gris et le thermomètre à la baisse.

> UNE RECETTE D'ÉTÉ, FRAÎCHE ET AROMATIQUE AVEC DES SENTEURS MÉDITERRANÉENNES PRONONCÉES QUI APPELLENT DES VINS DE SOIE. LA TOMATE, SURTOUT LORSQU'ELLE EST CUISINÉE EN SAUCE, EST UN METS PLUTÔT ASSASSIN POUR LES VINS. LE ROSÉ EST SOUVENT LE MEILLEUR COMPROMIS, À CONDITION QUE SON ÉQUILIBRE ENTRE FRAÎCHEUR ET GÉNÉROSITÉ PUISSE RÉSISTER À CETTE "POMME D'AMOUR" JALOUSE.

Dégustation des vins avant le plat

Côtes-du-frontonnais rosé Excellence du Comte de Négret 1997

La robe cerise intense revêt une frange bleutée. La couleur est soutenue pour un vin rosé. Plutôt marqué par la technologie, le nez explosif se caractérise par une forte présence amylique, des notes de framboise, de fraise, de banane, de pétale de rose. La bouche présente un fruité intense (framboise), un bon équilibre entre suavité et nervosité, une finale qui décline les fruits exotiques et le bonbon anglais. Un rosé exubérant.

Tavel Domaine de La Mordorée 1997

Éclatante, la robe vieux rose à frange saumonée est élégante. Le nez est axé sur les fruits rouges très mûrs, accompagnés de quelques épices douces, d'arômes de fenouil. Vineux, rond, d'un beau fruité en bouche, c'est un rosé plein de matière qui décline en finale des notes crémeuses et grillées. Épicé et plutôt corsé, il présente un équilibre idéal entre nerf et générosité. La rémanence est intense pour un rosé. Un vin bâti pour des accords gastronomiques.

Corbières rosé Château Les Palais Cuvée Tradition 1996

Une robe gris saumon, brillante, dont le reflet accentue le gris. Le nez complexe développe des notes de fruits rouges (fraise en particulier), d'agrumes, de fenouil et une présence marquée des arômes de garrigue et des senteurs épicées de Méditerranée. La bouche est bien équilibrée, plutôt arrondie, avec du gras et une bonne vivacité qui rafraîchit l'équilibre. La finale est aromatique : la note de fenouil ressort de la palette. Un vin rosé marqué par son environnement.

Bandol rosé Château de Pibarnon 1996

La robe est franchement saumonée, avec une pointe de gris. Très vineux dès l'analyse olfactive, ce vin dévoile des arômes de fraise cuite, de fruits confits, de cassis, d'épices douces. Une note poivrée se détache de l'ensemble. La bouche est structurée, presque tannique. Une matière ample et grasse, vineuse et épicée enrobe le tout. Finale sur la réglisse et le poivre accompagnés de notes de garrigue et de fruits confits. Un rosé taillé pour la table mais qui est encore trop jeune pour livrer toute sa complexité.

Autres alliances

- **Sud-Ouest :** gaillac rosé 1 an
- **Vallée du Rhône :** lirac rosé 1 an
- **Languedoc-Roussillon :** côtes-de-la-malepère rosé 1 an
- **Provence-Corse :** côtes-de-provence rosé 1 an
- **Alsace :** alsace-pinot noir 1 an
- **Vallée de la Loire :** anjou rosé 1 an
- **Bordelais :** bordeaux rosé 1 an
- **Languedoc-Roussillon :** minervois rosé 1 an
- **États-Unis :** petite-syrah rosé de Californie 1 an
- **Espagne :** Valencia rosé 1 an
- **Italie :** Biferno rosé 1 an
- **Allemagne :** pinot noir Ahr 2 ans
- **Suisse :** œil-de-perdrix canton de Neuchâtel 1 an
- **Argentine :** syrah rosé 1 an

Dégustation des vins à table

Les vins doivent bénéficier d'une personnalité aromatique suffisamment affirmée pour résister au basilic et à la pointe d'ail. En outre, l'acidité de la tomate et du fromage de chèvre doit être équilibrée par la vinosité du vin. Accompagnée de sauce, la tomate peut donner lieu à des confrontations désastreuses : le meilleur vin rouge peut y perdre toute sa superbe et un grand vin blanc sa complexité.

• Le **côtes-du-frontonnais** est très aromatique. Aussi ne perd-il pas sa personnalité devant ce plat exigeant. Tout au plus, fait-il abstraction de son côté technologique, ce qui est assez flatteur. Le basilic est sûrement responsable de cette simplification aromatique. Néanmoins, le fruité du vin est respecté. La structure est renforcée, le volume et la finale tannique prennent toute leur dimension. L'acidité est soulignée, ainsi que les arômes de fruits rouges. Au point que le vin finit plutôt sec en bouche. On note d'une part une simplification des arômes, d'autre part un durcissement de l'équilibre.

• Le **tavel** oppose sa générosité à l'acidité du plat et s'en tire très bien. Son côté vineux est renforcé et les notes fruitées montent en puissance. Le basilic ferait plutôt ressortir les épices du vin. La tomate souligne sa structure et la note de fenouil perdure en bouche. Le plus étonnant est que le vin ne perd ni sa rondeur, ni son équilibre. Les arômes de l'huile d'olive semblent participer au nez du vin. Une symbiose culturelle et régionale !

• Le **corbières** joue la même carte que le tavel. Sa générosité lui sert d'arme pour affronter la tomate et le basilic. En revanche, son côté épicé est davantage renforcé par l'alliance que son fruité. Cette alliance est d'ailleurs marquée par la complémentarité : les épices et arômes du vin jouent dans le même sens, sans s'opposer, en se renforçant. La carrure du vin est mise en valeur, l'acidité de la tomate révèle et souligne sa rondeur. Un mariage des plus naturels.

• Le **bandol** voit ses arômes simplifiés par le basilic et surtout sa structure durcie par la tomate. Les notes de fruits confits disparaissent, les épices et le poivre sont développés. En revanche, le pistou et, en particulier, les haricots arrondissent le vin. Il faudrait peut-être mélanger les bouchées pour obtenir l'équilibre. Ce vin est sûrement trop jeune et surtout trop corsé pour le plat qu'il domine en lui imposant son côté poivré. À goûter à nouveau dans trois ou quatre ans.

La recette des tomates farcies au fromage de chèvre et pistou

Ingrédients

4 belles tomates de Marmande
50 g de haricots verts
50 g de haricots mange-tout
50 g de haricots tarbais
2 courgettes
1 poivron rouge
2 tomates très mûres
4 cl d'huile d'olive vierge

Pour le pistou
200 g de fromage de chèvre frais
6 feuilles de basilic
5 cl d'huile d'olive
2 gousses d'ail
sel et poivre du moulin

Pour la décoration
4 feuilles de basilic
16 petites tomates cerise
400 g de fromage frais coupé en cubes
4 cl d'huile d'olive vierge

• Tailler en bâtonnets et blanchir les haricots verts, les haricots mange-tout, les courgettes. Plonger les haricots tarbais dans une casserole d'eau non salée et laisser bouillir pendant 10 mn, couvrir et laisser cuire pendant 50 mn. Une fois les légumes refroidis, les mélanger. Couper en dés le poivron rouge, les tomates crues et les ajouter. Arroser d'huile d'olive vierge.

• Préparer le pistou : hacher le basilic et le monter au mixer en ajoutant peu à peu l'huile d'olive. Ajouter une légère pointe d'ail. Saler, poivrer et réserver au frais. (Cette purée peut être conservée au réfrigérateur ou même être congelée.)

• Préparer le fromage de chèvre frais en y incorporant la purée de basilic (2 cuillerées de purée pour 200 g de fromage) et une pointe d'ail. Saler et poivrer.

• Plonger les tomates de Marmande dans l'eau bouillante quelques secondes pour les peler plus facilement. Les passer à l'eau froide, enlever la partie supérieure des tomates et les vider sans les abîmer. Les retourner sur un égouttoir pour que l'eau de végétation s'écoule. Farcir les tomates avec le fromage aromatisé à l'aide d'une poche à douille.

• Préparer les assiettes : poser les dés de légumes froids au centre, la tomate farcie dessus, décorée d'une feuille de basilic. Décorer le tour de l'assiette de tomates cerises posées sur des petits cubes de fromage. Agrémenter d'un filet d'huile d'olive.

Sur un tartare de poisson

La consommation de nourriture crue remonte à l'évidence aux premiers âges de l'humanité, avant la domestication du feu et son utilisation pour cuire les aliments. Faut-il en conclure que cuisson égale civilisation ? Dans notre sphère européenne (Méditerranée ou pays nordiques), la réponse est sans aucun doute affirmative, mais il suffit de goûter la cuisine traditionnelle japonaise pour se convaincre du contraire. Le raffinement est de présenter du poisson cru selon un cérémonial complexe qui réjouit l'esprit et le palais des convives d'Extrême-Orient. À l'opposé, Atilla le barbare faisait cuire son steak cru sous sa selle dont il ne descendait jamais. Faut-il voir dans cette légende l'origine du moderne steak tartare. Il serait alors plus exact de dire steak hun ! Bien difficile de dire si le poisson à la tahitienne, "cuit" dans un jus de citron, le steak tartare – ou son équivalent à base de poisson – sont des réminiscences de ces temps obscurs ou simplement des préparations à la mode, rendues possibles par les conditions de conservation et la rapidité des livraisons. Car, pour consommer viande ou poisson crus, la première règle est bien la fraîcheur extrême du produit.

Les nourritures crues sont à la fois dures et filandreuses (c'est la cuisson qui rompt les chaînes de protéines) et leur fadeur est parfois écœurante. Le principe consiste donc à hacher viande ou poisson et à relever le plat avec épices, moutarde, piment et autres ingrédients forts en saveurs. Le mets est servi avec des frites car l'intérêt gustatif consiste en un double contraste. Thermique tout d'abord, entre le froid de la viande et la chaleur des frites. Structurel ensuite, entre le moelleux et le croustillant des mêmes ingrédients. L'adaptation de ces principes au tartare de poisson conduit tout naturellement à le servir avec une friture d'éperlans.

LE POISSON CRU ET SES AROMATES, SURTOUT SA NOTE CITRONNÉE, JOUENT AVEC LES VINS EN APPUYANT POUR LES UNS SUR LE FRUIT, POUR LES AUTRES SUR L'ACIDITÉ. DANS CETTE RECETTE, LES ÉPERLANS FRITS PRODUISENT PARFOIS UN EFFET INVERSE.

Dégustation des vins avant le plat

Muscadet-sèvre-et-maine Tour Majestière 1997

Paille à reflets vert intense, ce vin dévoile un nez subtil, déclinant des arômes de fleurs blanches, de foin coupé, quelques accents citronnés, une légère note minérale. La bouche vive dégage une pointe de gaz à l'attaque. Son fruité est intense et précis, son équilibre perceptible, sa matière à la fois pleine et élancée. La finale marquée par le citron vert rafraîchit le palais. Un vin typé, sans prétention mais plein de gaieté.

Pouilly-fumé Joseph Mellot Le Troncsec 1997

La robe pâle révèle des reflets verts bien marqués. Le nez sauvignonne, mais prend des notes de belle maturité : pêche blanche, cassis, fruits exotiques, agrumes, litchi et citron vert. Une touche minérale complète l'ensemble. La bouche très fruitée bénéficie d'une bonne densité de matière, équilibrée par une vivacité bien dosée. Le développement aromatique monte en finale pour se recentrer sur une note de pierre à fusil associée au fruit blanc. Un vin plein d'expression, frais et séduisant.

Jurançon sec Clos Lapeyre Cuvée Vitatge Vielh 1996

La robe acquiert luminosité et éclat grâce à son fond doré, ourlé de vert. Le nez, de prime abord discret, a besoin d'aération pour s'exprimer. Montent alors les fruits confits, l'ananas, les petites épices douces, du miel. Une palette presque moelleuse. La bouche est dense, mature, fruitée. L'acidité élevée vient tendre et équilibrer une matière qui aurait pu basculer dans l'opulence. Ce beau vin original s'épanouit en finale, dans une dominante ananas et épices qui perdure en bouche et révèle sa race.

Autres alliances

- **Vallée de la Loire :** gros-plant du pays nantais 1 an, sancerre 1 an
  Sud-Ouest : pacherenc-du-vic-bilh sec 2 ans
  Bordelais : graves blanc 3 ans
- **Alsace :** alsace-riesling 2 ans
  Bordelais : entre-deux-mers 1 an
  Sud-Ouest : côtes-de-duras blanc sec 1 an, vins-d'entraygues-et-du-fel blanc 1 an
- **Etats-Unis :** riesling Dry Joannisberg État de Washington 1 an
  Espagne : Ribeiro blanc 1 an
  Portugal : Vinho Verde 1 an
  Italie : Orvieto blanc sec 1 an
  Allemagne : müller-thurgau Sachsen Kabinett 1 an
  Nouvelle-Zélande : sauvignon blanc 1 an

Pessac-léognan
Château Olivier blanc
1995

La robe franchement dorée garde un reflet vert. Le nez exprime une grande élégance, jouant avec le fruit blanc, la pêche et la poire. Une note vanillée indique un passage sous bois, mais elle est bien fondue dans le fruit. Épices douces et senteurs fumées complètent cette palette. La bouche riche et ronde offre un bel équilibre entre le fruit et l'acidité alors que le boisé délicat s'efface devant la matière. La finale racée et longue ne manque pas de personnalité.

Dégustation des vins à table

Très iodé, le plat est relevé par le citron et l'huile d'olive, il présente une texture moelleuse et fondante. Le contraste avec la chaleur et le croustillant de la friture est saisissant.

• Le **muscadet sèvre-et-maine** trouve non seulement un compagnon de choix dans le tartare, mais il prend à son contact de l'ampleur et un moelleux qui était tapi derrière l'acidité à la dégustation. Les notes citronnées du vin et du plat se conjuguent. Toutefois, la somme des deux pencherait plutôt vers plus de fondu, en perdant de leur intensité. Les éperlans font ressortir le fruit du vin ; leur goût de friture va bien avec la nervosité du muscadet. Une alliance très réussie, en toute simplicité.

• Le **pouilly-fumé** voit son fruité diminué par le tartare de poisson. La sensation d'acidité du vin est masquée par celle du plat. Par contraste, la composante moelleuse est soulignée. Cet impact donne au vin plus de rondeur et déplace son équilibre. Ses arômes sont simplifiés, bien que persistent la note de cassis et la touche minérale. En revanche, les éperlans redonnent au vin son visage initial, qui retrouve tout son fruit et sa nervosité.

• Le **jurançon sec** est exalté par le tartare. Ses notes de mûre, de miel et d'épices sont plus manifestes encore. On a l'impression que ce vin dominerait n'importe quel plat, même le plus agressif. En bouche, l'acidité du mets et celle du jurançon se marient, mais la matière du vin est suffisamment concentrée pour rester équilibrée. Le fruité remonte en finale tandis que la note épicée connaît quelques faiblesses. Le plat tient ici sa revanche. Les éperlans remettent le vin à sa vraie place.

• Le **pessac-léognan** manque un peu de nervosité pour affronter ce tartare citronné. Il devient plus lourd, plus plat, avec montée de sa note boisée. Une simplification en quelque sorte : ce vin n'a que son élégance à mettre en face d'un plat trop barbare. Il revient en finale démontrer qu'il est de noble naissance, en reprenant la totalité de sa gamme aromatique. D'autant que les éperlans lui vont à merveille, en faisant valoir sa complexité aromatique et, plus encore, sa composante fruitée.

La recette du tartare de poisson

Ingrédients

300 g de saumon
300 g de lotte
250 g d'éperlans
5 cl d'huile d'olive vierge
1 citron vert
20 g de câpres
1 échalote
2 gouttes de Tabasco
1 brin d'aneth
1 verre de lait
50 g de farine
sel et poivre du moulin

• Hacher les poissons en morceaux grossiers au couteau et mettre à mariner au réfrigérateur 1 h avec l'huile d'olive, le jus de citron, les câpres, l'échalote hachée menu, l'aneth, le sel et le poivre, le Tabasco.

• Tremper les éperlans dans le lait ; les fariner légèrement pour renforcer leur côté croustillant. Les faire frire.

• Servir dans l'assiette le hachis de poisson très froid, modelé en demi-sphère et entouré de la friture d'éperlans brûlante.

Sur des œufs en meurette

L'œuf est, avec l'asperge, un des farouches ennemis du vin. Il peut rendre commun le cru le plus subtil, rabaissant les plus grandes bouteilles au rang de vins de bistrot. Sauf si une sauce au vin vient amadouer cet aliment universel, base des préparations et des recettes les plus diverses. Les Bourguignons l'ont bien compris ; leur traditionnelle meurette, une sauce à base de vin rouge régional, peut se prêter à de nombreuses déclinaisons, accompagnant œufs pochés mais aussi cervelle ou poissons de rivière.
On choisira bien entendu des œufs de ferme, de couleur rousse et de gros calibre. On pourra les conserver quinze jours au réfrigérateur, la pointe en bas. On reconnaît un œuf frais au fait qu'il reste au fond de l'eau salée à 125 g par litre. Les œufs constituant de véritables éponges à odeurs, bonnes ou mauvaises, on les gardera dans un récipient étanche ; on pourra toutefois tirer parti de cette faculté à capter des odeurs pour les aromatiser : une belle truffe emprisonnée dans un bocal rempli d'œufs embaumera plus tard une brouillade.

ENNEMI DU VIN, CAPABLE DE DÉNATURER AU PALAIS LES PLUS GRANDS CRUS, L'ŒUF RÉALISE CEPENDANT DE BELLES HARMONIES GUSTATIVES LORSQU'IL EST SERVI EN MEURETTE, ACCOMPAGNÉ DE LA TRADITIONNELLE SAUCE AU VIN BOURGUIGNONNE. CEPENDANT, TOUS LES VINS ROUGES NE SE PRÊTENT PAS AVEC AUTANT DE BONHEUR À CETTE PRÉPARATION.

Le village de Pernand-Vergelesses, implanté à flanc de coteau autour de la Montagne de Corton.

Dégustation des vins avant le plat

Monthélie premier cru Les Champs Fulliot Domaine Changarnier 1996

La robe est légère, d'une jolie teinte cerise au reflet violet marqué. Le nez, d'abord discret, se révèle à l'aération, livrant de belles notes florales de rose et de pivoine, une touche de fraise des bois, quelques épices, un léger cuir. La bouche, svelte, montre de la vivacité, une attaque bien fruitée ; on perçoit ensuite des tanins un peu boisés qui structurent le vin, avec une note chaleureuse. La longueur est moyenne ; le vin joue plutôt sur sa délicatesse et sur son charme aromatique immédiat.

Pernand-vergelesses premier cru Île des Vergelesses Domaine Chandon de Briailles 1995

Une robe cerise, profonde, encore marquée par sa jeunesse. Le nez, opulent, offre une note de cerise très mûre, des accents boisés et vanillés bien intégrés dans le fruit du vin, des épices douces et une touche de cuir. La bouche a une belle structure, de la densité, un volume arrondi et gras, une présence fruitée intense. Elle se conclut sur une charpente élégante dont les tanins offrent un grain très fin. La finale décline à nouveau fruit et épices boisées avec une touche poivrée racée. Un vin expressif, tout en courbes.

Vosne-romanée Michel Picard 1993

La robe est intense, d'un rubis profond et brillant. Le nez développe du fruit noir, de la griotte un peu compotée, un boisé élégant, une belle note de sous-bois qui commence à "champignonner", une touche de cuir. La bouche attaque en souplesse puis dévoile sa profondeur, une structure bien bâtie sur des tanins présents mais arrondis, avec encore des notes de fruits. La finale, aromatique, est marquée par les épices (poivre), l'humus, et laisse transparaître une certaine générosité. Un vin typé, une matière mûre et concentrée pour le millésime.

Haut-médoc Château Arnauld 1995

La robe détonne dans cet environnement bourguignon : elle est sombre mais montre encore un reflet de jeunesse. Le nez, intense, est axé sur le fruit rouge mûr, avec des notes de chêne bien fondues, d'épices, de vanille et des nuances torréfiées. La bouche ronde, plutôt typée merlot, présente une attaque douce, une belle ampleur et de la générosité en milieu de dégustation, puis elle dévoile des tanins assez imposants mais dont le grain commence à se lisser. Si l'intensité du fruit procure un plaisir immédiat, ce vin mérite d'attendre cinq ans pour dévoiler toute son harmonie. La finale, d'une belle longueur, reprend la palette du nez.

Dégustation des vins à table

L'œuf, tout en douceur et onctuosité, contraste avec le croustillant du pain frit qui ne doit pas se transformer en éponge à sauce. Le jaune se répand dans le plat dès qu'on l'entame ; il se mêle à la sauce au vin, haute en saveurs vineuses, aromatisée par le lard qui lui donne des accents viandés et par les légumes qui l'adoucissent. Pour ne privilégier aucun des vins de la dégustation, la sauce a été réalisée avec un vin d'une autre appellation.

• Le **monthélie** est un peu perturbé par le plat ; il perd sa délicate note florale tout en gardant son fruit. Sa structure est un peu desséchée : l'œuf joue ici son rôle dévastateur. En revanche, le croûton ravive le vin, faisant ressortir sa nervosité et ses arômes boisés.

• Le **pernand-vergelesses** résiste mieux. Il garde son fruité et sa structure est moins bouleversée ; il conserve ses tanins sans que ceux-ci ne s'assèchent. On peut en déduire qu'il faut un vin assez structuré pour affronter ce plat dont la douce texture est trompeuse.

• Le **vosne-romanée** joue à égalité. Il oppose au plat ses tanins, garde sa palette aromatique, et renforce même son côté épicé et poivré puis ses notes de champignon. Le plus remarquable est l'accentuation de son velouté, comme si la sauce venait s'y fondre. Un bel accord tout au bénéfice du vin.

• Le **haut-médoc** joue le rôle ingrat de l'étranger à l'affaire. Ce vin pourtant si structuré, tannique et concentré ne se trouve pas à son aise. Son fruité est gommé et l'équilibre avec le boisé est rompu : la vanille et les épices l'emportent, avec montée de la note torréfiée. La structure semble plus austère, comme si le vin avait perdu de son gras. Un choc de deux cultures qui confortera les partisans des alliances gustatives régionales.

Autres alliances

Bourgogne : saint-aubin rouge 2 ans,
nuits-saint-georges 5 ans,
aloxe-corton 5 ans
Bordelais : médoc 3 ans

Bourgogne : mercurey 2 ans,
givry rouge 2 ans,
fixin 2 ans,
hautes-côtes-de-nuits 2 ans

États-Unis : pinot noir de l'Oregon 2 ans
Espagne : Calatayud rouge 2 ans
Italie : Caldaro 2 ans
Allemagne : pinot noir Württemberg 3 ans
Suisse : merlot del Ticino 2 ans
Nouvelle-Zélande : pinot noir 2 ans

La recette des œufs en meurette

Ingrédients

4 œufs de gros calibre
100 g de lard salé
1 oignon
1/2 verre de marc-de-bourgogne
1 bouteille de vin rouge de Bourgogne bien corsé
1 poireau
1 carotte
1 gousse d'ail
1 morceau de sucre
1 cuillerée de vinaigre
4 tranches de pain de campagne
sel et poivre du moulin
Pour le beurre manié
10 g de farine
50 g de beurre

Découper le lard salé en lardons et hacher l'oignon. Les faire revenir dans une casserole à fond épais. Laisser fondre sans colorer. Flamber avec le marc-de-bourgogne et mouiller avec la bouteille de vin rouge tannique et corsé.

• Ajouter le poireau détaillé en bâtonnets, la carotte en rondelles et la gousse d'ail écrasée. Saler, poivrer et ajouter un morceau de sucre pour atténuer l'acidité de la sauce. Porter à ébullition, puis laisser mijoter doucement pendant 1 h. Passer la sauce au chinois et la réserver.

• Préparer un beurre manié en malaxant le beurre et la farine. Lier la sauce en ajoutant ce beurre manié au dernier moment, sans oublier que c'est le jaune de l'œuf, en se répandant dans la sauce, qui apporte l'onctuosité désirée.

• Pocher les œufs dans l'eau. Les œufs doivent rester entiers sans la protection de leur coquille. Casser chaque œuf dans une louche et, à l'aide de celle-ci, verser doucement dans une casserole à bords hauts remplie d'eau bouillante aromatisée de vinaigre. Retirer l'œuf au bout de 2 mn à l'aide d'une écumoire. Parer l'albumine avec un couteau pour lui donner un aspect régulier.

• Faire frire des croûtons de pain de campagne et les déposer au fond d'une assiette à soupe. Déposer délicatement un œuf sur chaque croûton. Donner un tour de moulin à poivre. Napper avec la sauce meurette et servir très chaud.

Sur un saucisson chaud en brioche

LA SAUCISSON CHAUD EST UNE RECETTE INCONTOURNABLE DE LA GASTRONOMIE LYONNAISE QUI CONNAÎT PLUSIEURS VARIANTES : IL PEUT ÊTRE ACCOMPAGNÉ DE POMMES À L'HUILE OU MÊLÉ À D'AUTRES INGRÉDIENTS DANS UN SALADIER LYONNAIS. CETTE CHARCUTERIE TIÈDE FAIT LA JOIE DES AMATEURS DE PETITS MÂCHONS MATINAUX, SUR LE ZINC D'UN DES INNOMBRABLES BOUCHONS OÙ L'ON SE DÉLECTE DE BEAUJOLAIS AU COUDE À COUDE.

Plus sophistiquée, la recette du saucisson chaud en brioche s'apparente à une entrée bourgeoise. La qualité du saucisson est essentielle. On choisira un saucisson lyonnais à cuire ou un cervelas à la pistache, mais on évitera les saucissons truffés hors de prix qui ne confèrent aucun supplément d'âme au plat. Le saucisson lyonnais est élaboré avec de la farce de porc hachée et de gros lardons blancs. Il est souvent ficelé comme une rosette.

Dégustation des vins avant le plat

Coteaux-du-lyonnais Domaine du Clos Saint-Marc 1997

Une robe légère, avec encore une pointe de vivacité violette. Les arômes, simples mais francs, s'appuient sur la framboise et une petite touche florale. La bouche est svelte, coulante et légère, forte d'un bon développement aromatique, d'une matière fluide, de tanins fondus et d'une finale aromatique et vive, avec quelques notes végétales. Un vin à boire sur sa fraîcheur.

Saint-amour C. Spay 1997

Avec sa frange pourpre, la robe est assez dense. Le nez présente une belle complexité : les notes de cuir sont les premières perceptibles puis s'évanouissent à l'aération. Une petite réduction en quelque sorte. Viennent ensuite des arômes de fruits rouges mûrs, une pointe fumée et épicée, de la réglisse. La bouche, structurée dès l'attaque, dévoile une matière mûre et charnue. Sa mâche annonce des tanins puissants, au grain encore lâche. La finale, un peu astringente, décline fruits rouges, réglisse et notes fumées. Ce cru de Beaujolais concentré est bâti pour une garde de cinq à six ans.

Saint-joseph Clos de Cuminaille 1997

La robe, dense, se pare d'une frange violet prononcé. À la fois vanillé et fruité, le nez a de l'allure. Le cassis et les arômes boisés commencent à se marier. Une note réglissée complète l'alliance. La bouche charnue dispose d'une matière dense et mature, d'une structure imposante : des tanins puissants donnent

à ce vin une certaine austérité. La puissance tannique monte en finale, où reviennent fruits noirs et poivre, avec une note fumée, un soupçon d'amertume. Ce saint-joseph dense est encore dans sa phase de fermeture, mais possède un beau potentiel de garde.

Anjou villages-brissac Château de Brissac 1996

La robe sombre, ourlée d'une frange rubis, enveloppe un vin certes discret mais d'une réelle finesse aromatique : la framboise se marie aux épices douces, à la myrtille, à une note minérale et fumée. L'architecture tannique puissante encadre une matière fruitée, encore un peu timide dans son expression aromatique mais qui laisse transparaître une bonne maturité. Les cabernets ont délaissé leur caractère végétal habituel au profit du fruit. Si la finale est tannique, le fruit tient bien sa place, accompagné de quelques épices. Un vin de Loire mûr et concentré.

Dégustation des vins à table

Le plat est puissant. Le saucisson chaud met en avant ses arômes viandés et poivrés, développés par la température. La texture est moelleuse et fondante : la chair est hachée finement et les gros morceaux de lard s'intègrent bien dans la masse. La brioche apporte une texture à la fois beurrée et plus sèche qui tempère la force du saucisson. Quand à la sauce, son côté pointu et sa note de moutarde égayent l'ensemble, mais elles ne doivent jamais dominer.

• Le **coteaux-du-lyonnais** joue à la perfection son rôle désaltérant grâce à sa légèreté et à sa fluidité. Sa vivacité fait contraste avec le saucisson et plus encore avec la brioche. Son fruit se développe tandis que ses notes un peu végétales s'évanouissent. Ce vin plutôt fluet gagne en personnalité, ses qualités fruitées sont dévoilées par le mets. L'esprit même du plat est respecté dans cet accord : le saucisson chaud en brioche se mange sur un bord de comptoir, après les frimas du marché.

Le vignoble des coteaux-du-lyonnais, dans le prolongement du Beaujolais. À gauche, le village de Saint-Amour, l'un des dix crus du Beaujolais.

• Le **saint-amour** semble plus fruité. Les notes de viande du saucisson effacent celles légèrement animales du vin. Le fruit s'en trouve purifié. Monte également une note de réglisse. Les tanins se fondent au contact du gras du saucisson et de la brioche. En revanche, la sauce durcit la finale. Il s'agit donc d'en user avec modération. Libre de l'influence de la sauce, la finale du vin gagne en expression et en complexité. Un accord de nature où le vin s'amabilise et prend un peu d'avance sur son évolution future.

• Le **saint-joseph** s'assouplit et perd de sa tannicité. Apparaît une jolie note de violette qui était passée inaperçue à la première dégustation. Le fruité et les épices sont développés. Le boisé se civilise et la force tannique se fait plus discrète. C'est surtout la petite amertume finale qui est absorbée par le plat : elle disparaît pour laisser la place au fruit et aux épices (poivre). Ce plat fait de toute évidence du bien au vin.

• **L'anjou-villages-brissac** prend du velours en bouche dès la première bouchée. Sa force tannique se lisse, le grain s'affine. Le gras du saucisson et le beurre de la brioche agissent comme un polissoir. On perçoit mieux le fruit et les épices qui font la personnalité du vin. Mais c'est au contact de la sauce que ce vin se distingue des autres. Alors que tous sont affectés par l'acidité, celui-ci résiste et passe outre. Il y a loin du Rhône à la Loire mais cette alliance inter-régionale est une réussite.

Autres alliances

Beaujolais : côte-roannaise 1 an, chénas 1 an
Vallée du Rhône : crozes-hermitage rouge 1 an
Vallée de la Loire : anjou rouge 2 ans
Alsace : alsace-pinot noir 2 ans
Bourgogne : irancy 2 ans
Sud-Ouest : cahors 3 ans
Languedoc-Roussillon : tavel 2 ans
États-Unis : pinot noir Mendocino Californie 2 ans
Espagne : Cariñena joven 2 ans
Italie : Castel del Monte rosato 1 an
Canada : pinot noir Ontario 2 ans
Australie : pinot noir Victoria 1 an
Chili : malbec rosé 1 an

La recette du saucisson chaud en brioche

Ingrédients

1 saucisson lyonnais à cuire
1 blanc de poireau
1 carotte
1 oignon
1 clou de girofle

Pour la pâte à brioche

1 kg de farine
20 g de levure de boulanger
30 g de sel
12 œufs + 1 jaune d'œuf
500 g de beurre

Pour la sauce

10 cl de crème fraîche
1 cuillerée à soupe de moutarde de Dijon
sel et poivre du moulin

En accompagnement

1 salade frisée

- Mettre le saucisson à pocher dans un bouillon composé d'un blanc de poireau et d'une carotte détaillés et d'un oignon piqué d'un clou de girofle. Laisser cuire à feu doux à raison d'une heure par kilogramme. Laisser refroidir. Réserver le jus de cuisson.
- Préparer la pâte briochée : tamiser 1 kg de farine. En prélever 250 g et y mélanger 20 g de levure de boulanger. Ajouter de l'eau tiède à ce mélange pour obtenir un pâton d'une consistance un peu molle. Mettre le pâton dans une terrine et le garder au chaud (sur un radiateur par exemple) jusqu'à ce qu'il double de volume. Pendant ce temps, faire une fontaine avec le reste de farine. Ajouter le sel et les œufs entiers. Mélanger soigneusement puis incorporer le beurre ramolli. Rompre la pâte obtenue plusieurs fois. L'étaler. Ajouter le pâton et mélanger en battant le tout sur la table. Laisser reposer dans une terrine et dans un endroit chaud pendant 5 h, puis garder au frais jusqu'à l'emploi.
- Étaler une abaisse de pâte briochée de 1 cm. Y déposer le saucisson cuit et l'envelopper de pâte en soudant bien les bords. Coller les bords avec du jaune d'œuf. Enrouler le tout dans du papier sulfurisé plus large que la brioche et laisser lever encore deux heures. (On peut aussi déposer la brioche et son saucisson dans une terrine allongée. La pâte prend alors la forme de la terrine.) Mettre au four pendant 25 mn.
- Préparer la sauce : faire réduire quelques cuillerées du bouillon de cuisson du saucisson. Ajouter la crème et la moutarde de Dijon. Rectifier l'assaisonnement. La sauce doit être courte et pointue.
- Découper la brioche en tranches épaisses et présenter la sauce à part. Servir une salade frisée en accompagnement.

Sur une galette d'estofinado au verjus

La morue a longtemps constitué le seul aliment de la mer disponible à l'intérieur des terres languedociennes. Il ne faut donc pas s'étonner du nombre de recettes méridionales dans lesquelles entre cette salaison marine. L'estofinado provençal, la brandade nîmoise ou le stoficado rouergat en sont les témoins. La morue doit être épaisse et moelleuse, cuite avec délicatesse, soit pochée, soit poêlée. Les recettes à base de morue et de purée de pommes de terre sont nombreuses, le moelleux de la tubercule venant atténuer le sel du poisson. Parmi ces préparations citons les brandades, les beignets (les accras de morue antillais) et les galettes.

Cette galette est une recette de base paysanne sophistiquée (qui ne comporte à l'origine ni œufs de saumon ni filet de truite). Elle constitue une entrée rafraîchissante et aromatique, idéale pour débuter un repas languedocien.

Dégustation des vins avant le plat

Corbières blanc
Château Meunier Saint-Louis 1996

La robe paille clair est ourlée de légers reflets verts. Des arômes lactés et beurrés se mêlent aux senteurs de fruit blanc, de fenouil, de pêche de vigne, avec une petite touche épicée. La bouche ronde présente un bel équilibre entre le moelleux et la vivacité. Dans une belle intensité aromatique pointe une touche minérale et une note anisée affirmée. La finale est acidulée, fraîche et bien enlevée, mais le caractère sudiste transparaît dans le gras et le fondu de la matière. Un beau vin plein d'expression.

Limoux
Domaine de l'Aigle 1995

La robe plutôt dorée dévoile des reflets verts marqués. Le nez a de la complexité : l'arôme vanillé domine encore un peu le fruit mûr et confit égayé de quelques nuances de pêche, de tilleul, d'épices douces. La bouche a de la structure, une charpente qui soutient bien le vin, une chair ronde avec du gras et une belle profondeur fruitée. L'acidité finale empêche ce limoux d'être lourd. Son équilibre est respecté ; il finit même dans un bel éclat et une rémanence aromatique encore marquée par les notes boisées. Un vin blanc promis à une longue garde mais qui décline déjà une race certaine.

CONFRONTER UN VIN AU VERJUS ? AUTANT GOÛTER LE MEILLEUR CRU DU MONDE AVEC UNE SALADE VINAIGRÉE ! POURTANT, SI L'ACIDITÉ DU PLAT EST MESURÉE, LES ALLIANCES PEUVENT ÊTRE BÉNÉFIQUES À DES VINS DE FORTE PERSONNALITÉ ET SUFFISAMMENT GÉNÉREUX. LES VINS CHOISIS ICI, TOUS ISSUS DE L'ARC MÉDITERRANÉEN, ONT LA CARRURE ET LA FORCE AROMATIQUE ADÉQUATES.

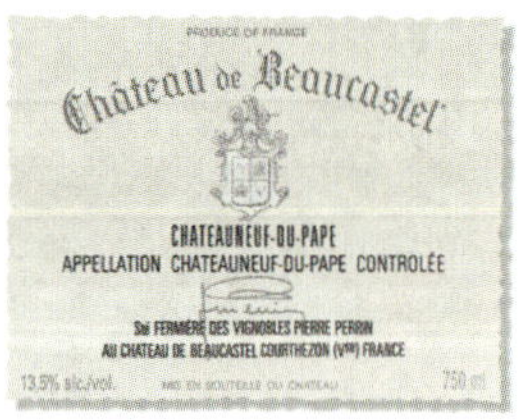

Cassis
Domaine de Fontcreuse 1998

Une robe paille soutenu, à reflets légèrement verts. Le nez est fin et délicat, très floral, avec des arômes d'acacia et de chèvrefeuille, une note de pêche blanche prononcée renforcée par une pointe anisée qui fleure bon le fenouil. La bouche est ronde, expressive et fruitée, dotée de gras et d'une belle ampleur. La nervosité finale vient rétablir l'équilibre vers la fraîcheur, appuyée en cela par une présence épicée notable. Des flaveurs d'amande fraîche, de noisette, de miel et d'anis se mêlent au fruit mûr pour signer la longueur de ce vin bien typé et qui affirme son style sudiste sans complexe.

Châteauneuf-du-pape blanc
Château de Beaucastel 1995

Une robe doré intense, éclatante. Les arômes traduisent une superbe maturité du fruit, grâce à des notes presque blettes, du miel, de la cire, beaucoup d'épices douces et complexes, des senteurs de grillé, de coing, de pomme au four. La bouche est à la fois immense et éclatante, d'une grande densité. L'équilibre générosité–nervosité rend le vin riche et expressif. On retrouve au palais cette notion de fruits surmûris et la finale, imprégnante et racée, reprend cette sensation de grande opulence. Tout cela ne serait que concentration si ne s'ajoutait une folle race aromatique, signature d'un beau terroir.

Autres alliances

- **Languedoc-Roussillon :** minervois blanc 2 ans, vin de pays d'Oc chardonnay 3 ans
  Provence-Corse : côtes-de-provence blanc 2 ans
  Vallée du Rhône : lirac blanc 3 ans
- **Provence-Corse :** palette blanc 2 ans, patrimonio blanc 2 ans
  Languedoc-Roussillon : saint-joseph blanc 2 ans, clairette-du-languedoc 1 an
- **États-Unis :** chardonnay Carneros Californie 3 ans
  Espagne : Txacolí de Getaria 1 an
  Italie : Albana di Romagna 2 ans
  Allemagne : müller-thurgau Mosel-Saar-Ruwer Kabinett 2 ans
  Suisse : pinot blanc du canton du Valais 2 ans
  Autriche : grüner veltliner 1 an

Dégustation des vins à table

Le plat présente plusieurs facettes. Le côté moelleux du blini, salé par la morue, aromatisé par le fumé de la truite et des œufs de saumon contraste fortement avec l'acidité de la crème de verjus qui donne du tonus et révèle la texture de la galette. Les vins vont jouer avec l'ensemble.

• Le **corbières** garde ses arômes dans leur intégrité. Si les notes fumées du plat peuvent durcir un peu sa structure, le côté salé de la morue fait ressortir son gras et sa suavité. La note de verjus joue le même rôle : elle densifie le vin qui s'arrondit, prend du corps. Cette forte acidité joue donc le rôle de révélateur, sans agresser ni éteindre le corbières. Tout est affaire d'équilibre : un peu plus de verjus et tout aurait pu basculer.

• Le **limoux** exprime sur le plat toute la race du chardonnay et voit son évolution projetée dans le temps. La note boisée qui pouvait sembler dominante lors de la première dégustation est intégrée dans le corps du vin, grâce à la confrontation avec les saveurs fumées de la truite et des œufs de saumon. L'acidité du verjus joue le même rôle, en faisant ressortir la composante fruitée. En revanche, le moelleux de la pomme de terre va dans le même sens que le gras du vin. De fait, ce plat aux saveurs multiples est au service du limoux ; il en exprime le meilleur.

• Le **cassis** est particulièrement à son aise. Sa complexité aromatique est bien soulignée par la note fumée, avec montée de la composante amandée qui de fraîche passe au fruit sec. La note de verjus structure ce vin qui masque ainsi sa grande générosité et penche vers un équilibre plus strict. La structure apparaît, comme si la sauce communiquait de sa nervosité au cassis. Le moelleux et la texture de la galette se fondent dans ce vin opulent, en parfaite symbiose. Au total, ce plat ne perd rien à l'accord, bien au contraire.

• Le **châteauneuf-du-pape** impose sa loi, sans broncher. Les arômes blettis et surtout le miel ressortent davantage de la palette. Les épices se renforcent. L'équilibre du vin résiste non seulement au verjus qui n'entame en rien son gras et sa concentration, mais aussi aux notes fumées qui ne font qu'enrichir les arômes de bouche. C'est bien là le signe des grands vins qui gardent la tête haute et savent inverser la tyrannie du solide sur le liquide.

La recette de la galette d'estofinado au verjus

Ingrédients

100 g de morue séchée (estofinado en langue d'oc)
300 g de farine
1 jaune d'œuf
300 g de crème fraîche épaisse
200 g de pommes de terre
1 filet de truite fumée
1/2 verre de verjus
2 cuillerées à soupe d'œufs de saumon
1 branche de cerfeuil
sel et poivre du moulin

• Dessaler et réhydrater la morue en la laissant tremper pendant 24 h dans une eau fréquemment renouvelée.

• Pocher la morue dans un court-bouillon porté à léger frémissement.

• Laver, peler et cuire les pommes de terre à l'eau. Les réduire en purée.

• Malaxer la farine, le jaune d'œuf et 200 g de crème fraîche au batteur en incorporant un à un les éléments. Ajouter la morue effeuillée puis les pommes de terre.

• Dans une petite poêle à blinis beurrée, verser l'appareil obtenu et faire cuire doucement. À mi-cuisson, poser sur cette crêpe épaisse 1 cuillère d'œufs de saumon et le filet de truite fumée. Retourner la crêpe dans une autre poêle et achever la cuisson.

• Mélanger le reste de crème fraîche et le verjus pour obtenir une crème de verjus.

• Présenter la galette au milieu de l'assiette, décorée du reste d'œufs de saumon et de pluches de cerfeuil, avec un petit filet de crème de verjus.

Sur une quiche lorraine

LA QUICHE LORRAINE EST ENTRÉE DANS LES HABITUDES CULINAIRES DE TOUS LES FRANÇAIS, DU NORD AU SUD, DE L'OUEST À L'EST DONT ELLE EST ORIGINAIRE. IL S'AGISSAIT AUTREFOIS D'UN PLAT DE FÊTE, SERVI APRÈS LE COCHON DE LAIT, EN GRANDE DIMENSION ET CUIT DANS LE FOUR DU BOULANGER DES VILLAGES LORRAINS.

Aujourd'hui, la quiche a conquis la restauration rapide au même titre que les pizzas italiennes. En portions individuelles, elle fait le bonheur des amateurs de coupe-faim. Ce succès a son revers : la recette a été quelque peu dévoyée pour une adaptation industrielle, et ce qui est servi n'a souvent qu'un très lointain rapport avec une bonne quiche familiale, préparée au dernier moment. La pâte en particulier doit rester rustique ; l'emploi de pâte feuilletée est une affaire de cuisiniers professionnels et ne correspond pas à la tradition. La réussite n'a pas d'autre secret que la qualité et la fraîcheur irréprochable des produits. Quant au tour de main, il est d'une simplicité presque angélique, à la portée de n'importe quel cuisinier débutant. Par extension, le mot quiche s'applique à des fantaisies comme la quiche au fromage, au jambon, au saumon ou même aux rillettes.

Dégustation des vins avant le plat

Yvorne
Association viticole d'Yvorne 1997

La robe pâle de ce vin suisse du canton de Vaud est dénuée de reflet vert. Les arômes évoquent le fruit blanc bien mûr, la pêche avec une note minérale plutôt marquée. Viennent ensuite de subtiles touches d'amande et de fleurs des champs. La bouche est souple. Son fruité se développe régulièrement dans une matière assez ample et ronde. Une pointe de gaz carbonique relève l'équilibre qui, sans elle, pencherait vers la mollesse par manque d'acidité flagrant. Telle est la typicité des vins suisses qui font tous leur fermentation malolactique. La finale aromatique reprend les notes fruitées, minérales et florales, avec une pointe d'amertume.

Alsace-sylvaner
Clos Saint-Landelin
Cuvée Oscar 1997

La robe soutenue affiche un beau reflet vert vif et brillant. Expressif, le nez libère des notes de pêche et d'abricot, de fleurs lourdes, de pomelo et une touche minérale subtile. La bouche, riche, possède un beau volume, une structure presque tannique. Le fruit reste la dominante aromatique. La finale est suave mais bien équilibrée, témoignant de la grande maturité du raisin. On ne reconnaît pas la signature variétale du cépage, gommée par la force de ce terroir calcaire.

Premières-côtes-de-blaye
Château Haut-Bertinerie 1997

La robe paille d'intensité moyenne laisse apparaître un petit reflet doré. Le nez a de l'allure, bien ouvert sur des nuances fumées et grillées, des arômes de fruit blanc (pêche de vigne), de miel et de vanille. Les notes boisées sont présentes mais se mêlent au fruit avec harmonie. La bouche puissante, structurée a le goût du fruit et de la vanille. Sa matière bien mûre est soulignée par une fraîcheur qui ravive l'équilibre. Le vin finit sur des notes épicées et boisées. Un premières-côtes-de-blaye long et complexe.

Côtes-de-toul Vin gris
Marcel et Michel Laroppe 1997

La robe de ce vin gris est pâle, légèrement saumonée. Les fleurs sauvages, une pointe de fraise des bois, un peu de réglisse et de poivre composent un nez frais et délicat. La bouche est très fruitée, sur la fraise, avec une matière bien vineuse, une acidité présente qui fait ressortir la fraîcheur du fruit. Quelques épices en finale complètent l'ensemble qui reste sur un registre frais et désaltérant.

Dégustation des vins à table

La quiche lorraine, servie chaude et craquante, offre des contrastes gustatifs bien marqués. La pâte oppose sa texture croustillante au moelleux de la garniture de crème et d'œuf, sa note beurrée au fumé du lard. Ce même lard oppose sa force et sa saveur salée à l'oignon qui apporte une réponse sucrée. Les vins jouent avec ces diverses composantes, chacun privilégiant un ou plusieurs partenaires.

• L'**yvorne** fait bon ménage avec cette quiche. Le moelleux de la crème fait ressortir sa composante gazeuse et renforce son équilibre. La mollesse initiale en est atténuée. Le croustillant de la pâte joue dans le même sens et la note beurrée fait bon ménage avec le fruit du vin. La transformation la plus évidente est la disparition de la note amère finale, gommée par le sucre des oignons. Quant au lard fumé, il fait contraste avec le fruit du vin. Au total, ce vin est amélioré par le plat.

• L'**alsace-sylvaner** semble encore plus épanoui ; il développe son fruit grâce au voisinage du lard. L'oignon fait ressortir sa fraîcheur et la pâte dévoile sa richesse et son côté suave final. Mais c'est l'appareil crème–œuf qui met en avant les arômes miellés, presque sucrés de sa matière. La note de muscade fait ressortir la minéralité du vin. En définitive, la quiche accuse les caractères du vin, en exacerbant ses composantes aromatiques et son équilibre sucre–acide.

• Le **premières côtes de-blaye** gagne à la confrontation. Il perd quelque peu son côté boisé et vanillé au profit du fruit. Il s'épure, le lard jouant le rôle de révélateur. Sa structure se fond grâce aux notes beurrées de la pâte et au moelleux de la crème. Le vin s'arrondit et la muscade du plat vient rejoindre sa palette épicée. Le plat joue ici les modérateurs, tout en révélant l'avenir de ce premières-côtes-de-blaye.

• Le **vin gris des côtes-de-toul** est en terre de connaissance. Son côté floral et épicé est gommé par le plat mais son fruité est développé : la fraise se précise, soulignée par la note fumée du lard. La composante vineuse se fond dans la crème ; la pâte fait en revanche ressortir la vivacité du vin. En fin de compte, le vin joue bien son rôle désaltérant, même s'il perd un peu de complexité au profit de l'intensité fruitée.

Autres alliances

Alsace : edelzwicker 1 an, alsace-pinot noir rosé 2 ans
Bordelais : bordeaux blanc sec 2 ans
Bourgogne : marsannay rosé 1 an
Vallée de la Loire : sancerre rosé 1 an, rosé-d'anjou 1 an
Champagne : rosé-des-riceys 1 an
Suisse : Dézaley 2 ans
États-Unis : zinfandel Mendocino Californie 1 an
Espagne : Ampurdán-Costa Brava rosé 1 an
Italie : Frascati 1 an
Allemagne : pinot noir rosé Rheinhessen 1 an
Suisse : humagne rouge du canton du Valais 1 an
Australie : pinot noir Yarra Valley 1 an

La recette de la quiche lorraine

• Préparer la pâte brisée : mélanger de manière homogène la farine, le beurre, une pincée de sel, 1 œuf, 3 cuillerées à soupe d'eau froide. Façonner une boule. Placer ce pâton au réfrigérateur pour quelques heures.

• Au moment de monter la quiche, abaisser la pâte sur une épaisseur de 4 mm et en garnir un plat à tarte beurré. Faire précuire ce fond de tarte au four à 200 °C (thermostat 7) pendant 10 mn, afin que la pâte ne reste pas molle après cuisson. Sortir du four.

• Tailler des morceaux de lard fumé en fines lamelles, les faire blanchir 5 mn à l'eau bouillante pour en atténuer le goût. Disposer ces tranches de lard au fond de la tarte. Faire revenir l'oignon émincé finement à la poêle avec 5 g beurre ; saupoudrer du hachis de fines herbes lorsque les rondelles d'oignon sont devenues translucides. Ne pas faire dorer. Disposer les oignons sur les lardons.

• Battre ensemble 3 œufs entiers, la crème fraîche fleurette et 25 g de beurre fondu. Ajouter sel et poivre, ainsi qu'une pincée de noix muscade râpée. Verser sur les lardons et les oignons, enfourner à 200 °C (thermostat 7) pour 30 mn. Servir très chaud.

Ingrédients

Pour la pâte brisée
250 g de farine
125 g de beurre
4 œufs
2 g de sel

Pour l'appareil à quiche
200 g de lard fumé
1 oignon
1 hachis de fines herbes, persil, ciboulette, cerfeuil
4 dl de crème fraîche fleurette
30 g de beurre
1 pointe de noix muscade râpée
sel et poivre du moulin

Sur des cèpes à la bordelaise

La vogue de la cueillette des champignons est telle que certaines communes du Sud-Ouest ont établi une carte de ramassage pour contenir les abus et les conflits locaux qui en découlent. La "guerre du cèpe" qui sévit dans certaines vallées ariégeoises peut faire sortir les fusils de chasse du râtelier et opposer citadins et paysans à la lisière d'une chênaie.

La Corrèze, la Dordogne, les Landes et le piémont pyrénéen sont des régions fertiles en cèpes à l'automne, certaines variétés naissant dans les futaies de chênes, d'autres au pied des pins, après des périodes alternées de chaleur et de pluies. Aucune n'a pu être cultivée par l'homme et malgré les efforts des organismes de recherche, ce champignon gardera encore longtemps son caractère sauvage.

Le cèpe, ou bolet, est le roi des champignons. Il doit son nom à la forme trapue de son pied : *cep* signifie tronc en gascon. Son chapeau, en forme de gros béret basque, est lisse sur le dessus et comporte de petits tubes fins appelés "foin" ou "barbe". Avec l'âge, le cèpe augmente de taille ; son foin devient spongieux et verdâtre. Plusieurs variétés de bolets, les unes comestibles, les autres dangereuses comme le bolet de Satan, entrent dans la même famille. Un seul conseil pour éviter les accidents : porter sa cueillette chez le pharmacien qui se fera un plaisir d'identifier les sujets à risque. Parmi les variétés comestibles, certaines sont plus savoureuses : le cèpe de Bordeaux, au chapeau clair et au pied renflé et cylindrique, le cèpe "tête de nègre", foncé et ventru, le plus goûteux ; le cèpe des pins, de couleur acajou, et le cèpe réticulé, de couleur jaune, sont tous deux moins savoureux. On préférera les champignons de petite taille et jeunes, qui peuvent se consommer crus, détaillés en lamelles et assaisonnés d'une vinaigrette à l'huile de noix, mais qui dégageront tous leurs arômes après cuisson.

DEPUIS LA RECETTE DE CÈPES ET D'ORONGES DU CUISINIER ROMAIN APICIUS JUSQU'AUX DÉCLINAISONS RÉGIONALES ACTUELLES, LES CHAMPIGNONS SAUVAGES ONT TOUJOURS ÉTÉ L'OBJET DE FANTASMES GOURMANDS. PEUT-ÊTRE PARCE QUE LEUR CUEILLETTE SYLVESTRE DANS LES BRUMES MATINALES A UN PETIT AIR DE CHAPARDAGE, OU PARCE QUE PLANE SUR UN PLAT DE CHAMPIGNONS RAMASSÉS DANS LES BOIS UNE AMBIANCE D'AVENTURE, VOIRE DE RISQUE FATAL !

Dégustation des vins avant le plat

Pessac-léognan Château Haut-Bergey 1996

La robe est sombre et profonde, encore ourlée de violet. La palette aromatique exprime avec intensité un fruité mûr, plutôt cassis, de la réglisse, des notes vanillées, torréfiées et fumées, ainsi que du cuir. La bouche possède une belle tenue, un fruité dense et pur, du charnu, un encadrement tannique structuré mais qui a déjà fondu son grain et qui se présente sous un aspect charmeur précoce. La finale, expressive, développe le fruit frais, souligné par une vivacité bien marquée et par les épices du bois. Un vin déjà ouvert, de style assez moderne, mais qui met en valeur les caractéristiques du terroir des graves.

Médoc Château Les Ormes Sorbet 1995

Une robe d'encre, encore marquée de jeunesse. Les arômes sont ici plus discrets ; il faut agiter le verre pour débusquer un fruité mûr et chaud, un boisé fin et délicat. Des notes de sous-bois, d'épices, de poivre viennent ensuite. La bouche présente une structure puissante, une belle profondeur de fruit, des tanins architecturés dont le grain a encore besoin de se polir. La finale, plus ouverte que le nez, décline poivre, fruits confits, vanille et épices, le tout enveloppé de gras. Un vin de longue garde, encore retenu mais qui promet beaucoup.

Lalande-de-pomerol Château de Viaud 1996

La robe est bien colorée, à reflet violet intense. Le nez est ouvert et expressif : fruit rôti, presque compoté, égayé par une touche mentholée, torréfiée, des notes d'épices douces et de cuir, des accents minéraux, du sous-bois. La bouche présente de la rondeur grâce à des tanins déjà souples en attaque, du gras et une puissance chaleureuse. La finale égrène fruits rouges, épices du bois et note d'humus. Une pointe d'amertume est apportée par les tanins qui remontent en tout dernier ressort. Un vin de son appellation.

Gigondas Domaine Les Goubert Cuvée Florence 1994

Vêtu d'une robe d'intensité moyenne dont la frange commence à évoluer, ce gigondas révèle un nez intense : note animale prononcée, fruits cuits aux épices et au poivre, tabac, herbes de garrigue, réglisse et bois exotique. La bouche chaleureuse offre suavité et fruité. Elle est heureusement soutenue par de beaux tanins épicés ou boisés. Longue et généreuse en fragrances sudistes, la finale exprime parfaitement les caractères de l'appellation.

Dégustation des vins à table

Le plat est haut en couleurs : les cèpes caramélisés par la cuisson dégagent un parfum intense, relevé par l'échalote et l'ail (arômes de sous-bois, de feuille morte) et révèlent une structure presque carnée. Les vins connaîtront sur les cèpes les mêmes influences que sur une viande braisée.

• Le **pessac-léognan** et le plat développent une complicité. Le fruité du vin est respecté, son côté animal est rehaussé. Apparaissent des arômes de sous-bois. En revanche, la composante boisée s'atténue, au grand bénéfice de l'équilibre du vin. Même l'acidité se fond dans les tanins. Une alliance régionale réussie.

• Le **médoc**, comme sur un plat de viande, gagne quelques années. Ses épices montent en puissance, son côté boisé diminue, son fruité bascule vers l'évolution, ses tanins s'arrondissent, son grain s'affine et sa finale s'allonge. Une projection dans l'avenir.

• Le **lalande-de-pomerol** joue dans la synergie. Ses arômes de sous-bois persistent, son fruité et ses épices restent intacts. Seule la note de terroir évolue pour épouser les arômes du champignon. Les tanins sont complètement fondus, l'ensemble prend de l'élégance et du satin, la pointe amère a disparu. Le cèpe est le faire-valoir du lalande-de-pomerol.

• Le **gigondas**, que l'on marie plus généralement aux truffes, se trouve à son aise sur les cèpes. Son fruité en particulier est exacerbé, élevé à un tel niveau qu'il envahit le palais. Ses épices prennent des accents orientaux, sa chaleur – un peu excessive – est absorbée et fondue par le plat. Son équilibre retrouve vigueur et éclat. Une alliance transculturelle étonnante.

Autres alliances

Bordelais : graves rouges 2 ans, bordeaux-supérieur 3 ans, saint-georges-saint-émilion 4 ans
Vallée du Rhône : vacqueyras 4 ans

Bordelais : pomerol 5 ans, saint-émlion grand cru 5 ans, saint-estèphe 5 ans
Provence : bandol 5 ans

États-Unis : cabernet-sauvignon Napa Valley Californie 5 ans
Espagne : Toro reserva 5 ans
Italie : IGT cabernet-sauvignon 5 ans
Chili : cabernet-sauvignon 5 ans
Uruguay : tannat 5 ans
Australie : cabernet-sauvignon Barossa Valley 5 ans

La recette des cèpes à la bordelaise

Ingrédients
1 kg de cèpes
3 cl d'huile d'arachide
1 échalote
1 gousse d'ail
200 g de persil
sel et poivre du moulin

• Nettoyer et gratter s'il y a lieu les champignons. Éliminer le bout du pied, dur et ligneux.

• Préparer une persillade en hachant ail et persil mêlés. Le dosage de l'ail est important : il exacerbe la saveur du champignon sans jamais la dominer.

• Séparer les têtes et les pieds des cèpes. Hacher menu les pieds et les faire sauter à part avec l'échalote hachée dans l'huile d'arachide pendant 10 mn.

• Détailler les têtes de champignons en lamelles ou en quartiers, suivant la grosseur des cèpes ; les faire sauter à feu vif : les cèpes doivent dorer et non baigner dans leur eau de végétation.

• Après environ 8 mn de cuisson, ajouter le hachis de pieds de cèpes et d'échalote, la persillade. Saler, poivrer et servir chaud.

Sur une macaronade aux truffes

L'ARÔME DE TRUFFE EST L'UNE DES COMPOSANTES LES PLUS COMPLEXES DE LA PALETTE D'UN GRAND VIN ROUGE ÉVOLUÉ. PARCE QUE CE CHAMPIGNON SIGNE AUSSI LES PLATS GASTRONOMIQUES RAFFINÉS, LA RECHERCHE DE LA PARFAITE ALLIANCE ENTRE METS ET VINS DEVIENT UN PUR PLAISIR.

La truffe sert bien souvent de condiment en apportant ses parfums à une crème ou à un blanc de volaille. Mais ce mystérieux champignon peut également avoir la vedette dans un plat aussi simple que les “tastous”, sorte de tartines de pain de campagne, à peine aillées, surmontées d'une belle et épaisse lamelle de truffe, badigeonnées de graisse d'oie et passées rapidement au four. Un tour de moulin à poivre, un peu de gros sel et le tour est joué pour un amuse-gueule aussi rustique que fastueux qui appelle un vieux sauternes ou mieux un champagne âgé. On peut aussi déguster la truffe “sous la cendre”, enveloppée de papier sulfurisé à papillote ; elle apparaît alors dans sa vérité toute nue. Mais il faudra casser sa tirelire : une belle grosse truffe par personne est la moindre des choses.

Si l'on veut néanmoins découvrir le goût de la truffe, de petites quantités du luxueux champignon pourront être utilisées dans des plats à base d'œufs, de pommes de terre ou de pâtes qui dévoileront tous ses charmes. Des éponges à truffe en quelque sorte.

- L'œuf, en omelette ou en brouillade, révèle les saveurs de la truffe avec intensité. Les œufs conservés dans un bocal avec quelques lamelles de truffes s'imprégneront des arômes du champignon et les conserveront à la cuisson. Une manière économique de faire durer le plaisir ! En revanche, l'œuf n'étant pas le meilleur ami du vin, il est assez difficile de trouver des bouteilles qui passeront l'épreuve de la dégustation à table.
- La pomme de terre est elle aussi avide de truffes : une purée écrasée à la fourchette et enrichie en truffes hachées est une vraie merveille. On réservera plutôt cette purée à l'accompagnement d'une volaille, elle aussi truffée sous la peau.
- D'un goût assez neutre, les pâtes s'imprègnent des saveurs les plus diverses et peuvent servir de support aux préparations les plus simples comme les plus extravagantes. La recette de la macaronade aux truffes est un grand classique du Sud-Ouest : elle associe truffes et foie gras, la forme particulière des macaroni permettant de fixer les saveurs.

Un dernier conseil, après plusieurs expériences concluantes, il semble que la truffe fraîche puisse se conserver au congélateur sans rien perdre de ses parfums. On l'y gardera non lavée, dans des sachets hermétiques ou dans de petits pots remplis d'huile neutre ; on la fera décongeler très lentement au réfrigérateur, la veille de son emploi.

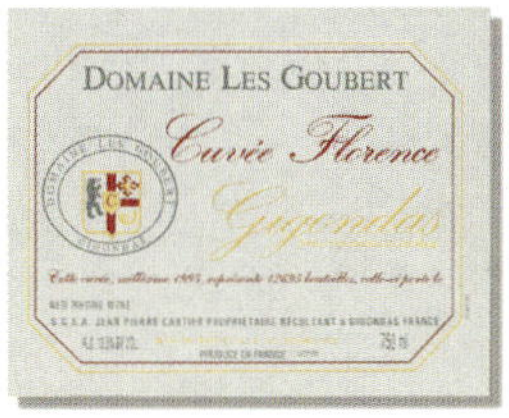

Dégustation des vins avant le plat

Gigondas
Domaine Les Goubert
Cuvée Florence 1995

La robe intense a gardé un reflet encore jeune. Les arômes bien épanouis libèrent une forte note sauvage de cuir, de garrigue, des accents de fruits cuits (pruneau et fraise), de la réglisse et une belle présence de champignon… une pointe de truffe naissante. La bouche, généreuse et corsée, possède une matière opulente, des tanins puissants et structurés, très épicés. La finale reprend les arômes du nez, du cacao en prime ; la note de truffe se révèle et persiste longtemps. Un beau vin de soleil, très expressif et plein de caractère.

Barolo
Vietti Riserva Villero 1990

Vêtu d'une robe d'intensité moyenne, au reflet évolué, ce Barolo laisse poindre au nez le fruit compoté, le cassis cuit, la réglisse, des notes fumées et légèrement viandées. Un parfum de truffe s'ajoute à cette palette complexe. La bouche attaque en rondeur, mais bien vite la vivacité propre aux Barolo se dévoile et participe à l'éclatant équilibre de ce vin. Les tanins, d'architecture stricte et un peu astringents, en paraissent plus construits encore. Grâce à cette nervosité, la matière ample garde beaucoup d'élégance. La finale est explosive, tonique : des notes épicées et poivrées soulignent la composante truffée et le fruit noir. Le boisé n'apparaît qu'en tout dernier ressort : noble et complexe, il sait rester discret. Un très beau vin, en pleine forme.

Bandol
Château de Pibarnon 1988

La robe profonde affiche un reflet brun. Si dans cette dégustation il est un vin aux arômes de truffe, c'est bien celui-ci : cette note de champignon sert de pivot à la palette aromatique. S'y allient la figue cuite, les épices, des touches grillées, des arômes de cuir et de venaison, une forte présence poivrée. La bouche, très ample, possède un beau volume et du gras. Les tanins encadrent la matière sans dureté, avec un grain lisse et velouté. L'ensemble est un miracle d'équilibre. Ce bandol très dense paraît presque aérien. Le fruité monte, souligné par les épices et la pointe de truffe ; les arômes de cacao apparaissent enfin. Le vin finit dans une grande longueur, en associant figue et truffe, gibier et poivre. Un vin tout à la gloire du mourvèdre dans sa plus noble expression.

Pomerol
Château La Conseillante 1988

La robe très dense revêt un reflet à peine évolué. Les notes de gibier, d'épices douces, de fruits rouges confits, de sous-bois, d'humus et de truffe montent en prenant de l'intensité à l'aération. La bouche,

Le vignoble de Barolo dans la région du Piémont (ici la vallée de Morra).

parfaitement équilibrée, possède une matière riche et dense, généreuse et très mûre. Elle dévoile des notes de fruit rôti, de grillé, de champignon. L'ensemble est soutenu par une force tannique encore très présente, renforcée par une nervosité notable. Le grain des tanins est lisse et serré. Si le nez dévoile une belle complexité, c'est en bouche que ce pomerol s'exprime avec force. Vanille, gibier, torréfaction et surtout truffe l'accompagnent jusqu'en finale. Le vin perdure et s'allonge : il décline tous ses atouts.

Dégustation des vins à table

Le plat est un feu d'artifice aromatique : la pièce s'emplit de truffe à l'ouverture du couvercle. Les macaroni jouent le rôle de faire-valoir ; leur texture participe à la dégustation, leur léger craquant s'associe à celui des lamelles de truffe. Le foie gras apporte, par opposition, son moelleux, tout comme la crème qui sert de liant. Ce sont bien entendu les arômes et les saveurs de truffe qui dominent, surtout si l'on a pris soin de ne pas les cuire, en respectant le seul frémissement de 3 mm conseillé.

• Les arômes de gibier du **gigondas** déclinent tandis que les notes fruitées remontent, en gagnant de la fraîcheur. Le gras du foie et la crème assouplissent les tanins du vin, qui paraît plus gras et plus lisse. La pointe de truffe prend de la hauteur et se fond dans celle du plat. La générosité du vin semble plus équilibrée dans une belle alliance pleine de naturel.

• Le **Barolo** gagne lui aussi des accents fruités plus frais en perdant son côté compoté. Sa palette aromatique se précise et fait la part belle aux épices

Autres alliances

- **Vallée du Rhône :** vacqueyras 4 ans
- **Provence :** côtes-de-provence rouge 10 ans
- **Bordelais :** saint-émilion grand cru 10 ans
- **Vallée du Rhône :** châteauneuf-du-pape rouge 10 ans, hermitage blanc 15 ans
- **Bourgogne :** meursault 15 ans
- **Espagne :** Rioja Gran Reserva 15 ans
- **Italie :** Brunello di Montalcino 9 ans
- **États-Unis :** cabernet-sauvignon Napa Valley Californie 8 ans
- **Espagne :** Priorato Gran Reserva 8 ans
- **Portugal :** Douro rouge 8 ans
- **Italie :** Barbaresco 8 ans
- **Australie :** shiraz Coonawarra 8 ans
- **Uruguay :** tannat 8 ans

et à la truffe ; le boisé s'est totalement fondu. En revanche, le plat fait ressortir l'acidité du vin, qui prend un peu de dureté. Plus habitué à la truffe blanche piémontaise, le Barolo est ici en visite de courtoisie.

• Le **bandol** possédait intrinsèquement des arômes de truffe. Il les conserve lors de la confrontation avec le plat. La symbiose est donc parfaite. Tous les composants aromatiques en tirent bénéfice. Montent les notes de fruits, d'épices, de cuir. Seuls les accents de gibier s'atténuent. En bouche, les tanins se fondent davantage : le vin devient très velouté au contact de la crème et du foie gras. Quant à la truffe elle parle avec l'arôme du vin, le poivre servant d'interprète. Une alliance d'exception.

• Le **pomerol**, à l'instar du bandol, met en valeur sa note de truffe, accompagnée d'épices. Mais le plus grand bénéfice pour ce vin réside dans l'assouplissement de ses tanins, qui fait ressortir son volume et son gras. Sa nervosité disparaît, contrairement à celle du Barolo. Sa palette aromatique s'imprègne de senteurs de champignon, alors que les arômes de gibier s'atténuent au profit du fruit et que la puissance finale devient plus aimable. Le vin perd en force ce qu'il gagne en équilibre et en élégance.

La recette de la macaronade aux truffes

Ingrédients

- 200 g de macaroni
- 1/2 litre de lait
- 1 gousse d'ail
- 100 g de truffes fraîches (une belle truffe par personne)
- 25 cl de crème fraîche fleurette
- 200 g de foie gras frais
- 30 g de farine
- 3 tiges de ciboulette
- sel et poivre du moulin

• Cuire les macaroni *al dente* dans un mélange salé, moitié eau, moitié lait. Ajouter une gousse d'ail écrasée (l'ail est un merveilleux révélateur du goût de la truffe).

• Brosser et laver les truffes ; les couper en lamelles très fines. Réserver les plus petites truffes et les hacher menu. Dans une casserole, porter à ébullition la crème fraîche fleurette. Ajouter les truffes hachées et les truffes en lamelles et laisser frémir 3 mn à peine. Saler et poivrer.

• Détailler le lobe de foie gras frais en petits cubes de 1 cm de côté. Fariner et jeter dans une poêle anti-adhésive très chaude. La cuisson doit être rapide : la caramélisation empêche le foie de rejeter trop de graisse.

• Égoutter soigneusement les macaroni et les déposer dans un grand plat. Ajouter les dés de foie gras et la sauce aux truffes. Bien mélanger.

• Servir la macaronade saupoudrée d'un peu de ciboulette.

Sur un risotto aux champignons sauvages

L'Italie du Sud mange des pâtes, celle du Nord consomme du riz. Ingrédient du célèbre risotto milanais, décliné sous toutes ses formes et diversement accommodé, le riz est aussi la base de la paella. Originaire d'Asie, il gagne l'Europe en conquérant le Moyen-Orient et la Méditerranée orientale, puis l'Espagne mauresque. En France, il ne s'implante que peu à peu dans la cuisine du XVIIe siècle où il entre surtout dans les soupes et les préparations de desserts. Cultivé aujourd'hui en Camargue, il se présente sous diverses variétés, à grain rond (plus riche en amidon, plus collant) ou long, pré-étuvé (pour éviter qu'il ne colle). Il peut être complet, riche en vitamines ou en sels minéraux, ou blanchi. On distingue quelques variétés orientales très en vogue comme le riz basmati ou des riz aromatisés thaïlandais.

La qualité sera choisie en fonction de la préparation. Riz rond pour paella, risotto et riz au lait. Riz long pour le riz créole ou pilaf. La cuisson est à la fois simple et délicate ; nous avons tous des souvenirs de ces colles de riz de cantine qui ont dégoûté des générations d'enfants de cette céréale nutritive. Le riz créole se prépare après rinçage en jetant le riz dans une grande quantité d'eau bouillante, salée. Le résultat gustatif est toujours médiocre. Le riz pilaf se prépare en ajoutant un volume et demi d'eau pour un volume de riz et en laissant cuire à feu doux jusqu'à évaporation complète du liquide.

PLAT AROMATIQUE, MÉLANGE DE BEURRE FRAIS, DE CHAMPIGNONS SAUVAGES ET DE CÉRÉALES, LE RISOTTO RELÈVE LA PALETTE AROMATIQUE DES VINS QUI L'ACCOMPAGNENT TOUT EN INFLUANT SUR LEUR TRAME TANNIQUE ET LEUR FORCE ALCOOLIQUE. QUEL MEILLEUR ACCORD POURRAIT-ON TROUVER AVEC LA TEXTURE DE CE METS, À LA FOIS CROQUANTE ET MOELLEUSE ?

Dégustation des vins avant le plat

Bourgueil Pierre Breton Les Perrières 1995

La robe intense à reflets violines présage une belle concentration. Le nez est mûr, orienté vers la framboise écrasée, la réglisse, le poivron mûr, les épices. La bouche offre de la mâche, une matière mûre et fruitée. Les tanins, encore bruts, gardent un grain tactile perceptible. Vive, la finale laisse persister le fruit et les notes de Zan. Un vin bien concentré, dans sa gangue, promis à une longue garde.

Saint-émilion grand cru Château Grand Mayne 1990

Les reflets de cette belle robe intense, rubis foncé commencent à peine à évoluer. Le nez a de l'allant et sa palette aromatique va du fruit rouge mûr aux senteurs grillées et torréfiées, en passant par le sous-bois, la réglisse, les notes vanillées. La bouche, bien bâtie, se caractérise par son gras, sa matière riche et puissante, ses tanins ronds et charnus, épicés et grillés. La finale longue et persistante décline le fruit mûr, le bois de cèdre et les épices boisées dans un ensemble harmonieux. Une bouteille en pleine forme.

Châteauneuf-du-pape Château Mont Redon 1988

La robe rubis sombre laisse apparaître des reflets brique. Le nez développe de la puissance, des notes chaleureuses : cerise cuite, fruits en compote, goudron, cuir, accents champignonnés, humus et sous-bois. Généreuse, la matière a une belle ampleur. Son volume occupe la bouche dès l'attaque. Les senteurs du nez reviennent en privilégiant le fruit. Les tanins, à la fois épicés et suaves, se fondent dans la masse. La longueur s'étire sur les champignons et la cerise. Un beau vin complexe et épanoui.

Rioja La Rioja Alta Centenario 1890-1990 1973

Peu intense, la robe évolue vers des teintes brunes (acajou, bois exotique). Le nez est exubérant, montant. Sa palette décline des notes de tabac blond, une forte présence de champignons, de bois de cèdre, de balsa et surtout un fruité secondaire assez étonnant (pruneau sec et figue). La bouche fait son âge : sa matière est gracile, fruitée. Cependant, les épices orientales, les notes de vernis, la pointe d'acidité volatile et de rancio sont les caractères d'un vin proche du déclin. En revanche, les tanins ne se sont pas asséchés ; ils sont tenus par une acidité bien équilibrée. La finale reprend la gamme du nez et se prolonge longtemps, ce qui n'est pas fréquent dans un rioja. Un beau vin un peu décadent.

Dégustation des vins à table

Les grains de riz sont restés craquants et sont entourés du moelleux du beurre et du parmesan fondu ; l'ensemble est légèrement gluant. Les champignons sont fondus dans le plat et imprègnent l'ensemble de leurs saveurs intenses.

• Le **bourgueil** garde la tête haute. Qui en aurait douté en connaissant sa concentration ? Il perd toutefois de son fruit. Les champignons du risotto imposent leur présence, mais les notes de framboise résistent. Le côté poivron et les épices sont rehaussés par le plat. Les tanins très présents à la première dégustation se fondent grâce au moelleux et au beurre fondu ; ils gagnent en finesse de grain. La vivacité est plus apparente, ce qui durcit un peu la finale.

• Le **saint-émilion grand cru** trouve dans ce risotto forestier un compagnon idéal. Tout est sublimé par le plat. Les arômes sont exacerbés. Les notes vanillées disparaissent au profit du fruit. Le côté champignonné du vin se fond dans le plat, dans une harmonie peu commune. Le croquant du riz souligne le gras des tanins, le moelleux révèle leur force, tout se passe comme si ce vin était conjugué au superlatif.

• Le **châteauneuf-du-pape** possède assez de force pour dominer le plat, mais sa grande complexité aromatique et ses accents de sous-bois sont développés, si besoin était, par les senteurs du plat. La texture, le moelleux et le gluant du risotto effacent la puissance alcoolique, en laissant apparaître la structure et en faisant ressortir la maturité des tanins et le fruit de la finale. Un bel accord gourmand.

• Le **rioja** se fond dans le plat, ses arômes de champignon semblent venir du risotto tant ils sont semblables. Les épices, les côtés rancio et vernis prennent plus de finesse. En revanche, la bouche est rajeunie par le moelleux : elle acquiert de la tenue, avec une vivacité et une suavité bien équilibrées. Les tanins gardent leur grain, mais ont un côté plus vif, plus tendu. Un véritable lifting pour ce vin âgé.

Autres alliances

Vallée de la Loire : touraine-mesland rouge 3 ans
Bordelais : lussac-saint-émilion 5 ans
Vallée du Rhône : vacqueyras 5 ans

Vallée de la Loire : chinon 5 ans
Languedoc-Roussillon : côtes-du-roussillon rouge 5 ans
Provence-Corse : ajaccio 5 ans
Bourgogne : pommard 10 ans

Espagne : Rioja Reserva 7 ans , Priorato 7 ans
Italie : Barbera d'Alba 5 ans
Australie : shiraz 10 ans
Argentine : merlot 5 ans
États-Unis : mourvèdre de Californie
Bulgarie : merlot 3 ans

La recette du risotto aux champignons sauvages

Ingrédients

500 g de champignons sauvages, chanterelles, trompettes de la mort
250 g de riz rond
2 cuillerées à soupe d'huile d'olive
100 g d'oignons
1 tablette de bouillon de volaille
50 g de beurre
20 g de parmesan râpé
sel et poivre du moulin

• Faire revenir les champignons sauvages. Rincer le riz rond dans une passoire.
• Hacher les oignons. Dans une poêle, les faire blondir avec l'huile d'olive. Ajouter le riz. Faire cuire à petit feu jusqu'à ce que le riz devienne translucide. Délayer la tablette de bouillon de volaille et ajouter le liquide dans la poêle cuillère à cuillère. Le riz ne doit ni attacher ni baigner dans le liquide.
• Ajouter la poêlée de champignons hachés menu à mi-cuisson. Mélanger le tout. Ajouter le beurre, saler et poivrer. Parsemer de parmesan.

Sur des lasagne al pesto alla genovese

LA CUISINE ITALIENNE, SI RICHE ET SI VARIÉE, REPRÉSENTE L'ÂME DE CHAQUE PROVINCE. LE SUD PRÉFÈRE LES PÂTES, LE NORD LE RISOTTO. UNE SAUCE AMATRICIANA ROMAINE NE SE PRÉPARE PAS À BOLOGNE, LES ORECHIETTE DES POUILLES SONT INCONNUES EN PIÉMONT, LA POLENTA NE FAIT PAS RECETTE EN SICILE. IL N'Y A QUE LES ÉTRANGERS POUR CROIRE QUE LA PIZZA EST UN PLAT NATIONAL !

Les Italiens aiment les plats à forte saveur, relevés par des aromates et de l'huile d'olive. L'alliance avec les vins ne s'en trouve pas simplifiée. Bien peu de bouteilles résistent à la tomate, à l'ail et au basilic. Même le plus racé des vins italiens "plie un genou" devant l'exubérance de cette gastronomie. Il existe fort heureusement dans la péninsule des plats de poissons tout simplement grillés ou frits pour apprécier les vins blancs du Haut-Adige ou des viandes point trop épicées pour remarquer l'élégance d'un Barolo. Mais il s'agit là d'une cuisine moins typée et la même expérience peut être réalisée sur des plats de style international.

Dégustation des vins avant le plat

Vins-de-corse Porto Vecchio Domaine de Torraccia blanc 1996

La Corse était génoise avant de passer sous pavillon français. Aussi semble-t-il légitime de goûter un vin blanc de vermentino sur ce plat. La robe est pâle à reflets verts. La palette aromatique met en évidence le fenouil, des arômes d'herbe coupée, des notes fumées, les fleurs blanches, avec une touche amandée. La bouche a du gras, un fruité bien développé, une bonne vivacité finale qui équilibre le tout. La longueur en bouche est assez modeste mais nette et précise, sur le fruit. Un vin aromatique et élégant.

DO Roero Malvira arneis 1996

Ce vin du Piémont présente une belle robe paille assez soutenu, avec un reflet vert marqué. Le nez décline des senteurs d'acacia, de miel, d'épices discrètes, de vanille et de safran. La note florale domine. La bouche, grasse et ample, laisse apparaître un fruit blanc mûr. Les arômes se prolongent dans une finale généreuse mais pas très vive. Une note d'amande se dévoile au dernier moment. Un vin bâti sur la rondeur, d'une belle complexité.

DO Bardolino Serra chiaretto rosé 1997

Vive et jeune, la robe de ce vin du lac de Garde présente une teinte fraise pâle. Les arômes, très intenses, déclinent toute la gamme d'une vinification technologique à basse température : banane, framboise écrasée, fraise mûre, fruits exotiques. Un nez expressif, mais un peu entêtant. La bouche est tout aussi aromatique, légère et souple. Le gaz carbonique perceptible en renforce la fraîcheur. Très bonbon anglais en finale, avec une petite note beurrée, ce vin moderne est séduisant mais sans grand caractère.

IGT Emila secco Villa Veroni Lambrusco

Un vin rouge mousseux ! De quoi déconcerter un dégustateur français… Ce vin est élaboré en Émilie-Romagne. La mousse est assez abondante, mais la bulle ternit quelque peu la robe violette du vin. Le nez reste sur des notes primaires : fruits rouges cuits, notes de levure, de mie de pain. La bouche est marquée par la présence du gaz carbonique qui souligne le fruité et la vivacité du vin, en durcissant toutefois les tanins de la finale. L'astringence s'en trouve renforcée et la rusticité ressort. Vous avez dit bizarre ?

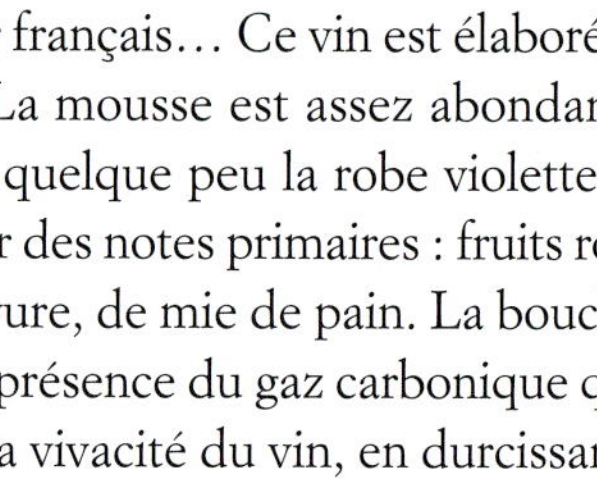

Dégustation des vins à table

Le basilic allié à l'ail est ici dominant, il imprègne le plat, à peine tempéré par l'arôme grillé des pignons. La texture des pâtes est légèrement craquante, elle est adoucie par le gras de l'huile d'olive du pesto.

• Le **vin-de-corse**, malgré sa parenté culturelle et variétale, plie devant le pesto. Ses arômes sont éteints. Le vin devient neutre et sans éclat. En revanche, son fruité en bouche reste bien marqué ; son équilibre garde cette vivacité et ce gras qui le caractérisaient à la première dégustation. La consistance de la pâte fait ressortir sa fraîcheur.

• Le **Roero arneis** perd en subtilité aromatique mais résiste mieux. Le miel reste perceptible, la note amandée ressort dès le début. Les notes florales, en revanche, trop délicates, ne font pas le poids devant le plat. La structure du vin est agressée : elle se durcit aux dépens de la rondeur. Le plat semble donner au vin une forme plus longiligne. L'accord ne manque pas d'intérêt, mais c'est bien le plat qui impose sa loi.

• Le **rosé de Bardolino** possède assez de puissance aromatique pour tenir tête au pesto. Le côté amylique est cependant affaibli pour ne conserver que le côté fruit rouge, simplifié mais purifié. La bouche reste souple, avec un arôme de fraise qui monte en finale. Un rôle rafraîchissant et désaltérant, plus que gastronomique.

• Le **Lambrusco**, jugé étrange à la première dégustation, trouve ici toute sa justification. La présence de gaz carbonique lave la bouche et l'influence du pesto s'en trouve diminuée. Le fruité primaire du vin apparaît alors plus pur et intense, dépouillé des notes de levure. Le contraste entre le moelleux de la pâte et la perle du vin est une grande réussite. Pas si bizarre que cela en définitive. Plutôt exotique, dépaysant… Une réelle invitation au voyage.

Autres alliances

Provence-Corse : côtes-de-provence blanc 2 ans
Languedoc-Roussillon : côtes-du-roussillon blanc 1 an

Provence-Corse : cassis 1 an
Languedoc-Roussillon : clairette-du-languedoc 1 an, costières-de-nîmes blanc 1 an

États-Unis : sauvignon blanc de Californie 2 ans
Espagne : Conca de Barbera blanc 1 an
Grèce : Côtes de Meliton blanc 1 an
Italie : Verdicchio di Castelledi di Jesi 2 ans, Valpollicella 1 an, Oltrepò Pavese rouge 1 an, Soave 2 ans
Allemagne : kerner Rheinpfalz Kabinett 1 an
Suisse : Auvernier du canton de Neuchâtel 2 ans

La recette des lasagne al pesto alla genovese

Ingrédients

Pour les lasagne fraîches
- 400 g de farine
- 4 œufs
- 3 cuillerées à soupe d'eau

Pour le pesto
- 40 feuilles de basilic frais
- 3 cuillerées à soupe de pignons de pin
- 2 gousses d'ail pelées
- 2 cuillerées à soupe de parmigiano reggiano râpé fin
- 1/2 verre d'huile d'olive vierge
- sel et poivre du moulin

• Préparer les lasagne : mettre la farine sur la table et faire un puits. Battre les œufs, les ajouter avec du sel au centre du puits. Mélanger en ramenant doucement la farine au centre et pétrir en arrosant avec l'eau. La pâte doit être compacte. Confectionner une boule et laisser reposer dans un torchon pendant au moins une heure. Trancher la boule en parts de 2 cm d'épaisseur. Étaler la pâte sur un marbre fariné, au rouleau à pâtisserie, jusqu'à obtenir une feuille très fine. Découper la pâte en carrés de 10 cm de côté. Il existe des machines à pâtes, sur le principe de rouleaux réglables, qui peuvent fabriquer lasagne, spaghetti ou tagliatelles. Plonger les lasagne dans l'eau bouillante salée pendant 3 mn, en remuant bien pour qu'elles ne collent pas. Égouttez en réservant un peu d'eau de cuisson pour le pesto.

• Préparer le pesto : faire griller les pignons à la poêle. Piler au mortier les feuilles de basilic avec les pignons grillés, les gousses d'ail, le parmigiano reggiano. Lorsque la pâte est bien homogène, ajouter petit à petit l'huile d'olive vierge. Saler et poivrer. Passer cette sauce au chinois pour éliminer les pignons mal écrasés. Diluer légèrement avec un peu d'eau de cuisson des pâtes.

• Servir les pâtes en chiffonnade sur les assiettes et napper avec le pesto.

Sur un foie gras de canard chaud aux pommes

André Daguin, qui cultivait la contradiction gasconne bien avant que les Anglo-Saxons ne découvrent le *French paradox*, avait coutume de clamer : "La principale qualité d'un foie gras d'oie est d'être un foie de canard !" En effet, si le foie d'oie présente en général plus de finesse dans les préparations froides, mi-cuites ou en conserve, le foie de canard se prête mieux aux préparations chaudes. Il est, de plus, bien meilleur marché. On reconnaîtra le foie gras de qualité à sa couleur claire, rose-beige, sans taches rouges ou brunes et surtout sans les taches vertes de fiel que l'on pourrait découvrir en écartant les lobes. Il doit être ferme au toucher mais pas trop dur.

Dégustation des vins avant le plat

Moulis-en-médoc Château Poujeaux 1995

La robe intense garde des signes de jeunesse. Le fruit rouge bien mûr, une touche de cuir, de fumé, des arômes de vanille et d'épices boisées composent un nez d'un classicisme accompli. La bouche adopte le même style, avec une belle architecture, une carrure encore très présente, une matière mûre et savoureuse, des notes de grande maturité et du gras. Les tanins sont certes puissants mais leur grain est lisse. Déjà affinés, ils laissent apparaître une finale longue et aromatique sur les fruits mûrs aux épices. Ce millésime est riche en merlot, mais le terroir de graves impose ici un style médocain affirmé.

Alsace-gewurztraminer Altenbourg Domaine Weinbach Cuvée Laurence 1997

Vêtu d'une robe paille à reflets dorés, cet alsace-gewurztraminer, certes intense, exprime une finesse et une race très éloignées des excès que l'on perçoit parfois dans les vins issus de ce cépage. La rose fanée, les épices douces, le litchi, le miel et le poivre se mêlent harmonieusement. La bouche offre un bel équilibre entre la richesse, la fraîcheur et une suavité tempérée. Elle explose en arômes et en saveurs, mais elle sait rester élégante. La vivacité finale n'est pas étrangère à cet équilibre. Propre à ce millésime, elle donne une grâce aérienne à ce vin et beaucoup de séduction. La finale est très longue, appuyée sur les arômes initiaux. Le côté floral et épicé est mis en avant.

LA GASCOGNE, LES LANDES, LE QUERCY OU LE PÉRIGORD ONT INSCRIT DEPUIS LONGTEMPS LES PLATS À BASE DE FOIE FRAIS À LEUR PATRIMOINE GOURMAND, CHACUN AVEC SES VARIANTES. LES FRUITS RÔTIS (POMMES, POIRES OU RAISINS) DONNENT SOUVENT LA RÉPLIQUE AU "DIVIN VISCÈRE", LE GRAS DU FOIE ÉTANT AINSI ÉQUILIBRÉ PAR L'ACIDITÉ DU FRUIT.

Saussignac Château Miaudoux 1995

La robe, doré intense, est brillante. Opulent, le nez propose des arômes puissants de miel et de pralin, d'amande grillée. On perçoit un côté caramel au lait renforcé par des épices orientales, de la cannelle et du gingembre. La bouche, onctueuse, exprime parfaitement les caractères du *Botrytis cinerea* : une matière ample et grasse, suave, un bon équilibre entre cette richesse et une fraîcheur perceptible. La finale remonte sur la richesse et la liqueur en s'accompagnant de notes de loukoum et de figue, d'épices et de poivre. Un beau saussignac un peu à part, marqué par sa densité et son style liquoreux.

Rivesaltes Cave de Baixas Cuvée Dom Brial 1973

La robe est ambrée, sombre à reflets dorés. Très grande palette aromatique, avec de la noix, une note rancio noble, des fruits blettis, du cuir de luxe, de la figue sèche, des dattes, des épices et une note torréfiée, mélange de café et de cacao. La bouche est ample, d'un équilibre parfait entre puissance alcoolique, force épicée et un fruité qui semble encore très jeune pour l'âge du vin. Le vin s'impose en finale par de superbes notes de pruneau et d'épices qui font penser à un vieil armagnac, de beaux accents de cacao, moka et épices orientales en prime. Un vin doux naturel de haute volée.

Autres alliances

- **Bordelais :** listrac 4 ans
  Alsace : alsace-gewurztraminer 2 ans
  Sud-Ouest : rosette 4 ans
  Languedoc-Roussillon : maury 15 ans
- **Vallée de la Loire :** montlouis 4 ans
  Sud-Ouest : jurançon 4 ans
  Bordelais : graves rouge 5 ans
  Alsace : alsace-tokay-pinot gris vendanges tardives 6 ans
- **États-Unis :** merlot de Californie 5 ans
  Espagne : Toro 5 ans
  Italie : Recioto di Soave 5 ans
  Allemagne : scheurebe Auslese Baden 5 ans
  Suisse : amigne du canton du Valais 5 ans
  Afrique du Sud : Constantia

Dégustation des vins à table

Le foie de canard est à la fois gras et un peu amer. Sa consistance est moelleuse et fondante, et sa forte saveur est exacerbée par la température. Les pommes reinettes sautées apportent leur côté sucré, ce qui équilibre la note amère du foie, et une acidité qui fait pendant au gras. Ces deux ingrédients sont donc complémentaires. En revanche, les vins réagissent différemment en fonction de ces deux composantes du plat. On les goûtera sur le foie d'abord, puis sur les pommes, avant de prendre une bouchée des deux.

• Le **moulis-en-médoc** est le seul vin rouge de l'exercice, bien que cette couleur soit souvent préférée par tradition. Dégusté sur le foie seul, le vin rehausse son fruit et acquiert un plus grand fondu de ses tanins dans une projection dans le temps que nous avons déjà constatée lors de la dégustation de vins tanniques avec des plats gras. La sapidité du foie n'est pas un obstacle. Bien au contraire, elle renforce celle du vin. En revanche, sur la pomme, le vin est amoindri : il perd son fruit et ses tanins sèchent. Sur la bouchée de foie et de pomme, le vin hésite et perd de son assurance.

• L'**alsace-gewurztraminer** aborde le foie sans sourciller. Tout au plus sa composante florale monte-t-elle, accompagnée d'une touche de fruits secs. En bouche, sa suavité se fond et son acidité diminue face au gras du foie. Le vin gagne en fondu et en classicisme. Face à la pomme, il garde toute sa personnalité ; son équilibre n'est pas entamé. Sur la bouchée mixte, il développe une grande harmonie. Cette alliance relance le vin en lui apportant une vigueur nouvelle et davantage de complexité.

• Le **saussignac** semble plus liquoreux face au foie. On sent monter sa richesse tant et si bien qu'une note sirupeuse apparaît. De toute évidence, un manque d'acidité du vin est à l'origine de cette modification, mais le contraste avec la note amère du foie est bien marqué. En revanche, face à la pomme, le vin est mis en valeur : sa sucrosité diminue au profit de l'équilibre général. Sur la bouchée mixte, le saussignac, comme le moulis mais pour des raisons inverses, hésite et cherche sa voie.

• Le vieux **rivesaltes** pourrait sembler trop puissant pour ce plat. Il n'en est rien. Déjà complexe, le vin prend encore plus de hauteur : l'alcool s'efface devant le gras du foie ; le sucre se fond dans le corps du vin devant l'amertume. Les épices sont exacerbées par le foie. Sur la pomme, ce sont les notes de cacao et de datte qui montent. Quant à la bouchée mixte, elle synthétise les qualités du vin, lequel connaît une nouvelle jeunesse en intégrant sa note rancio dans le fruit. "Deux membres d'une même famille, dit un dégustateur. Une famille très unie."

La recette du foie gras de canard chaud aux pommes

Ingrédients

8 escalopes de foie gras de canard de 3 cm d'épaisseur
50 g de farine
400 g de pommes reinettes
20 g de graisse de canard
1/2 verre de vin doux naturel (rivesaltes, banyuls, maury, porto ou madère)
sel et poivre du moulin

• Saler, poivrer et fariner légèrement les escalopes de foie gras.

• Faire revenir des quartiers de pommes reinettes dans une poêle avec la graisse de canard. Les faire dorer sans les caraméliser.

• Faire sauter les escalopes dans une poêle anti-adhésive bien chaude, 2 mn de chaque côté. Le foie doit être saisi ; il doit dorer et présenter une surface croustillante, grâce à la farine. En procédant ainsi, le foie garde toute sa graisse et son moelleux. Sortir les escalopes de foie et les réserver au chaud.

• Ajouter les pommes dans le jus de cuisson des escalopes de foie gras et déglacer avec le vin doux naturel.

• Disposer les pommes autour des escalopes et napper du jus de déglaçage. Rectifier l'assaisonnement. Servir chaud.

La même recette peut être réalisée avec des raisins, pelés de préférence ; on déglacera alors avec un muscat ou un floc-de-gascogne.

Sur une tartiflette au reblochon

LA CUISINE AU FROMAGE FAIT PARTIE DES TRADITIONS FRANÇAISES, MAIS LA SAVOIE SE DISTINGUE PARTICULIÈREMENT DANS CET EXERCICE. FONDUES ET GRATINS REPRÉSENTENT LA GASTRONOMIE MONTAGNARDE ALPINE, CELLE QUI REDONNE DES FORCES AUX SKIEURS ET DU TONUS AUX GRIMPEURS.

La qualité de ces plats est liée à celle du fromage et il n'est pas plus insipide qu'un gratin saupoudré de fromage en sachet ou une raclette composée avec un fromage industriel. La tartiflette, issue d'une vieille recette paysanne, est devenue un plat en vogue que l'on retrouve un peu partout, à la montagne comme à la ville, mais elle n'est pas toujours bien exécutée. Il en est de la tartiflette comme du cassoulet ou de la choucroute : réalisée avec de bonnes pommes de terre, du bon lard et un bon fromage, elle peut représenter la quintessence d'un terroir.

La tartiflette proposée ici est élaborée avec du reblochon. Ce fromage savoyard tire son origine de la "rebloche", lait très gras qui provenait de la seconde traite que les bergers réservaient à leur usage, après que le propriétaire eut prélevé la première. Consacré en AOC en 1958, il est aujourd'hui fabriqué avec du lait cru de vache de la race Pie Rouge d'Abondance. Il s'agit d'une pâte pressée, sans cuisson, dont la croûte lavée présente un léger duvet blanc. Le reblochon se présente sous forme de cylindres plats. On préférera bien entendu un reblochon fermier, élaboré à partir du lait d'été, lorsque les vaches se nourrissent des herbes de montagne.

Dégustation des vins avant le plat

Crépy Jacques Métral 1997

La robe paille, assez soutenue, ne présente aucun reflet vert. Le nez livre des notes de fruits mûrs, de fleurs lourdes (lys et chèvrefeuille), une touche miellée et légèrement lactée, briochée, un accent de fruits secs. La bouche, ronde, possède du gras et un fruité bien concentré, plutôt axé sur le fruit blanc. Si l'attaque est un peu molle, l'acidité monte en finale et souligne le fruit accompagné d'une légère pointe d'amande et d'épices. Le chasselas trouve ici un terroir qui le flatte.

Roussette-de-savoie Château de la Violette 1997

La robe est déjà dorée et d'une belle brillance. Le nez expressif dévoile des notes d'herbe fraîche, de fleurs blanches, de fruits exotiques. La bouche offre des arômes de grande maturité évoquant les fruits rôtis, le miel, dans un bon équilibre entre le gras et une vivacité qui monte jusqu'en finale. Le vin s'évase et développe un fruité qui va croissant, avec apparition d'épices, dans une longueur appréciable. Un vin mature et bien concentré.

Vin-de-savoie Chignin-Bergeron André et Michel Quenard 1997

La robe paille est soutenue, au reflet bien doré. Le nez ample et bien ouvert révèle le fruit sec, l'amande grillée, des notes florales, du grillé, de la brioche légèrement vanillée. En bouche c'est le fruit rôti qui domine, avec un petit côté raisin de Corinthe. Il indique une récolte en surmaturité. La sucrosité est perceptible grâce à la rondeur et au gras. Elle est équilibrée par une belle puissance épicée qui supplée à une acidité basse. Finale complexe riche en épices accompagnées d'amande amère, de grillé. Voici la preuve que la roussanne est ici chez elle.

L'étoile Domaine Geneletti 1996

La robe paille prend des reflets dorés. Les fruits secs, l'amande sèche et la noix se mêlent à une légère note rancio, à des arômes de pomme au four et d'épices discrètes. Un nez complexe et bien typé. La bouche est sèche, droite et très aromatique, avec une dominance de la noix. Cet étoile est structuré comme un vin rouge : charpente apparente et acidité élevée qui tire le vin vers une longueur étonnante où les fruits secs, les épices vanillées et l'amande grillée se taillent la part du lion. Grande personnalité pour ce vin qui demande à être servi chambré.

Dégustation des vins à table

Le plat possède une dominante moelleuse. La pomme de terre s'est gorgée de crème et de fromage fondu, ce qui atténue son côté farineux. L'ensemble est lié par la pâte du reblochon. Les saveurs mêlent le côté lacté et floral du fromage aux arômes du lard fumé. Le sel et surtout le poivre relèvent l'équilibre. Cette tartiflette rustique, un peu canaille, appelle un vin fruité.

• Le **crépy** manque un peu de nerf. Il prend encore plus de rondeur et de gras devant le moelleux du plat. Si ses délicates notes florales sont dominées par celles du reblochon, son fruité est rehaussé et se recentre sur la pêche, son équilibre penche vers la douceur, une légère touche sucrée apparaît par contraste avec le sel du plat. La note de lard fumé va dans le même sens.

• Le fruité de la **roussette-de-savoie** se développe, ainsi que sa suavité. Une pointe de cassonade apparaît. La grande maturité du vin est encore plus évidente, sa vivacité baisse d'un cran, absorbée par le côté crémeux. Les arômes lactés du plat font ressortir ses épices, le fumé du lard apporte des arômes de grillé, et une note d'amande se glisse dans la palette aromatique. Un accord harmonieux et fondu, dont le vin tire bénéfice.

• Le **vin-de-savoie-Chignin-Bergeron** a suffisamment de carrure et de personnalité pour ne pas se laisser impressionner par la tartiflette. Il garde donc ses arômes et son équilibre, avec peut-être plus de fruit frais et moins de fruits secs, comme si le fromage le ravivait. La note amère de la finale est fondue dans le plat, compensée par le lard fumé. En revanche, les épices s'élèvent, donnant de l'éclat et du tonus au vin.

• L'**étoile** joue avec le fromage en partenaire idéal. L'alliance de la noix et des arômes lactés est parfaite. Chaque partenaire prend de la hauteur et se renforce l'un l'autre. L'acidité, jugée un peu vive lors de la première dégustation, est "amabilisée" par le moelleux du plat. Le vin s'en trouve arrondi, plus équilibré. Le lard fumé fait, lui aussi, ressortir les fruits secs. Un mariage magique, un échange culturel entre deux massifs montagneux.

Autres alliances

Savoie : vins-de-savoie-Apremont 1 an, vin-de-savoie-Ayze 1 an, vin-de-savoie-Chignin 1 an
Jura : côtes-du-jura blanc 1 an
Bourgogne : pouilly-loché 2 ans, saint-véran 2 ans
Vallée du Rhône : vin de pays de l'Ardèche chardonnay 1 an
Sud-Ouest : pacherenc-du-vic-bilh sec 1 an
États-Unis : French colombard Californie 1 an
Espagne : Rias Baixas 2 ans
Italie : sylvaner Alto Adige 1 an
Allemagne : Elbling Mosel-Saar-Ruwer Kabinett 1 an
Suisse : fendant de Sion 1 an
Autriche : welschriesling Neusiedlersee 1 an

La recette de la tartiflette au reblochon

Ingrédients

600 g de pommes de terre
1 oignon
50 g de beurre
1 verre de vin blanc sec
150 g de lard fumé
1 reblochon fermier
20 cl de crème fraîche
sel et poivre du moulin
En accompagnement
4 tranches de jambon fumé

• Faire cuire les pommes de terre avec leur peau (elles résisteront mieux à la cuisson), en commençant à l'eau froide légèrement salée.

• Hacher l'oignon, le faire revenir dans une casserole avec le beurre, juste fondu, sans coloration. Mouiller avec le vin blanc et laisser réduire jusqu'à obtenir deux cuillerées à soupe de liquide. Pendant ce temps, couper le lard fumé en petits bâtonnets ; les faire suer à la poêle, sans les griller. Ils doivent rester moelleux.

• Prendre un beau reblochon fermier, plutôt jeune. Gratter sa croûte à l'aide d'un couteau pour la rendre bien propre. Couper le reblochon en deux, comme un portefeuille.

• Égoutter et peler les pommes de terre, les découper en petits cubes de 1,5 cm de coté. Les disposer dans un plat allant au four, en les mélangeant avec les oignons, les lardons et la crème fraîche fouettée. Surmonter des demi-reblochons, la croûte au-dessus, et recouvrir avec une feuille d'aluminium. Mettre à four chaud (180 °C, thermostat 7) pendant 15 mn, le temps pour le fromage de fondre et d'imprégner les pommes de terre.

• Sortir du four. Mélanger le tout à la fourchette, saler et poivrer (les lardons et le fromage apportent du sel : goûter avant de rectifier l'assaisonnement).

• Mettre la préparation dans des ramequins individuels ou, mieux, la mouler dans des cercles posés sur une plaque à four. Repasser au four pendant 5 mn pour faire dorer le dessus de la tartiflette.

• Servir dans les ramequins ou démoulé sur assiette, avec les tranches de jambon fumé.

Coquillages et crustacés

Une bouffée d'air marin. Avec ses embruns salés et ses fragrances iodées, le plateau de fruits de mer est toujours une réminiscence de l'univers festif des vacances au bord de l'eau, même si l'on se trouve dans le fond d'une brasserie parisienne. Une fête dans l'assiette mais pas toujours pour le vin qui peut être agressé par la puissance d'une huître ou le caractère affirmé d'une crevette. On réservera donc ces agapes marines à un vin plein de gaieté comme un muscadet ou un entre-deux-mers, à un vin insolent comme un Vinho Verde portugais. Le choix s'élargit avec la cuisson des coquillages. Les préparations de moules, palourdes ou huîtres gratinées permettent de s'orienter vers des vins plus puissants et racés : chablis ou alsace-riesling, sancerre ou albariño galicien, qui révèlent leur délicatesse et fondent leur acidité. Une condition toutefois : la pointe d'ail qui accompagne souvent ces plats doit rester discrète, sous peine de masquer les saveurs. Une place à part doit être accordée à la coquille Saint-Jacques dont la saveur sucrée et moelleuse fait ressortir le gras et l'ampleur d'un palette, d'un condrieu ou d'un meursault. Les plus grands vins blancs secs ou liquoreux trouvent à dialoguer, d'égal à égal, avec les crustacés rois, la langouste et le homard. On mettra alors sur la table un puligny-montrachet, un hermitage blanc ou un sauternes, à moins que l'on ne s'évade avec un chardonnay du Nouveau Monde. Les vins rouges ont aussi leur place à condition de les choisir légers, peu tanniques et non boisés, mais ils perdront quelques-unes de leurs qualités dans l'aventure.

Huîtres et vins

Accorder les huîtres avec les vins n'est pas toujours une mince affaire. Il s'agira de trouver le juste équilibre. Nous vous proposons de déguster dans l'ordre :

• Des **huîtres de Marennes-Oléron**, affinées en "claires" où un fin plancton leur donne leur couleur verte caractéristique : la teinte est superbe, vive et brillante ; l'eau est très abondante. Salées juste ce qu'il faut, fortement iodées, ces huîtres ont une texture légèrement croquante et beaucoup de finesse.

• Des **huîtres spéciales de Bretagne** : la couleur est plus beige et l'on perçoit encore un peu de laitance. Le goût est profond, moins salé que celui des huîtres vertes. Plus grasses, les spéciales ont une texture très craquante et surtout un goût de noisette délicat et plein de race. Un bel arrière-goût à peine iodé fait ressortir le gras.

• Des **belons** : d'une couleur dorée aux tons de feuille morte, elles offrent assurément la saveur la plus fine, avec un salé discret et une note iodée qui joue dans la finesse. Le goût de noisette est dominant, la texture ferme. La puissance perçue en arrière-goût place ces huîtres en tête de la dégustation.
On ne dira jamais assez qu'une huître ne se gobe pas, c'est le meilleur moyen pour passer à côté de son goût. Elle se mâche pour en extraire tous les sucs et parfums et, surtout, pour apprécier sa texture.

Dégustation des vins avant le repas

Nous nous bornerons ici à déguster des vins blancs, même si les amateurs du couple huîtres–saucisses penchent parfois pour un vin rouge jeune, un bordeaux léger par exemple.

Muscadet-sèvre-et-maine sur lie Château de la Galissonnière Prestige 1996

La robe est paille à reflets vert intense. Le nez a de l'allure. Il offre des notes florales délicates, légèrement anisées, des nuances de pomelo, quelques fruits exotiques. La bouche est bien équilibrée, dense et grasse pour un muscadet. La matière mûre est égayée par une petite perle gazeuse rafraîchissante.

LA SEULE
VÉRITABLE *OSTREA*
QUI SUBSISTE EN FRANCE
EST UNE HUÎTRE PLATE
APPELÉE BELON.
ELLE RÉGALAIT LES ROMAINS,
QUI LA CONSOMMAIENT
EN SAUMURE OU FRITE,
ET ALEXANDRE DUMAS
QUI BANNISSAIT POIVRE,
CITRON ET AUTRES ARTIFICES
POUR LA DÉGUSTER
DANS SA NUDITÉ ORIGINELLE,
CRUE À SA SORTIE DE L'ONDE.
NOUS SUIVRONS ICI
SON CONSEIL.

Bordeaux sec Château Thieuley 1996 (Sauvignon et sémillon à 50 %)

La robe paille d'intensité moyenne se pare d'un léger reflet vert. Le nez est explosif, très développé, avec toute l'expression aromatique du sauvignon amené à belle maturité, le sémillon restant sur sa réserve. Fruits blancs, bourgeon de cassis, notes exotiques, accents minéraux éclatent en fanfare. La bouche a de l'ampleur, du volume, une acidité raisonnable, bien équilibrée par le fruité intense de ce vin démonstratif.

Sancerre blanc Domaine La Moussière 1996

La robe paille est assez soutenue. Le nez est expressif : fruits à chair blanche, notes florales et une nette présence d'agrumes (pamplemousse) et de fruits exotiques. Le tout est relevé par une pointe fumée et minérale caractéristique. La bouche a du relief, une bonne générosité. Sa minéralité raffermit le vin, lui donne de la carrure et une expression typée.

Chablis Saint-Martin Domaine Laroche 1995

Derrière une robe dorée à reflets verts lumineux, le vin révèle un nez assez discret mais délicat : arômes de fruits à chair blanche et de noisette, de chèvrefeuille, un peu de miel. La bouche est parfaitement équilibrée entre gras et vivacité. La rondeur du milieu de bouche est relevée par une finale tonique qui vient souligner la richesse aromatique.

Autres alliances

Vallée de la Loire : gros-plant du pays nantais 1 an
Bordelais : entre-deux-mers 1 an
Vallée de la Loire : touraine sauvignon 2 ans
Bourgogne : bourgogne-aligoté 2 ans
Alsace : alsace-riesling 1 an
Languedoc-Roussillon : coteaux-du-languedoc-Picpoul-de-Pinet 1 an
Sud-Ouest : jurançon sec 2 ans
Allemagne : riesling Mosel-Saar-Ruwer Kabinett 1 an
Italie : sauvignon Colli Orientali del Friuli 1 an
Portugal : Vinho Verde 1 an
Espagne : Rias Baixas 1 an
États-Unis : sauvignon blanc de Californie 1 an
Nouvelle-Zélande : sauvignon blanc 1 an

Dégustation des vins à table

Sur les huîtres de Marennes-Oléron

• Le **muscadet-sèvre-et-maine** joue sa partition en harmonie avec l'huître. Si le sel des huîtres vertes éteint un peu le fruit et fait oublier le gras du vin, il renforce son côté minéral. L'iode intense est bien équilibré par la vivacité du vin. La perle est ici essentielle.

• Le **bordeaux** met en avant le sauvignon pour se mesurer à l'huître. Iode et bourgeon de cassis semblent jouer dans le même sens et se renforcent mutuellement. Il s'agit là d'un bel accord car chaque partenaire s'en trouve rehaussé.

• Le **sancerre** met en avant son côté minéral, car le sel de l'huître efface trop son fruit. Le côté fumé ressort bien, l'équilibre du vin est cependant modifié vers plus d'acidité.

• Le **chablis** souffre de la confrontation. Son beau fruité s'évanouit et son équilibre bascule vers la vivacité en oubliant le volume et le gras.

Sur les spéciales de Bretagne

• Le **muscadet-sèvre-et-maine** est un peu dominé par le gras de l'huître. Ses arômes sont cependant respectés. L'huître spéciale est certes moins iodée que la verte, mais l'équilibre du vin est amaigri et penche vers la nervosité.

• Le **bordeaux** développe bien son fruit. Son équilibre n'est pas modifié, tout juste perd-il un peu de son volume pour paraître plus vif.

• Le **sancerre** gagne à cet accord qui augmente son fruit et ne touche pas à son acidité. C'est le meilleur mariage avec l'huître spéciale.

• Le **chablis** s'en tire mieux sur les huîtres spéciales que sur les vertes. Si sa complexité est encore effacée par l'huître, son équilibre entre son volume et sa vivacité se maintient.

Sur les belons

• Le **muscadet-sèvre-et-maine** reprend une belle expression aromatique. Son équilibre est respecté ; sa vivacité provient des notes citronnées qui se marient bien avec l'huître.

• Le **bordeaux** continue de tenir tête à l'huître en imposant sa puissance aromatique. Mieux, il s'arrondit et prend du volume grâce au côté noisette des belons. Décidément, ce vin est inoxydable !

• Le **sancerre** reprend sa palette d'arômes : la note de pamplemousse, en particulier, est bien développée, le côté minéral est mis en valeur.

• C'est la grande revanche du **chablis** qui trouve ici son partenaire de classe. La noisette des belons et les fruits secs du vin se marient à merveille. Le croquant joue avec le gras, le floral avec l'iode léger. Très bel accord.

Quelques conseils

• L'achat d'huîtres est une affaire de confiance entre vous et votre écailler ou votre ostréiculteur. Au moindre soupçon, changez de fournisseur.

• Vous pouvez conserver quelques jours vos huîtres au frais mais non au froid du réfrigérateur qui risque de les tuer.

• Il est préférable de les ouvrir juste avant le repas.

• Éliminez impitoyablement toute huître qui baille, toute huître qui présente une odeur douteuse.

• Vous pouvez trouver une huître dite "chambrée", qui présente une poche noire sur la nacre. Il ne faut surtout pas crever cette chambre, emplie de vase nauséabonde.

• Vous préférerez un couteau à courte lame pointue, facile à insérer sur le côté droit de l'huître, avec le pouce sur le bout de la lame, la coquille la moins creuse sur le dessus. Une fois le couteau inséré, ramenez la lame vers l'arrière pour sectionner le muscle qui tient les coquilles serrées. L'ouverture par la charnière arrière est plus délicate. Pour ne pas vous blesser, vous pourrez employer un couteau muni d'une garde et d'un protège-main gauche en plastique. Si vous répugnez à ce travail, votre écailler peut ouvrir les coquillages à votre place, mais le transport d'un plateau d'huîtres ouvertes est toujours assez périlleux. On voit depuis peu apparaître sur le marché des huîtres dont l'ouverture est facilitée par un fil introduit entre les coquilles dès leur jeunesse.

• Il faut impérativement jeter la première eau et même la deuxième, très salées. Les huîtres dégorgeront une troisième eau, beaucoup plus fine et iodée. L'abondance de l'eau régurgitée par l'huître est le meilleur indice de sa fraîcheur.

• Vous présenterez les huîtres sur un lit d'algues, fournies par l'écailler, ou de gros sel à des fins de calage.

Sur des huîtres au gratin

Cette recette peut-être rendue plus sophistiquée avec quelques alliances : un morceau de saumon fumé peut être glissé sous l'huître ou, si l'on veut donner un accent gascon, une petite lamelle de jambon de canard. Un mariage terre-mer extraordinaire consiste à poser une petite tranche de foie gras cru sur l'huître. À essayer un soir de fête.

Dégustation des vins avant le plat

Côtes-de-provence blanc Domaine Gavoty Cuvée Clarendon 1996

Une belle robe paille claire, avec un léger reflet vert qui en souligne la jeunesse. La palette aromatique est complexe et délicate : des fleurs blanches, une touche miellée, de la pêche de vigne, une pointe anisée qui signe bien le style méridional. La bouche attaque en rondeur, avec une expression fruitée intense, une surprenante note de fruits rouges, très mûre, un équilibre très réussi entre gras et vivacité, ce qui donne du tonus à ce vin du Sud. La finale laisse apparaître quelques fruits secs, ce qui ajoute à la complexité et à l'impression de maturité.

Nahe Dorsheim Burgberg Schlossgut Diel Riesling Spätlese trocken 1998

La robe de teinte citron a de l'éclat. C'est la note minérale intense du nez qui s'impose d'emblée et va perdurer pendant toute la dégustation. Viennent ensuite les fruits blancs, des accents de beurre frais, de miel, de bonbon. La bouche attaque sur la vivacité, avec un gaz carbonique très perceptible qui renforce le pointu de ce vin. Le silex, la pomme verte se marient dans une finale qui s'étire bien en longueur, en laissant apparaître une impression citronnée et épicée. Un vin qui exprime son terroir, avec un style très tendu.

SI UNE PREMIÈRE DÉGUSTATION DE VINS AVEC DES HUÎTRES A PERMIS DE PASSER EN REVUE LES DIFFÉRENTES CATÉGORIES DE CES MOLLUSQUES PRÉSENTÉS CRUS ET DANS LEUR PLUS SIMPLE APPAREIL, CET EXERCICE PREND POUR POINT DE DÉPART UNE RECETTE D'HUÎTRES CHAUDES (ET NON CUITES) QUI PEUT CONSTITUER UNE ENTRÉE RAFFINÉE.

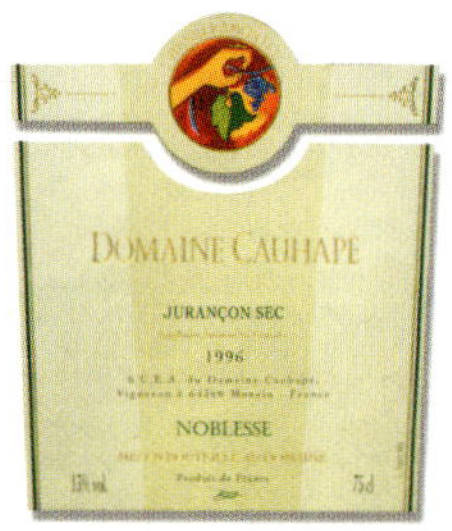

Chablis premier cru Les Fourchaumes Domaine Laroche 1994

(Ce vin blanc, un peu fermé au départ, doit être aéré et mérite d'être décanté en carafe.) La robe est dorée, très brillante, avec un reflet vert éclatant. Les arômes sont ici des plus complexes : fleurs printanières au miel, verveine, pêche blanche, belles notes de maturité, quelques épices douces et discrètes. La bouche attaque en rondeur : sa matière mûre et ample, son gras et son volume sont bien encadrés par une vivacité rafraîchissante. Les arômes de bouche expriment les fruits secs (noisette), tandis que la longue finale décline toute la palette aromatique.

Jurançon sec Domaine Cauhapé Noblesse 1996

Revêtu d'une robe jaune d'or très soutenu, ce vin dévoile un nez d'une puissance peu commune : miel, notes de nèfle mûre, truffe, fleurs blanches, pralin, fruits exotiques. La palette n'en finit pas de se révéler à l'aération. La bouche bénéficie d'une grande structure semblable à l'architecture d'un vin rouge. L'équilibre fruit–acidité est remarquable, le gras donne du volume et la finale expressive, longue et imprégnante reprend tous les arômes du nez en privilégiant la truffe et le miel. Un vin blanc de très haute expression.

Dégustation des vins à table

Le plat est très iodé, la température exacerbe cet arôme. Cette force est cependant tempérée par la douceur du sabayon, lequel apporte un moelleux qui fait contraste avec l'huître. La surface gratinée apporte des notes empyreumatiques.

• Le **côtes-de-provence blanc** est légèrement perturbé par le côté iodé du plat ; sa délicatesse aromatique souffre de la confrontation. Les arômes floraux,

en particulier, sont éteints. En revanche, la touche anisée reste bien perceptible. En bouche, le gras et la rondeur sont flattés par le plat qui efface son acidité. Une note presque sucrée apparaît. Bonne alliance avec les épinards qui renforcent l'expression aromatique du côtes-de-provence en gommant son évolution.

• Le **riesling allemand** tient la dragée haute aux huîtres. Sa vivacité et son gaz confrontés au moelleux du sabayon composent un mariage où chacun trouve son compte : le vin s'amabilise et le sabayon prend de la nervosité. Le salé et l'iode de l'huître font ressortir la touche minérale du vin. Un plat qui semble être né pour flatter ce beau riesling, en lui donnant de l'éclat et des notes de zeste de citron tout à fait excitantes.

• Le **chablis premier cru** épouse le plat : un de ces mariages modèles où chaque élément se fond dans l'autre. Les palettes aromatiques se confondent et l'on ne sait en fin de compte si tel arôme provient du vin ou du plat. Un accord tranquille, sans heurt, une impression de fondu et d'harmonie. À peine peut-on souligner que le sel du plat fait ressortir le gras du vin, en privilégiant les arômes miellés, et que le sabayon apporte sa contribution à une finale parfaitement équilibrée entre moelleux et vivacité.

• Le **jurançon sec** épouse l'huître chaude en mari dominateur. Il prend du mariage ce qu'il y a de meilleur pour développer son ego et faire la roue. Le vin est flatté par le plat, presque enrichi, avec une

palette aromatique exacerbée, où les épices prennent le dessus. Les notes de truffe et de fruits exotiques prennent un relief peu commun et donnent à leur tour de la complexité au plat. Le côté boisé du vin, en revanche, apparaît davantage. En bouche, l'iode renforce l'axe moelleux du jurançon sec, qui arrondit sa structure et prend du volume, comme s'il intégrait le mousseux du sabayon. Un mariage qui se termine sur une finale

La recette des huîtres au gratin

Ingrédients

16 huîtres creuses de grande taille (Marennes-Oléron ou spéciales de Bretagne)
200 g de feuilles d'épinard
8 jaunes d'œufs
poivre du moulin

• Faire blanchir les feuilles d'épinard à l'eau bouillante salée. Les réserver dans une passoire pour qu'elles s'égouttent parfaitement.

• Préparer un sabayon. Dans une jarre, déposer les jaunes d'œufs. Ajouter quatre cuillerées d'eau, dont deux provenant des huîtres. Ne pas saler mais poivrer généreusement. Battre énergiquement pendant une minute afin d'obtenir un mélange mousseux.

• Détacher la chair de chaque huître avec un petit couteau. Poser une feuille d'épinard au fond de la coquille (la partie creuse). Replacer l'huître par-dessus et remplir avec le sabayon. Ranger les huîtres dans un plat (le sabayon est liquide et ne doit pas couler). Faire gratiner sous le gril du four. L'huître doit être chaude et non cuite, le jaune d'œuf du sabayon doit prendre une couleur dorée, sans brûler.

Autres alliances

Provence-Corse : vin-de-corse blanc 1 an
Bourgogne : chablis 2 ans
Sud-Ouest : irouléguy blanc 2 ans
Alsace : alsace-sylvaner 1 an
Languedoc-Roussillon : coteaux-du-languedoc-Picpoul-de-Pinet 1 an
Vallée de la Loire : anjou blanc 2 ans
Languedoc-Roussillon : costières-de-nîmes blanc 2 ans
Bourgogne : saint-véran 2 ans
États-Unis : chenin blanc de Californie 2 ans
Espagne : Bierzo blanc 1ans
Italie : Est!Est!Est! 2 ans
Allemagne : ruländer Franken kabinett 2 ans
Suisse : pinot blanc du canton de Genève 2 ans
Australie : semillon Clare Valley 2 ans

Sur une mouclade charentaise

LES MOULES ONT TOUJOURS INITIÉ DES AGAPES POPULAIRES, DEPUIS LES GUINGUETTES DE BORDS DE MER JUSQU'AUX MOULES-FRITES BRUXELLOISES. PEUT-ÊTRE PARCE QU'ELLES SE MANGENT AVEC LES DOIGTS, SÛREMENT PARCE QUE CE MOLLUSQUE N'EST JAMAIS BIEN CHER ET SE TROUVE EN ABONDANCE.

On distingue plusieurs variétés de moules, parmi lesquelles la petite moule dite de bouchot (du nom du piquet sur lequel elle se développe) et la grosse moule méditerranéenne, dite d'Espagne. L'été, l'automne et l'hiver sont les meilleures saisons de consommation. En revanche, au printemps – période de reproduction des moules – la qualité gustative est loin d'être optimale.
La fraîcheur du produit est essentielle. On sera attentif au brillant de la coquille, laquelle doit être fermée. Après cuisson, on éliminera les moules qui ne se sont pas ouvertes. À consommer sans attendre, les moules peuvent être dégustées crues, au vinaigre d'échalotes par exemple, ou cuites selon l'une des innombrables recettes qu'elles ont inspirées aux cuisiniers et cuisinières : en potage, en salade, farcies ou en garniture. Les Charentes et la région de La Rochelle en ont fait le grand classique de leur gastronomie, qu'elles soient préparées en marinière ou en mouclade.

Dégustation des vins avant le plat

Muscadet-sèvre-et-maine sur lie Domaine de l'Écu Expression d'Orthogneiss 1997

La robe assez pâle mais brillante est animée d'une petite perle. Les arômes développent des notes florales subtiles, de la pomme Granny Smith, un peu de poire, des accents de foin fraîchement coupé. La bouche est bien équilibrée, égayée par une pointe de gaz dans une suavité lisse et coulante. Le fruit monte jusqu'en finale, avec un bon développement aromatique et toujours cette note de poire qui domine désormais. Un muscadet en pleine expression.

Le vignoble du muscadet-sèvre-et-maine, à l'origine d'un vin pâle, d'une belle vivacité.

Entre-deux-mers
Château Tour de Mirambeau 1998

La robe paille, pâle à reflets verts marqués, habille ce vin très aromatique. Le sauvignon est ici bien mûr. Le nez est marqué par les agrumes, les fleurs blanches, les épices fines. Une légère note de buis se dessine mais reste discrète. La bouche ample se structure autour d'une grande puissance aromatique. Une vivacité rafraîchissante équilibre et souligne le fruit. La finale douce, acidulée dans le bon sens du terme, marie rondeur et acidité. Elle prolonge les arômes de fruits blancs (pêche), tandis que les épices et les agrumes se mêlent à une touche minérale. Un entre-deux-mers racé.

Pouilly-fumé
Domaine Lebrun 1996

Paille soutenu, ce pouilly-fumé se pare de reflets dorés. Le nez est marqué par une grande maturité de fruit qui s'accompagne d'une note fumée, d'accents de miel. Des touches minérales donnent de la

tenue à ce fruité opulent. La bouche riche se compose de fruit à chair jaune, de pêche et d'abricot. Sa matière mûre et grasse est tendue par une bonne fraîcheur et toujours cette note minérale qui, de silex, est passée à la naphte avec l'évolution. L'acidité remonte en tout dernier ressort, un peu citronnée, avec apparition de notes de pamplemousse qui complètent une finale épicée. Un beau vin en transition entre arômes primaires et arômes secondaires, et dont l'équilibre augure un bel avenir.

Rias Baixas
Veigadarries 1996

Un vin espagnol intense, à reflet doré. La poire, les fleurs sauvages, une pointe beurrée, des épices douces et une note de foin composent une palette attrayante. La bouche laisse percevoir une pointe de gaz carbonique, mais développe vite de l'ampleur, du gras, quelques accents boisés et épicés qui se marient bien au fruit. Un début d'évolution apporte des notes de cire. La petite suavité se déplace vers

des notes de pomme au four, tandis que la finale exprime les épices, des notes terpéniques et révèle une acidité élevée. N'oublions pas que le cépage albariño présent dans ce vin est, dit-on, un cousin éloigné du riesling et que le climat galicien est plus proche de celui de la Bretagne que de l'Andalousie.

Dégustation des vins à table

Le plat est marqué par la forte saveur salée et iodée des moules, tempérée par la crème et complétée par la pointe de curry. L'ensemble présente une texture moelleuse et lisse, avec de l'onctuosité et du gras.

• Le **muscadet-sèvre-et-maine** prend du relief. Si sa pointe de gaz carbonique est lissée par la crème, le fruité est rehaussé face au sel de la moule. La pointe de curry s'allie aux arômes de pomme et de poire pour donner un fruit plus subtil. Le plus étonnant est la disparition de la note végétale de foin coupé, masquée par la note iodée du plat. Le vin gagne en maturité et en gras. Il semble plus dense. Une alliance régionale qui réussit à merveille.

• L'**entre-deux-mers** a suffisamment de puissance aromatique pour tenir tête aux moules et pour ne se laisser influencer ni par l'iode ni par le curry. C'est en bouche que les modifications sont les plus sensibles. La vivacité s'atténue grâce à la confrontation avec la crème. Les agrumes mûrissent (on passe du pamplemousse à la mandarine), la note de buis disparaît ainsi que la touche minérale. L'évolution aromatique est comparable à celle du muscadet-sèvre-et-maine, la pointe de curry venant se glisser dans les notes épicées du vin. Le vin prend du poids dans cet accord.

• Le **pouilly-fumé** rajeunit et reprend ses notes primaires. Le sel et l'iode du plat n'y sont pas étrangers : ils ravivent le fruit et, par contraste, font ressortir le gras du vin. L'acidité s'atténue, tout comme la note citronnée. La crème joue son rôle "pacificateur". Le vin semble plus moelleux et laisse apparaître sa surmaturité. C'est la puissance épicée et minérale du pouilly-fumé qui sort gagnante : le curry agit comme un catalyseur. Un accord qui donne un coup de fouet au vin.

• Le **Rias Baixas** est assez peu modifié par le plat. Toutefois, à l'instar du pouilly-fumé, sa tendance à l'évolution est gommée au profit d'un fruité plus jeune. Le vin prend de la carrure face à la crème, des notes épicées grâce au curry ; il lisse sa nervosité finale. En revanche, sa palette abandonne son côté boisé. La pointe de gaz carbonique est effacée, ce qui fait ressortir le gras du Rias Baixas. Ce vin très atlantique, issu de l'appellation européenne la plus occidentale du continent, ne pouvait qu'être flatté par un plat de la mer.

Autres alliances

❦ **Vallée de la Loire :** muscadet-coteaux-de-la-loire 1 an
Bordelais : bordeaux blanc sec 1 an
Vallée de la Loire : sancerre 2 ans

❦ **Vallée de la Loire :** anjou blanc sec 1 an
Bourgogne : chablis 1 an
Alsace : alsace-sylvaner 1 an
Sud-Ouest : côtes-de-duras blanc sec 1

❦ **Espagne :** Ribeiro 2 ans, Penedès blanc 1an
États-Unis : sauvignon blanc Sonoma Valley Californie 1 an
Italie : Etna blanc sec 1 an
Allemagne : silvaner Mittelrhein Kabinett 1 ans
Nouvelle-Zélande : sauvignon blanc 1 an
Suisse : Épesses chasselas 1 an

La recette de la mouclade charentaise

Ingrédients
2 kg de moules bouchot
1 verre de vin blanc sec
3 échalotes
1/2 botte de persil
20 g de beurre
250 g de crème fraîche épaisse
une pointe de curry
poivre du moulin
2 jaunes d'œufs
jus d'un demi-citron

• Laver et gratter des moules bouchot à grande eau. Les faire ouvrir avec un verre de vin blanc sec dans une grande casserole couverte. Les moules doivent être à peine cuites. Réserver le jus de cuisson.

• Séparer les coquilles et ne garder que celles contenant la moule. Aligner les moules sur un plat, en cercles concentriques. Tenir au chaud sous un autre plat renversé.

• Dans une casserole, faire revenir sans blondir les échalotes et le persil hachés dans le beurre frais. Mouiller avec un peu de jus de cuisson des moules. Ajouter la crème fraîche épaisse et bien mélanger au fouet en épiçant avec une pointe de couteau de curry. Ajouter un tour de poivre du moulin mais pas de sel car l'eau des moules est déjà salée.

• Lier la sauce hors du feu avec deux jaunes d'œufs ; elle doit épaissir sans cuire. Ajouter le jus de citron. Napper les moules avec cette sauce.

• Passer quelques minutes à four très chaud avant de servir.

Sur des coquilles Saint-Jacques aux lentilles

On bannira les coquilles surgelées qui perdent leur goût et leur texture et l'on ne cuisinera que de la coquille Saint-Jacques fraîche, pêchée entre le 10 octobre et le 15 mai. Elle peut se présenter entière avec sa coquille, mais l'ouverture en est périlleuse. Il est préférable de laisser cette opération à son poissonnier qui proposera des coquilles décortiquées. Les deux parties bien distinctes, le blanc et le corail, n'ont pas les mêmes qualités gustatives : le blanc est fin et goûteux, le corail est insipide.

Les lentilles ont alimenté des populations très diverses grâce à leur richesse en protéines, glucides et sels minéraux. Cauchemar familial, le triage entre lentilles et cailloux est désormais effectué en usine. On distingue en France deux qualités principales : les lentilles blondes, farineuses et pauvres en goût, et les lentilles vertes, plus goûteuses et à peau fine (celles du Puy sont les plus célèbres). Il est inutile de faire tremper les lentilles ; une cuisson de 25 à 30 mn suffit et évite qu'elles ne tombent en purée.

La célébrité de la coquille Saint-Jacques remonte à l'Antiquité, et non pas aux seuls pèlerins qui partaient de toute l'Europe chrétienne pour se rendre sur le tombeau du saint en Galice et qui la choisirent comme signe de reconnaissance. Ce mollusque est devenu un produit de luxe dont la pêche est très réglementée.

Dégustation des vins avant le plat

Mercurey blanc premier cru Clos de Paradis Domaine Émile Voarick 1995

La robe assez pâle laisse apparaître un petit reflet vert. Le nez est assez complexe : notes de tilleul, fruits blancs, pointe vanillée, quelques fruits secs et une touche grillée et miellée. La bouche, souple, présente un bon développement aromatique. Son équilibre penche davantage vers le gras que vers la vivacité. Le fruité ressort en finale, avec des accents de foin, quelques épices boisées.

Palette blanc Château Simone 1995

La robe dévoile une teinte paille moyen, sans reflet vert. Les arômes demandent une légère agitation pour exprimer leur complexité, mais la récompense vient à qui sait attendre : miel, fenouil, notes de fruits blancs frais. Il s'agit d'un nez fin et délicat, tout en subtilité. La bouche a un beau volume. Ronde et ample, elle laisse s'exprimer des notes torréfiées et toujours cette pointe anisée qui signe un style sudiste. Belle longueur qui tranche avec la discrétion du nez.

Alsace-tokay-pinot gris Domaine Weinbach Cuvée Laurence 1996

Revêtu d'une robe paille soutenu à reflets or, ce vin impose sa riche palette aromatique : depuis la rose jusqu'aux épices en passant par le grillé et le fruit blanc surmûri. La bouche est sphérique. On perçoit sa belle puissance aromatique longtemps après avoir avalé le vin. L'équilibre final entre une vivacité importante et une suavité résiduelle marquée est un modèle d'harmonie et de relief.

Champagne rosé Henriot 1990

La robe de ce champagne rosé est fort élégante avec une teinte vieux rose pâle et une mousse fine et persistante dans le verre. Les arômes privilégient le fruit rouge (cerise, fraise) qui confère fraîcheur et éclat. S'y allient des notes de pain grillé. La bouche possède un beau volume et une mousse crémeuse. Les tanins savent se faire légers devant le fruit. Ce champagne perdure sur une composante fraise séduisante.

Dégustation des vins à table

Ce plat est une alliance terre–mer. La coquille apporte sa texture moelleuse et ses arômes de coquillage, son goût sucré, fin et délicat. La texture légèrement farineuse des lentilles contraste avec celle de la coquille ; leur goût, rehaussé par le bouillon de canard, oppose sa rusticité à la finesse du coquillage.

- Le **mercurey blanc premier cru** est flatté par la coquille. Il gagne en notes vanillées et boisées ; son fruité ressort davantage. En revanche, le côté sucré du coquillage fait pencher l'équilibre du vin vers plus de gras. Une pointe légèrement amère mais agréable apparaît en finale. Les lentilles ne rendent pas service à la dégustation de ce vin blanc de Bourgogne. Elles dominent ses arômes et simplifient sa structure ; le goût du bouillon de canard gomme et efface sa subtilité.
- Le **palette blanc** trouve dans la coquille un vrai révélateur. Les arômes anisés sont développés, des épices apparaissent. Quelle complicité ! La structure gagne en fraîcheur et en élégance, comme si le grand corps de ce vin prenait un habillage de haute couture. Les lentilles et leur goût viandé donnent, elles aussi, du tonus au palette qui est décidément capable

de résister à tout. Ce sont les notes de fenouil qui sont mises en valeur, auxquelles se mêle le miel. La texture du féculent contraste avec la rondeur du vin.

• Les arômes de l'**alsace-tokay-pinot gris** dominent agréablement. La grande puissance aromatique n'est en rien altérée par le plat, ni par la douce coquille, ni par la savoureuse lentille, mais la palette est étalée comme la lumière peut l'être par un prisme. La cohorte des senteurs est ainsi développée et mise en valeur. Des notes de zestes d'agrumes qui avaient échappé lors de la première dégustation sont ainsi soulignées. L'équilibre du vin est légèrement modifié par les lentilles qui gomment sa suavité finale et font ressortir sa vivacité.

• Le **champagne rosé** propose un accord gai et un contraste intéressant grâce à sa mousse crémeuse. Contraste entre le fruit rouge du vin et le parfum de la coquille, mais alliance entre ce même fruit et la saveur viandée des lentilles. Dans les deux cas, le fruit du vin s'en trouve conforté. Le plus saisissant reste cependant l'influence du plat sur la perception de la mousse et de la structure en bouche. Le moelleux de la coquille accentue le côté aérien du gaz ; son goût sucré donne au vin plus de fraîcheur et fait ressortir ses tanins. En revanche, les lentilles absorbent la mousse, donnent du gras et du corps. Un mouvement de balancier extrêmement séduisant.

Autres alliances

Bourgogne : rully blanc 3 ans
Provence-Corse : coteaux-d'aix-en-provence blanc 3 ans
Alsace : alsace-riesling 3 ans
Vallée de la Loire : saumur mousseux
Bourgogne : meursault 5 ans
Vallée du Rhône : condrieu 3 ans
Languedoc-Roussillon : limoux 5 ans
Bordelais : pessac-léognan blanc 5 ans
États-Unis : French Colombard 1 an
Espagne : Penedès blanc 2 ans
Portugal : Bairrada blanc 1 an
Italie : Orvieto 3 ans
Allemagne : riesling Rheinpfalz trocken Auslese 3 ans
Suisse : fendant de Sion 1 an

La recette des coquilles Saint-Jacques aux lentilles

Ingrédients

16 coquilles Saint-Jacques
100 g de lentilles vertes
1 carcasse de canard
2 carottes
1 bouquet garni
30 cl de crème fraîche épaisse
sel et poivre du moulin
sel de Guérande

• Préparer un bouillon avec la carcasse de canard, les carottes et le bouquet garni, du sel et du poivre.

• Cuire les lentilles vertes dans ce bouillon pendant 35 mn. Les passer au mixer avec une partie de leur bouillon de cuisson pour obtenir une purée liquide. Passer la purée au tamis pour obtenir une crème lisse, débarrassée des peaux. Enrichir avec 15 cl de crème fraîche.

• Vider les coquilles Saint-Jacques. Séparer les parties blanches du corail et les réserver. Les nettoyer en enlevant la petite peau qui peut y adhérer. Couper chaque partie en deux si elles sont très épaisses. Faire cuire le blanc des coquilles dans une poêle anti-adhésive, sans matière grasse ou, mieux, à la "plancha". La coquille Saint-Jacques doit être saisie sur une surface très chaude afin de caraméliser instantanément, sans trop cuire à l'intérieur : 30 secondes de chaque côté à peine. Saler et poivrer.

• Blanchir légèrement le corail et le passer au mixer avec le reste de crème fraîche pour obtenir une purée liquide.

• Dresser les assiettes. Mettre la purée de lentilles sur toute la surface de l'assiette. Ajouter la crème de corail en fins rayons sur les lentilles et dessiner des décors avec la pointe d'un couteau. Poser les coquilles sur ce décor avec quelques grains de sel de Guérande sur chacune.

Sur des écrevisses à la gasconne

Des écrevisses en gratin sauce Nantua de la cuisine bourgeoise lyonnaise au buisson cardinal, l'écrevisse fait partie des grands produits de tradition d'antan. La pollution des eaux, la pêche intensive, l'introduction d'une variété américaine prédatrice et insipide ont eu raison de ce crustacé et il faut désormais se tourner vers une production d'élevage en provenance d'Europe centrale ou de Turquie pour retrouver les fastes d'antan.
On choisira des écrevisses dites "pattes rouges", vivantes bien entendu. Les plus grosses ne sont pas toujours les plus savoureuses. Il faut châtrer chaque écrevisse en tordant l'écaille centrale de sa nageoire caudale et tirer doucement : un boyau verdâtre suit, chargé d'un goût amer. Les âmes sensibles se passeront de cette vivisection en laissant jeûner les écrevisses pendant deux ou trois jours au frais.

Dégustation des vins avant le plat

Hongrie Furmint Disznókö 1996

La robe paille soutenu affiche un reflet vert. Le nez révèle beaucoup d'expression. Intense et développé, il décline des notes de mangue, d'abricot sec, de raisin très mûr, presque bletti, de miel, de térébenthine, suivies d'épices douces. La bouche attaque en rondeur, puis une forte acidité tend l'équilibre, des arômes citronnés venant en contrepoint de la maturité et du gras du vin. L'ensemble hésite ainsi entre une sucrosité de vin moelleux et une verdeur de vin sec. D'une réelle personnalité aromatique, le cépage furmint, que l'on connaît davantage dans son expression aboutie en tokay, exprime ici son caractère originel. Un vin surprenant, un vrai révélateur d'un terroir lointain et chargé d'histoire.

Pacherenc-du-vic-bilh sec Château Montus 1997

Enveloppé d'une robe doré soutenu, très brillante, ce pacherenc-du-vic-bilh dévoile une palette intense, où l'on distingue des fruits secs (noix et noisette), du fumé et du grillé, de la vanille, des accents torréfiés issus de l'élevage en barrique. Le fruit blanc – la pêche de vigne – pointe en fin d'olfaction. La bouche a de la carrure. Ample, généreuse, bien équilibrée par une vivacité sensible, elle s'évase grâce à une matière grasse et longue. Le vin finit sur des notes grillées, épicées et poivrées, en déclinant une belle complexité aromatique. Un vin bâti sur un style plutôt moderne, mais qui ne renie pas ses origines.

AUTREFOIS RICHES EN CRUSTACÉS D'EAU DOUCE, LES RUISSEAUX DE FRANCE SE SONT DÉPEUPLÉS ET ONT PERDU CES ÉCREVISSES QUI FAISAIENT LA JOIE DE PÊCHEURS ET LA GLOIRE DE QUELQUES RECETTES DE LA GRANDE CUISINE CLASSIQUE.

Vouvray sec Domaine Huet Clos du Bourg 1993

La robe dorée présente un reflet vert marqué. L'ensemble donne une impression de fluorescence, presque électrique. Le nez s'ouvre généreusement sur les fruits secs, le miel, une note minérale noble, la pâte de coings. La bouche présente d'emblée une grande carrure, une expression aromatique intense, du gras, une acidité qui tient la charpente du vin. L'abricot mûr, les fruits blettis et la cire ont la part belle. La finale est épicée, minérale à souhait. De légères touches d'amande accompagnent un fruité imprégnant. D'un fort caractère, ce vin n'a pas terminé sa carrière, mais il est déjà si expressif qu'il est bien difficile d'y résister.

Allemagne Rheinhessen Riesling trocken Auslese 1992 Grau Odernheimer Herr-Gottspfad Weinguter Krebs-Grode

La robe paille intense a conservé un reflet vert. Le nez, d'une rare puissance, s'impose sur des notes de résine (aiguille de pin), alliées à des arômes d'épices douces et à des nuances balsamiques. Une grande minéralité transparaît sous des accents de naphte et de graphite. Cet univers aromatique rappelle à la fois celui des rieslings secs et celui des rieslings botrytisés. La bouche confirme cette impression : elle trouve son équilibre entre une nervosité intense et une grande générosité. Ample, chaud, très pointu, avec des notes d'abricot mûr, de fruits exotiques et toujours cette présence minérale secondaire, le vin s'étire en longueur, révélant une personnalité éclatante. Nous sommes loin des vins allemands, pauvres en alcool et bâtis sur la sveltesse. Ce vin dense et concentré possède un caractère bien trempé.

Dégustation des vins à table

Le plat d'écrevisses est très aromatique : on y perçoit un mélange de notes de crustacés, de senteurs d'armagnac, de pruneau et de vanille, des accents viandés de jambon. La chair des écrevisses est moelleuse, à condition de respecter un temps de cuisson très court : leur goût délicat n'en sera que mieux préservé. La sauce est forte en saveurs. Naturellement adoucie par les légumes – la carotte en particulier –, elle a recueilli tous les sucs des écrevisses et du jambon.

• Le fruité du **furmint hongrois** est rafraîchi par le plat. Les épices (le poivre en particulier) lui donnent de la jeunesse. La note de miel s'affaiblit, la térébenthine n'est plus perceptible. Au total, le vin paraît plus sec. Son acidité se fondant dans la sucrosité de la sauce, il reprend un équilibre plus classique. Un accord régional – les écrevisses ne viennent-elles pas d'Europe centrale ? –, qui fonctionne bien, même si le vin perd un peu de sa complexité.

• Le **pacherenc-du-vic-bilh**, un peu trop boisé lors de la première dégustation, fond ses notes vanillées dans le plat, celles-ci étant peut-être dominées par les arômes d'armagnac. Le vin y gagne en précision et en pureté. Le fruit blanc est ainsi mis en valeur et des arômes plus subtils se dévoilent. En revanche, les accents de grillé du pacherenc-du-vic-bilh ont tendance à dominer les écrevisses, écrasant leur délicate saveur. Grâce à la sauce tout s'harmonise : d'égal à égal, les notes poivrées se renforcent l'une l'autre.

• Le **vouvray**, déjà très expressif, se révèle davantage encore au contact du plat. L'abricot, le fruit mûr, les épices, la note de coing… tous les arômes sont rehaussés. Le vin prend de la hauteur ; il met en valeur son volume et son équilibre et souligne sa note minérale. La forte vivacité du vouvray se fond dans la sauce, sans que les écrevisses en pâtissent. Une véritable alliance gustative au bénéfice des deux partenaires.

• Le **riesling Auslese de Hesse-Rhénane** a une telle personnalité et une telle force aromatique qu'il lui faudrait un plat beaucoup plus violent et épicé pour le vaincre. Il reste dominateur, sans rien perdre de sa palette de senteurs. Il impose sa densité et sa force devant les écrevisses, la sauce et les douces épices. Wagner contre Debussy, le combat est inégal !

Autres alliances

Sud-Ouest : tursan blanc sec 1 an
Vallée de la Loire : touraine blanc sec 2 ans
Allemagne : riesling Mosel-Saar-Ruwer Auslese 4 ans
Bordelais : entre-deux-mers 2 ans
Sud-Ouest : irouléguy blanc 2 ans, gaillac blanc sec 2 ans
Bordelais : pessac-léognan blanc 5 ans
Hongrie : furmint de Badacsony 3 ans
États-Unis : sauvignon blanc Lake County Californie 2 ans
Espagne : Rueda 1 an
Italie : Orvieto blanc sec 2 ans
Suisse : pinot blanc du canton de Genève 1 an
Nouvelle-Zélande : sauvignon blanc 2 ans
Autriche : riesling Wachau Spätlese 2 ans

La recette des écrevisses à la gasconne

Ingrédients

32 écrevisses
1 carotte
1 oignon
1 branche de céleri
2 branches d'estragon
1 cuillerée à soupe d'huile d'olive
1 tranche de jambon de Bayonne
1 litre de vin blanc sec
1 verre d'armagnac
sel et poivre du moulin

• Préparer une mirepoix de légumes en mêlant carotte, oignon, céleri, estragon. Faire revenir dans l'huile d'olive pendant 5 mn, sans dorer. Ajouter une belle tranche de jambon de Bayonne coupée en petits dés, de la taille des cubes de légumes. Faire revenir, puis mouiller avec le vin blanc sec. Laisser cuire et réduire ce bouillon pendant 30 mn, à découvert.

• Châtrer les écrevisses et les jeter encore vivantes, à sec, dans un grand faitout très chaud. Elles prennent immédiatement une couleur rouge vif. Flamber avec l'armagnac. L'alcool doit totalement s'évaporer. Mouiller avec le bouillon brûlant et laisser cuire 5 mn. Rectifier l'assaisonnement après avoir goûté le plat – le jambon est déjà salé et poivré.

• Dresser les écrevisses dans un plat. Arroser avec le bouillon.

Sur des langoustines rôties au safran

Les langoustines ne supportent ni la congélation ni la cuisson prolongée, au risque de se transformer en insipides et élastiques ingrédients à paella. On les achètera donc crues, avec leurs pattes bien attachées au corps, l'œil noir et la carapace rose brillant.

Dégustation des vins avant le plat

Chablis grand cru Les Blanchots Domaine Laroche 1995

La robe est pâle avec un fort reflet vert. Les arômes floraux se développent dans une belle déclinaison aromatique qui se poursuit par cette note minérale qui signe les grands terroirs à chardonnay, le fruit blanc, des senteurs d'agrumes légèrement citronnées, quelques épices discrètes, une touche de miel. La bouche a de l'ampleur, avec une matière mûre, puissante et dense, un beau fruité souligné par des notes de poivre et de cannelle, une générosité propre à ce millésime de soleil et un équilibre où l'acidité des chablis est un peu en retrait. La finale, fruitée et minérale, s'étire. La notion de maturité domine la dégustation.

Meursault premier cru Charmes Olivier Leflaive 1995

Derrière une robe assez intense, bouton d'or avec encore un peu de vert sur la frange, se cachent des arômes typés : tilleul, miel, notes beurrées et épicées, touche de vanille bien intégrée au fruit, un peu de pain grillé. La bouche ronde, ample et généreuse possède une matière veloutée, une grande présence aromatique, un fruité mûr, un caractère épicé et grillé qui se prolonge jusqu'en finale. Le vin décline alors son fruit, la même note de torréfaction qu'au nez, et revient sur un accent minéral.

Corton-charlemagne Faiveley 1996

La robe, soutenue, paille à reflet vert discret, habille ce vin. Encore sur sa réserve, celui-ci laisse percevoir une belle complexité naissante au nez : infusion, verveine, pêche blanche, épices vanillées avec mesure, fruits secs, notes confites qui signent une maturité accomplie. La bouche est très dense, avec du volume, une matière ronde et lisse, un boisé bien intégré au fruit. Si le nez est un peu discret, la finale, très épicée, explose en bouche et donne une idée du grand potentiel de ce corton-charlemagne.

LES LANGOUSTINES DOIVENT ÊTRE PARFAITEMENT FRAÎCHES. C'EST À CETTE SEULE CONDITION QU'ELLES POURRONT ÊTRE PRÉPARÉES LE PLUS SIMPLEMENT DU MONDE, POCHÉES OU RÔTIES, ET QU'ELLES RÉVÉLERONT LEUR DÉLICATE SAVEUR DE CRUSTACÉ, PLUS PROCHE DE CELLE DU HOMARD QUE DE LA LANGOUSTE.

Montrachet Domaine Marc Collin et fils 1993

La robe, franchement dorée et chatoyante, ne manque pas d'éclat. Le nez ouvert, complexe et généreux, libère de prime abord une note minérale noble, une légère touche de cuir. Puis le fruit confit et la pêche de vigne montent et s'installent. Les épices, soulignées par une séduisante touche anisée, la noisette, le miel et le beurre prolongent cette déclinaison aromatique. La bouche très puissante affiche une sève montante et une structure presque tannique, un fruité complété par toute la gamme aromatique du nez. L'équilibre est parfait entre cette matière riche et une fraîcheur élégante. La finale s'allonge sur les notes de fruits secs, d'anis, de pêche et d'épices. Le vin blanc au superlatif !

Dégustation des vins à table

Ce plat complexe révèle des saveurs bien marquées et différenciées. La langoustine apporte son goût de crustacé, à la fois sucré et iodé, relevé par le safran qui joue le rôle de révélateur sans s'imposer vraiment. La chair est ferme ; sa texture fait contraste avec la galette de pommes Duchesse, tout en rondeurs moelleuses. Le coulis de tomate relève l'ensemble mais sait rester discret : les vins lui en seront reconnaissants. Toute la gamme des grands chardonnays de la Bourgogne joue avec ce plat marin.

• Le **chablis grand cru** perd en complexité aromatique ou plutôt se recentre sur la note d'agrume rehaussée par la langoustine et surtout le safran. Si la galette de pommes de terre va dans le même sens que la rondeur du vin, le coulis de tomate écrase la subtilité du chablis et fait ressortir son acidité basse, en le déséquilibrant. Fort heureusement, la note minérale du vin apporte une compensation, en redonnant du tonus à l'alliance.

• Le **meursault-Charmes** perd de son gras devant le plat et sa palette aromatique est modifiée. Les épices montent d'un ton, peut-être relancées par le safran, mais le fruit est quelque peu masqué par la tomate. La pomme de terre fait ressortir les arômes de miel mais atténue le côté minéral du meursault. En définitive le vin change de personnalité sans faiblir ; il se fond dans le plat pour se mettre à son service.

• Le **corton-charlemagne**, tout au contraire, prend encore plus de personnalité et se révèle face à la langoustine et à sa note iodée. Le contraste fait ressortir le côté vanillé et épicé du vin. La pomme de terre absorbe un peu du gras du vin mais apporte quelques arômes d'évolution : le fruité prend des accents confits. La tomate fait plutôt bon ménage avec le corton-charlemagne, en accentuant les notes épicées auxquelles le safran semble se mêler, comme s'il faisait partie de la palette propre du vin. Une alliance qui atténue la jeunesse du vin.

• Le **montrachet** regarde le plat de haut. Il ne faiblit ni devant l'iode ni devant le safran. Il garde sa ligne de croisière et reste sur ses positions. Même la tomate ne l'influence pas ; seule la galette de pommes de terre parviendrait peut-être à faire ressortir son tonus, par contraste. La puissance de ce seigneur domine un plat qui, pourtant, ne manque pas de personnalité. Grand vin il est, grand vin il reste.

Autres alliances

- **Bourgogne :** chablis premier cru 4 ans, meursault 4 ans, pernand-vergelesses blanc 2 ans, puligny-montrachet premier cru 5-6 ans
- **Bourgogne :** pouilly-loché 4 ans
  Vallée du Rhône : crozes-hermitage blanc 4 ans, château-grillet 6 ans
  Vallée de la Loire : savennières 5 ans
- **États-Unis :** chardonnay Napa Valley 5 ans
  Espagne : Yecla blanc 3 ans
  Italie : arneis 2 ans
  Allemagne : pinot gris Württemberg Spätlese 4 ans
  Nouvelle-Zélande : chardonnay 3 ans
  Australie : chardonnay 3 ans

La recette des langoustines rôties au safran

Ingrédients

20 langoustines de petit bateau
1 kg de tomates
quelques feuilles de coriandre fraîche
2 dl d'huile d'olive vierge
1 cl de vinaigre balsamique
1 cl d'huile d'arachide
20 g de beurre
quelques filaments de safran étamine
sel et poivre du moulin
Pour les pommes duchesse
500 g de pommes de terre
50 g de céleri rave
1 œuf entier et 2 jaunes
100 g de beurre

• Séparer le coffre et décortiquer le corps des langoustines en gardant un peu de carapace sur la queue. Mettre au frais.

• Préparer un coulis de tomate pour moitié avec des tomates confites, pour moitié avec des tomates fraîches. Prendre des tomates bien mûres, les peler et les épépiner, les huiler et les faire confire au four 3 heures à 80 °C (thermostat 1). Mélanger ces tomates confites avec autant de tomates fraîches. Ajouter les feuilles de coriandre fraîche, l'huile d'olive vierge, le vinaigre balsamique, du sel et du poivre. Passer au mixer et tamiser au chinois.

• Préparer les galettes de pommes duchesse : faire cuire les pommes de terre à l'anglaise avec le céleri rave coupé en dés. Passer au presse-purée. Bien dessécher le tout dans une casserole. Ajouter l'œuf entier et les 2 jaunes, ainsi que 50 g de beurre fondu pour obtenir une pâte lisse. Saler et poivrer. Façonner de petites galettes et les poêler dans le reste de beurre.

• Préparer les langoustines : dans une sauteuse, faire sauter les langoustines à feu vif dans un mélange d'huile d'arachide et de beurre. La cuisson doit être très rapide. La première face doit se colorer. Tourner, retourner, saler et poivrer.

• Monter le plat en commençant par la galette, puis le coulis et les langoustines. Ajouter quelques filaments de safran étamine.

On pourra déposer sur un côté de l'assiette un peu de salade d'herbes aromatiques avec une vinaigrette à base d'huile de noisette et de moutarde que l'on goûtera après la dégustation avec les vins.

Sur des crevettes à l'aigre-douce à la thaïlandaise Kung Peaw Wan

La cuisine thaïlandaise est très épicée mais elle propose une gradation d'intensité, depuis des plats assez doux à notre palais occidental jusqu'à des mets très puissants qui anesthésient nos papilles. La dégustation sur de tels plats brûlants n'est pas facile. La bouche est comme envahie par les épices qui masquent toute autre saveur et empêchent une analyse fine. Deux solutions s'offrent à l'amateur qui veut absolument accompagner son repas de vin. Soit il sacrifie un petit vin qui ne jouera que le rôle de boisson désaltérante et n'aura aucune ambition face à la force du plat (un vin rosé par exemple), soit il choisira sur la carte les plats les moins épicés et préférera jouer les contrastes. Les vins moelleux et liquoreux trouvent ici une place de choix : ils sont capables d'affronter la force épicée. Manuel Da Motta Veiga, grand amateur de vins et gérant du restaurant Blue Elephant à Paris a beaucoup travaillé sur les accords avec cette cuisine et a composé sa carte en privilégiant les grands vins de Loire. Nous avons essayé dans cet exercice de choisir un plat réalisable n'importe où en France, à partir d'ingrédients faciles à se procurer, plutôt axé sur le contraste acide–sucre que sur les épices. À vos baguettes !

LA CUISINE ASIATIQUE SE CARACTÉRISE PAR DES CUISSONS RAPIDES (À LA VAPEUR, PAR ÉBULLITION OU FRITURE) D'ALIMENTS DÉCOUPÉS EN PETITS MORCEAUX : CE MODE DE PRÉPARATION CONSERVE LA SAVEUR DES ALIMENTS. ELLE SE DISTINGUE AUSSI PAR UN EMPLOI D'ÉPICES ET D'AROMATES QUI MARQUENT FORTEMENT LES PLATS.

Dégustation des vins avant le plat

Nahe Beerenauslese Michael Shaäfer 1989

La robe fortement dorée possède une frange à peine verte. Très confit, le nez décline de l'abricot mûr, de la nèfle, des notes minérales, de la térébenthine, du zeste d'orange et du miel. La bouche est très riche en sucre mais légère en alcool. Elle révèle une liqueur imposante, presque confiturée, des arômes d'épices douces, de vanille. Une grande acidité équilibre cette richesse qui aurait pu dominer l'ensemble. La finale est très expressive, sur la pâte de coings et l'amande grillée. Elle reprend la note minérale du riesling, dans une belle rémanence. Cet équilibre peut surprendre, mais il est en définitive séduisant.

Jurançon Domaine Bru Baché Cuvée l'Éminence 1995

La robe dorée révèle un beau brillant. Le nez riche et subtil évoque la vanille, l'abricot sec, la figue et les agrumes confits (ananas très mûr), ainsi qu'une pointe de résine. La bouche très fruitée, éclatante et tonique, repose sur une fraîcheur parfaitement équilibrée. Gras et très suave, ce vin a de la densité, une grande concentration qui sait rester élégante, et surtout une très longue finale qui dévoile une gamme de fruits exotiques (mangue, litchi, ananas), le tout épicé et vanillé. Un jurançon de très haut niveau.

Vouvray Domaine Huet Le Haut-Lieu 1989

La robe dorée d'intensité moyenne est habillée d'une frange encore verte. La cire, l'encaustique, les fruits confits, la pâte de coings, une pointe de café, des épices orientales et de la truffe se mêlent avec élégance. La bouche attaque en rondeur, sur le miel, le pomelo. Une acidité minérale mais fondue donne de la sveltesse à l'équilibre. Par contraste, la grande richesse liquoreuse paraît encore plus élevée. La finale est complexe, longue et imprégnante, développant des notes rôties plus proches du passerillage que du *Botrytis cinerea*. Ce vin possède l'équilibre magique des chenins de grands terroirs.

Sauternes Château Suduiraut 1990

Une belle couleur miel à reflets orangés annonce l'opulence dès le premier regard. Le nez affiche sa richesse par des arômes de miel, des notes pralinées et vanillées, des touches d'abricot cuit, de mandarine confite, de caramel et d'épices fondues. La bouche, ample et généreuse dès l'attaque, est tout en courbes et rondeurs, avec une grande richesse de liqueur. Une expression aromatique superlative équilibre cette matière peut-être en manque d'acidité. Très long, déclinant la gamme des épices et des fruits confits, ce vin finit sur le poivre et les fruits secs. Un sauternes exubérant, plein de sève et de puissance.

Dégustation des vins à table

Le plat est marqué par la sauce aigre-douce et la saveur du gingembre. Le contraste entre sucre, vinaigre et sel est bien équilibré : aucun élément ne domine l'autre. La saveur des crevettes est respectée, la note iodée est bien perceptible. La courte cuisson des légumes donne une texture plutôt craquante.

• Le **Beerenauslese** voit sa puissance sucrée fortement atténuée par l'aigre-doux et les épices du plat. La note minérale est mise en valeur par la crevette. En revanche, l'ananas replace le vin dans son état initial. Un jeu de va-et-vient qui souligne le fruité du vin sans mettre son côté confituré en avant. Le vin y gagne en précision de fruit. Il perd un peu en complexité aromatique, éteinte par celle du plat.

• Le **jurançon** est à son aise. L'ananas du plat fait corps avec l'arôme du vin dans une symbiose parfaite. La crevette souligne la fraîcheur du jurançon qui, comme le vin allemand, perd en intensité sucrée devant la sauce. Tout se passe comme si l'acidité de la sauce renforçait celle du vin ; la liqueur en paraît moins intense. Toutefois, la palette aromatique est respectée : le jurançon garde sa personnalité dans un mariage qui fonctionne bien.

• Le **vouvray**, tout comme le jurançon, semble fait pour ce plat. Il conserve ses arômes et s'enrichit du gingembre et de l'ananas, tandis que l'iode de la crevette souligne son côté minéral et ciré. La saveur aigre de la sauce n'entame pas la richesse du vin, comme si celui-ci était imperméable à cette influence. Il semble même que le vin gagne en corps et en richesse. Un mariage tout au bénéfice du vin qui trouve là un parfait faire valoir.

• Le **sauternes** domine largement ce plat pourtant pourvu de forte personnalité. La grande liqueur et la générosité du vin passent au-dessus de la sauce. Toutefois, le sauternes semble rafraîchi et prend plus d'éclat. L'ananas souligne son fruit, les poivrons son côté poivré, la crevette son côté confit. Le miel du vin apaise le palais que les épices avaient agressé. Cette alliance est une caresse.

Autres alliances

- **Allemagne :** riesling Rheingau Auslese 8 ans
  Sud-Ouest : pacherenc-du-vic-bilh moelleux 4 ans
  Vallée de la Loire : bonnezeaux 10 ans
  Bordelais : barsac 9 ans
- **Alsace :** alsace-gewurztraminer vendanges tardives 5 ans
  Vallée de la Loire : coteaux-du-layon 5 ans
  Vallée du Rhône : tavel 3 ans
  Provence : bandol rosé 4 ans
- **États-Unis :** riesling Late Harvest Californie 3 ans
  Espagne : Lanzarote blanc 3 ans
  Liban : Kefraya Lacrima d'Oro
  Italie : Vino Santo de Toscane 5 ans
  Allemagne : riesling Rheingau Auslese 5 ans, müller-thurgau Kremstal Auslese 2 ans

La recette des crevettes à l'aigre-douce

Ingrédients

16 crevettes
1 oignon
1 poivron rouge
1 poivron vert
1 poivron jaune
8 épis de maïs nains
150 g d'ananas frais
2 cl d'huile d'arachide
quelques feuilles de coriandre fraîche
8 radis rouges

Pour la sauce

1/2 verre de vinaigre blanc
1/2 cuillerée à café de sel
2 cuillerées à soupe de sucre
1 tranche de gingembre frais
1 cuillerée à café de concentré de tomate
1 pointe de piment de Cayenne

• Préparer la sauce aigre-douce. Faire mijoter à petit feu dans le vinaigre blanc la tranche de gingembre frais avec le sel et le sucre. Remuer de temps en temps jusqu'à obtention d'un léger sirop. Ajouter le concentré de tomate et le piment de Cayenne.

• Décortiquer les crevettes en laissant la carapace qui recouvre la queue. Couper les légumes en petits dés de 1 cm de côté : l'oignon blanc émincé, les poivrons jaune, vert et rouge, les épis de maïs nains. Couper l'ananas en dés.

• Faire chauffer l'huile d'arachide dans une poêle. L'huile doit être très chaude. Y faire frire les crevettes pendant 30 secondes. Ajouter les légumes et l'ananas et faire frire encore 30 secondes.

• Ajouter la sauce aigre-douce. Porter à ébullition. Laisser cuire quelques minutes.

• Servir chaud dans un plat. Saupoudrer avec les feuilles de coriandre fraîche hachées et les radis rouges découpés en fleurs pour la décoration.

Sur un homard à la vanille

ROI DES CRUSTACÉS, LE HOMARD ATTEINT UNE QUALITÉ OPTIMALE LORSQU'IL EST ISSU DES MERS FROIDES, OCÉAN ATLANTIQUE, MER DU NORD, CÔTES DU CANADA. LES LATITUDES PLUS MÉRIDIONALES, MAROC OU MAURITANIE, SONT MOINS FAVORABLES.

Le homard breton, avec sa belle couleur bleue, représente le *nec plus ultra*. Rare donc très cher, c'est un mets de luxe pour les grandes occasions. Le homard ne supporte pas la congélation ; on l'achètera vivant, en vérifiant que l'animal réagit lorsqu'on lui touche les antennes. Les âmes sensibles mettront la bête au froid juste avant de le sacrifier ; il sera ainsi engourdi et anesthésié. Plusieurs recettes s'appliquent au homard et les cuisiniers ne manquent pas d'imagination. Sa saveur inimitable et son prix exigent cependant que l'on respecte son goût naturel, avec le moins d'ajouts possible.

Dégustation des vins avant le plat

Alsace-tokay-pinot gris Domaine Auther 1998

Vêtu d'une robe intense, paille soutenu avec un léger reflet vert, cet alsace-tokay-pinot gris présente un nez ample et développé, riche en épices, en fruits blancs rôtis. Une note minérale bien fondue apparaît. Le miel est au rendez-vous, signant une belle maturité. La bouche attaque en rondeur. Grasse et puissante, elle se poursuit sur la générosité qui reste équilibrée grâce à la forte présence épicée de la finale. Le vin perdure en bouche, en reprenant toute la gamme aromatique initiale, le pain d'épice en avant. Un vin en pleine expression.

Bâtard-montrachet Pierre Colin 1989

Doré, très brillant, ce vin est d'une grande complexité. En premier plan se manifestent des notes secondaires de cire, de miel, de fruits secs, des accents grillés, du fruit rôti, des touches fumées, le tout égayé par une large gamme épicée où vanille et cannelle se taillent la meilleure part. La bouche dense dévoile une grande ampleur de matière. L'expression aromatique s'évase au palais. La structure semble presque tannique tant ce vin est architecturé. L'équilibre est cependant respecté. La fraîcheur étire une finale qui décline toute une palette de fruits secs et confits, les mêmes épices et la note cirée et miellée qui garde la vedette. Un grand vin blanc sec dans toute sa complexité.

Montlouis demi-sec Château de Pintray 1996

La robe est assez pâle, paille léger à reflets verts discrets. Le nez est gai et séducteur, avec des notes de poire William, de fleurs blanches, de coing, d'épices douces, de pomme verte. La bouche est équilibrée entre une suavité bien fruitée et une fraîcheur qui sait rester aimable. La matière a du volume. La finale décline la gamme des fruits blancs et des fleurs avec élégance ; une petite touche anisée se révèle en tout dernier ressort. Ce vin a de l'éclat et sûrement de l'avenir.

Sauternes Château d'Yquem 1989

Une robe très dorée à reflets vieil or, chatoyante. Un nez ouvert, où se succèdent les gammes aromatiques – d'abord le miel, le raisin de Corinthe, puis l'abricot confit, la cassonade, la datte – suivies des épices qui couronnent le tout (vanille, cannelle) et du musc. Une bouche d'une richesse inouïe, énorme et confite, avec une grande liqueur pleine d'abricot et d'épices. Une expression aromatique qui monte en puissance et s'épanouit jusqu'en finale. Cette richesse paraît harmonieuse, équilibrée, presque aérienne, tant le miracle de l'équilibre est ici décliné à la perfection. Avec autant de liqueur et de puissance un autre vin serait tombé dans la lourdeur. La finale justifie l'expression "queue de paon" qui trouve ici son illustration parfaite : longueur, complexité, éclat, redécouverte du vin pendant de nombreuses caudalies.

Dégustation des vins à table

La forte saveur du homard peut être dominante. Aussi faut-il l'accompagner de vins à forte personnalité, capables de faire un brin de chemin avec ce crustacé. Le beurre vanillé est là pour donner du moelleux à la chair, adoucir son goût. La vanille à petites doses est un merveilleux faire-valoir qui exalte la note iodée et donne un supplément de complexité. Nous verrons qu'elle joue aussi avec les vins en se glissant dans leur palette aromatique. Les deux vins secs forment des alliances classiques, le demi-sec fait la transition avec le vin liquoreux qui joue sur les accords de contraste.

• L'**alsace-tokay-pinot gris** est mis en valeur par la chair du homard. Il garde sa rondeur mais perd un peu de sa générosité. Le vin en semble plus équilibré. Ses arômes épicés sont modifiés : la vanille s'intègre à la palette tant et si bien que l'on n'en décèle plus l'origine. Vient-elle du plat, vient-elle du vin ? Le miel et le beurre font également bon ménage dans cet accord de symbiose.

• Le **bâtard-montrachet** gagne en jeunesse sur la chair du homard et perd sa note de cire. Il reprend du fruit frais, du volume et du poids ; sa structure se fond grâce au beurre de la sauce. La touche de vanille, déjà perceptible à la première dégustation, se renforce encore à l'instar des autres arômes épicés. Ce plat respecte le vin dans toute sa complexité : il en gomme le côté évolutif, ce qui est tout à son avantage.

• Le **montlouis demi-sec** prend du volume et du gras sur la chair du homard. Il garde sa palette fruitée, sa suavité est fondue par le beurre. Le vin gagne en tonus et paraît plus sec, comme si le sucre résiduel se fondait dans le plat. En revanche, sa note anisée est dominée par la vanille. Un accord qui change le vin, mais dans le bon sens.

• Le **sauternes** joue avec le homard qui semble bien modeste devant sa puissance et sa richesse aromatique. La chair du crustacé fait contraste avec la liqueur du vin qui devient encore plus épicée ; le beurre renforce son gras et son volume. La vanille vient se glisser dans la palette épicée, avec modestie, au milieu des autres composantes. Comme si le vin accueillait les saveurs du homard en son sein, en protecteur et suzerain devant ce crustacé qui lui jure allégeance. Une alliance excitante mais où le vin garde le rôle-titre.

Autres alliances

Alsace : alsace-pinot blanc 3 ans
Bourgogne : chevalier-montrachet 10 ans
Vallée de la Loire : vouvray moelleux 3 ans
Bordelais : barsac 10 ans
Vallée du Rhône : hermitage blanc 8 ans
Bordelais : pessac-léognan blanc 8 ans
Vallée de la Loire : savennières-coulée-de-serrant 10 ans
Vallée du Rhône : châteauneuf-du-pape blanc 10 ans
États-Unis : chardonnay Carneros Californie 5 ans
Espagne : La Palma blanc 3 ans
Italie : chardonnay IGT 5 ans
Allemagne : pinot gris Rheinhessen Auslese 5 ans
Nouvelle-Zélande : chardonnay 4 ans
Suisse : chardonnay du canton de Genève 4 ans

La recette du homard à la vanille

Ingrédients

2 homards de 1 kg
1/2 citron
250 g de beurre breton demi-sel
1 gousse de vanille bourbon
sel et poivre du moulin

• Porter à ébullition une eau salée. Y plonger d'un seul coup les homards qui prennent alors une belle couleur rouge. Faire pocher à eau frémissante pendant 10 mn.

• Pendant ce temps, faire fondre le beurre breton demi-sel ; clarifier en écumant les impuretés qui surnagent. Ajouter un trait de citron et quelques graines de vanille obtenues en fendant la gousse fraîche de vanille bourbon. La vanille doit être dosée avec mesure ; elle ne doit pas dominer.

• Sortir les homards du bouillon. Les fendre en deux dans le sens de la longueur : commencer par inciser la tête avec un gros couteau ; terminer par la queue. Débarrasser les coffres des intestins de la matière gris-vert et du corail, corail que l'on peut ajouter à la sauce.

• Casser les pinces avec un maillet et servir chaud. Arroser du beurre à la vanille.

La même recette peut être réalisée avec des homards grillés, coupés en deux de leur vivant, grillés côté carapace et à peine retournés côté chair, mais la saveur garde moins de pureté qu'au pochage.

Poissons

Il y a toujours des histoires d'amour entre les poissons et les vins blancs. Qu'il s'agisse d'un simple poisson frit avec un bourgogne-aligoté ou d'un turbot avec un pessac-léognan, la gamme des accordailles est aussi vaste que les océans. Il y a un secret à cette inclination : les poissons sont riches en protéines qui fondent l'acidité des vins blancs. En revanche, ces mêmes protéines sont incapables d'adoucir les tanins, à la différence des protéines de la viande. Mariage d'arômes entre iode et fleurs, mariage de saveurs entre sel et fruit, mariage de textures entre moelleux et nervosité, chaque vin blanc peut trouver le poisson qui le mettra sur un piédestal, à condition que le mode de cuisson soit approprié. Friture pour des vins blancs simples et vifs, grillade pour des vins plus puissants avec du corps et du volume, poisson en sauce au beurre ou à la crème pour les grands vins gras et longs. C'est ainsi qu'un alsace-sylvaner ou un vin-de-savoie-Chignin trouvent aussi bien leur place sur les poissons qu'un jurançon sec, un blanc fumé de Nouvelle-Zélande ou un corton-charlemagne. Qui dit fiançailles dit duègne, qui dit mariage dit marieuse : le trait de citron sur un poisson frit, la pointe d'huile d'olive sur une daurade grillée, l'estragon d'une béarnaise, le beurre d'une sauce hollandaise catalysent cet amour réciproque. Même le vin rouge d'une sauce vigneronne peut revenir à table en accompagnement du plat.

Sur des quenelles de brochet sauce Nantua

La quenelle de brochet est née sur les bords du Rhône, mais la recette originale était déjà connue dans l'Antiquité puisqu'elle est mentionnée dans les livres d'Apicius. Ce sont les "mères" lyonnaises, une lignée de cuisinières de grandes maisons qui s'étaient installées à leur compte, de Madame Filloux à Léa, en passant par la Mère Brazier ou la Mère Blanc, qui ont fait la renommée de cette recette de cuisine bourgeoise. Il faut en effet une patience toute féminine pour élaborer ce plat phare du patrimoine gourmand.

LE BROCHET EST UN POISSON DE RIVIÈRE DÉLICIEUX, À LA CHAIR FERME ET AROMATIQUE. CEPENDANT, MÊME SES FILETS RENFERMENT DE NOMBREUSES ARÊTES. AUSSI LES CUISINIERS SE SONT-ILS TOUJOURS ATTACHÉS À PRÉPARER MOUSSES OU QUENELLES.

Dégustation des vins avant le plat

Saint-joseph J.-L. Grippat 1997

La robe paille soutenu offre un petit reflet vert. Le nez ne manque pas de subtilité : note florale suivie des fruits secs (amande en particulier), puis des notes de pêche. La bouche ronde possède du gras, une matière mûre et corsée. L'équilibre penche vers la générosité. L'impression d'ensemble est celle d'un vin ample et fondu qui finit sur des notes d'amande et quelques épices. Bien typé de son appellation, ce saint-joseph est plutôt séduisant.

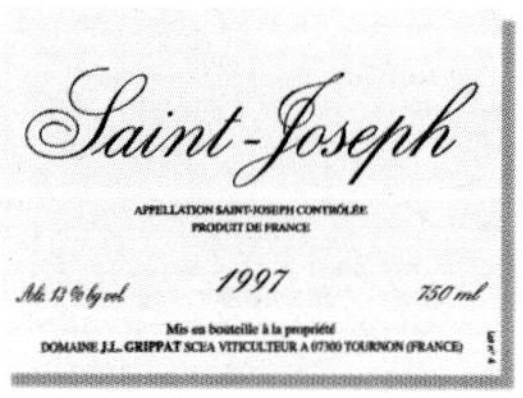

Condrieu Yves Cuilleron La Petite Côte 1997

Vêtu d'une robe assez pâle, paille léger à reflets verts discrets, ce vin dévoile un nez puissant mêlant l'abricot mûr, la vanille, les notes torréfiées, les fruits secs et de petites épices douces. La bouche présente dès l'attaque un beau volume, une matière ample, grasse. Le fruité intense est ici souligné par les épices du bois. Bien développés, les arômes s'accompagnent d'une légère suavité qui lisse et adoucit le vin, donne du velouté à la trame. La finale est expressive à souhait ; elle s'étire avec sa cohorte d'abricot et d'épices, et dévoile une note de safran originale. Un beau vin de viognier.

Beaujolais blanc Domaine Vidonnel 1996

La robe pâle est à peine ourlée de vert. Le nez complexe décline fruit blanc confit, tisane, tilleul et une légère note de coing, signes d'une belle maturité. La bouche fruitée bénéficie d'un bon équilibre, souligné par une vivacité qui donne au vin de l'éclat. La finale aromatique reprend toute la gamme du nez mais elle se révèle un peu acide, en contradiction avec la maturité initiale. Ce vin se présente mieux au nez qu'en bouche.

Alsace-pinot gris Domaine Zind Humbrecht Clos Windsbuhl 1996

Un reflet vert rend la robe dorée de ce vin très brillante. Le nez opulent et expressif libère en premier lieu des épices, puis du fruit blanc bletti, de la pêche de vigne, des notes de miel et de pain d'épice. La bouche attaque sur une pointe de gaz avant de révéler un fruité intense et surmûri dans une belle ampleur de matière. Il existe un réel équilibre entre le gras et le sucre résiduel bien perceptible, une nervosité qui rend l'ensemble plus enlevé, une carrure presque tannique. La finale décline une grande puissance épicée, un fruit encore renforcé par la pointe sucrée et la note acidulée. Un vin encore très jeune mais riche de promesses.

Dégustation des vins à table

Le plat est d'une incroyable richesse. Sa matière fond dans la bouche ; c'est une texture à la fois aérienne par les quenelles et crémeuse par la sauce Nantua. Les arômes du brochet et de l'écrevisse sont bien marqués, mais tous participent à l'impression de velours. Contrairement à la cuisine moderne qui empile souvent les saveurs, ce grand plat classique réalise une synthèse où chaque élément est intégré dans une harmonie générale. C'est peut-être cela la vraie cuisine.

• Le **saint-joseph** garde sa personnalité devant les quenelles. Si sa note de fruits secs est renforcée par le côté crème de la sauce Nantua, son fruit blanc est révélé par les arômes d'écrevisse. La rondeur du vin et le velours du plat vont dans le même sens. Les deux produits sont en pays de connaissance. En revanche, la finale prend de la hauteur, comme si le plat allongeait le vin. Un mariage régional réussi.

• Le **condrieu** est attendri par le plat. Il prend encore plus de courbes, de suavité. La crème renforce le gras du vin. Les arômes sont peu modifiés : peut-être l'abricot perd-il un peu de sa force et les épices boisées semblent-elles plus fondues. En revanche, la note de safran est rehaussée et vient se marier aux

La recette des quenelles de brochet sauce Nantua

Ingrédients

- 1 brochet de 1 kg
- 1 bouquet garni
- 125 g de beurre
- 250 g de farine
- 300 g de graisse de rognons de bœuf (généralement offert par le boucher)
- 8 blancs d'œufs
- 600 g de crème fraîche épaisse
- sel et poivre du moulin

Pour la sauce Nantua

- 1 kg de têtes d'écrevisses
- 50 g de beurre
- 120 g d'échalotes hachées
- 1 branche d'estragon
- 2 branches de persil
- 10 cl d'armagnac
- 10 cl de vin blanc sec
- 20 cl de crème fraîche épaisse
- 1 cuillerée à soupe de concentré de tomate
- sel et poivre du moulin

• Lever les filets de brochet et les réserver. Mettre la tête, les arêtes et les parures avec le bouquet garni dans de l'eau salée pour confectionner un fumet. Laisser réduire et passer à l'étamine.

• Préparer une panade : faire bouillir 1/2 litre du fumet avec 125 g de beurre. Y jeter hors du feu la farine et bien travailler le mélange à la spatule de bois afin d'obtenir une pâte consistante. Mettre cette pâte au froid.

• Piler d'une part la chair du brochet et la passer au tamis, d'autre part la graisse de rognons de bœuf. Placer au réfrigérateur dans le mortier ou le bol du cutter. Mettre à refroidir les blancs d'œufs et les 600 g de crème fraîche. Piler ou passer au cutter dans le même récipient la chair, la graisse, la panade et les blanc d'œufs. Ajouter la crème fraîche et travailler à nouveau. Le mélange doit rester bien froid. Saler et poivrer afin de raffermir la pâte.

• Mouler les quenelles à la cuillère et les pocher dans le reste de fumet de brochet à 85 °C (le liquide ne doit pas bouillir) pendant 4 à 5 mn. Égoutter.

• Préparer la sauce Nantua. Faire revenir les têtes d'écrevisses au beurre dans une sauteuse, avec un mélange d'échalotes, d'estragon et de persil hachés. Déglacer avec l'armagnac et le vin blanc sec. Ajouter la crème, le concentré de tomate et laisser cuire 20 mn. Passer la sauce au chinois. Rectifier l'assaisonnement.

• Finition du plat : mettre les quenelles dans un plat à gratin. Napper de sauce Nantua et enfourner à 180 °C (thermostat 6) pendant 15 à 20 mn, afin que les quenelles gonflent et que la sauce s'épaississe et gratine. Servir immédiatement : les quenelles n'attendent pas, sous peine de se dégonfler comme un soufflé.

saveurs d'écrevisse de la sauce. La quenelle, aérienne et fondante, ajoute à cette impression de velours. La symbiose vin–plat est ici évidente, chacun prenant le meilleur de son partenaire. Cette expérience devrait conforter les partisans des alliances régionales.

• Le **beaujolais blanc** gagne à la confrontation. Il perd de son acidité, absorbée par la texture crémeuse de la sauce et de la quenelle. La palette aromatique du vin garde sa personnalité : en particulier, la composante tilleul résiste bien. Le vin semble plus rond, plus long ; il prend du volume et de la concentration. Un mariage au bénéfice du vin qui trouve ici un parfait faire-valoir.

• La composante aromatique épicée de l'**alsace-pinot gris** est certes soulignée, mais elle respecte le fruité. C'est en bouche que les modifications sont les plus notables. Si la pointe de gaz reste intacte, par contraste avec la crème et la texture de la quenelle, le sucre résiduel est révélé, ce qui modifie l'équilibre du vin et le fait pencher vers une mollesse que ne compensent plus son acidité et sa carrure initiales. Le plat vient ici perturber l'harmonie du vin qui devra plutôt être réservé à des quenelles de volaille, avec une sauce moins crémeuse.

Autres alliances

- **Vallée du Rhône :** crozes-hermitage blanc 2 ans, vin de pays viognier 2 ans
  Bourgogne : mâcon blanc 3 ans
  Alsace : alsace-pinot ou klevner 2 ans
- **Bourgogne :** puligny-montrachet 2 ans, chablis grand cru 3 ans
  Vallée de la Loire : savennières 5 ans
  Savoie : crépy 2 ans
- **États-Unis :** chardonnay Russian Valley Californie 4 ans
  Espagne : Rueda 2 ans
  Canada : chardonnay Ontario 5 ans
  Italie : IGT chardonnay 5 ans
  Allemagne : pinot gris Rheinhessen trocken Auslese 5 ans
  Autriche : pinot blanc Burgenland Spätlese 2 ans

Sur un brochet au beurre blanc

La cuisinière du marquis de Goulaine, réputée pour sa préparation du brochet nappé d'une sauce béarnaise, aurait un jour oublié d'ajouter les œufs à la réduction d'échalotes. Scandale, sanglots et contrition, la pauvre Clémence se voyait déjà rendre son tablier lorsque le marquis, curieux de nature et peut-être affamé, goûta cette sauce incomplète et, miracle, la trouva à son goût. Mieux, il exigea que son brochet soit désormais apprêté de cette nouvelle manière. Plus tard, Clémence ouvrit un caboulot sur les bords de Loire et sa recette, reprise par la Mère Michel, conquit la capitale.

Dans la béarnaise, la sauce – une émulsion de matière grasse dans un liquide – est liée grâce aux protéines du jaune d'œuf qui jouent le rôle de stabilisants dans le mélange beurre–eau, aidées en cela par l'acidité du vinaigre. Dans un beurre blanc, l'émulsion est plus difficile à réaliser : il faut partir du beurre (émulsion eau–matière grasse) pour élaborer une sauce (émulsion matière grasse–eau) sans apport de corps stabilisants. Le gluant des échalotes et l'acidité du vin ou du vinaigre jouent alors un rôle décisif.

LE BEURRE BLANC FAIT PARTIE DES RECETTES LÉGENDAIRES NÉES PAR ACCIDENT, TELLES LA TARTE TATIN OU LES POMMES DE TERRE SOUFFLÉES. MAIS C'EST AVEC CETTE BÉARNAISE RATÉE QUE LE GÉNIE DU HASARD A RÉELLEMENT ÉTÉ DÉMONTRÉ.

Le brochet était surnommé au Moyen Âge, le “grand loup d'eau”. Ce carnassier est un redoutable prédateur qui peut prospérer en eau douce jusqu'à atteindre des tailles étonnantes, mais on préférera les sujets jeunes pour cette recette. Les grands brochets seront réservés aux quenelles. Roi de la Loire, ce poisson est aussi présent dans les grands lacs de la Savoie et du Bugey.

Dégustation des vins avant le plat

Coteaux-du-loir
Domaine de Bellivière
Vieilles Vignes Éparses 1997

La robe, paille d'intensité moyenne, revêt un reflet vert bien marqué. Les arômes intenses se partagent entre fruits exotiques, agrumes, coing et quelques senteurs florales élégantes. L'impression de confit indique une parfaite maturité. La bouche ample, d'une belle densité de matière, affiche une note dominante de pêche de vigne. Sa suavité est certes perceptible mais équilibrée par une nervosité propre au style régional. Jolie finale, longue et complexe : le fruit très mûr revient se marier à une touche minérale et marque le caractère profond de ce vin.

Alsace-riesling Grassberg Marcel Deiss 1996

Sous une robe paille fortement ourlée d'un vert éclatant, le vin propose un nez modèle ; la note minérale de silex est égayée par du fruit blanc, une petite touche réglissée, un soupçon de menthe fraîche. Après agitation, ce sont les fruits exotiques qui se révèlent : mangue et ananas. La bouche attaque d'emblée sur un fruité précis et mûr, avec un mélange de pêche blanche et d'ananas. Ample et structurée, elle est tendue par une vivacité de cristal, soulignée par une pointe de CO_2. Vigueur et charme qualifient sa finale, longue et rémanente, portée par un équilibre suavité–acidité d'une pureté d'école.

Bergerac sec Moulin des Dames Anthologia 1996

Doré, brillant à l'œil, ce bergerac offre un nez puissant, très développé : d'emblée, on perçoit une cohorte d'épices (vanille, clou de girofle, poivre) puis montent le miel, l'abricot confit, le litchi. Une palette séduisante et débordante de senteurs. La bouche est structurée, presque tannique. Cependant, elle possède une grande profondeur et une matière dense. Si la présence boisée est forte, le velouté de la trame et le gras enrobent les caractères nés de la barrique. Vigoureux sans être dur, suave sans être alangui, ce vin finit dans une explosion aromatique et affirme sa personnalité. Nous sommes loin des canons des bergerac secs, mais qui se plaindrait de ce superbe vin d'auteur.

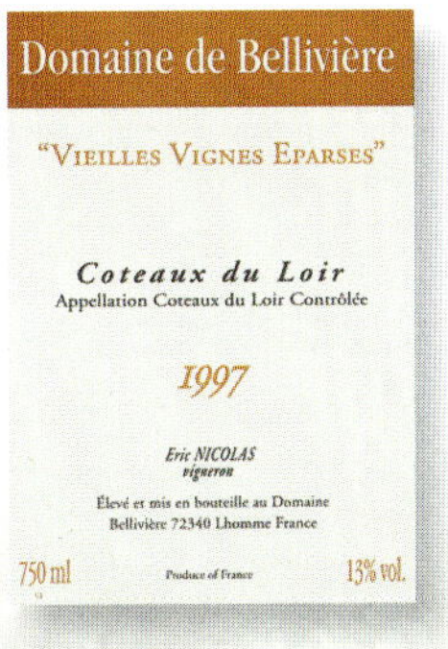

Savennières-coulée-de-serrant Clos de la Coulée de Serrant 1996

(Il est conseillé de décanter ce vin quelques heures avant la dégustation, sous peine de passer à côté de sa complexité.)

Une belle robe doré clair, brillante. Le nez est d'une subtilité folle : le coing bien sûr, les épices douces, discrètes mais perceptibles, les fleurs blanches, les fruits secs (amande grillée en avant scène), une note minérale qui vient rappeler le terroir. Rien ne domine vraiment, chaque composante aromatique joue en synergie avec ses voisines. La bouche est d'une extraordinaire densité. Le fruit concentré prend le dessus, marqué par une note de fruits secs (noix et noisette) qui donne un côté évolué au vin. Cette matière profonde est soutenue par une grande nervosité, axe majeur de l'équilibre, qui prolonge le vin jusqu'à une finale expressive (épices, coing et noisette). Un grand vin à peine naissant.

Maison de vignes, ou loge, au cœur de la vigne des coteaux-du-Loir.

Dégustation des vins à table

Le plat est très équilibré entre la caresse du beurre et l'acidité de la réduction. La sauce marquée par la saveur des échalotes épice la chair du brochet. Le goût du poisson de rivière est bien présent, fin et savoureux, sans la touche iodée que l'on peut trouver dans les poissons de mer, mais aussi sans la note de vase du goujon ou de la carpe. Sa texture est ferme et tendre à la fois : la cuisson adoptée pour la recette n'est pas étrangère à cette qualité.

• Le **coteaux-du-loir** gagne en moelleux et perd en acidité, comme si le beurre blanc venait l'éponger. Le vin s'assagit : nappé par le plat, il s'arrondit en perdant un peu de sa minéralité. Par contraste, le fruit semble monter, comme la sucrosité finale. Le vin gagne en amabilité : il semble plus évolué.

• L'**alsace-riesling** garde sa personnalité : sa gamme aromatique n'est que peu modifiée. Tout au plus note-t-on la montée de la senteur citronnée, tandis que s'atténue la composante minérale. La bouche gagne en fruit. Sa nervosité est assagie, la pointe de gaz fait contraste avec le moelleux de la sauce mais la personnalité demeure. Ce vin est en parfaite adéquation avec le plat : leurs discours vont dans le même sens.

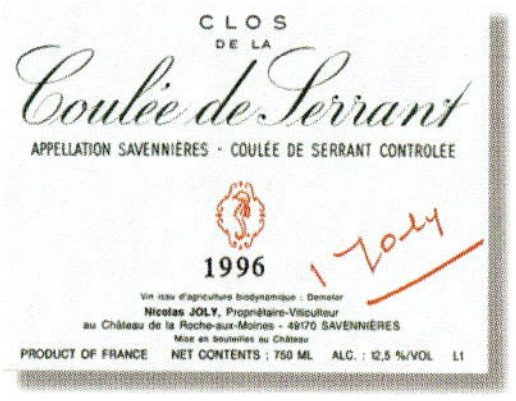

• Le **bergerac sec** voit sa présence boisée exacerbée, ce qui nuit à son équilibre et le simplifie. Si sa concentration reste intacte, sa carrure bien affirmée, c'est sa palette aromatique qui est réduite. Fort heureusement, le vin peut compter sur sa puissance, ses épices et sa longueur. Y aurait-il des brochets dans la Dordogne ?

• Le **savennières-coulée-de-serrant** tend vers le superlatif. Tout est révélé, comme monté sur un piédestal par ce plat. Amande et noisette, coing, épices, densité et ampleur, précision du fruit et nervosité, chaque composante du vin est soulignée, comme si le plat concentrait le vin. C'est toutefois le volume et la longueur du savennières-coulée-de-serrant qui y gagnent le plus, comme si le beurre blanc se glissait dans son équilibre. Une rencontre entre deux grands.

Autres alliances

Vallée de la Loire : jasnières 2 ans
Alsace : alsace-riesling grand cru 3 ans
Sud-Ouest : côtes-de-duras blanc sec 3 ans
Vallée de la Loire : savennières-roche-aux-moines 3 ans
Bourgogne : mâcon 4 ans
Savoie : vin-de-savoie Chignin Bergeron 4 ans
Vallée de la Loire : saumur 2 ans, sancerre 3 ans
États-Unis : Dry Johannisberg riesling Californie 2 ans
Espagne : Conca de Barbera blanc 3 ans
Italie : Frioul pinot blanc 1 an
Suisse : Dézaley 2 ans
Allemagne : riesling Rheingau Trocken Auslese 3 ans
Chili : chardonnay 3 ans

La recette du brochet au beurre blanc

Ingrédients

800 g de filets de brochet
50 g de beurre
sel et poivre
Pour le beurre blanc
6 échalotes
30 cl de vin blanc sec de Loire
200 g de beurre
sel et poivre du moulin

• Couper les filets en tronçons (s'armer de patience et d'une pince à épiler pour ôter les arêtes).

• Cuire les filets salés et poivrés dans du beurre, à l'étuvée et à petit feu. Contrôler leur cuisson selon leur élasticité.

• Préparer le beurre blanc : dans une casserole à fond épais, faire réduire les échalotes coupées en fines rondelles dans le vin blanc. Réduire à sec. Ajouter 2 ou 3 cuillerées d'eau et porter à ébullition. Ajouter 200 g de beurre froid coupé en petits cubes. Monter au fouet, saler et poivrer. (On peut garder la sauce au bain-marie avant le service, mais elle est plutôt instable et il est préférable de la monter au dernier moment. Pour la stabiliser on peut ajouter un peu de crème fraîche double : ce beurre est alors qualifié de nantais.)

• Napper les filets de brochet avec le beurre blanc.

Le brochet était autrefois cuit au court-bouillon dans une poissonnière, mais la chair du brochet s'en trouvait plus molle, sa saveur était moins précise et surtout on ne pouvait enlever les arêtes tapies en son cœur.

Sur un saumon grillé béarnaise

Le saumon sauvage, frais pêché dans les gaves, ne se trouve plus guère sur les étals du poissonnier ; on trouvera plus facilement du saumon d'élevage, au demeurant de bonne qualité gustative. Plus important est le mode de conservation. La congélation, très pratiquée sur le saumon, rend la chair sèche et farineuse. Comme pour tout poisson, on examinera le brillant de la chair, le luisant des écailles et de l'œil. L'odeur doit évoquer les embruns et non l'ammoniaque. Quant aux origines, l'Écosse, l'Irlande, le Canada et le Danemark proposent des produits de qualité, mais il est permis d'avoir un faible pour le saumon des Pyrénées.

AU XVIIIe SIÈCLE, LES OUVRIERS MARINIERS DU PORT DE LA DAURADE, À TOULOUSE, EXIGEAIENT DE NE PAS MANGER DE SAUMON PLUS D'UNE FOIS PAR SEMAINE. LES CHOSES ONT BIEN CHANGÉ DEPUIS ; CE POISSON JUGÉ COMMUN À CETTE ÉPOQUE A GAGNÉ SES LETTRES DE NOBLESSE.

Dégustation des vins avant le plat

Alsace-riesling Hugel Jubilée 1996

La robe paille clair est ourlée de reflets vert intense. Le nez minéral propose des notes de fruits blancs, de pêche de vigne et des accents de silex bien typés. Quelques touches florales délicates viennent se marier à cette palette d'une puissance terpénique mesurée. La bouche, vive et aromatique, se caractérise par un équilibre frais et une matière légère. La finale reprend le côté minéral du vin, égayée d'une pointe citronnée.

Jurançon sec Charles Hours Cuvée Marie 1996

La robe intense, de couleur paille, a des reflets presque dorés. Le nez semble annoncer un vin moelleux : miel, noisette, fruits exotiques confits, vanille et épices douces. Toutefois, la bouche dément cette première impression, même si elle garde une suavité et un gras qui confèrent du volume à ce vin sec architecturé. Les arômes de fruits, mêlés intimement à ceux du bois, sont exacerbés par une finale où la vivacité du manseng se manifeste et donne du relief.

Pessac-léognan Château Smith Haut-Lafitte 1996

Derrière une robe paille soutenu à reflets verts bien marqués, ce pessac-léognan présente de prime abord des notes fumées intenses, à la limite de la réduction. Une bonne aération (ce vin blanc demande à être décanté) lui redonne son caractère originel : les arômes du sauvignon bien mûr éclatent, accompagnés de notes d'acacia, de fruits blancs à noyau, de silex et d'une forte présence boisée (vanille et épices). La bouche offre un équilibre élégant, racé et une belle expression aromatique. En finale, le fruit et la vanille se marient avec éclat.

Saint-joseph rouge Pierre Coursodon L'Olivaie 1995

La robe dense a des reflets violets. Le nez privilégie le fruit noir bien mûr (cassis, petite cerise) rehaussé par une présence poivrée et un soupçon de vanille. La bouche est entièrement axée sur un fruité intense, encadré par des tanins bien bâtis, au grain encore un peu rustique. La finale reprend le fruité et le poivre perçus au nez, tout en y mêlant des notes de réglisse et de violette.

Dégustation des vins à table

La chair du saumon est moelleuse et fondante, elle se détache en feuilles, une notion de gras se dégage de l'ensemble. Sa saveur est assez suave, l'iode est bien tempérée, la cuisson au gril apporte des accents de caramel. La sauce béarnaise est grasse et onctueuse, relevée par les notes de vinaigre et celles anisées de l'estragon. On goûtera le saumon seul, puis accompagné de sauce béarnaise.

Sur le saumon grillé

• L'**alsace-riesling** marie bien son acidité au gras du saumon : il s'en trouve arrondi. Ses arômes intenses résistent à la présence iodée du poisson. Mieux, le côté citronné du vin relève le plat et rend le saumon plus léger. Un bel accord entre une texture moelleuse et un vin en relief.

• Le **jurançon sec**, contrairement au riesling, ne joue pas les contrastes mais va dans le sens du plat. Le moelleux se trouve renforcé, et l'ensemble pourrait sembler trop lourd si le vin n'avait gardé assez de nervosité pour donner une étincelle à cet accord. En revanche, le fruit du vin est un peu éteint, le boisé prenant le dessus dans la palette aromatique, et la finale du vin semble plus sucrée.

• Le **pessac-léognan** est bonifié par l'alliance. Le gras du saumon renforce son relief et ses arômes penchent vers le fruit. Sa structure est renforcée, le côté boisé ressort davantage. L'équilibre du vin est modifié, mais dans le bon sens, c'est-à-dire vers plus de rigueur architecturale.

• Le **saint-joseph** joue ici le rôle de victime, mais il fallait réaliser cette expérience pour les amateurs d'accords vin rouge–poisson. Si l'on peut juger intéressante l'alliance du gras du saumon et des tanins du vin, il y a là un contraste qui exacerbe la structure du vin. La palette aromatique est, en revanche, mise à mal : le fruité du vin, si séduisant, est gommé par l'iode du mets.

Sur le saumon grillé avec la sauce béarnaise

• L'**alsace-riesling** garde son tonus, mais ses arômes sont atrophiés par l'acidité de la sauce et par la forte présence aromatique : l'estragon, en particulier, étouffe la palette du vin. L'ensemble reste néanmoins séduisant.

• Le **jurançon sec** se marie mieux avec le saumon accompagné de sauce qu'avec le saumon grillé seul. Le côté pointu de la béarnaise s'accorde parfaitement avec le gras et la suavité du vin, sans que le beurre ne l'alourdisse. Les arômes du jurançon résistent bien au côté vinaigré et à la force anisée de la sauce. Le renforcement du moelleux constaté sur le saumon seul est atténué : si le vin domine le saumon dans un premier temps, il reprend, sur le poisson en sauce, son rôle de faire-valoir.

• Le **pessac-léognan** s'allie bien à la sauce béarnaise. La présence aromatique et le gras du beurre font ressortir toute sa noblesse de constitution. Son équilibre entre moelleux et vivacité s'en trouve conforté. Les arômes du vin penchent encore davantage vers le fruit, mais le côté boisé qui ressortait sur le poisson seul s'est complètement fondu grâce à la sauce.

• Le **saint-joseph** s'en tire mieux sur le poisson en sauce que sur le saumon seul, comme si la béarnaise jouait le rôle de médiateur. Son fruit reprend des couleurs et ses tanins, desséchés par le saumon, gagnent en amabilité. En revanche, le boisé ressort davantage, en prenant quelques légers accents d'amertume.

Autres alliances

Alsace : alsace-pinot ou klevner 2 ans
Sud-Ouest : pacherenc-du-vic-bilh sec 2 ans
Bordelais : graves blanc 2 ans
Vallée du Rhône : crozes-hermitage 3 ans
Bourgogne : meursault 3 ans
Vallée de la Loire : cheverny 2 ans
Alsace : alsace-tokay-pinot gris 3 ans
Sud-Ouest : gaillac blanc sec 3 ans
Autriche : riesling Auslese 3 ans
Italie : Soave Classico 2 ans
Espagne : Rioja blanc 2 ans
États-Unis : chardonnay de Californie 3 ans
Australie : chardonnay 2 ans

La recette du saumon grillé béarnaise

Ingrédients
800 g de saumon, en darnes ou en filets
2 cl d'huile d'olive
1 pincée de gros sel marin
poivre du moulin
Pour la sauce béarnaise
2 échalotes
1 cuillerée à café d'estragon frais haché
2 cuillerées à soupe de vinaigre de vin
2 jaunes d'œufs
150 g de beurre clarifié
sel et poivre du moulin

• Verser l'huile d'olive dans une poêle anti-adhésive. Y saisir le saumon à feu vif sur ses deux faces, juste le temps de dorer la chair. Arrêter le feu et placer un couvercle sur la poêle. Laisser l'intérieur du poisson continuer à cuire quelques minutes. (Cette méthode est plus adaptée à une découpe en escalope – dans le sens de l'arête dorsale – qu'à une découpe en darne, perpendiculaire. On peut également cuire le saumon d'un seul côté, sur sa peau, et procéder comme ci-dessus, en couvrant la poêle pour une fin de chauffe à l'étouffée.) Saler et poivrer.

• Préparer la sauce béarnaise. Faire réduire le vinaigre avec les échalotes hachées et l'estragon. Passer au tamis le liquide restant ou bien le conserver tel quel, avec les échalotes et les herbes, pour obtenir une consistance plus épaisse. Ajouter à la réduction une cuillerée à soupe d'eau et les jaunes d'œufs. La battre au fouet jusqu'à ce qu'elle prenne une consistance mousseuse. Mettre la casserole au bain-marie et y incorporer le beurre par petits morceaux tout en continuant de battre. La température ne doit ni monter, ni descendre. La sauce doit prendre la consistance d'une mayonnaise légère.

• Servir immédiatement : une béarnaise ne peut se réchauffer sous peine de tourner en beurre fondu.

La chair grasse et délicate du saumon, ses arômes fins et subtils peuvent être anéantis par une mauvaise cuisson. Le principe est pourtant simple : il faut garder à la chair son aspect rosé à cœur.

Sur des filets de sole au beurre citronné

LE SERVICE DE VINS BLANCS SUR DES FILETS DE SOLE AU BEURRE CITRONNÉ S'IMPOSE SANS DISCUSSION. LA FINESSE ET LA DÉLICATESSE DE CE POISSON, LE FONDU ET LA CARESSE DU BEURRE, LA POINTE CITRONNÉE APPELLENT, EN THÉORIE, DES CRUS À LA FOIS VIFS ET GRAS. UNE SEULE QUESTION DEMEURE : FAUT-IL OPTER POUR UN VIN BLANC AROMATIQUE OU UN VIN BLANC DE STRUCTURE ?

La sole est un poisson de luxe mais – classique entre les classiques – on la trouve sur tous les étals de poissonniers. Elle se distingue de la limande-sole, dont la peau est plus brun rougeâtre et dont la chair est moins fine. Quant à la limande, elle se reconnaît à sa petite bouche et aux taches jaunes qui ornent sa peau. Le choix de la sole est imposé par la recette : un poisson à filets épais plutôt qu'une grande sole plate dont les filets seraient trop maigres.

Plusieurs variétés se prêtent à cette condition : sole grise, sole du Sénégal, sole blonde ou sole perdrix, l'idéal étant de trouver une sole de Douvres, épaisse et charnue, véritable joyau de la Manche et de la mer du Nord. Comme pour tout autre poisson, la fraîcheur s'apprécie à la brillance, à l'œil vif et aux ouïes bien rouges.

Dégustation des vins avant le plat

Condrieu Georges Vernay 1996

La robe est pâle, ponctuée de légers reflets verts. Un nez aromatique annonce une dégustation toute en fragrances élégantes. Abricot frais et rose fanée se mêlent à des notes florales fines et à une petite touche minérale. L'attaque en bouche est tout en courbe, avec de la rondeur, une bonne présence fruitée. Le vin développe ensuite sa subtilité aromatique. La finale relevée par une pointe vive donne éclat et relief à ce vin aromatique, pas très concentré mais plutôt élégant.

Vin de pays des côtes catalanes Domaine du Mas Crémat Vieilles vignes Grenache blanc 1996

La robe est pâle, paille clair. À la différence du vin précédent, le nez est discret : il décline fleurs sauvages, touche de fenouil, pointe fumée et agrumes, le tout en demi-teinte. La bouche attaque en fanfare, sur une matière dense et charnue. Elle se révèle ensuite structurée, reposant sur un fruit opulent et chaleureux, avec une impression presque tannique. La finale, un peu rustique, équilibre cependant chaleur alcoolique et acidité. Quelques arômes de pomme apparaissent.

Pacherenc-du-vic-bilh Domaine Laplace Cuvée Frédéric Laplace 1995

La robe est d'un beau doré léger, avec un petit reflet vert encore visible. Le nez est marqué par les fruits secs grillés, une présence vanillée qui se marie à un fruité qui a basculé vers les notes secondaires, pommes au four, noisette, complétées par des épices et du miel. La bouche est très aromatique, avec un beau mariage ampleur et nervosité, un boisé bien intégré, une richesse tempérée et fondue. Le vin finit sur les fruits secs et les épices, avec une bonne longueur et du tonus. Un vin dans sa phase mature.

Pouilly-fuissé Château-Fuissé 1995

La robe révèle un beau jaune paille, à reflets dorés. La palette aromatique possède de la richesse, une complexité qui se révèle seconde après seconde à l'aération : fruits confits, miel, tilleul et verveine, un beau nez de chardonnay mûr qui s'accompagne de notes de fleurs séchées, d'une pointe vanillée discrète. La bouche est d'une belle ampleur : le fruit mûr s'impose, sa matière offre du gras et de la rondeur. La bouche se relève en finale, grâce à une vivacité de bon aloi qui, alliée à la structure de la barrique, évite de tomber dans le pâteux ou la lourdeur. Un vin bien équilibré qui finit sur la même déclinaison aromatique, charmeuse et élégante.

Dégustation des vins à table

La sole est très délicate, sa saveur subtile est ici respectée par le simple beurre fondu ; le citron joue le rôle de révélateur de saveurs, sans s'imposer. La texture est à peine élastique, signe d'une juste cuisson.

• Le **condrieu** domine le filet de poisson et sa sauce citronnée. Sa puissance aromatique résiste à tout. Seul le beurre parvient à modifier le vin ; il fait ressortir sa vivacité et lui donne du tonus. Les arômes floraux, ainsi que le côté abricot se renforcent. Quant à la touche de citron, elle joue le rôle d'agent de sapidité en apportant du relief aux flaveurs du vin.

• Le **grenache blanc de vieilles vignes** est presque révélé par le plat. Alors que ses arômes jouaient dans un registre plutôt discret dans la première partie de la dégustation (il fallait agiter le vin dans le verre pour débusquer leur présence), le poisson, le beurre et surtout la note citronnée jouent désormais le rôle de catalyseur. Apparaissent alors les senteurs de fenouil et une pointe d'agrume, tandis que le côté chaleureux du vin disparaît. Après quelques bouchées, un petit côté muscaté se révèle et la structure "s'amabilise". Ce plat des villes et ce vin des champs sont en concordance. Mieux, ils exaltent leur qualités respectives : le plat prend un petit air canaille et le vin fait abstraction de son aspect rustique.

• Le **pacherenc-du-vic-bilh**, très structuré, reste campé sur sa puissance boisée. Ni le filet de sole, ni le beurre citronné n'arrivent à le faire sourciller ; il reste assis sur sa richesse et sa personnalité aromatique. Tout au plus prend-il une dimension supplémentaire en intégrant la note citronnée dans sa palette finale. Il faudrait à ce vin puissant un poisson plus sapide et une recette plus épicée pour qu'il consente à se laisser influencer. Un rouget ou un calamar feraient à coup sûr l'affaire.

• Le **pouilly-fuissé**, en revanche, fait preuve d'une grande bonté envers le plat. Généreux, il s'ouvre et se livre en affirmant la moindre de ses qualités. Ses arômes d'infusion et de fruits rôtis ressortent sur le poisson, et son côté miellé est révélé par la touche citronnée. Son volume et son gras jouent dans le sens du beurre : le fruité éclate dans la bouche et des notes vanillées apparaissent. Seule une pointe d'acidité supplémentaire vient étayer son élégance et donner plus de légèreté.

Le vin blanc aromatique domine le plat et se déguste aussi bien à table que seul, sans varier d'un iota. Un des vins blancs de structure peut révéler des arômes cachés au départ, mais la palme revient au vin qui réunit les deux qualités : complexité aromatique et structure.

Autres alliances

- **Vallée du Rhône** : vin de pays viognier 2 ans
- **Languedoc-Roussillon** : côtes-du-roussillon blanc 2 ans
- **Sud-Ouest** : béarn blanc sec 2 ans
- **Bourgogne** : mâcon blanc 2 ans
- **Bourgogne** : meursault 3 ans, corton-charlemagne 5 ans
- **Alsace** : alsace-riesling grand cru 5 ans
- **Bordelais** : pessac-léognan 4 ans
- **Espagne** : Navarra blanc 2 ans
- **Italie** : chardonnay Alto Adige 2 ans
- **Allemagne** : pinot blanc Nahe Spätlese 2 ans
- **Nouvelle-Zélande** : sauvignon blanc 2 ans
- **Argentine** : chardonnay 3 ans
- **Suisse** : Dézaley 2 ans

La recette des filets de sole au beurre citronné

Ingrédients

4 belles soles charnues
150 g de beurre
1 citron
500 g de pommes de terre rates
sel et poivre du moulin

Pour le fond

têtes, arêtes et parures des soles
1carotte
1 oignon
1 bouquet garni
sel et poivre du moulin

• Vider les soles en pratiquant une incision dans l'abdomen et en ôtant les ouïes. Peler ensuite la peau blanchâtre et dure d'un côté, sombre et plus souple de l'autre, en pratiquant une petite incision près de la queue du poisson et en tirant cette peau avec les doigts. La peau doit venir toute seule, comme un gant.

• Lever les filets à l'aide d'un couteau à lame longue et souple, justement appelé "à filet de sole". Inciser le milieu du poisson, le long de son arête centrale et soulever les filets qui doivent se détacher facilement. Trancher le long des fines arêtes latérales. Lever les filets de l'autre face sans retourner le poisson mais en soulevant l'arête centrale.

• Mettre à pocher les filets dans une eau salée frémissante pendant 5 mn. Le poisson doit être cuit mais rester ferme, en gardant son élasticité.

• Préparer un beurre citronné : clarifier le beurre dans une petite casserole. Éliminer l'écume et les parties blanches qui surnagent à la surface du beurre fondu avec une petite écumoire. Ajouter alors quelques gouttes de citron (attention à l'abus de citron qui dominerait le plat), sel, poivre du moulin.

• Réaliser un petit fond de poisson en cuisant la tête, les arêtes et les parures des soles dans de l'eau, avec la carotte et le bouquet garni. Saler et poivrer. Passer au tamis et réduire pour obtenir la valeur de trois cuillerées à soupe de liquide. Ajouter ce liquide au beurre fondu et fouetter vivement.

• Servir les filets dans les assiettes, arrosés de ce beurre mousseux amélioré. Entourer de pommes rates vapeur.

Sur un turbot sauce mousseline

On préférera un turbot de bonne taille (de 1,5 à 2 kg), dont la chair est plus savoureuse que celle des petits turbotins prisés par la restauration – car plus faciles à vendre en portion. Si l'on possède une turbotière, on cuira le poisson entier, poché au lait par exemple. Mais on pourra aussi le détailler en tronçons ou lever les filets. Comme pour le saint-pierre ou la barbue, les déchets peuvent représenter jusqu'à 50 % du poids total.

POISSON DES FONDS SABLEUX, LE TURBOT EST UN METS DE LUXE. SA SAVEUR D'UNE GRANDE FINESSE, SA CONSISTANCE FERME ET SA CHAIR LÉGÈREMENT FEUILLETÉE JUSTIFIENT QUE L'ON FASSE QUELQUES FOLIES POUR CE ROI DE LA MER.

Dégustation des vins avant le plat

Champagne Brut Gosset Cuvée Celebris 1990

La robe paille d'intensité moyenne présente une bulle fine, abondante et crémeuse. Le dégagement gazeux et le cordon sont bien persistants. Le miel, la brioche, des notes de fleurs blanches (lys et chèvrefeuille), une force épicée sous-jacente, une pointe vanillée forment une palette aromatique à la fois puissante et élégante, bien équilibrée. La bouche attaque en force. Une présence gazeuse suave caresse le palais. Le corps du vin se développe, avec de la structure, du gras, une belle architecture qui encadre une matière et un fruit mûr et opulent. Les arômes s'orientent alors vers des notes rassies et épicées, et participent à une finale longue et complexe. Un beau champagne corsé et vineux qui dévoile toutes les qualités d'une matière première d'exception.

Saint-véran Domaine des Deux Roches 1997

La robe est dorée, intense et éclatante, à très légers reflets verts. Beaucoup de fruit pour un nez puissant, avec de la pêche blanche mais aussi de la verveine, du miel, de l'amande fraîche, des accents épicés doux et fondus. La bouche attaque en rondeur, dans une grande expression fruitée. Le gras et la suavité s'allient à une belle puissance. Tout en courbes, ce vin présente un réel équilibre avec, comme pivot central, ce fruité profond et explosif, mis en valeur par une générosité bien tempérée. La finale exprime toute la complexité du vin : la note miellée est soulignée. Ce vin très près du naturel du raisin, sans artifices, dévoile la vérité d'un chardonnay bien mûr sous le climat bourguignon.

Pessac-léognan Château Brown 1996

La robe paille clair se pare d'un reflet vert intense. Le nez s'exprime sans retenue. Son exubérance est peu commune. Le sauvignon révèle tous ses gènes dans un registre de maturité. Pamplemousse, fruits exotiques, pêche de vigne... l'ensemble aurait un caractère par trop variétal si des notes de miel et d'épices orientales ne venaient compléter cette palette débordante de senteurs. Le boisé est bien présent, mais il souligne ce grand fruit sans le dominer. La bouche est tout aussi aromatique et dense. Ample et généreuse, elle dévoile peut-être plus que le nez la vanille et les épices d'un boisé de luxe, dans un équilibre parfait entre le fruit et une acidité qui évite au vin de basculer dans le style massif. Grande finale, longue à souhait, qui privilégie les fruits exotiques et les épices. Un vin au superlatif.

Meursault-Perrières premier cru Domaine Jacques Prieur 1996

La robe doré clair laisse apparaître un soupçon de frange verte. Le nez complexe se compose de miel, de chèvrefeuille, de notes vanillées et épicées, d'une pointe de muscade. Une touche crémeuse enrobe un fruité très mûr (poire William). La bouche étonne par son ampleur, son gras et son velouté. Le fruit a de la profondeur ; il imprègne l'équilibre du vin par sa force et sa netteté. Généreux sans excès, structuré sans lourdeur, frais sans agressivité, ce vin est un modèle d'équilibre entre puissance et harmonie. Il démontre qu'une matière peut être riche et opulente sans manquer de finesse. Très grande longueur, où le mariage entre le fruit, les épices et le poivre semble ne devoir jamais s'arrêter. Un vin de grande race, dominateur et charmeur à la fois.

Dégustation des vins à table

Le plat est un modèle de synthèse aromatique et structurelle, dans le droit fil d'un classicisme culinaire d'école. Ici, pas de juxtaposition de goûts. Tout est fondu. Le turbot apporte sa saveur délicate, modérément iodée, avec ce gras et ce fondant qui lui est particulier. La sauce va dans le même sens : sa structure crémeuse et aérienne enrobe le turbot. L'impression d'ensemble est très veloutée. L'expression aromatique douce mais très complexe repose sur l'alliance entre le goût marin et le beurre.

• Le **champagne millésimé**, par ses bulles, fait contraste avec le crémeux de la sauce et le gras du poisson. Une alliance "scintillante". La complexité aromatique du vin est un peu atténuée : si le miel, la brioche et le fruit restent intacts, les délicates notes florales sont éteintes par le plat. Sa structure, fort heureusement, résiste. Elle est même précisée et révélée par le gras de la sauce. Le vin y gagne en rigueur et son fruit mûr est davantage souligné.

• Le **saint-véran** est propulsé sur le podium. Toute la palette aromatique se trouve renforcée : la note fruitée, la verveine, le miel et les épices semblent avoir été concentrés. La bouche gagne également en expression, en force et en équilibre. Le plat est un formidable révélateur : il se met au service du vin, sans modifier l'équilibre entre ses diverses composantes mais en donnant à chacune d'entre elles une force supplémentaire. Une grande alliance.

• Le **pessac-léognan** est dominateur. Qui en aurait douté après la première dégustation ? Si le côté crémeux et beurré du plat tempère les ardeurs du vin, le boisé est mis sur le devant de la scène et l'équilibre s'en ressent. Le vin reste puissant : il impose son fruité et ses épices. Sa grande force aromatique efface la délicatesse du turbot. Un accord où l'un des partenaires plie devant l'autre. Un vin aussi expressif aura du mal à trouver son maître.

• Le **meursault-Perrières**, comme le saint-véran, est exacerbé par le plat. Tout est relevé, la palette aromatique comme la force en bouche. Le gras et les épices semblent passer du plat au vin et inversement. Le vin gagne en profondeur, sa générosité est tempérée, sa délicatesse est mise en exergue. Une rencontre entre deux grands styles classiques, celui du plat, un phare de la grande cuisine, et celui du vin qui exprime un grand terroir à chardonnay.

Autres alliances

Champagne : champagne brut non millésimé
Bourgogne : pouilly-fuissé 2 ans, meursault 3 ans
Bordelais : graves blanc 3 ans

Vallée du Rhône : hermitage blanc 5 ans
Vallée de la Loire : pouilly-fumé 4 ans
Alsace : alsace-riesling grand cru 5 ans
Bourgogne : chablis grand cru 4 ans

États-Unis : chardonnay San Luis Obispo Californie 4 ans
Espagne : Vinos de Madrid blanc 1 an
Italie : Franciacorta blanc sec 2 ans
Allemagne : riesling Mosel-Saar-Ruwer trocken Auslese 5 ans
Suisse : chardonnay du canton de Vaud 4 ans
Nouvelle-Zélande : chardonnay 5 ans

La recette du turbot sauce mousseline

Ingrédients

1 turbot de 1,5 kg
1 carotte
1 poireau
1 bouquet garni (persil, thym, céleri)
50 g de beurre
1 cuillerée à soupe d'huile d'arachide
Pour la sauce mousseline
1 dl de fumet de poisson
2 cuillerées à soupe de vinaigre blanc
500 g de beurre
5 jaunes d'œufs
1/2 citron
2 dl de crème fraîche fleurette
sel et poivre concassé

• Laver et nettoyer la peau du turbot côté blanc, la gratter côté brun. Lever les filets sans retirer la peau et les réserver. Élaborer un fumet de poisson : dans une casserole d'eau, faire cuire la carotte et le poireau détaillés, les parures, arêtes et tête de poisson. Aromatiser d'un bouquet garni et assaisonner de poivre et de sel. Ce fumet servira à la sauce.

• Poêler les filets de turbot dans le beurre et un peu d'huile neutre. Ne retirer la peau qu'après cuisson afin que le poisson reste moelleux. La cuisson doit être très précise, la chair doit rester ferme et ne pas se dessécher.

• Préparer la sauce mousseline. Passer au tamis le fumet de poisson. Le faire réduire avec le vinaigre blanc, du sel et du poivre concassé dans une petite casserole pouvant aller au bain-marie. Il ne doit rester après réduction qu'une cuillerée à soupe de liquide. À part, faire fondre le beurre. Délayer les jaunes d'œufs avec une cuillerée à café d'eau froide et verser le tout dans la réduction tiède. Placer la casserole au bain-marie. Fouetter vivement jusqu'à obtenir une pommade homogène. Ajouter le beurre par petites quantités en continuant de fouetter. Ajouter en trois ou quatre fois la valeur de deux cuillerées à soupe d'eau froide. Lorsque le beurre est incorporé, ajouter un peu de jus de citron et rectifier l'assaisonnement. Fouetter la crème fleurette en chantilly et l'incorporer à la sauce. Homogénéiser le tout et continuer de fouetter.

• Servir les filets de turbot nappés de sauce mousseline.

Sur un merlu koskera

LE PAYS BASQUE, SURTOUT LA PROVINCE DE GUIPÚZCOA, POSSÈDE LA GASTRONOMIE LA PLUS COMPLEXE DE LA PÉNINSULE IBÉRIQUE. SES RECETTES ET SES PRODUITS LOCAUX DIFFÈRENT DES PLATS HABITUELS DE LA CUISINE ESPAGNOLE. LES BASQUES ONT DEUX PASSIONS : CHANTER ET DÉGUSTER LEURS PLATS TRADITIONNELS. IL EXISTE À SAN SEBASTIÁN PLUS DE DEUX CENTS SOCIÉTÉS GASTRONOMIQUES, SORTES DE CLUBS OÙ LES HOMMES SE RÉUNISSENT POUR CUISINER ET PARFAIRE LEUR ART.

Tourné vers l'Atlantique, ce pays secret a toujours privilégié les préparations de poissons, en particulier la morue et le merlu, grands poissons nobles de cette côte battue par les vagues océanes. Le merlu est un poisson des profondeurs, pêché aujourd'hui au filet ou au chalut. Sur la côte basque, les vrais amateurs recherchent le merlu pêché à la ligne et présent dès le petit matin sur les étals du marché aux poissons. Ce poisson supporte mal la congélation et l'on se méfiera des variétés cousines, le lieu par exemple, mais il peut être appelé colin dans la région parisienne. On achètera du merlu présenté entier et découpé à la demande.

Dégustation des vins avant le plat

Txakolí Tixamiz 1997

La robe très pâle de ce vin espagnol offre un petit reflet vert, une perle abondante qui fait légèrement mousser la surface du vin au service. La bulle reste visible pendant longtemps. Les arômes de levure et de mie de pain indiquent que le vin a repris sa fermentation sur ses lies. La pomme verte, le citron, le raisin frais, ainsi que la pêche blanche s'ajoutent à la palette aromatique. La bouche est légère, marquée par un gaz carbonique qui picote la langue, une vivacité importante, une finale sur le fruit blanc et une note végétale de fougère, presque sauvignonnée. Un vin original, fringant et désaltérant. Presque le vin bourru du passé.

Rias Baixas D. Pedro de Soutomaior 1997

La robe pâle dévoile une couleur paille à reflets verts marqués. Le nez élégant exprime les fruits blancs (comme la pêche de vigne) complétés par des notes de noisette, d'épices douces, de pamplemousse, de rose. La bouche est vive, tendue, mais bien équilibrée. Son fruité monte après l'attaque, sans trop de concentration mais avec une acidité bien dosée et rafraîchissante, égayée par une finale un peu épicée. Un vin de charme, aromatique et direct.

Irouléguy Domaine Brana Ilori "Les jonquilles" 1997

La robe paille est un peu plus soutenue que celle des vins précédents ; le reflet vert est encore dominant. Ce sont de belles notes florales qui dominent le nez (aubépine, acacia). Montent ensuite toute une série épicée, mais aussi des notes de menthe, de citron, d'ananas, puis quelques accents d'herbe fraîche. La bouche a une bonne matière, bien équilibrée entre son fruit, sa rondeur et sa vivacité. Un vin à la fois structuré et nerveux qui finit sur des notes vives et citronnées, assez complexes.

Touraine M. de Marionnet 1997

La robe a une belle couleur paille, assez soutenue, avec un reflet vert éclatant. Le fruit blanc très mûr, la poire, des accents épicés élégants, presque vanillés, du pamplemousse et du fruit exotique marquent un nez très séducteur. On est loin de l'expression variétale du sauvignon. La bouche attaque sur une matière ronde, puis laisse monter son fruit dans un bon équilibre avec une acidité tendue, svelte et pleine de race. La finale décline toute la palette aromatique, un soupçon de notes d'amande en prime ; elle se prolonge sans perdre de son intensité. Un beau vin expressif, encore dans la fougue de sa jeunesse.

Dégustation des vins à table

Le plat est aromatique : l'ail blondi a une saveur très caractéristique. L'alliance des palourdes et des asperges est complexe, et le merlu, assez neutre au départ, s'imprègne de toutes ces composantes. La note iodée est perceptible, révélée par l'ail. L'œuf dur éteint un peu l'ensemble par sa texture pâteuse qui contraste avec le moelleux et le fondu du poisson. Dans cette dégustation, on évitera de prendre l'œuf dur en compte.

• Le **Txakolí** est vraiment le vin local. Les vignes de cette appellation jouxtent Getaria, petit port de pêche à l'ouest de San Sebastián-Donostia. Le cépage est le petit courbu de notre Sud-Ouest. Le contraste entre le gaz qui agace la langue et le moelleux du poisson est agréable. Le vin ne bronche pas devant le plat. Même l'asperge n'entame pas sa personnalité. En revanche, il s'établit une belle symbiose entre le côté iodé des palourdes et le fruité primaire du vin. Son acidité ressort davantage, comme pour jouer encore mieux son rôle de rafraîchissement.

• Le **Rias Baixas** est récolté lui aussi sur les bords de l'Atlantique mais beaucoup plus loin à l'ouest, à la pointe de la Galice. C'est le vin de Saint-Jacquesde-Compostelle, élaboré avec le cépage albariño, vague cousin du riesling, selon certains. Le vin voit monter son fruit au contact de ce plat de poisson, d'une manière assez spectaculaire. Son acidité est également révélée, mais il perd en complexité aromatique. Il se montre plus direct, en oubliant sa composante épicée devant la force des senteurs du plat. L'alliance est cependant réussie.

• L'**irouléguy** provient du versant français du Pays basque. Petit courbu et gros manseng entrent dans son assemblage. Le vin convient à merveille ; il garde toute sa personnalité, mais avec une montée de sa composante fruit blanc et ananas, au détriment de sa composante florale. Sa vivacité devient encore plus citronnée qu'à la dégustation. L'iode du plat fait ressortir la note de foin frais. Une alliance séduisante qui préserve le caractère du vin.

• Le **touraine**, vin continental, impose le caractère du cépage sauvignon à ce plat atlantique. Le vin garde toute sa palette aromatique (du fruit et des notes épicées) ; son expression résiste au plat. Il existe une vraie complémentarité, car le plat est souligné par la complexité du vin et la structure du touraine prend plus de rondeur. Sa puissance est mise en valeur, tandis que sa petite note amère disparaît en finale. Un beau mariage terre–mer qui nie la notion d'alliances régionales.

Autres alliances

Sud-Ouest : tursan blanc 1 an
Vallée de la Loire : quincy 1 an
Vallée de la Loire : savennières 2 ans
Bourgogne : chablis 2 ans
Alsace : alsace-sylvaner 1 an
Vallée du Rhône : saint-joseph blanc 1 an
Espagne : Navarra blanc 1 an, Valdeorras 1 an, Txakolí de Bizkaia 1 an
États-Unis : chenin blanc de Californie 2 ans
Portugal : Vinho Verde 1 an
Italie : Alcamo de Sicile 1 an
Suisse : fendant du Valais 1 an
Allemagne : silvaner Hessische Bergstraße Kabinett 1 an

La recette du merlu koskera

• Hacher les gousses d'ail en petits morceaux ; les faire revenir dans un plat en terre avec l'huile d'olive jusqu'à ce qu'elles blondissent. Veiller à ne pas les faire brûler, le goût deviendrait âcre et désagréable. Hacher le persil et le jeter dans le plat. Laisser cuire légèrement. Réserver dans un autre plat.

• Faire cuire à part les petits pois et les pointes d'asperges qui doivent être à peine craquantes. Faire cuire les œufs durs.

• Fariner les tranches de merlu, les mettre à revenir et dorer dans le plat en terre, en les retournant des deux côtés. Mouiller avec le vin blanc, ajouter les palourdes, les petits pois, les asperges et le hachis d'ail et de persil, saler et poivrer. Laisser cuire 10 mn à feu moyen.

• Écaler et couper les œufs durs encore tièdes, poser une moitié d'œuf sur chaque tranche de merlu. Servir après avoir saupoudré d'un hachis de persil frais.

Ingrédients

4 tranches de merlu
400 g de palourdes
6 gousses d'ail
1/2 botte de persil (dont 2 branches pour la décoration)
100 g de petits pois
12 pointes d'asperges
2 œufs
100 g de farine
1 verre de vin blanc
2 cuillerées à soupe d'huile d'olive
sel et poivre du moulin

Sur une daurade au fenouil et au jus de bouillabaisse

Les poissons grillés au fenouil, principalement le loup, sont des plats vedettes de la cuisine de la Côte d'Azur, mais très souvent assassinés par des flambages à l'anis aucunement recommandables. Le loup est un poisson cher et, somme toute, peu savoureux ; il est très sensible au degré de cuisson et peut devenir sec comme du papier buvard si l'on n'y prend garde. En outre, les branches de fenouil utilisées dans ce genre de préparation peuvent vite brûler et apporter des goûts indésirables. Pour cette raison, la recette proposée associe daurade et bulbe de fenouil. La daurade est un poisson noble mais d'un prix abordable. Elle garde son moelleux à la cuisson et son goût est relevé. On distingue de nombreuses variétés, dont la daurade royale, la plus fine et la plus recherchée, qui se reconnaît à sa couleur grise et à une tache noire derrière les ouïes (au contraire du griset, de même couleur mais dépourvu de tache). La daurade rose présente moins de finesse gustative. On choisira le poisson en veillant à la fermeté de la chair, à la vivacité et au brillant de l'œil, à la couleur rouge franc des ouïes. Pour une cuisson au gril ou au barbecue, on laissera les écailles, mais pour la recette utilisée ici, on demandera au poissonnier de vider et d'écailler la daurade. On évitera bien entendu d'employer un poisson surgelé, dont la texture devient vite farineuse. Le fenouil sera choisi en bulbe. Pour le safran, la qualité "en étamine" est la plus aromatique et la plus noble. Elle est, hélas, très chère.

ARÔMES ANISÉS DU FENOUIL ET DU VIN. L'ALLIANCE EST D'AUTANT PLUS SAVOUREUSE QU'ELLE SE MÊLE À UN POISSON DÉLICAT COMME LA DAURADE. UNE DÉGUSTATION TOUT EN FINESSE.

Dégustation des vins avant le plat

Côtes-de-provence blanc Domaines Gavoty Cuvée Clarendon 1996

La robe est assez pâle. Une note verte ourle le disque. Le nez présente beaucoup de subtilité et d'élégance : une note bien nette de fenouil se manifeste aux côtés de fleurs sauvages, de fruits à chair blanche, de quelques épices discrètes. La bouche, vive et tendue, possède un beau fruité qui s'évase en finale, équilibré par une nervosité inhabituelle dans les vins de Provence. Cette nervosité balance la richesse du vin et sa générosité. Elle lui donne sveltesse et éclat. Les arômes anisés reviennent en finale, alliés à une touche de citron et de fleur d'oranger.

Limoux Toques et Clochers Terroir Océanique 1994

Vêtu d'une robe doré pâle aux légers reflets verts, ce vin est à la fois riche et élégant au nez : d'une part, apparaissent des notes miellées, fumées et épicées, enrichies de quelques fruits secs ; d'autre part, un fruité mûr s'allie à du tilleul et à des touches florales. La bouche d'une belle ampleur offre du gras et une bonne présence aromatique. Sa matière plutôt corsée reste cependant équilibrée grâce à une bonne fraîcheur. Les notes vanillées ressortent en finale, mariées à des épices et au fruit.

Graves blanc Château de Chantegrive Cuvée Caroline 1990

Doré intense et brillant, le graves offre un nez épanoui, fumé, avec des notes de vanille, de fruits blancs très mûrs, d'épices douces. L'accent boisé, très présent dans sa jeunesse, est désormais fondu, intégré au fruit. La bouche a de la structure, une matière ample et grasse, des arômes grillés et fruités. La finale longue et persistante est axée sur des notes miellées et épicées.

Côtes-de-provence rosé Domaines Ott Cœur de grain 1996

La robe saumonée prend des reflets légèrement cuivrés. Le nez reste discret mais la fraise mûre, des notes torréfiées et vineuses se laissent démasquer. La bouche est ronde, corsée et généreuse. L'ampleur, le fruité mûr et la finale opulente donnent à ce vin une réelle présence en bouche. Les épices et les arômes de garrigue se révèlent en fin de dégustation.

Dégustation des vins à table

Ce plat doit être goûté en deux temps : d'abord le filet de poisson grillé et le fenouil, puis le jus de bouillabaisse safrané. Les deux aspects du plat interviennent de manière différente dans la dégustation des vins à table. On pourra bien sûr conclure l'appréciation par une synthèse entre les diverses composantes, ce qui est le but d'un accord gastronomique.

• Le **côtes-de-provence blanc** a pour lui un atout indéniable : ses arômes précis de fenouil jouent avec ceux du plat. Cette note anisée s'en trouve même renforcée, sans que l'on en devine la provenance. Le poisson grillé apporte au vin de la suavité, tout en gommant sa vivacité. On dirait que le vin gagne du corps. Il ne prend à aucun moment le dessus sur le poisson qui garde sa subtilité. En revanche, le jus de bouillabaisse, et surtout le safran, éteignent les arômes du vin, les simplifient et crispent un peu la finale.

• Le **limoux** voit ses arômes boisés renforcés par le poisson grillé. Se manifestent des notes torréfiées et fumées, tandis que le côté miellé se perd. Le fenouil fait bien ressortir le fruit. Quant au jus safrané, il n'écorne pas la puissance du vin qui arrive à garder son assurance, même si un peu d'amertume apparaît en finale. En définitive, ce plat simplifie le vin en gommant quelques arômes, mais lui donne de la carrure. Une alliance de structure en quelque sorte.

• Le **graves blanc sec** est d'une sérénité à toute épreuve devant ce plat plus méditerranéen qu'atlantique. Sa puissance, sa forte présence aromatique et son évolution secondaire sont au contraire mis en exergue par le poisson et le fenouil, dans un partenariat où chacun campe sur ses positions. Le vin conserve sa palette aromatique intacte. Tout au plus voit-on apparaître une note de fruits secs qui souligne l'âge du vin. Le jus de bouillabaisse n'agresse pas le vin mais celui-ci perd en finesse; il ne garde que sa carrure et voit diminuer un peu son gras.

• Le **côtes-de-provence rosé** est révélé par ce plat. Autant son expression aromatique avait pu paraître en retrait à la dégustation, autant il prend ici toute son ampleur. Les notes de fruits secs, d'amande fraîche et, en particulier, de fraise très mûre sont soulignées par le poisson et surtout le fenouil. Quant au jus safrané, il révèle la puissance et le corps de ce vin rosé et met en avant sa suavité et son gras, tout en respectant sa finale épicée. Un vin rosé qui prouve sa grandeur à table.

Autres alliances

Provence-Corse : cassis 2 ans
Languedoc-Roussillon : vin de pays d'Oc chardonnay 2 ans
Bordelais : premières-côtes-de-bordeaux 5 ans
Provence-Corse : vins-de-corse rosé 2 ans

Bourgogne : mâcon blanc 2 ans, chablis 2 ans
Alsace : alsace-pinot ou klevner 1 an
Vallée du Rhône : côtes-du-rhône blanc 2 ans

États-Unis : chardonnay Monterey Californie 3 ans
Espagne : Costers del Segre blanc 2 ans
Grèce : Mantinia 1 an
Italie : Soave Classico 2 ans
Allemagne : silvaner Franken Auslese 2 ans
Nouvelle-Zélande : sauvignon blanc 2 ans

La recette de la daurade au fenouil et au jus de bouillabaisse

• Lever les filets de daurade à l'aide d'un couteau à lame souple et réserver au frais.

• Préparer le jus de bouillabaisse : ajouter aux arêtes, tête et parures de la daurade les petits poissons de roche. Faire revenir les poissons et les parures à l'huile d'olive dans une cocotte. Ajouter les carottes coupées en rondelles, l'oignon, la gousse d'ail écrasée, le fenouil haché, le bouquet garni. Mouiller à l'eau et faire cuire 20 mn. Passer l'ensemble à la moulinette puis au tamis. Réduire le jus à feu doux et ajouter le safran. Saler et poivrer en fin de réduction.

• Faire cuire les 4 bulbes de fenouil à l'étouffée, dans une petite cocotte, avec l'huile d'olive. Ils doivent être fondants et garder leur moelleux. Saler et poivrer.

• Poêler les filets de daurade dans la même huile d'olive, en les grillant d'abord sur leur peau, qui doit devenir croquante et dorée. Retourner les filets pour une brève cuisson côté chair. Le poisson doit être à peine cuit.

• Dresser les assiettes avec le fenouil, le filet de daurade dessus, entouré de jus de bouillabaisse. Décorer de quelques feuilles de fenouil et d'aneth.

Ingrédients
2 daurades grises
4 bulbes de fenouil
3 cl d'huile d'olive
quelques feuilles de fenouil et d'aneth
sel et poivre du moulin
Pour le jus de bouillabaisse
500 g de petits poissons de roche (le poissonnier les fournira à peu de frais)
4 cl d'huile d'olive
2 carottes
1 oignon
1 gousse d'ail
1 bulbe de fenouil
1 bouquet garni
3 g de safran étamine
2 g de safran en poudre
sel et poivre du moulin

Sur des filets de rouget poêlés

Les rougets de petite taille sont les plus goûteux. On en trouve toute l'année, mais c'est en automne que l'on pêche les délicieux "vendangeurs" à la peau rosé nacré. Le rouget est riche en arêtes, ce qui conduit souvent les restaurateurs à les présenter en filets. Cependant, l'amateur les préférera entiers, tout simplement grillés ou passés au four. C'est l'un des rares poissons qui ne demande pas à être vidé, du moins pour les petits calibres. Pour les rougets plus gros, on ne conservera que le foie qui servira à lier une sauce ou sera présenté sur un croûton, comme une "rôtie" de bécasse. Le rouget ne supporte pas la congélation, ni même un séjour prolongé dans la glace. On évitera donc les importations des mers chaudes, Mauritanie ou Sénégal, qui se reconnaissent à leur couleur plus sombre.

LE ROUGET BARBET, À NE PAS CONFONDRE AVEC LE ROUGET GRONDIN PLUS COMMUN, EST UN POISSON DE ROCHE PRÉSENT EN ATLANTIQUE ET EN MÉDITERRANÉE. C'EST SUR LES RIVAGES DE LA GRANDE BLEUE QU'IL DÉVELOPPE SES SAVEURS CARACTÉRISTIQUES.

Dégustation des vins avant le plat

Côtes-du-rhône blanc Château du Trignon 1997

Assez soutenue, la robe paille dévoile un léger reflet vert. Le nez exubérant offre du fruit blanc très mûr (pêche et poire), de l'amande fraîche, du fenouil, des épices douces. La bouche attaque sur un volume et une densité presque structurés, puis elle développe son fruité, avec du gras, de la générosité et de la puissance. Ce vin blanc pourrait paraître déséquilibré par manque d'acidité mais la forte présence épicée en finale rétablit la balance et lui donne un caractère très sudiste. Un côtes-du-rhône opulent et typé.

Minervois blanc Château Tour Boisée Cuvée Marie Claude 1996

Un petit reflet doré apparaît sur la robe intense, paille. Le nez a de la retenue, mais on distingue une belle alliance entre un fruité plutôt axé sur la pêche et un boisé vanillé de qualité. La cannelle et les épices orientales viennent compléter cet équilibre. La bouche suit dans le même registre : carrure, présence presque tannique apportée par l'élevage sous bois, fruité mûr, matière ample et grasse. Contrairement au vin précédent, l'acidité est présente et relève l'équilibre. Boisé et acidité conjugués donnent un peu de fermeté et de sécheresse à la finale. Assez long, le vin décline ses arômes boisés avec une bonne persistance.

Coteaux-du-languedoc blanc Mas Jullien "Les vignes oubliées" 1995

Sous une robe presque dorée, éclatante, le vin présente une complexité et une force peu communes au nez. Se mêlent la cire d'abeille, les notes minérales évoluées, les épices fines, les fruits secs (la noisette en particulier), les fruits confits, la pomme au four. La densité de la bouche s'impose dès l'attaque. Elle se traduit par un fruit très mûr, presque bletti comme un fruité de vin liquoreux. Ample, structuré comme un vin rouge, ce coteaux-du-languedoc blanc est d'une profondeur étonnante, soulignée par une grande puissance épicée, une matière veloutée et un équilibre entre alcool et acidité parfait. Le poivre monte en finale, compensant le côté évolutif de la palette aromatique, complexe et alanguie. Un vin un peu baroque, presque décadent, mais qui souligne la qualité "oubliée" des vieux cépages méridionaux.

Chassagne-montrachet premier cru Les Caillerets Domaine Marc Colin 1993

La robe intense et dorée affiche des reflets verts encore debout. Nez superbe, d'une minéralité d'école. Se conjuguent aussi des notes de fumé, un fruit blanc pur et mûr, des accents grillés et épicés, une touche de fruits exotiques, de tisane. Le vin envahit la bouche d'emblée, avec une forte présence aromatique et une structure marquée. Le fruité monte et s'évase, accompagné d'épices douces et d'une nervosité qui tend l'équilibre et l'allonge. La finale se prolonge, à la fois puissante et délicate, fraîche et complexe : expression aromatique et race de la matière. Un vin de grand terroir.

Autres alliances

Vallée du Rhône : châteauneuf-du-pape blanc 1 an
Languedoc-Roussillon : corbières blanc 2 ans, coteaux-du-languedoc-Picpoul-de-Pinet 3 ans
Bourgogne : chassagne-montrachet 5 ans

Provence : bellet rosé 1 an, palette blanc 2 ans
Corse : patrimonio blanc 1 an
Vallée du Rhône : côtes-du-luberon rouge 1 an

États-Unis : zinfandel rosé Californie 1 an
Espagne : Navarra rosé 2 ans
Grèce : Mantinia 2 ans
Italie : Trebbiano d'Abruzzo 1 an
Allemagne : riesling Rheinpfalz Spätlese 2 ans
Suisse : canton de Neuchâtel œil-de-perdrix 1 an

Dégustation des vins à table

Le plat est un concentré de Méditerranée. La saveur accusée du rouget, proche de celle des crustacés, un peu sauvage et corsée (n'appelle-t-on pas ce poisson la bécasse de mer !) est soulignée par l'huile d'olive et les légumes méridionaux de la vinaigrette. Le mélange poivron, courgette et olive noire, très aromatique, marque le style du plat. Les coquillages apportent une note iodée qui rafraîchit l'ensemble. Quant au fenouil, grâce à ses arômes anisés et à sa saveur légèrement sucrée, il adoucit la force du rouget et de sa sauce, en apportant suavité et moelleux.

• Le **côtes-du-rhône** est en parfaite symbiose aromatique avec le plat. Sa note fenouil déjà bien perceptible à la dégustation est révélée. Son gras est rehaussé, son volume élargi ; il paraît plus équilibré grâce, peut-être, aux saveurs iodées du poisson et des coquillages qui atténuent la puissance du vin. La mirepoix de légumes à l'huile d'olive fait ressortir le caractère sudiste du vin, dans un mariage culturel évident.

• Le **minervois** semble arrondi par le plat et perd de sa nervosité. En revanche, le côté boisé est rehaussé, ce qui déséquilibre la perception aromatique. Le fenouil modifie le vin : il étouffe un peu son fruit, d'où la montée de la composante de chêne et de vanille. Fort heureusement, le poisson et sa sauce corsée changent peu la palette des senteurs. Tout au contraire, ils mettent en évidence la personnalité du vin. Un accord à deux visages : ombres et lumières languedociennes.

• Le **coteaux-du-languedoc** s'affirme sur ce plat. Ses arômes sont exacerbés, avec montée du fruit (pêche jaune en particulier) qui recentre la palette aromatique et gomme son caractère évolutif. C'est le poisson et ses petits légumes qui lui permettent de rajeunir. Le fenouil fait ressortir le gras du vin et développe encore sa suavité. Le coteaux-du-languedoc, déjà impressionnant à la dégustation, prend ici une dimension supplémentaire : il est en symbiose avec son habitat naturel ; le plat “explique le vin”, toutes ses extravagances s'en trouvent justifiées.

• Le **chassagne-montrachet premier cru** aborde le plat avec la curiosité d'un continental qui découvre la Grande Bleue. La surprise n'est que de courte durée : il affirme sa personnalité. Presque inoxydable, le vin garde son équilibre et sa palette aromatique. Grâce à sa minéralité et sa nervosité, il n'est pas modifié par le goût iodé du poisson et des coquillages. Grâce à son volume, il ne se laisse pas impressionner par les légumes et l'huile d'olive, pourtant aux antipodes de sa sphère culturelle. Seul le fenouil parvient à le faire sourciller, mais il y gagne en rondeur. Un métissage nord–sud à l'avantage du vin.

La recette des filets de rouget poêlés

Ingrédients

- 8 petits rougets
- 2 bulbes de fenouil
- 3 cuillerées à soupe d'huile d'olive
- sel et poivre du moulin
- 1/2 poivron rouge
- 2 courgettes
- 10 g d'olives noires dénoyautées
- 250 g de coques
- 4 grosses huîtres
- 4 feuilles de basilic
- 1 trait de jus de citron

• Lever les filets de rougets, enlever les arêtes à l'aide d'une pince à épiler. Réserver.

• Préparer la compote de fenouil : nettoyer les bulbes de fenouil, les émincer finement. Mettre à cuire dans une casserole avec 1 cuillerée d'huile d'olive, sel, poivre et un peu d'eau. Couvrir, mettre à feu doux. Lorsque le fenouil est cuit, ôter le couvercle et faire évaporer toute l'eau.

• Préparer la vinaigrette de coquillages : mettre 2 cuillerées d'huile d'olive dans un bol, ajouter de petits cubes (2 mm x 2 mm) de poivrons rouges préalablement pelés, de courgettes et les olives noires dénoyautées. Faire ouvrir les coques à feu vif et les décortiquer. Hacher grossièrement les huîtres au couteau. Ajouter les coques et les huîtres à la vinaigrette. Mettre l'ensemble à tiédir.

• Au dernier moment, saisir les rougets dans une poêle anti-adhésive côté peau en premier, les cuire aux trois quarts, les retourner et les enlever aussitôt en les dressant en éventail sur une assiette très chaude. La cuisson sera alors parfaite, la chair restera moelleuse et la peau sera croustillante.

• Dresser les assiettes : placer sur le fond de l'assiette une portion de compote de fenouil que l'on pourra surmonter d'une petite rosace de courgettes cuites à l'eau salée. Napper les filets de rougets avec la vinaigrette de coquillage tiède. Parsemer de feuilles de basilic juste avant de servir et ajouter un trait de jus de citron.

Sur une lamproie à la bordelaise

Plat phare de la gastronomie bordelaise – qui n'en compte pas tant –, la lamproie est consommée fraîche en saison, préparée au vin rouge et accompagnée de poireaux. Cette préparation peut être mise en conserve, certains amateurs préférant le fondu et la symbiose d'arômes apportés par quelques mois de conservation en boîte. Curnonski tenait la lamproie pour aphrodisiaque, ce qui reste à prouver…

LA LAMPROIE EST UNE ESPÈCE D'ANGUILLE QUI PEUT ATTEINDRE 1 M DE LONG. PÊCHÉ AU PRINTEMPS (ELLE VIENT FRAYER EN EAU DOUCE), NON SEULEMENT DANS LA GARONNE ET LA DORDOGNE MAIS AUSSI DANS LA LOIRE ET LE RHÔNE, CE POISSON-SERPENT EST TRÈS APPRÉCIÉ MALGRÉ SON ASPECT REBUTANT.

Dégustation des vins avant le plat

Haut-médoc *Château Malescasse 1995*

La robe sombre, profonde, a gardé un reflet de jeunesse marqué. Le nez, encore discret, libère fruits rouges mûrs, vanille, boisé noble et quelques épices douces. La bouche attaque en rondeur. Son fruité monte en intensité pour affronter une présence boisée bien dosée, déjà fondue dans l'ensemble. Les tanins sont mûrs mais encore astringents. Leur belle structure et leur grain fin augure de la garde future de ce vin. La finale est plus expressive que le nez, sur les fruits rouges et les épices boisées. Un vin bien typé, d'une élégance toute particulière.

Pessac-léognan *Château Smith Haut-Lafitte 1995* *Cru classé*

La robe intense, rubis sombre, affiche un reflet violet soutenu. Le nez a de la puissance ; il exprime immédiatement une forte présence torréfiée, des arômes de bois neuf, de bois de cèdre et de boîte à cigares. Toutefois, le fruité ne manque pas. S'il reste sous-jacent, il dénote déjà une belle maturité. La bouche révèle ce fondu et ce velours caractéristiques des vinifications du domaine : gras, matière charnue et opulente, tanins enrobés par un élevage de luxe et dont le grain est déjà lissé. La finale est encore dominée par la vanille de la barrique mais elle s'étale bien dans le temps, fine et imprégnante. Un vin déjà séducteur et au beau potentiel.

Saint-émilion grand cru classé *Château La Gaffelière 1994*

Belle robe sombre dont le reflet violet est en train de s'évanouir. Le nez a beaucoup d'allant : il exprime avec force une gamme balsamique de cèdre, résine, menthol. Celle-ci est complétée par un joli fruit rouge et une touche de cuir qui monte avec le temps. La bouche structurée, carrée même, est cependant enrobée d'assez de matière pour arrondir ses angles et dispose d'arômes intenses. Les tanins sont puissants, très épicés. Leur grain commence à prendre du velours. La finale complexe et longue reprend les tonalités de cuir, de poivre et de fruits rouges aux épices. Ce vin plein de personnalité associe la puissance et la rondeur du merlot.

Chinon *Les Varennes du Grand Clos* *Charles Joguet 1995*

L'intensité de la robe est un cran en dessous de celle des autres vins, mais nous avons changé de monde. Le nez est très expressif, axé sur une framboise mûre, une légère touche viandée, de petites épices douces, dosées avec bonheur, de la réglisse, une note de poivron mûr. La bouche attaque dans la vivacité. Son fruité intense est mis en avant par cet équilibre un peu pointu. Très aromatique, le milieu de bouche est bâti sur ce fruité dominateur. La chair mûre est encadrée par des tanins architecturés qui traduisent la bonne maturité du cabernet franc (alors que ce cépage connaît quelques difficultés dans cette région). La finale laisse percevoir une pointe sèche soulignée par l'acidité, mais toute la gamme aroma-

La recette de la lamproie à la bordelaise

• Préparer la lamproie. Plonger la lamproie dans une eau à 85 °C (eau bouillante coupée d'un peu d'eau froide) pendant 10 secondes à peine, en la tenant par un crochet planté dans la tête. La sortir et racler sa peau avec le dos d'un couteau pour enlever le limon. Bien laver à l'eau froide ; suspendre la lamproie avec son crochet au-dessus d'un récipient contenant le vin rouge ; couper sa queue et recueillir le sang qui s'écoule pendant 30 mn. Retirer ensuite le cordon central de la lamproie : couper d'abord la tête, puis inciser la lamproie en son milieu tout autour du cordon, sans couper celui-ci. Tirer alors les

tique perdure en bouche, le poivre et les épices prenant le devant de la scène. Ce beau vin de Loire exprime sa différence culturelle.

Dégustation des vins à table

La lamproie à la bordelaise est un plat très aromatique : la sauce au vin sert de dénominateur commun et enrobe le poisson et les poireaux. Le poireau apporte sa note sucrée ; sa cuisson dans le vin lui permet de perdre son agressivité. Le poisson est gras, fondant, comme l'ensemble du plat qui développe un moelleux séduisant. Le rôle des croûtons est de faire contraste, mais la légère pointe d'ail doit rester discrète sous peine de perturber les alliances.

• Le **haut-médoc** perd un peu de ses épices devant la lamproie mais ses tanins se fondent dans le plat. L'ensemble du vin, de l'attaque à la finale, s'arrondit, prend du gras et du volume. Les arômes, en revanche, restent bien marqués et le fruit est développé. Il ressort de cet accord comme un allègement du vin, dans le bon sens du terme.

• Le profil du **pessac-léognan** est ramené à plus d'orthodoxie. Le côté fortement boisé s'efface et, par contraste, le fruité prend de la hauteur. Toute la gamme aromatique s'en trouve dévoilée, alors que la force épicée s'adoucit. Déjà gras et velouté, le vin est encore plus lissé, fondu ; sa grande puissance tannique est absorbée par le plat. Il devient aimable et caressant.

• Le **saint-émilion grand cru classé** est également lissé par le plat. Sa palette aromatique perd de son côté balsamique au profit du fruit, ce qui lui donne encore plus d'éclat. Sa structure est arrondie, ses tanins se fondent et sa force épicée s'atténue. Le vin semble plus gras et plus volumineux. Sa générosité est dévoilée.

• La palette aromatique du **chinon** est quelque peu modifiée : si la framboise persiste, la note de réglisse est renforcée, les arômes de poivron s'effacent. La vivacité du vin reste présente en bouche ; elle rafraîchit l'ensemble et contraste avec le moelleux du plat, comme un élément de sapidité. Les tanins perdent leur aspect sec pour prendre un grain plus lisse. La finale se recentre sur les fruits rouges.

Ce plat flatte les vins tanniques qui s'arrondissent, et prennent de l'avance sur leurs espérances de garde.

Autres alliances

Bordelais : médoc 4 ans, graves rouge 4 ans, saint-émilion 5 ans
Vallée de la Loire : bourgueil 4 ans

Bordelais : côtes-de-bourg 5 ans, margaux 5 ans, côtes-de-castillon 5 ans
Sud-Ouest : buzet 5 ans

États-Unis : merlot Californie 5 ans
Espagne : cabernet-sauvignon Somontano 5 ans
Italie : merlot IGT 5 ans
Australie : cabernet-sauvignon Coonawarra 5 ans
Chili : cabernet-sauvignon 5 ans
Bulgarie : cabernet-sauvignon 5 ans

deux morceaux de lamproie, un dans chaque main. Le cordon sort aisément.

• Couper la lamproie en morceaux de 4 cm. Réserver les parures. Nettoyer les poireaux et réserver le vert. Couper les blancs de poireaux en tronçons de 5 cm, les plonger dans une casserole d'eau salée à ébullition pendant quelques secondes. Égoutter et réserver. Garder 1/2 litre de bouillon.

• Préparer la sauce. Faire bouillir les trois quarts de la bouteille de vin rouge. Faire rissoler l'oignon émincé dans un faitout avec un peu d'huile d'arachide. Ajouter le vert des poireaux, singer avec la farine, mouiller avec le vin rouge bouilli. Remuer au fouet, ajouter un demi-litre de bouillon, l'ail haché, le persil, le bouquet garni, du sel et du poivre. Laisser mijoter à petit feu pendant 3 heures avec les têtes et les queues de lamproie. Ajouter le sang de la lamproie dans la sauce, passer l'ensemble au tamis.

• Mettre les morceaux de lamproie huilés et salés au four à 220 °C (thermostat 7) sur une plaque à rôtir pendant 5 mn. Les placer ensuite dans une sauteuse, accompagnés des blancs de poireaux et de la sauce. Laisser cuire pendant 15 mn. Ajouter au dernier moment l'armagnac.

• Servir chaud, entouré de petits croûtons frits, très légèrement frottés d'ail.

Ingrédients

1 belle lamproie de 1 kg
2 verres de vin rouge de Bordeaux
1 kg de poireaux
2 cuillerées à soupe d'huile
1 verre à liqueur d'armagnac
sel et poivre du moulin
quelques croûtons

Pour la sauce

1 oignon
1 cuillerée à soupe d'huile d'arachide
1 cuillerée à soupe de farine
1 bouteille de vin rouge tannique
4 gousses d'ail
3 branches de persil
1 bouquet garni
sel et poivre du moulin

Sur une morue aux haricots et coques

UN ACCORD
BIEN DÉLICAT :
LA MORUE,
UN POISSON SALÉ
AUX ARÔMES PUISSANTS,
ET LE VIN.
ON SE TOURNERA
VERS DES CRUS ENSOLEILLÉS
POUR TENIR TÊTE
À CE DÉLICIEUX PLAT
GASTRONOMIQUE.

Autrefois très répandue (certaines régions du centre de la France ne connaissait que ce poisson capable de voyager et de se conserver), la morue est désormais quelque peu négligée par les gastronomes et a perdu son rôle d'aliment "maigre" de la période du carême. Prisé des Basques, des Portugais ou des Provençaux, ce poisson des mers du Nord se prête à des recettes ensoleillées. On choisira la meilleure qualité – hélas assez chère – et on privilégiera les morceaux épais et moelleux. Éviter à tout prix les morceaux plats et trop secs et surtout les pseudo-filets emballés sous plastique.

Si la saison des haricots frais – l'automne –, est passée, on pourra toujours élaborer ce plat avec des légumes secs, préalablement trempés. Le temps de cuisson sera alors plus long. Les variétés de haricots sont nombreuses. Cependant, on privilégiera les gros grains, les lingots vendéens ou, mieux, ces haricots tarbais ou béarnais qui poussaient autrefois sur les pieds de maïs qui leur servaient de tuteurs. Cette variété présente le double avantage d'une chair peu farineuse et d'une peau qui tient à la cuisson.

Dégustation des vins avant le plat

Patrimonio blanc Antoine Arena 1996

La robe jaune assez soutenu prend des reflets dorés. Le nez, frais, développe des nuances florales fines, des notes de genêt, de fleurs blanches sauvages, une légère touche d'abricot. La bouche dévoile de l'ampleur, une matière ronde, du gras, un beau fruité opulent. On ne perçoit cependant aucune lourdeur. La finale a de l'allonge, soutenue par une bonne vivacité. Le vin finit sur des arômes de fruits secs (noisette) et quelques épices. Un beau patrimonio qui a su garder son élégance sous le soleil.

Roquemaure, ancienne ville vinicole de la rive droite du Rhône dans l'aire du châteauneuf-du-pape.

Vin de pays des Vals d'Agly
Domaine des Chênes
Les Magdaléniens 1995

Une belle robe paille soutenu. Le nez puissant se caractérise par une forte présence boisée. Les épices et la vanille se marient avec la pêche jaune et l'abricot, relevés par quelques senteurs de fruits secs et une touche anisée. La bouche a de la structure, une belle matière mûre, un équilibre alcool–vivacité parfait qui fait ressortir l'architecture de ce vin blanc. Finale persistante sur le fruit et les notes boisées, encore un peu dominantes. Un vin très personnel, qui joue la structure et le long terme.

Mâcon-villages
Jean-Pierre Baptista
Vieilles vignes 1995

La robe paille soutenu révèle quelques reflets verts. Le nez est complexe : miel, fleurs lourdes, acacia, chèvrefeuille, notes vanillées et arômes de pâtisserie bien fondus, tilleul. La bouche ronde et opulente dévoile sa générosité dans une structure soutenue par un élevage sous bois évident. La finale chaude laisse apparaître quelques touches amandées. Les arômes du nez se développent, mais la vanille et le tilleul sont désormais privilégiés. Un beau chardonnay avec un style assez ensoleillé.

Châteauneuf-du-pape
Château de Beaucastel 1995

La robe paille intense présente des reflets dorés soutenus et brillants. Le nez, à la fois complexe et démonstratif, associe élégance et puissance. Fleurs lourdes, lys, fenouil, miel, amande fraîche, pain d'épice se mêlent harmonieusement. La bouche n'est pas en reste : elle présente un beau volume, un fruité dont la maturité ne penche jamais vers la mollesse, bien soutenue par une vivacité sous-jacente qui rafraîchit l'ensemble. Beaucoup d'éclat en finale. Un vin séduisant et enjôleur.

Dégustation des vins à table

Le plat comporte plusieurs aspects. La morue est fondante, ses feuilles se détachent en bouche, les notes salées et iodées sont bien équilibrées par le gras du poisson. Le craquant du jambon poêlé fait contraste avec ce moelleux, tout comme les haricots par leur texture farineuse. Le jus introduit de la complexité, les coques leur saveur sucrée, les herbes leur présence aromatique.

• Le **patrimonio** aborde la morue avec aisance. Les arômes iodés de la morue et son petit côté salé persistant ferait même ressortir davantage le fruit de ce vin et son côté fleurs sauvages. La texture fondante de la morue donne de la tenue au vin qui s'en trouve plus carré, en perdant un peu de son gras. L'ensemble fonctionne à merveille : le vin et le plat semblent se fondre l'un dans l'autre ; le jus de viande n'est peut-être pas étranger à cette synergie. Avec les haricots, le combat est un peu inégal : les arômes des herbes du plat effacent ceux du vin en ne laissant apparaître que des notes de fruits secs. Le côté farineux des haricots rend le vin plus plat et plus simple.

• Le **vin de pays du Roussillon** présente face au plat ses deux facettes, avec plus ou moins de réussite : le côté fruité et le côté boisé. Sur la morue, l'effet du sel est étonnant : les arômes boisés et épicés sont adoucis au profit du fruit. Les arômes du poisson se marient aux épices du vin et harmonisent l'ensemble. Le vin trouve là un beau révélateur, qui gomme les excès et renforce les qualités. Sur les haricots, le phénomène inverse se produit : les arômes boisés ressortent, en effaçant le fruit. Les coques et la touche d'huile d'olive du plat, en revanche, permettent de retrouver l'harmonie.

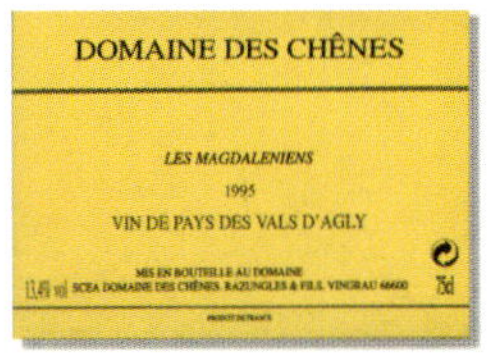

• Le **mâcon-villages** accepte les deux parties du plat. La morue, avec son sel et son iode, fait apparaître la qualité fruitée du vin, sans simplifier ou modifier la palette aromatique. Le moelleux du poisson cohabite avec celui du vin qui, grâce à son côté chaleureux et vanillé, résiste à la confrontation. Avec les haricots, le mariage est réussi. La puissance aromatique du mâcon-village domine quelque peu le plat, mais les textures s'associent avec bonheur. Les haricots perdent leur texture farineuse et le vin s'en trouve plus structuré. Une belle synergie où chaque partenaire se trouve sublimé.

• Avec le **châteauneuf-du-pape**, on parvient à l'alliance parfaite. Sur la morue, dont les parfums sont assez violents, le vin se trouve flatté et dévoile davantage sa complexité aromatique : le fruit, le miel et le pain d'épice sont magnifiés par le sel du plat et par le jus de viande. La texture de la morue fait ressortir l'équilibre du vin, sa fraîcheur et son éclat. L'al-

liance la plus excitante est atteinte avec les haricots : le vin paraît crémeux, onctueux, d'une texture veloutée. C'est une union aromatique parfaite entre le vin, les coques et les herbes. Le trait d'huile d'olive devient manifeste dans l'accord. Un moment rare où chaque partenaire est flatté par son commensal.

Autres alliances

- **Provence-Corse** : côtes-de-provence blanc 2 ans
  Languedoc-Roussillon : coteaux-du-languedoc-La Clape blanc 2 ans
  Bourgogne : beaujolais blanc 2 ans
  Vallée du Rhône : côtes-du-rhône blanc 2 ans
- **Provence-Corse** : coteaux-d'aix-en-provence blanc 2 ans, bellet blanc 2 ans
  Languedoc-Roussillon : minervois blanc 1 an
  Sud-Ouest : irouléguy blanc 2 ans
- **Portugal** : Minho blanc 1 an
  Espagne : Terra Alta blanc 2 ans
  États-Unis : chardonnay de Californie 5 ans
  Italie : Franciacorta 2 ans
  Australie : chardonnay 5 ans
  Chili : chardonnay 4 ans

La recette de la morue aux haricots

Ingrédients
800 g de morue épaisse séchée
1 litre de lait entier
4 tranches de jambon de Bayonne coupées très fin
10 cl de jus de viande (rôti de bœuf ou de veau)
200 g de haricots tarbais frais ou secs
1 cube de bouillon de volaille
500 g de coques
1 branche de cerfeuil
1 branche d'estragon, autant de persil et de ciboulette
3 cl d'huile d'olive vierge

- Faire dessaler la morue pendant 48 h, en renouvelant souvent l'eau de la bassine.
- Pocher la morue avec sa peau 15 mn dans le lait entier (le liquide doit à peine frémir et non bouillir). Cette cuisson donne beaucoup de moelleux et absorbe l'excès de sel qui aurait pu rester dans le corps du poisson.
- Ôter la peau et les arêtes de la morue et parer chaque morceau en tournedos épais.
- Pour accompagner la morue, faire frire quelques morceaux de jambon de Bayonne coupés en tranches fines et les poser sur le pavé de morue. Arroser le tout du jus de viande.
- Mettre à cuire les haricots dans de l'eau froide non salée. Ajouter le cube de bouillon de volaille. Selon leur type, les haricots cuisent plus ou moins longtemps ; on prendra donc soin de les goûter pendant la cuisson. Ils doivent rester légèrement fermes (ni craquants ni ramollis).
- Pendant la cuisson des haricots, faire ouvrir les coques dans une casserole ; les séparer de leurs coquilles et réserver le jus.
- Égoutter les haricots. Les placer dans un plat creux et ajouter les coques, une partie de leur jus, un hachis d'herbes aromatiques (estragon, persil et ciboulette) et le trait d'huile d'olive vierge.
- Servir le pavé de morue dans chaque assiette, nappé du jus de viande et agrémenté d'une tranche de jambon frit, entouré des haricots aux coques.

Sur un cabillaud sauce vigneronne

Cabillaud et morue ne sont qu'un seul et même poisson, le premier est frais, la seconde est salée. Aussi ne faut-il pas affubler un plat du nom de "morue fraîche". Très apprécié, le cabillaud est toujours présent à l'étal de nos poissonniers. Il fait également la joie des conserveurs qui trouvent en cette espèce un poisson qui résiste à la congélation. Ce qui nous vaut ces rectangles panés qui font l'ordinaire des cantines de nos enfants, lesquels croient parfois dur comme fer que le poisson naît sans arêtes, avec cette forme parallélépipédique.

Un poisson pour toutes les préparations

En provenance des mers froides de Terre-Neuve, ce poisson à la chair translucide et feuilletée se prête à de nombreuses préparations. Les gourmets avertis tenteront de se procurer la langue et les joues, le foie étant réservé à la célèbre huile de foie de morue qui a terrorisé des générations d'enfants sous prétexte de vitamines indispensables à leur épanouissement. Disponible toute l'année, le cabillaud est vendu en tranches, détaillé à la demande, ou en filets prédécoupés à bord des bateaux de pêche. Les darnes peuvent être préparées à la poêle, avec une sauce aux câpres ou à la tomate. Les filets demandent une cuisson meunière. Les deux expriment toute leur saveur originelle à la vapeur ou, mieux, rôtis au four avec un simple filet d'huile d'olive. Poisson et vin rouge font-ils bon ménage ? Nombreuses sont les recettes traditionnelles qui associent ces deux ingrédients pourtant promis à des destinées contraires. Faut-il dans ce cas mettre sur la table un vin rouge, celui qui a servi à la sauce par exemple ? Lamproie à la bordelaise, civet de lotte, louvine au vin rouge ou anguilles en matelote appellent un vin rouge sans hésitation possible, à condition que celui-ci ne soit pas trop tannique et que sa température de service soit plus basse qu'à l'accoutumée.

UN PLAT À DEUX VISAGES : LE POISSON ET LA SAUCE VONT INFLUENCER LES VINS DE MANIÈRE DIFFÉRENTE. LES ARÔMES IODÉS DU CABILLAUD, SON MOELLEUX ET SON FONDANT JOUENT AVEC LE CÔTÉ FRUITÉ DU VIN ET SES TANINS, EN MODIFIANT LEUR NATURE. LA SAUCE AU VIN ROUGE RENFORCE AU CONTRAIRE LA PERSONNALITÉ DE CHAQUE VIN.

Dégustation des vins avant le plat

Fleurie *Domaine des Quatre Vents 1996*

Une robe assez dense, à reflet pourpre, augure une bonne concentration. Grande présence fruitée au nez. L'intensité aromatique privilégie la framboise, la fraise des bois, la petite cerise, toute une gamme de fruits rouges bien mûrs. Vive et enlevée, la bouche a de l'éclat, un fruité profond, une bonne souplesse et des tanins fins et soyeux. Le tout se fond dans une matière dense et lisse. Un joli vin expressif qui allie légèreté et finesse. Sa concentration l'allonge en finale.

Côtes-du-frontonnais *Château Cahuzac* *Cuvée l'Authentique 1995*

La robe d'intensité moyenne revêt une frange légèrement évoluée. La violette, une touche de cuir, une note de poivron rouge, des épices discrètes composent une palette bien typée par le cépage négrette. La bouche est souple, sur le fruit rouge et la réglisse, avec une matière fluide et coulante, une bonne expression aromatique. Les tanins présentent un grain un peu astringent. L'acidité plutôt basse fait pencher l'équilibre vers la mollesse. La finale est fruitée, un peu rustique, et la longueur assez modeste pour ce vin facile et gouleyant.

Minervois *Capitelle de Centeilles 1995*

La robe est de faible intensité. Son reflet commence à se tuiler. Le nez commence dans la discrétion mais s'épanouit rapidement à l'aération. Fruit compoté, épices orientales et herbes de garrigue, cerise à l'eau-de-vie, poivre et cuir se mêlent en harmonie. La bouche, corsée et chaleureuse, dévoile une forte présence épicée, une trame lisse et racée, un bel équilibre entre fruit et tanins qui se révèlent fondus dans une matière mûre. La finale reprend la gamme du nez (épices, fruits cuits) avec une touche de cacao en prime. Un vin qui allie élégance et puissance, et qui fait honneur au cépage cinsault.

Vin de pays des Coteaux du Verdon *Louis Latour Domaine de Valmoissine* *Pinot noir 1995*

La robe très pâle affiche un reflet brique. Le nez, intense et épanoui, développe la cerise cuite, des senteurs florales (rose et pivoine), une touche d'épices douces et une note caramélisée. Souple et suave, très aromatique, la bouche possède une matière lisse et ronde, des tanins complètement fondus. Peu volumineux, ce vin vaut surtout pour son équilibre et ses senteurs intenses. La finale fruitée persistante confirme cette impression.

Dégustation des vins à table

Le cabillaud a une structure feuilleté, qui garde de la tenue en bouche si la cuisson est mesurée. La saveur iodée du poisson est ici fondue dans la sauce qui impose sa présence, sa note de vin cuit et sa vivacité.

• Le **fleurie** prend de la structure sur le poisson, comme si sa force tannique était développée. Son acidité est atténuée. Le vin gagne en rondeur et en ampleur. Ses arômes fruités perdent de leur intensité mais la réserve était telle au départ que cet affaiblissement n'est en rien néfaste. La sauce redonne du tonus à la palette aromatique. Ce bel accord flatte le vin sans le dénaturer.

• Le **côtes-du-frontonnais**, un peu mou au départ, est ravivé par le poisson qui le structure et donne de l'éclat à ses tanins. Ses arômes de violette, en revanche, sont dominés par le cabillaud ; seul le fruit reste perceptible. La sauce augmente la rondeur et le volume en bouche. Elle allonge la finale, en privilégiant les arômes épicés. Le vin gagne à cette confrontation, même s'il perd un peu de son caractère.

• Le **minervois** joue sur du velours. Le poisson fait ressortir son côté épices et garrigue, avec montée de la sensation chaude. Il y perd même quelques écailles, tant le vin s'impose avec autorité ! Avec la sauce, la symbiose apparaît : le vin prend beaucoup de personnalité, il semble plus corsé et épicé. Des notes de cerise et de chocolat se manifestent. Un accord idéal.

• Le **pinot noir du Var** plie devant le poisson, en perdant de son fruit. Il se fond dans le plat. La note florale qui participait à sa complexité a disparu. Une simplification, en somme, qui altère sa finesse. La sauce est un peu forte pour ce vin délicat : elle fait ressortir sa légèreté et empiète sur sa palette aromatique. Ce plat plutôt atlantique ne convient pas à ce vin du Verdon.

Autres alliances

Beaujolais : beaujolais 2 ans
Sud-Ouest : gaillac rouge 3 ans
Languedoc-Roussillon : cabardès 3 ans
Bourgogne : montagny rouge 3 ans

Vallée de la Loire : anjou rouge 2 ans, sancerre rouge 2 ans
Sud-Ouest : irouléguy rouge 3 ans
Vallée du Rhône : saint-joseph rouge 2 ans

États-Unis : pinot noir Oregon 2 ans
Espagne : Campo de Borja Joven 2 ans
Canada : pinot noir Colombie britannique 2 ans
Italie : pinot noir Alto Adige 2 ans
Suisse : pinot noir du canton de Neuchâtel 2 ans
Allemagne : portugieser Württemberg 2 ans

La recette du cabillaud sauce vigneronne

Ingrédients

4 grosses tranches de cabillaud
2 cl d'huile d'olive

Pour la sauce
1/2 litre de vin rouge
50 g d'échalotes
1 morceau de sucre
5 cl de crème fraîche
sel et poivre du moulin

• Préparer la sauce. Réduire les échalotes dans le vin rouge. Saler et poivrer, rectifier si nécessaire l'acidité en ajoutant un morceau de sucre. Ajouter la crème fraîche pour lier.

• Pendant ce temps, passer les filets de cabillaud à la poêle très chaude 2 mn sur chaque face, avec l'huile d'olive. Le poisson doit être saisi, sa surface doit dorer, mais l'intérieur doit demeurer fondant.

• Servir sur des assiettes chaudes et napper de sauce. Accompagner de pommes vapeur.

Implanté sur de douces pentes abritées des vents d'ouest, le vignoble de Fleurie.

Sur une brandade nîmoise

ALPHONSE DAUDET N'ÉTAIT PAS NÎMOIS MAIS IL PORTAIT LA BRANDADE EN SI HAUTE ESTIME QU'IL AVAIT FONDÉ EN 1884, AU CAFÉ VOLTAIRE À PARIS, LES "DÎNERS DE LA BRANDADE" : LES GENS DE LETTRES VENAIENT SE RESTAURER EN ÉCOUTANT POÈMES ET DISCOURS DU MAÎTRE.

La brandade de morue à la nîmoise est une des grandes recettes de la gastronomie languedocienne, recette que l'on retrouve en Provence avec quelques variantes. Plat des jours maigres – le vendredi saint ne saurait se passer de morue – et des périodes de carême, la brandade n'en est pas pour autant un mets de pénitence ni de pauvres gens. La morue a toujours été onéreuse. Peut-être son prix explique-t-il l'ajout de purée de pommes de terre à la brandade, ce qui nous vaut ces ersatz, mi-brandade mi-purée qui n'ont avec la recette originelle que de trompeuses ressemblances. L'appellation devrait être dans ce cas "parmentière de morue". L'ajout d'ail à la brandade et sur des croûtons n'est pas conforme à la recette d'origine. Si la version provençale en comporte – on ne peut priver un Marseillais ou un Toulonnais de son condiment préféré –, la brandade de Nîmes n'en contient pas ; elle se contente de la saveur pure de la morue et de l'huile d'olive. Bien entendu, les cuisiniers se sont emparés de ce plat de tradition et y ont apposé leur empreinte : certains y ont ajouté des truffes, d'autres des anchois, d'autres encore en garnissent des vol-au-vent. Tous oublient que les préparations les plus simples sont souvent les plus sublimes.

Dégustation des vins avant le plat

Costières-de-nîmes Château de La Tuilerie Cuvée Éole 1997

La robe franchement dorée, soutenue, traduit une vendange mûre et un élevage en fût. Des notes fleuries, des fruits blancs blettis (la pêche, le coing), des épices boisées et vanillées, du miel se mêlent dans une palette aromatique intense et complexe. La bouche attaque en rondeur et volume. Dotée d'une matière mûre et opulente, axée sur les arômes de pêche et de chêne, elle se montre structurée et finit sur un boisé torréfié mêlé à du fruit rôti. Un vin démonstratif, épanoui, qui devrait être attendu un ou deux ans pour que le boisé se fonde davantage. La matière riche et mûre est là pour l'absorber.

Coteaux-du-languedoc-Picpoul-de-Pinet Cave de l'Ormarine Carte Noire 1997

La robe est pâle à reflets verts bien marqués. Le nez, fin et discret, décline des notes de fruits blancs (pêche de vigne, poire) rehaussées par des arômes de fleurs sauvages, de pamplemousse, de citron vert. La bouche développe un fruité intense, équilibré par une vivacité de bon aloi. Le volume est allégé par cette présence acide rafraîchissante. Un vin du Midi qui ne pèche pas par excès de lourdeur et qui se démarque par sa fringance aromatique.

Vin de pays de l'Hérault Mas de Daumas Gassac 1996

Dense, la robe d'or est à peine ourlée de vert. Le nez, un peu discret, bascule du fruit vers des arômes secondaires. On distingue cependant des notes subtiles d'angélique, de menthe fraîche, de fruits exotiques. La bouche, en revanche, est expressive en diable, avec une forte présence de fruits d'outre-mer (mangue, ananas), alliés à la pêche de vigne, au tilleul, à la rose et à des épices douces et fines. L'équilibre est ici parfait entre volume, rondeur et nervosité, avec une finale longue et imprégnée de fruits rôtis, à la fois voluptueuse et éclatante. Un vin séducteur.

Côtes-de-duras Berticot Sauvignon Vieilles vignes 1997

Vêtu d'une robe pâle, à la frange verte marquée, voici un vin puissant qui impose ses arômes de bourgeon de cassis, de pamplemousse, de fruits blancs, avec une note poivrée qui souligne cet ensemble bien typé. La bouche vive, très aromatique offre une belle densité. Son équilibre penche vers la nervosité, mais sans les notes végétales du sauvignon en sous-maturité. La finale est enlevée, vive et gaie, riche en fruit, en épices et en poivre. Une bonne déclinaison du sauvignon en Sud-Ouest, qui tranche avec le style des vins précédents.

Autres alliances

- **Languedoc-Roussillon :** coteaux-du-languedoc blanc 1 an, clairette-du-languedoc 1 an, vin de pays d'Oc sauvignon 1 an
  Sud-Ouest : bergerac blanc sec 1 an
- **Corse :** patrimonio 2 ans
  Provence : cassis 2 ans, palette blanc 2 ans, coteaux-d'aix-en-provence blanc 2 ans
- **États-Unis :** sauvignon blanc de Californie 1 an
  Espagne : Binissalem blanc 1 an
  Grèce : Robola de Céphalonie 3 ans
  Italie : Breganze blanc sec 1 an
  Allemagne : kerner Mittelrhein Auslese 2 ans
  Suisse : pinot blanc du canton de Vaud 1 an

Dégustation des vins à table

La brandade est un plat haut en arômes et saveurs, qui mêle la forte présence de la morue, iodée et salée, les douceurs de l'huile et de son fruit, et les accents crémés du lait. Les croûtons croustillants contrastent avec le moelleux de la brandade et donnent du tonus à l'ensemble.

• Le fruit du **costières-de-nîmes** est rehaussé par le sel et l'iode, tandis que la composante boisée est atténuée, comme si le vin avait pris un peu d'âge. Une projection dans le temps qui met le vin en valeur. Le croûton fait ressortir le volume et le gras. Son côté grillé l'emporte sur les notes torréfiées de la barrique jusqu'à les faire oublier.

• Le **coteaux-du-languedoc-Picpoul-de-Pinet** devient lui aussi plus fruité au contact de la morue. Plus vif que le costières-de-nîmes, il crée un excellent contraste avec le moelleux de la brandade ; l'ensemble s'en trouve bien équilibré. En définitive, l'alliance régionale est ici recommandée, chaque parte-naire trouvant son compte dans le mariage.

• Le Mas de **Daumas Gassac** est à son aise : sa puissance aromatique de bouche résisterait au plat le plus impétueux. Si le fruit du vin est mis en valeur par la morue, c'est le côté exotique et épicé qui ressort, tandis que la composante florale s'atténue et que la note de rose disparaît dans l'alliance. L'équilibre est respecté ; le croûton donne une réplique discrète à ce vin dominateur. Le plus extraordinaire dans ce mariage est le rôle joué par l'huile d'olive : celle-ci flatte la palette des senteurs du vin, en faisant ressortir leur caractère ensoleillé. Le plat régional révèle l'empreinte du terroir !

• Le **côte-de-duras** ne fait pas figure d'intrus. Si les arômes sauvignonnés sont modifiés et la note de cassis atténuée par la côté lacté de la brandade, le fruit blanc et le pamplemousse sont respectés. La vivacité crée un bon contraste avec la brandade – le vin s'en trouve même un peu citronné – et le poivre tient toujours sa place. L'alliance des climats atlantique et méditerranéen, qui peut paraître incongrue en théorie, se révèle plaisante en pratique.

La recette de la brandade nîmoise

Ingrédients

- 1 kg de morue séchée
- 10 cl d'huile d'olive vierge (huile de Bize - Minervois - pour rester dans un contexte languedocien)
- 20 cl de lait non écrémé
- 10 cl de crème fraîche épaisse
- une pointe de noix muscade râpée
- le jus d'un citron
- sel et poivre blanc moulu
- quelques croûtons

• Faire dessaler la morue pendant 48 h, en renouvelant souvent l'eau de la bassine.

• Porter une marmite d'eau froide à ébullition, baisser le feu et faire pocher la morue à petits frémissements pendant 4 mn. Égoutter le poisson, enlever la peau et les arêtes, effeuiller la chair.

• Prendre une casserole à fond épais ou une cocotte en fonte, y faire chauffer 2 dl d'huile d'olive vierge. L'huile doit commencer à fumer. Ajouter la morue effeuillée et l'écraser à la spatule en bois en maintenant la casserole à petit feu jusqu'à obtenir une pâte fine et homogène.

• Monter la brandade avec un énergique tour de poignet. Ajouter alternativement le reste d'huile d'olive et le lait, en pilant la purée obtenue. Rectifier si nécessaire l'assaisonnement en sel et poivre blanc, ajouter la crème fraiche, la noix muscade et le jus de citron. La brandade doit avoir l'aspect et la consistance d'une purée fine et presque mousseuse de pomme de terre sans en contenir. Servir dans un plat ou en timbale, avec quelques croûtons frits à l'huile d'olive.

Volailles

Du classique poulet rôti du dimanche à la poularde farcie aux truffes, en passant par les coquelets, pigeons ou canards, pintades et même lapins, la gamme de l'étal du volailler est aussi étendue que celle des vins qui s'y accordent. En tenant compte des différences de couleur des chairs – le blanc de poulet contre le rouge du canard –, des différences de textures, la cuisse et l'aile sur un même volatile, des différences de cuisson – rôti, grillé ou en cocotte –, on jouera à l'infini sur des alliances passionnantes. Plus passionnantes encore si l'on découvre que la volaille est un trait d'union entre vins blancs et vins rouges. Un saint-joseph rouge, un Chianti ou un côtes-de-bourg sont tout autant flattés par un poulet rôti qu'un alsace-pinot gris, un crozes-hermitage blanc ou un savennières, sans parler d'un bandol rosé ou d'un Rioja Crianza. Si la volaille est farcie aux truffes elle appelle un cahors, un pomerol ou un Barbaresco ; si elle est préparée à la basquaise, un irouléguy ou un Navarra rosé ; est-elle pochée puis nappée d'une sauce à la crème, un meursault, un châteauneuf-du-pape blanc ou un chardonnay du Haut-Adige est à la fête. Le choix est ouvert, les cuissons et les sauces servant d'arbitre. On évitera cependant les vins trop tanniques, rouges de garde ou blancs très boisés, qui ne perdent rien dans l'affaire mais se contentent de monologuer, faute d'un interlocuteur à leur niveau.

Sur un poulet rôti

Le temps des tristes poulets élevés aux farines de poisson et dopés aux hormones est fort heureusement derrière nous, mais la plus grande vigilance s'impose encore dans le choix de la volaille. En oubliant tous les poulets prédécoupés présentés en barquette (impossible dans ce cas de vérifier l'aspect de la volaille avant la découpe), on choisira un poulet ayant reçu un label. Attention ! Label ne veut pas dire qu'il s'agisse d'un poulet fermier. Néanmoins, le consommateur est au moins rassuré sur la qualité de l'alimentation de la volaille, même si celle-ci provient d'un élevage industriel. Chez le volailler ou le boucher, on trouvera des poulets fermiers, élevés en plein air assez longtemps, certes plus chers mais de qualité bien supérieure. On portera son attention sur l'aspect et la fermeté de la chair. Le bréchet doit rester souple et la couleur de la graisse sera de préférence jaune. Un bec dur et des pattes solides sont les preuves d'une vie en plein air. Si le poulet de Bresse (AOC) tient la vedette, on trouve également de bons produits parmi les poulets du Gers, de Challans et des Landes. On privilégiera chaque fois les races dites anciennes sur les races sélectionnées pour les besoins de l'élevage de masse.

MÊME UN SIMPLE POULET RÔTI RÉSERVE BIEN DES SURPRISES GUSTATIVES ET MÉRITE UN COMPAGNON BIEN CHOISI POUR NE RIEN PERDRE DE SA DÉLICATESSE. LE VIN DEVRA AUSSI S'HARMONISER AVEC CE PLAT ET PRÉSERVER SA PALETTE AROMATIQUE.

Dégustation des vins avant le plat

Hermitage blanc Cave de Tain l'Hermitage Les Nobles Rives 1996

Une robe pâle de couleur paille et un nez de prime abord assez retenu mais qui développe à l'aération de belles notes de fleurs blanches, de fruits secs, d'anis et de miel. La bouche a de l'ampleur, une matière mûre, une force sous-jacente équilibrée non par l'acidité, assez faible, mais par cette carrure tannique (si l'on peut parler ainsi d'un vin blanc) qui caractérise les vins rhodaniens. Cette bouteille aujourd'hui dégustée dans sa prime jeunesse pourra traverser une décennie. Elle gagnera en race et en complexité.

Mercurey Château de Chamirey 1995

Brillante, la robe livre une teinte cerise. Le nez a de l'allure : il se développe sur un fruité précis (petite cerise rouge) rehaussé par des notes de fumée, de cuir léger, quelques nuances épicées et boisées, tout en finesse. La bouche soyeuse se caractérise par un fruité intense, une attaque souple. Sa structure se révèle en finale avec de beaux tanins fins et toujours cette alliance fruits–épices persistante. Un mercurey à la fois charmeur et sérieux, fruité et structuré, qui pourra vieillir sans dommages.

Crozes-hermitage rouge Château Curson 1995

La robe sombre à frange violette est de bon augure. Le nez, bien typé, décline avec force la violette, le cassis et le poivre, et quelques notes épicées bien mariées. La bouche développe un fruité intense avec une matière dense, des tanins bien bâtis qui précisent une belle structure mais sans raideur ni agressivité. Les épices du bois reviennent en finale en s'alliant au fruit dans une harmonie déjà fondue. Un vin assez séducteur dès à présent mais qui gagnera à attendre cinq ou six ans.

Coteaux-du-languedoc Mas Jullien Les Cailloutis 1995

La robe très sombre laisse apparaître des reflets grenat. Le nez, opulent et complexe, livre des arômes de figue cuite, de pruneau, d'herbes de garrigue, des notes fauves et épicées, une composante grillée et fumée. La bouche possède une belle trame ronde et une grande générosité, équilibrée par une force tannique encore très présente (le grain doit encore s'affiner). La finale épicée est aromatique, longue et imprégnante. Encore dans sa phase de jeunesse, ce vin devrait vieillir en polissant son grain et donner une bouteille fort séduisante.

Autres alliances

- **Vallée du Rhône :** crozes-hermitage blanc 2 ans, saint-joseph rouge 3 ans
- **Bourgogne :** givry rouge 3 ans
- **Languedoc-Roussillon :** vin de pays d'Oc 2 ans
- **Alsace :** alsace-tokay-pinot gris 3 ans
- **Provence-Corse :** bandol rosé 3 ans
- **Vallée de la Loire :** bourgueil 3 ans
- **Bordelais :** côtes-de-bourg 3 ans
- **Espagne :** Rioja Crianza rouge 3 ans
- **Italie :** Chianti Classico 5 ans
- **Portugal :** Dão rouge 4 ans
- **Grèce :** Naoussa 2 ans
- **États-Unis :** merlot de Long Island 3 ans
- **Liban :** vin rouge de la Bekaa 2 ans

Dégustation des vins à table

Entre le blanc délicat mais un peu sec, les cuisses plus moelleuses et goûteuses, parfois fermes, les aiguillettes rosées et fondantes, la peau craquante et salée, parfois un peu grasse, toute une gamme de saveurs et de textures se déclinent dans le poulet. Pour le plaisir de chacun, on servira un peu de tout dans l'assiette de ses convives.

Le jus recueille les sucs et le gras qui s'écoulent pendant la cuisson et qui caramélisent dans le plat. C'est un concentré de goût de poulet qui rehausse la saveur de la chair.

Sur le blanc de poulet arrosé de jus

• L'**hermitage blanc** fait ici merveille. Son gras est souligné par le côté un peu sec de la chair, ses arômes sont intégralement respectés, sa rondeur est relevée par le salé du jus, la note florale est exacerbée. Le poulet est un superbe faire-valoir pour ce vin.

• Le **mercurey** domine certes le blanc de poulet, mais le jus de celui-ci lui ôte un peu de fruit. Néanmoins, l'harmonie est respectée : le vin garde ses tanins soyeux.

• Le **crozes-hermitage** ne se laisse pas impressionner : il conserve son fruit, ses tanins et toute sa palette aromatique. Le mariage vin–plat s'en trouve déséquilibré, au profit d'un seul partenaire.

• Le **coteaux-du-languedoc** domine par trop la chair délicate du poulet mais, curieusement, il perd une partie de ses arômes et voit sa finale tannique se sécher.

Sur les cuisses de poulet et la peau

• L'**hermitage** plie légèrement mais garde toute sa force et sa structure. Seuls les arômes floraux disparaissent au profit des fruits secs et du miel. L'alliance est assez séduisante, tout en rondeur. La saveur plus marquée de la chair fait ressortir l'ampleur du vin. Si l'on goûte la peau seule, le vin prend de la suavité, sans doute soulignée par le contraste avec le sel.

• Le **mercurey** trouve ici un faire-valoir idéal. Le fruité est bien souligné par la chair, mais c'est surtout la texture, à la fois élastique et fondante, de la cuisse qui révèle le bel équilibre tannique du vin. Le gras de la peau arrondit les tanins et valorise les épices.

• Le **crozes-hermitage** est plus à son aise qu'avec le blanc de poulet. Il allie son fruit avec la chair, le côté cassis ressort davantage, ses tanins perdent le volet aromatique boisé pour ne garder que quelques épices douces, comme si le plat faisait gagner quelques années à ce vin. La peau du poulet affine la structure du crozes-hermitage et en révèle le fruit.

• Le **coteaux-du-languedoc** domine encore le poulet, mais le combat est moins inégal. Si le vin se trouve encore affermi par le plat et perd quelque peu son équilibre, il se rattrape ici grâce à son côté grillé qui joue dans le même sens aromatique. Sa force tannique est amabilisée par le gras de la peau.

La recette du poulet rôti

Ingrédients
1 beau poulet de grain de 2 kg
2 cl d'huile d'arachide
4 croûtons frottés d'ail
8 gousses d'ail non pelées
sel et poivre du moulin

• Poivrer le poulet. Le badigeonner d'huile d'arachide. Farcir l'intérieur de la volaille des croûtons frottés d'ail (trempés dans le jus, ils sont un véritable délice).

• Allumer la rôtissoire. Embrocher le poulet et fixer la broche devant un gril vertical, avec une lèchefrite pour recueillir le jus. Laisser rôtir 1 h. La cuisson est complète lorsque, piqué d'une aiguille, le poulet ne laisse plus couler de jus.

• En fin de cuisson, saler la volaille et ajouter les gousses d'ail en chemise dans le plat.

Si l'on veut que le poulet conserve son moelleux, on ne salera qu'à la fin. Il y aura moins de jus mais plus de sucs dans le poulet.

Sur un blanc de volaille farci aux truffes

La truffe demande à être accompagnée de vins vieux, évolués, ce qui ne facilitera pas la recherche des crus dégustés ici. Néanmoins, on pourra réaliser cet exercice en se procurant des vins de même appellation et de même âge : les conclusions seront assez voisines.

La truffe ne se conçoit que fraîche, de janvier à mars. La conserve lui fait perdre de ses arômes et de sa personnalité. Le *Tuber melanosporum*, truffe noire dite du Périgord, est bien supérieur aux truffes d'été, plus abondantes et moins chères. La trufficulture reste une activité mystérieuse, même si l'on sait désormais que le chêne truffier et le noisetier plantés sur sols calcaires sont les clés du succès. Cela ne suffit pourtant pas : il faut entretenir soigneusement sa truffière. Faute de soins, le Périgord et le Quercy ont vu disparaître le potentiel dont ils disposaient autrefois, au bénéfice des truffes de la Drôme, voire d'Espagne.
Acheter de la truffe fraîche n'est pas une mince affaire. Aller directement sur un marché spécialisé met l'amateur en rude concurrence avec les acheteurs professionnels, et le cérémonial peut sembler assez ésotérique. En outre, le "diamant noir" atteint des prix exorbitants, encore gonflés à l'étal des épiceries de luxe. On évitera les truffes en provenance d'Asie, bien moins chères mais insipides.

Dégustation des vins avant le plat

Côtes-du-rhône-villages-Rasteau Domaine La Soumade 1992

La robe rubis à frange évoluée tire sur la teinte brique. Le nez puissant révèle une composante chaude : épices, cuir, notes de laurier, d'amande amère, le tout enveloppé par des fruits cuits. La bouche est riche, généreuse. Son volume est épanoui et ses tanins se fondent dans une vinosité marquée qui ensoleille la finale. La belle concentration de fruit, les épices orientales (on trouve même des notes de safran) et la touche légèrement viandée se marient dans une belle persistance.

Cahors Château de Haute-Serre 1990

Une belle robe dense, encore vive et à peine évoluée. Les arômes intenses composent une palette riche et complexe, avec un beau fruit rouge confit, de la violette, une forte présence de champignon, truffe et sous-bois qui domine l'ensemble. S'ajoutent des notes finement boisées de cacao, de vanille et de tabac. La bouche est riche, veloutée, avec une trame lisse et suave. Le vin finit sur une grande force aromatique imprégnante qui décline truffe, fruit bletti, épices douces et cacao. Une belle bouteille en grande forme.

Clos de vougeot Bouchard Aîné 1981

La robe pâle à reflets bruns présente peu de densité. Le nez, très développé, bénéficie d'une palette secondaire particulièrement fine : truffe, épices douces, cerise confite, notes de tabac blond et pointe de gibier élégante. Une note alcooleuse déséquilibre quelque peu la matière de ce vin qui manque de corps. La bouche déçoit après ce nez si flatteur et si complexe. Fort heureusement, la finale décline la truffe et les épices avec grâce. Un vin en dentelles, entièrement axé sur ses arômes. Un vin "de mouchoir" en quelque sorte.

Pomerol Château La Violette 1989

Vêtu d'une robe dense, profonde, ce vin dévoile des notes d'humus, de sous-bois d'automne, de truffe. Un côté boisé épice le tout. La palette comprend des senteurs "terreuses". Le fruit se retrouve dans une bouche bien bâtie, à la trame fine et aux tanins ronds, presque sous-jacents. La finale est puissante, truffée et réglissée, les notes de sous-bois et d'épices étant toujours présentes. Un vin très typé qui exprime son terroir avec force.

Dégustation des vins à table

Si le vin se boit à grandes lampées, la truffe se mange à grandes bouchées. Il n'y a rien de plus ridicule que ces petites et chiches lamelles noires plus décoratives que gustatives. Ce plat semble s'être imprégné des arômes de truffe : le blanc de volaille a absorbé ses fragrances avec une intensité surprenante. Le moelleux et le fondu de la viande sont déterminants dans les alliances de structure ; les arômes des vins choisis se juxtaposent à ceux de la truffe.

- Le **côtes-du-rhône-villages** est un peu trop puissant pour le plat ; sa générosité en atténue la finesse aromatique. En revanche, le moelleux du blanc de

volaille est parfaitement souligné par la richesse du vin. Les arômes du côtes-du-rhône penchent vers le cuir. Le côté fruité semble souligné, moins cuit. Les épices du vin se fondent ; le vin acquiert plus de structure, comme si le plat révélait son architecture.

• Le **cahors** joue les amants fougueux et apporte toute sa complexité aromatique au plat qui le lui rend bien. Les arômes de truffe se marient en se renforçant l'un par l'autre. Une osmose parfaite qui fait douter de l'origine du parfum : la truffe vient-elle du plat ou du vin ? L'harmonie en bouche est à la hauteur de celle du nez. La structure du vin est arrondie par le moelleux du plat, le fruité se développe et la finale semble allongée. Une superbe alliance qui joue à la fois sur la pure analyse gustative et sur la notion de mariage de terroir, truffe et cahors venant de la même région.

• Le **clos de vougeot** se sert de ses armes, de sa grande complexité aromatique. Sa palette s'enrichit encore, en acquérant des notes chocolatées et de nouvelles épices. Les arômes de truffe du vin se trouvent renforcés mais ne se développent pas autant que dans le cahors. En bouche, le vin laisse apparaître sa fluidité et le blanc de volaille domine l'ensemble, le fondant du plat faisant même apparaître une finale sèche et un peu maigre. Peut-être le côté vineux a-t-il été absorbé par le plat.

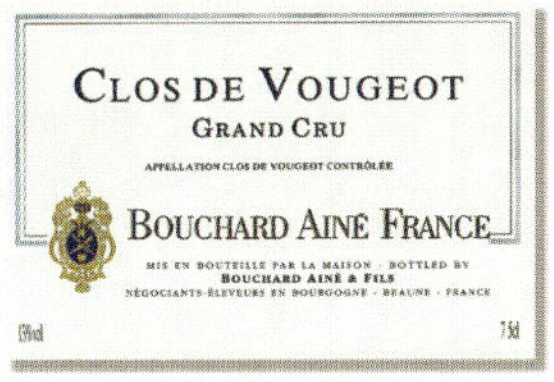

• Le **pomerol** exacerbe ses arômes de sous-bois, avec une truffe bien soulignée par le plat. Les feuilles mortes, l'humus, les champignons complètent la palette. Anoblie, la note "terreuse" trouve ici sa justification. Une belle symbiose aromatique avec le plat qui met en valeur le caractère du pomerol. En bouche, le plat structure le vin. Celui-ci apparaît plus carré, plus tannique, mieux construit. L'alliance se précise dans la finale, dont l'expression aromatique est renforcée.

Autres alliances

Vallée du Rhône : côtes-du-rhône 4 ans
Sud-Ouest : cahors 4 ans
Bourgogne : nuits-saint-georges 5 ans
Bordelais : lalande-de-pomerol 5 ans
Vallée du Rhône : coteaux-du-tricastin 5 ans
Alsace : alsace-tokay-pinot gris grand cru 8 ans
Bourgogne : corton-charlemagne 8 ans
Vallée de la Loire : savennières 8 ans
États-Unis : merlot de Californie 5 ans
Chili : merlot 3 ans
Espagne : merlot Costers del Segre 5 ans
Portugal : Dão rouge 5 ans
Suisse : chardonnay canton de Genève 4 ans
Italie : Soave Classico 4 ans

La recette du blanc de volaille farci aux truffes

Ingrédients

1 gros poulet de grain de 2,5 kg vidé
100 g de truffes fraîches
1 cuillerée à soupe d'huile d'arachide
sel et poivre du moulin
Pour les pommes sarladaises
400 g de pommes de terre
5 cl de graisse d'oie
30 g de truffes fraîches

• Glisser les lamelles de truffe à l'intérieur de la volaille.

• Mettre l'huile dans une cocotte et faire cuire le poulet entier à l'étouffée pendant 45 mn.

• Déglacer le jus de cuisson de la cocotte pour en napper les blancs de poulet.

• Lever les cuisses (les réserver pour une autre recette) et les blancs avec leur peau intacte.

• Poursuivre la cuisson des blancs de volaille à la vapeur dans un couscoussier pendant 15 mn pour ramollir et faire fondre les chairs. Saler et poivrer.

• Préparer les pommes sarladaises. Faire sauter les pommes de terre dans une grande poêle avec la graisse d'oie. Agrémenter d'un hachis de truffes fraîches juste à la fin de la cuisson des pommes de terre.

Sur un magret de canard

Un bon magret (ou maigret) doit provenir d'un canard engraissé et gavé pour son foie gras. La viande est alors recouverte d'une peau épaisse, grenue et grasse, et la chair est d'une teinte rouge vif. La couleur jaune de la graisse indique un élevage au maïs. Les races barbarie ou mulard se prêtent le mieux au gavage et seront privilégiées pour cette recette. On évitera bien sûr ces magrets de canards qui "n'ont que la peau sur les os".

DEPUIS LA GÉNIALE "INVENTION" D'ANDRÉ DAGUIN, RESTAURATEUR À AUCH, LE MAGRET DE CANARD, PARTIE CHARNUE DE L'AILE QUI ÉTAIT AUTREFOIS SALÉE ET CONFITE AVEC L'AILERON, A CONQUIS LES TABLES RAFFINÉES. CE PLAT DÉVOILE ICI SES FACETTES SUR TROIS CRUS DU SUD-OUEST AU GRAIN TANNIQUE PUISSANT ET UN VIN DU BORDELAIS DÉJÀ FONDU ET AIMABLE.

Dégustation des vins avant le plat

Madiran Château d'Aydie 1995

La robe présente une intensité soutenue, avec des reflets encore bleutés. Le nez est expressif : notes de fruits noirs bien mûrs, d'épices vanillées, un côté torréfié bien intégré dans la palette. La bouche bénéficie d'une architecture imposante équilibrée par de la chair et du gras. Les tanins, dont le grain est encore un peu rustique, sont puissants et épicés. La finale associe harmonieusement la mûre et les épices boisées. Un madiran où le tannat bien mûr s'exprime avec une robustesse assagie.

Cahors Château du Cèdre "Le Prestige" 1995

La robe d'encre est encore ourlée de violet. Le nez épanoui offre une belle palette fruitée qui privilégie le cassis, les épices et les notes torréfiées, la vanille et un soupçon de violette. Le tout est fondu et harmonieux. La bouche attaque en fanfare. La carrure tannique et la concentration de la matière forment un ensemble dense et réglissé. Il y a du gras dans ce vin, une belle sève. Les tanins impressionnants savent éviter l'agressivité. Ce bel équilibre entre puissance et fondu se prolonge au gré des déclinaisons aromatiques sur la vanille et le fruit mûr. Un vin prêt pour une longue garde mais qui offre un visage déjà aimable.

Buzet Les Vignerons de Buzet Grande Réserve 1989

Sombre, la robe se pare d'une frange à peine brunie. Le nez est particulièrement complexe, épanoui et évolue sur des notes secondaires racées : cuir, cacao, accents mentholés, fruits rouges compotés, bois exotiques. La bouche suit dans le même registre avec une trame lisse et fondue, une densité fruitée intacte, une structure tannique qui soutient une belle matière sans l'emprisonner ni la durcir. Ce vin finit sur des arômes concentrés de cerise et de bois précieux, dans une longueur imprégnante. Il présente de toute évidence un style aquitain. Dégusté à l'aveugle, il pourrait prêter à confusion avec quelques grands médoc.

Lalande-de-pomerol Château La Croix des Moines 1995

Ourlée de rubis, la robe est d'une intensité moyenne. Le nez est harmonieux : notes de champignons sauvages, réglisse, fruits rouges mûrs, petite touche de vanille et quelques accents balsamiques. Un ensemble complexe et élégant. D'une matière lisse et mûre, la bouche possède du fondu dès l'attaque. Le fruité est souligné par les épices issues de l'élevage. La concentration est moyenne et les tanins sont déjà aimables, enrobés d'une générosité qui transparaît dans une finale longue et qui reprend toute la palette du nez. Un vin séduisant et charmeur qui peut déjà être proposé à table.

Dégustation des vins à table

Le plat préparé prend des visages multiples. Si la viande rouge du canard est très sapide et fondante, le gras ne garde que le côté croustillant et grillé. Les pommes de terre proposent un côté moelleux et farineux, les notes sucrées de l'oignon et celles salées du lard, le tout relevé par la force aromatique de la persillade. Les vins réagissent en fonction de ces différentes facettes.

• Le **madiran** est aromatisé par le maigre du magret. Son côté fruité est rehaussé et des notes balsamiques apparaissent. Les protéines de cette viande rouge agissent sur le grain tannique avec une efficacité évidente : le côté rustique est gommé, la trame s'affine, le couple viande–tanins fonctionne à merveille. Le gras s'associe à ce fondu en conférant au vin un contraste moelleux–croustillant qui fait fondre son architecture. En revanche, les pommes de terre mettent en avant leur côté farineux qui sèchent les tanins du vin, et la persillade perturbe les arômes. Une dégustation qui oscille entre deux styles.

• Le **cahors**, comme le madiran, développe son aspect fruité sur la viande rouge et ses tanins s'assagissent. Pointent alors des notes réglissées, un peu sauvages. La grande carrure du vin est soulignée, avec encore plus de fondu, comme si les protéines gommaient les angles. Le croustillant du gras de canard fait office de révélateur du gras du vin. Les pommes de terre effacent non seulement les tanins du vin, mais aussi ses notes épicées. Des notes de champignon assez séduisantes se manifestent. La persillade reste inoffensive.

• Le **buzet**, pourtant déjà fondu, s'assouplit encore davantage sur la viande du magret. Ses arômes sont respectés, sa matière est lissée. Les tanins gagnent en puissance aromatique ce qu'ils perdent en puissance structurelle. Le craquant du gras du canard fait ressortir le moelleux du vin et renforce sa puissance épicée. Quant aux pommes de terre, elles simplifient l'ensemble et durcissent un peu la finale ; le plat est trop rustique et masque l'élégance naturelle du vin. La persillade arrive en bouche comme une intruse.

• Le **lalande-de-pomerol** associe sa rondeur à la viande. Le fruité ressort davantage, de même que les arômes vanillés. En outre, on décèle une note truffée qui avait échappé dans la première partie de la dégustation. Déjà fondu, le vin s'arrondit, ses tanins coulants étant digérés dans l'ensemble vin–plat. Le gras renforce le côté épicé du cru. Les pommes de terre, comme sur le buzet, simplifient le lalande-de-pomerol, mais l'alliance lard–oignon parvient à en renforcer le fruit. De toute évidence, la persillade est de trop.

Autres alliances

- **Languedoc-Roussillon** : fitou 5 ans
- **Sud-Ouest** : côtes-de-saint-mont rouge 5 ans, tursan rouge 3 ans, pécharmant 5 ans
- **Espagne** : Somontano rouge 5 ans
- **Italie** : Barbaresco 5 ans
- **Chili** : merlot 5 ans
- **Australie** : cabernet-sauvignon 5 ans
- **Uruguay** : tannat 5 ans
- **Hongrie** : merlot du lac Balaton 5 ans

La recette du magret de canard

Ingrédients

- 2 beaux magrets de canard
- 500 g de pommes de terre
- 100 g de lard
- 100 g d'oignon
- 1/2 gousse d'ail
- 1 cuillerée à soupe de graisse d'oie ou de canard
- 2 branches de persil
- sel et poivre du moulin

• Griller les magrets de canard à la poêle. Commencer à cuire le canard sur sa peau, à feu assez doux pour ne pas la brûler, jusqu'à ce que la graisse ait fondu complètement. On doit obtenir une fine couche croustillante.

• Griller ensuite à feu vif le côté viandé. Vérifier la cuisson en tâtant avec le pouce. Le magret doit rester saignant.

• Garder les magrets de canard au chaud 10 mn avant le service pour que les fibres de la viande se détendent.

• Trancher la viande sur table en lamelles de 1 cm d'épaisseur. Saler et poivrer au dernier moment.

• Peler les pommes de terre. Les couper en rondelles. Hacher l'oignon, l'ail et le lard. Faire sauter les pommes de terre dans une poêle anti-adhésive avec la graisse d'oie ou de canard à feu moyen. Lorsque les pommes de terre commencent à dorer, jeter dans la poêle le hachis d'oignon et de lard, tout en montant le feu. La cuisson se termine lorsque l'oignon a blondi. Servir parsemé du persil haché.

Sur un confit de canard et frites au gros sel

Jusqu'à l'invention de la glacière et plus tard du réfrigérateur, tout passait au saloir et à la cheminée, jambons ou quartiers de bœuf, morue ou hareng. La consommation de viande ou de poisson frais n'était possible que près du lieu de production, en usant force épices. Leur abondance dans la cuisine romaine, puis du Moyen Âge, tout comme dans celle de l'Orient d'aujourd'hui n'avait pas d'autre but que de préserver cette nourriture d'une putréfaction précoce, voire d'en masquer les prémices. Pour être confit, un animal doit être gras. Cette méthode s'applique donc parfaitement au porc et surtout aux volailles engraissées comme l'oie et le canard. Si l'on préfère désormais réserver le filet de l'aile pour un magret que l'on fera griller, les cuisses, manchons, ailerons, cous et gésiers seront destinés aux confits.

> ENTRE DEUX COMMENTAIRES GUERRIERS, CÉSAR FAIT MENTION D'UN PRINCIPE CULINAIRE INCONNU DES ROMAINS, EN USAGE DANS CETTE CONTRÉE QUI NE S'APPELAIT PAS ENCORE GASCOGNE : LA CONSERVATION DES VIANDES PAR SALAGE ET CUISSON DANS LEUR PROPRE GRAISSE, C'EST-À-DIRE LE CONFIT.

Dégustation des vins avant le plat

Côtes-du-frontonnais Château Le Roc Cuvée Réservée 1995

La robe assez intense a pris un reflet pourpre prononcé. La violette domine le premier nez, suivie de la framboise, de la petite cerise, de notes légèrement fumées, de fruits noirs et d'épices discrètes. La bouche a beaucoup de fondu, une trame lisse et surtout un fruité mûr, intense et bien intégré au vin qui présente une certaine sucrosité. Le gras équilibre la vivacité. La finale décline réglisse et framboise, un peu de poivre et quelques accents épicés bien dosés. Un vin très charmeur.

Irouléguy Domaine Brana 1995

La robe est intense, rouge sombre, avec un léger reflet violet. Le cuir et la vanille, le cassis et le poivron, des notes fumées et boisées composent un nez complexe. La bouche présente d'emblée une structure carrée, une matière marquée par un fruit noir bien mûr, soulignée par une vivacité perceptible. Les tanins sont puissants et encore un peu rustiques : leur grain demande à se lisser. Le côté boisé enrobe le tout avec bonheur, en apportant ses arômes épicés et vanillés. La finale, pleine d'éclat, se prolonge sur des accents de poivron et d'épices. Ce vin mérite de vieillir encore.

Cahors Château Lamartine Cuvée Particulière 1995

Belle robe intense et vive, marquée par un reflet violet encore prononcé. Superbe nez plein de fraîcheur, où s'allient la violette et la framboise. On note aussi une présence fumée, des épices douces, des accents de sous-bois. La bouche ample se caractérise par un fruité éclatant, une trame veloutée, encadrée par des tanins à grain lisse, aromatiques et bien équilibrés par rapport au fruit. La finale est longue, sur les fruits aux épices, avec retour de la note de violette qui signe ce vin de pur cépage auxerrois. Un cahors de belle lignée.

Madiran Domaine Berthoumieu Cuvée Charles de Batz 1995

La robe presque noire revêt un reflet pourpre intense. Le nez décline la mûre sauvage, la vanille, les épices du bois, les notes torréfiées et des accents de cuir, presque viandés. La bouche est architecturée. La présence tannique se manifeste dès l'attaque. Le fruit joue ici d'égal à égal avec les arômes de la barrique, mais il n'y a pas encore synergie. Les tanins montent en finale. Leur grain est encore rustique, mais il est enveloppé par le moelleux du bois neuf. La finale reprend les épices, les fruits noirs, le cuir et une note poivrée persistante. Un madiran de haut de gamme, civilisé par son élevage.

Dégustation des vins à table

Ce plat à dominante salée est haut en saveur. Sa texture est contrastée : du moelleux de la viande au croustillant de la peau, renforcé par celui des frites. Les quatre vins du Sud-Ouest jouent avec ces deux aspects et confrontent leurs tanins typiques avec ce plat du terroir.

- Le **côtes-du-frontonnais**, déjà lisse, est encore plus fondu par le confit : il coule en bouche avec une souplesse tentatrice. Ses arômes fruités ressortent ; la note de fruit rouge est soulignée par le côté salé de la viande. En revanche, la violette se fane un peu. La confrontation avec les frites salées a tendance à éteindre le moelleux du vin, mais elle souligne son fruit et fait monter sa vivacité. Les tanins du vin disparaissent complètement.

La recette du confit de canard et frites au gros sel

Ingrédients

4 cuisses de canard
15 g de gros sel par kilogramme de viande
1 pointe d'ail
herbes aromatiques
poivre du moulin

• La veille, découper les cuisses de canard en morceaux. Séparer les magrets que l'on pourra congeler pour une autre recette. Récupérer toute la graisse du canard, Ranger les morceaux dans un plat et saler au gros sel. Poivrer. Ajouter un peu d'ail et une pincée d'herbes aromatiques. Mettre au frais pendant 24 h.

• Pendant ce temps, découper la graisse en petits carrés et faire fondre dans un chaudron. Il reste à la surface de petits bouts de peau qui ne fondent pas, ce sont les délicieux fritons croustillants, que l'on récupère à l'écumoire et qui seront servis à l'apéritif.

• Le lendemain, débarrasser les morceaux de leurs grains de sel, les mettre dans un chaudron de cuivre et les recouvrir de la graisse de canard. Faire cuire à léger frémissement. Compter 2 h de cuisson pour de grosses cuisses.

• Stériliser un pot de grès, dit "à confit", avec de l'eau bouillante. Ranger les morceaux cuits : la graisse doit surmonter les morceaux de canard d'au moins 2 cm. Laisser refroidir. Réserver les pots dans un endroit frais, à la cave par exemple. On peut les conserver quelques mois, le confit n'en sera que meilleur.

• Le jour du repas, sortir les morceaux du pot, les dégraisser à la poêle chaude. Faire cuire le confit du côté de la peau, laquelle doit être bien croustillante. Servir ce confit avec des pommes de terre sautées ou cuisinées en grosses frites à la graisse de canard saupoudrées de gros sel.

• L'**irouléguy** perd sa rusticité et gagne en élégance sur ce confit campagnard. Le grain des tanins se lisse ; le gras du plat n'y est pas étranger. Le boisé est un peu effacé et retrouve une place plus discrète, ce qui donne plus d'harmonie au vin. Par conséquent, le fruit de l'irouléguy est exacerbé, tout comme ses notes de poivron rouge. Les frites font ressortir le côté animal, en séchant un peu la structure. Ce vin bu sur le confit gagne plusieurs années d'évolution. Il trouve un comparse qui le met en valeur.

• Le **cahors** est à son aise avec le confit. Son fruité éclatant est encore plus marqué, son expression aromatique garde toutes ses composantes, avec peut-être un peu moins d'épices. Contrairement au côtes-du-frontonnais, l'arôme de violette est persistant. Les tanins se fondent davantage, même les frites n'arrivent pas à sécher sa structure. Un accord parfait dans le respect du vin.

• Le **madiran** garde toute sa palette aromatique et la belle présence de fruits noirs. En revanche, sa carrure initiale est "amabilisée", fondue, lissée par le gras du confit. Le sel du plat joue son rôle de révélateur du fruit, en jouant sur les contrastes. La note de bois neuf, dominante à la première dégustation, semble plus équilibrée par le fruit, lequel n'est en aucun cas entamé par la saveur des frites. À l'instar de l'irouléguy, ce madiran gagne ici plusieurs années de maturation.

Autres alliances

Sud-Ouest : gaillac rouge 3 ans, béarn rouge 3 ans, côtes-de-saint-mont rouge 3 ans, vin de pays des Coteaux du Quercy rouge 3 ans

Sud-Ouest : marcillac 3 ans, côtes-de-bergerac rouge 3 ans, buzet rouge 3 ans
Bordelais : côtes-de-bourg 3 ans

États-Unis : cabernet-sauvignon Napa Valley 5 ans
Espagne : Bullas rouge 4 ans
Italie : Barbaresco 5 ans
Grèce : Nemea 5 ans
Chili : cabernet-sauvignon 5 ans
Afrique du Sud : cabernet-sauvignon 5 ans

Sur un coq au vin jaune

Chaque région possède sa recette de coq au vin, élaborée avec les produits du cru. La recette bourguignonne, à base de chambertin (plus précisément de lie de chambertin et non de vin pour des raisons évidentes d'économie et de concentration de la sauce), est la plus célèbre. Les approches sont toutes identiques : le volatile découpé marine dans du vin, puis est cuit dans la marinade avec lardons, petits oignons et champignons. La sauce est en général liée au sang du coq au tout dernier moment, ce qui donne cet incomparable velouté de texture. Il s'agit dans tous les cas de vin rouge, seul capable de donner du corps et de la charpente, sauf dans le Jura où le puissant vin jaune apporte son caractère et ses arômes bien particuliers.

DRÔLE DE DESTINÉE
POUR UN COQ
QUE DE FINIR
DANS UNE COCOTTE !
CE VOLATILE EMBLÉMATIQUE
DE LA NATION GAULOISE,
CE RÉVEILLE-MATIN À PLUMES
ET DON JUAN DE BASSE-COUR
ACHÈVE SOUVENT
SA VIE DANS UN BAIN
DE LIQUIDE
TOUT AUSSI SYMBOLIQUE,
LE VIN DE FRANCE.

Choisir les ingrédients

Le vin jaune est une exception dans la production française : il est élevé sous une fine couche de levures qui le protège des oxydations violentes et qui, pendant six ans et demi, fait évoluer le vin en lui conférant ces arômes inimitables de noix et de fruits secs. Toutefois, d'autres régions ou pays produisent des vins qui relèvent de la même philosophie. Il nous a paru intéressant de les goûter sur un coq cuisiné au véritable vin jaune.

Le choix du coq est extrêmement restreint aujourd'hui : les volaillers ne proposent plus cet animal réservé à une consommation paysanne. Si l'on ne connaît pas d'éleveur, on optera pour un gros poulet, le plus âgé possible et fermier, dont la chair ferme ne se détachera pas à la cuisson. Si une marinade préalable s'imposait autrefois pour un vieux coq de basse-cour dont il fallait attendrir la chair, elle est désormais inutile.

Dégustation des vins avant le plat

Pessac-léognan Château Carbonnieux blanc 1987

La robe est paille soutenu, ourlée d'un léger reflet doré. Le nez, de toute évidence évolué, dégage des arômes intenses d'encaustique, de cire, de naphte et de fruits secs (amande). Il s'agit bien évidemment d'une oxydation de type classique et non d'une évolution sous voile. La bouche développe encore du fruit confit. Sa vivacité est équilibrée par le gras. En finale apparaît une note de fruits secs, tandis que les épices se dévoilent en tout dernier lieu. Un vin très évolué mais qui n'a rien perdu de son équilibre. Son univers aromatique a simplement basculé du fruit frais au fruit sec, des notes minérales typiques des vins de graves aux accents de pétrole des vins blancs vieux.

Jerez fino La Ina Pedro Domecq

La robe pâle dévoile un léger reflet vert. L'amande grillée, les notes de rancio noble, la pomme blette, les fruits cuits au four dominent un nez puissant, très typé, avec beaucoup de race. La bouche se caractérise par un équilibre très différent des autres vins de la dégustation. Il s'agit du seul vin viné. L'alcool est donc plus présent mais il est bien équilibré par une acidité marquée, une sécheresse de goût poussée à son paroxysme, qui laisse apparaître la composante salée, fait rarissime dans la dégustation des vins. Les notes de fruits secs perdurent en finale. Le vin se prolonge en bouche sur une petite touche iodée qui signe un style bien personnel. Exotique et excitant !

Gaillac Vin de voile de Robert Plageoles 1987

Dotée d'un petit reflet cuivré, la robe est doré soutenu. Les fruits confits apparaissent en premier, relayés par la pomme au four caramélisée, le pralin. Puis montent les fruits secs, les épices orientales, la cannelle, le gingembre. La bouche a de l'opulence et tranche sur le vin précédent par son gras et son ampleur. Le fruit a gardé sa place dans cette corbeille d'arômes issus de l'oxydation. La générosité est plus discrète. Le vin fait preuve d'un bon équilibre entre moelleux, vivacité et charpente. Sa finale explosive mêle fruits cuits, amande, noisette et un rancio discret. Un vin à la fois sec et fruité, un "extra-terrestre" en pays gaillacois.

Côtes-du-jura Château d'Arlay 1990

La robe est dorée, éclatante, soulignée par un reflet ambré. Le nez est un modèle de classicisme pour cette appellation : fruits secs, noix, huile de noix, épices douces, encore accompagnés de fruit frais et égayés par cet indéfinissable "goût de jaune" qui signe les réussites en Franche-Comté. La bouche est d'une belle richesse, opulente et stricte à la fois. Sa générosité contrebalance le côté sec du vin. Les épices, le poivre, les belles notes de noix perdurent dans une finale très longue, imprégnante, qui n'en finit pas de finir. Un grand vin classique dans toute sa personnalité, l'antithèse des modes passagères ou d'une mondialisation simplificatrice.

Le vignoble des côtes-du-jura et le château d'Arlay.

Dégustation des vins à table

Le plat est marqué par les arômes de fruits secs du vin jaune qui ont résisté à la cuisson, alliés à ceux des morilles, intenses et bien typés. La texture de la volaille a été assouplie par la cuisson ; elle est fondante et s'est imprégnée du goût de la sauce. Celle-ci est veloutée, haute en saveur. On y distingue l'apport du lard fumé qui complète le tout, et les petits oignons qui en adoucissent la force.

• Le plat offre au vieux **pessac-léognan** une cure de jouvence. Le côté très évolué du vin est atténué et son fruit remonte des profondeurs du verre, comme s'il était libéré par le goût de la sauce. Un lifting étonnant : le cru retrouve du tonus et de la jeunesse ; il y perd peut-être un peu de gras et semble plus sec. La démonstration éclatante que chaque vin trouve son faire-valoir et qu'il ne faut pas se fier aux seules notes de dégustation.

• Le **jerez fino** impose sa force et sa puissance aromatique. Il n'est pas ou peu modifié par le plat ; sa composante salée est encore évidente. Le vin joue alors le rôle de condiment et reste fidèle à son profil. Seule la morille dévoile un fruité plus intense. La puissance alcoolique est fondue dans le velouté de la sauce, pour une alliance au bénéfice du vin.

• Le côté fruit compoté et les épices du **gaillac vin de voile** ressortent au contact des saveurs de la sauce.

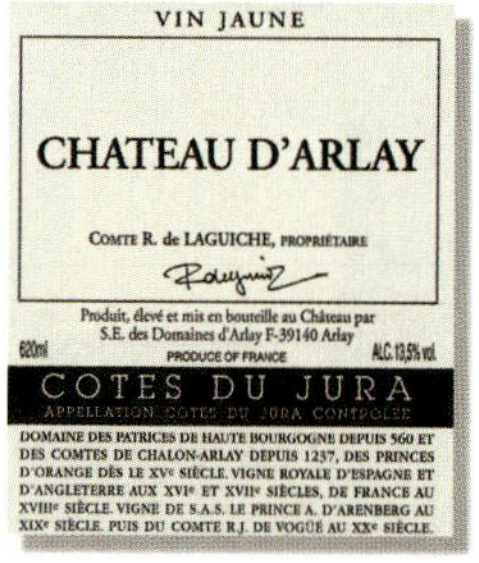

Grappes de pedro ximénez passerillées au soleil pour l'élaboration de xérès.
À gauche, brûlage des sarments au domaine Plageoles (Gaillac).

Les morilles soulignent sa composante fruitée, tandis que sa note de rancio y perd de son intensité et que son côté fruit sec se fond dans l'ensemble. Le vin abandonne son caractère oxydatif pour développer un fruité secondaire qui était caché à la première dégustation. L'accord est réussi mais change le profil du vin.

• Le **vin jaune côtes-du-jura** est à son aise. Qui en aurait douté ? Il conserve toute sa personnalité. S'il se met au diapason du plat, il lui impose sa générosité. Ses arômes vont dans le même sens que ceux de la sauce. Les morilles font ressortir son fruit et sa note de noix. Le côtes-du-jura garde toute sa longueur, davantage révélée par le velouté de la sauce qui se mêle au vin en imprégnant les papilles. Le coq baisse sa crête devant le vin ; en réalité ce volatile polygame trouve ici une maîtresse dominante !

Autres alliances

Bordelais : graves blanc 10 ans
Sud-Ouest : gaillac vin de voile 8 ans
Jura : château-chalon 10 ans
Bourgogne : meursault 10 ans
Vallée du Rhône : hermitage blanc 10 ans
Jura : l'étoile 10 ans
Hongrie : Furmint 5 ans
Espagne : Jerez Amontillado ou Manzanilla
États-Unis : "Xérès" californien
Espagne : Montilla-Morilles fino
Portugal : Madère Sercial 5 ans
Italie : Albana di Romagna passito
Chypre : Commandaria Solera

Ingrédients

- 1 coq de 2,5 kg
- 50 g de beurre
- 1 cuillerée à soupe d'huile d'arachide
- 200 g de lard fumé
- 20 oignons grelots
- 10 g de farine
- 1 petit verre de marc-de-bourgogne
- 1/2 litre de vin jaune du Jura
- 100 g de morilles séchées
- petits croûtons frits

Pour le beurre manié

- 10 g de farine
- 50 g de beurre

La recette du coq au vin jaune

• Découper le coq en morceaux. Les faire revenir dans une cocotte avec un mélange d'huile et de beurre. Ajouter de petits dés de lard fumé, les oignons grelots. Flamber au marc-de-bourgogne. Fariner très légèrement les morceaux et mouiller avec le vin jaune.

• Ajouter au liquide les morilles préalablement réhydratées dans de l'eau tiède. (Il est préférable d'utiliser des morilles fraîches en saison, à condition de bien les laver et de les débarrasser du sable.)

• Faire réduire à découvert pour évaporer l'alcool du vin, puis couvrir et laisser mijoter à feu doux pendant 2 h. Sortir les morceaux de coq, les réserver au chaud dans un plat creux.

• Faire réduire la sauce à feu vif. Préparer un beurre manié en mélangeant farine et beurre. L'ajouter à la sauce pour la liaison.

• Servir le coq arrosé de sa sauce, entouré de petits croûtons frits.

Sur une pintade au chou

La pintade est une volaille domestique. Néanmoins, lorsqu'elle est de bonne origine, sa saveur prononcée l'apparente à un gibier à plume. Le pintadeau de la Drôme est, avec le poulet de Bresse, la seule volaille à bénéficier d'une garantie d'origine. Certains fermiers du Gers se sont lancés dans la production de pintades châtrées et engraissées pour la table. Elles sont certes moins grosses qu'un vrai chapon mais plus goûteuses.

SI LA PINTADE EST UNE VOLAILLE SAVOUREUSE QUI SE PRÊTE AU MARIAGE AVEC DES VINS FINS, LE CHOU REND L'EXPÉRIENCE DES ACCORDS METS–VIN PLUS PÉRILLEUSE TANT SON GOÛT ET SES ARÔMES SONT ENVAHISSANTS. LES VINS DE CETTE DÉGUSTATION DEVRONT LUI RÉSISTER POUR AFFIRMER LEUR PERSONNALITÉ.

Dégustation des vins avant le plat

Moulin-à-vent Château des Jacques 1997

La robe, assez dense, affiche un reflet violet bien marqué. Les arômes puissants possèdent une belle expression fruitée : fruits rouges mûrs et framboise en particulier. Un peu de réglisse, de la vanille, une touche florale complètent cette riche palette. En bouche, le vin réaffirme sa structure par une matière dense et mature, bâtie sur un fruité profond, avec du gras. Il est encadré de tanins au grain velouté. La finale très aromatique décline les fruits rouges compotés, la vanille et quelques épices bien fondues. Un moulin-à-vent marqué par son élevage, qui se distingue par sa puissance et sa concentration, et surtout par son profil classique, très éloigné du style habituel des vins issus de macération carbonique.

Côtes-de-bourg Château Guerry 1996

La robe sombre et profonde garde un reflet de jeunesse. La palette aromatique est certes discrète mais elle décline le fruit rouge, le cuir, une touche de fumée et de vanille bien mariées. Un nez élégant et bien typé. La bouche annonce d'emblée sa structure et sa matière. Bien bâtie, elle ne manque ni de fruit ni de concentration. Les tanins sont encore puissants et donnent de l'austérité à l'ensemble : leur grain a besoin de s'affiner. La pointe d'amertume finale renforce l'impression tannique. Un vin conçu pour la garde, qui devrait dévoiler ses qualités d'ici sept ou huit ans.

Vacqueyras Domaine Le Sang des Cailloux Cuvée Doucinello 1996

La robe rubis d'intensité moyenne commence à évoluer sur la frange. Le fruit rouge compoté, la figue sèche, le pruneau, les épices safranées et une touche de cuir composent une palette aromatique sudiste à souhait. La bouche est tout en courbes, ronde et généreuse, avec une belle densité de fruit et du gras. Cette matière opulente est fort heureusement tenue par une grande structure tannique. Les tanins possèdent un grain velouté, comme enrobé, et la finale très aromatique (épices et note de cacao) témoigne de leurs origines.

Saint-chinian Berloup 1995 Cuvée de l'an 2000

La robe très sombre, presque noire, offre un beau brillant et une frange brune. Le nez explose en notes de chocolat, de réglisse presque goudronnée, de sous-bois, de pruneau sec et d'épices orientales. Le style méditerranéen de ces arômes se confirme en bouche : celle-ci affiche de l'ampleur et beaucoup de gras, une forte présence de fruits confiturés, d'épices, de cacao, le tout souligné par une grande générosité et soutenu par des tanins puissants mais bien intégrés dans la matière. L'ensemble est d'ailleurs marqué par une homogénéité et un fondu qui perdurent du début à la fin de la dégustation. La finale, très expressive, reprend la riche palette initiale, avec quelques accents de garrigue et de griotte en complément. Le Sud dans toute sa splendeur.

Dégustation des vins à table

Le plat est marqué par la forte présence du chou, heureusement tempérée par le beurre et la crème. Devant cette embeurrée très aromatique, la pintade apporte sa légère note de gibier. Elle fait contraste avec le chou par sa note viandée prononcée. La différence de texture est tout aussi marquée, entre l'élasticité de la chair de la volaille et le moelleux de l'embeurrée de chou. Les vins jouent avec ces deux composantes, tant au plan aromatique que structurel.

• Le **moulin-à-vent** se marie bien avec la pintade : il développe son fruit et sa note réglissée, et atténue son côté boisé, gagnant ainsi en pureté et en expression. Ses tanins se fondent davantage et laissent ressortir un beau grain velouté. La framboise mûre est soulignée. En revanche, le chou simplifie le vin : le fruité perd de son éclat tandis que le côté épicé et vanillé remonte. Un accord dichotomique. Une bouchée de viande et de chou mélangés replace le vin dans son registre initial.

• Le **côtes-de-bourg** gagne à cette dégustation. Comme nous l'avons déjà souligné, les plats de viande pourvue de gras donnent de l'avance aux vins de garde. La règle est ici respectée et la pintade gomme ce que les tanins pouvaient avoir d'austère. Le chou et son beurre vont dans le même sens, même si la forte saveur du légume combat le fruit du vin. En définitive, le vin gagne en harmonie et se projette dans l'avenir.

• Le **vacqueyras** réussit l'exploit de prendre de la hauteur face aux deux composantes du plat. La pintade fait ressortir son fruit mûr, son gras ; elle amadoue ses tanins et respecte sa note de cacao et ses épices. Le chou beurré souligne les arômes de cuir et de pruneau. Le beurre atténue la générosité du vin et le recentre vers un équilibre plus harmonieux. Un bel accord de synthèse.

• Le **saint-chinian** possède une puissance suffisante pour affronter à la fois la pintade et le chou. Il est dominateur mais sans excès ; il consent même à mettre certaines des composantes du plat en valeur. La pintade souligne son fruit et ses épices que complètent de nouvelles notes de garrigue. Le chou adoucit les tanins du vin ; son côté beurré s'allie à la note de cacao pour former un ensemble complexe ; le côté confituré du fruit s'atténue pour prendre de l'élégance. Néanmoins, le vin garde toute sa personnalité languedocienne.

Autres alliances

Beaujolais : morgon 2 ans
Bordelais : côtes-de-castillon 3 ans
Vallée du Rhône : côtes-du-rhône-villages-Cairanne 3 ans
Languedoc-Roussillon : faugères 4 ans
Bourgogne : volnay 4 ans
Vallée du Rhône : lirac rouge 3 ans
Languedoc-Roussillon : costières-de-nîmes rouge 4 ans
Vallée de la Loire : chinon 5 ans
États-Unis : pinot noir Carneros Californie 4 ans
Espagne : Cigales rouge 5 ans
Italie : Sangiovese di Romagna 4 ans
Suisse : Dôle du canton du Valais 2 ans
Uruguay : tannat 4 ans
Australie : shiraz Hunter Valley 2 ans

La recette de la pintade au chou

Ingrédients

- 1 belle pintade de 1 kg
- 5 cl d'huile d'olive vierge
- 1 chou de 500 g
- 2 échalotes
- 2 carottes
- 1 poireau
- 100 g de poitrine de porc salée
- 100 g de beurre
- 10 cl de crème fraîche épaisse
- sel et poivre du moulin

• Découper la pintade en morceaux et les faire revenir à cru dans une sauteuse, avec l'huile d'olive. La peau doit être bien colorée et croustillante. Réserver.

• Détacher et laver les feuilles du chou. Les faire blanchir dans deux eaux successives pour en atténuer le goût violent. Hacher le chou blanchi, le mélanger dans la sauteuse avec les échalotes hachées, les carottes grattées et découpées en petits cubes, le blanc du poireau haché menu, la poitrine de porc salée. Mettre le tout à cuire à l'étuvée avec un peu d'eau, à feu très doux et sous couvercle. Les légumes doivent fondre.

• Ajouter les morceaux de pintade à mi-cuisson. En fin de cuisson, la chair de la pintade doit se détacher.

• Sortir la volaille et monter l'embeurrée de chou avec le beurre et la crème afin d'obtenir une purée onctueuse. Rectifier l'assaisonnement.

• Dresser les morceaux de volaille sur l'embeurrée et servir très chaud.

Sur une tourte de caille aux cèpes

CE PLAT DE FÊTE DEMANDE UN PEU DE PRÉPARATION MAIS IL FAIT TOUJOURS DE L'EFFET SUR UNE TABLE. RÉALISÉ ICI AVEC DES CAILLES, PETIT GIBIER AUJOURD'HUI ISSU D'ÉLEVAGE ET FACILE À SE PROCURER CHEZ LE VOLAILLER, IL PEUT ACQUÉRIR UNE TOUT AUTRE DIMENSION AVEC UN PERDREAU OU UN FAISAN. LES NOTES DE GIBIER DU PLAT S'EN TROUVERONT RENFORCÉES.

La préparation de la pâte feuilletée est délicate et demande un réel tour de main. On pourra s'exercer un dimanche matin, en famille, en suivant un livre de cuisine classique, mais le temps nécessaire peut rebuter l'amateur le plus passionné. Heureusement, on trouve désormais des pâtes feuilletées prêtes à l'emploi, dont la qualité s'est bien améliorée. Les cèpes seront choisis frais, de petite taille. La saison des champignons coïncide avec celle du gibier : la nature fait bien les choses en matière de gastronomie ! Si l'on veut réaliser cette recette hors saison, on pourra utiliser des cèpes secs et réhydratés, bien que leur goût soit plus fort. Les cèpes en conserve feront également l'affaire à condition de les raidir à la poêle.

Dégustation des vins avant le plat

Morgon Georges Dubœuf 1996

La robe vive, d'une bonne densité colorante, offre une teinte cerise ourlée de notes violettes. Le fruit rouge très mûr, la groseille, le cassis, quelques accents épicés et une touche florale donnent une palette élégante et pleine de jeunesse. En bouche, l'attaque est ronde et la matière charnue, séveuse. La bonne structure s'appuie sur des tanins mûrs et soyeux. Ce morgon finit de manière très aromatique, avec beaucoup de charme sur un fond bien soutenu. Un vin déjà expressif, plein de séduction fruitée, mais qui a suffisamment de coffre pour vieillir quelques années et se mettre, un jour, à morgonner.

Corbières Château Les Palais Cuvée Randolin 1995

La robe du corbières est très soutenue, sombre, avec une frange violette fondue dans une teinte pourpre. Le nez est expansif. Sa palette va du cuir aux aromates de garrigue, en passant par du fruit compoté, des notes réglissées, une touche de fumé presque torréfiée, une présence poivrée qui lui donne de l'éclat. La bouche est tout aussi typée. Sa générosité et sa force tannique s'équilibrent. Dans une chair opulente, veloutée, s'expriment des arômes goudronnés, épicés et légèrement viandés. Les tanins s'arrondissent en finale, avec toujours cette note poivrée qui rafraîchit l'équilibre. Belle longueur sur le fruit mûr et les épices.

Côtes-de-provence Domaine de La Courtade 1995

Sur une robe presque noire, dense, la frange passe du violet au pourpre. La nez décline une belle palette balsamique, des notes mentholées, des fruits noirs confiturés, du cacao, une gamme épicée, presque anisée. La bouche présente d'emblée une grande structure, une architecture tannique bien définie, encore sur son austérité. Le fruit est cependant présent et offre une fraîcheur inhabituelle dans les vins de cette région. Le milieu de bouche est gras et expressif mais la finale est encore dans sa gangue épicée et boisée. L'énorme carrure cadenasse l'expression aromatique. Un vin riche en mourvèdre, qui a décidé d'attendre.

Côte-rôtie Jean-Paul et Jean-Luc Jamet 1995

La robe dense présente un fond carmin et un reflet qui tire sur le bleu. Au nez, une inimitable note de violette signe le cépage syrah cultivé sur des sols granitiques. La griotte, la réglisse, les accents fumés et minéraux complètent la gamme. La bouche révèle de prime abord un grand fruit, une note réglissée intense, une ampleur qui se développe avec du gras et du moelleux avant que les tanins n'entrent en scène, riches et veloutés, déjà bien intégrés dans la sève du vin. La finale s'allonge, dans une grande rémanence. La déclinaison épicée et poivrée souligne l'expression fruitée de ce côte-rôtie déjà séducteur.

Dégustation des vins à table

La tourte de cailles aux cèpes est riche en saveurs. Le côté beurré de la pâte, le fort goût des cèpes mariés à la délicatesse de la chair de caille vont révéler ou occulter divers aspects du vin : le fruit, les épices, les tanins. Les textures fort différentes, du moelleux–croustillant de la pâte à l'élasticité de la viande, vont également jouer un rôle important.

• Le **morgon** se fond dans le plat en perdant ses tanins mais en conservant son fruité intact. Si la pâte beurrée fait ressortir le fruit rouge, le champignon révèle les épices. La palette aromatique s'en trouve renforcée. Le vin gagne en suavité mais la fraîcheur prend le pas sur la rondeur. Une alliance harmonieuse, tout en légèreté.

• Le **corbières** gagne en arômes de gibier et en notes de garrigue. Sa composante épicée connaît une étonnante montée lorsqu'elle s'allie aux cèpes. Le vin va

Ingrédients

4 cailles
400 g de blancs de poireaux
400 g de cèpes frais
50 g de beurre + 10 g pour la plaque du four
2 rouleaux de pâte feuilletée
1 cuillerée à soupe de farine
3 cl d'huile d'arachide
sel et poivre du moulin
1 jaune d'œuf

Pour la sauce

1/2 tranche de jambon salé cru
1 carotte
1 blanc de poireau
1 bouquet garni
8 grains de genièvre
30 g de cèpes secs
1/2 verre d'armagnac
1 litre de vin blanc
1 cuillerée à soupe de fécule
60 g de beurre
1 cuillerée à soupe d'huile d'arachide
sel et poivre du moulin

La recette de la tourte de caille aux cèpes

• Découper les cailles, lever les filets et désosser les cuisses. Réserver os et carcasse. Cuire à l'étouffée les blancs de poireaux avec 25 g beurre. Les poireaux doivent se défaire en purée et perdre toute leur eau. Assaisonner.

• Brosser et nettoyer les cèpes (sans les laver). Les faire revenir dans une poêle avec l'huile et le reste de beurre. Saler et poivrer. Dégraisser sur un papier absorbant.

• Étaler une première abaisse de pâte feuilletée sur une plaque à four beurrée et chemisée. Mettre une couche de purée de poireaux en laissant libre le bord de la pâte. Aligner la chair de caille, filets et viande des cuisses sur la purée, en intercalant les cèpes. À l'aide d'un pinceau, étaler un peu de jaune d'œuf à peine mouillé d'eau sur le bord de la pâte. Recouvrir le tout d'une deuxième abaisse de pâte et faire coller les deux abaisses en passant sur le bord une roulette à pâtisserie. Décorer le dessus de la tourte avec le reste de pâte feuilletée découpée en forme de feuilles ou de fruits. Utiliser le reste du jaune d'œuf pour dorer la tourte. Enfourner à four préchauffé à 190 °C (thermostat 6-7) pendant 20 mm.

• Préparer la sauce : faire revenir les os et carcasses des cailles avec le jambon cru dans un mélange de 10 g de beurre et d'une cuillerée à soupe d'huile. Flamber à l'armagnac. Ajouter la carotte et le blanc de poireau en mirepoix, le bouquet garni, les grains de genièvre, les cèpes secs. Mouiller avec le vin blanc. Saler et poivrer. Écumer et laisser réduire. Passer au tamis. Lier à la fécule. Ajouter un morceau de beurre au dernier moment pour renforcer le brillant.

• Servir la tourte avec la sauce.

Pour un gibier plus fort, élaborer la sauce avec un vin rouge.

dans le sens du plat, les palettes aromatiques de chaque élément se complétant harmonieusement. La modeste caille prendrait presque des allures de faisan. En revanche, les tanins sont enrobés par le moelleux de la pâte et la générosité du vin, qui paraissait évidente à la première dégustation, est fondue par le plat. Le corbières s'en trouve rafraîchi et prend de l'éclat.

• Le **côtes-de-provence** est révélé à table. Son austérité laisse place à un fruité intense. L'arrondi des tanins laisse deviner l'évolution du vin à la garde. La pâte feuilletée n'est pas étrangère à cette métamorphose, mais la forte saveur du cèpe trouve ici du répondant : la puissance épicée et balsamique du vin dompte le champignon. Apparaissent des notes d'épices exotiques qui n'étaient pas sensibles lors de la première dégustation. Le plat agit comme un révélateur sur ce vin qui consent à se départir de sa réserve initiale.

• Le **côte-rôtie** voit sa palette aromatique modifiée : il perd la composante violette et renforce son fruit. Le cèpe a eu raison de sa délicatesse florale, mais exacerbe les notes fumées et les arômes de fruits noirs.

En outre, la dominante réglissée se prolonge. La structure du vin ne connaît aucun changement, si ce n'est un assouplissement des tanins. Mise en exergue par le beurre de la pâte, la forte puissance épicée et poivrée du côte-rôtie se retrouve intacte en finale.

Autres alliances

Beaujolais : beaujolais-villages 2 ans
Languedoc-Roussillon : minervois 3 ans
Provence-Corse : vin de pays du Var 3 ans
Vallée du Rhône : cornas 3 ans
Vallée de la Loire : sancerre rouge 2 ans
Bourgogne : givry 4 ans
Sud-Ouest : cahors 5 ans
Bordelais : fronsac 5 ans
États-Unis : pinot noir de l'Oregon 3 ans
Espagne : Jumilla 2 ans
Italie : Rosso di Montalcino 3 ans
Suisse : merlot del Ticino 4 ans
Chili : merlot 2 ans
Allemagne : pinot noir Württemberg 4 ans

Sur un pigeon aux épices

AMOUREUX DE LÉGENDE, GRAND ROUCOULEUR DE GOUTTIÈRE, LE PIGEON EST L'OISEAU DE VÉNUS. IL CONDUISAIT LE CHAR DE LA DÉESSE, PEUT-ÊTRE AVANT DE PASSER À LA CASSEROLE AVEC QUELQUES ÉPICES APHRODISIAQUES !

Version domestique du ramier, le pigeon n'est pourtant pas un animal de basse-cour. Il est élevé soit en grandes volières, soit en plein air. Les pigeonniers qui ornent les campagnes étaient autrefois un privilège seigneurial. Si les jeunes sujets pris au nid avant qu'ils ne s'envolent possèdent une chair plus tendre, quelques semaines de plus donneront davantage de maturité à la chair du volatile. Mais à trop attendre, le pigeon ne sera plus qu'un dur à cuire, en salmis comme un gibier. Détail cruel, le pigeon doit être étouffé pour garder tout le sang dans les chairs.

Dégustation des vins avant le plat

Chambolle-musigny premier cru Derrière la Grange Domaine Amiot-Servelle 1995

La robe assez dense garde un reflet de jeunesse. La cerise, des notes fumées, de la réglisse, une touche végétale composent une palette qui ne s'est pas encore tout à fait fondue. La bouche est souple à l'attaque, puis les tanins montent et encadrent une matière corsée où la guigne se mêle aux épices. L'acidité est plutôt marquée. Le grain tannique quelque peu astringent donne une impression de sécheresse à la finale. Celle-ci reprend les fruits rouges, la réglisse et une note de poivron. Un chambolle dans une phase austère.

Chambertin-clos-de-bèze Armand Rousseau 1993

Derrière une robe dense et à peine brunie apparaît un nez très épicé. Un fruité secondaire très mûr, des épices vanillées et complexes, une note de cuir, de Zan, de cacao… la palette est à la fois élégante et puissante. La bouche attaque sur du velours, dans une grande puissance. On perçoit presque de la sucrosité dans cette matière ample et généreuse, très aromatique. C'est une véritable explosion qui se prolonge, étayée par des tanins fondus et racés. La finale s'allonge en récitant un chapelet d'arômes : épices fondues, cerise griotte, compote, note animale, bois exotiques et cacao. Un très grand pinot noir sur un terroir exceptionnel.

Le vignoble chilien du Valle Central.

Chili Almaviva
Baron Philippe de Rothschild
Viña Concha y Toro 1996

La robe, très sombre, affiche un reflet violet bien marqué. Des épices orientales, un fruité très mûr mais sans la lourdeur de la surmaturation, de la menthe, des notes balsamiques comme l'eucalyptus, un boisé vanillé avec doigté : le style est un mélange de classicisme et d'exotisme. La bouche, très aromatique, se développe sur une trame lisse, construite autour d'une grande armature tannique dont la force et le grain encore brut sont atténués par le gras du vin et sa générosité. La finale persistante se caractérise par la forte présence des épices et du fruit rôti. Un vin au superlatif, dominateur et entêtant, qui a besoin de se civiliser par quelques années en bouteille.

Saint-estèphe
Château Haut-Marbuzet 1990

La robe soutenue se pare d'un léger reflet brun. Le nez joue dans un registre évolué, complexe et séducteur : des épices douces, bien mariées à un fruité compoté opulent, un boisé d'antiquaire, des essences précieuses, des notes de vernis, une pointe de cuir de luxe. La bouche est tout aussi sensuelle. Sa matière lisse et dense est axée sur un fruité dominant. Elle dévoile une belle ampleur et une trame veloutée. L'encadrement tannique, au grain bien poli, tient encore le vin. Ce saint-estèphe finit comme il avait commencé, extraverti et volubile, envoûtant et irrésistible. Presque trop bon dit un dégustateur avant de succomber !

Dégustation des vins à table

Le plat associe plusieurs composantes : la chair du pigeon est goûteuse, sapide et saignante. Les épices qui ont cuit en même temps que la chair ont imprégné celle-ci et se sont fondues. Rien ne distingue la cannelle de la muscade. Il s'est formé un ensemble complexe qui dévoile sa propre personnalité. Les pommes Maximes apportent leur côté croustillant qui fait contraste avec le moelleux du filet mais qui va dans le même sens que les cuisses confites, salées, craquantes et fortes en goût. La sauce sert de liant à tous ces éléments et donne de l'unité.

Le Chili a bâti sa renommée sur les vins rouges issus de cabernet-sauvignon, de merlot, de malbec et de pinot noir.

• Le **chambolle-musigny** sort incontestablement gagnant de cette dégustation. Son caractère un peu végétal et surtout sa sécheresse tannique sont complètement gommés par la viande et son jus. Si l'acidité reste bien présente, le vin prend du gras et du velouté. Le fruité du vin est mis en valeur, le sel des cuisses confites y contribuant. Une alliance qui avantage le vin.

• Le **chambertin-clos-de-bèze** développe encore sa palette aromatique. Les épices et le fruit sont rehaussés. Ils se mêlent aux épices du plat pour ne faire plus qu'un. Les tanins se fondent dans l'ensemble. Les filets et les cuisses jouent à parts égales, le croustillant des pommes Maxime fait ressortir le velours du vin. La forte expression du chambertin-clos-de-bèze reste intacte, mais le caractère pinot semble sublimé. À grand plat, grand vin !

• L'exubérance aromatique du **vin chilien** est tempérée par le plat. Le vin précise ses arômes de fruit et sa structure tannique s'affine et se lisse. La note mentholée diminue, les épices s'échangent entre plat et vin, une belle élégance se fait jour. C'est plutôt la cuisse confite qui amadoue ce vin, le filet semblant trop délicat pour la confrontation. Quant aux pommes Maxime, elle font ressortir toute la finesse. Serait-on passé de l'esquisse au portrait ?

• Le **saint-estèphe** rajeunit au contact des cuisses du pigeon. Il perd son côté évolué et reprend des arômes de fruit frais. Ce vin gagne de la sève et de la précision. Le filet de pigeon, par sa complexité et sa saveur juteuse, crée une symbiose entre les épices du plat et celles du vin. Un aller-retour gustatif s'établit entre solide et liquide. Ainsi le vin semble-t-il plus sage, plus classique. Il met en réserve son extravagance pour retrouver les gènes de l'appellation saint-estèphe.

Autres alliances

Bourgogne : vougeot 4 ans, gevrey-chambertin 6 ans
Bordelais : haut-médoc 9 ans
Vallée du Rhône : côte-rôtie 5 ans
Sud-Ouest : cahors 5 ans
Bourgogne : volnay premier cru 6 ans
Bordelais : lalande-de-pomerol 5 ans
Argentine : merlot 2 ans
États-Unis : merlot de Californie 5 ans
Espagne : Mentrida rouge 5 ans
Italie : Chianti Classico 6 ans
Chili : cabernet-sauvignon 5 ans
Australie : shiraz Grange 5 ans
Grèce : Nemea 4 ans

La recette du pigeon aux épices

Ingrédients

4 pigeons
50 g de gros sel
2 cl de graisse d'oie
1 cuillerée à soupe d'huile d'olive
1 verre de vin blanc sec
2 cuillerées à soupe de concentré de tomate
1 oignon
1 carotte
1 branche de céleri
3 gousses d'ail
1 bouquet garni (thym, laurier)
sel et poivre du moulin
mélange d'épices : cannelle, coriandre, girofle, noix muscade
250 g de champignons noirs chinois
1/2 échalote

Pour les pommes Maxime
200 g de pommes de terre
50 g de beurre
sel et poivre du moulin

• La veille, désosser les pigeons en gardant les deux filets attachés, comme dans une crapaudine. Séparer les cuisses. Réserver les carcasses.

• Préparer les cuisses confites : laisser macérer les cuisses dans du gros sel pendant une nuit. Le lendemain, les laver et mettre à confire à petit feu dans la graisse d'oie et un verre d'eau (pour conserver le moelleux). Garder au chaud.

• Préparer le fond de pigeon : concasser les carcasses et les faire rissoler à l'huile. Déglacer avec le vin blanc. Ajouter le concentré de tomate et faire réduire.

• Pendant ce temps, mettre à revenir dans une poêle l'oignon, la carotte et le céleri taillés en mirepoix, les gousses d'ail non pelées. Faire colorer. Déglacer avec un peu d'eau. Ajouter cette préparation au fond de pigeon, avec le bouquet garni, du sel et du poivre. Faire réduire. Passer le tout au tamis et monter au beurre juste avant de servir.

• Préparer les pommes Maxime : éplucher les pommes de terre, les tailler en fines rondelles et les ranger en pétales dans une petite poêle. Faire sauter au beurre tout en gardant la forme. Retourner dans une autre poêle pour cuire et faire dorer l'autre face. Saler et poivrer.

• Enduire les filets de pigeon du mélange d'épices. Les faire cuire dans une sauteuse côté peau ; retourner et faire cuire très peu de temps côté chair. Si la peau doit être croustillante, le filet doit rester rosé.

• Faire sauter les champignons noirs chinois avec l'échalote coupée en fines rondelles.

• Monter l'assiette : dresser les rosaces de pommes de terre ; surmonter des filets de pigeon et des cuisses confites, entourer de la sauce. Accompagner des champignons noirs chinois.

Sur une pastilla au pigeon

Ce feuilletage monté feuille à feuille est à l'origine de bien des pâtisseries espagnoles ou gasconnes ; il a même inspiré quelques cuisiniers modernes, séduits par l'extraordinaire complexité de ce plat du patrimoine. Son exécution demande toute la patience et l'habileté des femmes marocaines, autrefois recluses dans leur territoire culinaire mais qui savaient faire jaillir les étincelles de leur génie gourmand. Certes, les Marocains ne boivent pas de vin en accompagnement de ce plat traditionnel, mais de l'eau et du thé à la menthe à la fin du repas. Néanmoins, les accords avec certains vins ne sont pas impossibles. "Ô toi qui ne bois pas de vin, ne blâme pas ceux qui s'enivrent", disait le poète perse Omar Khayyam au XIe siècle. Sans se laisser aller à des libations exagérées, on peut tenter l'expérience. D'autant que les résultats sont plutôt surprenants.

LA PASTILLA EST L'UN DES GRANDS PLATS DE LA CUISINE MAROCAINE, UN METS IMPÉRIAL SURTOUT CONFECTIONNÉ DANS LA VILLE DE FEZ, QUI GARDE FAROUCHEMENT SES SECRETS À L'ABRI DE SA MÉDINA MOYENÂGEUSE, DE SES RUELLES ET DE SES PATIOS ANDALOUS.

Dégustation des vins avant le plat

Vin de pays d'Oc muscat sec Domaine de La Peyrade Cuvée des Lilas 1998

La robe est pâle, à légers reflets verts. Très floral, ce muscat a de l'allure grâce à sa palette aromatique qui joue dans la finesse. Sa relative discrétion lui permet d'éviter les excès. La rose, les épices, la fleur d'oranger, des notes de fruits exotiques comme la mangue s'allient harmonieusement. La bouche attaque en douceur, puis développe une grande présence aromatique. L'équilibre entre fruit et acidité est complété par une suavité finale qui gomme l'amertume habituelle de ce style de vin. La finale, expressive à souhait, offre une belle longueur. Une touche torréfiée se mêle aux arômes du nez.

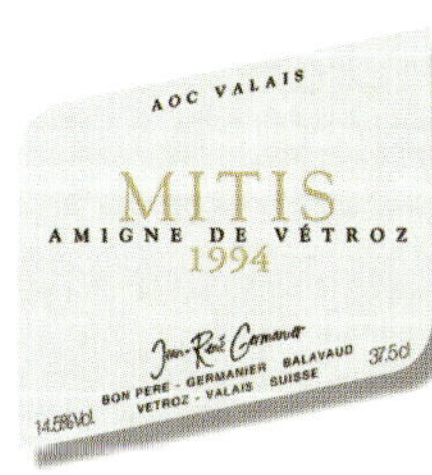

Côtes-du-rhône-villages-Rasteau Rosé Cave de Rasteau 1997

Plutôt intense pour un rosé, la robe affiche une couleur brillante cerise vif. Les notes beurrées, les arômes de fraise mûre, d'épices douces, de poivre composent un nez généreux et expressif. La bouche est tout en courbes, vineuse et ample. La structure tannique confère à ce vin rosé de la tenue et un corps fait pour la table. Fort heureusement, un fruité intense et mature équilibre l'ensemble, en suppléant à une acidité un peu effacée. Il apporte de l'éclat et de l'expression à une finale qui revient sur le poivre. Un beau rosé de gastronomie, marqué par ses origines.

Rioja Contino 1985

Vêtu d'une robe encore sombre, à reflets brunis, ce Rioja arbore un superbe nez de fruits confits, de figue sèche, de cuir, de bois précieux, de tabac blond et de goudron. L'évolution est constante à l'aération, le fruit frais remontant au fil du temps. La bouche, lisse et savoureuse, possède une matière veloutée et concentrée. Très mûre, elle est marquée par le fruit confit, presque caramélisé, et par une charpente tannique qui s'est satinée avec l'âge. La finale est fort épicée, marquée par un boisé exotique. Toutefois, elle ne présente aucun signe de sécheresse, ce péché des vieux Rioja. La finale s'étire dans une longue expression aromatique. Elle ne manque certes pas de personnalité. Ce rare Rioja de cru avait fait l'effet d'une bombe à sa sortie. Quatorze ans après, il n'a rien perdu de son pouvoir !

Valais Mitis Amigne de Vétroz Jean-René Germanier 1994

Que d'or et d'éclat dans ce vin à la fois puissant et subtil au nez ! Les notes de poire au sirop, d'angélique, de pain d'épice, d'abricot sec, de fleurs lourdes comme le lys se déclinent. La bouche est tout aussi généreuse. Son fruité intense s'enrichit d'arômes de coing dans une matière suave et grasse. L'acidité apparente donne un bel équilibre au vin et fait paraître sa liqueur légère. La finale longue et complexe met en avant les fruits confits, les épices, le miel. La note de poire au sirop revient comme la signature de l'amigne, ce cépage local du Valais qui remonterait à l'époque romaine.

Dégustation des vins à table

Le plat est une alliance subtile entre les saveurs sucrées et salées, les épices et la viande sapide du pigeon, l'œuf, l'amande grillée et les herbes aromatiques. Le contraste entre le croustillant des feuilles de pastilla et le moelleux de la garniture est saisissant. La dégustation fait alterner ces différentes textures et mêle harmonieusement les saveurs. Ce plat exotique, ni trop épicé, ni trop doux, est un modèle de complexité.

• Le **vin de pays d'Oc muscat sec** est apaisé par le plat. Son exubérance tempérée, il perd son côté terpénique et gagne en notes florales et surtout épicées. Sa petite pointe suave est rehaussée, sa fraîcheur mise en valeur. Si sa palette aromatique se restreint, il lui reste assez d'expression pour faire face à la forte personnalité du plat. La cannelle elle-même n'arrive pas à l'éteindre. Le vin gagne en élégance, tout en continuant de jouer son rôle désaltérant. Deux exotismes qui se rencontrent.

• Le **côtes-du-rhône-villages-Rasteau rosé** se fond dans le plat et perd de sa force alcoolique. Le sucre de la pastilla et la cannelle le rendent moins fruité, mais il reprend le dessus face au pigeon et aux épices. Grâce à sa structure, il résiste au moelleux du plat et gagne du tonus face au croustillant. Le vin s'allège et prend une plus grande composante épicée, surtout poivrée.

• Le **Rioja** garde toute sa personnalité malgré le sucre et les épices douces de la pastilla. Son fruité confit, son arôme de figue, ainsi que sa grande force épicée s'en trouvent même développés, ses tanins se fondent davantage encore et, comme le côtes-du-rhône-villages, le vin s'enrichit en notes poivrées et acquiert du tonus. Il se forme une symbiose intime entre les épices du plat et celles du vin, tant et si bien qu'il est impossible d'en distinguer les origines au cours de la dégustation. Un bel échange gastronomique.

• L'**amigne du Valais** joue de son côté liquoreux et fait alliance avec le plat. La pointe de pain d'épice est mise en valeur, complétée par les notes de poire et de miel. La richesse du vin s'atténue, ce qui n'a rien d'anormal lorsque l'on confronte un vin sucré avec un plat qui l'est tout autant. En revanche, la vivacité de l'amigne prend de la hauteur : le vin devient plus svelte, plus élancé. Les effluves entêtants d'un souk oriental pénètrent dans le village suisse de Vétroz !

Autres alliances

- **Alsace** : alsace-muscat (sec) 1 an
  Vallée du Rhône : tavel 1 an
- **Maroc** : rosé de Boulaouane 1 an
  Liban : vin rouge de la Bekaa 4 ans
  Algérie : coteaux de Mascara rosé 1 an
  Italie : malvoisie des îles Lipari 5 ans
- **Espagne** : Rioja Reserva 6 ans, Campo de Borja Reserva 5 ans
  Suisse : petite arvine du canton du Valais 5 ans
  États-Unis : zinfandel rosé Californie 1 an
  Tunisie : muscat sec de Kelibia 1 an
  Italie : Torgiano rosso 5 ans
  Afrique du Sud : semillon 3 ans
  Nouvelle-Zélande : muscat sec 1 an

La recette de la pastilla au pigeon

Ingrédients

2 pigeons
30 feuilles à pastilla
2 gros oignons
1 bouquet de coriandre fraîche
1 bouquet de persil
1 cuillerée à café de sucre en poudre + 1 pincée
1 verre de bouillon de volaille
8 œufs
3 cuillerées à soupe d'huile
400 g d'amandes émincées
1 pincée de cannelle
1 cuillerée de fleur d'oranger
Mélange d'épices composé d'une cuillerée à café de chaque ingrédient (poivre moulu, noix muscade, safran étamine, gingembre, cannelle) ou l'équivalent de ras el hanout
50 g de beurre pour le moule
Pour la finition
1 jaune d'œuf
sucre glace
cannelle en poudre

• Émincer les oignons et les faire revenir avec 2 cuillerées à soupe d'huile dans une marmite en fonte avec le bouquet de coriandre fraîche et le persil hachés, du sel, le sucre, les épices.

• Mettre les pigeons à revenir à feu vif. Mouiller avec le bouillon de volaille. Faire cuire à feu doux pendant 30 mn. Retirer les pigeons et laisser mijoter la sauce 20 mn à couvert. Pendant ce temps désosser les pigeons.

• Faire dorer dans 1 cuillerée à soupe d'huile les amandes émincés. Les passer à la moulinette et ajouter une pincée de sucre, la cannelle et la fleur d'oranger.

• Préparer une farce aux œufs : battre les œufs et les incorporer dans la marmite ; mélanger à feu doux.

• Dans un grand moule rond beurré ranger plusieurs feuilles à pastilla beurrées au pinceau en les faisant se chevaucher. Y poser des morceaux de pigeon, de la farce aux œufs et terminer par les amandes. Alterner les couches jusqu'à épuisement des ingrédients. Recouvrir alors de feuilles à pastilla, en ourlant les bords, le tout doit être bien hermétique. Enduire la surface de jaune d'œuf et mettre au four à 180 °C (thermostat 6) pendant 20 mn. Retourner la pastilla à mi-cuisson dans son plat pour que ses deux faces soient bien croustillantes.

• Servir chaud après avoir saupoudré de sucre glace et décoré de croisillons de cannelle en poudre.

Sur un lapin au raisin de chasselas

Le lapin domestique a une chair plutôt fade mais tendre. Il se prête à de nombreuses préparations qui relèvent sa saveur. Si le lapin de garenne, délicieusement parfumé aux herbes aromatiques qui l'ont nourri, est hélas devenu une rareté (la myxomatose a décimé ce gibier populaire), les lapins fermiers nourris d'aliments naturels seront préférés aux animaux issus d'élevages intensifs. On les choisira jeunes, à la chair rose, avec une graisse bien blanche autour des rognons. Le foie doit être pâle et sans taches.

Dégustation des vins avant le plat

Gevrey-chambertin Antonin Guyon 1995

La robe assez soutenue commence à brunir sur la frange. Le fruit rouge (cerise griotte), la réglisse, une petite note vanillée et épicée, une pointe de cuir et une touche fumée composent un nez encore très fruité, mais qui s'oriente vers les arômes secondaires. La bouche attaque sur le fruit, avec une force tannique qui se développe et qui structure bien le vin. Le grain de ces tanins est encore un peu rustique, mais la matière est bien concentrée et la finale reprend les arômes du nez avec fidélité. Un *villages* de très bon niveau.

Bourgueil Yannick Amirault La Petite Cave 1996

La robe intense affiche une frange violette encore bien marquée. La framboise mûre, des notes de poivron caractéristiques mais sans aucune notion de végétal, de belles nuances épicées composent un nez bien typé, égayé par un accent boisé fondu. On perçoit un beau fruité qui s'amplifie jusqu'en finale, des tanins structurés sans excès, un bon équilibre entre le fruit et la nervosité. Les tanins s'affermissent en tout dernier lieu. Ce vin n'a pas encore atteint sa maturité optimale, mais son équilibre est très prometteur.

Côtes-de-duras Clos du Cadaret Cuvée Raoul Blondin 1996

Dans cette robe sombre, la jeunesse de la frange reste intacte. Les fruits rouges mûrs, une note vanillée marquée et accompagnée de bois de cèdre, d'épices, des

LE LAPIN À LA MOUTARDE OU LE LAPIN CHASSEUR SONT DEUX PLATS DE LA CUISINE BOURGEOISE. TOUTEFOIS, ON PEUT AUSSI RÔTIR À LA BROCHE OU FAIRE MARINER CE GIBIER, LE BARDER OU LE GRILLER AU BARBECUE, LE CUISINER EN SAUCE OU EN FAIRE DES PÂTÉS. SA VIANDE PEU GRASSE EST TRÈS DIGESTE ; L'APPORT LIPIDIQUE PROVIENT SURTOUT DE LA SAUCE.

touches balsamiques (thym et camphre), une pointe de torréfaction composent une palette aquitaine classique mais complexe. La bouche est concentrée, dotée d'une matière mûre et grasse, d'une belle structure tannique architecturée mais sans aucune austérité. Le grain est déjà lissé par l'élevage. Élevage qui se révèle en finale, avec ses accents boisés et vanillés, des notes de réglisse et de café. Un vin ambitieux et déjà séducteur.

Coteaux-d'aix-en-provence Château Calissanne Clos Victoire 1990

Vêtu d'une robe rubis moyen à reflets brun orangé, ce vin libère une palette très complexe, axée sur des notes tertiaires : figue sèche, pruneau, vieux cuir, herbes de garrigue, fruits compotés, cerise à l'eau-de-vie. La bouche lisse et satinée possède une matière très aromatique, un fruité évolué qui n'est pas dépourvu de charme. Les tanins encadrent bien le tout, avec une petite pointe de sécheresse qui indique que le vin aura du mal à aller plus loin. En revanche, la finale est explosive, complexe et rémanente ; elle explore toute la gamme des senteurs du Sud.

Dégustation des vins à table

La viande, grâce à la caramélisation des sucs, a de la saveur. Elle s'est imprégnée des notes fumées et sucrées des oignons de la sauce, des arômes de thym et du soupçon de cannelle. Le raisin apporte sa note sucrée qui tempère la force aromatique du foie et du lard fumé. Un plat à la texture fondante et aux arômes complexes.

- Le **gevrey-chambertin** n'est pas tout à fait à son aise. Si sa structure se fond avec la viande de lapin et si ses tanins perdent leur rusticité et se lissent, le raisin, par sa sucrosité, fait monter son acidité par effet de contraste, ce qui durcit le vin et lui fait perdre du gras. Il y a compétition entre les deux fruits, celui du vin et celui du raisin. La cerise bourguignonne cède devant le chasselas aquitain. Les saveurs du foie, en revanche, rétablissent le fruit du vin.
- Le **bourgueil,** tout au contraire, développe son fruité et atténue sa note de poivron. La viande et le thym, les arômes du lard fumé, de foie et le soupçon de cannelle se glissent dans la palette aroma-

tique du vin, l'allongent. Si la vivacité est mise en avant, l'équilibre est respecté : les tanins s'amabilisent, le fruit du vin et le raisin n'entrent pas en conflit mais se complètent. Une alliance où le vin prend de la hauteur.

• Le **côtes-de-duras** ne se soumet ni devant la viande et les aromates, ni devant les fruits du plat ou le goût du foie. Sa grande structure domine le plat. Seul le grain tannique prend encore plus de velouté. Néanmoins, les notes boisées se fondent davantage, sûrement grâce à la cannelle et à la caramélisation de la viande. Un accord qui respecte le vin.

• Le **coteaux-d'aix-en-provence** adore ce plat. Sa gamme aromatique est complétée, si besoin était, par le thym et les notes fumées. La saveur du foie se marie à celle du cuir ; les deux palettes se mêlent avec harmonie. En bouche, sa structure tannique perd sa sécheresse : elle se fond et prend du velouté. Les épices se révèlent, la matière se nourrit de la sucrosité de la sauce et du raisin. L'ensemble penche alors vers un style plutôt ibérique. Le vin jette ses derniers feux sur ce plat, mais quel beau dialogue que celui-là !

Autres alliances

- Bourgogne : chambolle-musigny 4 ans
- Vallée de la Loire : saint-nicolas-de-bourgueil 5 ans
- Sud-Ouest : buzet 5 ans
- Provence : palette rouge 5 ans
- Vallée de la Loire : saumur-champigny 4 ans
- Languedoc-Roussillon : faugères 5 ans, coteaux-du-languedoc rosé 2 ans
- Alsace : alsace-pinot noir 2 ans
- États-Unis : zinfandel Californie 4 ans
- Espagne : Toro Joven 2 ans
- Italie : merlot Alto Adige 4 ans
- Suisse : merlot del Ticino
- Nouvelle-Zélande : pinot noir 2 ans
- Chili : merlot 3 ans

La recette du lapin au raisin de chasselas

Ingrédients

1 beau lapin fermier avec le foie
1 oignon
4 cl de graisse d'oie
100 g de lard fumé
1 cuillerée à soupe de farine
1 branche de thym
1 feuille de laurier
1 pointe de cannelle
1 dl de vin blanc sec
200 g de raisin de chasselas
1 cuillerée à café de vinaigre
sel et poivre du moulin

• Découper le lapin en 6 ou 8 morceaux. Faire revenir dans une cocotte en fonte l'oignon émincé avec un peu de graisse d'oie. L'oignon doit être légèrement caramélisé. Retirer et remplacer par le lard fumé préalablement blanchi et découpé en bâtonnets. Retirer le lard et le réserver avec l'oignon.

• Faire sauter les morceaux de lapin à feu vif dans la cocotte en fonte avec une nouvelle cuillerée de graisse d'oie (on aura pris soin d'éliminer toute trace d'oignon qui pourrait brûler et donner un mauvais goût). Les morceaux doivent être bien colorés, presque caramélisés.

• Lorsque le lapin est doré, ajouter les oignons et le lard fumé. Saupoudrer d'une cuillerée à soupe de farine, ajouter thym et laurier. Rectifier l'assaisonnement en sel et poivre. Ajouter une pointe de couteau de cannelle. Faire revenir le tout et mouiller avec le vin blanc sec. Faire cuire à petit feu pendant 35 mn, cocotte ouverte pour réduire la sauce. 10 mn avant la fin de la cuisson, ajouter les grains de raisin de chasselas.

• Pendant ce temps, passer le foie du lapin au mixer afin de le réduire en fine purée, avec la cuillerée à café de vinaigre, du sel et du poivre. Ajouter cette purée au tout dernier moment ; elle sert de liaison à la sauce et ne doit pas trop cuire.

• Servir les morceaux de lapin dans un plat, arrosés de la sauce et des grains de raisin.

Cette même recette peut être réalisée avec des pruneaux secs que l'on aura fait tremper dans du thé.

Viandes blanches

L'accord des vins avec les viandes blanches, veau ou porc, fait souvent l'objet de débats passionnés. Si l'on est tenté de privilégier les vins blancs sous l'influence de la couleur de la chair, la texture et les protéines de ces viandes appellent un vin rouge bien fruité, à l'architecture tannique légère. Serait-on dans l'univers des vins rosés ? On pourrait le penser devant les plats de veau à la tomate dont la cuisine italienne est si friande, mais le célèbre osso buco trouve meilleure alliance avec les tanins d'un vin rouge. Tout est donc affaire de cuisson et de préparation. Les cuisiniers ne manquent certes pas de moyens de renforcer la saveur d'une viande un peu fade : crème, épices et aromates, herbes, légumes ou champignons. Une côte de veau de lait, tranchée épaisse et simplement poêlée, à la surface caramélisée et à la chair à peine rosée met en valeur un volnay, un graves ou un zinfandel de Mendocino. Qu'on ajoute de la crème et elle se mariera à un meursault, à un alsace-tokay-pinot gris ou à un Soave. Qu'on agrémente le plat de morilles et c'est un vin jaune du Jura qui s'en trouvera conforté, un xérès fino ou un furmint hongrois. La viande blanche se prête à toutes les déclinaisons : elle épouse sauces et garnitures et s'en imprègne.

Sur une côte de veau à la crème et aux morilles

La viande de veau peut être savoureuse lorsqu'elle provient d'un animal élevé exclusivement au lait ou, mieux encore, "sous la mère" : elle est alors fondante, au goût subtil et délicat. En revanche, elle est des plus insipides lorsque le veau n'a connu que les nourritures industrielles : la viande dégonfle et perd de l'eau à la cuisson ; elle devient sèche, dure et sans goût. Le boucher sera toujours de bon conseil dans l'achat de la viande. Fort heureusement, depuis quelques années, des labels de qualité se sont développés.

Les veaux fermiers de lait (nourris au lait frais) sont élevés en Bretagne, en Normandie et en Vendée. Les veaux sous la mère (nourris au lait de leur propre mère), les plus recherchés mais aussi les plus chers, proviennent du Limousin, de Lauragais, de Comminges et de l'Aveyron. La viande de veau de lait se reconnaît à sa couleur pâle. Cependant, cette caractéristique n'est pas une garantie, puisque le veau industriel peut présenter une couleur presque blanche. Une couleur virant vers le rouge soutenu indique que le veau a commencé à brouter de l'herbe. On se rapproche alors du *vitello* ou de la *ternera* si prisés des Italiens ou des Espagnols.

La crème employée dans la recette est une crème épaisse, disponible dans toute crémerie. Les morilles seront préférées fraîches en hiver. Il faut bien les laver et les débarrasser du sable, insectes ou détritus végétaux. On les fera légèrement blanchir avant emploi. Les morilles séchées, de préférence aux conserves, seront réhydratées (jeter la première eau) et utilisées comme les fraîches.

VIANDE TENDRE DU VEAU ACCOMPAGNÉE DE SUCCULENTES MORILLES. QUEL VIN POURRAIT SE MESURER AVEC SUCCÈS À CE PLAT DÉLICAT ? VIN BLANC DE BOURGOGNE TOUT EN DENTELLE, CRU ROUGE STRUCTURÉ DU BORDELAIS OU UN ORIGINAL VIN JAUNE D'ARBOIS ?

Dégustation des vins avant le plat

Beaune blanc Clos des Mouches Joseph Drouhin 1986

D'un bel éclat, la robe est soutenue, presque dorée. La palette aromatique complexe et puissante allie à la perfection fruits confits et miel (à la limite de la cire d'abeille). Les notes de fleurs séchées et de noisette viennent compléter la gamme, mêlées à une touche viandée étonnante dans un vin blanc. La bouche est bien concentrée. Son équilibre a résisté au temps. Son fruité est encore frais et sa grande puissance aromatique est soulignée par une vivacité qui tient le vin debout sans l'agresser. La finale, svelte et grasse à la fois, conclut un style fait d'élégance et d'équilibre. Elle se prolonge dans une longueur intense.

Volnay premier cru Clos des Chênes Antonin Guyon 1990

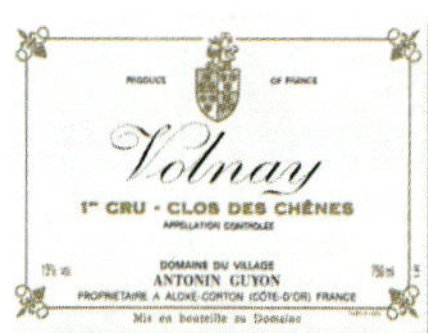

Dense et brillante, la robe acajou est du plus bel effet. Le nez est bâti sur la délicatesse : extraordinaire arôme de cerise confite, notes d'épices fines et fondues, touche de poivre et de bois exotique, accents de tabac blond et de sous-bois. La bouche a du fond, une grande expression aromatique, un fruité dense et charnu, le tout dans un style plutôt délié. Les tanins se fondent dans la matière mûre. La finale tout en dentelle reprend la palette du nez : la cerise mûre est ici une carte maîtresse.

Pessac-léognan rouge Château Les Carmes Haut-Brion 1990

La robe intense, encore jeune, accroche la lumière. Le nez a de l'allure : fruit rouge très mûr, note vanillée bien fondue, réglisse et accents épicés élégants. La bouche a de la structure, des tanins encore imposants mais une chair suave qui enrobe le tout pour donner une trame veloutée. Le cabernet parle haut et fort dans ce vin. Finale longue et expressive où la maturité du fruit l'emporte sur les épices du bois.

Arbois vin jaune Rolet Père et fils 1985

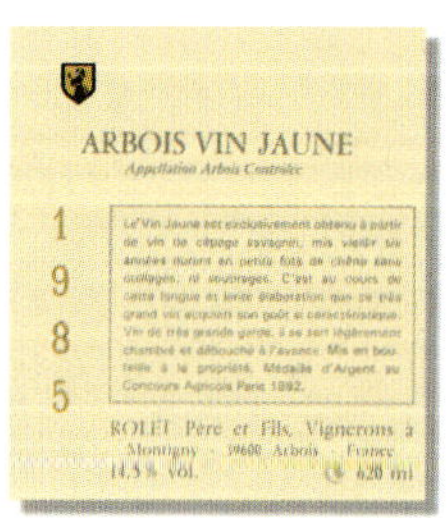

D'une belle brillance, la robe penche vers le doré. Le nez si particulier des vins jaunes s'exprime dans toute sa pureté. La noix domine mais les notes de grillé – presque café –, d'épices orientales, de léger rancio, de pomme au four accentuent la complexité de la palette. La bouche présente la sécheresse propre à ce type de vin. Si la structure est stricte, la matière ample et grasse emplit la bouche. La finale, très aromatique et imprégnante, est un prolongement exacerbé des arômes du nez.

Dégustation des vins à table

Bien cuit, le veau garde un fondant et un moelleux d'exception. Sa saveur associe des notes lactées et caramélisées, la crème aux morilles vient souligner ce fondant en jouant dans le même sens. L'accent aromatique des champignons apporte beaucoup de subtilité au plat. Les vins seront dégustés dans l'ordre indiqué qui tient compte de leur force croissante.

• Le **beaune blanc** aborde le veau avec sérénité. Ses accents miellés sont renforcés par la crème. Apparaissent des touches beurrées. Le fruit est flatté par la morille, les épices et la note viandée se fondent. La texture moelleuse de la viande s'accorde parfaitement avec le gras de ce vin. Les arômes finaux du vin sont respectés, dotés, même, d'une jeunesse supplémentaire.

• Le **volnay premier cru** se fond dans le plat en une symbiose séduisante. Le fruit "cerise" du vin est souligné, les notes d'épices s'allient à la morille et se renforcent, un côté sous-bois plus intense apparaît. La texture est enrobée et veloutée par la crème et le fondant de la viande, tandis que la structure devient plus nette. Le vin prend de la carrure et de l'architecture. Un plat idéal pour le volnay.

• Le **pessac-léognan rouge** peut paraître dominateur face à la saveur délicate du veau, mais il en tire tous les avantages. Ses arômes sont intensifiés par le plat, en particulier par la morille qui souligne la composante épicée de la palette. Ses tanins sont "amabilisés", gommés par la crème. Si l'on peut déguster un peu de gras de viande à part, le fondu des tanins est accentué. En finale, ce sont les épices qui ressortent.

• Le **vin jaune de l'AOC arbois** compose avec les morilles un superbe dialogue où chaque partenaire garde sa personnalité. Si le gras de la crème et de la viande vient arrondir le vin et lui enlever de sa raideur originelle, les arômes du champignon soulignent le côté noix et surtout la composante café de ce vin qui prend ici toute sa dimension gastronomique.

Autres alliances

Bourgogne : saint-romain 5 ans, bourgogne 5 ans
Bordelais : graves rouge 5 ans
Jura : côtes-du-jura 5 ans

Alsace : alsace-pinot ou klevner 3 ans
Vallée de la Loire : savennières - roche-aux-moines 5 ans
Bordelais : listrac-médoc 5 ans
Vallée du Rhône : côtes-du-rhône-villages 5 ans

États-Unis : zinfandel Santa Cruz Mountains 2 ans
Espagne : Rioja blanc 3 ans
Italie : Montepulciano d'Abruzzo 3 ans
Allemagne : pinot noir Württemberg 3 ans
Suisse : pinot noir canton de Neuchâtel 2 ans
Nouvelle-Zélande : chardonnay 4 ans

La recette de la côte de veau à la crème et aux morilles

Ingrédients

- 1 côte de veau épaisse d'au moins 4 cm
- 200 g de morilles fraîches
- un demi-citron
- 30 cl de crème fraîche épaisse
- sel et poivre du moulin

• Frotter la surface de la côte de veau avec le demi-citron afin de garder la couleur pâle de la viande. Dans une cocotte, faire saisir la viande à feu très vif, sans couvercle, afin de colorer rapidement sa surface et d'emprisonner les sucs à l'intérieur.

• Poursuivre la cuisson à feu doux, sous couvercle. La chair doit être à peine rosée ; une cuisson trop poussée risquerait de dessécher et de durcir cette texture délicate.

• En fin de cuisson, saler et poivrer la viande. Sortir la côte de la cocotte et la mettre sur une assiette sur la porte du four, recouverte d'un papier aluminium pendant au moins 10 mn. La viande va se détendre, le gras va pénétrer dans le maigre et la saveur va se rehausser.

• Pendant ce temps, ajouter la crème et les morilles dans la cocotte, en grattant bien les sucs caramélisés qui accrochent au fond. Rectifier l'assaisonnement.

• Trancher la côte sur table et la napper de la crème aux morilles.

Sur une poitrine de veau farcie

Le mot braisage vient de braises, dont on recouvrait autrefois le couvercle de la marmite afin de cuire “dessus-dessous”. Aujourd'hui, il est plus facile de placer la marmite au four. Les viandes de deuxième choix gagnent au braisage, cette cuisson pouvant faire fondre les morceaux les plus filandreux. Le principe consiste à faire dorer la viande pour en emprisonner les sucs, puis à la faire cuire à basse température.
Le liquide peut être aromatisé : ce sera du simple bouillon, du vin ou de la marinade selon les recettes. La poitrine de veau désossée forme une poche naturelle qui appelle une farce. Les recettes régionales sont nombreuses ; la cuisine bourgeoise en donne quelques interprétations. Nous proposons ici une version du Sud-Ouest, avec du jambon de Bayonne et du piment d'Espelette.

Dégustation des vins avant le plat

Saint-nicolas-de-bourgueil Joël Taluau 1997

La robe bien colorée laisse encore paraître un reflet violet. Une première note viandée s'atténue quelque peu à l'aération ; un fruité framboisé s'impose alors, accompagné d'accents réglissés, d'une touche minérale et fumée, d'un soupçon de poivron. La bouche bien bâtie révèle une matière mûre, un bon développement aromatique, une structure tannique qui laisse apparaître un grain déjà lissé. La finale reprend la framboise, quelques épices, le tout souligné par une fraîcheur équilibrée. Un 1997 plutôt mature où le cabernet franc exprime toute sa pureté.

Nuits-saint-georges premier cru Aux Chaignots Faiveley 1996

La robe a de la profondeur et s'orne d'une frange vive. La palette aromatique décline le fruit noir (cerise, cassis), des notes fumées et épicées, une petite touche réglissée. La bouche, d'une grande carrure, se structure autour de tanins architecturés mais au grain déjà lissé. Dans une matière dense, le fruit exprime toute sa maturité. Les accents boisés sont discrets et bien mariés au vin ; la finale s'allonge, toujours sur les fruits noirs et des notes fumées. Encore très charpenté, ce vin commence à dévoiler sa finesse.

LE VEAU SE PRÊTE À MERVEILLE AU BRAISAGE, CETTE CUISSON LENTE DANS UN RÉCIPIENT CLOS AVEC UN PEU DE LIQUIDE. CETTE CUISINE D'ALCHIMISTE DOIT ÊTRE CONDUITE AVEC SOIN ; IL NE DOIT JAMAIS MANQUER DE LIQUIDE AFIN QUE LA VIANDE QUI SUBIT CET APPRÊT SOIT EN PERMANENCE HUMECTÉE.

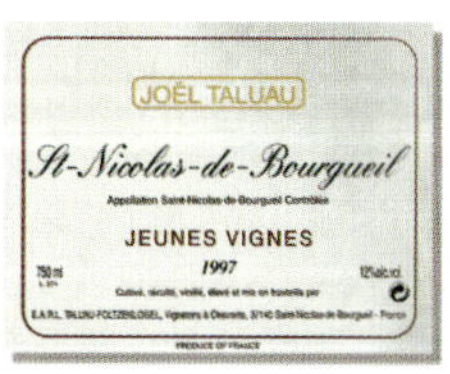

Premières-côtes-de-bordeaux Château Suau 1996

Vêtu d'une robe intense, à reflets encore jeunes, ce vin exprime tout d'abord un boisé profond, la vanille, les épices et le cèdre. Le fruit rouge perce ensuite, bien mûr, puis une note balsamique apparaît. La bouche est encore carrée. Ses tanins sévères ont gardé leur austérité. Ils encadrent une matière mûre, aromatique, le tout dans un style très classique. Un bon vin de garde, assurément, mais aujourd'hui dans une phase réservée.

Chianti classico Fontodi Vigna del Sorbo Riserva 9428

Assez dense, avec un reflet évolué, ce vin de sangiovese – de grande complexité aromatique – s'exprime avec beaucoup d'épices, des notes de pruneau, de fruits confits à l'eau-de-vie, de résine, le tout accompagné d'un boisé exotique très bien marié au fruit. La bouche, ample et puissante, possède une matière corsée, peu acide pour un Chianti, plutôt tournée vers la maturité du fruit. Les tanins sont veloutés. Il n'y a aucune trace de sécheresse, les épices et la générosité du vin participant à l'équilibre. Un vin très expressif, à la fois typé et classique, quelques accents du Sud en prime.

Dégustation des vins à table

Ce plat longuement braisé se caractérise par une réelle unité de saveurs. Celles-ci se sont mariées au cours de la cuisson. La viande de veau est imprégnée des goûts de la farce ; si moelleuse et fondante, elle pourrait presque se manger à la cuillère. La farce a plus de tonus, grâce à la présence notable du goût des foies de volaille et des aromates. Le piment d'Espelette donne beaucoup de personnalité à ce plat. La sauce apporte des sucs de viande concentrés. Sa cuisson avec les couennes et le pied de veau est à l'origine de l'onctuosité de ce mets très traditionnel.

• Le **saint-nicolas-de-bourgueil** abandonne sa note viandée au contact du veau. En revanche, son fruit est mis en valeur, ainsi que ses épices qui se mêlent à la touche de piment de la farce. Les tanins sont fondus et la fraîcheur du vin est gommée. Au total, le vin prend du volume et de la souplesse. Ce plat lui va bien.

• Le **nuits-saint-georges premier cru** s'arrondit au contact du veau et surtout de sa sauce. L'onctuosité du jus lui permet de fondre sa charpente et apporte du gras à ses tanins. En revanche, le fruité reste intact. Mieux, il se précise avec montée de la note de cerise. La bouche est adoucie et le vin prend un peu d'avance sur le temps présent, il s'élargit. Une alliance très favorable.

• Le **premières-côtes-de-bordeaux** se simplifie. Ses tanins et surtout son boisé prennent le dessus. Le moelleux du plat ne parvient pas à "amabiliser" cette structure imposante : le vin reste sur son austérité. Tout au plus ses notes épicées s'accentuent au contact de la farce. Cette dégustation infirme d'autres expériences où les vins jeunes et tanniques gagnaient à être goûtés sur des plats de viande un peu gras. L'exception qui confirme qu'en matière de dégustation rien n'est acquis. Peut-être faut-il à ce vin deux ou trois ans de plus pour qu'il se conforme à la règle.

• Le **Chianti Classico** est à son aise avec le "te vitello". Si sa grande complexité aromatique n'est pas affectée, elle se recentre cependant sur le fruit frais. La bouche garde son équilibre, la générosité du vin se fond dans le plat mais, par contre coup, une pointe de sécheresse apparaît en finale, peut-être due au contraste avec le moelleux de la sauce. En revanche, la farce est un superbe faire-valoir : toute la gamme épicée monte en puissance. Le vin reprend ici tout son caractère toscan.

Autres alliances

- **Vallée de la Loire** : bourgueil 2 ans
  Bourgogne : côtes-de-nuits-villages 3 ans
  Bordelais : bordeaux supérieur 3 ans
- **Bourgogne** : montagny rouge 3 ans, morgon 5 ans
  Sud-Ouest : côtes-de-saint-mont rouge 5 ans, bergerac rouge 3 ans
- **Italie** : Vino Nobile di Montepulciano 3 ans, nebbiolo d'Alba 4 ans
  États-Unis : sangiovese Californie 3 ans
  Espagne : Navarra Crianza rouge 3 ans
  Chili : cabernet-sauvignon 4 ans
  Suisse : pinot noir de Zurich 2 ans
  Allemagne : pinot noir Ahr 2 ans

La recette de la poitrine de veau farcie

Ingrédients

1 poitrine de veau désossée
400 g de mie de pain
1 verre de lait
2 gousses d'ail
4 branches de persil
2 jaunes d'œufs durs
1 tranche épaisse de jambon de Bayonne
200 g de foie de volaille
250 g de champignons de Paris
100 g d'échalotes
20 g de beurre
1 pointe de piment d'Espelette
300 g de couennes
1 carotte
1 blanc de poireau
1 branche de céleri
1 oignon
2 dl de vin blanc sec
2 dl de bouillon de veau
1 pied de veau
2 cuillerées à soupe de concentré de tomate
sel et poivre du moulin

• Demander au boucher de désosser la poitrine de veau, en lui recommandant de ne pas percer la poche. Saler et poivrer l'intérieur de la poche.

• Préparer la farce : faire tremper la mie de pain rassie dans le lait. L'égoutter et mixer soigneusement au cutter avec les gousses d'ail écrasées, le persil, les jaunes d'œufs, la tranche de jambon de Bayonne, le foie de volaille, les champignons de Paris et les échalotes tombées au beurre. Ajouter du sel, du poivre et une pointe de couteau de piment d'Espelette.

• Remplir la poche avec cette farce et en coudre l'ouverture pour qu'elle reste hermétique pendant la cuisson.

• Dans une sauteuse, faire revenir Les légumes en mirepoix : carotte, blanc de poireau, branche de céleri, oignon. Tapisser le fond d'une cocotte en fonte avec les couennes et recouvrir des légumes. Dans la même sauteuse, faire dorer la poitrine sur ses deux faces.

• Placer la poitrine dans la cocotte, sur les couennes et les légumes. Ajouter le vin blanc sec, le bouillon, le pied de veau, le concentré de tomate, du sel et du poivre. Porter à ébullition, puis enfourner, cocotte couverte, à 180 °C (thermostat 6) pendant 2 h. On vérifiera que le veau est devenu fondant, sinon il faudra prolonger la cuisson en ajoutant, si besoin, un peu de liquide.

• Sortir la poitrine et la réserver au chaud. Passer et dégraisser le jus, le faire réduire. La sauce doit être courte mais aucune liaison n'est nécessaire car le pied de veau s'en est chargé. Découper la poitrine en tranches et servir nappé de la sauce.

On peut accompagner de fonds d'artichauts revenus au beurre et passés dans la sauce.

Sur un jarret de veau en croûte

PLAISIR GUSTATIF D'UNE VIANDE MOELLEUSE ET FONDANTE, CUITE À LA COCOTTE. DES VINS ROUGES STRUCTURÉS ACCOMPAGNENT CE METS QUI RÉVÈLE TANTÔT LEUR SOUPLESSE, TANTÔT LES NOTES AROMATIQUES ÉPICÉES OU FRUITÉES.

"Chinon, Chinon, petite ville grand renom, Assise sur pierre ancienne, Au haut le bois, au pied la Vienne." (Rabelais,* Pantagruel *V, 1532.)

Le jarret de veau est la vedette d'un grand plat italien, l'osso buco, préparé avec une sauce tomate. La tomate n'étant que très rarement l'amie du vin, on optera pour une préparation plus nature. Cette partie gélatineuse du veau, cuite avec l'os central et la moelle, peut être braisée pour devenir moelleuse et fondante. Le jarret doit être acheté entier, avec l'os. Le boucher sera ravi de fournir en supplément quelques os et parures pour corser le jus.

Dégustation des vins avant le plat

Vin de pays des coteaux du Verdon Pinot noir Louis Latour Domaine de Valmoissine 1994

La robe est assez légère, d'une couleur cerise, ourlée de pourpre. Belle expression aromatique : le fruit mûr (cerise noire) domine, accompagné de notes épicées et d'accents de tabac qui indiquent l'entrée du vin en phase secondaire. La bouche vive possède un fruité intense, une matière chaleureuse et assez corsée. Les tanins sont plutôt construits pour un pinot noir. La nervosité équilibre le fruit et la finale reprend la palette initiale. La longueur est moyenne mais expressive.

Chénas Hubert Lapierre Vieilles vignes 1994

La robe assez soutenue arbore une couleur rubis et une frange encore très jeune. Le nez, particulièrement développé, est marqué par une belle expression de fruit mûr (framboise et mûre sauvage), avec une touche florale élégante (pivoine) et une note réglissée. La bouche est charnue, ronde. La matière se caractérise par du gras, de beaux tanins puissants mais arrondis. Le tout présente un équilibre entre puissance et fraîcheur qui donne à ce vin de l'éclat

et une présence indéniable. Ce chénas est mis en valeur par une concentration bien marquée. Grande longueur sur le fruit et les épices douces. Un beau cru du Beaujolais débordant de fruit mais qui est loin d'avoir terminé sa carrière.

Chinon
Couly Duteilh Clos de l'Écho 1992

Vêtu d'une robe d'intensité moyenne, à la note évoluée assez marquée, ce vin est représentatif du cabernet franc dans cette région : accents de poivron, épices, réglisse, petits fruits rouges (framboise). La bouche est axée sur le fruit rouge. La matière est encadrée par des tanins encore présents et épicés, mais une pointe végétale indique que le millésime a été difficile. L'équilibre est cependant réussi entre générosité et vivacité. La finale décline le poivron, le poivre noir, des arômes fumés et réglissés.

Crozes-hermitage
Château Curson 1995

Déjà dégusté sur un poulet rôti, l'excellent crozes-hermitage trouve ici un nouvel accord. Pour cet exercice, il sera décanté une heure avant. On se reportera à la première dégustation (p. 134) pour comparer les commentaires. La robe présente une note violette marquée. Le nez, déjà intense avant aération, est expressif et épanoui : arômes réglissés, presque goudronnés, violette, tapenade. Les épices et la vanille restent derrière le fruit noir (cassis et pruneau). La bouche attaque sur un fruité profond. Dans une texture lisse et serrée s'inscrivent de superbes tanins qui allient puissance, gras et nervosité. Finale expressive où les notes boisées se sont fondues et laissent parler le fruit. La décantation a de toute évidence apporté de l'harmonie et privilégié l'expression du raisin sur les épices de l'élevage.

Dégustation des vins à table

Le plat influence la dégustation des vins à deux niveaux. D'une part, la palette aromatique, délicatement viandée, presque laiteuse et renforcée par la concentration du jus, est structurée par l'apport sucré de la carotte qui donne à l'ensemble des accents doux et suaves. D'autre part, la texture moelleuse de la viande, presque gélatineuse, joue avec les tanins des quatre vins.

• Le **pinot noir** renforce son fruit et prend de la densité face à la viande. La carotte fait ressortir son côté épicé et arrondit ses tanins. Le vin devient suave, à l'image du plat. Cette impression est renforcée par la texture du jarret qui absorbe toute tannicité. La générosité du vin est en revanche effacée, transformée en sensation sucrée. Les épices sont respectées et une note de cuir apparaît en finale.

• Le **chénas** voit son grand fruit exacerbé, mis en valeur par les notes viandées qui contrastent. Les carottes apportent du moelleux et fondent les tanins, mais c'est le mariage entre le charnu du vin et le moelleux du plat qui constitue l'alliance exceptionnelle.

Le fondant de la viande, soutenu par la puissance aromatique du jus concentré, fait ressortir la belle matière du vin et met en valeur autant sa concentration que sa fraîcheur. Le vin paraît non seulement plus généreux, plus ample et assoupli, mais aussi plus élégant, plus expressif.

• Le **chinon** qui semblait un peu végétal lors de la première dégustation voit ce défaut disparaître. En revanche, la note de poivron est développée, donnant une signe de maturité. La structure "s'est amabilisée" grâce au moelleux de la viande et aux sucres des carottes. Le vin semble plus fondu et harmonieux ; le fruit reprend de l'éclat en finale au détriment de la note poivrée.

• Le **crozes-hermitage** est parfaitement à son aise. Si l'ensemble de l'équilibre est peu modifié par le plat, les tanins gardent leur puissance et leur structure. Les arômes sont filtrés par le plat. C'est le grand fruit qui domine, tandis que les notes épicées s'affaiblissent et les quelques impressions boisées disparaissent. Le vin gagne en pureté, s'allonge et se fond. Il tire le plat vers le haut.

Autres alliances

- **Beaujolais-Bourgogne** : brouilly 4 ans, montagny rouge 6 ans
  Vallée de la Loire : bourgueil 6 ans
  Provence-Corse : saint-joseph rouge 3 ans
- **Alsace** : alsace-tokay-pinot gris 5 ans
  Vallée du Rhône : côtes-du-ventoux rouge 3 ans
  Bourgogne : volnay 5 ans
  Bordelais : côtes-de-blaye rouge 3 ans
- **États-Unis** : pinot noir Mendocino Californie 4 ans
  Espagne : Somontano rouge 3 ans
  Italie : Torgiano Rosso 3 ans
  Suisse : merlot del Ticino 3 ans
  Allemagne : pinot noir Baden 2 ans
  Australie : shiraz 3 ans

La recette du jarret de veau en croûte

Ingrédients

1 jarret de veau entier
thym, persil, 1 feuille de laurier
300 g d'os et parures de veau
1 verre de vin blanc
100 g de beurre
1 botte de persil
sel et poivre du moulin
2 feuilles filo
300 g de carottes
200 g de champignons de Paris
2 cuillerées à soupe d'huile d'olive

• Mettre la pièce de viande dans une cocotte en fonte, arrosée de 1 cuillerée d'huile d'olive, enrichie d'une garniture aromatique (thym, persil, feuille de laurier), des os et parures de veau. Faire revenir à feu vif pour dorer la viande sur toute sa surface.

• Mettre la cocotte couverte à four moyen et laisser cuire au moins 3 h. La viande doit presque se détacher de l'os. Sortir le jarret et déglacer les sucs de la cocotte au vin blanc. Faire réduire cette base qui servira pour l'élaboration du jus.

• Désosser le jarret et étaler la chair. Récupérer la moelle et l'étaler sur la viande. Rouler le jarret comme un boudin en serrant bien dans un torchon. Confectionner une pâte avec le beurre ramolli, le persil finement haché, du sel et du poivre. Enduire le jarret de cette pâte. Entourer le boudin des feuilles filo. Mettre au réfrigérateur pour figer le tout.

• Avant le repas, découper le jarret en tranches de 3 cm d'épaisseur. L'arroser du jus réduit et le faire réchauffer au four.

• Gratter les carottes et les champignons de Paris. Les détailler en dés. Les faire cuire à l'étouffée dans 1 cuillerée d'huile d'olive.

• Dresser les assiettes avec une tranche de jarret, la garniture de carottes et de champignons. Arroser le tout avec le jus.

Sur un osso buco alla milanese

LA CUISINE ITALIENNE EST SOUVENT RICHE EN SAUCE TOMATE, CE QUI N'EST PAS SANS POSER QUELQUES PROBLÈMES POUR DÉGUSTER LES VINS QUI L'ACCOMPAGNENT. EN EFFET, LA FORTE SAVEUR ET L'ACIDITÉ NATURELLE DE CE FRUIT–LÉGUME PEUT AGRESSER LA FINESSE DES VINS ET RÉDUIRE LE MEILLEUR CRU DE LA PÉNINSULE À UN SIMPLE RÔLE DE FAIRE-VALOIR, VOIRE DE BOISSON.

Lorsque la saveur de la tomate est franchement dominante, seul un vin rosé peut trouver son compte dans l'alliance, à condition qu'il ait suffisamment de nerf pour affronter la personnalité de la *pomodoro*. Si l'on veut déguster des vins rouges, il faudra trouver des plats de viande dont le goût se marie à celui de la tomate sans se laisser dominer. L'osso buco à la milanaise, grand classique du nord de l'Italie, correspond bien à cette vocation. En outre, son goût de zestes d'orange, s'il sait rester discret, apporte exotisme et complexité.

Dégustation des vins avant le plat

Valpollicella Cortenova 1996

La robe d'intensité moyenne présente un reflet pourpre. Framboise, fruits rouges mûrs, une légère note de cuir, une touche de violette composent une palette fraîche et vive, d'une intensité un peu faible. La bouche est bâtie sur la souplesse : matière lisse, tanins effacés. Le fruité dominant donne une impression de jeunesse, dans un style presque primeur. La finale laisse apparaître une forte vivacité qui tend le vin et lui donne du relief. Un vin agréable, un peu simple mais très désaltérant.

Nebbiolo d'Alba La Val dei Preti 1994

Une robe assez intense avec une frange qui commence à évoluer. Le nez a une expression intense et montante, avec une belle association fruit–bois, des notes confiturées, d'épices vanillées, de notes caramélisées, une montée de réglisse et des nuances beurrées au deuxième nez. La bouche est assez ample, avec une forte présence boisée, une matière grasse et veloutée, des tanins opulents et fondus, une acidité bien équilibrée. La finale qui décline les fruits compotés aux épices se prolonge bien, dans un style plutôt internationnal, boisé oblige.

Vino da tavola rosso del Umbria Lungarotti Vessillo 93

La robe dense revêt une frange légèrement brunie. C'est un très beau nez que l'on découvre, sur la cerise noire, la confiture de figues, le poivron rouge. En outre, des notes de fumé, de réglisse, d'épices bien dosées se fondent dans le fruit. Ce vin, issu d'un assemblage original de pinot noir et de cabernet-sauvignon a parts égales, associe les palettes aromatiques de deux cépages. La bouche est charnue, bien structurée et lisse. Les tanins aromatiques, torréfiés sans excès par la barrique, encadrent bien le tout. Quant à la finale, elle décline le pruneau, la griotte, le poivre et quelques accents de tabac qui donnent une belle complexité à ce vin de création.

Barolo Fontanafredda La Rosa 1990

Vêtu d'une robe intense, à reflets brunis, ce Barolo propose une palette riche et complexe. La gamme va du fruit rouge confit aux notes balsamiques, en passant par le fumé, le grillé, l'amande, une touche viandée, le tout intimement mêlé. La bouche s'impose dès l'attaque, ample et corsée : du gras, un fruité encore jeune, une trame lisse et veloutée. Les tanins ont de l'ampleur mais sont bien fondus dans le vin. L'équilibre alcool–acidité donne du nerf et de la fraîcheur. Belle finale sur les fruits à l'eau-de-vie, et une note poivrée et épicée plutôt développée. Un vin de caractère et de grande maturité.

Le cabernet-sauvignon.

Le pinot noir.

Dégustation des vins à table

Le plat est très aromatique. Les odeurs viandées s'allient à la saveur de la tomate ; les carottes et les zestes d'orange égayent et modèrent l'influence de la sauce. Les arômes du vin s'en trouvent modifiés, rehaussés ou masqués. En bouche, le fondu et le moelleux du jarret, le gras de la moelle, le caractère sucré de la sauce jouent sur la structure du vin en lissant le grain des tanins.

• La souplesse du **Valpollicella** s'accommode bien de la sucrosité des carottes et du fondu du jarret. Toutefois, le vin paraît encore plus fluide et sans concentration. La tomate, en revanche, fait remonter son acidité, et une note végétale qui n'était pas apparue en dégustation est révélée sur le plat. La touche de violette est annihilée.

• Le **nebbiolo d'Alba** voit son caractère boisé et épicé complété par les zestes d'orange. Cet apport complète les arômes de la barrique qui pouvaient paraître un peu agressifs lors de la première dégustation. Le vin y gagne en race et en élégance. Les tanins sont arrondis par la sauce dans laquelle la carotte a plus d'influence que la tomate. Le fruit du vin ressort davantage. Ce plat se met entièrement au service du nebbiolo, en révélant ses qualités cachées.

• Le **vin de table d'Ombrie** tient la tête haute à l'osso buco. La note de figue est réhaussée, la cerise un peu moins évidente, et l'on percoit une forte influence des zestes d'orange sur la gamme épicée qui se trouve magnifiée par cet apport. Les tanins déja bien fondus sont veloutés par la sauce. La note poivrée s'impose dans la finale qui perd un peu de son étendue. Le côté cabernet de ce vin résiste mieux à la tomate que son pendant pinot noir, dont la note de griotte se laisse dominer.

• Le **Barolo**, grâce à son caractère corsé, n'a pas de mal à affronter ce plat et son exubérance aromatique. À son contact, le vin s'assouplit et sa force tannique se fond. Il existe une symbiose parfaite entre le moelleux de la texture du jarret et la structure du vin. Le fruité du Barolo prend encore plus de jeunesse et d'éclat. La palette aromatique garde toute sa complexité : la note viandée, les épices et le poivre sont même accentués. La tomate n'entame en rien l'équilibre. En revanche, la sucrosité de la carotte fait ressortir sa fraîcheur, par effet de contraste. Mais c'est avec la moelle que ce vin prouve toute sa grandeur. Son gras et son moelleux mettent en valeur la structure classique et racée du Barolo, tout comme le grain velouté de ses tanins.

Autres alliances

Provence-Corse : patrimonio rouge 4 ans
Languedoc-Roussillon : fitou 6 ans
Sud-Ouest : béarn rouge 4 ans
Vallée du Rhône : vacqueyras 5 ans

Italie : Bardolino 2 ans, nebbiolo d'Alba, vino da tavola Toscana 5 ans, Barbaresco 8 ans
États-Unis : zinfandel Lake County Californie 3 ans
Espagne : Valdepeñas rouge 2 ans
Grèce : Archanès rouge Crète 5 ans
Tunisie : coteaux de Carthage rouge 5 ans
Chili : merlot 5 ans
Australie : cabernet-sauvignon Victoria 5 ans

Ingrédients

- 4 belles tranches de jarret de veau de 4 cm d'épaisseur
- 1 cuillerée à soupe de vinaigre
- 1 cuillerée à soupe d'huile d'olive
- 50 g de farine
- 1 oignon
- 1 branche de céleri
- 2 carottes
- 1 bouquet garni (thym, sauge, basilic)
- 1 verre de vin blanc sec
- 1 verre de bouillon de volaille
- 200 g de tomates très mûres
- 1 cuillerée à soupe de concentré de tomate
- sel et poivre du moulin

Pour la gremolata

- 3 branches de persil
- 2 gousses d'ail
- 1 zeste d'orange

La recette de l'osso buco alla milanese

• Faire tremper la viande dans de l'eau additionnée de vinaigre pour bien la blanchir. Égoutter, sécher et fariner les tranches de jarret.

• Faire dorer la viande des deux côtés dans une cocotte en fonte avec l'huile d'olive. Retirer la viande et la réserver dans un plat.

• Ajouter dans la cocotte l'oignon haché, le céleri coupé en dés, les carottes en rondelles et faire dorer. Ajouter le bouquet garni. Mouiller le tout avec le vin blanc sec et le bouillon de volaille. Ajouter les tomates bien mûres pelées et épépinées, coupées en dés, ainsi que le concentré de tomate.

• Remettre la viande dans la cocotte. Assaisonner en sel et poivre. Laisser mijoter, cocotte ouverte, pendant 2 h en moyenne. Un osso buco doit être fondant.

• Retirer la viande et la réserver à four tiède. Réduire le jus.

• Préparer la gremolata : hacher le persil, l'ail et le zeste d'orange (il existe une variante avec des zestes de citron qui se prête moins à la dégustation des vins rouges). Remettre la viande dans le jus réduit. Ajouter le hachis qui doit à peine cuire.

• Servir l'osso buco nappé de son jus et du hachis, avec un risotto à la milanaise, sans oublier de mettre à la disposition des convives une petite cuillère étroite pour déguster la moelle.

Sur une blanquette de veau

Ces recettes ont en commun la cuisson dans un fond blanc et une liaison avec un roux blanc (beurre et farine), jaunes d'œufs et parfois crème, relevés par une pointe de jus de citron. La blanquette dite "à l'ancienne" respecte ces principes mais une cuisine plus moderne, et surtout allégée, liera la sauce avec des jaunes d'œufs plutôt qu'avec un roux.
Pour cette recette, les morceaux de veau doivent être à la fois maigres et gras, avec si possible un peu de matière cartilagineuse qui donne du fondant à la viande. Collier, tendrons, épaule ou flanchet feront l'affaire. On ne peut envisager de blanquette sans son compagnon naturel, le riz cuit à la créole qui s'allie au moelleux de la viande, au velouté de la sauce, au sucré des carottes et à la petite pointe acide et citronnée qui caractérise toute blanquette réussie.

Dégustation des vins avant le plat

Châteauneuf-du-pape blanc Clos des Papes 1995

Dans la robe paille intense, on perçoit un petit reflet déjà doré. Le nez a beaucoup de délicatesse. Il débute sur des notes de fleurs blanches, puis s'oriente vers la pêche de vigne, les accents d'amande fraîche, de fenouil, avec une petite pointe miellée. La bouche ronde présente un beau volume, une présence aromatique intense, une matière mûre et grasse. Cette générosité marquée trouve un équilibre grâce à la fraîcheur finale. La longueur de ce vin est appréciable : elle décline les fruits secs, les épices douces, une pointe torréfiée pour revenir enfin sur la note florale qui signe ce beau vin blanc du Sud.

Côtes-de-provence rouge Domaine de La Bastide Neuve Cuvée Beau Sarment 1996

Sous une robe d'intensité moyenne, à reflets violets assez nets, les fruits rouges marquent la palette aromatique : fruits légèrement compotés, dominés par une note de framboise, égayés par une touche de violette et d'épices légères. La générosité du vin est apparente dès l'analyse olfactive. La bouche est très souple, fondue, sans grande concentration mais au fruité primaire intense. Les tanins légers, à trame lissée, s'intègrent dans ce vin de macération carbonique, dont le style penche davantage vers le charme immédiat que vers la structure. Finale courte mais révélatrice de la qualité du fruit, avec une pointe grillée.

LA BLANQUETTE TROUVE SON ORIGINE DANS LA PLUS ANCIENNE TRADITION CULINAIRE FRANÇAISE, DONT LE PRINCIPE ÉTAIT DE CUIRE LES VIANDES BLANCHES DANS UN BOUILLON, SANS COLORATION. CETTE PHILOSOPHIE DU "BLANC" S'APPLIQUE À DE MULTIPLES ALIMENTS, DU VEAU À LA VOLAILLE, EN PASSANT PAR L'AGNEAU ET MÊME LE POISSON.

Saint-joseph Pierre Gonon 1996

Belle robe profonde, à reflets violacés bien marqués. Le nez fumé et réglissé se caractérise par une forte présence de fruits noirs bien mûrs (cassis en particulier), quelques accents torréfiés, une touche poivrée. En bouche, on perçoit une belle carrure, un fruité intense et profond. La matière ample et concentrée est encadrée par des tanins structurés et charnus, dans une belle trame arrondie. La longue finale met en valeur les fruits noirs de ce vin de syrah, sa pointe de violette, d'épices douces, de poivre noir. Une palette typique du Rhône septentrional.

Montagne-saint-émilion Château Bel Air 1995

La robe d'intensité moyenne garde un reflet de jeunesse. Ce sont des fruits rouges bien mûrs qui éclatent dès le premier nez. Viennent ensuite les épices et une note boisée bien fondue, une petite touche de cuir, de pruneau. La bouche charnue offre une matière et un fruité mûrs, un bon équilibre entre une générosité assez marquée et des tanins arrondis qui se fondent déjà dans le vin. La finale développe davantage le fruit, souligné par quelques épices qui savent rester discrètes. Un vin évolué qui n'est pas loin de son apogée.

Dégustation des vins à table

La viande de la blanquette est moelleuse, certaines parties peuvent rester fibreuses. La sauce mousseuse vient l'enrober et lui donner du moelleux et de la légèreté, la pointe citronnée fait ressortir la délicate saveur du veau. Les grains de riz tenus craquants font contraste avec cette impression onctueuse, le sucré de la carotte agit dans le même sens.
• Le **châteauneuf-du-pape blanc** joue avec la texture de la viande de veau. Sa générosité est fondue par les protéines ; il semble plus structuré. La pointe citronnée de la sauce est un formidable vecteur aromatique et le vin voit sa palette exacerbée. Ce sont les fruits secs qui montent en puissance, ainsi que la note de fenouil. Les arômes floraux, en revanche, s'estompent. En bouche, le fruit est mis en valeur. L'acidité de la sauce marque celle du vin, qui paraît

plus rond, plus chaud. Le sucré de la carotte accentue cette impression, comme si ce plat plutôt septentrional venait renforcer le côté ensoleillé du vin.

• Le **côtes-de-provence rouge** gagne en fruité. Des notes de caramel apparaissent dans sa palette. Son caractère charmeur résiste à la blanquette. Le côté mousseux de la sauce allège sa puissance alcoolique. La pointe citronnée souligne la framboise, les carottes font ressortir ses épices et le gras de la viande enrobe sa finale. C'est avec le riz mouillé de sauce que ce vin prend une autre dimension : il acquiert un velouté et une certaine sucrosité.

• Le **saint-joseph**, le plus tannique de tous les vins de cette dégustation, affronte la blanquette sans sourciller. Les arômes de cassis prennent de la hauteur et, paradoxalement, l'acidité monte d'un cran. Le mariage avec les carottes révèle sa note poivrée intense, tandis que le riz donne à l'ensemble du liant et souligne la puissance des tanins. *A contrario*, la viande fond la masse tannique. Le côté mousseux de la sauce allège le corps du vin, en le lissant. De fait, ce plat valorise le vin.

• Le **montagne-saint-émilion** voit ses tanins complètement absorbés par le gras de la viande. Il gagne en rondeur et souplesse ; sa palette aromatique prend du volume. C'est le fruit rouge qui domine, renforcé par la neutralité du riz, souligné par la pointe citronnée de la sauce. On ne dira jamais assez combien le citron, à petite dose, est un agent de sapidité. Comme pour tous les autres vins, la carotte fait fête aux épices. En revanche, une pointe amère apparaît en finale, fort heureusement équilibrée par la sauce et son caractère à la fois mousseux et velouté.

Autres alliances

- **Vallée du Rhône :** côtes-du-rhône-villages blanc 3 ans, crozes-hermitage rouge 2 ans
  Provence-Corse : bellet rouge 2 ans
  Bordelais : lussac-saint-émilion 3 ans
- **Bourgogne :** saint-véran 2 ans, fleurie 2 ans
  Vallée de la Loire : vouvray sec 4 ans, sancerre rouge 3 ans
- **États-Unis :** sauvignon blanc de Californie 2 ans
  Espagne : Alella blanc 2 ans
  Italie : Dolcetto d'Alba 2 ans
  Suisse : Féchy 4 ans
  Allemagne : pinot gris Rheinhessen Kabinett 3 ans
  Nouvelle-Zélande : pinot noir 2 ans

La recette de la blanquette de veau

• Détailler en gros cubes la viande de veau. Faire revenir les morceaux dans une cocotte avec le beurre. Lorsque la viande est bien dorée, mouiller à hauteur avec le bouillon de veau. Ajouter le verre de vin blanc qui apportera ses arômes et son acidité.

• Gratter les carottes et les couper en bâtonnets. Les incorporer dans la cocotte avec les oignons grelots, les gros oignons piqués chacun d'un clou de girofle, le bouquet garni, du sel et du poivre. Laisser mijoter, cocotte couverte, pendant 1h30. Écumer pendant la cuisson. La viande doit être fondante. Laver les champignons de Paris. Les couper en quatre, les ajouter dans la cocotte et laisser cuire encore 10 mn.

• Déposer la viande, les carottes, les petits oignons et les champignons dans le plat de service et réserver au chaud.

• Préparer la sauce : faire réduire 1/2 litre du bouillon de la blanquette. À part, mélanger les jaunes d'œufs et le jus de citron. Fouetter pendant une minute pour obtenir un sabayon. Ajouter cette mousse au bouillon réduit, feu éteint, et continuer à fouetter. La chaleur permet de lier cette sauce mousseuse très légère. Verser la sauce sur la viande et les légumes puis servir.

Ingrédients

1,5 kg de veau
1 litre de bouillon de veau (ou 1 tablette de bouillon de veau)
1 verre de vin blanc
4 carottes
10 oignons grelots
2 gros oignons
2 clous de girofle
1 bouquet garni (céleri, persil, thym)
30 g de beurre
sel et poivre du moulin
Pour la sauce
200 g de champignons de Paris
4 jaunes d'œufs
1 demi-citron

Sur un barbecue ribs

LA CUISINE AMÉRICAINE TRADITIONNELLE EST UNE CUISINE DE PIONNIERS, AVEC UNE PRÉDILECTION POUR LES GRILLADES AU BARBECUE ET LES SAUCES FORTES. UNE "CUISINE DE CHARIOT" DESTINÉE À RAFRAÎCHIR UNE NOURRITURE QUI AVAIT PARCOURU DE NOMBREUX MILES DANS LES PRAIRIES DE L'OUEST.

Tout comme le poulet Maryland, le chili con carne, la dinde de Thanksgiving, le T-bone steak, les cookies, les pancakes ou les cheesecakes, les spare ribs à la sauce barbecue font partie de l'univers gourmand des États-Unis, un melting-pot gastronomique des diverses influences apportées par les colons européens. Si l'on ajoute les recettes régionales comme le gombo créole, le pot-au-feu anglais (New England boiled dinner), le smorgasbord du Minnesota, le Squaw bread indien ou les apports latins comme les tortillas et autres tacos, on découvrira que la cuisine du nouveau continent n'est pas aussi simpliste que pourrait le laisser supposer son expansion planétaire réduite aux hamburgers, hot-dogs ou autres ice-creams industriels. Les spare ribs – travers de porc – ajoutent à l'exotisme des épices qui entrent dans leur recette le plaisir de manger avec les doigts. Ce plat est le symbole d'un mode de vie décontracté et convivial.

Dégustation des vins avant le plat

Afrique du Sud Merlot Sejana 1998

La robe très sombre affiche un reflet violacé intense. Le fruit rouge primaire, des notes mentholées, la réglisse, les épices exotiques forment un nez encore simple mais bien développé. La bouche attaque en rondeur. Elle possède du charnu et un grand fruité mûr, plutôt typé fraise, encore axé sur des arômes de fruit frais. Les tanins viennent très vite structurer cette matière opulente et un peu alanguie. Très présents, ils dévoilent une intensité et une astringence qui contrastent avec le gras de la chair. La finale, un peu courte, revient sur les épices et sur une note poivrée. Un vin encore dans la fougue de sa jeunesse, mais dont la belle maturité est pleine de promesses.

Californie Zinfandel Monte Rosso Ravenswood 1996

Derrière une robe rubis moyen, encore jeune, la palette aromatique est typique du zinfandel, ce cépage issu du primitivo italien que l'on ne trouve qu'aux États-Unis : groseille, nuances balsamiques, petits fruits rouges, accents végétaux et mentholés, une touche d'épices caractéristique du chêne américain riche en lactones. Un monde très particulier. La bouche est vive, marquée par une nervosité intense donnant beaucoup de fraîcheur au fruit mais durcissant les tanins qui s'en trouvent un peu secs. Cette nervosité contraste étonnamment avec la générosité due au fort titre alcoométrique du vin. Ce zinfandel doit sa personnalité à ses arômes qui se retrouvent en finale, toujours axés sur la groseille et les épices ; une note chaleureuse rappelle que nous sommes en climat méditerranéen. Un vrai vin de terroir californien.

Californie Stag's Leap Cellars Cask 23 1985

La robe est évoluée, d'intensité moyenne à reflets bruns. Le nez explosif libère de puissants arômes de truffe, de fruits confits, d'épices exotiques, de vanille et de tabac blond. La bouche, bien équilibrée et très harmonieuse, se structure autour d'une matière lisse et ample : belle profondeur de fruit, grande complexité aromatique, sève intense. Les tanins fondus et lissés possèdent une trame soyeuse. La qualité du boisé et l'équilibre de ce vin rappellent les plus grands crus du Médoc. La longueur est tout aussi impressionnante : la note truffée domine et s'installe dans un style classique qui ne détonnerait pas sur les bords de Gironde. En son temps, le millésime 1973 avait défrayé la chronique en battant tous les premiers crus du Médoc lors d'une dégustation. On avait rétorqué à l'époque que ces vins, très séducteurs dans leur jeunesse, ne vieilliraient pas : cette dégustation apporte un démenti.

Californie Opus One 1985

La robe intense affiche un reflet brun modéré. Très épicé de prime abord, le nez décline des notes de sous-bois, de champignon, de figue cuite, des accents mentholés et de réglisse. La bouche, souple et lisse, développe une matière aromatique à souhait dont le fruité est profond. Un heureux mariage entre fruit secondaire et épices, un encadrement tannique bien fondu, au grain satiné et élégant, mais une petite pointe de sécheresse en tout dernier ressort. La finale décline une belle suite de senteurs de bois exotique, de havane, de fruits cuits, dans une longueur luxuriante qui ne trompe pas. Nous sommes là en présence d'un grand vin, au carrefour des influences de ses deux signatures, Mondavi côté californien, Rothschild côté médocain.

Dégustation des vins à table

Le plat est marqué par les épices qui compensent la fadeur du porc. Néanmoins, la cuisson de la viande a bien atténué leur force. S'y ajoutent des arômes grillés et torréfiés apportés par le mode de cuisson. La texture est à la fois sèche et cartilagineuse. Quoique vinaigrée et sucrée avec modération, la sauce est en revanche très forte, dotée d'une présence dominante de la tomate et du cayenne. On goûtera les vins sur la viande et sur la sauce à part.

• Le **merlot** d'Afrique du Sud change de visage au contact du plat. Ses tanins un peu rustiques sont fondus ; son fruité est exacerbé par les épices de la viande. Le vin perd toutefois quelques notes d'épices et sa touche mentholée. Il se banalise. La sauce l'assassine sans remords.

• Le **zinfandel** californien souligne, lui aussi, son fruit, en atténuant sa note végétale et en adoucissant ses tanins. Il perd de l'acidité et s'arrondit. Sa force alcoolique est diminuée. Le vin garde toutefois sa note d'épices boisées qui se marie bien avec les épices du plat. Une belle alliance naturelle, hélas détruite dès que la sauce intervient.

• Le **Stag's Leap** se fond et s'arrondit au contact de la viande. Ses épices se marient avec celles du plat, et ses tanins se lovent dans le côté cartilagineux des travers de porc. Sa complexité aromatique reste intacte et sa longueur s'en trouve mise en valeur. Une belle symbiose gustative. Toutefois, mettre ce vin en présence de la sauce relève de l'attentat terroriste !

• L'**Opus One** est un peu transformé par la viande, celle-ci faisant ressortir ses arômes de sous-bois et d'humus. Les épices prennent le dessus sur le fruit, caractéristique des vins américains. L'alliance avec le plat s'en trouve confortée : le vin y gagne en personnalité. Quant à cette sauce redoutable, elle n'épargne aucun vin.

Autres alliances

Afrique du Sud : cabernet-sauvignon 1 an
États-Unis : zinfandel Californie 2 ans, cabernet-sauvignon Napa Valley Californie 8 ans, cabernet-sauvignon Central Valley Californie 5 ans

États-Unis : petite-syrah Californie 4 ans, grenache noir Monterey 4 ans
Languedoc-Roussillon : saint-chinian 5 ans
Vallée du Rhône : vacqueyras 5 ans

Espagne : Valencia 5 ans
Italie : Amarone de Valpollicella 8 ans
Grèce : côtes de Meliton rouge 5 ans
Bulgarie : cabernet-sauvignon 5 ans
Chili : cabernet-sauvignon 5 ans
Afrique du Sud : cabernet-sauvignon 5 ans

La recette du barbecue ribs

• Ne pas détacher les travers de porc afin de former un seul morceau. La veille, les frotter avec le mélange d'épices. Arroser d'huile et mettre à mariner une nuit.

• Le lendemain, préparer la sauce barbecue : hacher le gros oignon et la gousse d'ail et les faire blondir dans une casserole avec de l'huile. Ajouter deux cuillerées à soupe de farine et faire un roux à peine coloré. Mouiller avec 1 litre d'eau. Ajouter les tablettes de bouillon de bœuf, bien mélanger et laisser réduire.

• Mélanger à part le vinaigre de cidre, la moutarde forte, le poivre et piment de Cayenne en poudre, la sauce anglaise, le concentré de tomate, le jus de citron et le sucre. Verser dans le premier bouillon, goûter et rectifier s'il y a lieu en sel, épices ou sucre. Laisser réduire pendant 1 h pour obtenir un ketchup.

• Griller les travers de porc au barbecue ou au four pendant 1 h. Mettre un bol d'eau dans un coin du four afin que la viande ne se dessèche pas.

• Servir les spare travers de porc entiers : chaque convive en détachera les côtes et les dégustera avec les doigts. Accompagner ce plat de pommes de terre à la cendre, ouvertes en deux et arrosées de crème fraîche aux fines herbes ou d'*onions rings* (rondelles d'oignon enrobées de pâte à frire).

Le sucre et le vinaigre n'étant pas des amis du vin rouge, la sauce élaborée pour cet exercice a été modérément vinaigrée et très peu sucrée. Trahison des traditions ou respect des grands vins du Nouveau Monde, le lecteur choisira ! Selon la recette classique, on badigeonne les travers de porc avec la sauce et on les remet au four pour les caraméliser. Toutefois, afin de déguster les vins dans les meilleures conditions, on présentera la sauce à part et non sur les côtes.

Ingrédients

24 travers de porc
mélange d'épices (paprika, gingembre, piment du Chili ou Cayenne)
1 dl d'huile d'arachide
Pour la sauce barbecue
1 oignon
1 gousse d'ail
2 cuillerées à soupe de farine
2 tablettes de bouillon de bœuf
1/2 verre de vinaigre de cidre
3 cuillerées à soupe de moutarde de Dijon
1 cuillerée à café de sauce anglaise (Worcester sauce)
poivre et piment de Cayenne en poudre
1 tube de concentré de tomate
jus d'un citron
2 morceaux de sucre
sel

Viandes rouges

Les viandes rouges (bœuf, mouton – et pourquoi ne pas ranger ici le magret de canard) ont une qualité essentielle : leurs protéines amabilisent les tanins les plus virils. Comme le gras qui va souvent de pair avec leur chair, elles sont de formidables accélérateurs de temps et savent dévoiler l'avenir d'un vin qui s'était présenté trop agressif à la dégustation analytique. Le bœuf se prête à des recettes aussi distinctes que la simple grillade et la daube longuement mijotée, chaque morceau trouvant une préparation idéale selon sa texture. Les saveurs de la viande se déclinent dans une palette très large et les vins qui y trouvent leur compte sont tout aussi nombreux. La force tannique du vin doit être ascendante selon la durée de cuisson, de la grillade à la viande braisée, du rôti à la tranche passée à la poêle. Un haut-médoc ou un Ribera del Duero, un madiran ou un Nemea grec, un buzet ou un merlot chilien prennent du velours sur les viandes rouges. Une place spéciale doit être faite à l'agneau dont la chair présente une couleur rosée intermédiaire, tirant vers le blanc pour le délicat agneau de lait, mais dont la saveur intense, la peau caramélisée par le four ou le gril, la texture moelleuse et saignante appellent un pauillac, un côtes-de-provence rouge ou un Barolo, alors qu'un navarin et ses légumes soulignent davantage les qualités d'un corton, d'un côte-rôtie ou encore d'un Rosso di Montalcino. Ne jamais oublier, en outre, que la sauce par son influence aromatique peut orienter le choix du vin.

Sur une entrecôte à la bordelaise

POMEROL, PAUILLAC, SAINT-ESTÈPHE ET MÉDOC. QUATRE GRANDS VINS BORDELAIS POUR UNE ENTRECÔTE SIMPLE MAIS GOÛTEUSE. JEUNES OU ÂGÉS, LES CRUS RÉPONDENT DIFFÉREMMENT À CET ACCORD.

Depuis l'affaire de la "vache folle", la viande rouge a perdu une part de sa réputation auprès des consommateurs inquiétés par une médiatisation du sujet. L'amateur de grillades hésite à assouvir ses désirs d'entrecôtes, faux-filets et autres rôtis de bœuf. La filière de la viande bovine a certes manqué singulièrement de transparence, et l'origine des viandes est longtemps restée obscure. Les bons bouchers ont réagi : il en allait de leur survie. Un label "Viande bovine française" a vu le jour. Certains producteurs précisent même sur l'étiquette la provenance exacte de la bête débitée à l'étal, comme une garantie sanitaire et d'authenticité. Il est donc impératif de privilégier les artisans qui font de réels efforts et oublier les tristes morceaux prédécoupés et emballés, sans identité bien définie.

L'entrecôte est l'un des morceaux de viande rouge à griller les plus goûteux. Cependant, deux conditions doivent être respectées : la viande doit être conservée en chambre froide au moins quinze jours chez le boucher afin d'assouplir les fibres et casser le collagène. Une viande de bœuf trop fraîche est dure et fibrillée. Elle se raidira davantage à la cuisson. La viande doit ensuite être bien persillée, les veines du gras étant mêlées au maigre. La saveur provient en grande partie du gras qui, à la cuisson, fond et aromatise la viande rouge. Quant aux diverses races bovines, c'est affaire de goût et de disponibilité sur le marché. Charolaise, Blonde d'Aquitaine, Gasconne rivalisent de qualité mais si l'on veut rester dans l'esprit de la recette, on optera pour le bœuf de Bazas. On demandera à son boucher une tranche coupée à 3 ou 4 cm d'épaisseur de façon régulière, bien débarrassée de sa graisse de couverture. Dans l'entrecôte, on distingue deux parties : le cœur tendre et fondant, le manche, plus ferme et parfois dur. On peut réserver le second morceau pour une autre préparation, un braisé par exemple.

Dégustation des vins avant le plat

Pomerol
Château Mazeyres 1995

La robe de bonne intensité livre des reflets violets encore bien marqués. Les notes de fruits rouges mûrs, un peu compotés, des accents de cuir, des épices boisées accompagnées de menthe et de réglisse composent une palette typée d'un merlot bien élevé. La bouche a une bonne structure, une matière mûre et ronde, moyennement concentrée. Sur une trame lisse, apparaissent un fruité bien défini, des tanins arrondis, marqués par les arômes de la barrique plutôt torréfiés. La finale est aimable, tout en rondeur. Un vin équilibré, représentatif d'un millésime réussi en Libournais.

Pauillac
Château Lynch-Bages 1994

Profonde, la robe intense garde un reflet de jeunesse. Ample, le nez est à dominante de fruits noirs (mûre et cassis), soulignés par une forte présence du bois, des notes de vanille et de torréfaction. Une pointe animale de cuir appuie une note réglissée et donne de la complexité. La bouche présente d'emblée une grande structure mais sans agressivité. La matière mûre offre une trame fondue, du gras et un superbe fruité profond. L'ensemble est encadré par une force tannique qui développe sa puissance en finale ; les épices et le grain prennent du velouté. Belle rémanence sur les épices du bois et un fruité qui monte à l'aération. Ce vin commence à dévoiler tous ses charmes.

Saint-estèphe
Château Chambert-Marbuzet 1990

La robe d'intensité moyenne se pare d'une frange à peine brunie. Le nez est plutôt explosif, épanoui. Il développe à la fois puissance et complexité. Notes balsamiques, cèdre et boîte à cigares, accents de cacao, cuir noble, poivron rouge complètent un fruit confit qui signe une année de grande maturité. La bouche est tout aussi aromatique : belle ampleur, volume soutenu par des tanins gras et fondus, velouté qui tapisse la bouche. La concentration apparaît dans une finale intense, imprégnante, qui décline toute la complexité initiale, le fruité prenant la vedette sur ses partenaires. Un vin très en forme, irrésistible.

Médoc
Château La Tour de By 1986

Vêtu d'une robe assez soutenue, à frange presque brique, ce vin a beaucoup d'allure et de complexité aromatique. La figue sèche, le poivron rouge, les épices orientales, le vieux cuir se mêlent dans une palette où le fruité secondaire, compoté et poivré, joue un rôle déterminant. La bouche est lisse, suave, au grain patiné. Les tanins sont bien présents mais satinés, sans aucun signe d'usure. Le fruité a encore de l'éclat grâce à une bonne nervosité sous-jacente. La finale longue et expressive décline toute la subtilité aromatique de ce beau vin parvenu à son apogée.

Dégustation des vins à table

La texture de l'entrecôte est souple, les fibres sont bien détendues, la graisse persillée s'est bien fondue dans la viande. La surface est plus dure, presque craquante, caramélisée par la cuisson. La saveur de la viande et le goût de sang sont relevés par la note prononcée d'échalote et de poivre.

• Le **pomerol** est flatté par la viande. Ses épices résistent à l'échalote et son fruit ressort grâce aux saveurs de la viande. Son côté boisé est atténué, et ses tanins, déjà fondus, sont encore plus arrondis et veloutés par les protéines du bœuf. Le moelleux des frites joue dans le même sens, mais ce sont les grains de gros sel qui apportent du contraste et, par opposition, donnent au vin beaucoup de suavité. Un vin qui prend de la maturité, comme si le temps était accéléré par le plat.

• Le **pauillac** trouve un partenaire idéal. Ses tanins puissants sont amadoués par la viande ; ils se fondent et prennent un grain lisse. Les arômes de fruit noir sont mis en avant par la saveur de l'entrecôte, les épices et le boisé sont atténués. Les échalotes font ressortir le moelleux du vin, tout comme les frites et les grains de sel qui donnent du gras et renforcent le fruit. Démonstration que les vins tanniques jeunes sont projetés dans l'avenir par ce mariage idéal.

• Le **saint-estèphe** garde sa palette aromatique, bien que les échalotes simplifient sa complexité. Cacao et fruits confits se détachent de la palette. Les tanins étant déjà fondus, l'action des protéines est peu perceptible. Néanmoins, les sensations tactiles – texture de la viande et "toucher" des tanins – sont intimement mêlèes. Les frites donnent beaucoup de saveur au fruit, les grains de sel apportent une impression sucrée.

• Le **médoc** est respecté par le plat. Son fruité originel est allégé et perd un peu de structure tannique. En revanche, l'expression aromatique est renforcée, notamment par l'échalote qui révèle les notes épicées. Les frites font ressortir le caractère compoté du fruit, le sel est ici un peu agressif pour la délicatesse de ce vin déjà âgé.

En conclusion, cette entrecôte flatte les vins jeunes et leur donne beaucoup de fondu, en laissant deviner leur évolution. Les vins âgés gagnent peu au mariage, aussi les destinera-t-on à une préparation plus sophistiquée.

Autres alliances

- **Bordelais :** canon-fronsac 3 ans, haut-médoc 4 ans, moulis 8 ans, haut-médoc 12 ans
- **Bordelais :** côtes-de-bourg 3 ans, saint-émilion 3 ans, côtes-de-castillon 3 ans, graves rouge 5 ans
- **États-Unis :** cabernet-sauvignon Napa Valley Californie 6 ans
- **Espagne :** Ribera del Duero Reserva 8 ans
- **Italie :** Taurasi 5 ans
- **Australie :** cabernet-sauvignon Coonawarra 5 ans
- **Nouvelle-Zélande :** cabernet-sauvignon 5 ans
- **Afrique du Sud :** cabernet-sauvignon 5 ans

La recette de l'entrecôte à la bordelaise

Ingrédients

2 tranches d'entrecôte de 3 cm d'épaisseur
200 g d'échalotes grises
50 g de beurre + 10 g
gros sel
poivre du moulin

• Frotter la viande au gros sel et au poivre sur ses deux faces et la porter à la température de la pièce.

• Préparer un beurre clarifié : faire fondre doucement 50 g de beurre dans une casserole. Le laisser refroidir puis séparer la fleur de beurre (qui supporte les hautes températures) du petit-lait. Éliminer le petit-lait.

• Chauffer une poêle avec un peu de ce beurre clarifié. Saisir vivement la viande pour former une croûte qui emprisonnera les sucs à l'intérieur. Le degré de cuisson s'apprécie en enfonçant son pouce dans la viande. Plus la viande est cuite moins elle est tendre.

• Sortir la viande et la réserver pendant 15 mn dans un plat sur la porte du four, afin de détendre les fibres. Hacher les échalotes et les jeter dans la poêle avec 10 g de beurre frais. Les laisser blondir quelques secondes. Couvrir la viande avec les échalotes, la trancher, ajouter un tour de moulin à poivre. Servir avec de grosses frites à la graisse d'oie, saupoudrées de gros sel marin. La recette traditionnelle impose de griller l'entrecôte sur des sarments de vigne. Chez le vigneron, les sarments seront ceux de la vigne qui a produit le vin mis sur la table... Le *nec plus ultra* !

Sur une daube de bœuf

LA DAUBE,
OU L'ADOBE,
EST UNE RECETTE
TRADITIONNELLE
DE LA CUISINE FRANÇAISE.
LA VIE MODERNE LAISSE
RAREMENT LE LOISIR
DE SE CONSACRER
À LA PRÉPARATION
DE PLATS MIJOTÉS.
POURTANT, LE TEMPS
D'UN WEEK-END D'HIVER,
ON AURA PLAISIR
À REDÉCOUVRIR
LES TOURS DE MAIN
ET LES SAVEURS D'ANTAN.

La viande choisie doit être tendre après cuisson et non sèche et filandreuse. On demandera donc à son boucher une pièce moitié maigre, moitié grasse, de préférence gélatineuse. Le gîte et surtout la joue se prêteront fort bien à cette préparation. Le gras de la viande ne doit pas rebuter les adeptes de diététique. Il suffit de préparer sa daube un jour avant pour que la couche de graisse puisse, en refroidissant, se figer à sa surface. On l'éliminera avant de réchauffer un plat qui a pris le goût du gras sans ses calories.

Dégustation des vins avant le plat

Deux vins jeunes

Coteaux-du-languedoc
Domaine du Nouveau Monde 1996

La robe très sombre présente un reflet violet prononcé. Belle palette aromatique, axée sur le fruit noir bien mûr, des épices douces, quelques accents de garrigue, une légère note de cuir, le tout mêlé harmonieusement. La bouche a de la structure, une grande présence fruitée dès l'attaque, des notes réglissées. Les tanins sont bien bâtis et marquent la finale de leur présence. Néanmoins, le grain est déjà fondu. Au fruité dominant s'allient des arômes de thym et de cacao en finale. Délicieux en vin jeune mais à l'avenir prometteur.

Madiran
Domaine Labranche Laffont 1995

Vêtu d'une robe foncée à reflets bleus, ce vin se distingue par un nez montant : notes balsamiques, arômes de mûre, d'épices boisées encore assez marquées, fumées et vanillées. La bouche présente d'emblée une grande carrure. Son architecture tannique est imposante, mais sa matière a gardé du gras et un beau fruité. Les nuances torréfiées, les épices, les accents boisés marquent une finale tannique qui

Carcassonne, cité emblématique du vignoble languedocien.

demande encore à affiner son grain. Un madiran très typé, encore dans sa phase d'austérité, mais qui a tous les atouts pour affronter une longue garde.

Deux vins matures

Coteaux-du-languedoc
Prieuré de Saint-Jean de Bébian
1990

La robe d'intensité moyenne se pare d'un léger reflet brique. L'extraordinaire palette va de la figue jusqu'au jus de viande, en passant par les notes de girofle, de cacao, de pruneau, de garrigue, de bois précieux et de tabac blond. Une touche d'eucalyptus et de menthe lui donne beaucoup d'éclat. Opulente et généreuse, la bouche compte sur des tanins énormes mais veloutés. Le fruité secondaire s'impose dans un beau volume. On perçoit aussi des épices douces, une belle sève qui monte en finale. Garrigue, plantes aromatiques et note de gibier fondue et savoureuse persistent longtemps en bouche. Un beau vin sudiste de grand caractère et en pleine maturité.

Madiran
Domaine Berthoumieu
Cuvée Charles de Batz 1990

D'apparence jeune, la robe est encore soutenue. Les notes de gibier, de marinade, de fruits noirs rôtis, de goudron, de poivron rouge indiquent une grande maturité du raisin. Les senteurss boisées sont encore perceptibles mais se mêlent harmonieusement au fruit et participent à la complexité. La bouche, bien typée, se caractérise par une grande architecture tannique, des arômes de gibier, de poivre. Le grain des tanins commence à s'affiner et à se fondre dans une matière généreuse. Belle finale complexe, sur les épices, les notes viandées et le fruit mûr. Ce vin est loin d'avoir terminé sa carrière.

Dégustation des vins à table

La forte saveur de la daube et sa grande expression aromatique demandent des vins corsés et aux fragrances puissantes. *A contrario*, des vins délicats

auront du mal à passer le cap de la dégustation à table. Cet exercice a pour objectif de déterminer qui des vins jeunes, sur leur fruité primaire, ou des vins plus âgés, sur leurs épices, est le mieux flatté par cet accord gourmand.

• Le **coteaux-du-languedoc jeune** voit ses tanins totalement effacés par le plat. Il semble plus arrondi et plus souple. Son fruité est quelque peu agressé par la haute saveur de la viande, alors que les carottes le feraient plutôt ressortir. En revanche, la sauce joue le rôle de fédérateur en accentuant les épices et la petite note viandée du vin.

• Le boisé du **madiran jeune** – un peu trop marqué dans la première dégustation – se fond et s'intègre à la matière. Comme dans le vin précédent, le fruité est atténué, mais ce n'était pas l'élément dominant de la palette aromatique lors de la première dégustation. Les tanins prennent de l'arrondi, un grain plus velouté, comme si la sauce enrobait le vin, lui donnait du gras et du poli. Un bel accord qui flatte le vin et le projette dans l'avenir.

• Les arômes du **coteaux-du-languedoc vieux** sont portés à leur paroxysme et acquièrent plus de complexité. Ressortent la note viandée, la figue et les accents de garrigue. La structure du vin se fond complètement et se fait velours. La générosité est mieux équilibrée, la suavité devient harmonieuse. La longueur du vin est étirée, comme si le plat servait de faire-valoir dans cet accord où les deux partenaires trouvent leur bonheur.

• Le **madiran vieux** navigue de conserve avec le plat. Ses arômes de gibier sont renforcés, sa note boisée reste intacte. À peine ses tanins prennent-ils plus de satiné, à peine sa structure carrée arrondit-elle ses angles. Ce vin garde un peu de recul face au plat. On pourrait s'en tenir au même commentaire dans les deux dégustations, avant et pendant le repas, pour ce vin capable de résister à tout.

On peut en conclure que la daube s'accorde mieux avec les vins matures. Ceux-ci gagnent en harmonie ou bien jouent dans le même registre que le plat. En revanche, les vins jeunes, s'ils s'arrondissent, perdent leur charme fruité.

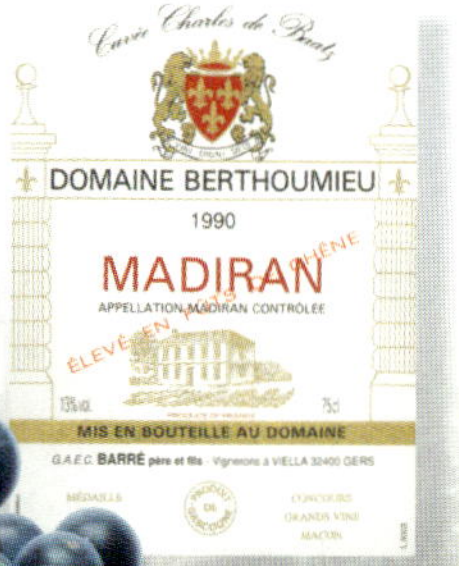

Le tannat, cépage vedette du madiran.

Autres alliances

- **Languedoc-Roussillon :** minervois 2 ans
  Sud-Ouest : cahors 3 ans, cahors 6 ans
- **Bourgogne :** mercurey 3 ans
  Vallée de la Loire : saint-nicolas-de-bourgueil 5 ans
  Sud-Ouest : bergerac rouge 5 ans
  Vallée du Rhône : gigondas 5 ans
- **États-Unis :** zinfandel de Sonoma Valley Californie 4 ans
  Espagne : Tarragona rouge 5 ans
  Grèce : Nemea 5 ans
  Italie : Barbera d'Alba 3 ans
  Uruguay : tannat 5 ans
  Chili : merlot 5 ans

Ingrédients

1,5 kg de gîte ou joue de bœuf
200 g de couennes de porc
1 pied de veau
4 tranches de pain
3 cl d'huile d'olive
Pour la marinade
1 litre de vin rouge tannique (madiran, cahors, corbières, par exemple)
1 verre d'armagnac
2 carottes
1 oignon
2 clous de girofle
2 feuilles de laurier
1 branche de thym
1 branche de persil
1 gousse d'ail
sel et poivre du moulin

La recette de la daube de bœuf

• Blanchir les couennes de porc et les déposer au fond d'un plat profond. Découper la viande en gros dés et la déposer sur le lit de couennes.

• Préparer une marinade : mélanger le vin rouge et l'armagnac. Bien recouvrir la viande de ce mélange. Ajouter le pied de veau, les carottes coupées en rondelles et l'oignon piqué des clous de girofle. Aromatiser avec les feuilles de laurier, la branche de thym, le persil ciselé et la gousse d'ail écrasée, du sel et du poivre du moulin. Laisser mariner le tout pendant une nuit dans un endroit frais.

• Le lendemain, sortir les morceaux de viande et les couennes. Tapisser le fond d'une cocotte avec les couennes et poser la viande et le pied de veau par-dessus.

• Faire bouillir à part la marinade pendant 20 mm pour faire évaporer l'alcool puis mouiller la viande et les couennes avec le liquide. Poser le couvercle sur la cocotte et chauffer à feu très doux. Laisser cuire 6 h pour que la viande garde sa tendreté et que la sauce se concentre.

• Après cuisson, si la sauce est trop liquide, ôter les morceaux de viande et faire réduire le liquide à part.

• Servir la viande débarrassée du pied de veau, des couennes et du bouquet garni, mais entourée des rondelles de carottes. Décorer avec des tranches de pain frit à l'huile d'olive. Accompagner de pommes vapeur, de polenta ou de gnocchis, selon l'esprit que l'on souhaite donner à sa daube.

Sur un carré d'agneau et gratin dauphinois

C'est une viande blanche, tendre et fondante, réservée à la rôtissoire. L'agneau de bergerie, abattu après cent jours environ, possède une chair grasse et rosée. Il s'agit de la qualité la plus fréquente sur l'étal du boucher. L'agneau "broutard" est plus âgé et a connu l'herbe de la prairie ou du pré salé. Son goût est plus prononcé, sa viande plus rouge. Pour préparer un carré d'agneau, l'agneau de bergerie s'impose. On demandera donc à son boucher de parer un train de côtes, en comptant deux côtes par personne. Les os du manche seront dégarnis sur leur bout pour pouvoir y enfiler, après cuisson, des papillotes de papier. Pour donner au plat un aspect décoratif, le train de côtes pourra être modelé en couronne. La viande sera choisie brillante, d'une couleur rose pâle. Certaines régions, comme le Quercy, les Alpilles ou les Pyrénées, ont développé des labels de qualité qui garantissent l'origine et l'alimentation naturelle des animaux.

Dégustation des vins avant le plat

Cahors
Clos de Gamot 1990

La robe rubis assez dense laisse apparaître un reflet qui commence à évoluer. Le nez présente une grande complexité, une finesse inhabituelle lorsque l'on se contente de déguster ces vins de Cahors trop jeunes. Menthe, cacao, réglisse, fruits rouges rôtis, notes de sous-bois, de cuir, de truffe : la palette est large. La bouche attaque sur un fruité intense. Sa trame est fine et son expression aromatique intense. Tanins fondus et harmonieux, finale soyeuse et expressive : ce vin de millésime ensoleillé est parvenu à maturité.

Bandol
Château de Pibarnon 1993

Vêtu d'une belle robe intense et profonde, à reflets encore jeunes, ce vin possède le nez typique du mourvèdre de cet âge : notes prononcées de venaison, d'épices orientales, de fruits noirs (mûre et cassis), de poivre. La bouche est architecturée dès l'attaque. Une chair dense et fruitée se révèle ensuite, toujours encadrée par cette force tannique qui domine le vin et lui donne une colonne vertébrale de colosse. On est frappé par la qualité de cette masse tannique : ni secs, ni grenus, les tanins ont un grain fin et poli ; ils sont enrobés d'un gras qui les "amabilise". Très belle finale giboyeuse, épicée et démonstrative.

LES DIFFÉRENTES APPELLATIONS DE L'AGNEAU SONT EN GÉNÉRAL LIÉES À L'ÂGE DE L'ANIMAL. L'AGNEAU DE LAIT EST ABATTU À PEINE SEVRÉ, APRÈS TRENTE À QUARANTE-CINQ JOURS. L'AGNEAU DES PYRÉNÉES EST EXCLUSIVEMENT NOURRI AU LAIT DE SA MÈRE.

Pommard
Château de Pommard 1990

La robe est plutôt dense, ayant un reflet acajou. Le nez, fortement développé, offre une belle palette qui s'oriente vers la réglisse, la cerise confite, les notes d'humus et de sous-bois, de grillé. L'opulence rend ce vin chaleureux dès la mise en bouche. La griotte prend le dessus dans l'expression aromatique. Les tanins équilibrent bien cette matière voluptueuse : ils présentent un grain velouté qui renforce l'impression de maturité. La belle finale longue et chaleureuse reprend les arômes du nez de ce pommard caressant.

Pauillac
Château Grand-Puy-Lacoste 1994

Enveloppé d'une robe profonde et dense, ce pauillac garde un reflet bleuté. Les arômes, encore discrets, privilégient le fruit noir (cassis), les épices du bois, des accents empyreumatiques, un soupçon de poivron rouge et des notes fumées. La bouche est d'un beau classicisme : structure stricte, architecture quelque peu distante, mais une chair à trame serrée de grande qualité. Des tanins mûrs et puissants viennent renforcer cette impression d'austérité. Ce vin se trouve dans une phase fermée ; il hésite à se livrer. Pour cette raison, le dégustateur a tout intérêt à le décanter pour en percevoir le fruit et les tanins.

Dégustation des vins à table

La texture de la viande est à la fois résistante et fondante, elle garde de la tenue en bouche. La peau caramélisée est croustillante à souhait. Sa forte saveur s'impose, tout comme ses arômes caractéristiques, renforcés par la cuisson au four. Le gratin dauphinois fait un extraordinaire contraste avec la peau de l'agneau, il lui oppose son fondant et ses arômes lactés.

• Le **cahors** discute avec l'agneau d'égal à égal. La viande ne modifie en rien sa palette aromatique. En revanche, ses tanins s'en trouvent encore plus arrondis. On fera d'ailleurs une distinction entre la partie viande et le gras de l'agneau qui se comportent de manière différente. La viande et ses protéines s'associent avec les tanins et les rendent plus fins et aromatiques. Le gras les enrobe et les efface. Le corps du vin en est renforcé, donnant une impression fruitée plus perceptible. Le gratin dauphinois, grâce à sa crème et à la texture moelleuse des pommes de terre, est une caresse pour ce vin ; la note aillée du plat n'entrave nullement l'expression aromatique. Le caractère "Sud-Ouest" du cahors favoriserait cette cohabitation.

• Le **bandol** garde toute sa personnalité, son côté gibier et ses épices devant le plat. L'agneau prendrait même des accents de chevreuil ! Les caractéristiques organoleptiques du vin restent inchangées ; seul le gras de l'agneau fait fondre quelque peu ses tanins, tout en renforçant le caractère fruit noir et épicé. Le gratin confère de la souplesse au vin en fondant sa masse et sa structure, en rehaussant ses notes épicées et poivrées. Comme le cahors, ce vin du Sud accepte l'ail.

• Le **pommard** trouve dans ce plat un commensal idéal. Tout est mis en valeur. Son fruit révèle sa pureté et sa force ; sa chaleur, peut-être trop élevée dans la première partie de la dégustation, est effacée. Ses tanins, déjà fondus, s'en trouvent enrobés et développent une belle expression aromatique. Sa finale est allongée, soyeuse et imprégnante. La volupté est au rendez-vous dans ce mariage où chaque partenaire est flatté par l'autre. Sur le gratin, si la crème et la pomme de terre apportent de la suavité, l'ail joue les intrus au détriment des notes de cerise.

• Le **pauillac**, grâce à sa grande force tannique, est peu affecté par l'agneau. Du moins dans ses arômes, même si les accents de cassis se trouvent mis sur le devant de la scène. Pour étudier la structure tannique, on distinguera les interactions entre le vin, le maigre et le gras de la viande. Le maigre n'arrondit pas les tanins ; au contraire, il fait ressortir leur côté boisé. Le gras, en revanche, les enveloppe et les arrondit, en polissant leur grain. Cette partie de la viande lève le voile d'austérité et de retenue de ce vin, lui ôte son aspect hautain, le rend plus accessible et le projette dans l'avenir. Le gratin joue le même rôle, le vin consent à s'allier à la crème.

Autres alliances

- **Sud-Ouest** : madiran 8 ans
  Provence-Corse : côtes-de-provence rouge 5 ans
  Bourgogne : côte-de-beaune rouge 8 ans
  Bordelais : haut-médoc 5 ans
- **Bordelais** : graves rouge 5 ans, saint-émilion grand cru 5 ans
  Languedoc-Roussillon : saint-chinian 5 ans
  Vallée du Rhône : gigondas 5 ans
- **Italie** : Barolo 8 ans
  Espagne : Ribera del Duero 5 ans
  États-Unis : cabernet-sauvignon de Californie 4 ans
  Chili : merlot 3 ans
  Australie : cabernet-sauvignon 4 ans
  Maroc : Guerrouane 4 ans

La recette du carré d'agneau accompagné d'un gratin dauphinois

Ingrédients

1 carré d'agneau de 1 kg
sel et poivre du moulin
8 gousses d'ail non pelées
Pour le gratin dauphinois
1 kg de pommes de terre (Belle de Fontenay, Roseval, BF 15)
1 litre de lait entier
20 cl de crème fraîche
1 pincée de noix muscade râpée
1 gousse d'ail
sel et poivre du moulin

• Enfourner le carré d'agneau non salé (pour conserver le jus à l'intérieur) à 220 °C (thermostat 8) afin de saisir la peau, puis baisser le degré du four à 180-200 °C (thermostat 6-7) pour faire cuire l'intérieur. Compter 15 mn par livre de viande. Vérifier la cuisson en enfonçant une aiguille dans la partie charnue, comme pour un gigot. Le jus ne doit plus couler.

• 10 mn avant la fin de la cuisson, ajouter dans le plat quelques gousses d'ail en chemise.

• Ôter la viande du plat. Saler et poivrer. Éliminer le gras du jus et ajouter un peu d'eau. Gratter les sucs. Verser le jus dans une saucière à double sortie gras-maigre.

• Préparer le gratin dauphinois : éplucher les pommes de terre et les faire pré-cuire dans le lait et la crème. Couper les pommes de terre en rondelles de 3 mm d'épaisseur. Frotter d'ail un plat à gratin. Y empiler les rondelles de pommes de terre. Parsemer de noix muscade, saler et poivrer. Verser le mélange lait-crème sur les pommes de terre. Faire cuire pendant 50 mn à 180-200 °C (thermostat 6-7).

Le carré d'agneau doit présenter une peau croustillante et une chair rosée. La cuisson saignante n'est pas recommandée ; l'agneau y perd de son intérêt aromatique. Par ailleurs, une cuisson trop poussée le rendra sec et dur, comme n'importe quelle autre viande rouge. Pour le gratin dauphinois, la pré-cuisson des pommes de terre permet d'obtenir une texture plus moelleuse. On ne met pas de fromage sur un gratin dauphinois (à la différence du gratin savoyard). Le gratiné résulte de la caramélisation de la crème.

Sur un navarin d'agneau

LE NAVARIN EST UN PLAT TRÈS AROMATIQUE. UN NET CONTRASTE EST PERCEPTIBLE ENTRE LA VIANDE FORTE EN GOÛT ET LES LÉGUMES QUI APPORTENT SUAVITÉ ET FRAÎCHEUR. LES VINS ROUGES DÉGUSTÉS ONT ÉTÉ CHOISIS POUR LEUR PALETTE ET LEUR STRUCTURE SOLIDE.

L'étymologie du terme "navarin" est incertaine. Certains invoquent la victoire de la flotte anglo-russo-française sur celle des Turcs lors de la bataille de Navarin, port du Péloponnèse sur la mer Ionienne, en 1827, en pleine guerre d'indépendance grecque. L'époque se prêtait à ces parrainages guerriers. Le veau marengo avait montré la voie quelques années plus tôt, et on trouvait toujours un chef de cuisine pour se prêter à ces exercices. Prosaïquement, le pacifique navet semble fournir une explication plus vraisemblable de cette préparation d'agneau ou de mouton. Par extension, le mot navarin s'applique à des plats à base de lotte ou de volaille accompagnées de navets.

Employé en cuisine bien avant cette obscure bataille, les vertus du navet sont bien connues : il est peu calorique, riche en potassium et surtout apte à absorber les graisses d'un plat de canard ou de mouton, en apportant son petit goût sucré. Ce légume a fait carrière dans les pays du Nord – Allemagne et Écosse –, ainsi que dans les régions atlantiques comme la Vendée, mais il entre aussi dans tout pot-au-feu.On distingue les navets ronds, comme le milan, des formes allongées comme le nantais ou le croissy. Dans tous les cas, il est souhaitable de cuisiner un légume jeune, sucré et croquant. Trop vieux, le navet devient ligneux et prend une saveur âcre et soufrée (un blanchissage de 10 mn s'impose pour atténuer ce goût désagréable).

Le navarin connaît quelques variantes. Dans sa version classique hivernale, seules les pommes de terre et les navets accompagnent la viande. On préférera la recette du navarin printanier qui associe tous les légumes nouveaux dans un plat plein de fraîcheur. Autre sujet de divergence : faut-il préparer ce plat avec de l'agneau ou du mouton ? La première viande est tendre et fondante, la seconde forte en goût et plus ferme. On mettra tout le monde d'accord en utilisant un agneau broutard, à mi-chemin entre les deux. Les morceaux du collier, les hauts de côtelettes ou l'épaule se prêteront bien à cette recette familiale.

Dégustation des vins avant le plat

Côte-rôtie J.-M. Gérin Cuvée Champin le Seigneur 1996

La robe très sombre dévoile un reflet violet prononcé. Les arômes, un peu discrets, évoquent le fruit noir, la réglisse, la violette, la vanille du bois et quelques épices. La bouche est carrée, tannique, encore austère et fermée, mais on pressent une belle matière et un fruité qui ne demande qu'à éclater. Les tanins très présents doivent encore affiner leur grain. En finale, le dégustateur perçoit aisément la vivacité du vin, mais la sensation aromatique est assez courte. Un vin dans sa gangue, qui ne livrera toutes ses qualités qu'après quelques années de garde.

Margaux Château Cantenac Brown 1994

Vêtu d'une robe profonde, encore parée d'un reflet de jeunesse, ce margaux s'épanche dès le premier nez : beau fruit rouge mûr, épices boisées fines et délicates, bien mariées au fruit, petite touche de cuir de luxe, note réglissée. La bouche attaque sur une trame lisse. Sa structure monte en milieu de bouche. Elle s'accompagne d'un fruité bien développé, en harmonie avec des tanins déjà fondus et au grain soyeux. La finale reprend la palette du nez, en associant fruit et boisé (framboise et vanille) dans une longueur appréciable. Un vin noble, déjà expressif mais qui n'a pas encore tout dit.

Corton Clos du Roi Domaine Thénard 1992

La robe d'intensité moyenne laisse apparaître un reflet brun. Expressif et développé, le nez met en avant une griotte très mûre, des notes de gibier et d'épices douces qui anoblissent ce fruité d'anthologie. Sous-bois et champignon (presque truffe) viennent se joindre au concert en deuxième nez. La bouche, tout aussi aromatique, révèle une sève épanouie, une trame satinée, lisse et fondue, des tanins intégrés au vin. La fraîcheur encore intacte fait ressortir la qualité du fruit, tandis que puissance et profondeur signent la classe de ce vin. Grande longueur en finale où toute la gamme du nez est reprise. Un vin de grande origine en pleine forme.

Bandol Château Pradeaux 1992

La robe est presque noire, ornée d'un léger reflet brique. Le nez développe une belle palette faite d'épices (poivre), de fruits compotés, de pruneau, accompagnés de notes de gibier, d'humus et de fruits noirs confits. La bouche structurée et massive repose sur le fruit et les notes confiturées. Toutefois, le caractère viandé n'est pas absent et se marie bien aux autres arômes. La carrure tannique s'impose d'entrée de bouche et perdure jusqu'en finale. La longueur aromatique décline des notes poivrées, du cacao, de la cannelle, de la confiture de cassis et des accents de garrigue. Un beau vin viril et dominateur, à l'aube de sa carrière.

Dégustation des vins à table

Les saveurs de la viande et des légumes sont intimements mêlés ; la viande donne un goût intense aux légumes, ceux-ci parfument la viande, et les aromates complexifient le tout. La texture est moelleuse dans l'ensemble, relevée par le craquant des haricots et des petits pois.

• Le **côte-rôtie**, plutôt fermé à la première dégustation, voit son fruité souligné par le gras du plat et par le caractère sucré des légumes, en particulier des petits pois. Ses tanins se fondent et prennent un grain plus velouté. En revanche, son acidité est exacerbée, par contraste avec la suavité du plat. Les arômes de violette ont disparu, trop délicats devant la puissance aromatique de l'agneau.

• La composante épicée du **margaux** paraît plus sensible sur l'agneau. Les tanins se fondent davantage, mais le vin garde toute sa personnalité : il accompagne le plat sans se laisser influencer. La composante sucrée des légumes et la saveur marquée de l'agneau préservent le profil aromatique de ce vin parfaitement équilibré.

• Le **corton** garde intactes sa profondeur et sa gamme aromatique. Tout au plus chaque composante du plat vient-elle jouer avec une facette du vin. La viande souligne ses arômes de gibier et les épices, les légumes relèvent son fruit et sa suavité, la sauce met en valeur la finesse des tanins. Un accord parfait.

• Le **bandol**, au contraire, est transformé par le plat. Il acquiert davantage de fondu, des tanins plus mûrs. Il "s'amabilise" et s'ouvre. La viande fait gagner quelques années de garde à ce vin plein de fougue. Les légumes et la sauce confortent son fruit et ses arômes, tout en renforçant la note poivrée et cacaotée. Une projection dans le futur.

Autres alliances

Vallée du Rhône : saint-joseph rouge 2 ans
Bordelais : haut-médoc 4 ans
Bourgogne : aloxe-corton 5 ans
Provence-Corse : vin de pays du Var rouge 4 ans
Sud-Ouest : côtes-du-frontonnais rouge 2 ans
Vallée de la Loire : anjou rouge 2 ans
Languedoc-Roussillon : corbières 3 ans
Bordelais : premières-côtes-de-bordeaux rouge 4 ans
États-Unis : merlot État de Washington 5 ans
Espagne : Navarra rouge 5 ans
Grèce : Rapsali rouge 3 ans
Italie : Rosso di Montalcino 4 ans
Chili : malbec 3 ans
Argentine : malbec 3 ans

La recette du navarin d'agneau

Ingrédients

- 1,5 kg d'agneau
- 2 cl d'huile d'olive
- 1 oignon
- 1 cuillerée à café de sucre semoule
- 2 cuillerées à soupe de farine
- 1 verre de vin blanc sec
- 200 g d'oignons grelots
- 4 carottes
- 4 navets
- 4 pommes de terre
- 250 g de petits pois
- 250 g de haricots mange-tout
- 4 tomates
- sel et poivre du moulin

• Faire revenir les morceaux de viande dans l'huile, au fond d'une cocotte. Lorsque les morceaux sont bien dorés, saler et poivrer. Hacher l'oignon et le mettre à revenir dans la cocotte. Ajouter le sucre semoule et le laisser se caraméliser légèrement. Ajouter la farine et faire blondir. Mouiller à hauteur avec de l'eau additionnée du vin blanc. Laisser cuire à petit feu pendant 1 h en couvrant la cocotte.

• Retirer la viande. Passer la sauce au chinois et la remettre dans la cocotte. Couper les carottes, les pommes de terre et les navets. Les ajouter dans la cocotte avec les oignons grelots. Remettre à cuire pendant 1 h. Au bout de 30 mn, ajouter les petits pois, les haricots mange-tout, les tomates entières et pelées.

• Dégraisser le liquide. Mettre la viande à réchauffer dans la sauce et servir dans un plat creux.

Abats

Il y a toujours dans un plat d'abats une note canaille, un parfum de bistrot, de plaisirs volés. Dégustés entre copains sur un coin de nappe, une cervelle poêlée meunière, une fricassée de rognons, un plat de tripes fumantes ou un tablier de sapeur font les repas de fin de marché. On peut classer les abats selon leur couleur, blancs et rouges. Mieux vaut distinguer ceux qui développent de la force et ceux qui privilégient la finesse. Rognons et tripes dans un cas, cervelle, ris et foie de veau dans l'autre. Les vins doivent être du même registre, qu'ils soient rouges ou blancs. Y trouvent leur place les toniques vins d'Auvergne ou de l'Aveyron, le beaujolais, le saumur-champigny ou les côtes-du-rhône, de même que le Chianti ou le pinot noir autrichien. En revanche, la subtilité d'un ris de veau demande un vin blanc de race comme un condrieu ou un vin rouge élégant comme un margaux. À la fois sapide et délicat, moelleux et croustillant, le foie de veau est un indéniable faire-valoir du saint-émilion, du sangiovese di Romagna et autre pinot noir du canton de Neuchâtel. Le luxueux foie gras d'oie ou de canard enflamme les esprits lorsqu'il est accompagné de vins blancs liquoreux ou de vins rouges. Son gras et son amertume flattent les premiers mais lorsqu'il est présenté chaud, les vins rouges racés y trouvent un ambassadeur convaincant. La compétition entre jurançon, sauternes, coteaux-du-layon ou Trockenbeerenauslese et saint-julien, cahors ou merlot californien n'est pas près de se terminer.

Sur un foie de veau à la vénitienne

LE PLUS NOBLE DES ABATS, LE FOIE DE VEAU FAIT FIGURE DE PLAT DE LUXE ; IL EST BEAUCOUP PLUS CHER QUE LE SAVOUREUX FOIE D'AGNEAU. ON LE FAISAIT AUTREFOIS RÔTIR ENTIER COMME UNE PIÈCE DE VIANDE, CE QUI LUI GARDAIT BEAUCOUP DE MOELLEUX.

Aujourd'hui, le foie de veau est essentiellement consommé en escalopes, poêlées ou grillées, souvent déglacées avec un peu de vinaigre ou de citron, ce qui ne facilite pas les accords avec le vin. Les Anglais le préparent avec des tranches de bacon frit… Les Italiens l'aiment accompagné d'une garniture d'oignons. Deux écoles s'opposent : la florentine, qui préfère les oignons frits en rondelles comme des beignets, et la vénitienne qui y adjoint des oignons en compote. Les Vénitiens sont friands de cette recette qui fait partie des classiques de la lagune, au même titre que le risotto au noir de seiche ou les spaghetti alle vongole.

Dégustation des vins avant le plat

Chiroubles Georges Dubœuf 1997

La robe légère mais pleine de jeunesse affiche un reflet pourpre marqué. Le nez est plein de fougue : des notes florales (violette), des arômes de fruits frais (framboise), quelques accents légèrement réglissés. La bouche propose un fruité intense, une bonne concentration de matière. La maturité transparaît dans des tanins souples et fondus. Bien équilibré entre chaleur et vivacité, ce vin à trame lisse est une gourmandise qui ne manque pas d'attraits. Finale sur le fruit ; une légère suavité apporte une note confite.

Saumur-champigny Château de Villeneuve Le Grand Clos 1995

Sombre à frange pourpre, ce vin développe d'emblée une palette riche : framboise bien mûre, notes de Zan, léger cuir, le tout marié à des épices boisées–vanillées et à de petites touches balsamiques. La bouche possède une carrure qui soutient bien la matière, une trame lisse. Des arômes animaux et épicés complètent un fruité intense. Les tanins sont mûrs, amples, au grain velouté, épicés par l'élevage en barrique. Belle finale sur le fruit mûr, encore dissimulé par le boisé mais bien présent. Un beau cabernet franc dans une année de grande maturité.

Lussac-saint-émilion Château Lyonnat 1993

Un joli reflet commence à évoluer dans la robe intense. Le fruit compoté, les épices douces, une légère note mentholée, un boisé bien fondu composent la palette aromatique de ce vin qui avance vers sa maturité. La bouche est aromatique, dotée d'une attaque souple, de tanins fondus et d'assez de gras pour le millésime. On perçoit une touche de gibier et d'épices. Une bonne nervosité finale rafraîchit l'équilibre avec une petite pointe d'amertume. Longueur sur le bois précieux, les fruits aux épices. Un vin ouvert et complexe.

Chianti classico Castello dei Rampolla Riserva 1995

La robe, assez dense, présente un reflet brun. L'expression aromatique est puissante : griotte, figue, cacao, boisé un peu exotique, cuir de luxe, notes balsamiques composent une corbeille de senteurs d'une grande richesse. La bouche est tout aussi fragrante : la cerise noire, mûre et fondue, s'allie à des arômes de gibier et d'épices. Relevés par une acidité perceptible, les tanins sont structurés mais un peu secs en finale, comme si le vin avait été élevé trop longtemps sous bois. Belle finale poivrée. Un vin puissant et aromatique, typé, qui tranche avec la production standard toscane.

Autres alliances

Beaujolais : brouilly 2 ans
Vallée de la Loire : saumur rouge 4 ans
Bordelais : puisseguin-saint-émilion 6 ans

Vallée du Rhône : gigondas 5 ans
Vallée de la Loire : menetou-salon 2 ans
Bordelais : côtes-de-blaye rouge 4 ans

Italie : Rosso di Montalcino 4 ans, sangiovese di Romagna 4 ans
États-Unis : merlot Washington 5 ans
Espagne : Campo de Borja rouge 4 ans
Italie : Recioto della Valpollicella 4 ans
Suisse : pinot noir du canton de Neuchâtel 1 an
Autriche : pinot noir Wachau 1 an
Australie : cabernet-sauvignon 3 ans

Dégustation des vins à table

Le plat a beaucoup de caractère : la saveur du foie est intense et reconnaissable entre toutes, dotée d'une note amère. Le contraste de la surface croustillante avec l'intérieur moelleux et légèrement rosé démontre bien l'intérêt gastronomique d'une cuisson à la minute. Les oignons, imprégnés du jus de cuisson du foie, apportent leur goût sucré, leur fondant et leurs arômes chargés de sucs caramélisés. L'assaisonnement, sel et surtout poivre, tempère cette suavité.

• Le **chiroubles** affronte la forte saveur du foie avec ses arômes de framboise qui gagnent à la confrontation. En revanche, les notes florales perdent de leur intensité. La structure, fondue lors de la première dégustation, prend de l'ampleur. La souplesse demeure, des accents épicés apparaissent, les notes sucrées des oignons font ressortir les tanins. Le vin perd en complexité mais gagne en carrure.

• Le **saumur-champigny**, grâce à sa bonne concentration, résiste bien au foie mais modifie sa personnalité. Si le fruit prend de la force, le côté boisé s'efface devant le goût prononcé du plat, ce qui confère plus de fraîcheur au vin et lui redonne sa pureté initiale. Les notes animales montent en finale, tandis que les épices, révélées par le sucré des oignons, dévoilent la grande puissance tannique de ce vin qui apparaît sans son masque de bois.

• Le **lussac-saint-émilion**, doté d'arômes évolués, se fond bien dans le plat et ses saveurs contrastées. Le foie fait ressortir les notes balsamiques et les touches animales ; les oignons donnent plus de fraîcheur aux tanins et, surtout, gomment la pointe amère qui était apparue de prime abord. Le vin s'allonge et dévoile sa complexité aromatique.

• Les notes évoluées du **Chianti classico** s'atténuent. Comme le vin précédent, celui-ci gagne de la fraîcheur. Le boisé diminue et se fond dans un ensemble épicé et cacaoté qui s'intègre mieux au fruit du vin. Les tanins perdent leur sécheresse grâce à la suavité des oignons. L'acidité se fait plus aimable. En revanche, la grande générosité du vin est soulignée, et la griotte semble avoir été conservée dans de l'eau-de-vie. Un accord entre Toscane et Vénétie.

La recette du foie de veau à la vénitienne

Ingrédients

- 4 belles tranches de foie de veau de 2 cm d'épaisseur
- 4 oignons
- 8 cl d'huile d'olive vierge de première pression à froid
- 4 branches de persil plat
- sel et poivre du moulin

• Couper les oignons en fines rondelles et les faire revenir dans l'huile d'olive vierge. Les oignons doivent blondir sans brûler. Retourner souvent la préparation. Lorsqu'ils sont bien cuits, saler et poivrer les oignons et les réserver dans une assiette.

• Dans la même poêle, ajouter une cuillerée à soupe d'huile et faire saisir à feu vif les tranches de foie de veau. Conduire la cuisson "à la goutte de sang", en piquant le foie avec la pointe du couteau pour voir le jus s'écouler. Saler et poivrer. Le foie est cuit lorsque la dernière goutte perle.

• Remettre les oignons sur le foie avec un hachis de persil plat. Passer le foie une dernière fois sur le feu 2 mn. Servir chaud après un tour de moulin à poivre.

Sur un ris de veau aux morilles

Bien que de couleur blanc-rose, les ris font partie des abats dits “rouges”, c’est-à-dire vendus frais et sans préparation, par opposition aux abats “blancs” qui sont déjà précuisinés et souvent blanchis avant commercialisation. Les ris de veau étaient traditionnellement associés à des préparations très classiques, pour ne pas dire démodées, comme les bouchées à la reine ou autres vol-au-vent où ils étaient souvent noyés dans des sauces financières. La cuisine plus moderne préfère les utiliser pour leur délicatesse de goût : ils sont alors associés à d’autres produits au gré de l’imagination des chefs. Leur mariage avec des champignons est l’une des meilleures façons de les mettre en valeur.

DANS LA GAMME DES ABATS, CERTAINS SONT DE NATURE POPULAIRE, D’AUTRES SONT DES METS DE LUXE. LE RIS DE VEAU, RARE ET CHER, FAIT PARTIE DES PRODUITS DE PRESTIGE QUI DEMANDENT DES RECETTES PLUS SOPHISTIQUÉES QUE CELLES DES AUTRES PRODUITS DE TRIPERIE.

Dégustation des vins avant le plat

Condrieu Georges Vernay Les Chaillées de l’Enfer 1997

La robe paille, d’intensité moyenne, présente un petit reflet doré. Le nez, épanoui, révèle une opulence et une puissance peu communes. Les notes de fleurs lourdes (lys et chèvrefeuille), de fruits jaunes (pêche, abricot), une touche de minéralité et d’épices exotiques composent une palette ouverte et très complexe. La bouche suit dans la même richesse de ton, dotée d’une grande ampleur. La matière s’évase et prend de la puissance aromatique jusqu’à une finale explosive. Rond et gras, ce vin présente un équilibre un peu particulier : sa vivacité pourrait paraître faible si elle n’était remplacée par l’intensité aromatique. Miracle de l’équilibre des grands viogniers sur leur terroir d’origine, équilibre qu’ils présentent difficilement ailleurs.

Côtes-du-jura Domaines Rolet 1990

Superbe et éclatante, la robe très dorée affiche un reflet vieil or. Le nez d’une grande puissance ne manque pas de typicité grâce à ses notes de noix verte, de fruits secs grillés, d’épices et à sa nuance légère de rancio. Une pointe de curry pimente ces arômes très proches de ceux d’un vin jaune. La bouche est généreuse et sèche à la fois ; l’équilibre alcool–acidité est parfait. Il y a du gras, une grande expression aromatique, une structure presque tannique, une vivacité importante qui monte sur la fin, signature du savagnin. La longueur est impressionnante. C’est toute la cohorte des amandes, noisettes et noix grillées qui se décline, accompagnée d’épices et d’une petite note salée, si rare dans les vins.

Échézeaux Faiveley 1996

Une robe cerise vif à reflets pourpres. Mis récemment en bouteille, ce vin semble fermé. Aussi l’avons-nous décanté, opération inhabituelle sur des bourgognes. À l’aération, une belle note de cerise rouge s’épanouit, soulignée d’un arôme de pivoine, d’accents fumés. La présence boisée et épicée reste discrète et bien fondue. S’y ajoute une touche de cuir et de pruneau. La bouche est très structurée. Sa force tannique lui donne un côté austère. Le grand fruit qui s’évase du début à la fin de bouche vient cependant dévoiler les promesses de ce vin de grande garde. La finale est assez vive, le millésime 1996 est une année à acidité importante, ce qui donne de l’éclat et de la présence au fruit mais qui durcit un peu les tanins de ce vin jeune.

Margaux Château La Gurgue 1990

Le reflet de la robe, rubis assez dense, commence à brunir. La palette aromatique large et complexe va du vieux cuir au fruit compoté, en passant par des accents de sous-bois, de menthe, de champignon, de bois exotique. Lisse et mûre, la bouche présente une densité moyenne, du gras et de la générosité. Sa matière aromatique reste encadrée par des tanins fermes. C’est la finale qui séduit par sa puissance, son beau fruit mûr, ses notes balsamiques et ses accents de champignon et de vieux cuir qui indiquent que ce vin est entré dans sa phase tertiaire.

Dégustation des vins à table

Ce plat est un mélange de saveurs subtiles et délicates. Le ris de veau apporte son goût léger mais bien précis ; les morilles fraîches, leur puissance aromatique et leur texture moelleuse qui va dans le même sens que celle du ris. La sauce lie le tout grâce à sa suavité et à sa note lactée. Le jus des morilles sèches souligne celui des champignons frais. Un plat imprégné de fragrances de sous-bois mais qui reste dans un registre de grande finesse.

• Le **condrieu** devient très suave devant ce plat. Déjà très gras, il prendrait presque des accents de vin moelleux. Sa note d'abricot se précise et fait un contraste étonnant avec la note de morille du plat. Seule la touche épicée semble s'affaiblir. La rondeur du vin s'en trouve densifiée ; son équilibre est encore plus évident. Cette confrontation est au bénéfice du vin qui trouve dans le plat un faire-valoir. Mais en avait-il besoin ?

• Le **côtes-du-jura** trouve dans la morille un compagnon qui lui est familier. Il perd légèrement de son acidité devant la sauce à la crème et la texture moelleuse du ris. Sa structure se fond dans le plat ; il en paraît plus arrondi et moins sec, et les arômes du champignon se glissent dans ceux du vin. C'est en finale que le vin retrouve ses esprits, bien que la note salée soit effacée par la crème. Il domine alors le plat qui semble avoir été préparé avec des fruits secs et du curry. Une de ces rares rencontres où le liquide l'emporte sur le solide.

• L'**échézeaux** oppose sa force tannique au velouté du plat et le contraste durcit le vin. Une note amère se dévoile, la finale se sèche, l'acidité monte. Fort heureusement, le fruité et les épices se confortent au contact de la morille. Un vin à reprendre dans quelques années : il pourrait bien prendre sa revanche.

• Le **margaux** est heureux. Il mêle ses notes de champignon à celles du plat et trouve là un compagnon qui le flatte. Sa palette aromatique gagne en subtilité. Les tanins se fondent dans la crème du plat, tant et si bien que le vin en paraît plus arrondi, plus dense, ayant acquis une souplesse caressante. Son fruité reprend de la jeunesse, revenant sur des notions de fraîcheur évanouies à la dégustation. Un véritable coup de fouet.

Autres alliances

Vallée du Rhône : vin de pays viognier 2 ans
Jura : l'étoile 9 ans
Bourgogne : vosne-romanée 3 ans
Bordelais : haut-médoc 9 ans

Bourgogne : meursault 5 ans, chorey-lès-beaune 5 ans
Vallée de la Loire : bourgueil 4 ans
Savoie : vin-de-savoie-Chignin Bergeron 4 ans

États-Unis : pinot noir État de Washington 2 ans
Espagne : Rioja crianza 3 ans
Italie : merlot IGT 3 ans
Chili : merlot 5 ans
Argentine : malbec 5 ans
Portugal : Dão rouge 4 ans

La recette du ris de veau aux morilles

Ingrédients

600 g de ris de veau
250 g de morilles fraîches
1 blanc de poireau
1 carotte
1 oignon
1/4 de litre de bouillon de veau
1 verre de vin blanc sec plutôt acide
1 bouquet garni (thym, laurier, persil)
1 dl de crème fraîche
sel et poivre du moulin
Pour le beurre manié
10 g de farine
50 g de beurre

• La veille, mettre les ris de veau à dégorger à l'eau froide avec un mince filet d'eau courante. Les ris doivent devenir blancs, sans traces de sang.

• Le lendemain, mettre les ris à blanchir dans de l'eau frémissante pendant 3 mn.

• Peler les ris : ôter la peau translucide qui enveloppe les lobes. Un petit couteau pointu facilitera la tâche qui doit être complète si l'on veut que les ris se présentent sous leur meilleur aspect. Séparer les lobes pour compléter ce nettoyage.

• Dans une cocotte en fonte faire suer sans dorer le blanc de poireau, la carotte, l'oignon, le tout haché fin en mirepoix. Ajouter les ris de veau dans la cocotte et les faire dorer. Ajouter les morilles fraîches.

• Mouiller avec le bouillon de veau et le vin blanc. Ajouter le bouquet garni. Assaisonner de sel et de poivre du moulin. Laisser évaporer un peu de liquide pour que l'alcool du vin s'échappe. Laisser mijoter à feu doux pendant 20 à 25 mn ; les ris doivent devenir fondants.

• Sortir les ris et les morilles de la cocotte, les égoutter et les réserver au chaud. Passer le jus de cuisson au chinois. Faire réduire pour obtenir une sauce courte. Lier la sauce avec un beurre manié (farine et beurre mélangés à la fourchette et incorporés dans le liquide). Bien mélanger au fouet. Ajouter la crème fraîche, rectifier en sel et poivre.

• Tailler les ris en escalopes. Les napper de la sauce et les surmonter des morilles fraîches.

Sur des rognons de veau et galettes de pommes de terre, cèpes et ail confit

Tout comme le foie et les ris, les rognons représentent les parties nobles de la tripaille. Ils ont inspiré nombre de cuisiniers, même si ce plat a souvent été considéré comme vulgaire par les gastronomes du second Empire. Le duc d'Abrantès, en plein Café anglais, fit transporter à grand bruit son couvert au fond du restaurant alors qu'un imprudent s'était aventuré à commander des rognons à la broche à la table voisine, rognons pourtant préparés par le chef Dugléré (célèbre pour sa recette de sole). Un scandale qui se termina sur le pré où l'amateur de rognons prit sa revanche en embrochant le donneur de leçons. À cette époque, on ne badinait ni avec l'honneur ni avec le bon goût.
Aujourd'hui, le rognon de veau a droit de cité sur les plus grandes tables ; il est souvent cuisiné au madère, mais la manière la plus authentique de le préparer consiste à le rôtir dans sa gangue de graisse et de le servir rosé, une trop longue cuisson le rendant caoutchouteux. On choisira un rognon rouge vif, très frais, en prenant soin d'ôter la pellicule transparente qui entoure les lobes ; on le fera dégorger à l'eau froide pour adoucir son goût prononcé.

LES ABATS, CINQUIÈME QUARTIER DES ANIMAUX DE BOUCHERIE, CONSTITUENT LE DOMAINE RÉSERVÉ DE LA CORPORATION DES TRIPIERS, LESQUELS OCCUPENT UNE PLACE DE CHOIX SUR LES MARCHÉS DEPUIS LE XIIIe SIÈCLE. SI LES ABATS DE PORC OU D'AGNEAU ONT DES AMATEURS, CEUX DE VEAU SONT INCONTESTABLEMENT LES PLUS FINS ET LES PLUS GOÛTEUX.

Dégustation des vins avant le plat

Collioure
Domaine La Tour Vieille
Cuvée Puig Oriol 1996

La robe très sombre dévoile une note presque noire. Le nez épanoui libère une cohorte de senteurs confiturées : de la figue à la prune, avec une pointe caramélisée, du grillé, des épices (poivre), des accents de garrigue (romarin et laurier). La bouche est très structurée, d'une matière volumineuse et grasse. Elle possède en outre beaucoup de fruit. Sa générosité est certes marquée, mais elle reste équilibrée grâce aux beaux tanins qui l'encadrent. Jolie finale, épicée et grillée, où le fruit confituré domine toujours, relevé par du poivre. Un beau vin du Sud, exubérant et démonstratif.

Clos de vougeot
Domaine Noëllat 1996

La robe plutôt légère affiche une note cerise à très légers reflets violets. Le nez est axé sur une senteur de griotte, accompagnée d'épices douces, d'un boisé discret, de réglisse et de pivoine. La bouche a une structure légère, une belle profondeur de fruit, mais sa matière manque de concentration. Bâti sur ses arômes, le vin présente des tanins fondus, d'une trame fine. La puissance tannique monte en finale, durcie par une acidité élevée qui le rend plus abrupt. D'une longueur modeste, la finale reprend le fruit et les épices. Un clos de vougeot sur sa réserve.

Cornas
Les Ruchets 1994

La robe est pourpre, sombre, presque noire. Très beau nez, complexe et généreux : grillé, cacao, poivre et autres épices, note de cuir et de gibier, fruité marqué par le cassis très mûr. La bouche, à la fois très structurée et veloutée, se définit par une matière opulente et savoureuse, encadrée de tanins puissants au grain mûr et fondu. L'expression aromatique est exacerbée. La finale, expressive et épanouie, privilégie le fruit confit et le poivre, accompagnés toujours d'une note de gibier qui lui donne ce caractère sauvage que prend parfois la syrah. Un cornas de type moderne, mais quelle personnalité !

Pauillac
Château Lynch-Bages 1993

La robe, dense, profonde, marquée par le rubis, ne présente aucun signe d'évolution. Le nez est puissant, ouvert, commençant par des notes de gibier, de sous-bois, d'humus et de truffe. Suivent les accents fruités, avec une évocation de cassis mûr qui a gardé l'éclat de la jeunesse. Viennent enfin les épices boisées, la vanille, les arômes grillés. La bouche est bâtie sur une architecture classique, définie par un grand équilibre entre fruit, tanins et fraîcheur. Le tout se lie dans une matière ample et profonde. Les tanins sont élégants, encore puissants, relevés par une nervosité propre au millésime, mais qui donne ici de l'éclat au vin. Finale ouverte et longue sur la venaison et le fruit cuit aux épices. Un 1993 très réussi.

Dégustation des vins à table

Le plat est savoureux et homogène. Aromatique en diable, il mêle les senteurs de l'ail confit, du cèpe et du rognon dans un mélange puissant et typé, relevé par la pointe de moutarde de la sauce. Si les senteurs sont bien fondues, il n'en est pas de même de la texture : le contraste entre le moelleux de la garniture enrobée de sa sauce et le croustillant de la galette de pommes de terre est particulièrement tranché.

• le **collioure** est modifié par le plat, mais dans le bon sens. Si son côté caramélisé et sa générosité sont atténués par la pointe de torréfaction des pommes de terre, c'est le fruit qui est révélé par les rognons, avec montée de la note de figue, révélation et précision des épices. L'ail confit n'est pas agressif ; il s'allie aux cèpes pour mettre en avant le fruit compoté. Le plat donne de l'éclat au vin, le soutient et l'allonge.

• Les notes fruitées du **clos de vougeot** sont flattées par le plat, surtout grâce à la galette. Toutefois, la faible structure du vin ne résiste pas aux rognons, ni à l'ail, ni aux cèpes. La note acide monte en puissance et assèche le vin. L'équilibre, déjà "sur la corde raide", finit par céder, et la complexité féminine s'évanouit devant la virilité du plat. Un clos de vougeot effarouché.

• Le **cornas** est en parfaite symbiose. Sa note animale se marie à la saveur du rognon, les deux composantes sauvages se renforcent l'une l'autre. Les cèpes font en revanche monter le fruit. La galette et son côté torréfié se marient au boisé du vin. Mais c'est pour sa structure que le bénéfice est le plus grand. Plus velouté, plus ample, plus gras, le fondu du vin est projeté dans l'avenir. Un très beau mariage où chaque partenaire se fond dans l'autre.

• Le **pauillac** joue dans la polyvalence. Que ce soit sur la galette, sur le cèpe ou sur le rognon, le vin possède assez de ressource et de puissance pour faire les seigneurs dominateurs. Ses notes de gibier, de fruit, de champignon et d'épices sont rehaussées, tandis que les tanins semblent plus arrondis encore grâce à une baisse de la nervosité. Une symphonie automnale.

Autres alliances

Languedoc-Roussillon : côtes-du-roussillon rouge 3 ans
Bourgogne : chambolle-musigny 3 ans
Vallée du Rhône : hermitage rouge 5 ans
Bordelais : saint-estèphe 6 ans
Vallée de la Loire : chinon 5 ans
Vallée du Rhône : gigondas 5 ans
Provence : bandol rouge 5 ans
Sud-Ouest : madiran 5 ans
États-Unis : mourvèdre Monterey Californie 5 ans
Espagne : Rioja Reserva 5 ans
Portugal : Porto Vintage 15 ans
Italie : Chianti Classico Riserva 8 ans
Australie : shiraz Coonawarra 5 ans
Chili : merlot 5 ans

La recette des rognons de veau sur galettes de pommes de terre, cèpes et ail confit

Ingrédients

2 rognons de veau
1/2 verre de vin blanc sec
1/2 verre de fond de veau
1 cuillerée à soupe de moutarde forte
8 gousses d'ail
1 cuillerée à soupe de graisse d'oie ou de canard
4 têtes de cèpes
sel et poivre du moulin

Pour les galettes de pommes de terre

200 g de pommes de terre
20 g de beurre
1 cl d'huile
sel et poivre du moulin

• Préparer les galettes : couper les pommes de terre épluchées en tranches très fines. Former des rosaces de la grandeur des assiettes de service directement sur une plaque à four huilée. Beurrer les galettes et les faire cuire à four chaud. Elles doivent être bien dorées et croustillantes.

• Couper les rognons de veau en suivant les lobes. Saler et poivrer. Les faire rissoler dans une sauteuse : les rognons doivent rester bleus. Retirer les rognons et déglacer avec un peu de vin blanc. Ajouter un peu de fond de veau. Laisser réduire la sauce ainsi obtenue, puis lier avec la moutarde forte. Ne pas faire bouillir. Remettre les rognons dans la sauce et les laisser pocher doucement jusqu'à ce qu'ils deviennent rosés.

• Confire les gousses d'ail : les arroser de graisse d'oie ou de canard et les faire cuire 1 h au four à 120 °C (thermostat 3).

• Préparer les assiettes chaudes. Faire glisser délicatement sur chaque assiette une galette de pommes de terre. Disposer dessus les gousses d'ail confites. Couper les rognons et les cèpes en lamelles . Les déposer en alternance sur les galettes. Napper les rognons de la sauce dont on aura rectifié l'assaisonnement. Servir immédiatement.

Sur une tête de veau sauce gribiche

Si les grandes spécialités comme les cerises de Montmorency ou les asperges d'Argenteuil, les haricots d'Arpajon ou les petits pois de Clamart ont été bousculées par une banlieue tentaculaire, il reste cependant une authentique cuisine de bistrot qui décline encore quelques spécialités du genre canaille : de la gratinée des noctambules au bœuf miroton des concierges de Balzac, en passant par l'entrecôte Bercy ou les fritures des bords de Marne. Mais s'il existe un fanion de cette cuisine de comptoir, c'est bien la populaire tête de veau que l'on servait autrefois entière sur la table dans sa blancheur tremblotante et qui jetait un œil mélancolique et terni par une longue cuisson sur les convives alentour. On n'avait à cette époque aucun état d'âme et l'on découpait cette tête en lanières, puis on puisait dans la cervelle à la cuillère et, nous dit Grimod de la Reynière, on réservait les yeux à son hôte de marque ! Sert-on encore la tête de veau entière à l'Élysée ou y est-on devenu gastronomiquement correct ?
Notre époque est devenue aseptisée et n'aime pas regarder en face l'origine des aliments. La tête que l'on sert aujourd'hui a perdu sa forme de tête. On peut toujours imaginer, en fermant les yeux, que ce veau en avait une, et fort sympathique.

Dégustation des vins avant le plat

Bourgogne-aligoté-bouzeron Faiveley 1996

La robe paille léger laisse apparaître un très léger reflet vert. Le nez reste discret mais on distingue une jolie composante florale, avec quelques notes citronnées, des arômes de fruits exotiques, une petite touche de miel. La bouche attaque en rondeur puis prend de la vivacité. Elle développe ses arômes et finit de manière équilibrée. Le vin est plus expressif dans sa finale qu'en milieu de bouche : il exprime un charme assez séducteur.

Reuilly Joseph Mellot Les Milets 1997

La robe assez soutenue, paille, affiche un reflet vert très marqué. Les arômes ne démentent pas les origines de ce reuilly, grâce à des notes de sauvignon évidentes. Si le buis est bien perceptible, les fruits blancs et exotiques (agrumes, pamplemousse en particulier) apportent des accents de bonne maturité.

EXISTE-T-IL UNE CUISINE PARISIENNE, EN DEHORS DU CREUSET OÙ SE FONDENT TOUTES LES INFLUENCES PROVINCIALES – ET MÊME ÉTRANGÈRES – ET DES CRÉATIONS DE CHEFS QUI ONT PIGNON SUR RUE À PARIS ?

La bouche est ronde de prime abord, puis l'acidité monte et souligne la grande puissance aromatique du vin. La finale est bien étirée, déclinant des notes de fruits blancs, quelques accents floraux et épicés. Un vin qui déborde d'expression.

Bourgogne-irancy Roger Delaloge 1997

La robe légère, cerise à reflets vermillon, annonce un nez bien ouvert, axé sur des notes de fruits rouges épicés, de petite cerise, de framboise. Quelques accents de sous-bois et de noyau se distinguent. La bouche souple, un peu svelte, possède une matière lisse et fluide. Les tanins bien arrondis ont toutefois gardé quelques notes végétales ; la vivacité qui ressort de l'équilibre confirme cette impression, sans qu'elle soit excessive. L'ensemble est frais, léger et facile à boire, avec un bon développement aromatique.

Sancerre rouge Domaine La Moussière Alphonse Mellot Génération XIX 1997

Une robe assez dense pour un pinot noir, avec un reflet pourpre. Le nez est envahi par la vanille du bois et les épices ; le fruit à bien du mal à percer derrière la barrière en chêne. La bouche est dense, bien structurée. Sa matière dévoile une bonne maturité, encadrée par des tanins puissants mais asséchés par le boisé. La longue finale propose de la vanille et des épices à foison. Elle est un indicateur du potentiel de garde de ce vin qui, aujourd'hui, est dominé par le bois et semble austère.

Autres alliances

Bourgogne : bourgogne-aligoté 3 ans, bourgogne-passetoutgrain 2 ans
Vallée de la Loire : quincy 2 ans, menetou-salon rouge 2 ans

Vallée de la Loire : côtes-du-forez rouge 2 ans, côtes-d'auvergne blanc 1 an
Sud-Ouest : vins-d'entraygues-et-du-fel blanc 1 an
Beaujolais : coteaux-du-lyonnais 1 an

États-Unis : sauvignon blanc Californie 2 ans
Espagne : Ribeiro blanc 1 an
Portugal : Vinho Verde 1 an
Italie : Cinqueterre 2 ans
Allemagne : silvaner Nahe Kabinett 1 an
Suisse : gamay du canton de Genève 1 an

Dégustation des vins à table

La tête de veau séduira les amateurs de textures gélatineuses. Fondante, un peu gluante, elle associe cette gelée avec les parties plus charnues qui apportent plus de tenue et de saveurs viandées. La sauce fait contraste avec cette matière et apporte son côté pointu. Mais son acidité peut être une redoutable tueuse de grandes bouteilles. Aussi, pour cet exercice, sera-t-il préférable de ne pas mettre trop de vinaigre ni de cornichons ; on compensera par une plus forte teneur en moutarde et en herbes aromatiques.

• Le **bourgogne-aligoté-bouzeron** relève ses arômes floraux et son fruit. Mais c'est en bouche que la transformation est surprenante. Le gras du plat semble se glisser dans le vin qui en perd sa vivacité et prend de la rondeur et du volume. La sauce n'est pas agressive ; tout au contraire, elle fait contraste avec le vin, en dévoilant son fruit. Une alliance très harmonieuse.

• Le **reuilly** sort gagnant de la confrontation. La composante végétale de sa palette aromatique disparaît. Restent son fruit et ses épices. En bouche sa vivacité est fortement diminuée : le vin gagne encore en maturité et se civilise. Il perd, en revanche, de sa personnalité. Une alliance qui transforme le vin.

• Le **bourgogne-irancy**, lui aussi, voit sa note végétale disparaître au contact de la texture gélatineuse. Une pointe de fruits cuits apparaît. Le vin s'arrondit et prend du poids, faisant face à cette tête de veau sans plier. La sauce fait surgir des accents grillés et précise la note de cerise. Ce vin trouve ici un compagnon des plus flatteurs.

• Le **sancerre rouge** était boisé. Il le reste. Contrairement à d'autres expériences, le gras et la note viandée n'atténuent pas la vanille de la barrique. Seule la structure s'en trouve améliorée, avec lissage des tanins et disparition de la sécheresse finale. La matière garde son charnu et sa densité, mais le fruit a du mal à s'exprimer. Quant à la sauce, elle ne sert pas de clé à ce vin obstinément fermé.

La recette de la tête de veau sauce gribiche

• Mettre à dégorger la tête de veau à l'eau froide une bonne nuit.

• Le lendemain, la blanchir à l'eau bouillante quelques minutes.

• Préparer un fond : dans une cocotte, mélanger la farine à de l'eau jusqu'à obtenir la consistance d'une purée. Délayer ensuite avec le bouillon de bœuf. Ajouter le bouquet garni, la carotte, l'oignon, la branche de céleri coupés, du sel et du poivre mignonnette.

• Déposer la tête de veau dans la cocotte. Laisser cuire pendant au moins 2 h. La partie gélatineuse doit devenir très tendre et presque fondante. Vérifier la cuisson avec la pointe d'un couteau.

• Pendant ce temps, préparer la sauce gribiche : monter comme une mayonnaise les jaunes d'œufs durs et la moutarde avec l'huile. Le jaune d'œuf dur absorbe beaucoup moins d'huile que le jaune cru ; aussi la sauce reste-t-elle liquide. Ajouter le vinaigre ainsi que les cornichons, les échalotes et les câpres hachés menus, les herbes aromatiques passées au hachoir pour en faire ressortir toutes les senteurs. Ajouter les blancs d'œufs durs hachés. Saler et poivrer.

• Égoutter la tête de veau. La découper en tranches. Chaque portion doit comporter à la fois des parties charnues et des parties gélatineuses. Napper de sauce gribiche. Mettre en saucière le reste de la sauce gribiche. Passer au presse-ail le jaune d'œuf dur pour obtenir de petits vermicelles et décorer le plat.

Ingrédients

- 1 tête de veau roulée et ficelée
- 20 g de farine
- 1 tablette de bouillon de bœuf
- 1 bouquet garni (thym, persil, laurier)
- 1 carotte
- 1 oignon
- 1 branche de céleri
- sel et poivre mignonette

Pour la sauce gribiche

- 4 œufs durs
- 10 cl d'huile d'olive
- 1 cuillère à café de moutarde
- 1 cuillerée à soupe de vinaigre
- 20 g de cornichons
- 2 échalotes
- 20 g de câpres
- herbes aromatiques (cerfeuil, ciboulette, estragon)
- sel et poivre du moulin

Pour la décoration

- 1 jaune d'œuf dur

Sur une andouillette au vin blanc

L'ANDOUILLETTE EST UNE SPÉCIALITÉ QUI SE DÉCLINE. LES ANDOUILLETTES LES PLUS RÉPUTÉES SONT CELLES DE TROYES ET DE CAMBRAI, MAIS CHAQUE RÉGION POSSÈDE SA PROPRE RECETTE, QU'ELLE SOIT PROVENÇALE, LYONNAISE OU ROUENNAISE.

L'andouillette est généralement fabriquée à partir d'estomac et de gros intestin de porc, auxquels s'ajoute parfois de la fraise de veau (l'intestin grêle). Suivant les régions, on emploie également de la panse de veau ou de la gorge de porc, découennée ou non. Tous ces ingrédients sont cuits dans du bouillon ou dans du lait puis insérés dans un boyau de porc qui est traditionnellement "tiré" à la ficelle, d'une manière artisanale. On évitera les andouillettes enrobées de chapelure et on sera attentif à la qualité du boyau, lequel doit être clair. L'A.A.A.A, Amicale des amateurs d'andouillette authentique, délivre son blanc-seing aux produits traditionnels élaborés dans les règles de l'art. Si celui-ci n'est pas un label officiel, il est cependant une garantie pour le consommateur. Une bonne andouillette n'est pas forcément forte en goût : le lavage de la tripaille doit être réalisé avec soin, et la saveur caractéristique de ce produit doit rester discrète.

Dégustation des vins avant le plat

Bourgogne-aligoté Olivier Leflaive 1997

La robe pâle dévoile un petit reflet vert qui accroche la lumière. Les arômes, intenses et bien développés, laissent de prime abord parler une note minérale (silex) et des accents de fumé. Puis viennent de délicates notes florales – le chèvrefeuille, la citronnelle – et du fruit blanc bien mûr (la poire en particulier). L'attaque en bouche laisse apparaître un peu de gaz carbonique, qui donne d'emblée du relief. Puis le vin révèle son gras et sa matière, dans une bonne expression aromatique et surtout dans un équilibre entre chaleur et vivacité, ce qui rend encore plus brillante sa finale légèrement miellée et épicée. Un bourgogne-aligoté dans sa pureté qui atteint le niveau de bien des chardonnays.

Chablis La Chablisienne Les Vieilles Vignes 1995

La robe paille présente encore de beaux reflets verts. Les arômes restent discrets mais l'agitation révèle une réelle richesse : des notes minérales et florales élégantes, du fruit blanc confit, des arômes de fruits exotiques, de mangue, une petite touche de miel et de tisane qui signe un chardonnay parvenu à parfaite maturité… vieilles vignes obligent. La bouche, ample, bénéficie d'une présence aromatique intense et d'une matière mûre et fruitée. L'acidité tend le vin et préserve sa jeunesse. La finale reprend, en plus intense, les arômes initiaux, avec prédominance de notes minérales et une petite pointe de tilleul–menthe séduisante.

Savennières Château d'Épiré Cuvée spéciale 1996

La robe paille est assez soutenue, marquée par un reflet vert prononcé. Les arômes sont déjà épanouis, avec cette note de coing immédiate qui signe un chenin récolté sur schistes. Lui sont associés de la poire mûre, du foin coupé, des accents fumés et du tilleul, un soupçon de citron vert, une légère touche vanillée. La bouche est bâtie en relief. Sa belle matière mûre, son fruit profond sont relevés et tendus par l'acidité typique de l'appellation. Long et fruité, le vin se prolonge en bouche sur sa note de coing et de vanille, accompagnée d'une touche d'amertume caractéristique, très subtile. Un chenin issu d'un beau terroir.

Juliénas Georges Dubœuf 1996

La robe est bien colorée, rubis encore jeune : une légère frange violette l'atteste. Au nez éclatent les fruits rouges, framboise en tête, accompagnés de notes de rôti. La palette s'oriente ensuite vers les fruits à noyau (la petite cerise), comme si le vin se mettait à pinoter. La bouche est bâtie sur le fruit, profond et pur, dans une matière souple aux tanins fondus. Générosité et vivacité s'équilibrent. Le vin finit sur la framboise, avec une pointe de réglisse et de cacao. Assez long, il laisse une sensation de fraîcheur au palais. La bouche, émoustillée par cette puissance aromatique, appelle le deuxième verre !

Autres alliances

- **Bourgogne :** bourgogne blanc 1 an, petit-chablis 1 an
  Vallée de la Loire : anjou blanc sec 2 ans
  Beaujolais : fleurie 2 ans
- **Champagne :** rosé-des-riceys 1 an
  Vallée de la Loire : reuilly 1 an
  Bourgogne : saint-véran 1 an
  Alsace : alsace-pinot ou klevner 1 an
- **États-Unis :** gamay de Californie 1 an
  Espagne : Penedès blanc 1 an
  Italie : Dolcetto d'Acqui 2 ans
  Allemagne : pinot blanc Württemberg Kabinett 1 an
  Suisse : gamay du canton de Genève 1 an
  Nouvelle-Zélande : sauvignon blanc 2 ans

Dégustation des vins à table

Voici un plat qui ne manque pas de saveurs. Il domine par ses arômes caractéristiques de tripaille et sa sauce à la moutarde. Si une bonne andouillette ne doit pas être trop violente, elle ne doit pas pour autant nier ses origines. Il ne faut pas oublier qu'elle est constituée de morceaux particulièrement odorants, au même titre que des tripoux rouergats ou des pieds-paquets à la marseillaise. Sa texture, à la fois croustillante par la peau, gélatineuse par certains morceaux de l'intérieur, veloutée par la sauce, influera sur le corps des vins. Qu'en est-il du vin qui sert de base à la sauce ? C'est l'aligoté qui a été utilisé le jour de ce repas, mais l'ajout de moutarde gomme ses caractéristiques si bien qu'il nous a été impossible de les retrouver dans le plat. Le vin employé doit, en tout état de cause, apporter de l'acidité pour équilibrer le gras du plat : la sauce doit être bien pointue.

• La fraîcheur du **bourgogne-aligoté** est mise en évidence par le gras de l'andouillette, mais son fruité est quelque peu effacé par les saveurs du plat. Il est même agressé par la moutarde de la sauce qui simplifie le vin en lui faisant perdre son côté floral et sa délicatesse. En revanche, les arômes minéraux, en se retrouvant seuls sur le devant de la scène, sont exacerbés. Le vin paraît plus léger et moins complexe.

• Le **chablis**, tout au contraire, résiste au plat. Mieux, il en tire profit. Ses arômes miellés sont soulignés ; la composante tisane et le fruit se renforcent. Son volume en bouche s'accorde bien avec le gras du plat et la peau croustillante de l'andouillette fait ressortir sa puissance. Le goût de moutarde de la sauce s'harmonise avec le fruit de ce chablis.

• Le **savennières** joue de son acidité pour faire contraste. Il va dans le même sens que la sauce et atténue le gras de l'andouillette. Sa vivacité s'en trouve équilibrée, ses notes fumées sont mises en avant. Coing, poire, vanille gardent leur place, tandis que la touche amère est rehaussée. Les arômes de l'andouillette n'écrasent pas le savennières : ils vont de conserve avec son fruit. Un mariage très réussi.

• Le **juliénas**, le seul vin rouge de cet exercice, a pour lui sa puissance aromatique et sa bonne vivacité. Il résiste donc. Cependant, si ses arômes de framboise restent intacts, ceux de petite cerise s'évanouissent. Le vin en paraît plus simple. En bouche, il gagne en rondeur et en amplitude, son acidité étant gommée par le plat. Ses tanins, déjà fondus lors de la première dégustation, disparaissent complètement, ce qui augmente l'impression de gras. Un bon accord de structure pour ce beaujolais, même s'il perd quelques arômes.

La recette de l'andouillette au vin blanc

• Piquer l'andouillette avec les dents d'une fourchette pour éviter qu'elle n'éclate sous l'action de la chaleur.

Ingrédients

4 andouillettes cuites tirées à la ficelle
2 échalotes
1 verre de vin blanc sec
1 cuillerée à soupe de moutarde de Dijon

• La réchauffer à la poêle sans ajout de matière grasse, d'abord à feu doux, puis à feu vif. Lorsque l'andouillette est bien dorée, ajouter les échalotes hachées et les faire fondre dans la graisse de cuisson. Déglacer avec le vin blanc et y délayer la moutarde de Dijon. Laisser réduire.

• Servir l'andouillette nappée de cette sauce. Accompagner de frites ou d'une simple salade frisée.

Sur des tripous aveyronnais

Des tripous au petit déjeuner ? Ce plat, long à préparer et à cuire, était en effet porté le samedi soir dans le four du boulanger et se dégustait à l'aube du dimanche matin, lorsque le "pagès", le propriétaire, revenait de la messe avec ses ouvriers agricoles et tirait au tonneau un pichet de ce vin d'Entraygues ou de Marcillac qui faisait sa fierté de vigneron. Plus tard c'est sur les marchés aux bestiaux, qui se tenaient dans les localités desservies par la toute nouvelle voie ferrée Toulouse-Rodez, que les tripoux étaient servis en guise de casse-croûte entre éleveurs et maquignons. On scellait de mystérieuses affaires devant ce plat fumant sur les tables de l'auberge locale. Le plus célèbre établissement de ce genre était celui de madame Fraysse, à Naucelles. Son hôtel des Voyageurs, bientôt flanqué d'une charcuterie, attirait de fort loin les amateurs de tripaille, et ses tripous devinrent vite une référence. Nous vous livrons ici sa recette, dans sa simplicité angélique.

LES AVEYRONNAIS NE REFUSERAIENT PAS DE DÉGUSTER DES TRIPOUS AU PETIT DÉJEUNER. CE PLAT FAIT EN EFFET PARTIE DU PATRIMOINE ET DE L'HISTOIRE DE CETTE RÉGION DONT L'AUSTÉRITÉ N'EXCLUT PAS LA GOURMANDISE, UNE GOURMANDISE DE PAYS PAUVRE. ICI, CHAQUE BAS MORCEAU EST MIS EN VALEUR, MÊME LE PLUS MODESTE, AVEC CE GÉNIE PROPRE AUX IMPÉCUNIEUX.

Dégustation avant le plat

***Reuilly
Claude Lafond
Le Clos des Messieurs 1995***

La robe est pâle, couleur paille clair. De jolies notes florales s'allient au silex, au pamplemousse, à la pêche blanche, avec la petite touche de buis propre au cépage sauvignon. La bouche, bien ouverte, offre du fruit, quelques arômes de fougère et d'épices douces dans un équilibre soutenu par une vivacité plutôt minérale. Un sauvignon assagi, aromatique et mature.

***Beaujolais-villages
Jean-Charles Pivot 1997***

Assez soutenue, la robe rubis à reflets violets enveloppe un nez bâti sur le fruit croquant (la framboise en avant), égayé par une touche de violette et de réglisse. La bouche est tout aussi fruitée. Elle possède un bel équilibre entre matière et nervosité. Souple et lisse, savoureuse et fringante, elle dispose de tanins déjà fondus, d'une puissance épicée et poivrée qui monte en finale. Un beaujolais authentique, sur son charme fruité.

***Vin-de-savoie Arbin
Louis Magnin
Mondeuse Vieilles Vignes 1997***

La robe, sombre, se pare d'un reflet violet intense. Les arômes de cassis mûr, de réglisse, de fumée se marient à une note de cuir et d'épices. L'attaque en bouche est ample et structurée : beau fruit noir profond, tanins puissants à la trame encore un peu grenue mais qui ne demande qu'à se fondre. La finale reprend cassis et réglisse. S'y ajoute cette touche poivrée qui signe la mondeuse. Un vin concentré, charnu et savoureux, encore très jeune et qu'il faudra attendre un peu.

***Marcillac
Domaine du Cros
Cuvée spéciale 1996***

La couleur est intense, frangée de violet. La menthe, le cassis et le poivre composent un nez caractéristique de l'appellation, grâce à ce côté végétal noble qui ravive un fruit noir intense. La bouche a de la carrure. Sa vivacité vient renforcer la sensation tannique. Le fruité s'en trouve mis en valeur, encadré de tanins puissants, encore un peu rustiques mais bâtis pour la garde. Le vin finit sur le bourgeon de cassis et le poivre. Un vin typé et reconnaissable entre tous.

Dégustation des vins à table

Ce plat ne manque sûrement pas de saveurs. Puissant, aromatique, il développe des arômes de tripaille qui peuvent heurter les palais délicats mais qui enchantent les connaisseurs, à condition bien entendu de rester dans les limites du bon goût. Un plat viril, rustique et coloré, aux accents rocailleux du terroir. Sa texture est moelleuse (la longue cuisson en est la cause), mais dévoile un côté un peu gluant, fort heureusement absorbé et compensé par le goût farineux de la pomme vapeur.

• Le **reuilly**, seul vin blanc de la dégustation, joue avec les contrastes. Son acidité est fortement atténuée par le moelleux et le gluant du plat. Son fruité, déjà mature, s'en trouve encore plus accompli. Le vin se fond dans le plat. S'il semble moins ample, il gagne en suavité et en rondeur. Cet accord change le vin, mais dans le bon sens.

• Les arômes de framboise du **beaujolais-villages** sont exacerbés. Le vin semble plus fondu : son acidité disparaît et son équilibre penche vers le fruit et la générosité. Les angles sont arrondis, la sucrosité remonte, la force aromatique du plat gomme tout ce qui n'est pas fruité. En revanche, les épices de la finale restent intactes, mariées à la saveur du plat. Un accord qui souligne le fruit.

La recette des tripous aveyronnais

• Nettoyer le ventre et les tripes de veau à plusieurs eaux pour en adoucir la saveur. Râper les tripes. Découper la panse en morceaux rectangulaires qui fourniront l'enveloppe des tripous. Les étaler sur la table. Répartir les tripes sur les morceaux de panse. Ajouter la tranche de jambon de pays, le persil haché. Saler et poivrer.

• Rouler le tout pour obtenir de petits cylindres que l'on peut coudre ou ficeler. Le fin du fin consiste à les faire tenir avec un lien de boyau fin.

• Mettre les tripous à cuire en cocotte dans un bouillon riche, constitué du vin blanc, des couennes, de l'os de porc, du bouquet garni, de la carotte détaillée, de l'échalote hachée et de l'eau-de-vie de marc. Laisser cuire à feu doux pendant 6 à 8 h. Dégraisser.

• Servir les tripous très chaud dans leur jus de cuisson. Les accompagner de croûtons frits à la graisse d'oie et de pommes de terre rattes cuites à la vapeur et persillées.

Cette recette est la plus traditionnelle. Elle se prépare surtout dans la région de Rodez, mais on peut trouver quelques variantes locales, les "trénels" de Millau, confectionnées avec de la panse de mouton et farcie au jambon, ou les "petites" de Laguiole, dans lesquelles entrent fraise de veau, oignons et jambon. Si la préparation et la longue cuisson vous effraient quelque peu, sachez que l'on trouve d'excellents tripous en conserve chez les

Ingrédients

800 g de ventre et tripes de veau
1 tranche de jambon de Lacaune
1 gousse d'ail
2 branches de persil
1 litre de vin blanc
1 os de porc
200 g de couennes
1 bouquet garni (thym, persil, laurier)
1 carotte
1 échalote
1/2 verre d'eau-de-vie de marc
croûtons frits à la graisse d'oie
400 g de pommes de terre rattes
sel et poivre du moulin

• Le **vin-de-savoie** est transfiguré. Sa structure jeune et un peu râpeuse est adoucie, fondue, "amabilisée" par le gras des tripous. Le vin prend du volume et de la rondeur. Son grain tannique s'est lissé. Si les arômes de cassis sont moins intenses, le poivre reste bien présent. Ici, le plat calme la fougue et l'impétuosité de ce vin jeune et le projette dans l'avenir.

• Le **marcillac** constitue l'accord régional de la dégustation. Comme la mondeuse de Savoie, il bénéficie du contraste : ses tanins s'adoucissent et son grain se fond. Son côté végétal est affaibli, ce qui développe le fruit de cassis au détriment du bourgeon. Son acidité baisse également, ce qui accentue le gras et le velouté. Sa force résiste bien à la forte saveur de la tripe et l'on ne sait si la note poivrée vient du vin ou du plat. Un accord de voisinage qui fonctionne bien : les qualités du vin sont mises en valeur et sa rusticité masquée.

Autres alliances

Vallée de la Loire : quincy 3 ans
Beaujolais : chiroubles 3 ans
Jura : côtes-du-jura rouge poulsard 2 ans
Sud-Ouest : vin-d'estaing rouge 3 ans

Vallée de la Loire : côtes-d'auvergne rouge 1 an, anjou-gamay 1 an, saint-pourçain 1 an
Vallée du Rhône : côtes-du-rhône blanc 1 an

États-Unis : petite-syrah Californie 2 ans
Espagne : Jumilla 2 ans
Canada : pinot noir Colombie-Britannique 2 ans
Italie : Trebbiano d'Abruzzo 3 ans
Suisse : merlot del Ticino 3 ans
Nouvelle-Zélande : pinot noir 3 ans

Gibiers

Si au cours d'un dîner en ville un convive vous interroge : "Chassez-vous, cher ami ?", ne manquez pas, quelle que soit votre opinion, de répondre : "Non, mais je mange". Vous ne contrarierez ni les adversaires des chasseurs, ni votre hôte qui a préparé un faisan acheté le matin chez son volailler. Il en est de la chasse comme de la corrida ou de la politique, elle fait partie des sujets qui fâchent. Et pourtant les plats de gibier sont de merveilleux metteurs en scène des plus grands vins. On ne pourrait concevoir de valoriser un hermitage, un pomerol ou un richebourg autrement que sur un chevreuil ou un lièvre. Que le gibier soit à plume ou à poil n'est pas indifférent. Un faisan ou un colvert transcenderont la prestation d'un margaux ou d'un Brunello di Montalcino ; un chevreuil, celle d'un madiran, d'un saint-estèphe ou d'un châteauneuf-du-pape, d'un tannat uruguayen ; un lièvre dévoilera la face cachée d'un bandol ou d'un Ribera del Duero, un sanglier, celle d'un fitou, d'un Priorato ou d'un cabernet chilien. Un univers viril qui conjugue puissance, exubérance et domination, avec parfois le frisson des plaisirs défendus, celui d'un ortolan, d'une bécasse ou d'un isard dégustés en cachette. Les allergiques au genre pourront lever un coin de voile de ce monde en substituant lapins, pigeons, pintades ou encore gigots de mouton longuement marinés, mais autant comparer la chicorée au café ou un soda au champagne !

Sur une palombe rôtie

Plus question de trouver un garagiste ou un plombier : ils prennent leurs vacances en octobre ! La population en âge de porter fusil semble disparaître des lieux habités. La forêt landaise et ses huttes, les cols du pays basque et leurs cabanes de branchages résonnent alors de pétarades tirées par une armée de chasseurs qui agitent des appeaux pour faire poser les imprudents volatiles. Si la chasse au filet était autrefois meurtrière, celle au fusil a ses limites même si, certains jours, l'ambiance est à la guerre en pays pyrénéen.

"VIDE LES ENTREPRISES ET EMPLIT LES AFFÛTS" POURRAIT ÊTRE UNE DÉFINITION POUR CRUCIVERBISTES GASCONS. LA "PALOMBITE" EST EN EFFET UNE MYSTÉRIEUSE AFFECTION QUI S'ABAT SUR TOUT LE SUD-OUEST LORS DU PASSAGE DE CES RAMIERS SAUVAGES QUI S'EN RETOURNENT À L'AUTOMNE VERS LES PAYS CHAUDS.

Dégustation des vins avant le plat

Clos-de-la-roche Armand Rousseau 1994

La robe, peu intense, revêt une légère frange orangée, très bourguignonne en quelque sorte. Le nez, en revanche, a beaucoup de délicatesse, une subtilité inimitable qui décline des notes florales, de la petite cerise sauvage, une légère vanille et des épices rares et complexes. La bouche dément les apparences : elle est bien bâtie mais offre une matière suave et svelte, fondue et bien fruitée. Ses tanins restent tapis derrière le fruit. Une vivacité égaye l'ensemble en finale. Longue et aromatique, celle-ci imprègne la bouche.

Volnay premier cru Santenots Louis Jadot 1990

Belle robe plutôt dense, à reflets bruns. Le nez intense est d'une grande profondeur fruitée : cerise très mûre, griotte épicée, petite touche de cuir noble et de bois précieux. C'est le pinot noir parvenu à parfaite maturité qui l'emporte clairement. La bouche a de la carrure, un fruité imprégnant, une belle concentration, une chair suave mais dense, des tanins veloutés et épicés. Grande finale aromatique, riche et opulente. Qui a dit que les volnay étaient des vins légers ?

Margaux Château Durfort-Vivens 1990

La robe est dense, encore vive, et dévoile un reflet à peine évolué. Le fruit rouge compoté, le jus de viande, une touche de poivron rouge, des épices et un boisé discret composent une palette intense. La bouche attaque en douceur, en développant de la suavité, un fruité mature. Cet épanouissement aromatique trouve sa conclusion dans un encadrement tannique très classique : un grain lissé, des épices orientales, de la générosité et une richesse d'expression qui perdure bien en finale. Un beau margaux dans un millésime réussi.

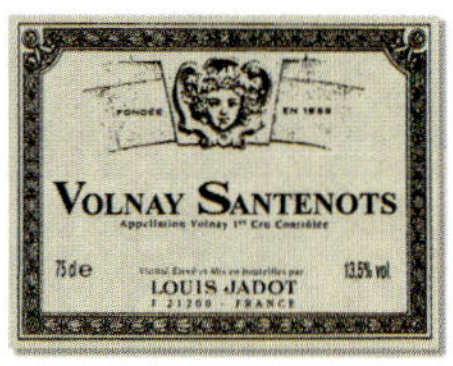

Saint-julien Château Gruaud Larose 1988

La robe sombre est d'un rubis foncé à frange brunie. Le nez décline gibier, cuir, épices et aromates, fruit cuit, réglisse et fumé. La palette est bien typée. La bouche ample dévoile d'emblée le gras de sa matière ; elle se resserre ensuite sur des tanins stricts, un peu durcis par une acidité perceptible. Ce saint-julien est un classique du Médoc, avec ce rien de retenue aristocratique qui distingue les grands crus des vins plus "lisibles". La race éclate en finale, poivrée et épicée, sur des notes de tabac et de bois exotique.

Dégustation des vins à table

La viande des filets de palombe est très fondante, sapide, avec le goût du sang. La chair des cuisses est plus ferme et élastique. La saveur en est fine et délicate, le croûton et sa rôtie fait contraste par son croustillant et sa forte présence aromatique.

• Le **clos-de-la-roche** souffre un peu de la confrontation. Son élégance et sa finesse sont quelque peu éteintes par la personnalité du plat. Si le fruit du vin est exalté par la viande saignante, sa structure s'en trouve trop fondue, comme affaiblie. Sa vivacité finale, en revanche, est gommée par le plat ; le vin paraît plus souple.

Autres alliances

Bourgogne : morey-saint-denis premier cru 5 ans, beaune rouge premier cru 9 ans
Bordelais : haut-médoc 9 ans, pauillac 11 ans

Bourgogne : gevrey-chambertin 5 ans,
Bordelais : listrac-médoc 5 ans
Sud-Ouest : cahors 5 ans, irouléguy rouge 5 ans

États-Unis : cabernet-sauvignon Napa Valley Californie 5 ans
Espagne : Ribera del Duero 5 ans
Italie : Barbera d'Alba 5 ans
Australie : cabernet-sauvignon Adelaïde 5 ans
Nouvelle-Zélande : cabernet-sauvignon 5 ans
Portugal : Douro rouge 5 ans

• Le **volnay Santenots premier cru** voit sa note de griotte se renforcer. Sa structure résiste bien au plat et le sang de la viande agit comme un révélateur de sapidité. Puis apparaissent des notes de cacao, de figue qui nous avaient échappé à la première dégustation. La rôtie est un peu forte pour le fruit du vin qui prend des accents de porto. Le plat transcende le vin et fouille sa personnalité. Ce volnay a du répondant.

• Le **margaux** est à son aise. Si le côté cuir, viandé, diminue devant le sang, le fruit rouge éclate, accompagné de petites notes de caramel et d'épices qui complètent l'ensemble. Sa structure s'allonge encore ; le vin semble lissé par le plat et résiste à la force de la rôtie. Une véritable symbiose.

• Le **saint-julien** met ses arômes de gibier en confrontation avec ceux du plat et finit par le dominer. Sa puissance et sa structure s'imposent, sa palette aromatique reste intacte. Tout au plus note-t-on la montée de la composante fruitée, mais sans aucune atteinte aux autres familles aromatiques. Quant à la dureté tannique soulignée auparavant, elle est adoucie et fondue par le plat, surtout par la rôtie qui joue le rôle de faire-valoir.

La recette de la palombe rôtie

• Dans une sauteuse, faire rissoler le jambon dans la graisse d'oie. Ôter le jambon et faire dorer les palombes dans la matière grasse ainsi aromatisée. La graisse doit être fumante pour saisir la peau et emprisonner le sang.

• Faire rougir un capucin (sorte d'entonnoir métallique au bout d'un long manche), y déposer du gras de jambon et arroser les palombes en abondance, en les retournant. Au bout de 7 à 8 mn, la viande doit être bien dorée.

• Préparer la rôtie : hacher le foie et le cœur des palombes avec le foie gras. Assaisonner de sel, de poivre et de muscade. Étaler cette farce sur des croûtons frits et mettre au four avec les volatiles pendant 8 mn.

• Servir les filets de palombes découpés en lamelles, arrosés du jus de déglaçage du plat. Donner un petit tour de moulin à poivre et entourer la viande de sa rôtie. Les cuisses, plus fermes, pourront faire l'objet d'un deuxième service, sur une petite salade d'herbes aromatiques, par exemple. On choisira une palombe par convive, de préférence jeune (que l'on reconnaîtra à la souplesse du bec et des pattes). Les ramiers plus âgés seront cuisinés en salmis, sorte de civet dont les chairs ont le temps de fondre à la cuisson. Il s'agit ici de saisir la viande pour que tous les sucs restent à l'intérieur. La viande doit rester saignante, il y va de la personnalité de ce gibier.

Ingrédients

4 palombes avec foie et cœur
1 beau morceau de jambon de Bayonne, moitié gras, moitié maigre
200 g de foie gras d'oie
20 g de graisse d'oie
une pointe de muscade râpée
croûtons frits
sel et poivre du moulin

Sur un faisan souvaroff

Le faisan est devenu un gibier d'une affligeante banalité depuis que de pauvres bêtes élevées en captivité et nourries avec des aliments industriels sont lâchées au premier jour de la chasse. Pourtant, cette espèce, dont le mâle ne manque pas d'attirer l'attention alors que la femelle sait se faire discrète, était autrefois un gibier de luxe qui vivait à l'état sauvage.

Il convient donc de se procurer un faisan en fin de période de chasse, en espérant qu'il aura pris quelques saveurs de gibier pendant sa courte vie au grand air. On vérifiera qu'il ne vient pas directement de l'élevage voisin. Le faisan est vendu chez les volaillers de septembre à janvier. On choisira une poule faisane, dont la chair est réputée plus fine et plus moelleuse, en privilégiant un oiseau jeune qui se reconnaît à la petite taille de ses ergots.

Reste la question du faisandage. Pour un oiseau d'élevage, cette pratique est aussi inutile que dangereuse, la chair pouvant tourner comme celle d'un poulet. Pour un animal sauvage jeune, un séjour de deux ou trois jours au réfrigérateur permettra d'attendrir les fibres. Une mortification prolongée ne se justifie que pour un animal vieux et dur, à condition que ses blessures soient nettes. Une semaine à la température de la cave apporte ce goût de faisandé recherché par les amateurs et redouté par les autres.

ALORS QUE BEAUCOUP DE PLATS DEMANDENT UNE DÉCOMPOSITION DE LA DÉGUSTATION DES VINS SUR CHAQUE ÉLÉMENT, ICI LES GOÛTS SONT SI FONDUS QU'UNE APPRÉCIATION D'ENSEMBLE EST FACILE À OBTENIR DÈS LA PREMIÈRE BOUCHÉE. LE FAISAN SOUVAROFF OFFRE UN NOUVEAU VOYAGE DANS LE TEMPS À DES VINS STRUCTURÉS ET COMPLEXES.

Dégustation des vins avant le plat

Corton grand cru Domaine Bonneau du Martray 1995

Cerise, la robe dense laisse apparaître une frange à peine évoluée. Le nez a de l'allant ; il se compose d'une note de cerise noire dominante, accompagnée de cuir, de touches de pivoine, d'épices très douces et légèrement fumées. La bouche laisse exploser un fruité concentré : la cerise toujours, avec un peu de framboise bien mûre, des accents de boisé intégrés au fruit et qui ne sont là que pour le souligner. Les tanins fins, encore structurés, possèdent ce grain soyeux que seul le pinot sait exprimer. La fraîcheur finale égaye le vin et équilibre sa générosité et son gras ; elle se prolonge dans une belle longueur, réglissée et épicée, où le fruité s'impose encore. Un beau corton concentré.

Saint-julien Château Ducru-Beaucaillou 1995

Derrière une robe très dense, à reflets noirs, se cache un vin assez réservé au nez ; cependant, l'agitation révèle de belles notes torréfiées, de boisé, des fruits rouges mûrs, des accents balsamiques et épicés, une touche de cuir noble. La bouche, architecturée, repose sur une grande force tannique et un volume imposant. Néanmoins, le vin ne se départit pas d'un style élégant et racé. Encore austère, sa matière laisse transparaître un fruité mûr, une trame serrée, de l'ampleur mais aussi des tanins qui occupent tout le terrain. Il faudra un certain temps pour que l'ensemble s'arrondisse et que le boisé se fonde, mais n'est-ce pas la vocation des crus classés du Médoc que d'être pensés et bâtis pour les longues gardes. La finale est en cela révélatrice : elle dévoile de la complexité, avec des notes de truffe et de venaison ; elle s'étire et se déploie comme pour exposer les promesses de ce grand vin.

Côte-rôtie Pierre Gaillard "Côte Brune et Blonde" 1995

La robe sombre revêt des reflets encore violets. C'est la venaison qui explose au premier coup de nez. Gibier, sous-bois, goudron et tapenade expriment toute la personnalité de la syrah issue de ce terroir. Le fruit noir (cassis et myrtille) "amabilise", quant à lui, cette palette sauvage. La bouche est ronde et veloutée, d'une belle concentration de matière. Les tanins, certes encore puissants, possèdent un grain lissé. L'équilibre gras–fraîcheur évite tout excès dans un sens comme dans l'autre. La finale est aussi expressive que le nez : du poivre et des épices, du gibier et du fruit noir. Une touche de violette, cachée au début, apparaît comme pour agrémenter le bouquet final. Un beau vin en pleine expression.

Faugères Château des Estanilles 1989

La robe dense présente un reflet légèrement bruni. Fruit confit, notes de raisiné accompagnées d'arômes de venaison, épices et poivre, accents de sous-bois et d'humus… la palette aromatique de ce faugères âgé a gardé toute sa complexité, et son évolution a su rester mesurée. La bouche est encore fraîche. Sa bonne structure et sa matière laissent éclater un fruité framboisé, complété par une forte présence épicée. Les tanins restent présents : ils tiennent bien le vin, mais révèlent un grain qui commence à sécher. La finale décline des notes de champignons, de fruits confits, de tabac et d'épices, tandis qu'une pointe de cacao vient rappeler que nous sommes dans le Sud.

Dégustation des vins à table

Le plat est très aromatique. Les senteurs de truffe, d'armagnac, de foie gras et de gibier sont intimement mêlées par la cuisson à l'étuvée. La texture est assez homogène : la chair de la faisane se détache et fond dans la bouche, la farce est moelleuse et grasse, les dés de truffe croquent sous la dent et apportent un élément à la fois aromatique et structurant.

• Le **corton grand cru** est flatté par le plat. Au contact de son moelleux, il prend du gras et de l'ampleur. Confronté à sa puissance aromatique, il renforce son fruit et ses épices, concentrant toute sa personnalité. Les forts arômes de truffe agissent comme un révélateur : le goût de gibier du faisan fait ressortir la cerise, comme si le vin servait de condiment au plat. Cet accord met le vin sur un piédestal.

• Le **saint-julien** voit sa masse tannique s'adoucir et s'affiner au contact du moelleux de la farce. Il prend de la suavité et "s'amabilise". Son fruité est renforcé, sa note boisée est absorbée par la forte saveur du gibier. Comme de coutume, il dévoile son avenir grâce au révélateur que constitue ce type de plat où viande et gras se mêlent. Toutefois, ce sont les notes de gibier et de truffe du vin qui trouvent ici un point d'appui et qui prennent le devant. Il existe une symbiose parfaite entre le plat et le vin, comme si les arômes communs étaient la clé de son ouverture.

• Le **côte-rôtie** mêle la forte puissance de ses arômes de gibier à celle du plat. Si la pointe de goudron est rehaussée, la violette en pâtit. Ce sont surtout les épices et le fruit noir qui sortent gagnants, comme si la note de gibier avait échappé au vin pour se fondre dans l'ensemble. La truffe vient se glisser dans la palette épicée du vin. Le moelleux de la farce apporte du gras et fait aussi ressortir la structure. La finale aromatique semble commune au vin et au plat. Est-ce cela l'harmonie parfaite ?

• Le **faugères** rajeunit face au plat et à sa forte saveur. Son caractère évolué diminue et, par contraste, son fruité semble moins confit et plus frais. Ce "lifting" a du bon car il gomme la sécheresse des tanins. Mais il a, hélas, des effets néfastes : la complexité du vin en est amoindrie. Si le côté épicé et cacaoté se maintient, les notes de tabac et de sous-bois s'évanouissent.

Ce plat est une véritable machine à faire voyager les vins dans le temps : dans le futur pour le saint-julien, dans le passé pour le faugères. Les corton et côte-rôtie préfèrent rester en gare.

La recette du faisan souvaroff

Ingrédients

- 1 poule faisane de 1 kg, plumée et vidée
- 200 g de truffes fraîches
- 350 g de foie gras d'oie
- 1 verre à liqueur d'armagnac + 1 cuillerée à soupe
- 1 verre à liqueur de madère
- 50 g de beurre
- 1/2 verre de fond de veau

Pour la pâte à luter

- 200 g de farine
- eau

• Glisser délicatement sous la peau de la poule faisane quelques fines lamelles de truffes, sans la déchirer.

• Préparer une farce avec un mélange de truffes coupées en dés et de foie gras d'oie que l'on aura arrosé d'une cuillerée d'armagnac. Saler et poivrer cette farce et en garnir la poule faisane. Recoudre le gibier.

• Mettre la poule faisane à revenir avec du beurre dans une cocotte. Déglacer les sucs de cuisson au madère.

• Transvaser la poule faisane dans un terrine allant au four. La mouiller avec le fond de veau et le jus de déglaçage. Arroser du verre d'armagnac.

• Fermer la terrine avec son couvercle. Préparer une pâte à luter en mélangeant eau et farine. Luter la terrine. Mettre la terrine au four chauffé à 200 °C (thermostat 7) pendant 45 mn. Servir la terrine sur la table, briser le lutage et faire humer les convives avant de découper le gibier.

Autres alliances

- **Bourgogne :** aloxe-corton 4 ans
- **Bordelais :** margaux 4 ans
- **Vallée du Rhône :** cornas 4 ans
- **Languedoc-Roussillon :** coteaux-du-languedoc-Pic Saint-Loup 8 ans
- **Bourgogne :** pommard 5 ans
- **Vallée du Rhône :** gigondas 5 ans
- **Provence :** bandol 5 ans
- **Languedoc-Roussillon :** fitou 8 ans
- **États-Unis :** cabernet-sauvignon Napa Valley 5 ans
- **Espagne :** Priorato Reserva 5 ans
- **Italie :** Brunello di Montalcino 10 ans
- **Australie :** shiraz Grange 10 ans
- **Chili :** cabernet-sauvignon 8 ans
- **Afrique du Sud :** cabernet-sauvignon 5 ans

Sur une côte de sanglier aux poires

UNE RECETTE AUTOMNALE POUR DES VINS ROUGES CHARPENTÉS ET CONCENTRÉS VENUS DU SUD-OUEST, DE LA VALLÉE DU RHÔNE MÉRIDIONALE ET DU LANGUEDOC. LA SÉLECTION DES ÉCHANTILLONS EST DICTÉE PAR LE FORT CARACTÈRE DE LA VIANDE ET SES ACCENTS ÉPICÉS ÉVIDENTS.

Avec la Saint-Jean revient le temps des petites poires savoureuses. Ces fruits très parfumés sont à déguster sur leur fraîcheur. Ils offrent aussi l'occasion de préparer des conserves que l'on utilisera en hiver, à la période du gibier. Le goût corsé et poivré des sauces qui accompagnent les préparations de chasse demande, par contraste, la saveur sucrée et acidulée des fruits.

Dégustation des vins avant le plat

Corbières Château Grand Moulin 1995

La robe intense se pare de rubis à reflets violets. La fraise compotée, la vanille, les notes de garrigue et de poivre, quelques accents de cuir et de fumé composent une palette chaleureuse. La bouche, souple et ronde, très aromatique, développe une belle puissance épicée dès l'attaque. On perçoit un bon équilibre entre le fruité et le boisé. Les tanins structurés, au grain lisse, se marient avec le gras de la matière pour donner un ensemble fondu. La finale développe des arômes de confiture de fraises, d'épices et de romarin, dans une bonne longueur. Ce vin exprime à merveille la maturité de la vendange.

Côtes-du-roussillon-villages Domaine Gauby Cuvée Muntada 1996

Vêtu d'une robe d'encre, très dense, ce vin prend des reflets presque bleus. Les arômes torréfiés, fumés, alliés au fruit noir confit, au pain grillé et à la réglisse encadrent un fruité profond, encore sur ses notes primaires. La bouche, immense, possède une carrure peu commune. Sa densité et sa concentration de saveurs ne sont jamais excessives. Bien au contraire, ce vin développe une grande finesse de trame grâce à des tanins gras et opulents. La générosité est équilibrée par une vivacité finale qui rafraîchit cette "bête à concours". La finale, épicée et poivrée, témoigne d'une syrah parfaitement mûre. Les notes de tapenade sont caractéristiques de ce cépage cultivé au sud.

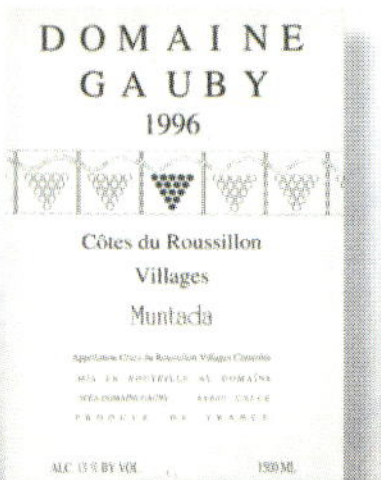

Châteauneuf-du-pape Boisrenard 1996

Une robe intense aux notes de jeunesse, sur un fond rubis foncé. La vaste palette aromatique, complexe et raffinée, décline des notes minérales, des arômes de fumée, de suie, puis de fruit noir très mûr, de prune et de réglisse. Viennent ensuite des senteurs épicées et poivrées, alliées à des accents de laurier et de romarin, à une légère touche de cuir. La bouche s'inscrit dans le même registre : ample et très structurée, mais sans aspérité. Belles notes viandées en milieu de bouche, accompagnées de gras, d'une trame veloutée, d'une puissance tannique imposante mais qui sait s'arrondir et se fondre dans la matière. La finale longue et expressive est axée sur des notes de goudron, d'épices nobles, de fruit. Un beau vin de caractère.

Madiran Patrick Ducournau Chapelle Lenclos 1990

Enveloppé d'une robe sombre, dense, à reflets à peine évolués, ce madiran développe une belle déclinaison de notes de venaison, de cuir, de carnier (proche du ventre de lièvre). Une vraie palette de chasse complétée par des arômes boisés nobles et un fruité sous-jacent qui rafraîchit l'ensemble. La bouche a de la prestance. Fortement tannique, elle adopte un style à la fois rond (pour sa matière volumineuse) et carré (pour la structure imposante de ses tanins). Un équilibre à géométrie variable en quelque sorte. Du gras, du fruit noir, avec toujours cette forte imprégnation viandée et carnassière, des épices (laurier et clou de girofle) : la finale est expressive et ne peut laisser aucun dégustateur indifférent.

Le château de Peyrepertuse, dans les Corbières.

Dégustation des vins à table

Le plat présente deux visages qui s'équilibrent. D'une part, la forte saveur du sanglier et de la sauce épicée. D'autre part, la saveur sucrée et fruitée de la poire au vin qui l'accompagne. La dégustation des vins est influencée par ces deux facettes, souvent de façon contradictoire.

• Le **corbières** s'arrondit au contact du gibier. Fortement influencé par la sauce, il prend même des notes de gibier. Par contraste, sa forte saveur de fraise s'en trouve renforcée. Ce plat développe la principale composante aromatique du vin, même s'il en simplifie un peu la palette. Les tanins sont lissés, la puissance épicée se marie avec la sauce, dans une symbiose. La poire donne en revanche de la vivacité : le vin gagne en nervosité et en éclat.

• Le **côtes-du-roussillon villages** résiste à tout grâce à sa concentration. Tout au plus ses notes réglissées virent-elles au goudron. Ses tanins renforcent leur structure face à la poire et acquièrent une légère amertume. Un vin dominateur, sûr de lui, qui attend le même sanglier en civet pour consentir aux épousailles.

• Le **châteauneuf-du-pape** semble encore plus complexe. Son fruit se renforce tandis que se lissent ses tanins face à la sauce épicée. Ses accents de gibier et ses épices ressortent davantage. Son fondu et son gras présagent d'un bel avenir. La poire, comme pour les autres vins, fait ressortir la carrure et la vivacité, sans altérer le fruit. Une dégustation tout en harmonie.

• Le **madiran** et le sanglier forment un accord "ton sur ton". Le vin poursuit son allure de croisière, sans modification de sa palette aromatique. En revanche, ses tanins semblent moins carrés, se fondent et prennent du gras devant le velours de la sauce. La poire lui apporte de l'éclat, une nouvelle jeunesse.

Autres alliances

Languedoc-Roussillon : fitou 4 ans, coteaux-du-languedoc rouge 2 ans
Vallée du Rhône : gigondas 2 ans
Sud-Ouest : côtes-de-saint-mont rouge 4 ans

Vallée de la Loire : chinon 8 ans
Bourgogne : morey-saint-denis 8 ans
Vallée du Rhône : cornas 5 ans
Provence-Corse : vins-de-corse rouge 5 ans

États-Unis : sangiovese Napa Valley 5 ans
Espagne : Priorato 5 ans
Italie : Barolo 8 ans
Chili : cabernet-sauvignon 5 ans
Grèce : Naoussa 5 ans
Portugal : Douro rouge 5 ans

La recette de la côte de sanglier aux poires

Ingrédients

4 côtes de sanglier
4 petites poires de la Saint-Jean
1/2 litre de vin rouge tannique
une pointe de cannelle
une pointe de gingembre
poivre du moulin
10 g de saindoux
30 g de beurre

Pour la marinade
1 litre de vin rouge corsé
1 verre d'eau-de-vie du Languedoc
1 branche de céleri
1 carotte
2 feuilles de laurier
8 grains de poivre concassés
8 baies de genièvre
1 pied de porc

• La veille, faire mariner les côtes de sanglier dans un mélange de vin rouge corsé, d'eau-de-vie, de vinaigre, d'aromates (céleri, carotte, feuilles de laurier, grains de poivre, baies de genièvre) pendant une nuit. Ajouter un pied de porc coupé en morceaux, qui donnera du liant à la sauce.

• Préparer les poires au vin : peler et épépiner les poires. Les cuire dans le vin rouge tannique, additionné d'épices – cannelle, poivre et gingembre. Les poires doivent rester un peu fermes. Les conserver dans leur jus de cuisson, dans un bocal hermétique stérilisé.

• Le lendemain, sécher les côtes et les mettre à cuire en cocotte avec le saindoux. La viande doit être bien saisie.

• Pendant ce temps, faire réduire la marinade avec le pied de porc, additionnée du jus de cuisson des poires au vin pour obtenir une sauce concentrée. Monter cette sauce au beurre au dernier moment. Si la sauce est bien réduite, l'emploi habituel d'un roux pour épaissir la sauce est inutile.

• Réchauffer les petites poires au vin. Servir les côtes nappées de la sauce et entourées des poires dans un grand plat. La découpe à table s'impose.

Sur une gigue de chevreuil sauce poivrade

Le chevreuil est un petit cervidé assez difficile à élever, contrairement au daim. Sa viande est désormais courante chez les bouchers. On évitera d'acheter de la viande congelée, généralement importée, dont la saveur a perdu tout caractère. Le chevreuil jeune peut se cuisiner comme l'agneau, rôti ou grillé. Plus âgé, il sera réservé aux civets et autres préparations marinées.

Un gibier de caractère accompagné d'une sauce au poivre. Le gastronome recherchera des vins, à la palette marquée par les notes animales et épicées, pour les marier à ce plat.

Dégustation des vins avant le plat

Pomerol
Château Nenin 1986

La robe soutenue dévoile une frange tuilée. Le nez fin et complexe propose des notes balsamiques élégantes, des arômes de bois précieux, de tabac, de fruit confit, de menthol, des accents de sous-bois et de truffe. La bouche présente un beau fruité mature et bien concentré, avec du moelleux et surtout une qualité tannique affinée, un grain soyeux et fondu. Le vin finit sur des arômes de fruits aux épices, de cèdre et de cacao. Il a sans nul doute atteint son apogée.

Bandol
Château Pradeaux 1993

La robe très sombre est à peine évoluée et bien brillante. Le nez a une grande puissance d'expression : cuir, notes viandées, poivre et épices, tabac et arômes balsamiques. Une vraie marinade. La bouche possède une carrure impressionnante, une chair mûre et arrondie. Un fruité dense emplit une structure tannique énorme, carrée, qui construit ce vin comme un temple dorique. Très belle finale déclinant toute la cohorte aromatique. Ce vin entame à peine sa carrière.

Madiran
Château Montus
Cuvée Prestige 1989

Presque noire, la robe garde un reflet jeune. Le nez de gibier se pare de notes de cuir, de venaison, d'épices et de poivre. S'y allient des fruits rouges confits et un boisé plutôt bien fondu. La bouche offre d'emblée un beau fruité intense, des tanins puissants, à la fois solides et affinés, dont le grain commence à se lisser. La finale, aromatique à souhait, reprend le côté sauvage et viandé du nez, accompagné d'une forte présence de la note poivrée. Beaucoup de caractère et de race.

Hermitage rouge
Domaine Jean-Louis Chave 1988

Belle robe d'encre. Réglisse, poivre, notes fumées, cuir de luxe, jus de rôti, goudron et tapenade disputent la prééminence à un fruit noir expressif. La bouche a une grande ampleur, organisée autour de tanins qui savent allier fondu et puissance, une matière opulente, mûre, équilibrée par une fraîcheur qui rajeunit l'ensemble. La longueur ajoute à la complexité première. Apparaissent des arômes d'olive et de cassis. Un grand vin en pleine forme.

Dégustation des vins à table

La saveur du gibier est prononcée mais garde de l'élégance. La texture de la viande ressemble à celle de l'agneau, avec un grain un peu plus farineux. La sauce a beaucoup de personnalité : le poivre et les saveurs de gibier dominent, accompagnés d'une note vinaigrée qui donne du tonus et qui fait contraste avec le grain très lisse et oncteux.

• Le **pomerol** garde sa personnalité aromatique devant le rôti de chevreuil, mais perd beaucoup de sa complexité devant la sauce, trop puissante pour son élégance. Sa structure n'a pas assez de carrure pour supporter l'agression du poivre. Elle paraît amoindrie, comme si le vin avait pris de l'âge. Sur la purée de marrons, en revanche, son caractère épicé ressort bien, ainsi que son fruit. Un vin plutot réservé à un gibier à plume, un faisan par exemple.

• Le **bandol** domine. Le côté épicé et fondu de la note de gibier s'accentue. Les forts arômes épicés du vin se

Autres alliances

Bordelais : fronsac 8 ans
Provence-Corse : côtes-de-provence rouge 5 ans
Sud-Ouest : cahors 10 ans
Vallée du Rhône : cornas 5 ans

Bordelais : saint-estèphe 8 ans
Vallée du Rhône : châteauneuf-du-pape 8 ans
Bourgogne : chambertin 8 ans
Sud-Ouest : buzet 8 ans

États-Unis : mourvèdre Monterey Californie 8 ans
Espagne : Yecla 5 ans
Portugal : Porto Vintage 10 ans
Italie : Brunello du Montalcino 8 ans
Uruguay : tannat 5 ans
Australie : cabernet-sauvignon Barossa Valley 5 ans

marient avec le poivre du plat, mais chaque senteur garde sa spécificité et “navigue” côte à côte. Les tanins du vin, déjà imposants avant le plat, prennent un peu de dureté, ce qui confirme que ce bandol est encore loin de sa maturité. En finale, ce sont le fruit très mûr et les notes de tabac qui dominent.

• Le **madiran** se fond dans le plat, s’y love et revêt une amabilité qui contraste avec sa force primitive. Comme si les deux goûts sauvages, celui du vin et celui du plat, s’additionnaient pour faire naître une synthèse civilisée. Le vin semble moins viandé, le plat plus moelleux. Le vin prend du gras et de la rondeur, le plat de la structure. Un échange de bons procédés qui fait les mariages d’exception. La finale aromatique du vin gagne encore en arômes épicés et poivrés. Les tanins se lissent davantage, comme si ce madiran avait cinq ans de plus.

• L’**hermitage rouge** dialogue avec le poivre du plat. La syrah est naturellement poivrée. Le côté savoureux de la viande fait ressortir les épices du vin, sans en altérer le fruit ; le vin met en valeur la texture de la viande, grâce à sa force tannique. Les tanins sont fondus par les protéines, la belle complexité aromatique finale est soulignée. Belle alliance entre la fraîcheur de l’hermitage et l’onctuosité de la sauce.

La recette de la gigue de chevreuil sauce poivrade

Ingrédients

1 gigue de chevreuil de 1 kg
1 tranche de lard gras
3 cl d'huile d'olive

Pour la sauce poivrade
Parures de gibier
1 carotte
1 oignon
1 branche de céleri
1 tranche de lard de poitrine
1 bouquet garni (thym, persil et laurier)
1/2 litre de vinaigre de vin
1 dl de vin blanc + 1 verre pour le roux
40 g de farine
60 g de beurre + 30 g pour la finition
10 grains de poivre concassés
sel

• Couper la tranche de lard en lardons. Piquer la gigue des lardons et la badigeonner d'huile d'olive. Cuire à four chaud (200 °C, thermostat 7) à raison de 15 mn par livre. Arroser régulièrement avec le jus de cuisson. Pour une belle présentation, garder le pied de l'animal avec ses poils ; le protéger pendant la cuisson avec du papier aluminium. Saler en fin de cuisson.

• Préparer la sauce poivrade : faire revenir dans 20 g de beurre la carotte, l'oignon et le céleri réduits en mirepoix, la tranche de lard de poitrine coupée en lardons et les parures de gibier coupées en cubes. Ajouter le bouquet garni. Lorsque l'ensemble a bien blondi, mouiller avec le vinaigre de vin et le vin blanc. Faire réduire de moitié en écumant souvent pour éliminer les impuretés qui surnagent.

• Préparer un roux : faire blondir la farine et le reste de beurre ; mouiller avec le verre de vin blanc. Incorporer le roux à la poivrade.

• Poursuivre la réduction de la poivrade jusqu'à l'obtention d'une sauce qui coule de la cuillère comme une crème liquide. Ajouter alors les grains de poivre concassés. Passer la sauce au chinois en pressant bien pour extraire tous les sucs. Terminer le brillant de la sauce en ajoutant un morceau de beurre au dernier moment.

• Servir avec une purée de marrons ou de petites cerises guignes confites au vinaigre.

Le roux est commode pour lier une sauce mais il inhibe sa finesse. On peut s'en passer en concentrant le liquide davantage ou en ajoutant des pieds de veau à la cuisson. On obtient alors une sauce avec un liant parfait. La sauce, bien réduite, peut être adoucie avec de la gelée de groseille. Il s'agit alors d'une sauce Grand Veneur.

Sur un lièvre en saupiquet

LE LIÈVRE EST UN METS HAUT EN SAVEUR. AUSSI, POUR CETTE DÉGUSTATION, LES VINS N'ONT-ILS PAS ÉTÉ CHOISIS AU HASARD. TOUS PRÉSENTENT UNE NOTE DE CUIR OU DE VENAISON POUR S'ACCORDER À CE PLAT DE CHASSE.

Le lièvre est un gibier de choix, mais il convient de réserver les jeunes animaux, un "président" de six mois ou un "conseiller" d'un an, à la rôtissoire et les sujets plus âgés, un "capucin", à un civet ou à une terrine. Ce gibier est disponible chez les volaillers pendant la saison de la chasse, de septembre à janvier. Les jeunes lièvres se reconnaissent à leurs griffes courtes ainsi qu'au durillon qu'ils portent sur les pattes arrière et qui disparaît avec l'âge alors que la fourrure blanchit sur le museau et perd de son brillant. Le lièvre se consomme frais, à peine rassis un jour ou deux au froid. Il ne supporte pas le faisandage. Contrairement au lapin, sa chair est rouge-noir et gagne à être dégustée saignante pour garder son moelleux et ses saveurs. Remontant au Moyen Âge, le saupiquet servait d'apprêt à des viandes et des gibiers comme le lièvre ou le canard, accompagnés d'une sauce à base de vin, de verjus et d'oignons, le tout lié à de la mie de pain. Comme pour toute recette ancienne, les variantes sont nombreuses. Nous avons eu un faible pour l'interprétation languedocienne.

Dégustation des vins avant le plat

Saint-estèphe Château Meyney 1990

La robe est sombre et profonde, avec un reflet à peine évolué. Le nez intense affiche une réelle complexité : il allie des fruits noirs très mûrs, du cuir, de la réglisse et des notes fumées à un boisé fondu qui relève le fruit du cabernet-sauvignon par sa pointe épicée. La bouche impose d'emblée son grand fruit mûr, avec un beau volume sphérique, une matière dense et veloutée. Les tanins sont encore puissants et carrés mais présentent un grain lissé, signe d'une belle maturité phénolique. La finale décline une note de gibier marquée, accompagnée par le fruit confit et toujours cette touche fumée qui signe un grand terroir de graves. Un saint-estèphe dans un millésime très mûr, qui peut paraître atypique tant la rusticité est ici absente.

Hermitage Paul Jaboulet La Chapelle 1991

La robe noire, très dense, présente un reflet à peine bruni. Voici un vin expressif, libérant de la réglisse presque goudronnée, une profusion d'épices, du poivre, le tout couronnant un fruit noir intense (plutôt griotte), des notes d'olive noire et de cuir, puis une touche minérale. La bouche possède une grande carrure et une force aromatique peu commune. La matière, dense, est encadrée par des tanins structurés. La dégustation révèle plusieurs facettes du vin : ses épices, son fruit, son côté animal et de venaison. La finale riche, longue et complexe garde trace du fruit noir épicé et de la note de cuir de luxe. Ce grand hermitage donne ici la preuve de sa maturité.

Saint-émilion grand cru Château Cheval Blanc 1990

Dense, la robe dévoile un reflet de bois précieux. Le nez est empreint de cette grâce qui signe les plus grands crus. Ni opulent ni retenu, il conjugue notes balsamiques et cuir noble, des arômes de fruits rouges confits, des épices douces, un boisé sous-jacent, une note de boîte à cigares, de cèdre. Les éléments de cette palette se dévoilent lors de l'aération, toujours élégants et typés. La bouche vit dans cette continuité : une matière lisse et concentrée, une architecture classique tenue par des tanins au grain incroyablement fin et poli, un fruité d'école qui monte en puissance jusqu'à la finale. Longue, la fin de bouche décline des notes de torréfaction, d'épices mêlées au fruit : les arômes imprègnent la bouche et ne semblent pas décidés à la quitter. Un grand moment de dégustation.

Richebourg Domaine de La Romanée-Conti 1990

La robe, dense, offre un joli reflet cerise. La palette aromatique est marquée par un grand fruit mûr (plutôt cassis) dans toute son intensité et sa pureté. Viennent souligner cette puissance fruitée des notes florales, une touche minérale, des accents de gibier qui savent rester fondus dans l'ensemble, des épices douces et complexes. La bouche est une parfaite illustration de la signification du mot "sève" si souvent mal employé : il monte de cette matière marquée par un fruité exacerbé, une force sous-jacente qui vient du cœur du vin et qui s'évase en bouche jusqu'au paroxysme des saveurs. Saveurs encadrées par des tanins gras, riches et veloutés, d'une grande noblesse de grain, et qui associent puissance phénolique et caresse tactile. La fraîcheur équilibre la richesse, laquelle perdure en bouche dans une longueur impressionnante. Toutes les composantes reviennent sur scène pour le final. Le rideau ne se décide pas à tomber sur les notes de fleurs, de fruit noir, de gibier et d'épices. Ce sont là les acteurs d'une pièce d'anthologie.

Dégustation des vins à table

Ce plat de gibier est fort en goût mais reste dans la mesure. La chair du lièvre est sapide, marquée par une note de venaison évidente mais tempérée par la cuisson saignante qui garde de la fraîcheur aux arômes. Les petits clous de lard mêlés à la viande ajoutent au moelleux de la texture. La sauce apporte sa forte note poivrée et pointue, ses épices, le goût puissant du foie de l'animal, adouci par l'ajout de l'armagnac (note de pruneau).

• Le **saint-estèphe** arrondit davantage encore ses tanins. Son fruité est souligné, tandis que sa note de gibier se fond dans celle du plat. Ses épices sont rehaussées et sa composante boisée est plutôt effacée. Cet accord donne au vin du tonus et renforce sa fraîcheur.

• L'**hermitage** est mis en valeur. Si sa puissance épicée reste intacte, sa note de réglisse est rehaussée, son fruité monte, sa composante gibier et olive noire s'atténue, alors que ses tanins acquièrent du fondu devant le côté saignant de la viande. Le vin gagne en homogénéité, mais perd un peu en complexité.

• Le **saint-émilion premier grand cru classé** renforce son caractère, même si on pouvait penser *a priori* que le plat imposerait sa loi. La texture moelleuse du plat souligne son architecture et accentue son style classique. Les saveurs de la sauce révèlent toute sa complexité. Nul besoin de force masculine pour affronter ce plat de gibier ; la race d'un grand terroir suffit.

• Le **richebourg**, habité par une sève montante, prend lui aussi de la hauteur. Son fruité monte encore et encore ; ses épices se précisent, sa palette aromatique tout entière se déroule face à la viande et son jus, à la sauce épicée. C'est la texture moelleuse du plat qui sert de faire-valoir, en soulignant la force veloutée des tanins, en fondant cette richesse dans une impression de densité et de profondeur rarement perceptible en dégustation. Un instant d'exception.

Autres alliances

Bordelais : pauillac 9 ans, pomerol 9 ans
Vallée du Rhône : cornas 8 ans
Bourgogne : vosne-romanée premier cru 9 ans
Vallée du Rhône : châteauneuf-du-pape 8 ans
Provence : bandol 8 ans
Languedoc-Roussillon : fitou 8 ans
Sud-Ouest : madiran 8 ans
États-Unis : cabernet-sauvignon Santa Cruz Mountains 10 ans
Espagne : Ribera del Duero 8 ans
Portugal : Porto Vintage 25 ans
Grèce : Nemea 8 ans
Italie : Vino Nobile di Montepulciano 8 ans
Australie : cabernet-sauvignon Clare Valley 6 ans

La recette du lièvre en saupiquet

• Laisser reposer le gibier une nuit au réfrigérateur avant emploi. Le dépecer et le vider en réservant le foie, le cœur et le sang. Couper la tête, les pattes avant et autres parures pour ne garder que le baron, ensemble des deux cuisses arrière et du râble. Inciser légèrement les vertèbres pour que le lièvre ne se torde pas à la cuisson. Couper le lard en dés. Piquer le baron de petits clous de lard, saler et poivrer.

• Faire revenir le lièvre 5 mn avec l'huile dans une cocotte. Le passer au four pendant 15 mn. La chair doit rester saignante.

• Pendant ce temps, préparer le saupiquet : dans une casserole à fond épais, faire revenir dans la graisse d'oie la tête, les pattes avant, les parures diverses du lièvre avec l'oignon haché, la gousse d'ail écrasée, les lardons salés, le bouquet garni, le foie et le cœur du lièvre hachés en purée, le poivre en grains moulu. Laisser dorer puis ajouter le vinaigre de vin ou de verjus. Cet apport doit être mesuré si l'on ne veut pas que la sauce agresse les vins de la dégustation. Il s'agit seulement de relever le plat.

• Laisser réduire le vinaigre puis fariner légèrement. Mouiller avec le vin rouge corsé. Épicer avec le piment de Cayenne et laisser mijoter à feu très doux pendant une heure : la sauce doit être courte. Passer la sauce au tamis et la lier avec le sang du lièvre. Rectifier l'assaisonnement.

• Déglacer la cocotte. Ajouter le jus de déglaçage au saupiquet ; verser 5 cl d'armagnac et faire flamber la sauce.

• Découper le baron en morceaux et napper de sauce. Donner un dernier tour de moulin à poivre.

Ingrédients

1 beau lièvre entier jeune
100 g de lard gras
2 cuillerées à soupe d'huile d'olive
sel et poivre du moulin
Pour le saupiquet
parures, foie et cœur du lièvre
1 gousse d'ail
1 oignon
50 g de lardons salés
1 bouquet garni (thym et laurier)
5 g de poivre en grains
5 cl de graisse d'oie
1/2 verre de vinaigre de vin ou de verjus
10 g de farine
1 dl de vin rouge corsé
1 pointe de piment de Cayenne
sang du lièvre
5 cl d'armagnac
sel et poivre du moulin

Plats uniques

Antiques potées, ragoûts, bouillabaisse ou historique cassoulet, les plats uniques sont issus de la longue tradition populaire, celle qui faisait feu de tous les produits à disposition avec ce génie que le besoin de nourrir une famille fait naître. Les plus belles réussites sont devenues les porte-drapeaux de l'identité gastronomique régionale, les autres sont tombées aux oubliettes de l'histoire du goût, et c'est tant mieux. Le plat unique associe en général viandes ou poissons avec des légumes. La paella est bien l'archétype de ce genre d'alliance culinaire, à l'instar du couscous qui multiplie à l'envi les différents légumes qui enrichissent une simple semoule. Le choix du vin n'est pas aisé, tant les saveurs du plat se mélangent et se télescopent. Aussi préfère-t-on les alliances avec des vins des mêmes régions. L'alliance sera ici à forte tendance locale : il ne viendrait pas à l'idée de servir une choucroute sans un vin d'Alsace, un cassoulet sans un corbières, une bouillabaisse sans un vin de Provence. Toutefois, ces plats peuvent être l'occasion de rencontres transculturelles enrichissantes : chablis ou chenin blanc néo-zélandais avec la même choucroute, Barbera de Californie ou Barbaresco pour le très toulousain cassoulet. La mondialisation savoureuse, c'est cela.

Sur un pot-au-feu

Relevant de la gastronomie paysanne, le pot-au-feu met à l'honneur le lent mijotage des bas morceaux de viande accompagnés de légumes du jardin. Un plat économique et complet puisqu'il comprend bouillon, viande et légumes. Ce plat d'hiver par excellence est l'archétype de la cuisine de famille, d'auberge champêtre ou de bistrot citadin, celle que l'on mange dans la bonne humeur, arrosée d'un vin canaille et entourée de condiments qui émoustillent. Ce plat se prête à des interprétations multiples mais un bon pot-au-feu doit comporter quelques éléments incontournables. Plusieurs viandes d'abord afin de marier les goûts et les textures : du bœuf surtout, mais aussi du veau, en associant les morceaux maigres et les parties grasses et gélatineuses. Des os à moelle ensuite, délicieuse gourmandise. Des légumes d'hiver : carottes, navets, poireaux ou encore potiron, oignons et pommes de terre.

"LE POT-AU-FEU DU PEUPLE, BASE DES EMPIRES", DISAIT MIRABEAU QUI REPRENAIT DEUX SIÈCLES PLUS TARD LE SLOGAN DE LA POULE AU POT DU BON ROI HENRI. ISSU D'ANCIENNES TRADITIONS QUI ONT DONNÉ LES POTÉES OU LES GARBURES, LE POT-AU-FEU FAIT PARTIE DE CE FONDS COMMUN DE LA CUISINE FRANÇAISE, DÉCLINÉ DANS TOUTES LES RÉGIONS AVEC DES VARIANTES.

Dégustation des vins avant le plat

Saint-amour En Paradis Raymond Durand 1996

La robe est vive, assez profonde, marquée par un reflet violet prononcé. Le nez, intense, exprime avec netteté des arômes de petits fruits rouges (framboise, groseille, cassis) alliés à une touche florale de pivoine tout à fait rafraîchissante. La bouche attaque en douceur mais le fruité framboisé monte vite, avec de la souplesse, des tanins légers et fondus, plutôt soyeux, une acidité finale bien marquée mais qui donne de l'éclat. Le fruité s'affirme à la fin, plutôt sur la cerise légèrement épicée.

Saint-nicolas-de-bourgueil Les Rouillères Frédéric Mabileau 1996

La robe assez sombre affiche un rubis foncé à reflets bleus. Le nez bien développé exprime avec force le fruit rouge framboisé du cabernet franc parvenu à maturité. Il s'accompagne de légères notes réglissées et épicées, d'une touche de poivron dans un registre mûr. La bouche est souple de prime abord. Elle révèle un fruité concentré et un arôme de poivron rouge qui se prolonge jusqu'en finale. Elle est encadrée par des tanins encore bien structurés qui raffermissent l'équilibre. Poivre, épices et fruit rouge se partagent la palette finale.

Côtes-du-marmandais Le Président Cave de Cocumont 1996

La robe intense, rubis, est ourlée d'un léger reflet de jeunesse. Du fruit rouge bien marqué, des notes de cassis, d'épices douces, de vanille se partagent un nez net et précis. La bouche est structurée, dotée de tanins plutôt carrés, à grain encore perceptible, aromatisés par l'élevage sous bois qui épice et vanille le tout. La finale reprend les arômes du nez, avec une petite touche de cuir et des épices en prime. Un vin très "Sud-Ouest", solide et charpenté, qui a besoin d'un peu de temps pour affiner son style.

Puisseguin-saint-émilion Château Durand-Laplagne 1994

Le reflet évolué de la robe est en train de virer à l'orangé. Le nez est, lui aussi, marqué par l'évolution : notes viandées, pruneau, champignon et sous-bois, feuille morte et tabac blond. La bouche débute en souplesse. Si elle semble un peu fluide en milieu de dégustation, ses tanins aromatiques et épicés sont encore debout. Leur grain est légèrement sec. De toute évidence, le millésime a imprimé son style et laisse deviner un petit déficit de maturité. La finale est assez longue, marquée par un mélange de boisé, d'évolution et de cuir.

Dégustation des vins à table

Les saveurs du pot-au-feu sont multiples : les arômes doux de la moelle, son gras et son moelleux qui contrastent avec le gros sel, la viande empreinte des aromates et des parfums des légumes. En outre, les différents morceaux de viande apportent des sensations distinctes, depuis la texture fibreuse du plat de côte jusqu'à celle, gélatineuse, du jarret ou du gîte. Les légumes ajoutent une saveur sucrée. Fort heureusement, le bouillon qui nappe l'ensemble fait la liaison : il s'est enrichi de l'apport de chaque ingrédient. Pour déguster des vins sur un pot-au-feu, on évitera bien entendu l'excès de moutarde et, si possible, les cornichons, pickles et autres condiments vinaigrés capables d'assassiner le meilleur des grands crus. En revanche, le gros sel aura un rôle bénéfique et jouera par contraste avec le fruit des vins.

• Le **saint-amour** n'apprécie pas la moelle dont le gras fait ressortir sa vivacité et sèche sa finale. Toutefois, le vin développe son arôme framboisé sur la viande et les légumes. La carotte augmente sa puissance fruitée au détriment de sa composante florale. Une petite touche de moutarde efface sa vivacité et lui donnerait presque plus de volume. Le poireau (qui s'en étonnerait ?) ne lui rend pas service… Mais quelle belle montée de fruit sur les autres ingrédients.

• Le **saint-nicolas-de-bourgueil** se trouve ici à son aise. Son arôme de framboise est exacerbé sur la viande ; il supporte la moelle sans broncher, et les légumes – chacun avec ses armes – renforcent le fruit et la suavité du vin qui y perd son côté tannique. Même le poireau ne parvient pas à le déstabiliser. Le grain s'est affiné, l'ensemble s'est fondu. La moutarde renforce cette impression de pureté de fruit et la note de poivron du vin semble participer au plat.

• Le fruité du **côtes-du-marmandais** est modifié par la viande. C'est le cassis qui tient désormais la vedette. Les tanins sont lissés et affinés par le gras de la moelle et du gîte. Le vin y perd certes sa rusticité, mais aussi une partie de sa puissance épicée. La note de cuir se trouve renforcée. Les légumes n'entament pas son équilibre. La carotte et le navet apportent de la suavité, tandis que le poireau fait apparaître une pointe amère. Au total, le vin gagne à ce mariage.

• Le **puisseguin-saint-émilion** laisse percevoir un fruité compoté. Les notes de vieux bois et d'épices se renforcent en parallèle. Sa structure garde sa personnalité, mais le caractère sec des tanins apparaît au grand jour, comme si la viande du plat avait un penchant pour arrondir les tanins des vins jeunes et n'appréciait pas ceux des vins plus âgés. La moelle lui joue le même tour. Toutefois, les légumes (à l'exception du poireau qui, décidément, joue les trouble-fête) compensent en apportant de la douceur. Le même vin plus jeune de deux ans aurait été un meilleur compagnon du pot-au-feu.

Autres alliances

Beaujolais : chénas 2 ans
Vallée de la Loire : bourgueil 2 ans
Sud-Ouest : buzet 2 ans
Bordelais : montagne-saint-émilion 3 ans
Bourgogne : côtes-de-nuits-villages 2 ans
Vallée de la Loire : saumur-champigny 2 ans
Sud-Ouest : côtes-de-bergerac rouge 2 ans
Vallée du Rhône : côtes-du-rhône-villages 2 ans
États-Unis : pinot noir Russian Valley Californie 3 ans
Espagne : Cariñena Crianza 3 ans
Italie : Carmignano rosso 3 ans
Suisse : merlot del Ticino 2 ans
Chili : merlot 5 ans
Argentine : malbec 4 ans

La recette du pot-au-feu

Ingrédients

1,5 kg de viande de bœuf, moitié gîte, moitié plat de côtes
500 g de viande de veau, tendrons par exemple
2 os à moelle
4 carottes
8 poireaux
8 navets
2 oignons
1 gousse d'ail
2 clous de girofle
1 bouquet garni (persil, thym et laurier)
1 branche de céleri
1 pincée de gros sel de mer
sel et poivre du moulin
En accompagnement
croûtons frits
cornichons
moutardes diverses

• Mettre la viande à cuire dans de l'eau avec les oignons piqués chacun d'un clou de girofle, le bouquet garni, la branche de céleri, la gousse d'ail écrasée.

• Écumer et laisser mijoter 2 h. Ajouter les carottes, les poireaux et les navets coupés, les os à moelle frottés au sel et remettre à cuire 1 h. Saler, poivrer, sortir viandes et légumes et dégraisser le bouillon. (Si l'on prépare le pot-au-feu la veille, on laissera le liquide se figer et l'on enlèvera la couche de graisse à sa surface pour obtenir un bouillon "diététique".)

• Proposer le bouillon en entrée, accompagné de croûtons frits. Servir la viande et les légumes, arrosés du reste de liquide, avec du gros sel de mer, des condiments vinaigrés et diverses moutardes.

Sur une raclette valaisanne

La restauration des stations de sports d'hiver s'est emparée de cette recette en lui ajoutant de la charcuterie et surtout un cérémonial qui plaît à une clientèle friande de préparations sur table, à l'instar des fondues et autres pierrades. C'est ainsi que l'on trouvera la raclette dans toutes les Alpes et même dans d'autres massifs montagneux qui ont adopté ce plat festif. La sélection du fromage est essentielle. On choisira une demi-meule d'une pâte cuite molle et parfumée, la plus grasse possible. Un fromage suisse sera le bienvenu mais les Alpes françaises comptent assez de variétés pour satisfaire l'amateur : comté, beaufort, tomme de Savoie. On évitera les fromages "spécial raclette" qui fleurissent sur les étals. La charcuterie sera fumée, et l'on associera jambon, coppa et saucissons coupés en tranches très fines. Les pommes de terre devront être de type BF 15 ou Belle de Fontenay, mais les rattes seront aussi les bienvenues.

Dégustation des vins avant le plat

Féchy Alain Parados Cuvée Églantine 1996 (Suisse, canton de Vaud)

La robe est assez pâle, à reflets verts marqués ; une petite perle est perceptible, issue de la masse du vin. Le nez discret et fin dévoile de jolies notes florales (acacia ou chèvrefeuille), quelques accents minéraux, un fruit blanc pur, orienté vers la pêche de vigne. L'attaque en bouche est marquée par la présence du gaz qui vient agacer la langue, puis la rondeur et le gras prennent le dessus. Un fruité intense se développe, mais l'équilibre manque par trop d'acidité, ce qui rend le vin plat, un peu mou. Le rôle du gaz carbonique ne suffit pas à donner du tonus à ce vin. Heureusement, sa puissance aromatique en finale compense ce manque de nerf, grâce à une palette qui va de l'amande douce aux épices fines, en passant par le fruit à noyau, le tout adouci par une suavité résiduelle bien perceptible.

Aigle Alain Parados Cuvée La Coudraie 1995 (Suisse, canton de Vaud)

La robe est un peu plus intense que celle du vin précédent ; la perle n'apparaît pas dans le verre. Le nez, plus ouvert et évolué, développe des notes minérales, des arômes de cire naissante, de fruit blanc légèrement bletti, quelques épices douces, une belle palette complexe et mature. En bouche, le gaz carbonique est encore bien présent : le fruit très mûr, plutôt poire, les notes d'évolution, les épices sont rehaussés. Contrairement au vin précédent, le gaz joue son rôle de succédané d'acidité d'un bout à l'autre de la dégustation et tient bien l'équilibre du vin. Le gras, la rondeur sont ainsi bien répartis. La finale aromatique révèle moins de sucres résiduels que celle du Féchy, laissant apparaître l'amertume du cépage.

LA RACLETTE EST À L'ORIGINE UN SIMPLE PLAT DE BERGERS SUISSES QUI, DANS LEURS ALPAGES, FAISAIENT FONDRE LEUR FROMAGE SUR D'HUMBLES POMMES DE TERRE DEVANT LEUR CHEMINÉE, EN GUISE DE FESTIN.

Vin-de-savoie Les Abymes Château de la Violette 1997

La robe pâle possède un reflet vert prononcé. Les arômes fins sont axés sur les notes d'herbe coupée, de fruit blanc (plutôt pomme verte), de pierre à fusil, de fleurs des champs. Un registre qui associe végétal et minéral. La bouche détonne face aux deux vins précédents par sa vivacité. La matière fruitée laisse un bon volume ; l'acidité soutenue (notes citronnées) donne éclat et fraîcheur et, surtout, renforce l'impression fruitée. Bonne rémanence sur des notes fraîches et enlevées. Nous sommes toujours dans les Alpes mais dans un monde viticole radicalement opposé. Le chasselas suisse et la jacquère savoyarde ne peuvent être plus dissemblables.

Vin de pays Comté Tolosan Domaine de Ribonnet Réserve Simon 1995

Vêtu d'une robe assez soutenue, au reflet vert encore bien présent, ce vin est expressif. Il développe des notes harmonieuses de chèvrefeuille, de pêche blanche, de silex, de tisane et de miel. La bouche suit dans le même style : belle expression aromatique, équilibre entre gras, puissance et acidité. Une certaine structure donne à ce vin de la carrure. Un fruité intense ? C'est la pêche blanche qui domine, tandis qu'en finale on retrouve toute la palette initiale. Cette complexité s'explique par l'assemblage de cépages : chasselas, chardonnay et riesling. Un mélange et un choc de cultures !

Dégustation des vins à table

La raclette comporte deux aspects qu'il est préférable de dissocier. Le fromage fondu, avec sa saveur salée, lactée et sa note aromatique bien caractéristique, que l'on peut associer au côté sucré et farineux de la pomme de terre, d'une part ; la charcuterie, son gras et ses arômes fumés d'autre part. Les vins seront donc goûtés sur les deux facettes de la raclette, mais rien n'interdit les va-et-vient gourmands. Les cornichons et oignons au vinaigre ne sont pas les amis du vin, aussi n'ont-ils pas eu droit de cité dans cet exercice.

• Le **Féchy** voit son fruité rehaussé par le sel du fromage. Le gaz carbonique est mis en valeur par le fondu et la saveur sucrée de l'ensemble fromage–pomme de terre. Le moelleux et la suavité du vin sont également soulignés, comme si cette raclette se mettait au service du vin pour exacerber ses qualités. Le manque d'acidité en est ainsi gommé. La charcuterie fait, elle aussi, ressortir le gras du vin. En revanche, ses arômes fumés éteignent un peu son fruit.

• L'**Aigle** révèle ses arômes d'évolution (cire et amande) sous l'influence du fromage fondu. Son gras est un peu atténué, mais son fruit mûr est bien souligné par le sel. En somme, le vin paraît plus évolué. La charcuterie, au contraire, diminue cette note d'évolution. C'est alors le miel qui ressort ; le vin paraît plus lourd, en perdant de sa complexité.

• Le **vin-de-savoie Les Abymes**, grâce à sa vivacité, résiste bien au fromage fondu dont le sel renforce le fruit et dont les arômes lactés valorisent le côté minéral du vin. Le moelleux de la pomme de terre donne du gras à l'Abymes. En retour, le vin allège le plat. La charcuterie, par son caractère gras, diminue la sensation acide, fait monter le côté minéral au détriment de la composante fruitée, gênée par les senteurs fumées. L'accord est ici moins heureux que sur le fromage.

• Le **vin de pays Comté Tolosan,** mêle sa vivacité au fondu du fromage, et cette confrontation lui va bien ; elle souligne la fraîcheur de son équilibre. Son fruit, la pêche surtout, en est ainsi augmenté, le côté miel est bien souligné, avec une bonne définition de sa structure grâce à la suavité de la pomme de terre. La charcuterie, en revanche, ne lui rend pas service : les arômes fumés s'imposent au vin, en diminuant sa force d'expression.

Autres alliances

Suisse : fendant de Sion 1 an, Arvine 2 ans
Jura-Savoie : vin-de-savoie Apremont 1 an
Sud-Ouest : gaillac blanc sec 2 ans
Jura-Savoie : crépy 1 an, vin-de-savoie Chignin-Bergeron 1 an, roussette-de-savoie 1 an
Vallée de la Loire : pouilly-sur-loire 1 an
États-Unis : pinot blanc Californie 1 an
Espagne : Bierzo blanc 1an
Italie : Alto Adige Traminer 1
Allemagne : silvaner Nahe Kabinett 1 an
Nouvelle-Zélande : semillon 2 ans
Roumanie : Feteasca Alba 1 an

Sur une bouillabaisse

BOUILLE… ET ABAISSE ! TOUTE LA RECETTE DE CE PLAT DES RIVAGES PROVENÇAUX EST DICTÉE PAR CES DEUX COMMANDEMENTS. LA BOUILLABAISSE, DANS LES MULTIPLES DÉCLINAISONS PROPOSÉES DE MARTIGUES À MENTON, EN PASSANT PAR MARSEILLE, TOULON ET MÊME LA CORSE, N'EST À L'ORIGINE QU'UNE SIMPLE SOUPE DE PÊCHEURS.

Autrefois, tous les poissons invendables ramenés au port étaient cuits dans une grande marmite. La bouillabaisse est un plat de pauvre, au même titre que le cassoulet ou la choucroute, un plat qui varie au gré des mauvaises fortunes et du contenu du garde-manger. En d'autres termes, l'ajout de saint-pierre ou de langouste est incongru. Ce mets est cependant si bon qu'il ne pouvait laisser indifférents les cuisiniers. En 1895, le cuisinier Reboul notait dans son ouvrage *La Cuisine provençale* qu'il fallait au moins quarante espèces de poissons pour élaborer une bouillabaisse.

La bouillabaisse est devenue aujourd'hui un mets sophistiqué et onéreux, qui demande pour sa confection un grand nombre de poissons : des poissons blancs et tendres qui vont se fondre dans le bouillon, accompagnés de petits crabes et de poissons de roche plus fermes qui resteront entiers. Elle est d'autant plus savoureuse qu'elle est confectionnée avec le plus d'espèces possibles et donc préparée en grande quantité. Il serait illusoire de vouloir en préparer pour deux ou trois convives.

Autre débat : la rouille, sorte de mayonnaise aillée et pimentée que l'on ajoute à la soupe et dont on peut tartiner des croûtons frottés d'ail. Certains prohibent l'œuf et montent la rouille à la mie de pain et à la pomme de terre. D'autres éliminent le piment et incorporent du corail d'oursin. Vaine recherche !

Selon la tradition, les poissons les moins tendres étaient plongés dans de l'eau bouillante aromatisée, avant les plus friables. On préfère aujourd'hui préparer un bouillon avec les poissons les plus friables et cuire rapidement les poissons fermes pour qu'ils gardent leur saveur particulière.

Dégustation des vins avant le plat

Cassis blanc Clos Sainte-Magdelaine 1997

La robe paille assez soutenu, à reflets dorés, enveloppe un nez d'herbe fraîchement coupée, de fenouil, de fleurs blanches et de poire. On perçoit une touche

Le vignoble de Cassis.

de miel dans ce vin provençal. La bouche est ronde à l'attaque. Le fruit bien développé est orienté sur la mangue et la poire. La vivacité monte ensuite, accompagnée d'une bonne puissance épicée et d'une note de fruits secs qui se révèle en finale. Ce vin équilibré ne renie pas son origine.

Patrimonio blanc
Domaine Leccia 1997

La robe paille garde un reflet vert prononcé. Le nez est intense, expressif : fruit blanc (pêche de vigne) égayé par de délicates senteurs florales et anisées. Un ensemble séduisant et racé. La bouche attaque sur une forte présence de gaz carbonique qui équilibre un gras et un volume, témoins d'une belle maturité du fruit. Le vin s'évase ensuite sur un fruité intense et une bonne vivacité. La finale laisse apparaître une note d'amande amère et quelques épices douces. Un vin démonstratif, riche et long.

Côtes-de-provence
Château de Jasson
Cuvée Éléonore rosé 1997

La robe saumon, à reflets vieux rose, est attrayante. Le nez développe des notes de fraise mûre, un peu lactées, rehaussées de petites épices fines et de zestes d'agrume. La bouche est vineuse, dotée d'un bon équilibre entre fruit et nervosité, d'une bonne présence aromatique, de gras et d'une structure arrondie. Le vin finit sur une prédominance de la fraise. La structure tannique apparaît en tout dernier lieu. Un vin rosé bâti pour la table.

Béarn rosé
Domaine Lapeyre 1997

La robe est bien soutenue, cerise à reflets orangés. Le nez puissant est orienté sur les petits fruits rouges (framboise, cerise, groseille) avec quelques épices poivrées. La bouche est structurée, d'une bonne

concentration et non dénuée de gras. L'expression aromatique se recentre sur la framboise. La finale est assez tannique, mais une certaine suavité vient amadouer l'ensemble. Bonne longueur sur les fruits rouges et le poivre dans ce vin rosé à la fois sérieux et charmeur.

Dégustation des vins à table

La dégustation de vins sur un bouillon n'est pas courante, le premier verre de vin n'est pris en général qu'à la fin de l'assiette. Aussi goûterons-nous les quatre vins sur les poissons mouillés du bouillon et de la rouille. Ce plat est très corsé, haut en saveurs, marqué par les épices, le safran en particulier, le fort goût du poisson cuit et la présence dominante de l'ail que l'on peut doser à son gré grâce à la mesure de la rouille.

• Le **cassis blanc** affronte la bouillabaisse en voisin, mais il perd un peu de sa palette aromatique. Sa composante d'herbe fraîche disparaît, ainsi que sa note florale. En revanche, son fruit blanc et surtout son miel apparaissent renforcés. Le vin prend du volume en bouche et gagne en fruité. La note de fruits secs se fond dans le plat et n'est plus perceptible. Un mariage où l'un des époux change de visage.

• Le **patrimonio** gagne à la confrontation. Sa grande puissance aromatique est capable de supporter les fortes saveurs du plat ; elle résiste au safran et à l'ail. Même la note florale, pourtant la plus fragile, résiste à cette bouillabaisse. En bouche, le gaz carbonique est atténué ; le vin paraît plus gras et plus onctueux. L'arôme amer final disparaît lui aussi dans le plat qui semble fait pour flatter ce vin corse.

• Le **côtes-de-provence rosé** est particulièrement à son aise. Son fruit gagne en intensité, mais le plus étonnant réside dans la montée de la structure du vin. Il acquiert au contact des épices et du poisson une carrure et une force tannique qui n'étaient que sous-jacentes à la première dégustation. Loin de se laisser dominer, il prend le pas sur le plat ; il dévoile son caractère corsé et épicé.

• Le **béarn rosé** est l'intrus de la dégustation ; son caractère atlantique pourrait laisser craindre un hiatus gustatif, voire culturel entre le vin et le plat. Il n'en est rien. Le vin est même flatté par ce plat méditerranéen qui rehausse son fruit ; il paraît plus vif en bouche. Ses épices (note de poivre) et sa structure sont mises en avant. Peut-être la langue d'Oc fait-elle trait d'union entre Provence et Béarn

Autres alliances

Provence : bellet blanc 1 an, vin de pays du Var blanc 1 an
Corse : vins-de-corse blanc 1 an
Sud-Ouest : tursan rosé 1 an
Languedoc-Roussillon : coteaux-du-languedoc-La Clape blanc 1 an
Bourgogne : pouilly-vinzelles 1 an
Bordelais : premières-côtes-de-bordeaux blanc 1 an
Vallée de la Loire : muscadet 1 an
États-Unis : chardonnay Sonoma Valley Californie 4 ans
Espagne : Tarragona rosé 1 an
Grèce : Patras rosé 1 an
Italie : Greco di Tuffo 1 an
Maroc : Guerrouane rosé 1 an
Portugal : Dão rosé 1 an

Ingrédients

Les poissons

1 rascasse
4 rougets grondins
5 tranches de congre
1 baudroie
4 tranches de murène

La soupe de poissons

1 kg de petits poissons de roche
250 g de petits crabes
1 oignon
2 blancs de poireaux
1 branche de céleri
1 bulbe de fenouil
1 écorce d'orange séchée
10 cl d'huile d'olive vierge
1 bouquet garni
(thym, sarriette, laurier, serpolet)
1 gousse d'ail
4 tomates pelées et épépinées
1 pointe de safran en poudre
1 pincée de safran en étamine
tranches de croûtons frits et aillés
sel et poivre du moulin

La rouille

1 gousse d'ail
1 piment rouge
1 pomme de terre farineuse
1 jaune d'œuf
5 cl d'huile d'olive
sel et poivre du moulin

La recette de la bouillabaisse

• Préparer la soupe de poissons : faire revenir dans une grande marmite l'oignon, les blancs de poireaux, le fenouil haché et le céleri avec l'huile d'olive vierge. Aromatiser avec l'ail (attention à ne pas le brûler), le bouquet garni, le poivre, l'écorce d'orange séchée et les tomates pelées et épépinées. Ajouter les poissons de roche, les petits crabes et couvrir d'eau. Verser le safran en poudre et les étamines. Rectifier l'assaisonnement et faire bouillir. Abaisser le feu et laisser cuire une bonne heure.

• Lorsque les poissons sont défaits, passer ce bouillon au chinois. Passer les poissons au moulin à légumes et les réincorporer au bouillon. Couper en tronçons les gros poissons fermes et les ajouter à la préparation précédente. Porter à ébullition. Laisser cuire 8 mn à peine.

• Préparer la rouille : piler au mortier la gousse d'ail, le piment rouge, la pomme de terre cuite. Ajouter le jaune d'œuf et monter la mayonnaise à l'huile d'olive vierge. Assaisonner.

• Servir les poissons à part et le bouillon dans une assiette à soupe, avec des croûtons frits à l'ail, accompagnés de la rouille.

Sur une choucroute alsacienne

La choucroute est une conserve de chou. Finement émincé, salé et fermenté pendant trois semaines, le chou, souvent agrémenté de grains de genièvre, est conservé dans de grands fûts. La meilleure choucroute doit cependant être élaborée de fraîche date, une trop longue conservation la rendant âcre. La choucroute "nouvelle" fait son apparition à l'automne ; elle est appréciée pour sa légèreté et son goût subtil.
La charcuterie qui accompagne le chou doit être la plus variée possible et privilégier bien entendu les productions alsaciennes. Une bonne choucroute comporte au minimum trois sortes de saucisses – Strasbourg (ou Colmar), Francfort et Montbéliard –, parfois du boudin, du lard fumé, de la palette de porc fumée, du jarret de porc. L'apport de pommes de terre semble superflu face à une telle richesse. Âme de l'Alsace, la choucroute se prête à d'autres variations : la choucroute au poisson est délicieuse, plus sophistiquée certes mais tout aussi traditionnelle.

LA CHOUCROUTE MET CÔTE À CÔTE DES SAVEURS TRÈS DIFFÉRENTES ; LE CHOU APPORTE UNE NOTE PRONONCÉE, PRESQUE AIGRE DUE À SA FERMENTATION, AINSI QU'UN CROQUANT QUI COMPENSE CE QU'IL PEUT AVOIR DE GRAS. LA CHARCUTERIE, EN REVANCHE, IMPOSE SES ARÔMES FUMÉS ET SON MOELLEUX. L'ALLIANCE EST AINSI FONDÉE SUR LES CONTRASTES, TANT AROMATIQUES QUE GUSTATIFS.

Dégustation des vins avant le plat

Alsace-pinot blanc Trimbach 1997

La robe pâle garde son petit reflet vert de jeunesse. Les arômes, épanouis et opulents, déclinent le fruit blanc très mûr (la poire en particulier), des notes florales intenses, des épices, une touche légèrement anisée. La bouche possède de la richesse. Une belle ampleur et du gras lui donnent une forme arrondie qui s'accompagne d'une matière très fruitée, d'une belle maturité. L'acidité souligne un équilibre réussi. La finale, sèche et droite, laisse apparaître des accents d'amande, légèrement amers. Un autre vigneron aurait masqué cette amertume en préservant les sucres résiduels du vin, mais le domaine Trimbach a préféré jouer la carte de la sincérité.

Alsace-riesling Trimbach Cuvée Frédéric Émile 1997

La robe paille soutenu révèle un reflet vert très marqué et un beau brillant. Le nez est assez discret mais développe une belle finesse, sur des notes végétales, des accents de silex et de fumé, un fruité précis (fruits blancs et fruits exotiques). La bouche concentrée s'oriente sur un fruit blanc bien défini, égayé par quelques épices douces et une acidité cristalline qui tend le vin. La finale, plus expressive que le nez, est longue et délicate. Elle associe fruité et minéral dans un mariage des plus classiques. Ce vin, encore fermé, réserve de belles surprises.

Alsace-tokay-pinot gris Trimbach Réserve personnelle 1997

La robe paille intense est ourlée de vieil or. Le fruit à noyau très mûr, le miel, les épices, la poire William, les fruits exotiques, des accents terpéniques qui savent rester élégants composent une corbeille de senteurs ouverte. La bouche attaque en rondeur. Riche et grasse, elle propose une structure ample et corsée. L'acidité est atténuée par une certaine suavité. La finale confirme cet équilibre : tout en rondeur et caresses, elle décline des notes de pain d'épice qui perdurent longtemps en bouche. Un vin à l'opposé du style élancé du riesling.

Petit-chablis Jean-Paul Droin 1997

La robe paille est assez soutenue, avec un reflet vert moyen. Le nez s'équilibre entre des tendances minérales (pierre à fusil), des notes florales et des accents d'herbe fraîchement coupée, le tout dans un style délicat. La bouche suit dans le même registre. Svelte et tout en relief, elle possède une grande expression aromatique, dont le fil conducteur est une note végétale très fraîche. La matière se révèle assez concentrée. En finale, on perçoit une agréable sensation de suavité. Pas si petit que le dit son étiquette.

Dégustation des vins à table

Le chou fermenté apporte ici son côté craquant, sa saveur aigre et ses arômes bien particuliers. La charcuterie est marquée par les arômes fumés, elle fait contraste par son gras et ses textures variées, du fondu des saucisses à celle, plus ferme et fibreuse, de la palette.
• Le chou développe le fruit de **l'alsace-pinot blanc**. Sa texture croquante souligne le côté gras du vin et atténue son acidité. Le pinot blanc en paraît plus rond et plus suave. La charcuterie, par contre, s'impose devant le vin et diminue son expression aromatique : les arômes fumés du plat étouffent la personnalité du pinot. En revanche, la note amère perçue à la dégustation se fond dans le plat et disparaît.
• L'**alsace-riesling** est particulièrement en harmonie avec la choucroute. Son fruité est exacerbé, le

gras du chou souligne son acidité qui en retour rend le plat plus digeste. La charcuterie joue ici d'égal à égal et sa forte présence aromatique ne domine pas le fruit du vin qui peut jouer sa partition dans l'alliance. La note minérale reste perceptible, l'équilibre fruit–acidité n'est pas modifié. On assiste ici à un partenariat respectueux.

• L'**alsace-tokay-pinot gris** développe son gras et ses épices devant le chou. Son équilibre se recentre, moins suave et plus vif, comme si le chou gommait la suavité du vin. Sur la charcuterie, c'est la rondeur du pinot gris qui est mise en exergue. Se révèlent le miel, la note finale de pain d'épice. Le vin manque cependant d'acidité pour conserver son équilibre. L'alliance est ici à l'opposé de celle du riesling ; elle est une somme de richesse – celle du plat et celle du vin –, ce qui rend l'ensemble un peu lourd.

• Le **petit-chablis** est mis en valeur par le chou. La note végétale devient plus discrète et laisse apparaître le fruit blanc et toute la typicité du chardonnay. La charcuterie simplifie le vin mais n'entame pas son équilibre. Si le petit-chablis perd sa note florale dont la délicatesse ne résiste pas aux arômes fumés, il paraît plus fruité, plus rond et gagne en corpulence. Une alliance très positive.

Et la bière, compagne traditionnelle de la choucroute ? Une Réserve de Maître Kanter a été dégustée sur ce plat. Si elle est apparue bien équilibrée, avec une forte présence aromatique de malt et de houblon, une mousse fine et une amertume légère de prime abord, la choucroute a modifié ses qualités gustatives : le chou fait monter son amertume, la charcuterie la rend plus crémeuse et fait ressortir ses arômes maltés, en rappelant l'alliance magique du malt et du fumé de la tourbe que l'on trouve dans les meilleurs whiskies. Un autre monde assurément mais qui ne manque pas d'intérêt gastronomique.

Autres alliances

Champagne : rosé-des-riceys 1 an
Bourgogne : marsannay rosé 1 an, bourgogne blanc 1 an
Bordelais : bordeaux rosé 1 an

Vallée de la Loire : anjou blanc sec 1 an, sancerre 1 an
Bordelais : entre-deux-mers 1 an
Sud-Ouest : jurançon sec 1 an

États-Unis : Dry riesling Long Island 1 an
Espagne : Valeorras Blanc 1 an
Italie : riesling Trentin 1 an
Allemagne : riesling Mosel-Saar-Ruwer Spätlese 1 an
Suisse : aligoté du canton de Genève 1 an
Nouvelle-Zélande : chenin blanc 1 an

La recette de la choucroute alsacienne

Ingrédients

2 kg de choucroute
1 verre d'alsace-sylvaner
1 oignon
3 cl de saindoux
1 pomme fruit
24 grains de genièvre
1 litre de bouillon de volaille
1 petit verre de kirsch
2 grosses tranches de lard fumé
4 saucisses de Strasbourg
1 jarret de porc salé
400 g de palette de porc fumée

Nous donnons ici la recette décrite par Hansi, le célèbre dessinateur alsacien.

• Avant de partir à la messe dominicale, dans une cocotte en fonte faire dorer un oignon émincé dans du saindoux. Ajouter la choucroute non lavée et le verre d'alsace-sylvaner. Compléter par les morceaux de pomme fruit et les grains de genièvre enfermés dans un petit sac de gaze.

• Recouvrir du bouillon de volaille et laisser mijoter de 2 à 3 h, le temps d'assister à l'office et de discuter sur le parvis.

• Revenu à la maison, ajouter le kirsch et glisser dans la choucroute les tranches de lard fumé. Laisser cuire 30 mn. Faire pocher les saucisses de Strasbourg. Poser les saucisses, la palette et le jarret sur la choucroute pour les réchauffer. Servir la choucroute fumante surmontée de la charcuterie disposée en dôme.

Sur un cassoulet de fèves

Prospère Montagné n'hésitait pas à recourir à une métaphore religieuse, "le Père, le Fils et le Saint-Esprit", pour désigner les cassoulets de Castelnaudary, de Toulouse ou de Carcassonne qui diffèrent par leurs ingrédients : mouton ou oie, confit ou perdrix. Tous ont en commun une garniture de haricots gorgés de bouillon et de graisse de canard, mijotés et gratinés à feu doux, parfois maintes fois réchauffés avant d'atteindre la perfection. Anatole France ne parlait-il pas du cassoulet de Clémence qui cuisait depuis vingt ans ! Ces haricots, pamiers ou tarbais, ne sont pourtant apparus dans la cuisine locale qu'au XVIIIe siècle. Avant le haricot, seule la modeste fève entrait dans la casserole ! Rendons hommage à cet ancêtre du cassoulet, remis aujourd'hui à l'honneur par quelques cuisiniers amoureux de leurs racines et amateurs d'archéologie culinaire. Nous avons également introduit de la saucisse de couennes, vieille spécialité toulousaine reprise par quelques artisans locaux.

"UN PLAT SOLAIRE" DISAIT GASTON BONHEUR. LE CASSOULET (DONT LE NOM VIENT DU RÉCIPIENT EN TERRE QUE L'ON MET AU FOUR) FAIT PARTIE DE CES RECETTES DE TERROIR QUI SEMBLENT ENRACINÉES EN LANGUEDOC DEPUIS LA NUIT DES TEMPS.

Dégustation des vins avant le plat

Côtes-du-frontonnais Château Bellevue La Forêt "Ce Vin" 1995

La robe est certes légère mais marquée par une teinte vive, rubis à frange orangée. Le fruit rouge est précis : framboise, cerise égayée par une touche de violette caractéristique du cépage négrette. La bouche est souple, lisse et coulante, avec un fruité net, de la vivacité, des tanins légers et fondus, une réelle expression aromatique et une finale un peu épicée. Un vin de gaieté, facile et axé sur son fruit, au caractère marqué.

Fitou Château Lahore Bergez 1996

Sombre et rubis foncé, la robe dévoile un reflet violet encore net. Le nez généreux, montant, exprime du fruit compoté, des notes de goudron, de cuir, d'humus et de sous-bois, de garrigue dans un style opulent. La bouche attaque en rondeur, puis laisse apparaître un encadrement tannique au grain fondu. L'équilibre fruit–alcool donne du volume et du gras. La finale est d'une belle complexité épicée (cacao, poivre, torréfaction). Un fruité confituré signe le caractère sudiste de ce vin concentré. Un fitou de style actuel, aromatique et savoureux.

Minervois Clos de l'Escandil 1995

Une robe très foncée à la teinte presque bleue indique que la syrah est majoritaire dans ce vin. Le beau nez confirme, avec un fruit noir intense (cassis en particulier), des épices douces, des accents viandés, des arômes de tapenade, de petit gibier, le tout agrémenté d'herbes de garrigue et de poivre. La bouche est très structurée, d'une matière mûre et dense. Les tanins puissants et architecturés sont marqués par la torréfaction et le grillé. Cet ensemble pourrait sembler austère si le vin ne possédait un gras généreux, des épices douces et un fruité persistant. Un minervois moderne, expressif.

Canon-fronsac Château Barrabaque Prestige 1996

La robe, sombre, rubis intense, affiche un reflet violet. Le nez mêle harmonieusement un fruit rouge mûr et les épices de l'élevage (vanille et chêne, épices douces et notes de réglisse). La bouche a une belle carrure. Son fruité parle dès l'attaque. L'encadrement tannique très classique structure ce vin représentatif de son terroir. La matière mûre se complète par une présence épicée qui se retrouve en finale et allonge la bouche. Certes, le vin est encore jeune – cela se sent dans le grain tannique –, mais ses promesses d'avenir sont sérieuses.

Dégustation des vins à table

Le plat est riche en arômes et en saveurs. Les fèves se sont imprégnées du jus de canard et ont côtoyé les viandes ; elles ajoutent à leur douceur caractéristique cette présence carnée, mêlée des aromates et du poivre. Le confit apporte sa forte présence salée, son gras joue un grand rôle dans la dégustation, mais ce sont les saucisses de Toulouse et de couennes qui influent le plus sur les vins, l'une par sa forte saveur, l'autre pas son fondant et son moelleux. Un plat complexe où les interactions sont multiples.

• Le **côtes-du-frontonnais** manque de puissance et de force tannique devant le confit et la saucisse de Toulouse. Il y perd ses délicats arômes de violette et semble plus vif. En revanche, le gras du confit et la saucisse de couennes lui vont bien. Ils enrobent le vin et lui donnent du volume. Les fèves rendent le côtes-du-frontonnais un peu sec et atténuent son fruité. En fait, l'accord régional cassoulet et côtes-du-frontonnais n'est pas idéal, le vin n'étant pas assez structuré.

• Le **fitou** converse avec toutes les composantes du cassoulet, mais son profil est modifié. Si son fruit et sa structure restent marqués, avec un plus grand fondu des tanins, son caractère généreux a tendance à s'effacer, ainsi que la composante cacao. La saucisse de Toulouse, en revanche, trouve son égal ; le vin affirme son caractère. La saucisse de couennes et le confit rendent le fruit plus frais. Quant aux fèves, elles font ressortir les épices du vin. Un bon accord où le vin gagne en fraîcheur et en légèreté.

• Le **minervois** épouse le plat. Il gagne en fruit, adoucit son boisé et sa note de gibier se fait plus discrète. Le cassoulet paraît gommer ses aspérités. Saucisses et confit soulignent le fruit, les fèves augmentent la perception des épices, mais l'ensemble des ingrédients rend le vin plus homogène. Un plat au service de ce vin qui le flatte et lui donne une autre dimension, moins massive, plus élégante. Le Languedoc dans toutes ses saveurs !

• Le **canon-fronsac** affronte ce plat languedocien avec ses armes : sa belle structure résiste bien. Toutefois, si ses tanins restent intacts ils prennent un côté plus rustique. Il en va de même pour son fruit qui semble trop délicat pour ce plat paysan. Si les fèves flattent le vin, en particulier en soulignant sa complexité épicée, les saucisses gomment sa finesse et sa race. Seul le confit fait ressortir le fruit du canon-fronsac et lui donne de l'éclat, tout en lissant les tanins. Au total, il y a divergence sociologique et géographique. Réservons ce beau vin à un autre plat.

Autres alliances

- **Sud-Ouest :** gaillac rouge 4 ans
- **Languedoc-Roussillon :** corbières rouge 3 ans, coteaux-du-languedoc rouge 4 ans
- **Bordelais :** fronsac 3 ans
- **Bordelais :** graves rouge 3 ans
- **Sud-Ouest :** madiran 5 ans, cahors 5 ans
- **Languedoc-Roussillon :** côtes-de-la-malepère 5 ans
- **États-Unis :** Barbera Californie 4 ans
- **Espagne :** Utiel-Requena rouge Reserva 5 ans
- **Italie :** Barbaresco 5 ans
- **Grèce :** Naoussa 5 ans
- **Nouvelle-Zélande :** cabernet-sauvignon 5 ans
- **Australie :** shiraz Barossa Valley 5 ans

La recette du cassoulet de fèves

Ingrédients

- 1 kg de fèves fraîches
- 200 g de poitrine de porc salée
- 100 g de couennes de porc
- 20 g de graisse de canard
- 1 carotte
- 1 oignon
- 1 bouquet garni (thym et laurier)
- 1 gousse d'ail
- 4 cuisses de canard confites
- 4 saucisses de Toulouse
- 4 saucisses de couennes

Pour le bouillon de canard

- carcasses de canard d'une précédente recette
- 1 carotte
- 1 oignon
- 1 bouquet garni
- sel et poivre du moulin

• Écosser les fèves fraîches.

• Préparer environ 2 litres de bouillon de canard : faire cuire dans une casserole d'eau les carcasses avec l'oignon, la carotte détaillée et le bouquet garni, du sel et du poivre.

• Faire blanchir la poitrine de porc salée, coupée en cubes de 50 g, ainsi que les couennes de porc.

• Dans un faitout en fonte, faire suer à la graisse de canard la carotte et l'oignon découpés en fine mirepoix. Ajouter les couennes et la poitrine de porc, puis mouiller avec le bouillon de canard. Ajouter le bouquet garni, la gousse d'ail écrasée et mettre à cuire à feu doux pendant environ 1 h.

• Pendant ce temps, faire dorer à la poêle les cuisses de confit de canard, les saucisses de Toulouse et de couennes coupées en morceaux. Verser le tout, avec les fèves, dans le bouillon. Laisser mijoter 20 mn. Rectifier l'assaisonnement.

• Verser le contenu du faitout dans une cassolette en terre, en veillant à enfouir les viandes sous les fèves. Mettre à four très chaud (200 °C, thermostat 7-8) pendant 15 mn pour obtenir une pellicule de surface bien dorée.

• Servir dès la sortie du four. Réchauffé, ce plat est encore plus savoureux, mais on veillera à ce que les fèves ne se réduisent pas en purée.

Sur une paella

Comme tous les plats régionaux, la paella est à l'origine un plat de pauvre, le riz servant de support à quelques maigres restes ou produits bon marché. Les cuisiniers en ont sophistiqué la recette, en introduisant des coquillages et des crustacés de luxe. Il suffira d'acheter du riz rond, un poulet, des moules et quelques palourdes et crevettes, un poivron rouge et quelques tomates pour revenir à la philosophie originelle de ce plat aux couleurs ibériques. Seul le safran (le vrai, c'est-à-dire celui en étamine) pourra écorner vos économies, mais il en faut si peu pour embaumer tout un plat !

ORIGINAIRE DE LA RÉGION DE VALENCE, LA PAELLA EST DEVENUE UN PLAT NATIONAL ESPAGNOL QUI SE PRÉPARE, AVEC QUELQUES VARIANTES, DANS TOUTE LA PÉNINSULE. ELLE EST CONSTITUÉE D'UN RIZ SAFRANÉ DANS LEQUEL SE MÊLENT LES SAVEURS DE LA VIANDE ET CELLES DES PRODUITS DE LA MER. IL N'EST PAS AISÉ DE TROUVER UN VIN QUI S'ALLIE À TOUTES SES FACETTES GUSTATIVES.

Dégustation des vins avant le plat

Navarra rosé Ochoa 1997

La robe rose vif est fringante et garde un reflet de jeunesse. Les arômes intenses rassemblent le fruit rouge bien mûr, la fraise des bois, les épices discrètes, une touche florale. La bouche surprend par sa suavité. Après une attaque ronde, non dénuée de gras, le vin développe un corps bien fruité, une matière plutôt corsée, une pointe chaleureuse et surtout une note presque sucrée en finale qui révèle la présence de sucres résiduels. L'acidité est cependant bien équilibrée et évite la lourdeur. Un vin rosé attrayant, avec une finale qui exprime bien la pureté de son fruité primaire.

Rioja rosé Marqués de Cáceres 1997

La robe rose soutenu tire vers la cerise. La note violacée est encore perceptible. Le nez est expressif, bien développé, axé sur des notes amyliques (bonbon anglais, banane) alliées à la framboise et à quelques épices poivrées. La bouche est en adéquation avec ce style moderne : beaucoup de présence aromatique, bonne souplesse. La structure tannique monte en finale, ce qui donne une bonne tenue à l'équilibre, avec un côté vineux. La finale reprend les arômes du nez, avec une fraîcheur qui rend ce rosé bien éclatant. Très réussi dans un style à mi-chemin entre tradition et modernité.

Le vignoble de la Rioja.

Rioja tinto joven Olarra Otoñal 1997

Ce vin (servi rafraîchi) à la robe légère, dont le reflet violet est encore bien marqué, affiche dès le premier coup d'œil sa jeunesse. Le nez confirme cette impression : fruits rouges (cerise et groseille), épices douces, note fraîche presque mentholée qui lui donne du nerf. La bouche souple et lisse présente des tanins légers et fondus, une bonne présence savoureuse du fruité qui a gardé un côté primaire assez enjôleur. La finale n'est pas très longue, mais l'équilibre entre maturité du fruit et nervosité donne une impression de netteté très agréable, renforcée par la température de service.

Bandol rosé Domaine de la Noblesse 1997

La robe rose saumon est vive, d'une belle brillance. Le nez est plutôt sur sa réserve, peu expressif. Le mourvèdre a besoin de temps pour démontrer sa complexité. On perçoit cependant de bons fruits rouges, soulignés par une note poivrée. La bouche est bien bâtie, corsée et puissante. Les tanins viennent encadrer une matière vineuse. La finale longue, épicée et poivrée signe par sa générosité un vin du Sud qui n'est pas encore sorti de sa phase d'austérité.

Dégustation des vins à table

Ce plat n'est pas simple et ses différentes composantes peuvent se marier de manières fort diverses : puissance épicée du chorizo, saveurs iodées des coquillages et fruits de mer, note viandée du poulet, ou arôme entêtant du safran. On pourrait trouver un vin pour chacune des facettes de cette paella. Il nous a paru plus judicieux de tester les quatre vins sur le riz qui a absorbé au cours de sa cuisson toutes ces saveurs et réalisé une parfaite synthèse gustative. Très aromatique et de texture moelleuse, ce riz révèle ou cache certaines qualités des vins.

• Le **Navarra rosé**, déjà suave et arrondi, voit son côté sucré exacerbé par le moelleux du plat. Son nez perd un peu en complexité mais la note de fraise des bois reste bien marquée. En revanche, son acidité se fond dans le riz qui impose sa texture. Le gras du vin et la rondeur du plat jouent dans le même sens. La pointe safranée prend le pas sur les épices du vin et reste seule dans l'arène. En définitive, ce vin rosé garde de sa personnalité.

• Le **Rioja rosé** garde de sa puissance aromatique. Il en avait à revendre au départ. Ses arômes amyliques et son fruit restent bien perceptibles, mais là encore, le safran remplace les épices originelles. Même action du moelleux du riz : l'acidité du vin est à la baisse, avec montée – par effet de contraste – des tanins qui viennent au devant d'une finale qui se structure d'autant. Une alliance plutôt heureuse, toute au bénéfice du vin.

• Le **Rioja rouge tinto joven** est le vin qui s'en tire avec le plus d'honneurs. Son fruité est souligné par les arômes du riz, le safran vient se glisser dans la palette aromatique sans trop la bousculer. Les tanins, légers au départ, sont révélés par la texture moelleuse, avec montée simultanée du gras de la matière. La finale est bien épicée, tout en respectant le fruité primaire. Mais attention, si le riz va bien à ce vin rouge, les crevettes et les moules ont tendance à l'éteindre. Rien n'est simple au pays de la paella.

• Le **bandol rosé** reste sur sa réserve, sans consentir à dévoiler ses charmes plus que ne le lui permet son austérité de départ. Si son fruité s'en trouve un peu éteint, sa puissance et son côté corsé résistent à la générosité un peu débridée du plat avec, comme de coutume, baisse de l'acidité et, par voie de conséquence, montée de la composante chaleureuse. Mais ce qui frappe le plus dans cette association, c'est bien le renforcement de la composante épicée : le safran du plat et le poivre du vin conjuguent leurs effets pour donner une finale de style oriental.

Autres alliances

- **Espagne** : Somontano rosé 1 an, Penedès rosé 1 an, Jumilla tinto joven 1 an
  Provence-Corse : côtes-de-provence rosé 1 an
- **Sud-Ouest** : irouléguy rosé 1 an
  Languedoc-Roussillon : côtes-du-roussillon rosé 1 an
  Vallée du Rhône : tavel 1 an
  Provence-Corse : ajaccio rosé 1 an
- **Espagne** : Valencia rosé 1 an
  États-Unis : zinfandel rosé Californie 1 an
  Grèce : Patras rosé 1 an
  Tunisie : Thibar rosé 1 an
  Italie : Bardolino 1 an
  Tunisie : coteaux de Tebourba rosé 1 an

La recette de la paella

Ingrédients

150 g de riz rond
1 poivron rouge
1 oignon
16 rondelles de chorizo
cuisses, manchons et ailerons d'un poulet + reste de la carcasse
250 g de palourdes
250 g de moules
8 crevettes
200 g de tomates très mûres, pelées et épépinées
1 pincée de safran en poudre
1 pincée safran étamine
1 branche de romarin
5 cl d'huile d'olive vierge
sel et poivre du moulin

• Choisir un plat à paella en tôle, de la dimension du four. Couper en dés le poivron rouge en réservant quelques rondelles pour la décoration. Faire revenir les dés et les rondelles dans 3 cl d'huile d'olive. Hacher l'oignon et le faire dorer. Réserver. Faire revenir le chorizo. Réserver. Faire revenir les morceaux de poulet jusqu'à obtention d'une coloration bien dorée. Saler, poivrer et réserver.

• Préparer un bouillon de poulet avec la carcasse. Ajouter sel, poivre, safran et romarin à ce bouillon.

• Pendant ce temps, faire ouvrir les moules et les palourdes à la vapeur dans un couscoussier. Extraire la moitié des mollusques, laisser le reste en coquille.

• Faire revenir le riz rond dans le plat à paella avec le reste d'huile d'olive jusqu'à ce qu'il devienne transparent. Ajouter les dés de poivron, le chorizo, les morceaux de poulet, les coquillages, les tomates. Mouiller l'ensemble avec le bouillon de poulet à raison de deux volumes et demi pour un volume de riz. Faire cuire à feu moyen pendant 10 mn sans remuer. Goûter et rectifier s'il y a lieu en sel, poivre et safran. Ajouter les moules et palourdes en coquille, les crevettes et les rondelles de poivron. Mettre au four à 200 °C (thermostat 7) pendant 10 mn.

• Servir immédiatement la paella.

Sur un couscous marocain

UNE DÉGUSTATION
À DEUX PÔLES.
LA SEMOULE DU COUSCOUS,
ARROSÉE DE SON BOUILLON,
ACCOMPAGNÉE
DE LÉGUMES
ET DE JUS DE MOUTON,
DÉVOILE DES ARÔMES BEURRÉS
ET ÉPICÉS AVEC RETENUE.
SA TEXTURE EST MOELLEUSE,
PRESQUE DOUCE.
EN REVANCHE,
LA VIANDE DE MOUTON
POSSÈDE UNE FORTE SAVEUR
ET UNE TEXTURE FIBREUSE.
UN JEU TOUT EN NUANCES
AVEC DES VINS DU MAROC
ET UN CÔTES-DU-ROUSSILLON.

Le couscous est la grande recette traditionnelle du Maghreb. Il connaît des variantes suivant les pays et les cultures locales, mais il a été popularisé par les pieds-noirs qui ont ramené en France ses fragrances orientales qui font désormais partie du paysage gastronomique de l'Hexagone, au même titre que le cassoulet, la choucroute ou la bouillabaisse. Avec les inévitables déviations par rapport au modèle d'origine, le couscous et les innombrables restaurants qui s'y consacrent apportent à peu de frais un exotisme qui fait chaud au palais et au cœur, un rayon du soleil de là-bas au milieu des froidures d'ici.

Dégustation des vins avant le plat

Gris de Boulaouane Parlier et Fermaud (non millésimé)

Une couleur pâle saumon orangé annonce un vin rosé à tendance évolutive, bien typé par ses origines sudistes. Le nez confirme cette impression : fruit rouge cuit, notes d'amande, soupçon épicé (safran et poivre), accents oxydatifs naissants. La bouche est ronde, chaleureuse. Non dénuée de gras et de volume, elle révèle une bonne présence fruitée dans un style compoté et évolué. La finale est rehaussée par une légère acidité qui équilibre l'ensemble. Ce rosé n'est pas sans rappeler les vins du Midi de la France d'autrefois, avant que la technologie ne vienne rafraîchir grenache, cinsault et autre carignan.

Gerrouane rouge
Les Celliers de Meknès 1996

La robe assez soutenue a gardé un reflet pourpre plein de fraîcheur. C'est le fruit rouge (framboise) qui domine le nez, accompagné de quelques senteurs florales discrètes mais raffinées, d'une pointe épicée, d'une touche de cacao. Un nez assez moderne et sans note évoluée, à la différence de celui du gris de Boulaouane. La bouche très fruitée (arômes primaires essentiellement) est soutenue par des tanins gras et structurés, juste assez sensibles pour assurer l'équilibre. La finale évoque non seulement le fruit mais aussi le poivre et les épices qui viennent souligner la note de cacao déjà perceptible au nez. Un vin frais et gourmand.

Beni M'Tir Beauvallon
Cépage Carignan
Les Celliers de Meknès 1992

La robe est certes encore soutenue mais la frange commence à brunir. C'est la présence du bois neuf qui domine la palette aromatique : vanille, cannelle et autres épices. Heureusement, le fruit confituré, le cuir, la figue sèche arrivent à faire entendre leur voix derrière ce rideau de chêne. La bouche harmonieuse et lisse dévoile un fruité secondaire assez complexe mais toujours enrobé par la vanille du bois. Les tanins sont à grain fin, souples et aromatiques ; la finale revient sur les épices et le boisé qui, décidément, domine l'ensemble. Un vin marocain de luxe, très à la mode sur les grandes tables du royaume. On peut regretter que son élevage de style international ait gommé ce qui faisait l'originalité de sa matière première.

Côtes-du-roussillon
Domaine Sarda Malet
Terroirs Mailloles 1995

Une robe très dense, profonde et encore jeune. Le pruneau, la mûre, les épices orientales, le poivre, la réglisse et la canelle marquent une palette aromatique luxuriante et très complexe. La bouche impose d'emblée sa richesse et sa générosité, révélant une belle ampleur de matière, un fruit noir presque confit, de la réglisse, un gras qui donne du velours à la grande force tannique qui encadre le vin. Charnue, épicée, encore très présente, cette force tannique a su garder un grain lisse, sans la sécheresse habituelle de cette région. Le boisé est remarquablement fondu, il participe à la complexité sans ostentation, il est ici au service du fruit confit, avec une force et une sève qui indiquent que la carrière de ce vin ne fait que débuter.

Dégustation des vins à table

Si la viande de mouton très cuite se détache et fond dans la bouche, les légumes apportent leur moelleux et leur saveur sucrée. Quand à la semoule, elle a un grain perceptible sur la langue, elle apporte ses

arômes de céréale et de beurre, complétés par le bouillon qui l'arrose. Les épices marquent la palette aromatique, sans la dominer.

• Le **gris de Boulaouane** affronte la semoule en révélant encore plus son côté évolué et sudiste, sa générosité et ses arômes de fruits confits. Les épices du bouillon s'allient à ceux du vin dans un ensemble très typé. Un mariage originel assez réussi. La viande de mouton, en revanche, fait ressortir le fruit du vin, en effaçant ses aspects oxydatifs. Ce vin est en bonne harmonie avec la philosophie du plat, dans une alliance régionale évidente. Il y gagne même en netteté.

• Le **Guerrouane rouge** voit son fruité (framboise) ressortir sur la semoule et ses tanins s'effacer. En revanche, les délicates notes florales n'y résistent pas. Le mouton renforce ses arômes épicés, mais l'équilibre paraît plus vif, moins gras, comme si le mets supprimait la force alcoolique du vin. Un bel accord où le vin gagne en sveltesse sans perdre de son identité.

• Le **Beni M'Tir Beauvallon**, déjà marqué par son élevage sous bois, voit ce côté renforcé par le plat. La semoule fait ressortir sa note de vanille, le mouton les arômes épicés, mais le fruit du vin perd ce qui lui restait d'intensité dans cette confrontation. En revanche, les tanins se fondent bien dans le plat, le vin gagne en texture et en lissé. L'alliance n'est pas condamnable en soi, mais ce vin moderne n'est pas à sa place devant ce plat de grande tradition.

• Le **côtes-du-roussillon** ne sourcille pas lorsque arrive le couscous. Il garde toute sa puissance, ses arômes et sa structure sur la semoule et les légumes. Tout au plus sa note épicée est-elle soulignée par les senteurs du bouillon. C'est la viande de mouton qui révèle son évolution future, comme si celle-ci, lente, était accélérée par le plat. Montent alors les notes de fruit compoté, de cassis confit, de cuir, de fruité secondaire. Une véritable projection dans l'avenir et une superbe alliance transméditerranéenne.

On tremble devant l'hypothèse d'un couscous accompagné de merguez, dont le bouillon aurait été corsé à l'harissa : aucun vin n'aurait résisté à ce "coup monté".

Autres alliances

Maroc : Koudiat rosé, Beni Snassen 3 ans
Languedoc-Roussillon : fitou 3 ans

Provence-Corse : bandol 5 ans
Languedoc-Roussillon : saint-chinian 3 ans
Vallée du Rhône : gigondas 3 ans

Liban : vin rouge de la Bekaa
Algérie : coteaux de Mascara 2 ans
États-Unis : grenache noir Monterey Californie 5 ans
Espagne : La Mancha rouge 3 ans
Tunisie : coteaux de Carthage rosé 1 an
Italie : Franciacorta rosso 3 ans
Grèce : Gourmenissa 3 ans
Bulgarie : merlot 2 ans

Ingrédients

1 kg de viande de mouton
500 g de semoule à couscous
2 oignons
1/2 cuillerée à café de safran en poudre
1/2 cuillerée à café de ras el hanout
200 g de beurre
1 cuillerée à soupe de beurre Smen
200 g de carottes
200 g de courgettes
200 g de potiron
200 g de navets
150 g de pois chiches secs
4 tomates
1 poivron
1 bouquet de feuilles de coriandre
1 bouquet de persil
sel et poivre du moulin

La recette du couscous marocain

• La veille, faire tremper les pois chiches.

• Le jour même, dans un couscoussier, préparer un bouillon avec 2 litres d'eau froide, la viande de mouton coupée en morceaux, les oignons hachés, le sel, le safran, le ras el hanout. Ajouter les pois chiches. Compléter par les bouquets de persil et de coriandre frais. Faire cuire à petits bouillons pendant 3 h. Incorporer les légumes de saison coupés : carottes, navets, courgettes et potiron, poivron, tomates. Laisser cuire encore 30 mn.

• Pendant la cuisson du bouillon, préparer la semoule. Mouiller largement la semoule à l'eau et la mettre à cuire à la vapeur dans la partie haute du couscoussier pendant 10 mn. Sortir la semoule, l'étaler dans un grand plat en terre, saler et ajouter le beurre. Rouler la semoule entre les paumes des deux mains pour détacher les grains. Ajouter le beurre Smen. Laisser refroidir.

• Juste avant de servir, remettre la semoule dans le couscoussier, laisser cuire encore 5 mn. Sortir et rouler à nouveau les grains de semoule.

• Servir dans un grand plat les légumes et la viande entourés de la semoule. Proposer une partie du bouillon à part pour que chaque convive puisse obtenir le moelleux qu'il désire.

Cet exercice a été réalisé sur la base de la recette du couscous marocain, le plus raffiné et le plus doux, avec des épices discrètes et le vrai goût des ingrédients. Ici pas de harissa dans la sauce et surtout pas de merguez qui enflamment le palais et gomment toute la finesse du plat.

Fromages et desserts

Les accords régionaux seront certes à l'honneur en matière de fromages mais ils ne doivent pas usurper la vedette à d'autres vins. Le crottin de Chavignol va bien au sancerre mais il joue avec le même bonheur avec un côtes-de-duras ou un sauvignon de Carneros. Quant aux vins rouges, ils s'avancent ici en terrain dangereux : tel fromage peut les placer au Capitole, tel autre au bord de la roche Tarpéienne !
Si un ouvrage entier pourrait être consacré aux influences des fromages sur les vins, avec une gamme d'accords presque infinie et des variantes au gré des goûts personnels, les mariages avec les desserts pourraient se résumer en une simple page consacrée à l'eau fraîche. Boutade ou réalité ? Les dégustations confirment la mésalliance des vins dits "de dessert" sur les desserts. Le sucre du plat tue trop souvent le sucre du vin, en gommant toute sa finesse et sa richesse aromatique. On ne peut se sortir de cette mauvaise aventure qu'en opposant un vin puissant qui domine la richesse du plat : les vins doux naturels forts en alcool et les eaux-de-vie sont davantage à leur place qu'un sauternes, un jurançon ou un Eiswein autrichien que l'on réservera à l'apéritif, à un foie gras ou à un fromage judicieusement sélectionné. Quant au champagne, s'il peut jouer son rôle sur des fruits par contraste de texture ou par esprit ludique, il s'en trouve rarement flatté.

Sur un plateau de fromages

BEAUCOUP D'IDÉES REÇUES S'EFFONDRENT À LA DÉGUSTATION. L'ALLIANCE DES VINS ET DES FROMAGES EN EST L'EXEMPLE LE PLUS FRAPPANT, ET CERTAINS GRANDS CHÂTEAUX DU MÉDOC DEVRAIENT TOURNER ET RETOURNER SEPT FOIS DANS LEUR CAVE AVANT DE SERVIR LEUR VIN LE PLUS PRESTIGIEUX SUR UN PLATEAU DE FROMAGES. IL S'ENSUIT EN GÉNÉRAL UNE CATASTROPHE ASSURÉE, L'INFORTUNÉ GOÛTEUR SE TROUVANT DANS L'IMPOSSIBILITÉ DE DÉCELER LA MOINDRE QUALITÉ À UN MILLÉSIME 1961 OU 1947 QUI AURAIT CONNU SON HEURE DE GLOIRE SUR LE RÔTI.

Et pourtant les accords bénéfiques ne manquent pas. Il suffit de bien marier le vin et le fromage, en s'appuyant sur l'expérience. Dans cette optique, on ne choisira qu'un ou deux grands fromages fermiers bien affinés et adaptés au vin plutôt qu'un plateau trop garni. On évitera également de proposer des pains de fantaisie trop divers. En revanche, aucune hésitation sur les vins jaunes, liquoreux ou mutés, voire les eaux-de-vie qui respectent parfaitement le principe de progression dans un repas. Il est en effet toujours difficile de revenir à un vin blanc sec ou à un vin rouge jeune et léger après le grand vin rouge de la soirée.

Les pâtes molles à croûte lavée
(Munster, pont-l'évêque, livarot, époisses, langres, maroilles, mont-d'or)

Ces fromages forts en goût ne se marient qu'avec des vins puissants, voire avec des eaux-de-vie. Malheur au vin rouge léger ou trop subtil qui y perdra ses fragrances et son élégance. La force du fromage écrasera le vin, lui donnera un goût métallique, asséchera ses tanins. Sur de tels fromages on bannira donc tout vin rouge et on préférera jouer sur les contrastes.

- Le **munster** flattera les sucres d'un alsace-gewurztraminer vendanges tardives et mettra en valeur le gras d'un pinot blanc ou la vivacité d'un vouvray.
- Le **pont-l'évêque** et le **livarot** donneront du gras à un côtes-du-jura riche en savagnin. Quelques rouges corsés et chaleureux – gigondas ou châteauneuf-du-pape – pourront faire illusion mais ce n'est pas un service à leur rendre, le fromage les simplifiant.
- L'**époisses** risque d'agresser n'importe quel vin blanc ou rouge ; les alliances régionales seront donc catastrophiques. Seule une eau-de-vie, le marc-de-bourgogne ou un armagnac blanc pourront se tirer d'affaire.
- Le **langres** peut être accompagné d'un marc-de-champagne mais il respectera aussi un vin doux comme le gaillac ou le jurançon.
- Le **maroilles** se mariera à la rigueur avec un champagne, mais le vin perdra sa finesse aromatique.
- Le **mont-d'or**, plus doux et onctueux, est le seul fromage à pâte molle à respecter les vins rouges. On les choisira jeunes, puissants et assez tanniques. Un corton ou un gevrey-chambertin feront l'affaire, mais sans gloire.

Les pâtes molles à croûte fleurie
(Camembert, brie, chaource)

- Le **camembert**, le fromage de France le plus célèbre, n'aime pas les vins : il est capable de tuer le plus grand des vins rouges et de réduire à néant le vin blanc le plus racé. Le seul vin qui puisse lui tenir tête – mais il en gardera quelques blessures de structure – est le vin jaune du Jura, une alliance bien peu régionale. Quant au cidre, l'accord est un peu simpliste mais il est acceptable dans un registre plus culturel que gustatif. Même remarque pour le calvados, un peu trop aromatique. Si l'on désire à tout prix mettre un vin sur le camembert, il faudra se résoudre à sacrifier un rouge léger, beaujolais ou touraine, mais est-ce un service à leur rendre ?
- Le **brie**, plus aimable, sera moins agressif pour les mêmes vins rouges. Celui de Meaux, en particulier, pourra mettre en valeur un bourgogne jeune et sur son fruit. On évitera cependant d'aller jusqu'aux bordeaux qui verront leurs tanins durcis par le gras du fromage.
- Le **chaource**, très lactique, appelle des vins blancs plutôt vifs : chablis, alsace-riesling. On peut aussi s'orienter vers un pinot noir d'Alsace ou un sancerre rouge.

Les pâtes pressées non cuites
(Tomme de Savoie, édam, gouda, mimolette, cantal, laguiole, reblochon, saint-nectaire, salers)

Ces fromages sont les seuls à flatter les vins rouges et à apporter une dimension supplémentaire à la structure des vins légers. On donnera ainsi de l'amplitude au pinot noir, au gamay, aux côtes-du-frontonnais, aux vins d'Auvergne ou aux vins de Savoie de mondeuse.

- Le **cantal** frais, à l'instar du **laguiole** ou du **salers**, avec ses saveurs de fleurs sauvages, est un parfait faire-valoir pour un marcillac qui y affinera sa rusticité. Plus vieux, il donnera du fondu à un arbois rouge ou à un cru du Beaujolais. Les vins blancs seront à la fête, leur fruit étant mis en valeur par contraste avec le sel du fromage. Gaillac, bergerac, entre-deux-mers ou apremont s'en trouveront flattés, mais le meilleur accord réside dans des vins blancs du Sud : coteaux-du-languedoc ou palette. Les mêmes accords sont possibles avec la **tomme de Savoie**, en privilégiant la roussette-de-savoie ou le crépy, régionalisme oblige.
- Le **saint-nectaire** est un ami universel. Tous les vins rouges gagnent à le fréquenter : son gras, sa subtilité et sa douceur de goût s'accordent avec les tanins et les structures les plus diverses. Un vin rouge léger et aromatique – beaujolais, pinot noir ou touraine – verra sa palette respectée et sa structure affirmée. Un vin tannique – grand bourgogne ou bordeaux, hermitage

ou châteauneuf-du-pape – prendra du fondu et "amabilisera" son grain. Les blancs vifs et corsés y trouvent aussi matière à éclat : leur fruité sera mis en valeur.

• Le **reblochon** peut respecter les vins rouges mais soulignera mieux encore les qualités d'un vin blanc : les vins de Savoie bien entendu, mais aussi tous les vins de la vallée du Rhône à base de viognier, marsanne ou roussanne. Il flattera même un vin blanc plus sudiste comme un bellet ou un côtes-de-provence blanc.

• Quant aux **fromages hollandais**, ils mettront parfaitement en valeur des vins rouges légers, sauf s'ils sont vieillis comme la **mimolette**. Celle-ci apportera sa contribution à l'expression d'un vin du Jura ou d'un xérès fino.

Les pâtes pressées cuites
(Gruyère, emmental, comté, beaufort, parmigiano reggiano)

• À fromage doux, vins complexes. Le gruyère suisse et l'**emmental français** sont des faire-valoir des vins rouges. Chaque vigneron sait mettre sur le bord de la table quelques cubes de fromage pour flatter son vin. Le gras et le sel du fromage, ses arômes discrets font ressortir le fruit et gomment les tanins des vins rouges jeunes. Mais oublier l'accord avec les vins blancs serait passer à côté de quelques moments de plaisir : les chardonnays de Bourgogne ou d'ailleurs voient leur rondeur mises en valeur.

• Le **comté** adore le savagnin : ses arômes fleuris se glissent dans les fruits secs des vins jaunes du Jura pour parvenir à une parfaite symbiose. Un exemple parfait d'une alliance régionale réussie.

• Le **beaufort** ira mieux aux vins rouges vifs (mondeuse, tannat ou pinot) qu'il rendra plus ronds et plus gras, mais les vins blancs de Côte chalonnaise ou du Mâconnais trouveront l'occasion d'exprimer toute leur palette aromatique.

• Le **parmesan**, trop souvent utilisé comme seul condiment, appelle les vins blancs du Midi : côtes-du-roussillon, minervois ou corbières. Les vins italiens, du Frioul ou de Vénétie, iront dans le sens d'une latinité affirmée. Si le parmesan est vieilli, on reviendra vers un côtes-du-jura ou un xérès amontillado.

Les fromages de brebis
(Ardi-gasna, ossau-iraty, pérail)

La force aromatique de ces fromages, leur goût corsé et leur acidité rend très difficile la confrontation avec les vins rouges. Seuls les blancs secs ayant suffisamment de gras pour résister à la vivacité du fromage pourront s'y frotter, sans grand bénéfice pour leur dégustation. En revanche, moelleux et liquoreux gagneront au mariage. Coteaux-du-layon, vouvray ou jurançon précisent leur équilibre, soulignent leurs arômes et leur liqueur. De plus, on percevra de jolis accords de texture, entre le granuleux de certains fromages et l'onctuosité des vins.

Les fromages de chèvre
(Banon, picodon, crottin de Chavignol, selles-sur-cher, cabécou, valençay, bûche de l'Ariège)

Les fromages de chèvre sont légion : du plus frais au plus affiné, du simple broccio au plus sec des fromages corses. Ce sont en général des assassins de vins rouges. Aucun n'y résiste ; tous en sortent meurtris. N'en déplaise aux Cadurciens, le cabécou de Rocamadour n'a jamais flatté le vin rouge de Cahors, mais les habitudes sont tenaces. Les vins blancs très vifs s'en portent bien mieux, en particulier les vins de sauvignon. Sancerre, pouilly-fumé, graves ou côtes-de-duras gagnent du fruit et du gras, surtout sur les fromages frais. Les vins de chenin – savennières, vouvray sec ou vins d'entraygues-et-du-fel –, de gros manseng comme le jurançon sec, gagnent à l'alliance en prenant du volume. En revanche, toute alliance avec un vin moelleux fait ressortir le sucre du vin et alourdit l'équilibre. Pour des fromages de chèvre plus affinés, on se tournera vers des vins blancs moins vifs, plus gras, comme ceux de la vallée du Rhône ou de Provence.

Les fromages persillés
(Roquefort, bleu de Bresse, bleu de Gex, bleu d'Auvergne, bleu des Causses, fourme d'Ambert, gorgonzola, stilton)

La dégustation d'un sauterne sur des fromages bleus est magique, le vin sort toujours flatté du mariage, épuré par cette alliance entre deux moisissures nobles. Mais le sauternes n'est pas unique sur la planète des liquoreux. Loupiac, sainte-croix-du-mont, monbazillac s'accordent avec le roquefort ou la fourme d'Ambert. Le jurançon est majestueux sur un bleu de Bresse ou d'Auvergne ; le quart-de-chaumes ou le bonnezeaux se marient avec toute la gamme des fromages persillés. Pour mettre tout le monde d'accord, suivons l'exemple des Anglais qui ont montré la voie avec l'accord très exotique du stilton et du porto. Un grand fromage bleu trouvera son allié dans un maury ou un banyuls âgés. Ces vins mutés résistent à la fois au sel du fromage et à ses arômes puissants ; ils y gagnent en finesse et en complexité ; leur force alcoolique s'en trouve amadouée. On peut aussi envisager un muscat avec un roquefort jeune. Quant aux vins rouges, oublions-les : ils ne sauraient résister devant la force du pénicillium.

Fromages bleus et vieux sauternes

BIEN PLUS QU'AVEC LES DESSERTS, C'EST AVEC LES FROMAGES BLEUS QUE LE SAUTERNES TROUVE DES COMPAGNONS D'EXCEPTION. PEUT-ÊTRE FAUT-IL VOIR LÀ LE MARIAGE PARFAIT ENTRE DEUX MOISISSURES QUE L'HOMME ANOBLIT APRÈS AVOIR PARÉ LES DEUX PRODUITS DES VERTUS DE LA FERMENTATION.

Le *Botrytis cinerea* pour le raisin de Sauternes, le pénicillium pour les fromages bleus ne seraient que deux déviations condamnables, si le vigneron ou le fromager n'avaient réussi à les dompter. Miracle de la nature et génie de l'homme se conjuguent pour parvenir à des sommets gastronomiques, accord idéal entre deux produits qui reflètent une même culture.

Les fromages

• La **fourme d'Ambert** est élaborée depuis le haut Moyen Âge, dans la Loire, le Puy-de-Dôme et quelques cantons du Cantal. Ce fromage au lait de vache cru se présente sous la forme d'un cylindre plus haut que large. Il est coupé et présenté en tranches. Sa croûte beige-jaune, assez sèche, comporte des taches grises, parfois orangées. Sa pâte est blanche, claire, avec des moisissures peu marquées ; elle présente le grand avantage d'être homogène depuis la croûte jusqu'à l'intérieur. Sa saveur est crémeuse, avec une odeur de pénicillium qui se marie intimement au lait. Moins fort que le roquefort, moins salé aussi, le goût de la fourme s'inscrit dans un registre aimable et délicat, aromatique et onctueux.

• Le **roquefort**, le roi des fromages persillés, est élaboré dans les caves naturelles des causses de l'Aveyron depuis la plus haute Antiquité. Il est issu du lait de brebis de race Lacaune, cru et entier, qui provient du Causse et des départements voisins, parfois de régions plus lointaines. C'est plutôt le lieu de fabrication, obligatoirement à Roquefort-sur-Soulzon, qui détermine le style et la notion de terroir. Dans les caves fraîches où règne un cycle de périodes plus ou moins humides, ventilées par les fleurines, sortes de cheminées naturelles qui apportent l'air pur du causse au fin fond des galeries, le fromage est ensemencé avec une souche de *Penicillium roqueforti*, puis affiné pendant au moins trois mois. Le roquefort doit être coupé en tranches perpendiculaires à la croûte, de manière à ce que chaque convive goûte à la fois la partie externe et l'intérieur plus moelleux et veiné. Un bon roquefort possède une pâte blanche nacrée, des veines persillées bleues et régulières. Le goût de lait de brebis est mis en valeur par le pénicillium, et s'accompagne d'arômes de

crème fraîche et de noisette. La texture doit être onctueuse et fondante, avec un gras bien marqué et une teneur en sel acceptable et non dominante. La meilleure saison va de juin à décembre.

• Le **stilton** est l'une des trois gloires des fromages fermiers britanniques. Il est élaboré avec du lait de vache pasteurisé et enrichi de crème jusqu'à atteindre 55 % de matière grasse. C'est dans le comté de Leicester, à Stilton, que ce fromage fait son apparition au XVIIIe siècle. Sa pâte est persillée, ferme et blanchâtre dans sa jeunesse ; elle devient onctueuse après affinage et acquiert des veines bleu-vert bien marquées. Sa croûte brossée a une couleur beige soutenu ; elle devient fine et fragile après un élevage de quelques mois. Sa saveur est forte : la présence du pénicillium est dominante, avec des côtés lactés et crémeux bien fondus, une force salée équilibrée, une belle complexité aromatique, plus fine à l'automne, une finale un peu amère, parfois rancio. Dans la tradition anglaise, on consomme ce fromage accompagné d'un vieux porto ou d'un xérès oloroso. On peut imprégner sa pâte du même porto et laisser macérer le fromage deux semaines. On sert alors cette pâte à la cuillère, avec des raisins et des noix.

Dégustation des vins avant le plat

Nous avons choisi de déguster de vieux et même de très vieux millésimes du château Lafaurie-Peyraguey, des bouteilles presque introuvables sauf au détour d'une vente aux enchères. Le lecteur pourra cependant retrouver les mêmes sensations en débouchant une bouteille d'appellation sauternes qui aura dépassé les vingt ans d'âge. Il plongera ainsi dans ce monde sensuel et voluptueux que nous lui dévoilons aujourd'hui.

Château Lafaurie-Peyraguey 1983

La robe légèrement ambrée révèle un reflet vieil or éclatant. La palette aromatique, riche et intense, décline une complexité étonnante où se mêlent des sensations encore fruitées et tout un monde évolutif d'épices et de fragrances précieuses. La figue, la datte, les arômes d'abricot confit et de rôti pour la gamme fruitée, la rose fanée, la cannelle, le gingembre, le balsa, le havane pour la gamme épicée, le tout mêlé de notes crémeuses et à peine teintées de rancio. La bouche a gardé beaucoup de jeunesse, avec un parfait équilibre entre une liqueur riche mais

sans lourdeur et une vivacité qui donne un bel éclat à une finale étonnante de complexité. Grande pureté finale révélant une superbe alliance fruit–épices pour ce grand millésime sauternais.

Château Lafaurie-Peyraguey 1947

La robe est ambre soutenu, à reflets cuivrés d'une belle brillance. Le nez décline des notes de rancio noble, de fruits secs, accompagnées de nuances de mangue très mûre, d'abricot cuit, de vernis, de marmelade d'orange. On perçoit une petite touche animale (cuir, presque jus de viande), associée à des épices. La richesse en bouche est intacte : beau fruit rôti encore présent, suavité et gras qui ont résisté au temps. Finale épicée et opulente qui n'en finit pas d'occuper la bouche.

Château Lafaurie-Peyraguey 1926

La robe brune, ambré sombre, a pris une teinte de meuble d'antiquaire. Le beurre et le caramel, les notes de rancio, de café, d'épices et de réglisse, une petite touche poivrée sont associés à un fruit confituré et à des nuances de noix. Une palette hors du temps, évoluée certes, mais dans un registre très noble. La bouche est encore riche, parfaitement équilibrée entre une liqueur qui a gardé toute sa suavité et une carrure faite de puissance épicée et de nervosité. La finale est éblouissante (épices orientales et corbeille de fruits confits). Elle dévoile une douceur et une élégance que seuls ces vins inoubliables sont capables de décliner. La preuve évidente que les grands sauternes tutoient l'éternité.

Dégustation des vins à table

• La **fourme d'Ambert** révèle le fruit des trois vins. Si elle souligne la note d'abricot du millésime 1983, elle dévoile et rafraîchit la composante exotique du

1947 et renforce le côté confituré du 1926. Sa subtilité aromatique et surtout son moelleux et son côté crémeux sont d'excellents faire-valoir des structures de ces trois sauternes. Le 1983 affirme son côté boisé, avec montée de la vanille, le 1947 affermit sa carrure et le 1926 voit ses épices gagner en puissance. En revanche, la note de pénicillium du fromage, plutôt discrète, n'a pas assez de présence pour exercer une quelconque influence.

• Le **roquefort** joue d'égal à égal avec les vins. Dans un premier temps, sa force salée imprime un jeu de contrastes. Le fruit du vin y gagne et la liqueur s'en trouve exacerbée. La puissance du 1983 est montée au pinacle ; la force sucrée du 1947 se confirme, avec mise en valeur des épices ; le 1926, en revanche, est un peu éteint par le sel, sa liqueur est dominée. Intervient ensuite la note lactée et le pénicillium du fromage. L'alliance est presque magique : la crème du fromage fait ressortir les structures, le bleu du roquefort dévoile la note botrytisée du vin, comme si les deux moisissures se retrouvaient dans le verre. Les épices et surtout la note d'abricot confit sont les grands gagnants de cette révélation.

• Le **stilton** joue avec la note évoluée et la composante amère. Moins salé que le roquefort, il développe moins le fruit des vins. En revanche, il exacerbe leur côté rancio et crémeux, en privilégiant les épices douces et les accents de torréfaction. Si le 1983 n'est pas modifié par ce fromage (la note miellée est toutefois mise en valeur), c'est le millésime 1947 qui trouve un compagnon de route, avec une superbe révélation de ses nuances de vernis et de cuir, et de ce qu'il y a de plus confit dans son fruit. Les arômes de fruits secs du millésime 1926 connaissent un regain de jeunesse, et la composante rancio semble plus fondue. Le vin absorbe l'amertume du fromage et épouse sa note de pénicillium pour ne faire qu'un avec elle. Une alliance franco-anglaise qui n'étonnera que les oublieux de l'histoire.

Sur des cannelés bordelais

La pauvreté rend ingénieux et les difficultés de la vie donnent parfois naissance à de géniales inventions. En gastronomie surtout, des générations de pauvres gens ont inventé des recettes traditionnelles, avec ce qui pouvait être glané. Cette "part du pauvre" a donné la bouillabaisse, le cassoulet ou le pot-au-feu, pendant que la bourgeoisie se régalait du meilleur de la pêche, de la charcuterie ou des morceaux nobles de viande.

Sur le port de Bordeaux, les nonnes d'une confrérie religieuse, ne vivant que de charité, quémandaient quelques balles de farine aux marins, qui les déchargeaient au milieu des tonneaux de rhum, des sacs de sucre et des épices orientales. Bordeaux était alors le port d'arrivée de ces produits en provenance des Antilles ; nombre rhumiers et liquoristes s'étaient installés à proximité. À partir de ces ingrédients grappillés sur place et de quelques œufs offerts par de généreux fidèles, ces femmes inventèrent une friandise qui allait devenir, quelques siècles plus tard, le symbole du dessert bordelais. On la trouve aujourd'hui chez tous les pâtissiers de la région, mais cette ancienne recette est assez facile à réaliser soi-même. La seule difficulté réside dans l'achat (hors du Bordelais) des moules que l'on ne trouvera que dans les magasins spécialisés réservés aux professionnels.

L'HISTOIRE DU CANNELÉ BORDELAIS, UNE PÂTISSERIE TOMBÉE AUX OUBLIETTES DE L'HISTOIRE ET RESSUSCITÉE PAR QUELQUES PÂTISSIERS ET CUISINIERS GIRONDINS, EST L'EXEMPLE MÊME DU GÉNIE DE CETTE CUISINE DE RESTES, PRESQUE DE SURVIVANCE.

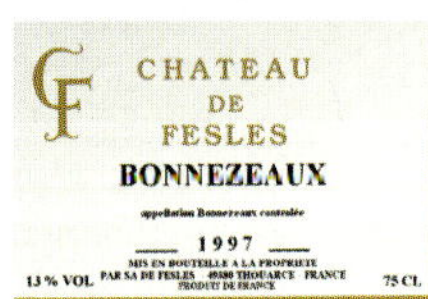

Dégustation des vins avant le plat

Sainte-croix-du-mont Château La Rame 1996

La robe est bien dorée, brillante, avec un léger reflet vert qui lui donne de l'éclat. Le miel, la praline, l'ananas confit, les fruits exotiques se mêlent au nez, épanoui et intense. La bouche est riche et puissante, mais bien équilibrée. Elle se développe autour d'une matière corsée et généreuse, à la liqueur intense. L'expression aromatique privilégie l'ananas, la cannelle. L'acidité finale perceptible joue le rôle de modérateur. Belle finale où les épices apparaissent, avec une délicate touche de verveine, une suavité qui se prolonge bien en bouche. Un vin d'équilibre.

Sauternes Château Bastor-Lamontagne 1996

La robe est plus pâle, à reflets verts prononcés. Sa couleur s'éloigne un peu de celle d'un vin liquoreux traditionnel. Confirmation au nez, délicat et floral. La palette tout en dentelle se compose de zestes d'agrumes, d'épices douces, de fruits matures, et fait abstraction du côté confit ou rôti habituel. La légèreté même. La bouche est à l'avenant, svelte et élancée, modérément liquoreuse. Son expression aromatique s'oriente vers les fruits exotiques, le citron, des nuances mentholées. L'équilibre est soutenu par une acidité élevée qui donne beaucoup de fraîcheur à l'ensemble. Agréablement subtile, la finale est allongée, sur des notes nerveuses et florales. Éloigné des canons du sauternes, ce vin étonne dans un premier temps, puis séduit par son profil élancé.

Loupiac Clos Jean 1995

La robe intensément dorée affiche un reflet déjà vieil or. Le nez est caractéristique d'un sémillon botrytisé : miel, cire d'abeille, praliné, fruit rôti et épices douces (vanille et cannelle). Un nez de pâtisserie traditionnelle. La bouche confirme ce style, car apparaissent nougat, caramel et crème anglaise. Ce vin est un dessert à lui tout seul. La liqueur est cependant bien équilibrée, concentrée sans excès, avec beaucoup de gras et d'opulence, fort heureusement équilibrée par une petite pointe nerveuse en finale. Le vin finit sur ces notes de grillé, de caramel et de miel qui signent un style bien marqué.

Bonnezeaux Château de Fesles 1997

Un beau doré à reflets verts donne une impression de fluorescence à cette robe de haute couture. Le nez a de l'allure ; il s'impose d'emblée avec des notes de coing confit, de vanille douce, d'épices rares, de cassonade et de tilleul, de grillé. La bouche est énorme, ample et ouverte, très expressive. Sa palette

Autres alliances

- **Bordelais :** premières-côtes-de-bordeaux, cadillac moelleux 3 ans, barsac 3 ans, cérons 4 ans
  Vallée de la Loire : quart-de-chaumes 2 ans
- **Sud-Ouest :** jurançon 3 ans, gaillac moelleux 3 ans
  Vallée de la Loire : vouvray 4 ans
  Alsace : alsace-tokay-pinot gris vendanges tardives 3 ans
- **États-Unis :** mousseux demi-sec Finger Lakes
  Espagne : Alicante blanc doux 3 ans
  Portugal : Porto Tawny 20 ans
  Italie : Vin Santo d'Ombrie 4 ans
  Roumanie : Cotnari 4 ans
  Portugal : madère Malvasia 10 ans

aromatique explose. Un fruité pur et concentré, axé sur le coing, signe ce cépage magique qu'est le chenin, lequel s'exprime surtout en vin liquoreux ; il peut alors rivaliser avec les meilleurs. La preuve dans ce verre, où se dévoile un remarquable équilibre entre liqueur et acidité. Ce vin réussit le miracle d'une extrême concentration et d'une nervosité aérienne. La finale reprend le tout pour s'installer en bouche et ne la plus quitter. Un vin de haute expression.

Dégustation des vins à table

Les modestes cannelés se révèlent un dessert d'une subtilité et d'une complexité assez étonnantes. Tout d'abord, le contraste entre l'extérieur, caramélisé et croustillant, et l'intérieur, moelleux et fondant, est séduisant. Puis on perçoit les notes aromatiques classiques de beurre, d'œuf et de farine complétées par une pointe de rhum qui reste discrète. Rarement présentées seules au dessert, ces pâtisseries sont pourtant d'excellents faire-valoir des vins liquoreux. Elles ne s'imposent pas mais jouent dans le même sens que les vins, en soulignant leur équilibre.

• Le **sainte-croix-du-mont** est en terrain de connaissance. Sa note pralinée est rehaussée par le cannelé, ses arômes de miel et de fruits exotiques se précisent. Sa liqueur est atténuée par le sucre du dessert, mais la note de rhum fait ressortir ses épices. L'ananas, lui aussi, profite de cet apport exotique, mais la touche de verveine y résiste. La palette aromatique du vin est préservée, ainsi que sa richesse.

• Le **sauternes** perd de sa puissance. Toutefois, le mariage reste subtil. La composante florale du vin et son côté citronné sont préservés. Par contraste, le sauternes paraît encore plus nerveux, plus léger. Le rhum du cannelé vient souligner quelques épices qui avaient échappées à la première dégustation. Un mariage tout en subtilité.

• Le **loupiac**, par sa puissance, se joue du cannelé puis consent à épouser ses arômes de pâtisserie. Il renforce alors son côté nougat et miel, tout en exacerbant son style opulent. L'équilibre du vin reste intact : il ne perd ni liqueur ni volume à la confrontation. Une note d'amande grillée monte simplement en finale. Un mariage réussi où le vin tire profit de son partenaire.

• Le **bonnezeaux** est ici en terre étrangère, mais il sait se montrer ouvert. Le cannelé se laisse amadouer par sa puissance et sa concentration. Toutefois, le vin n'écrase pas la pâtisserie. Le moelleux du cannelé, en particulier, fait ressortir la nervosité du bonnezeaux, le caramel fait monter son fruit, sans jamais lui faire perdre sa personnalité. Un superbe accord où le vin garde la vedette.

La recette des cannelés bordelais

Ingrédients

(Pour 8 moules à cannelés)
1 l de lait
4 œufs entiers
500 g de sucre
300 g de farine tamisée
100 g de beurre fondu + 25 g pour les moules
1 gousse de vanille
1 verre de rhum vieux de la Martinique

• La veille, fendre la gousse de vanille, la gratter et l'égrainer. Faire bouillir le lait avec la gousse de vanille. Faire fondre le beurre. Travailler les œufs et le sucre au fouet. Ajouter la farine aux œufs et au sucre. Verser le lait chaud (à 80 °C) sur l'appareil, puis le beurre fondu en remuant énergiquement et, en dernier lieu, le rhum (à froid). Conserver cette pâte 24 h avant de l'utiliser.

• Le jour même, beurrer avec un pinceau les moules spéciaux à cannelés, les remplir de la pâte jusqu'à 1 cm du bord et cuire au four à 200 °C (thermostat 7) pendant 30 à 40 mn. La coloration extérieure des cannelés doit être très foncée, de caramélisé à brun. Démouler et laisser refroidir avant dégustation.

On pourra préparer des cannelés en grande quantité. Ces gourmandises se servent à toute heure, au petit déjeuner, au goûter, au dessert, et se conservent bien au réfrigérateur.

Sur une soupe de fruits rouges

LE TERME SOUPE PEUT SEMBLER SURPRENANT POUR UNE PRÉPARATION QUI NE DEMANDE AUCUNE CUISSON, ET LES PURISTES Y TROUVERONT SANS DOUTE À REDIRE. CETTE APPELLATION APPLIQUÉE À DES FRUITS EST CEPENDANT PASSÉE DANS LES USAGES.

Le début de l'été est le temps des fruits rouges. Ces petites baies communes dans tous les jardins marieront leurs parfums dans un même plat. Les fraises sont présentes sur les marchés sous plusieurs variétés mais dans tous les cas, on évitera d'acheter des fruits importés hors saison, sans goût ni arômes. Il vaut mieux attendre que les gariguettes ou les douglas aient eu le temps de mûrir pour se régaler de leurs saveurs. La fraise des bois, la vraie variété sauvage, n'est pas commercialisée, mais on peut acheter des fraises dites des quatre saisons qui feront l'affaire. Les framboises, très fragiles, se trouvent en petites barquettes et doivent être consommées rapidement. Les cerises seront choisies très mûres et de variété rouge, à moins que l'on ne préfère la noire griotte. Les groseilles (rouges et non des groseilles à maquereau) apporteront de l'acidité au mélange. On pourra réaliser cette recette hors saison en congelant des fruits dès l'été. Pour réussir cette opération et pour éviter que les fruits ne se transforment en bouillie à la décongélation, on prendra la précaution de les rouler dans du sucre cristallisé et de les ranger dans des barquettes en intercalant du papier sulfurisé entre les couches.

Dégustation des vins avant le plat

Champagne rosé Pol Roger 1990

Élégante, la robe rose saumonée est animée de bulles fines et abondantes qui persistent dans un cordon fin. Les arômes oscillent autour de la fraise, de la petite cerise, de la brioche et des notes florales. La bouche présente un équilibre entre vivacité et fruit, dans une belle expression aromatique. Si la vinosité est contenue, le caractère s'avère corsé. La présence gazeuse souligne le fruit sans envahir la bouche avec excès. La finale est dosée avec habileté ; elle se prolonge sur des notes de fruits rouges et de fleurs, accompagnées d'une petite touche épicée. Un champagne rosé attrayant et typé.

Rivesaltes La Casanova 1995

La robe sombre présente un fond rubis avec une petite note évoluée. Les arômes, intenses et dominateurs, sont répartis entre fruits rouges compotés et épices exotiques. À côté des notes réglissées (presque goudron), du cacao et du pain grillé, un soupçon de rancio commence à poindre. La bouche est riche, puissante et vineuse. Sa force tannique équilibre l'alcool et le gras. La finale structurée et épicée décline toute la gamme aromatique du nez, avec du cuir et des fruits secs en prime. Un beau rivesaltes complexe.

Maury Mas Amiel Vintage 1993

La robe sombre garde des reflets de jeunesse. Cette jeunesse se confirme au nez, avec du fruit rouge très mûr – framboise, cerise noire, fraise écrasée –, le tout saupoudré de cacao et d'épices douces, de réglisse, de guignolet. La bouche ample et chaleureuse ne présente pas de déséquilibre. Ses tanins encore manifestes encadrent l'ensemble. Le fruité est intense et profond, d'une belle pureté aromatique. La fraîcheur finale donne de l'éclat et du relief à ce Vintage expressif. La finale rémanente reprend la gamme de fruits rouges du nez. Un maury démonstratif.

Eau-de-vie de framboise Étienne Brana

Les arômes de cette eau-de-vie sont surprenants de naturel. La framboise, bien entendu, apparaît dans la pureté originelle des fruits cueillis au petit matin, sans aucune déviation ou apports étrangers. La distillation a été réalisée par un maître : il faut un grand talent pour isoler de l'alambic la seule présence aromatique du fruit en écartant les éléments lourds ou perturbateurs. La bouche est de la même veine. Son gras et la présence aromatique équilibrent parfaitement la force alcoolique. Un modèle du genre.

Autres alliances

Vallée de la Loire : saumur mousseux rosé 1 an
Languedoc-Roussillon : rivesaltes vintage 2 ans, banyuls vintage 5 ans
Eau-de-vie : eau-de-vie de framboise lorraine

Vallée du Rhône : rasteau 5 ans
Sud-Ouest : floc-de-gascogne rosé 1 an
Alsace : alsace-tokay-pinot gris 2 ans, sélection de grains nobles 10 ans
Vallée de la Loire : bourgueil 2 ans

États-Unis : mousseux rosé Mendocino Californie 1 an
Espagne : Condado de Huelva Pálido 5 ans
Italie : Recioto della Valpolicella 5 ans
Grèce : muscat de Mavrodaphné 2 ans
Allemagne : Sekt
Suisse : eau-de-vie de framboise

Dégustation des vins à table

Les arômes de fruits rouges sont dominants, qui en aurait douté ! Le mélange apporte de la complexité, tout comme les différentes textures, en particulier celle des groseilles. L'équilibre entre l'acidité des fruits et le sucre de la sauce donne de la fraîcheur, tout comme la note mentholée finale.

• Le **champagne rosé** ravive la bouche avec sa bulle fine et crémeuse. Les fruits rouges complètent le vin et renforcent son côté fraise sans écraser ni perturber sa finesse. Un peu comme si ce dessert servait d'ingrédient à un cocktail de charme. On ne sait d'ailleurs à la dégustation si les arômes de fruits rouges viennent du plat ou du vin. Signe évident d'une symbiose. Par contraste, le sucre du dessert donne plus de nervosité au champagne, qui acquiert un caractère encore plus rafraîchissant. Une alliance que l'on aurait pu penser contre nature mais qui fonctionne à merveille.

• Le **rivesaltes**, vin qui a servi à la sauce, voit ses arômes effacés par le dessert. Les notes de cacao, de rancio, d'épices ou de réglisse s'estompent devant les fruits rouges, au bénéfice du seul fruit. Le vin perd donc en complexité. Par ailleurs, le sucre du dessert dessèche un peu les tanins, ce qui durcit la finale.

• Le **maury** subit un peu le même sort, mais sa grande expression fruitée le sauve. Les notes de cacao et d'épices se sont, en revanche, évanouies devant les fruits rouges du plat. Le vin paraît plus simple mais la palette de fruits qu'il avait au départ lui donne une complexité qui a simplement changé de nature. Ses tanins résistent mieux au sucre et restent en harmonie.

• À condition de ne tremper que les lèvres dans l'**eau-de-vie de framboise**, l'accord est ici extraordinaire. Le plat n'entame en rien la force de la framboise et tout se passe comme si les deux composantes naviguaient en parallèle dans la bouche, dans une réelle synergie aromatique. Une alliance gastronomique à découvrir mais à user avec modération.

La recette de la soupe de fruits rouges

• Laver les fruits sous l'eau froide sans les laisser tremper. Les équeuter. Dénoyauter les cerises.

• Réserver un quart des fraises et les passer au mixer. Ajouter au jus obtenu le rivesaltes, le sucre et le jus de citron. Ce jus ne doit pas être trop sucré. (Si les fraises sont très mûres, cet ajout est même inutile.)

• Mélanger dans ce jus fraises entières ou coupées en morceaux, framboises et cerises entières. Servir frais et décorer chaque coupe de quelques grains de groseilles et d'une feuille de menthe fraîche.

Ingrédients

100 g de fraises
100 g de framboises
100 g de cerises
quelques grains de groseille
4 feuilles de menthe fraîche
1 verre de rivesaltes
le jus d'un demi-citron
50 g de sucre

Sur un croustillant d'ananas et de noix de coco, coulis de banane au rhum

Autrefois, ces fruits étaient considérés comme un luxe et réservés à quelques épiceries de très haut de gamme. Seul l'ananas et surtout la banane – peut-être parce que produits dans les Antilles françaises – étaient servis sur des tables plus modestes. Aussi ne faut-il pas s'étonner de les rencontrer, souvent flambés au rhum, dans un nombre infini de recettes. L'ananas doit être bien ferme et pas trop lourd. Le choix existe entre la variété Cayenne, originaire de Côte-d'Ivoire ou de la Martinique, le Queen et le Victoria, plus petits, originaires de la Réunion ou d'Afrique du Sud. On préférera la qualité "avion", des fruits mûris sur place et rapidement expédiés. La banane donne lieu à une bataille commerciale avec les États-Unis, mais l'Europe continue de privilégier les productions antillaises ou africaines. On la choisira à peau jaune, déjà bien mûre, ponctuée de quelques taches brunes. Le fruit est alors sucré et fondant. Les bananes ne doivent pas être conservées au réfrigérateur (sous peine de noircir), mais dans un endroit frais et ventilé.

LES FRUITS EXOTIQUES SONT À LA MODE. IMPORTÉS D'AFRIQUE, D'ASIE OU DES ANTILLES, ILS SONT MONNAIE COURANTE SUR LES MARCHÉS OU À L'ÉTAL DES PRIMEURS. GRÂCE À LA RAPIDITÉ DES TRANSPORTS, MANGUES, LITCHIS ET PAPAYES ÉGAYENT LES CORBEILLES DE FRUITS DE NOS HIVERS ET VARIENT LES PARFUMS DE NOS SORBETS OU PÂTISSERIES.

Dégustation des vins avant le plat

Alsace gewurztraminer Grand cru Furstentum Sélection de grains nobles Domaine Weinbach 1994

Paré d'un or très brillant, ce grand cru d'Alsace révèle un nez opulent, exprimant la rose fanée, les épices orientales, le miel, le fruit confit, des notes muscatées et les fruits exotiques. La bouche, extrêmement riche et tapissante, offre une grande liqueur et une expression aromatique exacerbée. Concentré, d'une grande profondeur de fruit et d'épices, ce vin a su garder de la fraîcheur grâce à une bonne vivacité qui lui évite de tomber dans la lourdeur. Il finit en queue de paon, dans une explosion aromatique sur les épices et le fruit rôti. Un vin au superlatif, à la fois puissant et follement séduisant.

Couleurs automnales du vignoble alsacien. Page de droite, le vignoble hongrois de Tokay.

Tokay 5 puttonyos Disznókö 1992

La robe doré soutenu porte un reflet ambré. Grand nez puissant aux notes de miel, d'abricot sec, de fruits confits (angélique et cerise cuite), avec une légère pointe de rancio et de noix. Celle-ci reste discrète par rapport au type habituel des tokays. Ample, la bouche présente une grande puissance liquoreuse. Son acidité équilibrée ravive l'ensemble et apporte une sensation de légèreté. Superbe finale riche et complexe où apparaissent poivre, cannelle, épices douces. Un tokay de type moderne, davantage axé sur le fruit que sur les notes oxydatives.

Macvin-du-jura Domaine Rolet

Le vin s'est légèrement troublé avec l'âge mais la robe a pris des nuances ambrées. Le nez développe du raisin confit (raisin de Corinthe), des arômes de marc, d'eau-de-vie et de fruits rouges blettis. La bouche est chaleureuse : on sent que ce vin est muté. La perception du fruit frais et de l'eau-de-vie est dissociée, comme si chaque élément vivait l'un à côté de l'autre. Le fruit, intense et concentré, révèle une belle rémanence et se complète de quelques notes évoluées en finale, comme la pomme au four.

Rhum de la Martinique Vieux Rhum Chantal Comte 1977

D'une robe ambrée, à reflets vieil or, ce rhum a beau être puissant, il développe une réelle finesse aromatique. Torréfaction, vanille, cacao et zestes d'orange se mêlent à une gamme épicée à souhait, fragrante et complexe. La bouche, nerveuse, riche et puissante, développe un arôme épicé qui s'évase jusqu'à la finale. Elle est sous-tendue par une force alcoolique poivrée, équilibrée par la suavité propre au rhum. Belle finale aromatique sur des notes de cassonade, de vanille et d'orange confite. Ce vieux rhum se hisse au rang des meilleures eaux-de-vie.

Dégustation des vins à table

Ce dessert est à la fois moelleux par la mousse de noix de coco et croustillant par les feuilles de brick. Il allie les arômes exotiques de l'ananas, de la noix de coco et de la banane, le rhum servant de liant sans jamais dominer. L'eau-de-vie laisse à chaque fruit l'occasion d'exprimer sa personnalité.

• L'**alsace-gewurztraminer sélection de grains nobles** relève le défi avec brio. Ses notes de fruits exotiques se trouvent renforcées par le coulis de banane. Les épices s'accentuent tandis que la composante rose fanée est mise en relief par l'ananas. Ce vin, déjà expressif, est propulsé vers des sommets aromatiques. Quant à sa liqueur, elle est à peine gommée par le sucre du plat, lequel fait ressortir davantage sa vivacité. Un accord excitant, d'autant que le côté croustillant est équilibré à merveille par le gras du vin.

• La note abricot du **tokay** est soulignée, tandis que sa composante rancio s'efface, comme si le vin avait rajeuni. Les arômes confits se précisent et des notes de zestes d'orange apparaissent. En revanche, le vin ne connaît aucune modification de son équilibre en bouche : il a suffisamment de puissance pour résister au sucre du plat. C'est le croustillant des feuilles de brick qui contraste de manière saisissante avec la liqueur, comme dans l'accord avec le vin d'Alsace.

• Le **macvin-du-jura** prend de l'ampleur mais c'est surtout le couple fruit–alcool qui bénéficie de l'accord gastronomique. Le vin semble plus fondu, plus harmonieux. La note d'eau-de-vie se fond dans l'arôme de rhum et semble plus naturelle. La mousse de noix de coco renforce cette impression de fondu, et le croquant de la feuille de brick met en évidence le moelleux du vin. Quant à la palette aromatique, elle est désormais dominée par le raisin sec, accompagné d'une pointe caramélisée. Un accord au bénéfice du vin.

Coupe de la canne à sucre à Fort-de-France, en Martinique.

• De toute évidence, le **vieux rhum** est dominateur. Mais dans ce genre d'exercice, le dégustateur doit se contenter d'une goutte d'eau-de-vie en bouche et la mélanger immédiatement à une bouchée de dessert. L'alliance est alors parfaite : le rhum se lie à la pâtisserie et devient partie intégrante du plat, sans perdre un iota de sa personnalité. Il faut juger l'impression d'ensemble : cette alliance ananas, banane, noix de coco et eau-de-vie de canne à sucre semble ainsi d'un naturel évident. Une expérience exotique et passionnante.

Autres alliances

- **Alsace** : alsace-gewurztraminer vendanges tardives 5 ans
  Champagne : ratafia de Champagne
  Eau-de-vie : vieux rhum de la Martinique 10 ans
- **Bordelais** : sauternes 8 ans
  Languedoc-Roussillon : banyuls 8 ans
  Sud-Ouest : floc-de-gascogne blanc 3 ans, jurançon 8 ans
- **Hongrie** : tokay 3 puttonyos
  États-Unis : Cream Sherry Californie
  Espagne : Jerez Oloroso
  Portugal : madère Verdelho 10 ans
  Grèce : muscat de Lemnos 2 ans
  Italie : malvasia de Sicilia 3 ans
  Allemagne : riesling Rheingau Trockenbeerenauslese 5 ans

La recette du croustillant d'ananas et de noix de coco, coulis de banane au rhum

Ingrédients

500 g de lait de coco (à défaut, du lait frais écrémé)
150 g de noix de coco râpé
1/2 litre de crème fraîche
8 blancs d'œufs
250 g de sucre
10 cl de rhum
1 ananas frais
2 bananes
12 feuilles de brick
25 g de beurre
Pour le sirop
250 g de sucre
1 cuillerée à café de vanille en poudre
poivre

• Préparer la mousseline de noix de coco : faire bouillir le lait de coco et la noix de coco râpée. À la première ébullition, sortir du feu et mettre au froid. Monter la crème fraîche en chantilly non sucrée. Monter les huit blancs d'œufs en neige. Faire fondre le sucre au boulé. Verser ce sirop sur les blancs en neige et battre jusqu'à complet refroidissement : on obtient ainsi une meringue italienne. Mélanger la meringue à la chantilly et au lait de coco, délicatement à la spatule, sans oublier de parfumer au rhum. Mettre au froid.

• Préparer le coulis de banane. Confectionner un sirop : mélanger le sucre, la vanille et une pincée de poivre à 50 cl d'eau froide dans une casserole. Faire chauffer à feu doux en remuant sans cesse. Mixer la chair des bananes avec ce sirop.

• Préparer l'ananas et des feuilles de brick : couper de fines rondelles d'ananas et les faire dorer dans une poêle beurrée, pour les caraméliser légèrement. Découper les feuilles de brick en rondelles de même dimension et les faire dorer au beurre pour les rendre craquantes.

• Dans chaque assiette, intercaler comme un millefeuille des feuilles de brick, des rondelles d'ananas et de la mousseline de noix de coco. Terminer par une feuille de brick que l'on aura froissée avant de la dorer. Disposer tout autour le coulis de banane.

Sur une crème catalane

L'alliance d'un dessert à un vin liquoreux n'est pas des plus légères et ne termine pas un repas dans la dentelle, d'autant que le palais est fatigué, parfois anesthésié par la succession des mets et des vins qui ont précédé. Le gourmet peut opter pour deux solutions : ne pas déguster les vins de dessert, liquoreux en particulier, directement sur le plat, mais rincer la bouche à l'eau fraîche avant de goûter le vin ; choisir des vins mutés, fort en alcool et très aromatiques. Nous avons choisi ici un muscat-de-rivesaltes particulièrement fragrant.
Les versions régionales de la crème brûlée sont légion et chacune décline ce grand classique des desserts en variant les aromates. La base de la recette demeure la même. On emploie le terme de crème catalane lorsque la crème est aromatisée de zestes de citron ou d'orange et d'une pincée de cannelle. On peut trouver des variantes au safran, comme le plat élaboré par Guillaume Salvan. La crème provençale est aromatisée au thym, au romarin et à la lavande.

LES DESSERTS FORTEMENT SUCRÉS SONT DE VÉRITABLES CASSE-VIN. LEUR SUCROSITÉ ET LEURS ARÔMES ENVAHISSENT LA BOUCHE, LEUR TEXTURE ACCROCHE AU PALAIS, LEURS SAVEURS ÉCRASENT N'IMPORTE QUEL VIN, FÛT-IL LIQUOREUX. UN ÉPINEUX PROBLÈME QUE CET EXERCICE TENTE DE RÉSOUDRE.

Dégustation des vins avant le plat

Gaillac moelleux Vin d'Autan de Robert Plageoles et Fils 1995

Issu des raisins du cépage ondenc passerillés sur claie, ce vin est une curiosité gourmande. Vêtu d'une robe dorée intense à reflets brillants, il ne manque ni de force ni d'allure au nez. Les arômes constituent une belle palette : coing, pomme blette, poire cuite, miel, prune ou nèfle. Quelques épices douces pimentent le tout.

La bouche riche et onctueuse révèle une forte présence de fruit confit, une liqueur importante mais bien équilibrée par une vivacité qui allège l'ensemble. La finale décline toute la palette du nez, dans une rémanence remarquable. Cette profondeur de sensations aromatiques donne beaucoup d'éclat à ce vin expressif.

Loupiac Château du Cros 1993

La robe intensément dorée dévoile des reflets éclatants, presque fluorescents. Le nez riche, opulent propose des notes de miel, de cire d'abeille, de noisette grillée, de crème pralinée, de pain d'épice. Ample, la bouche possède une liqueur intense, du gras et de la sucrosité, une forte présence de miel et de cire. La finale crémeuse allie le fruit confit et une gamme épicée bien développée. Le pain d'épice revient et perdure en arrière-goût, en soulignant davantage la richesse du vin.

Vouvray moelleux Domaine des Aubuisières Le Bouchet 1990

La robe franchement dorée offre beaucoup de brillant. Le nez puissant privilégie le praliné, la pâte de coings, le baba au rhum, la vanille, les dattes séchées. Il a gagné en complexité depuis une dégustation réalisée l'an dernier. La bouche est imposante : fruit confit, presque grillé, mélange de douceur miellée et de rigueur de structure soulignée par une acidité bien marquée qui donne une grande élégance à l'équilibre. Ce vin, expressif en finale, décline toute la gamme des arômes du *Botrytis* (abricot sec, réglisse, miel et épices orientales). Un vin de grand avenir, qui dévoile toute sa race.

Autres alliances

- **Sud-Ouest :** jurançon 3 ans
  Bordelais : sainte-croix-du-mont 5 ans
  Vallée de la Loire : montlouis 8 ans
  Languedoc-Roussillon : muscat-de-saint-jean-de-minervois 2 ans
- **Vallée du Rhône :** muscat-de-beaumes-de-venise 2 ans
  Vallée de la Loire : bonnezeaux 5 ans
  Sud-Ouest : monbazillac 5 ans
  Languedoc-Roussillon : minervois 3 ans
- **États-Unis :** Sweet Muscat de Californie 1 an
  Espagne : Priorato Generoso 5 ans
  Portugal : Porto Tawny 5 ans, madère Boal 10 ans
  Italie : Picolit Colli Orientali del Friuli 5 ans
  Allemagne : gewurztraminer Saale-Unstrut Beerenauslese 5 ans

Muscat-de-rivesaltes
Domaine Cazes 1996

La robe assez pâle laisse percevoir un petit reflet vert. Le nez développe beaucoup de puissance, muscat oblige, mais sait rester dans un registre de finesse. Ce sont les agrumes qui montent en premier, accompagnés de notes citronnées et de fleur d'oranger. La menthe fraîche, le melon, la rose et des accents poivrées complètent ce festival aromatique. La bouche est racée, bien équilibrée entre richesse alcoolique et nervosité, ce qui donne à ce VDN une légèreté qui le rend plutôt excitant. Belle finale épanouie et fragrante. La dominante de zestes d'agrumes confits perdure.

Dégustation des vins à table

Le plat est très sucré, d'une richesse un peu écœurante. En revanche, le contraste entre le moelleux de la crème et le croustillant de sa surface brûlée est saisissante et redonne du tonus à ce dessert. Les arômes de safran viennent rehausser ceux lactés de la crème.

• Le **gaillac** n'est pas très à l'aise devant la force sucrée du dessert. Il perd de sa suavité, dominée par le brûlé de la crème. Il paraît bien plus vif que son équilibre naturel ne le laissait supposer à la dégustation. Un peu comme si sa richesse était absorbée par le sucre du plat. En revanche, ses arômes sont flattés par ceux du dessert. Son côté fruit bletti, son miel se renforcent, ainsi que la flaveur de poire cuite. Si la dégustation de ce vin à table peut fausser l'opinion du goûteur quant à sa structure et son équilibre, l'accord avec le plat, considéré d'un simple point de vue hédoniste ou gastronomique, est assez réussi : la nervosité apparente de ce vin joue un rôle rafraîchissant.

• Le **loupiac** joue à armes égales avec la richesse sucrée de la crème catalane, en renforçant son côté caramel qui n'était pas évident lors de la première dégustation. En revanche, ses épices sont quelque peu masquées par les arômes du plat, cannelle et safran, qui dominent la note de pain d'épice du vin. Dans cet accord, chaque partenaire va dans le sens de la force liquoreuse.

• Le **vouvray** voit ses arômes exacerbés par la crème : la note de coing et de miel est soulignée. En bouche, le vin met en avant son acidité, ce qui lui permet de garder sa personnalité et de ne pas être trop affadi par le sucre du plat. Si sa richesse tombe d'un cran, son équilibre reste intact. Son élégance ne disparaît pas devant ce dessert exigeant et son fruité confit paraît souligné par les épices du plat.

• Le **muscat-de-rivesaltes** n'est pas en terre inconnue. Dessert et vin sont deux produits catalans. Sans tomber dans un régionalisme naïf, il faut bien admettre que l'accord est très réussi. Le vin garde sa personnalité. Si ses arômes s'orientent plutôt vers des notes florales, avec montée du fruit blanc, sa force alcoolique n'est pas étrangère à ce mariage de nature : elle réussit à dominer la force sucrée du plat et à la faire oublier, comme si la richesse du vin englobait celle du dessert.

La recette de la crème catalane

Ingrédients
1/4 de litre de lait entier
3/4 de litre de crème fleurette
7 jaunes d'œufs
150 g de sucre semoule
1 zeste d'orange
1 pointe de cannelle en poudre
1 pointe de safran étamine

• Faire bouillir le lait et la crème. Hors du feu, ajouter le zeste d'orange, la cannelle, le safran et laisser infuser.

• Pendant ce temps, mélanger les jaunes d'œufs et le sucre dans un grand saladier, à la spatule, jusqu'à ce que le mélange blanchisse. Ajouter le lait aromatisé en le passant au chinois et battre au fouet. Verser la crème obtenue dans de petits plats individuels et faire cuire au bain-marie à feu doux pendant 30 mn.

• Hors du feu, saupoudrer de sucre roux la surface des crèmes. Caraméliser avec un disque de fer spécial porté au rouge ou passer les plats au four, sous la salamandre, 2 ou 3 mn.

Sur des crêpes Suzette

LES CRÊPES SUZETTE APPARTIENNENT AUX RECETTES CLASSIQUES DE LA CUISINE FRANÇAISE, CODIFIÉES PAR LE GRAND ESCOFFIER POUR L'ÉTERNITÉ. PLUSIEURS CUISINIERS, DONT CHARPENTIER, REVENDIQUENT LA PATERNITÉ DE CE DESSERT AINSI DÉNOMMÉ EN L'HONNEUR D'UNE CERTAINE SUZETTE QUI ACCOMPAGNAIT LE PRINCE DE GALLES.

D'une angélique simplicité mais particulièrement savoureux, ce dessert d'anthologie a souvent été dévoyé de sa pureté originelle par des flambages aussi spectaculaires qu'inutiles : la vraie crêpe Suzette n'est pas flambée.

Dégustation des vins avant le plat

(Tous les vins ont été servis à 12 °C, sauf la blanquette-de-limoux à 7 °C.)

Blanquette-de-limoux méthode ancestrale Les caves du Sieur d'Arques Le Propriétaire

La bouteille est capsulée comme une limonade ! La bulle assez abondante, de gros calibre, persiste bien dans le verre. La robe est pâle, à légers reflets verts. Les arômes séduisants et délicieux se déclinent dans un registre rustique : pomme au four, poire mûre, épices douces, brioche. La bouche est suave, à la fois crémeuse et fruitée. Le dosage parfait donne des allures de gourmandise à ce vin mousseux canaille, à boire à grande lampée (ce vin ne titre que 8 % vol.).

Jurançon Domaine Bordenave Cuvée Savin 1995

La robe est très dorée, brillante et profonde. Le miel, la cire d'abeille, la nèfle blettie, les fruits confits, la cassonade et la crème anglaise se mêlent aux abricots secs, à la vanille et aux épices douces. La bouche est riche et confite, avec une présence d'ananas cuit très marquée, une grande expression aromatique qui persiste du début à la fin de la dégustation. La vivacité est là pour donner fraîcheur et équilibre, elle fond cette richesse et la rend apéritive. Le vin finit long et svelte, avec une palette aromatique complexe. Un vin brillant et bien typé.

Muscat-de-frontignan Château de La Peyrade 1996

La robe pâle a conservé un reflet de jeunesse. Le nez explose sans jamais être capiteux. La rose, bien entendu, mais aussi le melon très mûr, les fleurs sauvages, les zestes de mandarine, l'abricot confit se mêlent harmonieusement dans ce muscat racé. La bouche est ample, dotée de gras. La grande richesse aromatique équilibre bien l'opulence et la générosité de ce vin doux naturel onctueux et léger à la fois. Sa finale est nette, sans lourdeur ni amertume, et son expression reprend celle du nez dans sa totalité. Ce muscat est à citer en exemple.

Pineau-des-charentes Rémy Martin

Sous une robe ambrée, à reflets vieil or, ce pineau-des-charentes développe un nez puissant de fruit mûr, relevé par l'eau-de-vie à la fois bien marquée et fondue dans l'ensemble. Les épices, le miel, les zestes d'orange, la vanille et la cannelle complètent le tout. Apparaissent également quelques notes évoluées de rancio. La bouche riche est axée sur les fruits à l'eau-de-vie. Sa force est heureusement équilibrée par une bonne expression aromatique finale, sur le cacao, les fruits confits. La gamme épicée perdure en finale.

Dégustation des vins à table

La texture des crêpes arrosées de la sauce est très fondante, avec une impression de richesse et de gras. L'association des arômes de céréale de la crêpe et des notes prononcées de mandarine donne de l'éclat à ce dessert. Les saveurs prononcées de mandarine justifieraient d'accompagner les crêpes de la liqueur qui a servi à les confectionner. Cette idée est séduisante

et pourrait s'appliquer si la forte teneur en sucre de ces liqueurs ne venait alourdir la dégustation. Mais rien n'est interdit !

• La **blanquette-de-limoux** joue son rôle rafraîchissant à merveille. La saveur de la crêpe est soulignée par la bulle ; le vin est aromatisé par le beurre de mandarine. Ce dernier en paraît plus vif et ses notes de pomme ressortent davantage. Le plus étonnant est le mariage des textures et le contraste des températures. Le moelleux de la crêpe fait ressortir le pétillement du vin, la chaleur du dessert est tempérée par la fraîcheur de la blanquette ; la richesse du plat souligne la légèreté du vin mousseux. Un accord plein de gaieté.

• Le **jurançon** gagne en richesse et en velours au contact de la crêpe chaude. La mandarine du plat se glisse dans la palette aromatique du vin. La vanille ressort davantage, la finale s'adoucit, comme si le vin se fondait dans la crêpe. Le plat arrondit le vin ; il aurait sûrement alourdi un autre style de vin liquoreux.

• Le **muscat-de-frontignan** est plutôt dominateur, mais son petit arôme de mandarine décelé à la dégustation se trouve renforcé (à moins que le dégustateur ne se laisse influencer par le plat). Il y a de toute évidence synergie entre les senteurs d'agrumes du plat et du vin. En revanche, la puissance alcoolique du muscat-de-frontignan est fondue et effacée par le plat. Le vin gagne en légèreté et semble encore plus harmonieux. Le contraste des températures joue un rôle non négligeable dans l'appréhension de l'accord.

• Le **pineau-des-charentes** est puissant. Il résiste parfaitement au plat. Tout au plus note-t-on un renforcement de ses arômes vanillés et cacaotés, ce qui lui confère plus de complexité. La présence de l'eau-de-vie s'estompe grâce au sucre du plat, tandis que la note rancio se fond dans l'ensemble pour disparaître. L'équilibre en bouche comme au nez penche vers moins de cognac et plus de fruit et d'épices.

Autres alliances

Sud-Ouest : gaillac mousseux méthode gaillacoise 1 an, monbazillac 2 ans
Languedoc-Roussillon : muscat-de-lunel 2 ans
Vin de liqueur : ratafia de champagne

Vallée de la Loire : quart-de-chaumes 5 ans
Vallée du Rhône : muscat-de-beaumes-de-venise 2 ans
Provence-Corse : muscat-du-cap-corse 1 an
Languedoc-Roussillon : banyuls blanc 2 ans

États-Unis : ice wine Maryland 5 ans
Espagne : Cava
Portugal : madère Boal 8 ans
Italie : Recioto di Soave 5 ans
Allemagne : riesling Eiswein Rheingau 8 ans
Canada : vin de glace de l'Ontario 4 ans

La recette des crêpes Suzette

Ingrédients

Pour la pâte à crêpes
550 g de farine
1 sachet de sucre vanillé
6 œufs entiers
1/4 de litre de lait + 1 verre
1/4 de litre d'eau
1 verre à liqueur de curaçao
jus d'une mandarine
50 g de beurre

Pour le beurre de mandarine
1 mandarine
1 cuillerée à soupe de curaçao
200 g de beurre

• Tamiser la farine, ajouter le sachet de sucre vanillé et les œufs entiers. Mélanger. Délayer peu à peu avec un mélange eau et lait. La pâte doit être lisse, sans grumeaux. Aromatiser avec le curaçao et le jus de mandarine. Ajouter le beurre fondu. Laisser reposer la pâte à crêpes au moins 2 h.

• Allonger la pâte avec un peu de lait juste avant emploi. Beurrer légèrement une poêle. Y verser une petite louche de pâte. Laisser cuire jusqu'à ce que la pâte se détache du fond par un simple coup de poignet. Retourner alors la crêpe et laisser cuire 2 mn de l'autre côté. Procéder de même jusqu'à épuisement de la pâte. Réserver les crêpes dans une assiette.

• Gratter la mandarine pour en récupérer les zestes. Les hacher finement. Presser le jus de la mandarine.

• Préparer le beurre de mandarine : ajouter au beurre ramolli le jus de mandarine, les zestes hachés fins, la cuillerée à soupe de curaçao. Malaxer jusqu'à obtention d'une pâte homogène. Fourrer chaque crêpe avec le beurre de mandarine. Plier chaque crèpe en quatre et remettre à chauffer dans la poêle.

• Servir très chaud. À cet effet, un petit réchaud peut être placé sur la table.

Sur une tarte fine aux pommes

On choisira de préférence des pommes qui tiennent à la cuisson (reinettes ou belles de boskoop) en évitant les fades goldens qui deviennent molles. L'idéal est de trouver de la petite pomme ancienne : sa fermeté et son acidité font merveille.

Dégustation des vins avant le plat

Vouvray Domaine des Aubuisières Le Marigny 1995

Un beau doré pour la robe, une grande richesse pour le nez avec des notes de miel, de vanille, de fruits confits au rhum, de poire au sirop, de coing, d'abricot sec, de banane séchée. La bouche ample possède un beau volume, du gras et une richesse sucrée équilibrée par une grande vivacité. Caressant et imprégnant, ce vin finit sur le fruit confit, le miel et la réglisse, avec beaucoup d'éclat et de complexité. La dégustation de ce vin démontre bien les qualités du chenin lorsqu'il est anobli par le *Botrytis cinerea*.

LA TARTE AUX POMMES EST UN VÉRITABLE RÉGAL ET PEUT ÊTRE CONFECTIONNÉE DE BIEN DES MANIÈRES. C'EST ICI NON SEULEMENT L'ACCORD DES VINS SUR UN METS SUCRÉ ET GRAS QUE L'ON ÉTUDIERA, MAIS AUSSI L'EFFET DE LA TEMPÉRATURE, LE CONTRASTE ENTRE LES POMMES CHAUDES ET LA GLACE.

Muscat-de-rivesaltes Domaine des Chênes 1996

La robe est d'une couleur paille soutenu. Le nez, montant, propose toute la gamme terpénique du muscat : melon, zestes d'agrumes, fruits exotiques. Une belle palette qui sait rester élégante, sans excès, arrondie par une touche caramélisée. La bouche est à la fois riche et légère : riche par sa force alcoolique, son gras et sa concentration sucrée ; légère par sa fragrance. La finale, longue et persistante, décline toute la gamme aromatique du nez, sans que le sucre ne vienne empâter la bouche. Un muscat très équilibré.

Calvados Cœur de Lion Christian Drouin 1973

La robe dorée dévoile quelques reflets ambrés. Le nez est fin, typé : pomme très mûre, belle pureté de fruit, vanille, cannelle et petites épices délicates apportées par un fût de qualité. Un léger rancio complète le tout. La bouche offre un réel équilibre entre le feu (42 % vol.) et la rondeur de cette eau-de-vie remarquablement distillée. La pomme est bien présente, avec des notes caramélisées, comme si elle sortait du four. La finale est longue et expressive. Elle développe une palette épicée et une force alcoolique "amabilisée". Un calvados de grande lignée.

Dégustation des vins à table

Ce dessert se déguste par petites bouchées, en faisant jouer les contrastes : le chaud de la tarte et le froid de la glace, le croustillant de la pâte et le crémeux de la chantilly.

- Le **vouvray** accompagne la tarte avec bonheur. Ses arômes sont confortés par la pomme, son gras est appuyé par le beurre, et le sucre de la tarte fait ressortir son extraordinaire équilibre entre liqueur et nervosité. Sur la chantilly, le vin confronte ses notes vanillées à la cannelle, et le mariage est déli-

effacée par le caramel. Son goût sucré est atténué, presque annihilé par le plat. Il en semble certes plus svelte mais aussi moins complexe. Si l'accord est d'une légèreté aimable, le vin s'est appauvri. Il est dominé par la richesse et le caramel du dessert. Sur la tarte Tatin aux poires, il garde en revanche sa personnalité et sa palette aromatique. Dans les deux cas, il paraît plus froid, par contraste avec la température du plat.

• Le **quarts-de-chaume** voit sa composante de coing révélée et exacerbée par la tarte Tatin aux pommes. Son côté velouté est atténué et son acidité remonte. Il en paraît encore plus équilibré. Les épices apparaissent et la cannelle s'accentue. Le contraste thermique est bénéfique : le vin résiste à la richesse du dessert et en tire même profit. Sur les poires, il serait presque dominateur, sa palette aromatique se définissant de manière plus précise encore.

• Le **montlouis** a suffisamment de richesse pour affronter le caramel du plat. Sa composante de fruit compoté, de datte et de notes torréfiées est mise en valeur ; sa structure s'adoucit. Ce vin paraît moins riche certes, mais l'atténuation de la générosité et de la viscosité l'avantage. Sur les poires, il impose sa liqueur et dévoile des arômes de fruits blettis qui occupent le devant de la scène. La chaleur du plat et le froid du vin font moins contraste que dans les cas précédents. La générosité du montlouis n'est pas étrangère à ce phénomène.

• Le **loupiac** perd un peu de sa puissance mais sa palette aromatique garde sa personnalité. Tout au plus la note de zeste de mandarine vire-t-elle vers des accents plus confits. La touche torréfiée est exacerbée par les pommes caramélisées, les épices également. Au total, le vin semble moins évolué. Il rajeunit. Sur les poires, les arômes retrouvent leur palette initiale, la puissance du vin résiste mieux, le profil et l'équilibre ne sont que peu influencés. Le contraste chaud–froid fait ressortir le côté confit du vin.

Autres alliances

Sud-Ouest : jurançon 2 ans
Vallée de la Loire : bonnezeaux 8 ans, vouvray 8 ans
Bordelais : sainte-croix-du-mont 10 ans
Vallée de la Loire : coteaux de l'Aubance 5 ans
Alsace : alsace-gewurztraminer sélection de grains nobles 8 ans
Sud-Ouest : monbazillac 5 ans
États-Unis : gewurztraminer Late Harvest Finger Lake 5 ans
Espagne : Málaga Lágrima 8 ans
Portugal : madère Malvasia 10 ans
Grèce : vin de paille de Santorin 10 ans
Canada : vin de glace du Québec 5 ans
Italie : Vin Santo de Toscane 5 ans

La recette de la tarte Tatin

Ingrédients

Pour la pâte brisée
200 g de farine
100 g de beurre
1 dl d'eau
5 g de sel
12 g de sucre
Pour la garniture
750 g de pommes reinettes
60 g de sucre semoule
150 g de beurre
En accompagnement
300 g de crème fraîche

• Préparer la pâte brisée : dissoudre le sel et le sucre dans l'eau et faire ramollir le beurre. Dans une terrine, mettre la farine et le beurre coupé en petits morceaux. Travailler les ingrédients du bout des doigts pour obtenir une pâte homogène, sans toutefois que le beurre ne soit totalement absorbé par la farine. Ajouter l'eau d'un seul coup. Mélanger pour obtenir une boule lisse, qui ne colle pas. Poser cette boule sur une table farinée. La replier sur elle-même deux ou trois fois. Mettre au réfrigérateur pendant deux heures avant emploi.

• Pendant ce temps, laver et peler les pommes reinettes ; les couper en deux en évidant la partie centrale. Beurrer le fond et les bords d'une tourtière en cuivre à bords hauts, et tapisser généreusement de sucre semoule. Y ranger les demi-pommes en les posant sur la tranche et en les serrant au maximum dans la tourtière. Parsemer de petits morceaux de beurre. Porter la tourtière sur le feu et faire caraméliser. Vérifier la couleur en soulevant un coin de pomme : elle doit atteindre un blond léger.

• Abaisser la pâte brisée. Couvrir les pommes d'une fine abaisse de pâte brisée en rentrant les bords. La pâte ne doit pas remonter sur les bords de la tourtière. Pratiquer quelques petits trous dans la pâte pour que la vapeur d'eau de cuisson des pommes puisse s'échapper.

• Mettre à four chaud et laisser cuire 25 mn à 220 °C (thermostat 8).

• Laisser reposer 15 mn. Retourner la tourtière et démouler sur le plat de service. Servir tiède avec la crème fraîche légèrement fouettée.

Sur un pastis gascon

Le pastis gascon est un feuilletage monté feuille à feuille. Son élaboration rappelle celle de la pastilla, plat phare de la gastronomie marocaine. Et certains d'affirmer que l'occupation arabe de la Gascogne, pendant le flux et le reflux des armées du Prophète – avant que Charles Martel ne les arrêtent à Poitiers –, a laissé quelques traces : l'alambic ('Al'ambic) entre autres, et cette pâtisserie aux allures orientales.

Si la preuve de cette descendance gourmande n'existe pas (aucun texte ne l'atteste), rien n'empêche de percevoir, entre Cieutat (Bab Sebta, la Cieuta actuelle) et Castelsarrasin, un petit parfum d'Arabie lorsque l'on porte le pastis sur la table. Autrefois, ce grand dessert de terroir était élaboré par les femmes. Aujourd'hui seules quelques passionnées font revivre cette recette. Pierrette Sarran en est la prêtresse dans son auberge de la campagne gersoise et porte jusqu'à Londres les secrets de sa réussite. Il est vrai que la Gascogne fut aussi envahie par les Anglais, mais ceci est une autre histoire.

Dégustation des vins avant le plat

Pacherenc-du-vic-bilh Château Laffitte-Teston 1997

Vêtu d'une robe dorée et brillante, ce pacherenc-du-vic-bilh privilégie d'emblée les fruits exotiques, l'ananas et le litchi. Ces arômes s'accompagnent de miel, de notes confites, d'une touche de cake et de beurre frais. La bouche suave reste équilibrée et dévoile beaucoup de finesse aromatique : des arômes vanillés apparaissent, associés à une nuance boisée bien intégrée. L'équilibre sucre–acide est respecté, la vivacité se révèle dans une finale qui reprend, en allongeant le vin, toute la gamme aromatique du nez. Un pacherenc-du-vic-bilh typé, l'élégance en prime.

Coteaux-du-layon Château de la Guimonière Les Julines 1997

La robe présente un doré vif et éclatant. Superbe et déjà ouvert, le nez exprime la pâte de coings confite, les épices douces, l'abricot sec. Des notes minérales équilibrent la richesse. C'est une palette complexe et typée. La bouche opulente offre un fruit confit imprégnant, une matière qui tapisse les papilles, une note crémeuse, un rôti botrytisé qui a gardé sa pureté. Grande liqueur mais aussi belle fraîcheur : le miracle de l'équilibre des vins de Loire. Le cépage chenin révèle ici toute sa race dans une finale en queue de paon.

Monbazillac Château Tirecul La Gravière Cuvée Madame 1996

La robe doré intense accroche la lumière. Grande palette aromatique, très confite, composée de notes crémeuses, d'abricot cuit, de résine de pin, de miel d'acacia. Voilà la marque du *Botrytis cinerea*. Liquoreuse, la bouche possède beaucoup de force aromatique (avec des notes d'épices) soutenue par une matière profonde, lisse et d'une extrême concentration. Cette richesse pourrait basculer vers la lourdeur si une pointe de vivacité ne venait rétablir l'équilibre en finale. Excellente arrière-bouche, complexe et longue, dominée par le fruit confit et caramélisé.

Floc-de-gascogne Château du Tariquet

Doré, vif et brillant, voici un floc-de-gascogne d'une délicatesse inhabituelle : de subtiles notes florales, un fruité mur, de la citronnelle, des zestes de mandarine, de la verveine composent le nez. L'eau-de-vie reste tapie dans la palette aromatique, alors qu'elle est si souvent dominante dans les vins de liqueur de cette appellation. La bouche est tout aussi élégante, équilibrée, avec un beau fruité. Elle reprend la palette initiale et la complète d'une note d'armagnac et de pruneau en finale. Un floc-de-gascogne, aromatique et harmonieux.

Dégustation des vins à table

Le pastis est un plat de contraste. Si les feuilles de pâte sont croustillantes, l'intérieur est moelleux, imprégné par le beurre qui enveloppe la douce pomme. Les arômes se fondent dans l'ensemble formé par le beurre fondu, le sucre caramélisé, les pommes à peine cuites et le soupçon d'armagnac et de vanille.

- Le **pacherenc-du-vic-bilh** se fond dans le plat et perd un peu de son acidité. Il paraît plus moelleux mais garde ses notes aromatiques, à l'exception de sa note vanillée qui est étouffée par celle du plat. S'il en est quelque peu simplifié, il gagne en pureté et en fruité.
- Le **coteaux-du-layon** garde toute sa personnalité. Sa note de coing et ses épices sont soulignées. La pointe d'armagnac du pastis ne perturbe en rien le vin. Au contraire, on perçoit une complémentarité. La liqueur du vin reste intacte, le dessert n'étant pas assez sucré pour l'entamer. Elle semble encore plus veloutée et crémeuse. La fraîcheur assure l'équilibre. Le coteaux-du-layon garde sa superbe.
- Le **monbazillac** semble fait pour ce dessert. Sa grande richesse, son fruit confit, ses arômes crémeux sont adoucis par le beurre du plat. Le vin y gagne en équilibre et

en élégance ; il dévoile davantage sa pureté. Des notes pralinées apparaissent, qui se mêlent à l'armagnac du plat ; le côté caramélisé de la finale s'estompe au bénéfice du fruit. Un accord à l'avantage du vin.

• Le **floc-de-gascogne** est modifié par ce dessert pourtant issu du même terroir. Le côté beurré de la pâtisserie souligne son fruit et surtout sa note d'eau-de-vie qui semble plus présente qu'à la première dégustation. Le pruneau, en particulier, est rehaussé. En revanche, les notes florales, la citronnelle et la verveine, restent intactes. Nous avons également dégusté ce floc-de-gascogne sur un pastis flambé : le vin semble plus fondu et sa pointe d'armagnac mieux intégrée dans le plat. L'alliance est alors parfaite grâce à un mélange intime du sucre du dessert et de la liqueur du vin, ainsi qu'à une mise en valeur respective des arômes du pastis et du floc.

Autres alliances

Sud-Ouest : jurançon 2 ans, saussignac 3 ans, pineau-des-charentes
Vallée de la Loire : coteaux-de-l'aubance 2 ans
Bordelais : barsac 4 ans, loupiac 4 ans
Jura : côtes-du-jura vin de paille 8 ans
Alsace : alsace-gewurztraminer sélection de grains nobles 5 ans
Eau-de-vie : armagnac (Bas Armagnac) 15 ans
États-Unis : Ice Wine du Lac Érié
Espagne : Montilla-Moriles Raya 5 ans
Portugal : madère Malmsey 10 ans
Italie : Aleatico di Puglia liquoroso 5 ans
Allemagne : pinot gris Rheinpfalz Beerenauslese 5 ans
Suisse : petite arvine du canton du Valais 5 ans

La recette du pastis gascon

Ingrédients

Le pastis ne peut se préparer que pour un grand nombre de convives. Cette recette est prévue pour deux pastis de huit personnes chacun.

1 kg de farine
3 œufs
1 pincée de sel
1 cuillerée à soupe d'huile
200 g de beurre
20 g de sucre
200 g de pommes reinettes
1 gousse de vanille
2 cuillerées à soupe d'armagnac

• La veille, préparer la pâte. Mélanger les œufs, 2 verres d'eau froide, le sel et la farine. Faire un pâton. Le déposer dans une assiette creuse légèrement huilée et recouvrir d'une assiette plate. Laisser reposer au réfrigérateur pendant une nuit.

• Le jour même, recouvrir une grande table (2 m environ) d'un drap. Fariner le drap et poser le pâton au milieu. Étirer la pâte délicatement avec le bout des doigts. La feuille de pâte doit être très fine, presque transparente. Avec un couteau, ôter le bourrelet du bord (celui tenu avec les doigts au moment d'étirer la pâte). Faire fondre le beurre. Arroser cette fine pâte avec le beurre fondu et le sucre.

• Replier la pâte en trois, comme une serviette, en recommençant les opérations d'arrosage à chaque pliage. Replier à nouveau la bande obtenue pour former deux carrés. En déposer un dans un plat à tarte beurré.

• Peler les pommes, les évider et les découper en fines lamelles. Les répartir sur la pâte et arroser d'armagnac aromatisé d'une gousse de vanille ouverte. Poser le second carré sur la garniture, en le présentant de telle façon que les coins fassent une étoile avec ceux du carré de dessous.

• Mettre au four préchauffé à 220 °C (thermostat 8) pendant 10 mn. Servir tiède. Certains flambent le pastis à l'armagnac avant de le servir, mais cette opération peut nuire à la finesse du plat. Si l'on est néanmoins tenté par un tel flambage, on versera l'armagnac pré-enflammé dans une casserole, cuillerée par cuillerée, sur le pastis.

Sur un gâteau au chocolat

Le cacao est originaire d'Amérique du Sud. Ce sont les conquistadores espagnols qui le rapportèrent en Europe. Cette fameuse fève gagnera la France en passant par le Pays basque, à la faveur du mariage de Louis XIV avec Marie-Thérèse d'Autriche, et la ville de Bayonne en gardera une grande tradition chocolatière.

Un Cavalier, et une Dame beuvant du Chocolat

La base est obtenue à partir de la fève du cacaotier, épluchée, grillée et broyée. Le broyage produit une pâte, appelée masse ou liqueur, et du beurre de cacao. La poudre est issue des parties solides restantes, après extraction de la pâte. Ces deux matières premières sont aromatiques, mais surtout amères. On ajoute donc du sucre pour adoucir l'ensemble qui portera alors le nom de chocolat. La proportion de cacao dans un chocolat est d'importance capitale. Un bon chocolat destiné à la pâtisserie doit comporter au moins 50 % de cacao. Il existe une large gamme de chocolats, additionnés de lait, de beurre de cacao, de diverses matières grasses provenant du lait, de noisettes, de raisin, de riz soufflé, etc. Les véritables amateurs privilégient le chocolat noir, riche en cacao, dont l'amertume est perceptible. De nombreux artisans chocolatiers élaborent leurs produits, chacun avec son tour de main et ses spécialités.

Dégustation des vins avant le plat

Gaillac mousseux Robert Plageoles Mauzac Nature 1997

Une mousse légère, avec une bulle assez fine et une bonne persistance du cordon. Les arômes développés par le cépage mauzac s'expriment à merveille. Pomme, poire mûre, touche miellée et légèrement épicée : le nez est marqué par un fruité intense. La bouche, suave, offre un fruité gourmand, une rondeur aimable, un équilibre qui penche vers un moelleux final bien dosé, une présence gazeuse qui se fait discrète derrière les arômes puissants de ce vin de gaieté. Un vrai vin de tonnelle.

Rivesaltes Domaine Cazes Cuvée Aimé Cazes 1973

Éclatante, la robe ambrée révèle des reflets cuivrés. Le nez est complexe, marqué par un rancio noble, des notes de figue sèche, d'amande et de noix, de cacao, d'épices orientales et de goudron. La bouche a de l'allure. Aromatique, doté d'un superbe équilibre entre puissance et intensité aromatique, l'ensemble est enrobé par l'onctuosité et le gras. La finale explose : le café, le chocolat et les fruits secs fusent longtemps en bouche.

Banyuls Domaine du Mas Blanc Vieilles Vignes 1977

La robe topaze foncé est des plus nobles. Les fruits en compote, le chocolat, la banane séchée, le pruneau forment une corbeille aromatique intense et complexe, marquée par un rancio fondu dans le fruit. La bouche possède une belle structure, une matière corsée et généreuse encore encadrée par des tanins puissants et torréfiés. Le fruité secondaire, profond, est bien souligné par des épices et des accents de bois exotiques. La finale, particulièrement longue et expressive, libère toute une gamme d'arômes empyreumatiques et de notes de rancio.

Armagnac Ténarèze Domaine Pouchégu 1966

La robe cuivrée prend des reflets vieil or. Le pruneau sec, la vanille, le zeste d'orange et les notes grillées composent un nez puissant, épanoui et épicé par un long élevage de qualité. La bouche a du feu mais cette puissance est bien équilibrée par une présence tannique et un gras qui enveloppent l'eau-de-vie. La finale est imprégnante, aromatique. On perçoit une belle présence du pruneau, un boisé élégant souligné par un léger rancio. Cette superbe eau-de-vie, non réduite bien entendu, laisse parler la race d'un terroir parfois sous-estimé.

Autres alliances

- **Sud-Ouest** : gaillac mousseux méthode traditionelle 1 an
  Languedoc-Roussillon : rivesaltes 5 ans, banyuls 8 ans
  Eau-de-vie : armagnac Ténarèze 10 ans
- **Vallée du Rhône** : rasteau 5 ans
  Sud-Ouest : floc-de-gascogne 5 ans
  Eau-de-vie : eau-de-vie de marc ou de vin du Languedoc 10 ans
  Liqueur de café
- **Italie** : Recioto della Valpollicela 10 ans
  Espagne : Jerez Oloroso 10 ans
  Portugal : Porto tawny 15 ans
  Jamaïque : Stinking Rhum
  Grèce : Metaxa 3 ans
  Yougoslavie : Slivovitza 3 ans

Dégustation des vins à table

Déguster un vin sur un dessert n'est pas chose facile. Les convives ont un palais fatigué par les plats et les vins précédents ; leur acuité sensorielle et leur attention y perdent ce que le plaisir et la satiété ont gagné au cours du repas. Déguster sur un dessert au chocolat est encore plus délicat, tant la force du cacao et du sucre qui lui est associé risque d'écraser les vins les plus complexes. Néanmoins, certains essais peuvent s'avérer heureux, et l'on aurait tort de renoncer au profit d'un simple verre d'eau.

• Le **gaillac mousseux** se comporte comme une boisson rafraîchissante et se tire à merveille de ce rôle que l'on aurait pu supposer plus ingrat. La mousse allège la bouche, rince les papilles et les préparent à la bouchée suivante. Le fruit du vin n'est pas affaibli par le chocolat mais change de registre, en s'orientant vers la pêche ou l'abricot. Apparaissent aussi des notes épicées qui n'étaient pas perceptibles à la dégustation. Un mariage somme toute excitant, digestif, très indiqué pour une fin de repas.

• Le **rivesaltes** ne joue pas dans la même catégorie. Puissant, presque dominateur, il ne se laisse nullement impressionner par ce gâteau au chocolat qui lui ferait plutôt allégeance. Les arômes de fruits secs sont exacerbés et la noisette ressort avec une intensité particulière. Le sucré du gâteau met en valeur les épices du vin. Apparaissent alors des notes réglissées, passées inaperçues dans la première partie de la dégustation. La force alcoolique du vin enrobe le chocolat, en gomme l'amertume. Le chocolat rend la politesse en fondant la puissance du vin. Un couple étonnant où chacun se fond dans son partenaire.

• **Banyuls** et chocolat forment l'accord parfait selon tous les canons de la gastronomie. Encore faut-il préciser le type de vin. Ici, il s'agit d'un vintage. Ce banyuls impose ses tanins au gâteau. Le fruité du vin est souligné par le sucre et le cacao, mais la structure s'assèche et une note amère apparaît en finale. La force alcoolique du vin perd son équilibre et semble plus brûlante. Si la structure du banyuls est affectée par ce dessert, les arômes de fruits secs, de rancio et les notes grillées se marient et s'unissent parfaitement, au point que l'on ne sait si les accents de chocolat proviennent du vin ou du gâteau. Un mariage où chacun donne de la voix. Ce gâteau aurait préféré un banyuls traditionnel élevé en oxydation, alors que le Mas Blanc 1977 serait parfait sur un roquefort.

• L'**armagnac** doit être dégusté goutte à goutte, sous peine de saturer la bouche. Dans ces conditions, il est un compagnon idéal. Ses arômes de pruneau, de vanille et de bois précieux sont soulignés par le cacao. Les épices montent en puissance et la note de zeste d'orange prend peu à peu une place prépondérante. Le feu de l'eau-de-vie est complètement annihilé par le moelleux et le sucre du gâteau, et sa longueur apparaît dans toute sa pureté. On peut bien entendu finir son verre au coin du feu avec un havane.

La recette du gâteau au chocolat

• Dans une jarre, casser en petits morceaux le chocolat noir. Ajouter le beurre et le sucre. Mettre la jarre au bain-marie et remuer pour obtenir une pâte lisse et bien fondue.

• Séparer les blancs des jaunes des œufs. Hors du feu, incorporer les jaunes d'œufs et la farine à la pâte de chocolat.

Ingrédients
400 g de chocolat noir en tablette, riche en cacao
150 g de beurre + 10 g pour le moule
150 g de sucre
5 œufs
40 g de farine
1 pincée de sel

• Ajouter une pincée de sel aux blancs d'œufs et les monter en neige assez ferme. Incorporer les blancs en neige à la pâte avec une spatule, en évitant de les casser.

• Mettre la pâte dans un moule à cake beurré. Enfourner dans un four préchauffé à 200 °C (thermostat 7) pendant 40 mn. Laisser refroidir avant de démouler.

• Servir avec une crème anglaise.

Sur un gâteau au café et au chocolat

La pâtisserie ne supporte ni l'à-peu-près ni ces improvisations de dernière minute dont ne se privent pas les cuisiniers créatifs. Ici, il faut s'appliquer à respecter une recette au gramme près, sous peine de rater son gâteau.

Dégustation des vins avant le plat

Jurançon
Domaine Cauhapé
Quintessence du petit manseng 1995

La robe dorée, éclatante, révèle une belle viscosité. Le nez explose dans une corbeille de fruits confits : abricot, mangue très mûre, ananas séché, nèfle blettie, épices rares. La bouche a une ampleur et une suavité concentrées, denses et profondes. Le fruité confit est parfaitement équilibré par une nervosité qui tend le vin et fait paraître sa richesse aérienne. Ce vin solaire d'une grande rémanence offre une déclinaison persistante d'épices douces, de miel et d'abricot sec. Un grand vin liquoreux, tonique et envoûtant.

CHOCOLAT ET CAFÉ.
UNE ALLIANCE GOURMANDE
ET ENCHANTERESSE
MAIS FORT DÉLICATE
QUAND IL S'AGIT DE SERVIR
UN VIN SUR UN TEL DESSERT.
VINS MOELLEUX,
VINS DOUX NATURELS
ET VINS DE LIQUEUR
SONT MIS
AU BANC D'ESSAI.

Tokay 5 puttonyos
Compagnie médocaine 1985

La robe a des reflets cuivrés sur un fond vieil or. Le nez puissant propose une palette originale qui va des fruits secs au miel, en passant par les notes de rancio, de pâte de fruits, de coing, une petite touche iodée, des épices orientales (safran et curry). La bouche est riche, généreuse : fruité bletti – plutôt abricot –, accents de noisette. La liqueur est bien équilibrée par une acidité qui rafraîchit le vin. La finale élégante reprend la gamme du nez, en faisant ressortir la composante de rancio. Un style d'*aszú* plutôt traditionnel marqué par son élevage oxydatif.

Porto Pitters Late Bottled Vintage 1985

La robe ambrée a des reflets topaze. Le nez est bien typé, à mi-chemin entre celui d'un tawny aux notes d'évolution et d'un vintage à la composante fruitée. Les épices dominent, associées à des accents de torréfaction (cacao et café), mais aussi au pruneau, aux senteurs fumées, au caramel, à la cerise à l'eau-de-vie. La bouche est corsée, chaude et généreuse. Une bonne présence tannique équilibre le feu du vin et privilégie une expression aromatique qui se prolonge dans une finale puissante, épicée, marquée par les arômes de café.

Banyuls Solera Hors d'Âge Domaine du Mas Blanc

Vêtu d'une robe acajou, tuilée et éclatante, ce vin est d'une grande complexité. D'un style grand rancio ibérique, il évoque un lointain cousinage avec les grands madères. La noix séchée, la figue confite, le cacao, le café et le pain grillé se mêlent à des notes de cuir noble, d'épices douces, de cassonade et de caramel. La bouche est lisse, satinée, d'une matière aromatique. Les tanins fondus et veloutés ont gardé de la puissance. L'alcool de mutage est ici intégré dans la masse du vin et ne gêne en rien l'équilibre. Longueur impressionnante sur le café, la noix et une note madérisée aux épices.

Autres alliances

- **Sud-Ouest :** pacherenc-du-vic-bilh moelleux 3 ans
  Hongrie : tokay 3 puttonyos 10 ans
  Portugal : Porto LBV 8 ans
  Languedoc-Roussillon : banyuls 8 ans
- **Languedoc-Roussillon :** maury 8 ans, muscat-de-frontignan 10 ans
  Vallée du Rhône : rasteau 8 ans
  Jura : vin de paille 10 ans
- **Portugal :** madère Malmsey 15 ans
  États-Unis : Cream Sherry californien
  Espagne : Málaga Moscatel 4 ans
  Canada : vin de glace de l'Ontario
  Italie : Marsala dolce 8 ans, Moscato di Pantelleria 1 an

La pâtisserie Gloppe, au Rond-Point des Champs-Élysées, par Jean Béraud, 1889.

Dégustation des vins à table

Le gâteau est moelleux, fondant, marqué par le gras de la crème au beurre et la souplesse du biscuit. Les arômes de café et de chocolat sont mariés et en parfaite symbiose, la pointe de rhum vient égayer le tout.

• Le **jurançon** aborde ce dessert en préservant toute sa personnalité aromatique ; les notes de miel et de fruits exotiques ne se laissent pas bousculer par l'arôme entêtant du café. En revanche, sa structure en bouche est modifiée : le vin se banalise et se simplifie, sa richesse est masquée et la nervosité affadie. Il devient tout simplement sucré, sa folle exubérance est éteinte par ce gâteau trop fort en goût. On ne peut mieux démontrer qu'un grand vin peut être assassiné à table par un accord maladroit.

• Le **tokay** trouve dans le gâteau au café un partenaire qui le valorise. Son fruité s'en trouve renforcé. Les arômes de rancio sont gommés, ce qui simplifie le vin mais lui donne un coup de fouet de jeunesse. En bouche, la liqueur du vin se fond dans celle du plat, ce qui le fait paraître plus acide, comme s'il y avait transfert du sucre du vin vers le gâteau. Cette sensation plus acide souligne le fruit et donne de l'éclat au vin. Sa longueur, en revanche, semble plus brève et moins complexe, en perdant son aspect oxydatif.

• Le **porto LBV** ne peut que jouer avec le gâteau. Ses notes de café vont dans le même sens. Les arômes torréfiés se marient, se fondent en évoluant vers un mélange cacao–café, plutôt moka. Les tanins "s'amabilisent" et la structure semble veloutée par cet accord d'anthologie. L'alcool disparaît au profit de l'expression aromatique et la longueur, au contraire de celle du tokay, semble infinie. Une rencontre gastronomique mémorable.

• Le **banyuls** nous transporte au paradis, comme si l'âme du bon docteur Parcé convertissait les anges à la sainte alliance de ce vin avec le chocolat. Sur ce gâteau puissant, le vin résiste et prend part au mariage avec une fougue de jeune homme. Ses arômes sont respectés, avec une expression de fruits secs, une note de café, un style rancio qui s'anoblit encore. Chaque partenaire se fond dans l'autre, tant et si bien que l'on ne peut déterminer si les arômes proviennent du vin ou de la pâtisserie. Un accord miraculeux.

Le vignoble en terrasses de Porto.

La recette du gâteau au café et au chocolat

Ingrédients

Pour le biscuit

5 œufs

100 g de sucre semoule

100 g de farine

Pour la ganache

300 g de crème fraîche

300 g de chocolat noir en tablette

1 verre de rhum

Pour la crème au beurre

250 g de sucre semoule

6 jaunes d'œufs

1 dl de crème fraîche

225 g de beurre

extrait de café

2 cuillerées à soupe de café soluble

2 morceaux de sucre

• Confectionner un appareil à biscuit. Séparer les blancs des jaunes d'œufs. Monter les blancs en neige puis ajouter le sucre tout en fouettant. Incorporer délicatement, sans briser les blancs, les jaunes d'œufs, puis la farine. Chemiser une plaque à four. Étaler la pâte ainsi obtenue pour obtenir un rectangle de 60 cm sur 20 cm et de 2 cm d'épaisseur. Enfourner à 220 °C (thermostat 8) pendant 5 à 7 mn.

• Préparer une ganache. Faire bouillir la crème fraîche. Râper le chocolat noir dans la crème chaude et laisser fondre en fouettant vivement pour rendre le mélange homogène. Ajouter le rhum et laisser refroidir.

• Préparer la crème au beurre au café. Faire ramollir le beurre en pommade à la spatule et réserver. Mélanger au fouet le sucre et les jaunes d'œufs, puis ajouter la crème fraîche et l'extrait de café. Mettre la préparation au bain-marie et fouetter jusqu'à ce qu'elle blanchisse et prenne une consistance mousseuse. Laisser refroidir tout en fouettant et incorporer le beurre en pommade.

• Monter le gâteau. Détailler trois abaisses de pâte en carré de 20 cm de côté. Préparer un café léger et sucré. En imbiber les biscuits. Monter le gâteau en superposant les trois couches et en intercalant entre chacune la crème au beurre parfumée au café, en terminant par la ganache au chocolat. Trancher les bords du gâteau pour faire apparaître les couches de biscuit et de crème. Pour faire plus "pâtissier", glacer le dessus avec un mélange de chocolat, de pâte à glacer et d'huile. Ce glaçage pourra supporter toute inscription au cornet avec une crème blanche.

Essai de synthèse

L'action des plats sur la dégustation des vins

APRÈS LES EXERCICES PRÉCÉDENTS QUI NOUS ONT FAIT VOYAGER DE LA CUISINE À LA CAVE, QUI ONT INITIÉ LES COMMENTAIRES ET ALIMENTÉ LES CONVERSATIONS ENTRE DES CONVIVES ATTENTIFS À REMPLIR LEURS FICHES DE DÉGUSTATION, ON EST TENTÉ D'ÉLABORER UNE SYNTHÈSE DES RÉSULTATS. COMMENT LES PLATS INFLUENCENT-ILS LA DÉGUSTATION DES VINS ?

La plus grande prudence s'impose car, bien souvent, plusieurs paramètres interviennent simultanément : les plats et les vins ne sont pas bâtis sur des équilibres simples. Ils ne sont ni mono-aromatiques, ni mono-structurels et, quand au croustillant d'une pâte feuilletée se mêlent intimement le gras du beurre et des saveurs à la fois sucrées et torréfiées, on ne sait pas très bien quel est l'élément déterminant dans les modifications constatées sur le vin. On peut cependant édicter quelques règles qui semblent se dégager de ces observations, en prenant la précaution élémentaire de trouver des contre-exemples qui relativisent ce qu'une affirmation pourrait avoir de péremptoire. Sans oublier qu'en matière de gastronomie le plaisir est souverain, que les possibilités de découverte sont encore infinies et que chaque alliance vin-plat est l'occasion d'une remise en cause, pour le plus grand bonheur des explorateurs de la planète du goût.

L'influence des arômes

Les arômes qui se dégagent d'un aliment solide sont toujours plus imprégnants en rétro-olfaction que ceux du vin, peut-être parce que les éléments aromatiques de la nourriture restent plus longtemps au contact des muqueuses de la langue ou du palais. Ils peuvent ainsi être perçus avec plus d'intensité, la chaleur de la bouche augmentant cette tendance. À table il n'est pas question de garder le vin en bouche ou de l'aérer, sous peine de passer pour un malappris. Il y passe donc moins de temps. De plus, la quantité de nourriture est toujours plus importante que celle de boisson. Il ne faut donc pas s'étonner que, dans la plupart des cas, ce soient les arômes du plat qui influencent ceux du vin.

Si l'on trouve des arômes identiques dans le plat et dans le vin, la symbiose gastronomique s'en trouve renforcée, sans que cela soit un gage de complexité. Le mariage aromatique semble aller de soi, les alliances coulent de source dans une quiétude un peu ronronnante. La pomme va dans le même sens que le gaillac moelleux ou le vouvray ; la truffe se retrouve dans le bandol ou le pomerol ; le fenouil apparaît dans le côtes-de-provence blanc, le cacao dans le banyuls. Ce sont en général les accords classiques recommandés par de nombreux ouvrages.

D'un autre côté, les parfumeurs savent bien qu'il existe des synergies entre les parfums élémentaires et que les uns peuvent révéler les autres. C'est ainsi que l'arôme de safran dans un plat souligne tel type de fruit dans un vin rouge ou que la discrète touche citronnée fait ressortir une note florale. De même, l'ail est un révélateur de la truffe, tout comme le céleri. Il n'y a pas de règle en la matière et chaque dégustation est l'occasion de découvertes, bonnes ou mauvaises.

Les arômes de grillé, par exemple, se renforcent les uns les autres, comme ceux de la peau du poulet et du coteaux-du-languedoc. Les arômes de champignon accentuent les épices du bourgueil, le fruité du saint-émilion ; ils se mêlent aux notes de sous-bois du châteauneuf-du-pape rouge et du Rioja. La truffe elle aussi rehausse le fruit rouge du cahors, la cerise du corton ; elle confère des notes de terre au pomerol. Même remarque pour la morille de la côte de veau ou du coq au vin jaune : elle souligne la note de noix et de café du côtes-du-jura ; elle redonne un arôme de champignon au margaux. Quant aux cèpes, ils font ressortir le côté animal du pessac-léognan mais en atténuent le côté boisé. Les arômes de gibier issus du chevreuil ou du sanglier se mêlent à ceux du bandol, du corbières, du madiran ou du châteauneuf-du-pape jusqu'à ce qu'on en oublie l'origine. L'arôme vient-il du plat ou vient-il du vin ? Les arômes fumés de la charcuterie de la choucroute peuvent aussi bien révéler le miel et les épices du tokay-pinot gris qu'annihiler le fruit du pinot blanc.

Les arômes de noix du coq au vin jaune rajeunissent le vieux graves blanc et redonnent du fruit frais au vin de voile de Gaillac. Le citron de la blanquette de veau est un véritable révélateur de la délicatesse florale du châteauneuf-du-pape blanc. Les zestes d'orange de l'osso buco ont une action plus discriminante : ils rendent plus complexe le Nebbiolo mais simplifient le Valpolicella. Les notes d'écrevisses de la sauce Nantua révèle un beau fruit blanc dans le saint-joseph. L'arôme de tripaille des tripous annihile le côté végétal du marcillac.

Côté fromages, les arômes lactés de la raclette font ressortir la pointe minérale du vin-de-savoie-Abymes, mais ceux de la tartiflette effacent les touches florales des vins. La symbiose parfaite est atteinte entre les notes de *pénicillium* des fromages bleus et celles du *Botrytis cinerea* du sauternes.

Côté desserts, le café qui marque le gâteau se glisse dans la palette aromatique du porto et du banyuls, fait apparaître un fruit plus frais dans le tokay.
Les herbes aromatiques constituent un cas à part. Le basilic est redoutable pour les vins : il simplifie le bandol ; il éteint le vin de Corse et le Bardolino. En revanche, le thym renforce le côté méditerranéen des corbières et autres coteaux-du-languedoc.

Le rôle des épices

Il en est des épices comme des arômes. Leur force peut souligner telle ou telle composante du vin comme elle peut le modifier, voire l'assassiner. On fera la distinction entre l'arôme de l'épice et sa force piquante, sa chaleur pour reprendre un terme employé par les Anglais pour caractériser la cuisine hindoue.
La senteur spécifique de l'épice peut servir de révélateur à une face cachée du vin ou bien le simplifier. Tout est là affaire de mesure – une épice doit être suggérée et non dominante – et de sympathie entre les deux protagonistes. Si le safran et la cannelle de la crème catalane masquent la complexité du loupiac, ils flattent le vouvray dont la palette aromatique se trouve exacerbée. Le safran éteint le fruit blanc du côtes-de-provence, révèle un peu d'amertume dans le limoux, relance les épices du meursault, se mêle au corton-charlemagne mais laisse le patrimonio indifférent. La muscade remonte la minéralité du sylvaner. Les épices des spare ribs américains effacent le caractère épicé des vins, sauf dans le cas du zinfandel qui s'en trouve conforté. Par conséquent, aucune règle ne se dessine et seule l'expérience peut apporter quelque lumière.
Parfois, l'épice se glisse dans le vin avec un tel naturel que l'on est bien incapable à la dégustation de savoir si son arôme provient du plat ou du vin. C'est le cas notamment de la vanille du homard qui s'intègre au pinot gris, qui renforce la note vanillée du bâtard-montrachet, qui se mêle à celle du Château d'Yquem. En revanche, la même vanille domine la note anisée du montlouis qui s'en trouve déshabillé. De nombreux exemples comme celui du curry confirment cet enrichissement, cet échange épicé entre plat et vin.
Quant au poivre, il sert le plus souvent de révélateur, la meilleure illustration étant fournie par le plateau de charcuteries. Toutefois, confronté à la nuance poivrée de la syrah de l'hermitage, il la renforce et la sublime. Le rôle de l'ail est plus difficile à cerner. Si une pointe discrète donne du tonus aux vins méditerranéens, une forte présence peut être néfaste. Mal dosé sur les cèpes à la bordelaise, l'ail aurait tué tous les grands vins rouges de la dégustation.
Venons-en à la force des épices, celle du piment ou du poivre, qui peut anesthésier le palais et supprimer toute sensation gustative, hormis celle du feu qui envahit la bouche. La boisson ne révèle alors que son rôle rafraîchissant pour éteindre cet incendie ravageur. Une seule solution pour garder au vin une petite chance de se faire apprécier : c'est avec de la mie de pain que l'on remettra ses papilles gustatives en état. C'est ainsi que l'on a pu apprécier le Beerenauslese allemand sur les crevettes à la thaïlandaise et que le vouvray s'est sublimé. En revanche, la sauce barbecue américaine n'a laissé aucune chance aux grands vins californiens. Ce plat de pionniers confectionné au pied du chariot et les grandes stars du Nouveau Monde ne font pas bon ménage. Autant marier John Wayne et Veronica Lake ! Il faut croire que cette sauce à la fois sucrée, acide et très épicée ne laisse que l'alternative du Coca-Cola.

Le rôle de l'iode du poisson

La composante iodée que l'on trouve dans les poissons et les crustacés est déterminante dans la dégustation des vins. L'arôme d'iode qui se dégage d'une huître à peine mâchée perdure en bouche et perturbe la palette aromatique de n'importe quel vin. Dans le meilleur des cas, l'iode se mêle au vin, en se juxtaposant aux senteurs de fleurs ou de fruit de celui-ci, mais bien souvent elle écrase sa finesse. De toutes façons, elle modifie l'équilibre du vin. Quant aux vins rouges, elle les laisse sans voix.
Plus discrète dans la morue aux haricots, l'iode renforce le fruité du patrimonio blanc mais écrase celui du saint-joseph rouge. Dans les coquilles Saint-Jacques, elle relève la note anisée du palette, tandis que dans les moules elle masque le côté végétal du muscadet, ce qui est tout à l'avantage du vin. Cette même note iodée est aidée par la présence très aromatique du citron. Dans le cas de la sole, le couple iode–citron révèle le fruit du grenache blanc et le miel du pouilly-fuissé. La même alliance dans le tartare de poisson aromatise le muscadet, relance le fruité du Rias Baixas, fait apparaître une note de foin dans l'irouléguy blanc. On retrouvera souvent ce rôle accélérateur du citron. Le partenaire de l'iode du poisson est bien l'acidité car celle-ci permet au vin de résister à cet arôme envahissant et de trouver son équilibre.

Le rôle des arômes de viande

La viande apporte des arômes à des degrés divers, légers dans le cas des viandes blanches, prononcés dans celui de l'agneau ou le gibier. Nous verrons plus loin le rôle de la texture et du gras de la viande. Restons-en à ses senteurs. Les arômes délicats du jarret de veau renforcent ceux tout aussi subtils du pinot noir. Le grillé de la peau de poulet fait ressortir le côté torréfié du coteaux-du-languedoc ; il flatte aussi le fruit du saint-joseph. Les arômes de l'agneau font ressortir la touche de cassis du pauillac, ceux du magret le fruit rouge du madiran. Le côté saignant de l'entrecôte à la bordelaise atténue la composante boisée des vins rouges et privilégie leur fruit, mais la forte saveur de la saucisse de Toulouse gomme les arômes floraux du côtes-du-frontonnais et donne de la rusticité au canon-fronsac. Le foie de veau, fort en goût, diminue lui aussi les notes florales du chiroubles et le fait basculer vers un plus grand fruit.

Certaines viandes fumées, comme celles qui entrent dans la choucroute, apportent une note assez puissante pour agresser le pinot blanc. En revanche, celle-ci fait ressortir le miel et les épices du tokay-pinot gris. Le lard de la quiche lorraine remonte le fruité de l'Yvorne et du côtes-de-toul. Même remarque pour l'andouillette qui simplifie le juliénas mais souligne le gras du chablis.

Le cas des gibiers doit être considéré à part. Si le faisan atténue la note boisée du saint-julien, il accentue la note de gibier du côte-rôtie en dominant sa composante de violette. La palombe rehausse le fruit du clos-de-la-roche et du volnay, tout en révélant les notes de cacao ; elle diminue le côté animal du margaux et du saint-julien. Le lièvre, pour sa part, exacerbe tous les fruits et tempère les arômes de gibier des vins. Ceux-ci s'en trouvent flattés et précisés.

En résumé, les arômes viandés à des degrés divers font ressortir le fruit des vins rouges avec d'autant plus d'acuité que ceux-ci sont riches en tanins. Ils simplifient les vins plus légers en structure.

L'influence des saveurs

Le rôle du salé

La notion d'agent de sapidité est capitale. Tous les gourmets savent que deux gouttes de jus de citron sur des fraises nature font ressortir leur saveur et leurs arômes. De même, le sel ajouté à un plat exacerbe son goût qui aurait pu paraître fade sans cet adjuvant. La saveur élémentaire du sel fait ressortir, par contraste (tout comme l'acidité du citron avec le sucre des fraises), les autres composants de la saveur du plat. Avec la maîtrise de la juste cuisson, le salage des plats, pendant et après exécution, est l'un des grands principes de la cuisine.

Le sel d'un plat va jouer avec le vin, toujours par contraste. Bien dosé, il fera ressortir le fruité et la suavité du vin. Ce fut le cas avec la charcuterie, la morue, le sel sur les frites, le confit. Il a rendu certains vins plus gras et plus moelleux ; il a fait paraître la finale d'un saint-estèphe presque sucrée ; il a donné de l'éclat aux vins qui manquaient d'acidité. Le sel du fromage de la raclette a eu la même action, ainsi que celui de la brandade. Dans certains cas, il a révélé des arômes comme les épices du jurançon ou atténué la sensation boisée du côtes-du-roussillon. Trop important, comme dans l'eau de mer des huîtres, il écrase le même fruité et sèche les vins. Tout est donc affaire d'équilibre. L'action du sel peut complètement s'inverser en fonction de la dose.

Le rôle de l'acidité

L'acidité est un élément de la composition du vin. Celle du plat risque d'entrer en conflit et de détruire son équilibre. Par exemple, l'acidité de la tomate sèche le côtes-du-frontonnais rosé, acidifie le Valpollicella ; la sauce barbecue agresse les vins américains ; la sauce aigre-douce thaïlandaise simplifie le Beerenauslese allemand. La sauce pointue qui accompagne le saucisson chaud durcit le saint-amour. En règle générale, l'acidité fait paraître les tanins des vins rouges plus secs et plus durs ; elle rend les vins blancs plus vifs. Néanmoins, on peut trouver quelques effets bénéfiques si elle est dosée avec modération. Elle structure le tavel, peut-être par contraste avec la générosité naturelle du vin ; elle donne du tonus aux vins liquoreux en leur apportant une fraîcheur supplémentaire et en les faisant paraître moins sucrés, ce qui est flatteur pour leur équilibre. Il faut à cet égard distinguer l'acidité d'un vinaigre banal et celle, plus subtile, du jus de citron ou du verjus dont la richesse aromatique vient parfois compenser les effets négatifs : le verjus souligne le fruit du limoux et arrondit le corbières blanc.

Très présente dans les salades, l'acidité n'est pas l'amie du vin. Il faudra dans tous les cas faire un usage homéopathique du vinaigre ou du citron et les remplacer par des succédanés aromatiques.

Le rôle du sucré

On distinguera la saveur sucrée discrète qui entre dans l'équilibre d'un plat et le sucre dominant des desserts. Par contraste la saveur douce de la coquille Saint-Jacques met en évidence la note amère d'un mercurey blanc ; le sucre de la carotte dans l'osso buco fait paraître un Barolo plus vif, mais celui des oignons durcit les tanins d'un saumur-champigny, alors qu'il structure ceux d'un lussac-saint-émilion. Toujours par effet de contraste, les raisins de chasselas présents dans le plat de lapin remontent l'acidité du gevrey-chambertin mais semblent compléter le fruité du bourgueil. En revanche, ils gomment la force épicée du coteaux-d'aix-en-provence. Ainsi, le

sucre d'un plat peut-il modifier le vin selon son équilibre. Avec un vin léger, le sucre du plat fera apparaître un déséquilibre ; les tanins d'un vin rouge ne seront jamais flattés, comme ceux du moulis qui durcissent sur les pommes du foie gras. Resurgit par ailleurs la composante amère de certains vins rouges qui était restée tapie dans leur équilibre.
Un plat comme la pastilla marocaine constitue à lui seul un cas d'espèce, peut-être parce que se mélangent sucre, sel, épices et texture croustillante. Là, le sucre n'agresse pas un vin rouge comme le Rioja. Il donnerait même de la vivacité à un vin liquoreux comme l'Amigne suisse. Il équilibre le rosé du Roussillon. Miracle de l'harmonie propre aux grand plats phares de la cuisine, d'ici ou d'ailleurs.
Sur les desserts accompagnés de vins liquoreux, nous assistons à une addition de sucres, ceux du plat et ceux du vin, ce qui ne va pas dans le sens de la légèreté. Un plat très sucré rend le vin moelleux moins riche. La force sucrée de la crème catalane efface la délicate suavité du gaillac moelleux, la douceur du gâteau au café banalise le jurançon, la tarte Tatin limite la richesse du pacherenc-du-vic-bilh et du montlouis. Cependant, si le vin possède une forte richesse alcoolique, le sucre du vin est certes atténué mais semble plus équilibré. C'est ainsi que le gâteau au chocolat fond le feu du rivesaltes, celui au café fait ressortir le fruit du tokay et disparaître l'alcool du porto. Les crêpes Suzette font paraître le muscat-de-rivesaltes et le pineau-des-charentes plus légers. Un cas particulier, le caramel qui renforce le côté torréfié et épicé des vins, tout en diminuant leur tendance miellée. La leçon à en tirer est que le vin doit dominer le dessert en puissance alcoolique s'il veut préserver sa personnalité liquoreuse. Si l'on va au bout de cette logique, l'ultime démarche consiste à déguster une eau-de-vie sur les desserts. Armagnac sur chocolat, calvados sur tarte aux pommes, eau-de-vie de framboise sur soupe de fruits rouges. Le sucre du dessert adoucit le feu de l'eau-de-vie qu'il faudra consommer en très petite quantité. Mais, là encore, on ne trouvera pas la légèreté et la fraîcheur recherchées en fin de repas. Le verre d'eau fraîche serait-il la seule solution au problème des desserts très sucrés ?

Le rôle de l'amertume

Peu recherchée en gastronomie, l'amertume fait cependant partie de l'équilibre de certains aliments. Sans parler de la franche saveur amère de l'endive qui ne flatte aucun vin, l'amertume perceptible dans un foie de veau flatte le fruit du chiroubles, efface le boisé du saumur-champigny et du Chianti Classico et souligne la touche animale du lussac-saint-émilion. C'est entre le foie gras et les vins liquoreux que les échanges sont les plus flatteurs : la sucrosité du gaillac moelleux est renforcée par l'amertume du foie gras d'oie froid ; les arômes de fruits exotiques du jurançon se révèlent et sa liqueur se rehausse ; le miel et les épices du barsac sont mis en avant. Quant au vin rouge de la dégustation, l'amertume du foie renforce son côté vanillé. Celle du foie gras chaud accentue le fruit du moulis, fait paraître le saussignac beaucoup plus liquoreux, fond le vieux rivesaltes. En résumé, l'amertume est un élément qui joue par contraste, à condition qu'elle ne soit pas dominante dans le plat.

L'influence de la texture

Les aliments solides présentent des textures facilement perceptibles. Chacun sait distinguer le moelleux du craquant, le fondant du sec ou le gélatineux du croustillant. Cette texture, sorte de perception tactile par la bouche, se confronte à celle du vin, laquelle est représentée par l'architecture tannique, la masse de polyphénols et le grain plus ou moins lisse des tanins, équilibrés ou non par l'acidité qui joue dans ce cas le rôle de durcisseur. La rencontre de ces deux sensations de palpation est parfois difficile à analyser. Si l'on veut jouer dans le même sens, un aliment moelleux doit procurer la même sensation de fondu qu'un vin riche en glycérol. Un aliment craquant doit donner la même impression que les tanins d'un vin rouge jeune.
Premier pas pour bien comprendre cette idée : la confrontation de deux liquides. Une sauce crémeuse procurera le même type de sensation tactile qu'un bourgogne blanc mature de la côte mâconnaise. Une sauce pointue et sans crème, citronnée par exemple, donnera la même impression qu'un vin sec de chenin. Venons-en au solide et comparons le blanc, la cuisse et la peau du poulet rôti. Dans le premier cas, la texture est fibreuse et un peu sèche ; la cuisse est plus moelleuse et un peu élastique ; la peau est craquante. Sur le blanc de poulet, le gras de l'hermitage blanc fait contraste et s'en trouve mis en valeur. En revanche, les tanins du coteaux-du-languedoc rouge sont durcis. Sur la cuisse les rôles sont inversés : ce sont les vins rouges modérément tanniques comme le mercurey qui sont équilibrés par la texture de la viande. *A contrario*, le vin blanc perd un peu de sa complexité même s'il gagne en rondeur. Sur le croustillant de la peau le vin blanc devient plus suave par effet de contraste ; les tanins du mercurey sont arrondis comme si le craquant allié au gras masquait le grain tannique du vin. On pourrait faire le même exercice avec deux poissons, l'un gras comme le sau-

mon, l'autre élastique comme la lotte ; avec deux morceaux de bœuf dans le pot-au-feu, l'un fibreux comme le plat de côte, l'autre gélatineux comme le gîte. Dans chaque cas il y aura des interactions différentes avec la structure du vin, son gras et sa richesse tannique. Les croisements sont donc innombrables et chaque cas est particulier. On peut cependant dégager quelques principes de base.

Le rôle du gras

Le gras mêlé aux aliments (poisson ou viande) est le plus extraordinaire des révélateurs. C'est tout d'abord un révélateur d'arômes : il est tout aussi capable de révéler le fruit d'un beaujolais dans la charcuterie que d'épicer le margaux lors de la dégustation sur un navarin. Mais sa principale action s'applique sur les tanins des vins. Les exemples sont innombrables où le gras du plat vient fondre les tanins, lisser leur grain, leur donner de l'amabilité et leur faire perdre leur austérité initiale. Le gras du confit transforme l'irouléguy et le madiran, fond le cahors ; celui du cassoulet adoucit le boisé du minervois ; le beurre du risotto enrobe les tanins du bourgueil ; le gras qui entoure la côte de veau donne au pessac-léognan un gras et un fondu dont il était privé initialement. Tout se passe comme si le gras enrobait ou polymérisait les polyphénols, comme si le vin était projeté dans l'avenir et prenait de l'âge dans le seul instant du repas. Mettre un vin rouge jeune devant un plat riche en gras, c'est deviner son avenir.
Les vins blancs ne sont pas oubliés. Le gras du plat souligne leur fraîcheur par contraste. Le bourgogne-aligoté semble plus nerveux sur le gras de l'andouillette, le côté citronné de l'alsace-riesling semble plus marqué sur le beurre blanc. Mais cette influence joue parfois en sens inverse et le gras peut se glisser dans le vin. C'est ainsi que sur le même beurre blanc le coteaux-du-loir perd de sa verdeur et que le savennières gagne en rondeur. N'en déplaise aux partisans de la diététique, le gras est non seulement délicieux mais il apporte aussi une dimension indispensable aux vins.

Le rôle du moelleux

Voisine de celle du gras, la sensation moelleuse, voire crémeuse, allonge les vins, les rend plus aromatiques, lisse leur structure et fond leur acidité. En matière de vins blancs, du velours vient se glisser dans leur texture. La quenelle de brochet donne du gras aux vins, rendant même l'alsace-tokay-pinot gris plus suave, un peu trop sucré. La texture fondante du ris de veau confère du moelleux au condrieu, la sauce mousseline du turbot exacerbe la rondeur du saint-véran et du meursault. Le sabayon des huîtres au gratin diminue l'acidité du jurançon sec, tandis que le moelleux de la côte de veau renforce le gras du beaune et amabilise le vin jaune du Jura (à l'instar de la crème qui gomme son côté salé). En revanche, le contraste est trop violent avec le boisé du pessac-léognan blanc qui s'en trouve déséquilibré. Cette sensation moelleuse peut aussi amoindrir la force alcoolique d'un châteauneuf-du-pape blanc. La crème, quant à elle, diminue souvent la note florale des vins. Face aux vins liquoreux, le moelleux et le côté crémeux affaiblissent la force sucrée. Le vouvray semble moins liquoreux face à la chantilly ; le bonnezeaux semble plus vif face aux cannelés bordelais. Très étonnante est la confrontation de cette sensation moelleuse avec le pétillant d'un vin effervescent : le turbot fait ressortir les bulles du champagne, les crêpes Suzette celles de la blanquette-de-limoux ; la chair moelleuse du cabillaud contraste avec la perle du Txakoli. Même un vin rouge comme le Lambrusco voit son effervescence soulignée par le moelleux des lasagnes.
Pour les vins rouges, la texture moelleuse est souvent bénéfique à leur grain tannique. La côte de veau assouplit le volnay ; le jarret arrondit les tanins du pinot noir, gomme le côté végétal du chinon et le rend moins austère. Le moelleux du riz de la paella apaise l'acidité du rosé de Navarre. À l'opposé, le ris de veau sèche le Chianti, en affectant sa générosité, alors que le risotto rajeunit les tanins du Rioja. Tout est ici affaire d'équilibre pour des vins qui sont sur la corde raide. Un petit coup de pouce et tout bascule, dans le bons sens comme dans le mauvais.

Le rôle du croustillant

Avec leur accompagnement sonore, le craquant et le croustillant sont à l'exact opposé des sensations moelleuses. On les distinguera l'un de l'autre : on parle en effet du craquant d'un biscuit sec, du croustillant d'une pâte feuilletée. Cette force tactile joue surtout par contraste. Si le croustillant de la pâte de la tarte aux pommes apaise la force alcoolique du calvados, celui de la friture d'éperlans fait ressortir le fruité du muscadet, tout comme celui du pouilly-fuissé. Les croûtons qui accompagnent la brandade soulignent le gras du costières-de-nîmes cependant que le croustillant de la choucroute diminue l'acidité du pinot blanc et du tokay-pinot gris, au risque de l'alourdir, et réduit la vivacité du chablis. Surtout présent dans les pâtisseries, le croustillant favorise les liquoreux. Celui qui accompagne l'ananas donne du volume à l'alsace-gewurztraminer et fond la générosité du macvin-du-jura. Le pastis gascon rend le coteaux-du-layon encore plus velouté et dévoile la pureté du monbazillac. Sur les vins rouges, l'effet n'est en général pas bénéfique : le croustillant va dans le même sens que les tanins et les durcit ou les sèche. Une exception, la galette de pommes de terre qui accompagne le pigeon donne du velours au chambertin ; elle apporte de la finesse au vin du Chili en diminuant sa force, mais le beurre de cuisson ne doit pas être étranger à ce paradoxe. Dans le même sens, la feuille de la pastilla donne du tonus au côtes-du-roussillon rosé, en renforçant sa sensation tannique.

Le rôle du gélatineux

La sensation gélatineuse qui trouve son paroxysme dans le gluant de la cuisine chinoise est différente de celle de gras ou de moelleux. L'impression de collant qui s'y superpose a une grande influence sur les vins. Il y a peu de plats qui privilégient cette texture dans notre cuisine traditionnelle mais les tripous en constituent un bon exemple. Cette sensation gluante diminue l'acidité des vins blancs secs comme le reuilly, révèle un fruité qui était masqué par cette même acidité dominante. Même action sur les vins rouges rustiques et tanniques : le gélatineux assouplit les tanins du vin-de-savoie-mondeuse et du marcillac. De même, le jambon persillé adoucit le givry et le chablis ; il remonte le fruité primaire, gomme les tanins du marsannay et lisse le meursault rouge. Plat vedette de la cuisine de bistro, la tête de veau rend le bourgogne-aligoté plus rond ; sa gélatine apaise le côté végétal du reuilly, ôte de l'acidité à l'irancy. Souvent allié au gras, le gélatineux va dans le même sens.

Le rôle du farineux

La texture farineuse est rarement qualitative. Les haricots qui accompagnent la morue simplifient le patrimonio, lui enlèvent du gras et aplatissent son acidité, comme si elle était absorbé par l'aliment. En revanche, ces mêmes haricots font excellent ménage avec le châteauneuf-du-pape blanc, leur texture farineuse faisant contraste et rendant le vin plus crémeux. Quant aux vins rouges, l'exemple des frites est révélateur d'une double action. Celles-ci sèchent les tanins du madiran – qui n'en ont pas besoin–, ou du buzet. *A contrario*, elles arrondissent ceux du cahors et du lalande-de-pomerol. Il y a là un mystère à éclaircir.

Le rôle de la température

Le contraste des températures du plat et du vin peut apporter de sérieuses modifications dans la perception des équilibres. En règle générale, le froid est anesthésiant, le chaud est révélateur.
Par exemple, la glace à la vanille éteint les arômes du vouvray. En revanche, en atténuant la force alcoolique du muscat-de-rivesaltes, elle fait apparaître la complexité aromatique du vin. La chaleur des crêpes Suzette accentue la légèreté de la blanquette-de-limoux servie plutôt froide ; elle a la même action sur le muscat. La tarte Tatin servie tiède fait ressortir la fraîcheur des vins liquoreux, tout en précisant leur structure et leur équilibre.

Des alliances, région par région

Le tableau ci-après propose des accords avec plus de huit cents vins cités au fil de l'ouvrage, ainsi que des catalyseurs d'alliance (voir page 25). Ces suggestions n'ont pas de caractère restrictif et le lecteur pourra laisser libre cours à son imagination. Le tableau se lit horizontalement.

La couleur jaune correspond aux vins blancs,
l'orangé aux vins blancs liquoreux,
le rouge aux vins rouges
et le rose aux vins rosés.

Les chiffres portés à gauche renvoient aux pages du livre.

- En noir, les vins dégustés lors de l'exercice ;
- en rouge, les vins de remplacement, souvent moins chers et pris dans des appellations voisines ;
- en vert, d'autres vins qui se prêtent à l'exercice, choisis pour leur accord classique ;
- en bleu, les vins étrangers pouvant être goûtés sur les plats.

ALSACE

Page	Vins de l'exercice, ❦ vins de remplacement, ❦ autres vins possibles, ❦ vins étrangers	Plats de l'exercice	Plats régionaux, autres plats et produits pour mettre les vins en valeur	Catalyseurs d'alliance
66	***Côtes-de-toul gris (de 1 à 2 ans)***	Quiche lorraine	Salade au poisson fumé, pissenlits au lard	
66	***Edelzwicker (1 an)***	Quiche lorraine	Charcuteries	Fruit de la Passion, mangue, orange confite, ananas, gingembre, cannelle, curry, houblon, curcuma, safran, miel, caramel, réglisse, poivre, noisettes, pain d'épice, graisse d'oie, saindoux
48	***Gewurztraminer sec (de 1 à 5 ans)***	Foies gras d'oie	Asperges en vinaigrette, feuilleté au roquefort, tarte flambée, saumon fumé à l'oseille, homard Newburg, poulet aux écrevisses, poulet aux morilles, perdreau à la choucroute Salades exotiques, saumon fumé, asperges, foie gras en terrine, foie gras chaud aux raisins Poulet au curry, lotte au safran, cuisine orientale, volaille à la crème, gibier aux airelles, faisan Souvaroff Munster, maroilles, roquefort, livarot, gris de Lille Kouglof, beignets, nougat, tarte au citron, aux quetsches, à la rhubarbe, aux mirabelles	
48	***Gewurztraminer vendanges tardives ou sélection de grains nobles (de 2 à 12 ans)***	Foies gras d'oie		
78		Foie gras de canard chaud aux pommes		
248		Croustillant d'ananas et de noix de coco, coulis de banane au rhum		
260		Pastis gascon		
258		Tarte Tatin		
98		Crevettes thaïlandaises à l'aigre-douce		
52	***Muscat sec (de 1 à 5 ans)***	Asperges en vinaigrette et coquillages	Salades exotiques, saumon fumé, asperges	
154	***Muscat vendanges tardives ou sélection de grains nobles (de 1 à 10 ans)***	Pastilla au pigeon	Asperges à la crème, saumon fumé, lotte au curry, cuisine indienne au curry, artichauts à la crème, tarte aux poireaux	Cassis, cumin, curry, anis, poivre vert, olives vertes, poireaux
256		Tarte fine aux pommes	Melon	
118	***Pinot blanc (de 1 à 3 ans)***	Daurade au fenouil et jus de bouillabaisse	Fruits de mer, coquilles Saint-Jacques au caramel d'endives, soupe de cuisses de grenouille Charcuteries, jambon en croûte, quiche lorraine, tarte à l'oignon Crustacés, cuisses de grenouille à la crème, brochet, poissons grillés, poissons à la crème Poulet à la crème, veau braisé, ris de veau, blanquette de veau Knepfles, spätzle Fromages de chèvre	Pomme, poire, cerfeuil, estragon, anis, endives, peau du lait, viande fumée, moelle, miel, noix de cajou
200		Andouillette au vin blanc		
110		Saumon grillé béarnaise		
104		Quenelles de brochet sauce Nantua		
100		Homard à la vanille		
160		Côte de veau à la crème et aux morilles		
226		Choucroute alsacienne		
83	***Riesling sec, riesling vendanges tardives (de 1 à 12 ans)***	Huîtres	Caviar, fruits de mer, crevettes, escargots à l'anis, huîtres au curry, kälerei, cuisses de grenouille, anguilles, écrevisses, sandre et brochet, truite au bleu, carpe à la juive, Sandre, raie aux câpres, saumon fumé, saumon à l'oseille, jets de houblon à la crème, truite au bleu, saumon grillé, turbot au riesling, coq au riesling, dinde aux marrons, faisan à la choucroute, blanquette de veau au citron,	Poire, pomme, pêche de vigne, citron, menthe poivrée, miel d'acacia, tilleul, orange confite, paprika, gingembre, curry, anis, persil, genièvre, truffe, lard fumé, cerfeuil, chou, graisse d'oie, saindoux, pomme, cumin, crème, lard fumé, raifort, miel d'acacia, poireaux, gruyère graisse d'oie, saindoux, pomme reinette, pomelo, pêche jaune, citron, noisettes, amandes fraîches, miel, vanille, cumin, curry, anis, genièvre, cannelle, crème fraîche, oseille, viande fumée, champignons sauvages, sauce au soja
226		Choucroute alsacienne		
110		Saumon grillé béarnaise		
86		Huîtres au gratin		
56		Tartare de poisson		
90		Coquilles Saint-Jacques aux lentilles		
106		Brochet au beurre blanc		
112		Filets de sole au beurre citronné		
114		Turbot sauce mousseline		
86	***Sylvaner (de 1 à 2 ans)***	Huîtres au gratin	Poissons marinés, poissons grillés, cuisses de grenouilles, nouilles alsaciennes, quiche aux poireaux, tarte à l'oignon, charcuteries, rôti de porc, saucisses de Strasbourg, tarte flambée	
116		Merlu koskera		
88		Mouclade charentaise		
66		Quiche lorraine		
110	***Tokay-pinot gris (de 1 à 8 ans)***	Saumon grillé béarnaise	Asperges, escargots à l'oseille Truffes, foie gras en croûte, vol-au-vent, caviar Cuisine vietnamienne Poissons fumés, poissons de rivière, écrevisses sauce Nantua, turbot rôti, sole grillée, homard grillé Chapon au four, oie rôtie, rognons à la crème, volaille à la crème, lièvre à la crème, curry d'agneau, munster Glace à la vanille	
226		Choucroute alsacienne		
100		Homard à la vanille		
90		Coquilles Saint-Jacques aux lentilles		
104		Quenelles de brochet sauce Nantua		
134		Poulet rôti		
164		Jarret de veau en croûte		
136		Blanc de volaille farci aux truffes		
246		Soupe de fruits rouges		
244	***Tokay-pinot gris vendanges tardives ou sélection de grains nobles (de 1 à 12 ans)***	Cannelés bordelais	Foie gras en brioche, gibiers avec garnitures aux fruits Marrons glacés	Miel, fruits confits, dattes, cacao amer
78		Foie gras de canard chaud aux pommes	Tarte aux amandes, pain à l'anis	
44	***Pinot noir (de 1 à 5 ans)***	Plateau de charcuteries	Terrines, salade de museau, pâtés en croûte Poulet rôti, oie en daube, grillades, bavette à l'échalote, bœuf aux carottes, cochon de lait au four, andouillette à la moutarde Côtes de porc, palette de porc fumée, rôti de porc aux fruits, canard grillé, gigue de chevreuil rôtie, baeckenofe, civet de lièvre aux nouilles Comté, gruyère, brie, cantal	Cerises noires, framboises, quetsches, raisin frais, champignons sauvages, châtaignes, oignons grillés, jus de viande
54		Tomate farcie au fromage de chèvre		
156		Lapin au raisin de chasselas		
60		Saucisson chaud en brioche		
66		Quiche lorraine		

BORDELAIS

Page	Vins de l'exercice, ❦ vins de remplacement, ❦ autres vins possibles, ❦ vins étrangers	Plats de l'exercice	Plats régionaux, autres plats et produits pour mettre les vins en valeur	Catalyseurs d'alliance
	BORDEAUX BLANCS SECS			
66	***1res côtes-de-blaye (de 1 à 2 ans)***	Quiche lorraine	Asperges mayonnaise, escargots de mer à l'aïoli, caviar de Gironde, salade de fruits de mer aux agrumes, fruits de mer, crevettes grises, moules au curry, palourdes, soupe de poisson, beurre d'oursins, huîtres au gratin, salades de poisson, maquereaux au vin blanc, truite grillée, alose à l'oseille, quenelles de brochet, crabe farci, pibales à la basquaise, poissons grillés, langues d'avocat en friture, sole meunière, sole aux cèpes, coquilles Saint-Jacques au gingembre, saumon au gros sel et à la graisse de canard, loubine au vin blanc, homard au beurre blanc, langouste à l'orange, spaghetti aux fruits de mer, risotto aux langoustines, langouste Thermidor Foie gras grillé, ris de veau à la crème, lapin en blanquette, blanquette de veau, poulet à la crème et aux champignons, fondue chinoise Brie, camembert, cabécou, ossau-iraty, crottins	Citron, citron vert, pamplemousse, orange, fruits exotiques Vanille, cannelle, paprika, gingembre, curry Crème fraîche Aneth, estragon, oseille Amandes grillées, noisettes Huile de noix, de noisettes
226	***Entre-deux-mers (de 1 à 2 ans)***	Choucroute alsacienne		
83		Huîtres		
56		Tartare de poisson		
88		Mouclade charentaise		
94		Écrevisses à la gasconne		
88	***Bordeaux sec (de 1 à 2 ans)***	Mouclade charentaise		
83		Huîtres		
66		Quiche lorraine		
142	***Graves blanc (de 1 à 10 ans)***	Coq au vin jaune		
110		Saumon grillé béarnaise		
56		Tartare de poisson		
114		Turbot sauce mousseline		
118		Daurade au fenouil et jus de bouillabaisse		
112	***Pessac-léognan (de 2 à 10 ans)***	Filets de sole au beurre citronné		
142		Coq au vin jaune		
110		Saumon grillé béarnaise		
56		Tartare de poisson		
114		Turbot sauce mousseline		
40		Crème belle aurore		
90		Coquilles Saint-Jacques aux lentilles		
94		Écrevisses à la gasconne		
100		Homard à la vanille		
118	***1res côtes-de-bordeaux (de 1 à 2 ans)***	Daurade au fenouil et jus de bouillabaisse		
222		Bouillabaisse		
	PREMIÈRES CÔTES			
164	***1res côtes-de-blaye (de 2 à 5 ans)***	Jarret de veau en croûte	Thon grillé aux poivrons, œufs brouillés aux cèpes, cèpes grillés, lamproie, daube de cèpes, salade de gésiers confits, canard rôti, canard aux navets, oie aux pommes, oie aux pruneaux, pot-au-feu, cassoulet, poulet rôti, poulet aux morilles, bœuf rôti, daube de bœuf aux olives, agneau rôti, veau braisé aux carottes, veau Marengo, côtes de porc poêlées aux fruits rouges, potée de porc au chou, brochettes de rognons	Framboises, cassis, mûres, pruneaux, raisins secs Thym, laurier Cacao Champignons, olives vertes, vanille, cannelle, poivre noir, poivrons rouges, lard salé, céleri, ail, oignons grillés
192		Foie de veau à la vénitienne		
134	***Côtes-de-bourg (de 2 à 5 ans)***	Poulet rôti		
138		Magret de canard		
180		Entrecôte à la bordelaise		
140		Confit de canard et frites au gros sel		
146		Pintade au chou		
122		Lamproie à la bordelaise		
180	***Côtes-de-castillon (de 2 à 5 ans)***	Entrecôte à la bordelaise		
146		Pintade au chou		
122		Lamproie à la bordelaise		
162	***1res côtes-de-bordeaux (de 2 à 8 ans)***	Poitrine de veau farcie		
188		Navarin d'agneau		
	LIBOURNAIS			
180	***Canon-fronsac (de 3 à 8 ans)***	Entrecôte à la bordelaise	Pâté de sanglier, fricassée de champignons sauvages, plats de truffes, tourte aux morilles, saumon au vin rouge, lotte à l'ail, daurade au vin rouge Confit de canard aux cerises, pintade aux raisins, cailles rôties au lard, poularde demi-deuil, chapon truffé, oie aux pruneaux, grenadin de veau aux cèpes, rognons de veau à la moutarde, tournedos aux morilles, aux cèpes, tournedos Rossini, tournedos à la moelle, tournedos sauce Périgueux, filet de bœuf Wellington, onglet aux échalotes confites au vin rouge, agneau au four et pommes boulangère, faisan en cocotte, bécasse et sa rôtie, civet de lièvre, râble de lièvre au sang, lièvre à la royale, daube de marcassin, noisettes de chevreuil grand veneur	Cerises noires, framboises, cassis, pruneaux, fruits secs Thym, romarin, ail grillé, oignons caramélisés, menthe Champignons sauvages, truffes Vanille, safran, cannelle, réglisse, noix muscade Chocolat, café, croûtons grillés, noisettes grillées Lard salé, moutarde à l'ancienne, moelle de bœuf, jus de viande, jus de gibier, graisse de canard
228		Cassoulet de fèves		
228	***Fronsac (de 3 à 8 ans)***	Cassoulet de fèves		
148		Tourte de cailles aux cèpes		
212		Gigue de chevreuil sauce poivrade		
138	***Lalande-de-pomerol (de 3 à 10 ans)***	Magret de canard		
68		Cèpes à la bordelaise		
136		Blanc de volaille farci aux truffes		
150		Pigeon aux épices		
172	***Lussac-saint-émilion (de 2 à 8 ans)***	Blanquette de veau		
74		Risotto aux champignons sauvages		
192		Foie de veau à la vénitienne		
172	***Montagne-saint-émilion (de 2 à 8 ans)***	Blanquette de veau		
218		Pot-au-feu		
136	***Pomerol (de 3 à 15 ans)***	Blanc de volaille farci aux truffes		
70		Macaronade aux truffes		
212		Gigue de chevreuil sauce poivrade		
180		Entrecôte à la bordelaise		
68		Cèpes à la bordelaise		
214		Lièvre en saupiquet		
218	***Puisseguin-saint-émilion (de 3 à 6 ans)***	Pot-au-feu		
192		Foie de veau à la vénitienne		
180	***Saint-émilion grand cru (de 3 à 15 ans)***	Entrecôte à la bordelaise		

122	***Saint-émilion grand cru (de 3 à 15 ans)***	Lamproie à la bordelaise		
70		Macaronade aux truffes	Gouda, fromages hollandais, tommes d'Auvergne, brie,	
186		Carré d'agneau et gratin dauphinois	saint-nectaire, cheddar, manchego	
214		Lièvre en saupiquet		
74		Risotto aux champignons sauvages	Poires au vin rouge et aux épices	
68		Cèpes à la bordelaise		
68	***Saint-georges-saint-émilion (de 2 à 8 ans)***	Cèpes à la bordelaise		
		RIVE GAUCHE		
186	***Graves (de 2 à 10 ans)***	Carré d'agneau et gratin dauphinois		
160		Côtes de veau à la crème et aux morilles		
180		Entrecôte à la bordelaise		
78		Foie gras de canard chaud aux pommes		
68		Cèpes à la bordelaise		
228		Cassoulet de fèves		
122		Lamproie à la bordelaise		
68	***Pessac-léognan (de 2 à 15 ans)***	Cèpes à la bordelaise		
122		Lamproie à la bordelaise		
160		Côtes de veau à la crème et aux morilles		
180	***Haut-médoc (de 3 à 15 ans)***	Entrecôte à la bordelaise		
58		Œufs en meurette	Foie gras chaud aux raisins, tastous aux truffes, têtes	Framboises, groseilles,
122		Lamproie à la bordelaise	de cèpes farcies, cou d'oie farci	cassis, framboises, pruneaux
188		Navarin d'agneau	Saumon au vin rouge, daurade à l'orientale	Menthe, thym, laurier, romarin,
186		Carré d'agneau et gratin dauphinois		origan
206		Palombe rôtie	Magret de canard, canard au sang, canard aux olives,	
194		Ris de veau aux morilles	aiguillettes de canard aux girolles, confit de canard	Truffes, morilles, champignons
150		Pigeon aux épices	aux pommes,	sauvages,
78	***Listrac (de 2 à 10 ans)***	Foie gras de canard chaud aux pommes	pigeon en cocotte, tourte de canard aux cèpes séchés,	poivron rouge, cèpes séchés,
160		Côte de veau à la crème et aux morilles	coq au vin, poularde truffée,	olives vertes,
206		Palombe rôtie	côte de veau forestière, jarret de veau braisé aux	vanille, cannelle, réglisse, safran,
188	***Margaux (de 3 à 20 ans)***	Navarin d'agneau	olives, bœuf rôti, filet de bœuf en croûte, côte de	poivre noir,
208		Faisan Souvaroff	bœuf au gros sel, tournedos à la moelle, tournedos	cacao, noisettes grillées,
122		Lamproie à la bordelaise	sauce béarnaise, steak au poivre, agneau grillé, épaule	lard salé, ail confit, oignons
206		Palombe rôtie	d'agneau de lait au four, sauté d'agneau aux pru-	caramélisés,
194		Ris de veau aux morilles	neaux, navarin d'agneau, rôti de porc aux pruneaux,	graisse d'oie, moutarde
180	***Médoc (de 2 à 15 ans)***	Entrecôte à la bordelaise	rôti de porc aux figues, foie de veau à la florentine,	à l'ancienne
48		Foies gras d'oie	rognons de veau au poivre, rognons de veau à la mou-	
68		Cèpes à la bordelaise	tarde à l'ancienne, pommes sarladaises, parmentier	
58		Œufs en meurette	d'oie, haricots tarbais à la graisse d'oie	
122		Lamproie à la bordelaise	Gibier à plume, canard sauvage, ortolans, faisan au	
78	***Moulis (de 2 à 15 ans)***	Foie gras de canard chaud aux pommes	chou, salmis de palombes, perdreau rôti au genièvre,	
180		Entrecôte à la bordelaise	bécasse à la ficelle,	
206	***Pauillac (de 4 à 20 ans)***	Palombe rôtie	filet de sanglier aux poires, selle de chevreuil poivrade,	
180		Entrecôte à la bordelaise	lièvre à la daube de cèpes	
186		Carré d'agneau et gratin dauphinois	Mimolette, emmenthal, gouda, édam, saint-nectaire,	
196		Rognons de veau	beaufort, tomme de Savoie, brie, coulommiers	
214		Lièvre en saupiquet	Poires au vin, tarte aux fruits rouges	
68	***Saint-estèphe (de 4 à 20 ans)***	Cèpes à la bordelaise		
196		Rognons de veau		
180		Entrecôte à la bordelaise		
212		Gigue de chevreuil sauce poivrade		
214		Lièvre en saupiquet		
150		Pigeon aux épices		
206	***Saint-julien (de 4 à 20 ans)***	Palombe rôtie		
48		Foies gras d'oie		
208		Faisan Souvaroff		
54	***Bordeaux rosé (de 1 à 2 ans)***	Tomate farcie au fromage de chèvre	Charcuteries,	
226		Choucroute alsacienne	grillades, tricandilles	
68	***Bordeaux supérieur (de 1 à 3 ans)***	Cèpes à la bordelaise	Grillades au feu de bois, gigot d'agneau au four,	
162		Poitrine de veau farcie	steak au poivre, lapin de garenne en cocotte	
		LIQUOREUX		
100	***Barsac (de 3 à … ans)***	Homard à la vanille		Fraises, framboises,
244		Cannelés bordelais	Cuisines chinoise, indienne ou thaï,	poivre
260		Pastis gascon	homard grillé, turbot au sauternes, lotte à l'orange et	
48		Foies gras d'oie	au safran, lamproie au sauternes,	Safran, curry
98		Crevettes à l'aigre-douce	curry d'agneau, cœurs d'artichauts,	
244	***Cérons (de 2 à 8 ans)***	Cannelés bordelais	asperges sauce blanche, foie gras en terrine, foie gras	Caramel, rhum, armagnac,
52		Asperges en vinaigrette et coquillages	chaud aux pommes, canard à l'orange,	cointreau, mandarine impériale,
48	***Cadillac moelleux (de 1 à 5 ans)***	Foies gras d'oie	ris de veau à la crème, ris de veau aux morilles	praline, noisettes grillées, pâte
52	***Graves-de-vayres moelleux (de 3 à 5 ans)***	Asperges en vinaigrette et coquillages	Roquefort, fromages bleus, stilton	feuilletée, crème Chantilly, beurre, crème fraîche

258	***Loupiac (de 2 à 15 ans)***	Tarte Tatin	Crème pralinée, crème caramel, île flottante, frangipane, tarte aux coings, aux raisins, aux noix, aux pêches, profiteroles au chocolat, feuilleté aux poires, sabayon au sauternes, poires au gratin, vacherin glacé, sorbets aux fruits, ananas rôti, bûche de Noël, quatre-quarts, madeleines, treize desserts de Provence, omelette norvégienne, nougat glacé, pudding au riz et aux fruits confits, macarons de Saint-Émilion, millas-sous, merveilles	Fruits confits, orange, cédrat, clémentine, zestes d'agrumes, miel, figues, pâte de coings, dattes séchées, vanille, cannelle, gingembre, safran, paprika doux, sel, poivre
260		Pastis gascon		
252		Crème catalane		
244		Cannelés bordelais		
244	***1res côtes-de-bordeaux moelleux (de 2 à 3 ans)***	Cannelés bordelais		
258	***Sainte-croix-du-mont (de 3 à 10 ans)***	Tarte Tatin		
244		Cannelés bordelais		
256		Tarte fine aux pommes		
252		Crème catalane		
244	***Sauternes (de 3 à … ans)***	Cannelés bordelais		
248		Croustillant d'ananas et de noix de coco, coulis de banane au rhum		
258		Tarte Tatin		
100		Homard à la vanille		
98		Crevettes à l'aigre-douce		
240		Fromages bleus		

BEAUJOLAIS

Page	Vins de l'exercice, vins de remplacement, autres vins possibles, vins étrangers	Plats de l'exercice	Plats régionaux, autres plats et produits pour mettre les vins en valeur	Catalyseurs d'alliance
124	***Beaujolais (de 1 à 3 ans)***	Morue aux haricots et coques	Salade de pissenlits aux lardons, sandre à la crème, cuisses de grenouille sautées, cuisses de grenouille à la crème, pochouse, friture d'éperlans, andouillette au vin blanc, jambon persillé, bugnes	Miel, vanille, poire, noisettes
104		Quenelles de brochet sauce Nantua		
44	***Beaujolais (de 1 à 3 ans)***	Plateau de charcuteries	Saladier lyonnais, fromage de tête, terrines de gibier, assiette anglaise, soupe à l'oignon, salade de pot-au-feu, matelote d'anguilles,	Fraises, framboises, abricots, mûres sauvages, épices douces, poivre, cannelle, réglisse, oignons caramélisés, ail rôti, champignons de Paris, jus de viande, saindoux, moutarde de Dijon, ciboulette
128	***Beaujolais-villages (de 1 à 3 ans)***	Cabillaud sauce vigneronne		
148		Tourte de cailles aux cèpes		
202		Tripous aveyronnais		
192	***Brouilly (de 2 à 4 ans)***	Foie de veau à la vénitienne	Tête de veau, tagliatelles au parmesan, tablier de sapeur, Foie de veau aux épinards, amourettes, pieds de porc grillés, pieds de mouton, hachis Parmentier, ferchuse, poulet sauté, poulet au vinaigre, poulet au gros sel, poulet en crapaudine, poule au riz, pigeon aux petits pois, blanquette de veau, veau en marinière, sauté de veau aux carottes, paupiettes de veau, osso buco, rôti de porc aux cerises, ragoût de porc aux pruneaux, petit salé aux lentilles, côte de bœuf à la moelle, grillades de bœuf, onglet aux échalotes, fondue bourguignonne, paillasson de pommes de terre aux oignons, couscous à l'agneau	
164		Jarret de veau en croûte		
60	***Chénas (de 1 à 8 ans)***	Saucisson chaud en brioche		
218	***Chénas (de 1 à 8 ans)***	Pot-au-feu		
164		Jarret de veau en croûte		
192	***Chiroubles (de 2 à 4 ans)***	Foie de veau à la vénitienne		
44		Plateau de charcuteries		
202		Tripous aveyronnais		
60	***Côte-roannaise (1 an)***	Saucisson chaud en brioche		
60	***Coteaux-du-lyonnais (1 an)***	Saucisson chaud en brioche		
198		Tête de veau sauce gribiche		
172	***Fleurie (de 1 à 4 ans)***	Blanquette de veau		
128		Cabillaud sauce vigneronne		
200		Andouillette au vin blanc		
200	***Juliénas (de 1 à 5 ans)***	Andouillette au vin blanc		
148	***Morgon (de 1 à 10 ans)***	Tourte de cailles aux cèpes	Bœuf bourguignon, potée, tripes à la lyonnaise	Cerises noires, pruneaux, thym, laurier, noisettes, cannelle, safran, poivre noir, champignons, truffes, lard salé, saindoux
146		Pintade au chou		
162		Poitrine de veau farcie		
146	***Moulin-à-vent (de 1 à 10 ans)***	Pintade au chou	Daube, carbonade, bœuf à la ficelle, bœuf braisé aux carottes, carré d'agneau aux herbes, canard aux cerises, lapin en gibelotte, caille aux raisins, chapon truffé, coq au vin, dinde aux marrons, faisan rôti, tourte de canard sauvage, râble de lièvre aux cèpes, civet de lièvre	
60	***Saint-amour (de 1 à 5 ans)***	Saucisson chaud en brioche	Port-salut, pont-l'évêque, cantal, camembert, livarot, mont-d'or, saint-paulin, cervelle de canut, beaufort, reblochon,	
218		Pot-au-feu	Desserts aux fruits rouges	

BOURGOGNE

Page	Vins de l'exercice, vins de remplacement, autres vins possibles, vins étrangers	Plats de l'exercice	Plats régionaux, autres plats et produits pour mettre les vins en valeur	Catalyseurs d'alliance
	AUXERROIS			
44	***Chablis premier cru et grand cru (de 1 à 10 ans)***	Plateau de charcuteries	Saumon fumé, anguille fumée, caviar, crevettes roses, terrines de lapin, de poisson, escargots à l'anis, écrevisses à la nage, coquilles Saint-Jacques aux champignons, poisson cru mariné, brochet au chablis, lotte rôtie, saumon grillé, turbot au four, sole de Douvres, loup en croûte, croustade de fruits de mer, feuilleté d'écrevisses, langoustes grillées, ris de veau poêlés, cervelle aux câpres, volailles pochées, poulet au paprika, côte de veau aux épinards Comté, beaufort, reblochon, saint-nectaire, fromages de chèvre secs, gougères	Citron, citron vert, pomme verte, fruits exotiques, mangue, pêche, poire, fenouil, estragon, aneth, cerfeuil, tilleul, menthe, anis Gingembre, noix muscade, paprika Crème fraîche, beurre, miel, noisettes, amandes Lardons salés, fromage fondu, oignons en purée, petits pois, épinards, mousserons
88		Mouclade charentaise		
86		Huîtres au gratin		
96		Langoustines rôties au safran		
118		Daurade au fenouil et jus de bouillabaisse		
116		Merlu koskera		
46		Jambon persillé à la bourguignonne		
83		Huîtres		
200		Andouillette au vin blanc		
104		Quenelles de brochet sauce Nantua		
114		Turbot sauce mousseline		
226	***Petit-chablis (1 an)***	Choucroute alsacienne	Cuisses de grenouille sautées, escargots	Poireaux, ail grillé
200		Andouillette au vin blanc		
60	***Irancy (de 2 à 5 ans)***	Saucisson chaud en brioche	Jambon persillé, charcuteries, andouillette à la moutarde, sandre au vin rouge, pot-au-feu, bœuf bourguignon, veau Marengo, sauté d'agneau	Cerises, réglisse, carotte, lard salé, poivre, moutarde de Dijon
198		Tête de veau sauce gribiche		
	CÔTE DE BEAUNE			
100	***Bâtard-montrachet (de 2 à 15 ans)***	Homard à la vanille	Foie gras en terrine, homard grillé, langouste rôtie, langouste Thermidor, salades de crustacés, amandes de mer, moules au safran, huîtres chaudes aux truffes, au champagne, anguilles grillées, alose à la crème, coquilles Saint-Jacques aux cèpes Mousseline de brochet, écrevisses à la nage, truite ou omble chevalier aux amandes, carpe farcie, saumon sauce béarnaise, poissons à la crème, saint-pierre rôti aux noisettes, turbot au gratin, sole aux cèpes, rouget, thon blanc en cocotte, lotte aux écrevisses, bar grillé, daurade au citron, daurade au fenouil, lotte à l'américaine, pochouse Tourte aux morilles, tourte aux truffes, vol-au-vent financière, feuilleté aux escargots, cardons à la moelle, ris de veau aux champignons, vol-au-vent financière, volaille truffée, poularde en vessie, chapon truffé, poulet au paprika, poulet aux écrevisses, pigeon aux pêches et aux épices, dinde farcie aux marrons, veau poêlé, côte de veau à l'estragon, filet mignon de porc à la crème, andouillette à la crème Rigodons, bugnes Cantal, laguiole, salers, pérail, brie, reblochon, beaufort, vacherin Mont-d'Or, époisses, saint-florentin, parmesan	Citron, fruits blancs, poire, pomme, ananas, fleur d'oranger, mandarine, miel, coing, tilleul, verveine, menthe Noisettes, amandes, pâte d'amande, pain grillé, croissant Estragon, aneth, thym, vanille, cannelle, poivre, genièvre, safran, paprika, noix de coco, cresson, oseille, artichauts, fenouil Champignons sauvages, girolles, morilles, truffes, marrons Crème fraîche, beurre fondu, brioche, mie de pain, pâte feuilletée, pâte sablée
160	***Beaune (de 2 à 12 ans)***	Côte de veau à la crème et aux morilles		
120	***Chassagne-montrachet premier cru (de 2 à 6 ans)***	Filets de rouget poêlés		
100	***Chevalier-montrachet (de 2 à 15 ans)***	Homard à la vanille		
40	***Corton-charlemagne (de 2 à 15 ans)***	Crème belle aurore		
96		Langoustines rôties au safran		
112		Filets de sole au beurre citronné		
136		Blanc de volaille farci aux truffes		
114	***Meursault premier cru (de 2 à 10 ans)***	Turbot sauce mousseline		
142		Coq au vin jaune		
70		Macaronade aux truffes		
96		Langoustines rôties au safran		
110		Saumon grillé béarnaise		
112		Filets de sole au beurre citronné		
114		Turbot sauce mousseline		
96		Langoustines rôties au safran		
90		Coquilles Saint-Jacques aux lentilles		
194		Ris de veau aux morilles		
96	***Montrachet (de 2 à 20 ans)***	Langoustines rôties au safran		
96	***Pernand-vergelesses (de 1 à 4 ans)***	Langoustines rôties au safran		
40		Crème belle aurore		
96	***Puligny-montrachet premier cru (de 2 à 10 ans)***	Langoustines rôties au safran		
104		Quenelles de brochet sauce Nantua		
48		Foies gras d'oie		
46	***Saint-aubin (de 1 à 5 ans)***	Jambon persillé à la bourguignonne		
208	***Aloxe-corton (de 2 à 5 ans)***	Faisan Souvaroff	Terrines de sanglier ou de perdreau, galantines de gibier, poisson au vin rouge, rouget à la moelle, coquilles Saint-Jacques aux cèpes et aux noix Perdrix au chou, poulet aux épices, cailles aux raisins, poulet chasseur, canard aux olives, aux cerises, aux girolles, lapin aux pruneaux, pigeon laqué aux épices, jambon braisé, poitrine de veau farcie, tourte à la viande, sauté de veau aux carottes, veau Orloff, onglet aux échalotes, côte de bœuf à la moelle, entrecôte marchand de vin, filet de bœuf Wellington, bœuf bourguignon, bœuf braisé aux carottes, pot-au-feu, queue de bœuf, selle d'agneau au four, navarin d'agneau, porc grillé à la moutarde, cochon de lait à la broche, rognons à la moutarde, rognons flambés au cognac	Cerises noires, groseilles, framboises, cassis, mûres, noisettes grillées, noix Menthe, persil, estragon, thym, romarin Poivre, cannelle, vanille, réglisse, safran, cacao, pain d'épice, clou de girofle, moutarde à l'ancienne, eaux-de-vie pour flambage Pruneaux, champignons sauvages, cèpes, morilles, truffes, échalotes poêlées, oignons fondus, ail cuit, carottes, légumes secs, lentilles, haricots, fèves, olives vertes
188		Navarin d'agneau		
58		Œufs en meurette		
46	***Auxey-duresses (de 2 à 5 ans)***	Jambon persillé à la bourguignonne		
206	***Beaune premier cru (de 2 à 9 ans)***	Palombe rôtie		
194	***Chorey-les-beaunes (de 2 à 8 ans)***	Ris de veau aux morilles		
188	***Corton (de 2 à 15 ans)***	Navarin d'agneau		
208		Faisan Souvaroff		
186	***Côte-de-beaune (de 2 à 8 ans)***	Carré d'agneau et gratin dauphinois		
46	***Meursault (de 2 à 8 ans)***	Jambon persillé à la bourguignonne		
58	***Monthélie (de 2 à 6 ans)***	Œufs en meurette		
46		Jambon persillé à la bourguignonne		
58	***Pernand-vergelesses premier cru (de 2 à 8 ans)***	Œufs en meurette		
74	***Pommard (de 2 à 10 ans)***	Risotto aux champignons sauvages		
208		Faisan Souvaroff		
186		Carré d'agneau et gratin dauphinois		

58	***Saint-aubin (de 2 à 6 ans)***	Œufs en meurette	Bécasse flambée, faisan rôti, au chou, colvert aux pêches, caille ou perdreau aux raisins, caille ou perdreau aux lentilles, lièvre sauce poivrade, chevreuil en sauce, folets de biche aux fruits rouges, noisettes de marcassin Emmenthal, comté, tête de moine, reblochon	Lard fumé, beurre fondu, saindoux, moutarde à l'ancienne, pâte feuilletée et croustillante
160	***Saint-romain (de 2 à 5 ans)***	Côte de veau à la crème et aux morilles		
46	***Santenay (de 2 à 6 ans)***	Jambon persillé à la bourguignonne		
46	***Savigny-les-beaunes (de 2 à 8 ans)***	Jambon persillé à la bourguignonne		
150	***Volnay premier cru (de 2 à 15 ans)***	Pigeon aux épices		
206		Palombe rôtie		
146		Pintade au chou		
164		Jarret de veau en croûte		
160		Côte de veau à la crème et aux morilles		
	CÔTE DE NUITS			
44	***Marsannay (1 an)***	Plateau de charcuteries	Salade niçoise, tête de veau, cuisses de grenouille en persillade, jambon braisé, tripes au safran, paella, couscous	
226		Choucroute alsacienne		
66		Quiche lorraine		
212	***Chambertin-clos-de-bèze (de 2 à 15 ans)***	Gigue de chevreuil sauce poivrade	Foie gras chaud aux fruits, jambon sauce au vin, foies de volaille sautés, pieds de porc grillés, côte de veau aux champignons, rôti de bœuf en croûte, côte de bœuf grillée, tournedos Rossini, bœuf bourguignon, agneau pommes boulangère Rognons aux champignons Têtes de cèpes farcies Poularde de Bresse demi-deuil, oie en civet, canard au sang, canard aux cerises, coq au vin, salmis de pintade, magrets de canard grillés, pigeons aux cèpes, aiguillettes de canard, Parmentier à l'oie et aux truffes, perdreau rôti, faisan au chou, grives rôties, colvert aux truffes, bécasse à la ficelle, lièvre à la royale, civet de marcassin, noisettes de chevreuil aux airelles Brie, comté, beaufort, cantal, saint-nectaire, coulommiers, brillat-savarin	Fruits rouges Griottes, fraises, groseilles, mûres sauvages, cassis, myrtilles, pruneaux, figues, cerises à l'eau-de-vie, réglisse, pain grillé, noisettes grillées Vanille, cannelle, gingembre, genièvre, noix muscade, poivre blanc, menthe, thym, romarin, origan, moutarde à l'ancienne Champignons sauvages, cèpes, truffes, noix, raisin frais Pommes de terre rôties, oignons grillés, navets, ail en chemise, saindoux
150		Pigeon aux épices		
196	***Chambolle-musigny (de 2 à 8 ans)***	Rognons de veau		
156		Lapin au raisin de chasselas		
150		Pigeon aux épices		
206	***Clos-de-la-roche (de 2 à 15 ans)***	Palombe rôtie		
136	***Clos-de-vougeot (de 2 à 16 ans)***	Blanc de volaille farci aux truffes		
196		Rognons de veau		
218	***Côtes-de-nuits-villages (de 2 à 6 ans)***	Pot-au-feu		
162		Poitrine de veau farcie		
194	***Echézeaux (de 2 à 12 ans)***	Ris de veau aux morilles		
58	***Fixin (de 2 à 5 ans)***	Œufs en meurette		
46		Jambon persillé à la bourguignonne		
156	***Gevrey-chambertin (de 2 à 8 ans)***	Lapin au raisin de chasselas		
206		Palombe rôtie		
150		Pigeon aux épices		
58	***Hautes-côtes-de-nuits (de 2 à 5 ans)***	Œufs en meurette		
46	***Marsannay (de 2 à 5 ans)***	Jambon persillé à la bourguignonne		
206	***Morey-saint-denis premier cru (de 2 à 8 ans)***	Palombe rôtie		
210		Côte de sanglier aux poires		
162	***Nuits-saint-georges premier cru (de 2 à 8 ans)***	Poitrine de veau farcie		
136		Blanc de volaille farci aux truffes		
58		Œufs en meurette		
214	***Richebourg (de 2 à 20 ans)***	Lièvre en saupiquet		
214	***Vosne-romanée (de 2 à 8 ans)***	Lièvre en saupiquet		
194		Ris de veau aux morilles		
58		Œufs en meurette		
150	***Vougeot (4 ans)***	Pigeon aux épices		
	CÔTE CHALONNAISE			
46	***Givry (de 2 à 4 ans)***	Jambon persillé à la bourguignonne	Moules à la crème, bisque de homard, brochet au beurre blanc, filets de perche, saumon aux épices, sole à l'oseille, écrevisses au lard, escargots de Bourgogne, quenelles de volaille, rillettes d'oie, andouillette à la crème, ris de veau panés, cervelle meunière, veau aux girolles, poule au pot sauce blanche, poulet aux écrevisses, canard aux navets, sauté de veau aux champignons, rôti de porc au lait et au gingembre, cardons à la moelle Comté, beaufort, époisses	Poire, citron, noisettes, miel, tilleul, verveine, gingembre, coing Champignons de Paris, girolles, oseille Crème fraîche, beurre fondu
90	***Mercurey (de 1 à 3 ans)***	Coquilles Saint-Jacques aux lentilles		
46	***Montagny (de 1 à 3 ans)***	Jambon persillé à la bourguignonne		
90	***Rully (de 1 à 3 ans)***	Coquilles Saint-Jacques aux lentilles		
148	***Givry (de 2 à 6 ans)***	Tourte de cailles aux cèpes	Charcuteries, terrines de gibier, jambon de sanglier, fricassée de foies de volaille, cèpes grillés,canard aux cerises, pigeon rôti, poulet de Bresse grillé, poulet au curry, lapin au gril sauce moutarde, escalope de veau panée, osso-buco, côte de bœuf à la moelle, bœuf à la ficelle, bœuf bourguignon, magret de canard, porc grillé, saucisse de Morteau aux lentilles, sauté d'agneau, côtes de mouton à la braise, tripes à la lyonnaise Soupe de fruits rouges, cantal, salers, gruyère	Griottes, cassis, pruneaux, thym, romarin, clou de girofle, poivre, curry, safran, poivron rouge, jus de viande, moutarde de Dijon, tomates séchées, légumes secs, champignons sauvages, pommes frites, haricots blancs
58		Œufs en meurette		
134		Poulet rôti		
58	***Mercurey (de 2 à 5 ans)***	Œufs en meurette		
134		Poulet rôti		
182		Daube de bœuf		
128	***Montagny (de 2 à 6 ans)***	Cabillaud sauce vigneronne		
162		Poitrine de veau farcie		
164		Jarret de veau en croûte		
	CÔTE MÂCONNAISE			
112	***Mâcon (de 1 à 4 ans)***	Filets de sole au beurre citronné	Soufflé au fromage, fruits de mer, tourteau, langoustines mayonnaise, langoustines en beignets, cuisses de grenouille en persillade, escargots en feuilleté, fricassée de champignons, pochouse, truite à l'oseille, filets de perche du lac Léman, poissons au beurre blanc, poissons meunière, lotte braisée, bar grillé, bar en croûte de sel, bar au fenouil, raie gratinée, saumon au vin blanc, chaud-froid de volaille, poulet à la crème, lapin à la crème, cailles aux raisins,	Citron, fruits jaunes, pêche, noisettes, brioche, mie de pain, miel d'acacia, amandes grillées, tilleul, verveine, menthe, pâte de coings Vanille, poivre, safran Pâte croustillante, beurre frais, crème
118		Daurade au fenouil et jus de bouillabaisse		
104		Quenelles de brochet sauce Nantua		
106		Brochet au beurre blanc		
124		Morue aux haricots et coques		
114	***Pouilly-fuissé, pouilly-loché, pouilly-vinzelles (de 2 à 8 ans)***	Turbot sauce mousseline		
112		Filets de sole au beurre citronné		
80		Tartiflette au reblochon		
96		Langoustines rôties au safran		
222		Bouillabaisse		

200	***Saint-véran (de 1 à 5 ans)***	Andouillette au vin blanc	ris de veau financière, fricassée de veau aux girolles, tripes à la mode de Caen Fromages de chèvre, crottins, saint-marcellin, comté, reblochon, vacherin, bugnes, flamusse	
86		Huîtres au gratin		
80		Tartiflette au reblochon		
172		Blanquette de veau		
114		Turbot sauce mousseline		
	APPELLATIONS RÉGIONALES			
226	***Bourgogne (1 an)***	Choucroute alsacienne	Cervelle d'agneau aux câpres, escargots de Bourgogne, cuisses de grenouille à la provençale, beignets de poisson, friture d'éperlans, sole grillée, truite aux amandes, raie au beurre noir, sandre à l'oseille Poulet sauté à la crème, pâtes à la carbonara, blanquette de veau Crottin de Chavignol, fromages de chèvre affinés	Pêche jaune, miel, vanille, champignons blancs, beurre frais, citron, ciboulette, câpres, céleri
200		Andouillette au vin blanc		
46		Jambon persillé à la bourguignonne		
83	***Bourgogne-aligoté, bouzeron (de 1 à 4 ans)***	Huîtres		
200		Andouillette au vin blanc		
198		Tête de veau sauce gribiche		
160	***Bourgogne (de 1 à 5 ans)***	Côte de veau à la crème et aux morilles	Charcuteries, jambon cru salé, jambon persillé, œufs en meurette, steak au poivre, côte de bœuf grillée, agneau rôti, potée bourguignonne, foie de veau à la lyonnaise, cailles en crapaudine, canard aux navets, canard aux cerises Brie, époisses	Cerises, champignons, poivre
198	***Bourgogne-passetoutgrain (de 1 à 3 ans)***	Tête de veau sauce gribiche		

CHAMPAGNE

Page	Vins de l'exercice, vins de remplacement, autres vins possibles, vins étrangers	Plats de l'exercice	Plats régionaux, autres plats et produits pour mettre les vins en valeur	Catalyseurs d'alliance
114	***Champagne sans année***	Turbot sauce mousseline	Caviar, saumon fumé, foie gras en terrine, amuse-gueule feuilletés	Citron, beurre, pain grillé, coing, abricot, pomme verte
114	***Champagne millésimé***	Turbot sauce mousseline	Tartare de poisson, huîtres chaudes, coquilles Saint-Jacques, langouste en bellevue, loup en croûte, sole aux cèpes, poissons de rivière, ris de veau, poulet au champagne, saumon au champagne, coulommiers, reblochon, livarot, tome de Savoie, maroilles, chaource, brie	Brioche, vanille, sabayon au même champagne, citron, pomme, poire, fruits exotiques, miel, pêche, petits fruits rouges, fruits secs, fromage fondu
246	***Champagne rosé (de 2 à 8 ans)***	Soupe de fruits rouges	Homard Newburg, cailles aux raisins, chapon rôti, foie gras chaud, foie gras en brioche, truffes	Purée d'oignons, fraises, champignons
90	***Champagne rosé non millésimé***	Coquilles Saint-Jacques aux lentilles	Tarte aux fraises, bavarois aux framboises	
52	***Rosé-des-riceys (de 1 à 3 ans)***	Asperges en vinaigrette et coquillages	Salade de pissenlits au lard fumé, salade de homard, beignets au fromage blanc, escargots à l'anis, pieds de porc à la Sainte-Menehould, poulet aux cerises, potée champenoise	Amandes, fruits rouges, cerises, vanille, anis, poivre, bergamote, jus de viande
226		Choucroute alsacienne		
200		Andouillette au vin blanc		
66		Quiche lorraine		
44		Plateau de charcuteries		

JURA-SAVOIE

Page	Vins de l'exercice, vins de remplacement, autres vins possibles, vins étrangers	Plats de l'exercice	Plats régionaux, autres plats et produits pour mettre les vins en valeur	Catalyseurs d'alliance
160	***Arbois vin jaune (de 8 à 20 ans)***	Côte de veau à la crème et aux morilles	Foie gras aux noix, pain aux noix, homard grillé, à l'américaine Croute aux morilles Poulet chasseur, poularde au xérès, veau aux champignons, agneau au curry Gruyère, vieux comté Gâteau aux noix	Noix, amandes, noisettes, pomme cuite Pain d'épice, champignons sauvages, morilles, vanille Curry, poivre
142	***Château-chalon (de 8 à 20 ans)***	Coq au vin jaune		
142	***Côtes-du-jura vin jaune (de 8 à 12 ans)***	Coq au vin jaune		
142	***L'étoile (de 2 à 10 ans)***	Coq au vin jaune		
80		Tartiflette au reblochon		
194		Ris de veau aux morilles		
160	***Côtes-du-jura (de 1 à 9 ans)***	Côte de veau à la crème et aux morilles	Cuisses de grenouille, escargots, fondues, brioche au fromage, tarte au fromage Brochet à la crème, filets de perche, truite aux amandes, écrevisses à la nage, quenelles sauce Nantua, meunière, gratin de langouste, pochouse Poulet sauce blanche, cancoillotte, édam vieux, fondue savoyarde, comté, emmental, morbier, septmoncel Vacherin Mont-d'Or, pain perdu	Noix, noisettes, pomme, poire, fromage fondu Curry, safran
80		Tartiflette au reblochon		
40		Crème belle aurore		
194		Ris de veau aux morilles		
202	***Côtes-du-jura, tressot, poulsard (de 1 à 5 ans)***	Tripous aveyronnais	Charcuteries, brésil, jambon braisé, potées, pommes de terre au lard, omelette au sang, saucisson de Morteau, boudin grillé aux pommes, jarret de veau à la tomate, magret grillé, lapin chasseur, jurassienne, reblochon, époisses	Cerises, cassis, fruits confits poivre, réglisse, champignons

248	***Macvin-du-jura***	Croustillant d'ananas et de noix de coco, coulis de banane au rhum	Biscuits au beurre	Caramel, beurre Pâtes croustillantes
264	***Vin de paille (de 8 à 10 ans)***	Gâteau au café	Pets de nones, gaufres au sucre ou à la confiture, gâteaux aux marrons, au chocolat, aux amandes, aux noix, aux myrtilles	Lard fumé, poivre
260		Pastis gascon	Pain d'épice de Dôle, craquelins, malokoff, viquottes de Montbéliard	Champignons, châtaignes
			SAVOIE	
220	***Crépy (de 1 à 2 ans)***	Raclette valaisane	Polenta, farçon, pâtes à la carbonara, purée de pommes de terre au fromage, matafan, farcement, crozets, gratin de cardons, de potiron, rambollets Cervelles en beignets, escalope de veau panée, poulet aux morilles, aux écrevisses Beaufort, tome de Savoie, gruyère, abondance, emmenthal, reblochon, tamié, toupi, chevrotin, fondues, gratinées, gratin savoyard Soufflé au fromage, tarte au beaufort Soupe à l'oseille, au fromage, salade de pissenlits au lard fumé Filets de perche, cuisses de grenouille, omble chevalier meunière, truite au bleu, truite aux amandes, féra à la thononaise, lavaret aux câpres, écrevisses, escargots, lotte au four Charcuteries et pâtés, diots sautés, boudin blanc	Morilles Poire, fruits secs Anis, réglisse Miel, lait, fromage fondu, crème fraîche
80		Tartiflette au reblochon		
104		Quenelles de brochet sauce Nantua		
220	***Roussette-de-savoie (de 1 à 2 ans)***	Raclette valaisane		
80		Tartiflette au reblochon		
220	***Vin-de-savoie-Abymes, Apremont, Ayze (1 an)***	Raclette valaisane		
80		Tartiflette au reblochon		
106	***Vin-de-savoie-Chignin (de 1 à 3 ans)***	Brochet au beurre blanc		
80	***Vin-de-savoie-Chignin-bergeron (de 1 à 4 ans)***	Tartiflette au reblochon		
194		Ris de veau aux morilles		
220		Raclette valaisane		
202	***Vin-de-savoie-Arbin mondeuse (de 2 à 8 ans)***	Tripous aveyronnais	Viande des Grisons, ris de veau, cailles aux raisins, boudin grillé, osso-buco, potée savoyarde, côte de veau à la marmotte, poulet aux girolles, perdreau rôti, grillades de porc, caillettes, potées, viande de bœuf séchée	Framboises, cassis, champignons, viande salée, poivre

VAL DE LOIRE

Page	Vins de l'exercice, vins de remplacement, autres vins possibles, vins étrangers	Plats de l'exercice	Plats régionaux, autres plats et produits pour mettre les vins en valeur	Catalyseurs d'alliance
			PAYS NANTAIS	
222	***Muscadet, muscadet-sèvre-et-maine, muscadet-coteaux-de-la-loire (de 1 à 2 ans)***	Bouillabaisse	Salades de fruits de mer, crevettes grises, tourteau, bigorneaux, sardines en conserve, moules marinières, huîtres chaudes aux épinards, soupe de moules, écrevisses au lard, gambas grillées, poissons grillés, sole à la crème, chaudrée, cotriade, sardines grillées, moules aux poireaux, sardines grillées, friture d'anguilles, cotriade, anguilles en matelote, escargots à la mode d'Oléron Crêpes bretonnes salées, mogettes au lard, embeurrée de choux, Veau au citron Alize, fouace, caillebote, tourteau fromager, chabichou, bougon, mothe Saint-Héray, parthenay, tous fromages de chèvre du Poitou	Citron, pamplemousse, pomme reinette, beurre frais, estragon, fenouil, échalotes, poivre blanc
88		Mouclade charentaise		
56		Tartare de poisson		
83		Huîtres		
88		Mouclade charentaise		
83	***Gros-plant du pays nantais (1 an)***	Huîtres		
56		Tartare de poisson		
			ANJOU	
86	***Anjou sec (de 1 à 2 ans)***	Huîtres au gratin	Asperges à la crème, rillettes, boudin blanc, pâtés de lapin, matelote d'anguilles, brochettes de lotte Huîtres chaudes, rillettes d'oie, saumon fumé, alose à l'oseille, filets de maquereau au vin blanc, carpe farcie, carpe aux morilles, pétoncles au curry, filets de perche, carrelet sauce hollandaise, homard grillé, pibales aux piments et ail frit Chapon à la crème, lapin de garenne au vin blanc, poulet aux écrevisses, cervelle meunière, andouillette à la crème, ris de veau aux truffes, cul de veau à la Montsoreau Fromages de chèvre, cendrés, chabichou, crottin, tourteau fromager, chouze de Saumur, port-salut	Pêche blanche, miel d'acacia, tilleul, verveine, pâte de coings, poivre Citron, pamplemousse, fruits exotiques Brioche, crème, oseille, purée d'oignons, céleri, épinards, lard fumé Vanille, curry, champignons sauvages
226	***Anjou sec (de 1 à 2 ans)***	Choucroute alsacienne		
88		Mouclade charentaise		
52		Asperges en vinaigrette et coquillages		
200		Andouillette au vin blanc		
116	***Savennières, savennières-coulée-de-serrant, savennières-roche-aux-moines (de 2 à 10 ans)***	Merlu koskera		
200		Andouillette au vin blanc		
104		Quenelles de brochet sauce Nantua		
96		Langoustines rôties au safran		
136		Blanc de volaille farci aux truffes		
100		Homard à la vanille		
106		Brochet au beurre blanc		
160		Côte de veau à la crème et aux morilles		
98	***Bonnezeaux (de 2 à 10 ans)***	Crevettes à l'aigre-douce	Cuisine exotique, cuisine thaïlandaise	Fruits exotiques, goyave, mangue, zestes de citron, zestes d'orange confits, prunes, miel, dattes, figues sèches, pâte de coings raisins de Corinthe, abricots secs, pain d'épice, praline, ananas rôti, amandes grillées
244		Cannelés bordelais		
252		Crème catalane		
258		Tarte Tatin		
258	***Coteaux-de-l'aubance (de 1 à 5 ans)***	Tarte Tatin	Foie gras	
260		Pastis gascon		
260	***Coteaux-du-layon (de 1 à 10 ans)***	Pastis gascon		

52		Asperges en vinaigrette et coquillages	Poissons de rivière à la crème, à l'oseille, homard aux épices, salade de fruits de mer au curry Foie gras en terrine, en brioche, volaille à la crème, faisan au foie gras Pommes au four, sorbet à la poire, pain perdu aux fraises, tourte aux prunes, tartes aux fruits, à la rhubarbe, glace à la vanille, biscuits à l'anis d'Angers, fouace, macarons, bottereaux Fromages bleus, fromages de chèvre cendrés, crottins	Crème, pâte feuilletée, noisettes grillées Menthe, réglisse, gingembre, cannelle, vanille, curry, safran
256	***Coteaux-du-layon (de 1 à 10 ans)***	Tarte fine aux pommes		
98		Crevettes à l'aigre-douce		
258	***Quart-de-chaumes (de 2 à 8 ans)***	Tarte Tatin		
244		Cannelés bordelais		
254		Crêpes Suzette		
54	***Anjou (1 an)***	Tomate farcie au fromage de chèvre	Boudin grillé, andouillette grillée à la moutarde, rillettes, cochonnailles, fricassée de foies de volaille	Framboises, poivre
66	***Rosé d'Anjou (1 an)***	Quiche lorraine	Soupe de fruits rouges	
60	***Anjou-villages (de 1 à 5 ans)***	Saucisson chaud en brioche	Charcuteries, rillettes, tarte à l'oignon, bœuf en gelée Saumon au vin rouge, thon à la basquaise, rougets à la tomate, lotte aux poivrons Lapin à la moutarde Sauté de veau aux carottes, poivrons farcis Côtes de porc, veau pané, salade de bœuf bouilli, grillades de bœuf, canard rôti, veau aux poivrons, rognons à la moutarde, agneau de lait grillé, bœuf miroton, fressure d'agneau, poires à l'Angevine, perdreau au raisin Cantal, salers, emmenthal, brie, camembert, coulommiers	Fraises, framboises, cassis, pruneaux, poivron rouge, carottes, oignons caramélisés, champignons des prés, réglisse, genièvre, brioche, légumes primeurs Thym, laurier, persil, curry Olives vertes Lard fumé, purée d'ail, jus de viande rouge, moutarde de Dijon
44		Plateau de charcuteries		
128		Cabillaud sauce vigneronne		
60		Saucisson chaud en brioche		
188		Navarin d'agneau		
44	***Saumur-champigny (de 1 à 5 ans)***	Plateau de charcuteries		
218		Pot-au-feu		
192		Foie de veau à la vénitienne		
156		Lapin au raisin de chasselas		
192	***Saumur rouge (de 1 à 4 ans)***	Foie de veau à la vénitienne		
90	***Saumur, vouvray mousseux***	Coquilles Saint-Jacques aux lentilles	Clafoutis aux abricots, salade de fruits, tarte aux fraises, pâte d'amande, sorbets aux fruits rouges	Pâte sablée, poire, fraises, abricots, fruits secs
246		Soupe de fruits rouges		
		TOURAINE		
110	***Cheverny, cour-cheverny (de 1 à 2 ans)***	Saumon grillé béarnaise	Salade aux croûtons, rillettes d'oie, andouille, quiche tourangelle Tartare de poisson, terrines de poisson sauce au citron Épinards, blettes à la crème, haricots verts sauce béchamel Écrevisses à la nage, anguilles en matelote, alose grillée, friture de gougeons, perche farcie, lamproie au vin blanc, brochet aux échalotes, truite grillée, truite aux mousserons, carpe à la juive, harengs au vin blanc, alose à l'oseille, saumon à l'oseille, au vin blanc Boudin blanc grillé, andouillette grillée, gélines à la crème Tripes au vouvray Livarot, camembert, fromages de chèvre demi-secs	Pomme, agrumes, pamplemousse, abricots, zestes d'orange, amandes amères, miel d'acacia Clou de girofle, anis, gingembre, crème fraîche, échalotes, champignons de Paris, saindoux, huile de noix, Verveine, pâte de coings, tilleul
106	***Coteaux-du-loir (de 1 à 5 ans)***			
106	***Jasnières (de 1 à 5 ans)***	Brochet au beurre blanc		
106	***Saumur (de 1 à 2 ans)***			
83	***Touraine sauvignon (de 1 à 2 ans)***	Huîtres		
116	***Touraine blanc sec (de 1 à 2 ans)***	Merlu koskera		
94		Écrevisses à la gasconne		
172	***Vouvray sec (de 2 à 15 ans)***	Blanquette de veau		
94		Ecrevisses à la gasconne		
78	***Montlouis (de 1 à 8 ans)***	Foie gras de canard chaud aux pommes	Asperges sauce mousseline, vol-au-vent Langouste grillée, volaille à la crème et à l'orange, canard aux bigarades, veau à l'orange Tarte au potiron, foie gras en conserve, clafoutis aux pommes, foie gras chaud aux coings, miots de Touraine, tourte aux prunes, crêpes aux fruits, russeroles, fouace, pruneaux fourrés, croquets, macarons Fourme d'Ambert, bleu de Bresse, bleu d'Auvergne, stilton	Coing, verveine, banane, pomme au four, raisins de Corinthe, fruits confits, praline, noisettes et amandes grillées, miel, datte, figues sèches, zestes d'agrumes confits, citron confit, orange amère, brioche, pâte feuilletée, vanille, cannelle, gingembre, pain d'épice
252		Crème catalane		
258		Tarte Tatin		
256		Tarte fine aux pommes		
100		Homard à la vanille		
244	***Vouvray (de 2 à 20 ans)***	Cannelés bordelais		
252		Crème catalane		
258		Tarte Tatin		
98		Crevettes à l'aigre-douce		
256		Tarte fine aux pommes		
100		Homard à la vanille		
246	***Bourgueil (de 2 à 8 ans)***	Soupe de fruits rouges	Rillettes, flan aux foies de volailles Matelote d'anguille, lotte au vin rouge, sole aux cèpes, maquereaux à la moutarde Fèves à la tourangelle Jambon braisé, œufs en meurette, saucisson chaud pommes à l'huile, sanquette aux oignons Pigeon rôti, géline tourangelle, poule au pot, ragoût de fèves au lard, coq au vin, canard aux navets, canard aux olives, magret de canard aux baies de cassis, aiguillettes aux girolles Daube de bœuf, petit salé aux lentilles, rôti de porc au lait, sauté de porc aux légumes printaniers, aux abricots secs, charbonnée de cochon, agneau à la tourangelle, lapin à la moutarde, aux pruneaux, gibier à plume, colvert aux pruneaux, lièvre rôti, lièvre en saupiquet Clafoutis aux cerises Cantal, mimolette tome de Savoie, gouda, saint-paulin	Framboises, groseilles, pruneaux, cassis, poivre, poivron vert, réglisse Lard salé, poivre, jus de viande, paprika, Champignons sauvages, chanterelles, morilles, olives vertes, oignons caramélisés, sagourne, saindoux, menthe, romarin, thym, moutarde à l'ancienne
218		Pot-au-feu		
162		Poitrine de veau farcie		
134		Poulet rôti		
74		Risotto aux champignons sauvages		
122		Lamproie à la bordelaise		
194		Ris de veau aux morilles		
156		Lapin au raisin de chasselas		
164		Jarret de veau en croûte		
122	***Chinon (de 2 à 15 ans)***	Lamproie à la bordelaise		
146		Pintade au chou		
196		Rognons de veau		
74		Risotto aux champignons sauvages		
164		Jarret de veau en croûte		
210		Côte de sanglier aux poires		
218	***Saint-nicolas-de-bourgueil (de 2 à 8 ans)***	Pot-au-feu		
162		Poitrine de veau farcie		
156		Lapin au raisin de chasselas		
182		Daube de bœuf		
202	***Touraine gamay (1 an)***	Tripous aveyronnais		
74	***Touraine-mesland (de 2 à 3 ans)***	Risotto aux champignons sauvages		

		CENTRE		
198	***Côtes-d'auvergne (de 1 à 2 ans)***	Tête de veau sauce gribiche	Saumon fumé, blinis, caviar, asperges sauce blanche,	
192	***Menetou-salon (de 1 à 2 ans)***	Foie de veau à la vénitienne	huîtres chaudes aux épinards	
198		Tête de veau sauce gribiche	Tomates farcies, pâté d'alouette, andouille, rillettes,	Citron, pamplemousse, zestes
56	***Pouilly-fumé (de 1 à 6 ans)***	Tartare de poisson	truites en gelée, rillettes, poissons fumés, haddock,	d'agrumes, abricot
88		Mouclade charentaise	anguille fumée, soupe de poissons de rivière	
114		Turbot sauce mousseline	Omelette aux girolles, aux cèpes, omelette brayaude	
116	***Quincy (de 1 à 3 ans)***	Merlu koskera	Fruits de mer, langoustines rôties, sole grillée, poissons	Fenouil, estragon, cerfeuil,
198		Tête de veau sauce gribiche	meunière, saumon à l'oseille, moules au curry, anguilles	échalotes, ail, câpres, olives vertes,
202		Tripous aveyronnais	grillées, carpe farcie, brochet au safran, gratin de crabe	menthe poivrée, réglisse, oseille,
200	***Reuilly (de 1 à 3 ans)***	Andouillette au vin blanc	Jambon braisé au vin blanc, andouillette au vin blanc,	safran
198		Tête de veau sauce gribiche	ris de veau à la crème, lapin à la crème	Crème, yaourt, moutarde d'Orléans
202		Tripous aveyronnais	et aux champignons, fricassée de veau,	
202	***Saint-pourçain (de 1 à 2 ans)***	Tripous aveyronnais	canard aux navets, pintade au chou	Curry,
56	***Sancerre (de 1 à 8 ans)***	Tartare de poisson	Cervelle grenobloise, tripes à la mode de Caen	amandes grillées,
226		Choucroute alsacienne	Gougères, crottin de Chavignol, brie, olivet, pavé	
83		Huîtres	blésois, pithiviers, fromages de chèvre demi-secs,	lard fumé
88		Mouclade charentaise	tapinette orléanaise	
106		Brochet au beurre blanc		
220	***Pouilly-sur-loire (de 1 à 2 ans)***	Raclette valaisane	Quenelles de brochet, mousse de homard, raie au beurre noir, gratin de cardons	Raisin frais, crème, câpres
202	***Côtes-d'auvergne (de 1 à 3 ans)***	Tripous aveyronnais	Fricandeaux, jambon de montagne, charcuteries, pieds de porc panés, coq au vin, falette, gigot brayaude, crépinettes de foie aux cèpes, aligot, truffade, pounti, dinde aux marrons, estouffat de perdrix Saint-nectaire, cantal, savaron, murol	Cerises, groseilles, fruits secs, marrons, champignons sauvages
198	***Côtes-du-forez (de 1 à 3 ans)***	Tête de veau sauce gribiche	Chou farci aux châtaignes	
148	***Sancerre (de 1 à 5 ans)***	Tourte de cailles aux cèpes	Charcuteries, poulet rôti, canard aux olives, potée	Cerises noires, champignons, jus de
128		Cabillaud sauce vigneronne	auvergnate, lamproie au vin rouge	viande, pruneaux, châtaignes,
198		Tête de veau sauce gribiche	Grillades de bœuf, chou farci, pot-au-feu auvergnat,	olives vertes, fondue d'oignons
172		Blanquette de veau	aligot, gigot de mouton à la solognote, lapin aux oignons, petit salé aux lentilles, foie de veau aux épinards	
66	***Sancerre (1 an)***	Quiche lorraine	Pied de veau, salades de pieds de mouton, escargots en feuilleté, fricassée de foies de volaille	Fraises, poivre, lard fumé

LANGUEDOC-ROUSSILLON

Page	Vins de l'exercice, ♥ vins de remplacement, ♥ autres vins possibles, ♥ vins étrangers	Plats de l'exercice	Plats régionaux, autres plats et produits pour mettre les vins en valeur	Catalyseurs d'alliance
		LANGUEDOC		
254	***Blanquette-de-limoux méthode ancestrale (1 an)***	Crêpes Suzette		
64	***Clairette-du-languedoc (de 1 à 2 ans)***	Galette d'estofinado au verjus		
76		Lasagne al pesto genovese		
130		Brandade nîmoise		
64	***Corbières (de 1 à 2 ans)***	Galette d'estofinado au verjus		
120		Filets de rouget poêlés	Huîtres de Bouzigues, tellines à l'ail	
76	***Costières-de-nîmes (de 1 à 2 ans)***	Lasagne al pesto genovese		
130		Brandade nîmoise	Escargots à la languedocienne, moules farcies,	
86		Huîtres au gratin	palourdes au beurre de Montpellier, poutargue,	
			beignets de morue, loup grillé à l'anis, calamars à la	Pomme, pêche blanche, citron,
130	***Coteaux-du-languedoc (de 1 à 3 ans)***	Brandade nîmoise	romaine, anguilles de l'étang de Thau, bourride sétoise,	pamplemousse, zestes d'agrumes,
120		Filets de rouget poêlés	fritto misto, rouget à l'antillaise, tielle sétoise, lotte à	fruits exotiques, miel d'acacia
			l'américaine, thon à la tomate, sardines en escabèche,	
222		Bouillabaisse	sardines grillées, bourride, gambas flambées au whisky	Pain grillé, romarin, anis, fenouil,
124		Morue aux haricots et coques		aneth, estragon, menthe,
83	***Coteaux-du-languedoc-Picpoul-de-Pinet (de 1 à 3 ans)***	Huîtres	Fricassée d'artichauts, tomates farcies, tian de	vermouth
86		Huîtres au gratin	courgettes et aubergines, ratatouille	
130		Brandade nîmoise		Champignons,
120		Filets de rouget poêlés	Tête de veau, poulet à la languedocienne, poulet aux	olives vertes et noires, tapenade
64	***Limoux (de 2 à 5 ans)***	Galette d'estofinado au verjus	gambas, poulet au citron	tomates séchées
118		Daurade au fenouil et jus de bouillabaisse		
90		Coquilles Saint-Jacques aux lentilles	Fromage de chèvre frais	Anis, cannelle
124	***Minervois (de 1 à 2 ans)***	Morue aux haricots et coques		
64		Galette d'estofinado au verjus	Pain à l'anis, marrons glacés de Montpellier	
120		Filets de rouget poêlés		
252	***Minervois (de 1 à 5 ans)***	Crème catalane		

54	***Corbières (de 1 à 2 ans)***	Tomate farcie au fromage de chèvre	Calamars farcis, tielle sétoise, bouillabaisse de Nîmes,	framboises, zestes d'orange,
156	***Coteaux-du-languedoc (de 1 à 2 ans)***	Lapin au raisin de chasselas	tripes et thon de Palavas, escargots à la languedocienne Charcuteries, saucisson d'Arles, artichauts à la	banane thym, origan, laurier, fenouil,
54	***Côtes-de-la-malepère (de 1 à 2 ans)***	Tomate farcie au fromage de chèvre	barigoule, pissaladière	menthe, anis, anchois, parmesan,
44	***Faugères (de 1 à 2 ans)***	Plateau de charcuteries	Pot-au-feu en gelée	tomates séchées, olives noires,
54	***Minervois (de 1 à 2 ans)***	Tomate farcie au fromage de chèvre	Cuisine maghrébine, tajines, couscous	tapenade
128	***Cabardès (de 1 à 5 ans)***	Cabillaud sauce vigneronne		
148	***Corbières (de 2 à 8 ans)***	Tourte de cailles aux cèpes		
188		Navarin d'agneau		
210		Côte de sanglier aux poires		
228		Cassoulet de fèves		
146	***Costières-de-nîmes (de 1 à 5 ans)***	Pintade au chou	Cou d'oie farci, aligot, saucisses d'herbes de Lozère	
182	***Coteaux-du-languedoc (de 2 à 8 ans)***	Daube de bœuf		Framboises, cerises noires, cassis,
134		Poulet rôti	Oie rôtie, poulet aux herbes de Provence, coq au vin,	prunes
210		Côte de sanglier aux poires	lapin aux olives, grillades de bœuf, côte de bœuf aux échalotes, entre-	figues, pruneaux secs, noisettes
228		Cassoulet de fèves	côte au roquefort, agneau au four, navarin d'agneau,	grillées, cacao, pain grillé,
208		Faisan Souvaroff	sauté de bœuf aux aubergines, estouffade de bœuf,	
228	***Côtes-de-la-malepère (de 1 à 5 ans)***	Cassoulet de fèves	veau Marengo, carbonade, foie de porc salé, échine de porc à la sauge, saucisse au chou et aux châtaignes,	ail, romarin, thym, serpolet, laurier, sauge, poivre noir, réglisse, ciste,
208	***Faugères (de 2 à 10 ans)***	Faisan Souvaroff	tripes languedociennes, rognons sauce madère,	chou,
146		Pintade au chou	râble de lièvre poivrade, civets de lièvre, sauté de mar-	cannelle, gingembre, noix mus-
156		Lapin au raisin de chasselas	cassin	cade, vanille,
232	***Fitou (de 3 à 10 ans)***	Couscous marocain		lard salé, huile d'olive
228		Cassoulet de fèves	Aubergines grillées, pommes de terre au lard et aux	olives noires, tapenade,
210		Côte de sanglier aux poires	oignons, haricots blancs, fèves,	truffes, champignons sauvages,
138		Magret de canard		
168		Osso buco alla milanese	fricassée de cèpes, omelette aux girolles	jus de viande
208		Faisan Souvaroff		
214		Lièvre en saupiquet	Cuisine maghrébine, tajines, cuisine libanaise, cuisine	
182	***Minervois (de 2 à 8 ans)***	Daube de bœuf	grecque, moussaka	
148		Tourte de cailles aux cèpes		
228		Cassoulet de fèves		
128		Cabillaud sauce vigneronne		
232		Couscous marocain		
146	***Saint-chinian (de 2 à 8 ans)***	Pintade au chou		
186		Carré d'agneau et gratin dauphinois		
174		Barbecue ribs		
	ROUSSILLON			
76	***Côtes-du-roussillon (de 1 à 3 ans)***	Lasagne al pesto genovese	Cargolade, poissons grillés, anguilles en persillade, tel- lines marinière, bouillabaisse de morue, boullinade,	Citron, pamplemousse, zestes d'agrumes, pêche de vigne,
112		Filets de sole au beurre citronné	suquet de poissons de roche, chapon de mer farci,	ail, fenouil, miel de lavande, thym,
40		Crème belle aurore	anchoïade, filets de rouget vendangeurs grillés,	romarin
124		Morue aux haricots et coques	anchois de Collioure Poulet à la langouste	Olives vertes, anchois, poivron vert Fromages de chèvre
196	***Collioure (de 2 à 8 ans)***	Rognons de veau	Ollada, cargolade, daurade au vin rouge, fricassée de	Prunes, cassis, figues, zestes
74	***Côtes-du-roussillon (de 2 à 8 ans)***	Risotto aux champignons sauvages	champignons, daube catalane, boles de picoulat	d'orange
210		Côte de sanglier aux poires	Jambon braisé aux olives, sauté de porc aux poivrons,	Thym, romarin, sauge, laurier,
232		Couscous marocain	perdreaux à la catalane, pigeon au vin rancio,	menthe, basilic, poivre noir
196		Rognons de veau	Agneau rôti, épaule de mouton en pistache, côtelettes de mouton à la braise, civet de sanglier	beurre d'anchois, poivron rouge, tomates confites, olives noires, tapenade, lard salé, huile d'olive
230	***Côtes-du-roussillon (de 1 à 2 ans)***	Paella	Cargolade, soupe de poissons, charcuteries, artichauts au jambon	
	VINS DOUX NATURELS			
262	***Banyuls (de 8 à 20 ans)***	Gâteau au chocolat	Figues rôties au banyuls, canard aux épices	
48		Foies gras d'oie		
264		Gâteau au café et au chocolat	Canard à l'orange, plats au curry, civet de langouste au	Pruneaux, figues sèches, dattes,
248		Croustillant d'ananas et de noix de coco, coulis de banane au rhum	banyuls, calamars en sauce civet	zestes d'orange, de cédrat, pâte de coings, noix, noisettes,
254	***Banyuls (de 2 à 5 ans)***	Crêpes Suzette	Civet de chevreuil sauce grand-veneur, lièvre au cacao	pralin
78	***Maury (de 8 à 15 ans)***	Gâteau au café et au chocolat		
264	***Banyuls hors d'âge***	Foie gras de canard chaud aux pommes	Fromages bleus	Thym, lavande, laurier, romarin
264		Gâteau au chocolat		
78	***Rivesaltes (de 5 à 25 ans)***	Foie gras de canard chaud aux pommes	Pêches rôties au banyuls, marrons glacés, tarte aux	Cacao, café, crème fraîche,
262		Gâteau au chocolat	amandes caramélisées, touron, nougat, pain à l'anis	cannelle, vanille, noix muscade, anis, curry, safran, kirsch
246	***Banyuls vintage (de 2 à 15 ans)***		Lièvre au sang	
246	***Maury vintage (de 2 à 15 ans)***	Soupe de fruits rouges		
246	***Rivesaltes vintage (de 2 à 10 ans)***		Tarte aux framboises, aspic de fruits rouges	

252	***Muscat-de-rivesaltes (de 1 à 2 ans)***	Crème catalane	Melon au jambon, foie gras au raisin Fromages bleus, feuilletés au roquefort Plats au curry Tarte aux pommes, à l'orange, au citron, aux abricots, aux marrons, quatre-quarts aux pommes, clafoutis, sorbets aux agrumes, aux fruits exotiques, pastèque	Fruits rouges, cerises noires, cassis, poivre, cannelle Fruits exotiques, pomelo, zestes d'agrumes, litchi, fruit de la Passion, pêche de vigne, abricot, tilleul, verveine, eau de fleur d'oranger, citronnelle, miel Fromages bleus
256		Tarte fine aux pommes		
264	***Muscat-de-frontignan (de 1 à 4 ans)***	Gâteau au café et au chocolat		
254		Crêpes Suzette		
254	***Muscat-de-lunel (de 1 à 4 ans)***	Crêpes Suzette		
252	***Muscat-de-saint-jean-de-minervois (de 1 à 2 ans)***	Crème catalane		
118	***VINS DE PAYS D'OC***			
64	***VDP d'Oc (de 1 à 3 ans)***	Daurade au fenouil et jus de bouillabaisse	*id* Languedoc blanc	
130		Galette d'estofinado au verjus		
112		Brandade nîmoise		
130		Filets de sole au beurre citronné		
154	***VDP Hérault (de 2 à 10 ans)***	Brandade nîmoise		
52	***VDP Muscat sec (de 1 an)***	Pastilla au pigeon	Saumon fumé, olives, plats au curry	Fruits exotiques, zestes d'agrumes
134		Asperges en vinaigrette et coquillages		
	VDP d'Oc (de 2 à 5 ans)	Poulet rôti	*id* Languedoc rouge	

PROVENCE-CORSE

Page	Vins de l'exercice, vins de remplacement, autres vins possibles, vins étrangers	Plats de l'exercice	Plats régionaux, autres plats et produits pour mettre les vins en valeur	Catalyseurs d'alliance
	CORSE			
130	***Patrimonio (de 1 à 2 ans)***	Brandade nîmoise	Soupe aux châtaignes, morue à la provençale, stockfish, aïoli de poisson, thon grillé aux poivrons, rouget grillés, daurade au citron, truite de montagne, ratatouille, polenta à la farine de châtaigne Tarte au brocciu, brocciu	Citron, agrumes, fruits exotiques, litchi, fenouil, anis, thym, basilic, ail, noisettes, pignons de pin, olives vertes, châtaignes, huile d'olive
120		Filets de rouget poêlés		
124		Morue aux haricots et coques		
64		Galette d'estofinado au verjus		
222		Bouillabaisse		
86	***Vin-de-corse (de 1 à 2 ans)***	Huîtres au gratin		
40		Crème belle aurore		
222		Bouillabaisse		
76		Lasagne al pesto alla genovese		
230	***Ajaccio (1 an)***	Paella	Pâté de merle, saucisson d'âne, coppa, lonzo	Fraises, poivre, anis
118	***Vin-de-corse (de 1 à 2 ans)***	Daurade au fenouil et jus de bouillabaisse		
44	***Vin-de-corse rouge (de 1 à 5 ans)***	Plateau de charcuteries	Anguille au vin rouge, grillades d'agneau, plats aux olives, pebronata, stufatu, ragoût de porc, salmis de perdreaux Cabri rôti, marcassin en civet, foie de veau en cocotte, figatelli, tripes	baies d'arbousier, tomates séchées, aubergine, poivron rouge, châtaignes, romarin, thym, laurier, origan, myrte, ail, cacao, lard salé, noix muscade, huile d'olive
210	***Vin-de-corse (de 1 à 5 ans)***	Côte de sanglier aux poires		
74	***Ajaccio rouge (de 1 à 5 ans)***	Risotto aux champignons sauvages		
168	***Patrimonio rouge (de 2 à 8 ans)***	Osso buco alla milanese		
254	***Muscat-du-cap-corse (1 an)***	Crêpes Suzette	Melon, desserts aux pêches, fritelles aux châtaignes, fiadone, tarte à l'anis	Châtaignes, anis étoilé, amandes grillées, pignons,
	PROVENCE			
222	***Bellet (de 1 à 2 ans)***	Bouillabaisse	Oursins, bulots à l'aïoli, carpaccio de poisson aïgo boulido, petits farcis provençaux, escargots à l'arlésienne, soupe de poisson, soupe aux moules, anchoïade de légumes crus, moules farcies, soupe au pistou, pissaladière, pizza aux olives et anchois, pan bagnat, asperges sauvages Spaghetti alle vongole Esquinade, sardines farcies aux épinards, supions frits, poulpe à l'ail, rouget grillés, loup au fenouil, chapon de mer, daurade au four, bourride, stockfisch à la niçoise Tian à la provençale, courgettes et aubergines grillées, poivrons farcis Gelée de lapin, poulet à la provençale, lapin aux olives, veau aux olives Petits farcis provençaux Picodon, fromages de chèvre, banon, brousse, cacaht, bossons	Citron, zestes d'agrumes, pêche blanche, orange, coing Artichauts, ail, céleri, poivron rouge, Romarin, anis, fenouil, estragon, miel d'acacia, tilleul, lavande, basilic, réglisse, vermouth, safran, poivre Champignons, truffe, noisettes, amandes fraîches, tapenade, tomates séchées, huile d'olive
124		Morue aux haricots et coques		
76	***Cassis (de 1 à 3 ans)***	Lasagne al pesto genovese		
222		Bouillabaisse		
118		Daurade au fenouil et jus de bouillabaisse		
130		Brandade nîmoise		
64		Galette d'estofinado au verjus		
124	***Coteaux-d'aix-en-provence (de 1 à 2 ans)***	Morue aux haricots et coques		
130		Brandade nîmoise		
90		Coquilles Saint-Jacques aux lentilles		
86	***Côtes-de-provence (de 1 à 4 ans)***	Huîtres au gratin		
64		Galette d'estofinado au verjus		
118		Daurade au fenouil et jus de bouillabaisse		
76		Lasagne al pesto genovese		
124		Morue aux haricots et coques		
40		Crème belle aurore		
130	***Palette (de 2 à 8 ans)***	Brandade nîmoise		
64		Galette d'estofinado au verjus		
120		Filets de rouget poêlés		
90		Coquilles Saint-Jacques aux lentilles		
222	***VDP Coteaux du Var (de 1 à 2 ans)***	Bouillabaisse		
230	***Bandol (de 1 à 4 ans)***	Paella	Salade niçoise, tomates mozzarella, aïgo boulido,	Framboises, pruneaux

54	***Bandol (de 1 à 4 ans)***	Tomate farcie au fromage de chèvre	ratatouille provençale, artichauts barigoule, petits farcis provençaux, beignets de courgettes, fleurs de courgettes farcies, fenouil braisé, panisses sautés, tomates provençales, pissaladière, pizza, tarte au fromage frais, aïoli de morue, rouget grillés, sardines en escabèche, thon en cocotte, papeton d'aubergines, panisses, raviolis, cannelloni, macaroni à la niçoise, gnocchi à la provençale Poulet sauté aux poivrons, canard à la bigarade, sauté de veau Marengo, veau à la florentine, pieds-paquets à la marseillaise, agneau grillé aux herbes de Provence Picodon aux herbes	fenouil, anis, aneth, basilic, thym, romarin, origan, safran, tilleul, menthe, réglisse, tomates confites, tapenade, poutargue, anchois salés, anchoïade, olives noires, ail, parmesan
134		Poulet rôti		
98		Crevettes à l'aigre-douce		
120	***Bellet (1 an)***	Filets de rouget poêlés		
222	***Côtes-de-provence (de 1 à 2 ans)***	Bouillabaisse		
54		Tomate farcie au fromage de chèvre		
230		Paella		
118		Daurade au fenouil et jus de bouillabaisse		
186	***Bandol (de 2 à 15 ans)***	Carré d'agneau et gratin dauphinois	Saucisson d'Arles Risotto aux truffes, ravioli aux cèpes, tians à la provençale Aubergines grillées, caviar d'aubergines, polenta, pois chiches Canard au sang, lapin aux olives Grillades d'agneau, plats aux olives, estouffade à la provençale, daube provençale, rôti de porc à la sauge, rognons au vin rouge, bœuf aux poivrons Sauté d'agneau, cabri rôti, daube de mouton, lièvre rôti, chevreuil poivrade, sanglier en civet, pieds-paquets marseillais, sou-fassoum Poisson au vin rouge	Framboises, cerises noires, pruneaux thym, serpolet, romarin, origan, ail, basilic, sauge, noix muscade, cannelle, réglisse oignons caramélisés, lard salé, anchois au sel, beurre d'anchois, fenouil braisé, tomates séchées, cacao, pain grillé, vanille, safran, épices orientales, poivre noir aubergine, poivron rouge, olives vertes et noires, épinards, champignons sauvages, truffe, parmesan huile d'olive Griottes, poivre, thym,
70		Macaronade aux truffes		
212		Gigue de chevreuil sauce poivrade		
232		Couscous marocain		
68		Cèpes à la bordelaise		
208		Faisan Souvaroff		
188		Navarin d'agneau		
196		Rognons de veau		
214		Lièvre en saupiquet		
172	***Bellet (de 1 à 8 ans)***	Blanquette de veau		
156	***Coteaux-d'aix-en-provence (de 2 à 10 ans)***	Lapin au raisin de chasselas		
148	***Côtes-de-provence (de 2 à 10 ans)***	Tourte de cailles aux cèpes		
70	***Côtes-de-provence (de 2 à 10 ans)***	Macaronnade aux truffes		
172		Blanquette de veau		
186		Carré d'agneau et gratin dauphinois		
212		Gigue de chevreuil sauce poivrade		
156	***Palette rouge (de 2 à 15 ans)***	Lapin au raisin de chasselas		
128	***VDP pinot noir (de 1 à 6 ans)***	Cabillaud sauce vigneronne		
164		Jarret de veau en croûte		
148	***VDP Coteaux du Var (de 1 à 5 ans)***	Tourte de cailles aux cèpes		
188		Navarin d'agneau		

VALLÉE DU RHÔNE

Page	Vins de l'exercice, vins de remplacement, autres vins possibles, vins étrangers	Plats de l'exercice	Plats régionaux, autres plats et produits pour mettre les vins en valeur	Catalyseurs d'alliance
		VALLÉE DU RHÔNE SEPTENTRIONALE BLANCS		
40	***Château-grillet (de 2 à 12 ans)***	Crème belle aurore	Saumon cru mariné, écrevisses sauce Nantua, écrevisses en gratin, brochet en terrine, filets de perche, cuisses de grenouille à la crème, huîtres aux épinards, coquilles Saint-Jacques à la nage, langouste au beurre d'orange, asperges sauce mousseline, plats au curry, poissons de rivière farcis aux herbes, friture de goujons, fromages de chèvre, tarte aux abricots	Pêche jaune, abricot, poire, coing, citron, ananas, amandes grillées, crème fraîche, beurre frais, vanille, cannelle, gingembre, paprika, curry, aneth, lavande, thym, romarin, oignons fondus
96		Langoustines rôties au safran		
112	***Condrieu (de 2 à 4 ans)***	Filets de sole au beurre citronné		
104		Quenelles de brochet sauce Nantua		
194		Ris de veau aux morilles		
90		Coquilles Saint-Jacques aux lentilles		
40		Crème belle aurore		
134	***Crozes-hermitage (de 2 à 8 ans)***	Poulet rôti	Sandre à la crème, gratin de queues d'écrevisses, rôti de porc, terrine de volaille, caillettes de la Drôme	Pêche jaune, noisettes, amandes fraîches, citron Miel, lavande, fenouil, céleri, réglisse, estragon, menthe, paprika, vanille, cannelle, Crème fraîche, beurre fondu Truffes, champignons sauvages, girolles
104		Quenelles de brochet sauce Nantua		
110		Saumon grillé béarnaise		
40		Crème belle aurore		
96		Langoustines rôties au safran		
232	***Hermitage (de 2 à 15 ans)***	Couscous marocain	Loup en croûte, langouste rôtie, saumon béarnaise, sole aux girolles, lotte rôtie, brochet, saumon grillé aux herbes Poulet au vinaigre Saint-marcellin, picodon, rigotte	
68		Cèpes à la bordelaise		
70		Macaronade aux truffes		
186		Carré d'agneau et gratin dauphinois		
182		Daube de bœuf		
196		Rognons de veau		
192		Foie de veau à la vénitienne		
208		Faisan Souvaroff		
142		Coq au vin jaune		
134		Poulet rôti		
114		Turbot sauce mousseline		
40		Crème belle aurore		
100		Homard à la vanille		
116	***Saint-joseph (de 1 à 4 ans)***	Merlu koskera		
64		Galette d'estofinado au verjus		

104	***Saint-joseph (de 1 à 4 ans)***	Quenelles de brochet sauce Nantua		
	VINS DE PAYS			
80	***Chardonnay de l'Ardèche (1 an)***	Tartiflette au reblochon	Poissons de rivière	id mâcon
112	***Viognier (de 1 à 2 ans)***	Filets de sole au beurre citronné	Grenouilles, sandre	id condrieu
104		Quenelles de brochet sauce Nantua		
194		Ris de veau aux morilles		
	VALLÉE DU RHÔNE SEPTENTRIONALE ROUGES			
148	***Cornas (de 3 à 15 ans)***	Tourte de cailles aux cèpes		
208		Faisan Souvaroff		
212		Gigue de chevreuil		
210		Côte de sanglier aux poires		
196		Rognons de veau	Daube de bœuf,	
214		Lièvre en saupiquet	côte de bœuf aux grains de cassis et à la moelle	Cassis, prunes, framboises,
188	***Côte-rôtie (de 2 à 15 ans)***	Navarin d'agneau		pruneaux, figues sèches, cerises à
148		Tourte de cailles aux cèpes		l'eau-de-vie, noisettes grillées
208		Faisan Souvaroff		
150		Pigeon aux épices		Ail, thym, menthe, romarin, laurier,
60	***Crozes-hermitage (de 1 à 12 ans)***	Saucisson chaud en brioche	Rognon entier dans sa graisse,	pain grillé, vanille, cannelle,
134		Poulet rôti	canard à la presse, poularde en vessie aux truffes,	jus de viande, jus de gibier
164		Jarret de veau en croûte	gibier à poil en sauce poivrade	
172		Blanquette de veau		Oignons grillés, lard salé, olives
212		Gigue de chevreuil sauce poivrade	Agneau grillé, gigot de sept heures	vertes, truffes
196	***Hermitage (de 2 à 20 ans)***	Rognons de veau		
214		Lièvre en saupiquet		
60		Saucisson chaud en brioche		Cacao, poivre
172	***Saint-joseph (de 1 à 8 ans)***	Blanquette de veau	Bécasse, truffes sous la cendre	
188		Navarin d'agneau		
128		Cabillaud sauce vigneronne		
110		Saumon grillé béarnaise		
164		Jarret de veau en croûte		
134		Poulet rôti		
	VALLÉE DU RHÔNE MÉRIDIONALE BLANCS			
52	***Clairette-de-die (1 an)***	Asperges en vinaigrette et coquillages	Soufflé aux fruits exotiques, melon, gâteau aux noix, île flottante	Citron, pomelo, miel
120	***Châteauneuf-du-pape (de 1 à 10 ans)***	Filets de rouget poêlés	Langouste mayonnaise, tourteau farci, loup flambé au	
100		Homard à la vanille	fenouil, saumon grillé,	Citron, pêche jaune, abricot
124		Morue aux haricots et coques	brandade, bourride,	Noisettes, amandes fraîches
172		Blanquette de veau	ris de veau, cervelle meunière,	
64		Galette d'estofinado au verjus	côte de veau aux girolles,	Miel, fenouil, aneth, estragon,
40		Crème belle aurore	pigeon aux petits pois	thym, romarin, safran, curry
120	***Côtes-du-rhône-villages (de 1 à 2 ans)***	Filets de rouget poêlés	Artichauts à la barigoule, cardons à la crème, tian de	Crème fraîche, huile d'olive,
202		Tripous aveyronnais	courgettes, risotto aux truffes blanches	tomates séchées, artichauts,
124		Morue aux haricots et coques		aubergines, girolles, truffes
118		Daurade au fenouil et jus de bouillabaisse	Fromages de chèvre, picodon mariné à l'huile d'olive	blanches
172		Blanquette de veau		
64	***Lirac (de 1 à 3 ans)***	Galette d'estofinado au verjus		
	VALLÉE DU RHÔNE MÉRIDIONALE ROUGES ET ROSÉS			
44	***Côtes-du-rhône-villages (de 1 à 2 ans)***	Plateau de charcuteries		
154		Pastilla au pigeon	Gaspacho, pizza,	
54	***Lirac (1 an)***	Tomate farcie au fromage	rouget grillés,	Framboises, fraises, poivre
54	***Tavel (de 1 à 3 ans)***	Tomate farcie au fromage	tian à la provençale, aubergines grillées, tomates farcies à	
230		Paella	la viande,	Anchois, olives noires, tapenade,
154		Pastilla au pigeon	morue en aïoli, fricassée de champignons, canard aux	
44		Plateau de charcuteries	airelles, lapin aux olives,	herbes de Provence
60		Saucisson chaud en brioche	grillades d'agneau	
98		Crevettes à l'aigre-douce		
210	***Châteauneuf-du-pape (de 2 à 20 ans)***	Côte de sanglier aux poires		Thym, romarin, origan, laurier, ail
74		Risotto aux champignons sauvages	Estouffade de bœuf, daube provençale, steak au poivre,	grillé, poivron rouge, épinards,
70		Macaronade aux truffes	rognons de veau sauce madère,	haricots blancs, fèves, pois chiches,
212		Gigue de chevreuil	civet de lièvre, lièvre à la royale, civet de sanglier,	aubergines, courgettes, tomates
214		Lièvre en saupiquet		séchées
136	***Coteaux-du-tricastin (de 2 à 5 ans)***	Blanc de volaille farci aux truffes	truffes sous la cendre	Jus de viande, lard salé
120	***Côtes-du-luberon (de 1 à 5 ans)***	Filets de rouget poêlés	Ragoût de mouton aux olives, daube d'agneau aux aubergines,	Vanille, cannelle, safran, poivre
218	***Côtes-du-rhône-villages (de 1 à 6 ans)***	Pot-au-feu		noir, réglisse
160		Côte de veau à la crème et aux morilles	canard aux olives	
136		Blanc de volaille farci aux truffes	Ragoût de pommes de terre au lard, fricassée de cèpes	Olive noire, tapenade, oignon grillé,
146	***Côtes-du-rhône-villages-Cairanne (de 1 à 8 ans)***	Pintade au chou	Coq au vin, pigeon aux épices, faisan aux marrons	huile d'olive
164	***Côtes-du-ventoux (de 2 à 5 ans)***	Jarret de veau en croûte		Truffes, cèpes

210	***Gigondas (de 2 à 10 ans)***	Côte de sanglier aux poires	Salers, époisses	Cacao, pain grillé Framboises, cassis, pruneaux, noisettes grillées
146	***Lirac (de 1 à 5 ans)***	Pintade au chou		
146	***Vacqueyras (de 2 à 8 ans)***	Pintade au chou		
68		Cèpes à la bordelaise		
70		Macaronade aux truffes		
74		Risotto aux champignons sauvages		
168		Osso buco alla milanese		
174		Barbecue ribs		
		VINS DOUX NATURELS		
252	***Muscat-de-beaumes-de-venise (de 1 à 2 ans)***	Crème catalane	Pastilla, tajines, canard laqué, melon, tarte meringuée au citron, calissons d'Aix, treize desserts provençaux, nougat de Montélimar, gâteau aux noix, pogne aux pêches	Zestes d'orange, miel
254		Crêpes Suzette		
262	***Rasteau (de 2 à 12 ans)***	Gâteau au chocolat	Fromages bleus, tarte aux myrtilles, pêches rôties	Caramel, safran, cacao
246		Soupe de fruits rouges		
264		Gâteau au café et au chocolat		

SUD-OUEST

Page	Vins de l'exercice, ❦ vins de remplacement, ❦ autres vins possibles, ❦ vins étrangers	Plats de l'exercice	Plats régionaux, autres plats et produits pour mettre les vins en valeur	Catalyseurs d'alliance
		HAUT-PAYS		
130	***Bergerac sec (de 1 à 3 ans)***	Brandade nîmoise	Huîtres, fruits de mer, tourin à la tomate, chipirons à la plancha, poissons grillés, saumon à l'oseille, sandre grillé, brochet aux écrevisses, brandade de morue, poulet basquaise, poulet à l'ail confit Cabécou	Pamplemousse, fruits exotiques, litchi, miel, pêche jaune, curry, gingembre, citron, noisettes grillées
106		Brochet au beurre blanc		
130	***Côtes-de-duras sec (de 1 à 3 ans)***	Brandade nîmoise		
52		Asperges en vinaigrette et coquillages		
56		Tartare de poisson		
88		Mouclade charentaise		
106		Brochet au beurre blanc		
198		Tête de veau sauce gribiche		
110	***Gaillac sec (de 1 à 2 ans)***	Saumon grillé béarnaise	Sandre, brochet, truite aux amandes, morue aux haricots, brochettes de lotte au lard, truite en papillote, morue à la tomate Tripes au safran, cèpes à la crème	Pomme, poire, citron vert, fruits secs, safran, champignons,
220		Raclette valaisane		
94		Écrevisses à la gasconne		
52		Asperges en vinaigrette et coquillages		
142	***Gaillac vin de voile (de 8 à 10 ans)***	Coq au vin jaune	Homard à l'américaine, poularde aux morilles, foie gras aux noix	noix, lard fumé,
56	***Vins-d'entraygues-et-du-fel (de 1 à 2 ans)***	Tartare de poisson	Écrevisses, escargots, truites, charcuteries, rillettes, frittons, aligot, laguiole, cantal	coing, citron, lard salé,
198		Tête de veau sauce Gribiche		
262	***Gaillac mousseux méthode gaillacoise (1 an)***	Gâteau au chocolat	Salade de fruits, pommes au four, fouace à la fleur d'oranger, rissoles aux pruneaux, flaunes, millas au sucre	Citron, pomme, cannelle, cacao
254		Crêpes Suzette		
262		Gâteau au chocolat		
220	***VDP Haute-Garonne (de 1 à 5 ans)***	Raclette valaisane	*id* vins-d'entraygues-et-du-fel	
48	***Côtes-de-duras moelleux (de 1 à 5 ans)***	Foies gras d'oie	Saucisson de foie, escargots à l'anis Boudin aux châtaignes Poulet au gaillac doux, carpe farcie au foie gras Soufflé aux fruits, tartes aux pommes, aux poires, aux noix,	Pomme cuite, noix, lard fumé, anis, safran, cannelle
52	***Gaillac moelleux (de 1 à 3 ans)***	Asperges en vinaigrette et coquillages		
48		Foies gras d'oie		
252		Crème catalane		
244		Cannelés bordelais		
254	***Monbazillac (de 2 à 15 ans)***	Crêpes Suzette	Melon au monbazillac, foie gras en terrine, homard grillé, gratin de fruits de mer, crêpes flambées, pescajoune aux pommes, tourtous aux pruneaux, tarte à la rhubarbe, entremets aux fruits, pruneaux d'Agen, purée de châtaignes, beignets de fleurs d'acacia, merveilles, croquants aux noix, rasimat, millas au sucre, crème caramel, sorbet aux pruneaux et à l'armagnac Fromages bleus	Fruits confits, pomme ou poire cuite, abricots cuits, pâte de coings, pêche rôtie, châtaignes, pralin, cannelle, vanille, poivre, amandes grillées, miel, rhum, armagnac, pâte croustillante
260		Pastis gascon		
252		Crème catalane		
258		Tarte Tatin		
78	***Rosette (de 1 à 4 ans)***	Foie gras de canard chaud aux pommes		
52	***Saussignac (de 1 à 8 ans)***	Asperges en vinaigrette et coquillages		
260		Pastis gascon		
78		Foie gras de canard chaud aux pommes		
162	***Bergerac (de 2 à 5 ans)***	Poitrine de veau farcie	Saumon au vin rouge, sanquette, boudin grillé périgourdin, cou d'oie farci, pommes sarladaises, poule au pot, navarin d'agneau, pintade au chou, poulet au sang, poulet au verjus, aiguillettes de canard au vin rouge, canard aux pêches, canard à la bigarade et aux épices, rôti de porc aux pruneaux, petit salé aux lentilles, bœuf aux carottes, tripes, lapin chasseur, grives aux raisins, cèpes à la bordelaise, truffes sous la cendre	Cassis, framboises, griottes, pêche jaune, épices vanillées, cannelle, genièvre, safran, thym, laurier, romarin, jus de viande, lard salé, graisse d'oie, ail grillé, oignons caramélisés, poivre noir Champignons sauvages, truffes, pruneaux
138		Magret de canard		
182		Daube de bœuf		
218	***Buzet (de 2 à 8 ans)***	Pot-au-feu		
122		Lamproie à la bordelaise		
156		Lapin au raisin de chasselas		
138		Magret de canard		
212		Gigue de chevreuil sauce poivrade		
140		Confit de canard et frites au gros sel		
212	***Cahors (de 2 à 10 ans)***	Gigue de chevreuil sauce poivrade	Poisson au vin rouge Saucisse de foie, mourtayrol, omelette aux truffes, cèpes farcis,	Framboises, griottes, pruneaux, vanille, cannelle, genièvre, safran, thym, laurier, romarin, jus de viande, lard salé, graisse d'oie,
48		Foies gras d'oie		
138		Magret de canard		
182		Daube de bœuf		
140		Confit de canard et frites au gros sel		

60	***Cahors (de 2 à 10 ans)***	Saucisson chaud en brioche	pot-au-feu, daubes, alicot, enchaud, tripes au safran,	
136		Blanc de volaille farci aux truffes	hochepot de bœuf,	
148		Tourte de cailles aux cèpes	tastou aux truffes,	huile de noix, ail grillé; oignons
206		Palombe rôtie	civet de lièvre, lièvre en cabessal, alouettes aux	caramélisés, poivre noir
228		Cassoulet de fèves	châtaignes, civet de canard, tourte de volaille	
150		Pigeon aux épices	aux salsifis, porc aux châtaignes, cou d'oie farci, alicot,	
182		Daube de bœuf	cuissot de chevreuil aux cèpes, perdreaux aux raisins,	
186		Carré d'agneau rôti	hachis Parmentier d'oie, rognons à la moutarde, cèpes	
		et gratin dauphinois	à la sarladaise, veau braisé aux cèpes, gigot aux	Truffes, cèpes, noix
138	***Coteaux-du-quercy***	Magret de canard	soixante gousses d'ail	
140	***(de 2 à 4 ans)***	Confit de canard et frites au gros sel		
218	***Côtes-de-bergerac***	Pot-au-feu	Cantal, salers, laguiole	
140	***(de 2 à 8 ans)***	Confit de canard et frites au gros sel		
156	***Côtes-de-duras (de 2 à 8 ans)***	Lapin au raisin de chasselas		
54	***Côtes-du-frontonnais (1 an)***	Tomate farcie au fromage de chèvre	Jambon de Bayonne, rillettes de canard, assiette anglaise mayonnaise, taboulé	Framboises, mayonnaise, moutarde de Brive
188	***Côtes-du-frontonnais***	Navarin d'agneau	Charcuteries, lamproie au vin rouge, magret d'oie grillé,	Réglisse, mûres sauvages, poivre,
140	***(de 1 à 5 ans)***	Confit de canard et frites au gros sel	saucisse de Toulouse grillée, pintade au lard, brochettes	poivrons rouges, pain grillé, graisse
128		Cabillaud sauce vigneronne	de rognons sauce diable, grillades de bœuf ou d'agneau,	de canard, safran, poivre
228		Cassoulet de fèves	tripes au safran	
218	***Côtes-du-marmandais***	Pot-au-feu		
	(de 2 à 5 ans)			
54	***Gaillac (1 an)***	Tomate farcie au fromage de chèvre		
140	***Gaillac rouge (de 1 à 6 ans)***	Confit de canard et frites au gros sel		
128		Cabillaud sauce vigneronne		Oignons grillés, cassis, menthe, jus
228		Cassoulet de fèves	Canard à l'albigeoise, tripes de mouton, canard au sang,	de viande, poivrons rouges, cacao
140	***Marcillac (de 2 à 8 ans)***	Confit de canard et frites au gros sel	cassoulet, ragoût d'oie, échine de porc rôtie aux marrons,	
202		Tripous aveyronnais	lapin aux olives	
138	***Pécharmant (de 2 à 10 ans)***	Magret de canard		
202	***Vins-d'estaing (de 2 à 5 ans)***	Tripous aveyronnais		
		PIÉMONT PYRÉNÉEN		
112	***Béarn sec (de 1 à 2 ans)***	Filets de sole au beurre citronné		
116	***Irouléguy (de 1 à 2 ans)***	Merlu koskera	Fruits de mer, caviar, tourin à l'ail, soupe aux châtaignes,	
124		Morue aux haricots et coques	ouillade, beignets de morue, saumon fumé, truites	Agrumes, pamplemousse, citron,
86		Huîtres au gratin	à l'ardoise, langouste grillée au beurre citronné	citron vert, vanille, miel, lard fumé,
94		Écrevisses à la gasconne	Ttoro, chipirons à l'encre,	anis, fenouil, estragon, cerfeuil,
226	***Jurançon sec (de 1 à 5 ans)***	Choucroute alsacienne	pibales au piment d'Espelette, loubine grillée, tarte aux	poivron vert, tomates séchées,
83		Huîtres	anchois	fruits secs, noisettes, chanterelles
110		Saumon grillé béarnaise		
86		Huîtres au gratin	Alose à l'oseille, merlu sauce verte, truite à l'ardoise,	
56		Tartare de poisson	truite farcie aux girolles, calamars, seiches à l'encre,	
80	***Pacherenc-du-vic-bilh sec***	Tartiflette au reblochon	thon basquaise	
56	***(de 1 à 2 ans)***	Tartare de poisson		Graisse de canard
94		Écrevisses à la gasconne	Poulet à la crème, brioche aux fromages	
110		Saumon grillé béarnaise		
112		Filets de sole au beurre citronné	Fromages de chèvre, ardi gasna	
116	***Tursan (de 1 à 2 ans)***	Merlu koskera		
94		Écrevisses à la gasconne		
254	***Jurançon (de 1 à 12 ans)***	Crêpes Suzette		
258		Tarte Tatin		
260		Pastis gascon		
264		Gâteau au café et au chocolat		
252		Crème catalane	Loubine grillée au foie gras, alose à l'oseille, homard grillé	
244		Cannelés bordelais	Cuisine exotique	
78		Foie gras de canard chaud aux pommes	Volaille à la crème, chapon farci, fougasse	Miel, ananas, poire williams, fruits
98		Crevettes à l'aigre-douce	Gâteau basque, feuilleté aux poires, mousse à la noix de	exotiques, mangue, cannelle,
248		Croustillant d'ananas et de noix	coco, touron, millas au sucre, madeleines de Dax, cru-	vanille, dattes, pâte de coings,
		de coco, coulis de banane au rhum	chade, dacquoise, sorbets aux fruits exotiques, aux	pêche rôtie, safran, zestes
48		Foies gras d'oie	agrumes, à l'armagnac, gâteau à la broche bigourdan	d'agrumes, noix de coco, crème,
258	***Pacherenc-du-vic-bilh moelleux***	Tarte Tatin		pâtes croustillantes, beurre frais,
260	***(de 1 à 8 ans)***	Pastis gascon		pralin, armagnac
264		Gâteau au café et au chocolat		
48		Foies gras d'oie	Ossau-iraty, roquefort	
98		Crevettes à l'aigre-douce		
256		Tarte fine aux pommes		
222	***Béarn (1 an)***	Bouillabaisse	Ttoro	
138	***Béarn (de 2 à 8 ans)***	Magret de canard		
140		Confit de canard et frites au gros sel		
168		Osso buco alla milanese	Agneau rôti, pétéram, demoiselles grillées, gésiers de	Framboises, cassis, pain grillé,
140	***Côtes-de-saint-mont***	Confit de canard et frites au gros sel	canard confits, sanquette, poule au pot, garbure	girolles, cèpes
210	***(de 2 à 5 ans)***	Côtes de sanglier aux poires		
138		Magret de canard		
162		Poitrine de veau farcie		

230	***Irouléguy (1 an)***	Paella	Tarte aux poivrons et anchois, piperade, cou de canard farci, gésiers confits, jambon Ibaiona, tripotxa, axoa	Piment d'Espelette, poivre, lard fumé
222	***Tursan (1 an)***	Bouillabaisse		
128	***Irouléguy rouge (de 1 à 8 ans)***	Cabillaud sauce vigneronne	Piperade au jambon, lamproie, alose au jambon et au vin rouge, tripotxa, axoa, elzekaria, poulet basquaise, chipirons farcis, pimientos del piquillo farcis au jambon, carbonade de porc	Fruits noirs, cassis, mûres, griottes, vanille, cannelle, pain grillé, céleri, pruneaux secs, cacao, genièvre, lard salé, poivre, poivron vert, piment d'Espelette
140		Confit de canard et frites au gros sel		
206		Palombe rôtie		
138	***Madiran (de 2 à 15 ans)***	Magret de canard	Salade de cèpes, tastous aux truffes, garbure, foie gras chaud aux raisins, galette de pommes de terre au lard, haricots tarbais à la graisse d'oie, poule au pot, daube de canard, oie rôtie aux pruneaux, grillades d'agneau, bœuf braisé, truffes, champignons sauvages, cèpes grillés, ortolans, salmis de palombes, faisan au chou, perdreaux aux raisins, ragoût de mouton, civet de marcassin, de lièvre, côtelettes de chevreuil aux airelles, tripes d'oie, abignades, pétéram	Jambon salé Truffes, champignons sauvages
182		Daube de bœuf		
140		Confit de canard et frites au gros sel		
288		Cassoulet de fèves		
196		Rognons de veau		
186		Carré d'agneau et gratin dauphinois		
182		Daube de bœuf		
210		Côtes de sanglier aux poires		
214		Lièvre en saupiquet		
212		Gigue de chevreuil sauce poivrade		
138	***Tursan (de 1 à 5 ans)***	Magret de canard	Bethmale, cantal	

VINS DE LIQUEUR

Page	Vins de l'exercice, vins de remplacement, autres vins possibles, vins étrangers	Plats de l'exercice	Plats régionaux, autres plats et produits pour mettre les vins en valeur	Catalyseurs d'alliance
254	***Pineau des Charentes***	Crêpes Suzette	Foie gras, pâtisseries en croustades, bavarois aux fruits, pâtes de fruits, pruneaux à l'armagnac	Cognac, armagnac, rhum, fruits confits, vanille, cannelle, nougat, pain d'épice
260		Pastis gascon		
254	***Ratafia de Champagne***	Crêpes Suzette		
248		Croustillant d'ananas et de noix de coco, coulis de banane au rhum		
248	***Floc de Gascogne***	Croustillant d'ananas et de noix de coco, coulis de banane au rhum		
260		Pastis gascon		
262		Gâteau au chocolat		
246		Soupe de fruits rouges		

VINS ÉTRANGERS

Page	Vins de l'exercice, vins de remplacement, autres vins possibles, vins étrangers	Plats de l'exercice	Plats régionaux, autres plats et produits pour mettre les vins en valeur	Catalyseurs d'alliance
	AFRIQUE DU SUD			
174	***Cabernet-sauvignon (de 1 à 8 ans)***	Barbecue ribs	*id* médoc, margaux, saint-julien, vins de Californie ; biltong (viande d'antilope séchée), cecerewors (saucisses de bœuf), sosatie (mouton mariné en brochettes), boboti (hachis de bœuf épicé)	*id* médoc, margaux, saint-julien, vins de Californie, lard séché, poivre noir, noix muscade
180		Entrecôte à la bordelaise		
140		Confit de canard et frites au gros sel		
208		Faisan Souvaroff		
174	***Merlot (1 an)***	Barbecue ribs		
256	***Constantia***	Tarte fine aux pommes	*id* tokay	*id* tokay, abricots secs, cannelle
78		Foie gras de canard chaud aux pommes		
154	***Sémillon (3 ans)***	Pastilla au pigeon		
	ALGÉRIE			
232	***Coteaux de Mascara, rosé, rouge (de 1 à 2 ans)***	Couscous marocain	*id* Maroc	*id* Maroc
154		Pastilla au pigeon		
	ALLEMAGNE			
	BADEN (Pays de Bade)			
40	***Pinot gris Auslese (de 1 à 5 ans)***	Crème belle aurore	Soupe d'anguilles de Hambourg, nouilles au fromage et choucroute, terrine de foie d'oie, oie au chou rouge, poulet à la viennoise, potée aux poires et lard fumé, lapin aux légumes Homard de Héligoland, poulet au curry, canard laqué, camembert, fromages de chèvre	Vanille, fruits secs, lard fumé, curry, safran, sauce aigre-douce, fenouil, aneth
78	***Scheurebe Auslese (de 1 à 3 ans)***	Foie gras de canard chaud aux pommes		
	FRANKEN (Franconie)			
46	***Pinot gris Kabinett (de 1 à 3 ans)***	Jambon persillé à la bourguignonne	Turbot grillé, écrevisses à la nage, truite aux pignons, plie poêlée, rollmops Saucisse Bockwurtz Omelette aux crevettes, gratin de pâtes, saucisse aux herbes de Nuremberg, pot-au-feu en gelée Quenelles de pommes de terre	Fruits secs, oignons doux, fenouil, citron, persil
86	***Ruländer Kabinett (de 1 à 3 ans)***	Huîtres au gratin		
118	***Silvaner Auslese (de 1 à 3 ans)***	Daurade au fenouil et jus de bouillabaisse		
116	***Hessische Bergstrasse silvaner Kabinett (de 1 à 2 ans)***	Merlu koskera		
	MITTELRHEIN			
130	***Kerner Auslese (de 1 à 3 ans)***	Brandade nîmoise	Flétan aux épinards, canard laqué, curry de poulet,	Menthe, citron, miel, fruits secs,

88	***Silvaner Kabinett (de 1 à 3 ans)***	Mouclade charentaise	bœuf au raifort, fromages de chèvre Asperges en vinaigrette, harengs en escabèche, gratin de brocoli, spaghetti à la carbonara, fricassée de poulet, salade de mâche aux girolles	champignons, lard fumé
	MOSEL-SAAR-RUWER			
64	***Müller-thurgau Kabinett***	Galette d'estofinado au verjus	Anguille en gelée, saucisse de Francfort, saucisse Weisswürtz, harengs au raifort, pot-au-feu en gelée Mousse de scampis, canard pékinois, canard à l'orange Brochet de Moselle, anguilles au vert, poulet aux asperges et champignons, curry de poulet Harengs salés à la crème aigre, terrine de saumon, poitrine de bœuf sauce au raifort Asperges sauce hollandaise, poulet aux huîtres et champignons, fromages de chèvre Terrine de foie d'oie	Citron, aneth, fenouil, réglisse, raifort, moutarde, persil, cerfeuil, aneth, curry, safran, raifort, olives vertes, champignons, poivre noir Cacao, vanille, caramel Crème fraîche, sauce aigre-douce
94	***Riesling Auslese (1 à 8 ans)***	Écrevisses à la gasconne		
114	***Riesling trocken Auslese (de 1 à 10 ans)***	Turbot sauce mousseline		
83	***Riesling Kabinett (de 1 à 3 ans)***	Huîtres		
226	***Riesling Spätlese (de 1 à 5 ans)***	Choucroute alsacienne		
256	***Riesling Beerenauslese (5 ans)***	Tarte fine aux pommes		
80	***Kerner Kabinett (de 1 à 5 ans)***	Tartiflette au reblochon		
	NAHE			
112	***Pinot blanc Spätlese (de 1 à 3 ans)***	Filets de sole au beurre citronné	Turbot grillé, écrevisses à la nage, gambas à l'ail, spaghetti à la carbonara, gratin de pâtes, côte de veau à la crème, poitrine de bœuf au raifort, fromages de brebis Sandre aux légumes, escalope cordon bleu Stollen (gâteau aux fruits confits), tarte à l'abricot Huîtres gratinées, maquereaux sauce au fromage, rôti de veau à la crème, faisan au chou, truite farcie aux épinards	Fruits secs, oignons caramélisés, lard fumé, raifort, moutarde Citron, lard fumé, vanille, cannelle Fromage fondu, crème fraîche
86	***Riesling Spätlese trocken (de 1 à 3 ans)***	Huîtres au gratin		
98	***Riesling Beerenauslese (de 1 à 10 ans)***	Crevettes à l'aigre-douce		
220	***Silvaner Kabinett (de 1 à 3 ans)***	Raclette valaisane		
198		Tête de veau sauce gribiche		
	RHEINPFALZ (Rhénanie-Palatinat)			
120	***Riesling Spätlese (de 1 à 5 ans)***	Filets de rouget poêlés	Boulettes de viande aux câpres, fricassée de poulet, fromage de Brie Asperges en vinaigrette, gratin de pâtes, lasagne aux légumes, pot-au-feu en gelée, terrine de saumon, salade au foie de veau Tarte Tatin, pudding au pain d'épice Faisan à la choucroute, potée au chou vert et charcuteries fumées	Citron, câpres, lard fumé, fromage fondu, crème fraîche, fenouil, basilic, épices, cannelle, vanille, abricots secs, citron, lard fumé, raifort, sauce aigre-douce
76	***Kerner Kabinett (de 1 à 3 ans)***	Lasagne al pesto alla genovese		
260	***Pinot gris Beerenauslese (de 1 à 8 ans)***	Pastis gascon		
90	***Riesling trocken Auslese***	Coquilles Saint-Jacques aux lentilles		
	RHEINHESSEN (Hesse rhénane)			
52	***Müller-thurgau Kabinett***	Asperges en vinaigrette et coquillages	Truite aux épinards, plie à la poêle, roulades de plie au gruyère, saucisse et pommes acides Harengs bleus poêlés, brocolis au gratin, gratin de nouilles, poulet à la broche, quenelles de foie de veau à la choucroute Sandre farci, filets de maquereau fumé, pâté de sanglier, fricassée de poulet, bœuf braisé Tourte de crevettes Tarte Tatin, tarte à la rhubarbe, tarte aux fraises	Fruits secs, crème fraîche, poivre noir Fromage fondu, lard salé, lard fumé, fruits secs
172	***Pinot gris Kabinett***	Blanquette de veau		
107	***Pinot gris trocken Auslese (de 1 à 10 ans)***	Quenelle de brochet sauce Nantua		
100	***Pinot gris Auslese***	Homard à la vanille		
	RHEINGAU			
98	***Riesling Auslese (de 1 à 8 ans)***	Crevettes à l'aigre-douce	Brochet aux câpres et anchois, oie rôtie aux pommes, échine fumée sur choucroute Sacher Torte (Autriche), strudel aux pommes, linzertorte, pain d'épice de Nuremberg Mousse au chocolat et à l'orange Roquefort, soupe de fruits rouges	Citron, aneth, lard fumé, genièvre Abricots secs, vanille, safran, cannelle
106	***Riesling trocken Auslese (de 1 à 8 ans)***	Brochet au beurre blanc		
248	***Riesling Trockenbeerenauslese (de 1 à 5 ans)***	Croustillant d'ananas et de noix de coco, coulis de banane au rhum		
254	***Riesling Eiswein (de 2 à 8 ans)***	Crêpes Suzette		
48	***Riesling Trokenbeerenauslese (de 1 à 15 ans)***	Foies gras d'oie		
	SAALE-UNSTRUT			
252	***Gewürztraminer Beerenauslese (de 2 à 8 ans)***	Crème catalane	Terrine de sanglier, cuisine asiatique, fromages bleus, munster, mousse au chocolat et à l'orange	Abricots secs, cannelle, muscade, vanille
	SACHSEN (Saxe)			
56	***Müller-thurgau Kabinett (de 1 à 3 ans)***	Tartare de poisson	Cabillaud frit, fricassée de poulet, rôti de veau à la crème, paupiettes de bœuf aux cornichons, camembert	Fruits secs, fromage fondu, crème fraîche, poivre blanc
	WÜRTTEMBERG (Wurtemberg)			
200	***Pinot blanc Kabinett***	Andouillette au vin blanc	Asperges en vinaigrette, filets de sole à la moutarde, salade de mâche, terrine de légumes, spätlese avec choucroute, coquilles Saint-Jacques au gratin, friture de plie Quenelles de brochet, truite aux amandes, coquilles Saint-Jacques gratinées, moules au curry, marcassin à la crème	Noisettes, pignons de pin, moutarde, raifort
96	***Pinot gris Spätlese (de 1 à 4 ans)***	Langoustines rôties au safran		
	ALLEMAGNE VINS ROUGES ET ROSÉS			
66	***Rheinhessen pinot noir (de 1 à 2 ans)***	Quiche lorraine	Carpe au vin rouge, gratin d'aubergines, viande hachée de Hambourg, carpaccio de bœuf, gigot d'agneau aux herbes, oie rôtie, marcassin à la crème, gigue de daim braisée, chevreuil aux champignons, fromages de brebis, munster	Fruits rouges, airelles, poivre noir, vanille, lard fumé Cerises, framboises, airelles, lard fumé, cannelle, safran, genièvre, fromage fondu

54	***Ahr Pinot noir (de 1 à 5 ans)***	Tomate farcie au fromage de chèvre	Carpe au vin rouge, chevreuil aux airelles, faisan farci, oie au chou rouge, bœuf braisé, daube, gigue de daim rôtie, terrine de sanglier, lièvre au poivre, Pichelsteiner Fleisch (ragoût aux quatre viandes), selle de chevreuil aux pruneaux et au genièvre, marcassin au jus d'argousier, fromage de l'Allgäu, pain d'épice	
162		Poitrine de veau farcie		
164	***Baden Pinot noir (de 1 à 5 ans)***	Jarret de veau en croûte		
44	***Württemberg Pinot noir (de 1 à 5 ans)***	Plateau de charcuteries		
160		Côte de veau à la crème et aux morilles		
58		Œufs en meurette		
148		Tourte de cailles aux cèpes		
128	***Württemberg Portugieser (de 1 à 2 ans)***	Cabillaud sauce vigneronne	Aubergines à la suisse, lapin aux légumes, poulet frit, faisan aux lentilles, médaillons de chevreuil aux cerises, fromages de brebis	Poivre noir, safran, oignons grillés, lard fumé
246	***Sekt***	Soupe de fruits rouges		
		ARGENTINE		
112	***Chardonnay (3 ans)***	Filets de sole au beurre citronné	*id* VDP d'Oc	
188	***Malbec (de 2 à 5 ans)***	Navarin d'agneau	*id* cahors ; charqui (viande séchée) ; id pomerol ; matambre (bœuf mariné), carbonada criolla (ragoût à la courge), churrasco (grillades de bœuf), tafi (fromage), pois chiches aux épices, poivrons au maïs, mouton au chili	*id* cahors, id pomerol
218		Pot-au-feu		
194		Ris de veau au morilles		
150	***Merlot (de 2 à 5 ans)***	Pigeon aux épices		
74		Risotto aux champignons sauvages		
54	***Syrah rosé (1 an)***	Tomate farcie au fromage de chèvre	Salades, charcuteries	
		AUSTRALIE		
110	***Chardonnay (de 2 à 5 ans)***	Saumon grillé béarnaise	*id* bourgognes blancs, VDP d'Oc, limoux	*id* bourgognes blancs, VDP d'Oc, limoux ; citron vert, miel, safran
96		Langoustines rôties au safran		
124		Morue aux haricots et coques		
86	***Clare Valley Semillon (de 1 à 5 ans)***	Huîtres au gratin	Poussins de Sydney à l'ananas	
192	***Cabernet-sauvignon (de 1 à 5 ans)***	Foie de veau à la vénitienne	*id* médoc, pauillac, saint-estèphe, moulis, etc., jambon de mouton au genièvre	*id* médoc
186		Carré d'agneau et gratin dauphinois		
138		Magret de canard		
206	***Adelaide Cabernet-sauvignon***	Palombe rôtie		
68	***Barossa Valley Cabernet-sauvignon***	Cèpes à la bordelaise		
212		Gigue de chevreuil sauce poivrade		
214	***Clare Valley Cabernet-sauvignon***	Lièvre en saupiquet		
180		Entrecôte à la bordelaise		
122	***Coonawarra Cabernet-sauvignon***	Lamproie à la bordelaise		
168	***Victoria Cabernet-sauvignon (5 ans)***	Osso buco alla milanese		
60	***Victoria Pinot noir (de 1 à 5 ans)***	Saucisson chaud en brioche	*id* VDP d'Oc	*id* vallée du Rhône Nord
66	***Yarra Valley Pinot noir***	Quiche lorraine		
44	***Shiraz (1 an)***	Plateau de charcuteries	*id* côte-rôtie, hermitage, cornas, saint-joseph, etc.	
74		Risotto aux champignons sauvages		
164		Jarret de veau en croûte		
228	***Barossa Valley Shiraz***	Cassoulet de fèves		
70	***Coonavarra Shiraz***	Macaronade aux truffes		
196		Rognons de veau		
208	***Grange Shiraz***	Faisan Souvaroff		
150		Pigeon aux épices		
166	***Hunter Valley Shiraz***	Pintade au chou		
		AUTRICHE		
64	***Grüner veltiner (de 1 à 3 ans)***	Galette d'estofinado au verjus	*id* Allemagne ; brochet farci, anguille fumée, carpe frite, nudln (ravioli), nockerln (gnocchi), choucroute du Tyrol, poulet au paprika, au chou, à la crème aigre, escalope viennoise	Citron, fruits blancs, miel, paprika, champignons, crème aigre, chou, saindoux
98	***Kremstal Müller-thurgau Auslese (de 1 à 3 ans)***	Crevettes à l'aigre-douce		
104	***Burgenland Pinot blanc Spätlese (de 1 à 3 ans)***	Quenelles de brochet sauce Nantua		
94	***Wachau Riesling spätlese***	Écrevisses à la gasconne		
80	***Neusiedlersee Welschriesling (de 1 à 4 ans)***	Tartiflette au reblochon		
192	***Wachau Pinot noir (de 1 à 5 ans)***	Foie de veau à la vénitienne	Tafelspitz (viande bouillie), bœuf aux oignons, au cumin, goulash, oie au chou rouge, quenelles de porc	Cerises noires, pruneaux, cumin, paprika
110	***Riesling Auslese (de 1 à 5 ans)***	Saumon grillé béarnaise		
		BULGARIE		
122	***Cabernet-sauvignon (de 2 à 5 ans)***	Lamproie à la bordelaise	*id* médoc, saint-émilion, cahors ; goulash	*id* VDP d'Oc
174		Barbecue ribs		
232	***Merlot (de 2 à 5 ans)***	Couscous marocain		
74		Risotto aux champignons sauvages		
		CANADA		
104	***Ontario Chardonnay (de 1 à 5 ans)***	Quenelles de brochet	*id* coteaux-champenois	*id* coteaux-champenois
128	***Colombie britannique Pinot noir (de 1 à 5 ans)***	Cabillaud sauce vigneronne	*id* Alsace	*id* Alsace
202		Tripous aveyronnais		
60	***Ontario Pinot noir***	Saucisson chaud en brioche		
256	***Ontario Vin de glace (de 1 à 10 ans)***	Tarte fine aux pommes	*id* Allemagne, Alsace ; cookies, apple pie, pudding, tarte au sirop d'érable	*id* Allemagne, Alsace
264		Gâteau au café et au chocolat		
254		Crêpes Suzette		

258	***Québec Vin de glace***	Tarte Tatin		
			CHILI	
110	***Chardonnay (de 2 à 5 ans)***	Saumon grillé béarnaise	*id* bourgognes blancs, VDP d'Oc, limoux ; salade de poissons crus, crevettes à l'ail, rougets au persil, poissons à la coriandre, poulpes à la mexicaine, morue à la mode de Tampico (Mexique), sole aux piments, soupe de maïs, soupe de congre, fritada de mariscos, crevettes à la noix de coco, empadas de Camaro (Brésil), tomates de Colombie, ceviche péruvien	*id* bourgogne blancs, VDP d'Oc, limoux, citron vert, miel, safran
106		Brochet au beurre blanc		
124		Morue aux haricots et coques		
60	***Malbec rosé (1 an)***	Saucisson chaud en brioche	Enchiladas au poulet	
162	***Cabernet-sauvignon (de 2 à 8 ans)***	Poitrine de veau farcie	*id* médoc, saint-julien, pauillac, etc. ; viandes séchées, churrasco, braséradés, empanadas, chili con carne, tacos mexicains, chupes (tripes), bœuf à la banane, veau aux pruneaux, porc aux épices, porc aux haricots rouges, porc aux cacahuètes	*id* médoc, saint-julien pauillac, etc., framboises, cassis, pruneaux, poivrons rouges, piment de Cayenne, clou de girofle, vanille, cannelle, safran, oignons grillés, ail
210		Côte de sanglier aux poires		
140		Confit de canard et frites au gros sel		
68		Cèpes à la bordelaise		
122		Lamproie à la bordelaise		
174		Barbecue ribs		
150		Pigeon aux épices		
208		Faisan Souvaroff		
188	***Malbec (3 ans)***	Navarin d'agneau	*id* cahors	
44	***Merlot (de 2 à 6 ans)***	Plateau de charcuteries	*id* saint-émilion, pomerol, xinxin de galinia (poulet à la brésilienne), poulet à la sauce chili, poulet au japalerno, poulet Veracruz (Mexique), poulet aux cacahuètes, feijoada brésilienne (sorte de cassoulet local), anticucho du Pérou (cœur de bœuf), sancocho vénézuélien (potée), ragoût de bœuf au chocolat, tripes de la sierra, guacamole (purée de tomates et d'avocats)	*id* cahors *id* saint-émilion, pomerol
148		Tourte de cailles aux cèpes		
186		Carré d'agneau et gratin dauphinois		
136		Blanc de volaille farci aux truffes		
156		Lapin au raisin de chasselas		
182		Daube de bœuf		
168		Osso buco alla milanese		
218		Pot-au-feu		
196		Rognons de veau		
194		Ris de veau aux morilles		
138		Magret de canard		
			CHYPRE	
142	***Commandaria solera***	Coq au vin jaune		Noix
			ESPAGNE	
	ANDALUCÍA (Andalousie)			
142	***Jerez amontillado***	Coq au vin jaune	Gaspacho andalou, jambon serrano, chorizo, olives, rognons au xérès, poulet à l'andalouse, tapas (amuse-gueule) variées, homard grillé	Fruits secs, pomme au four, truffes, olives vertes et noires
142	***Jerez fino***			
142	***Manzanilla***			
248	***Jerez oloroso (de 5 à 15 ans)***	Croustillant d'ananas et de noix de coco, coulis de banane au rhum		
262		Gâteau au chocolat		
258	***Málaga lágrima (de 5 à 15 ans)***	Tarte Tatin	Foie gras, fromages bleus, gâteau au noix, riz au lait et à la cannelle, touron, flan à la noix de coco, lait frit, gâteau au fromage, tarte à l'orange, churros (beignets), mantecado, yemas de Santa Teresa (pâtisseries)	Fruits confits, pruneaux, figues, dattes, coing, orange confite, noix de coco, noix, safran, gingembre, cannelle, crème fraîche, miel
264	***Málaga moscatel***	Gâteau au café et au chocolat		
48	***Málaga pedro ximénez***	Foies gras d'oie		
246	***Condado de Huelva pálido (de 5 à 10 ans)***	Soupe de fruits rouges		
256	***Montilla-Moriles fino***	Coq au vin jaune		
142	***Montilla-Moriles (de 5 à 10 ans)***	Tarte fine aux pommes		
260	***Montilla-Moriles raya***	Pastis gascon		
	ARAGÓN-RIOJA-PAYS BASQUE			
116	***Navarra (de 1 à 3 ans)***	Merlu koskera	Cogollos de Tudela (cœurs de salade de Tudela), piments del piquillo farcis, calamars, txangurro (crabe) à la Donostiarra, thon mariné aux herbes, langoustines aux champignons, salpicón de fruits de mer, gambas à l'ail, pibales, sardines au gril, anchois au txakoli, morue, kokotchas (joues de merlu) aux palourdes, marmitako (ragoût au thon), fromage frais de Burgos, idiazabal (fromage)	Citron, zestes d'agrumes, pamplemousse, pomme verte, vanille, cannelle, anis, fenouil, estragon, safran, ail, persil, poivre banc, oignons fondus, olives vertes, poivron vert, petits pois, jambon salé, huile d'olive, mayonnaise étendue
112		Filets de sole au beurre citronné		
110	***Rioja (de 1 à 3 ans)***	Saumon grillé béarnaise		
160		Côte de veau à la crème et aux morilles		
116	***Txakolí (1 an)***	Merlu koskera		
64		Galette d'estofinado au verjus		
44	***Navarra (de 1 à 2 ans)***	Plateau de charcuteries	Omelette aux pommes de terre et oignons, pommes de terre au chorizo	Fruits rouges, chorizo, jambon salé, poivre noir
230		Paella		
120		Filets de rouget poêlés		
230	***Rioja (de 1 à 2 ans)***	Paella		
58	***Calatayud (de 1 à 5 ans)***	Œufs en meurette	Loubine au vin rouge, thon à la tomate, haricots rouges à la saucisse, empanada (tourte à la viande), côtelettes d'agneau, agneau aux poivrons, côte de bœuf grillée, aloyau aux poivrons verts, aux champignons, queue de bœuf braisée aux tomates, chevreau à l'ail, agneau en ragoût, côtelettes aux truffes noires,	Fruits rouges, pruneaux, vanille, cannelle, safran, clou de girofle, noix muscade, poivre noir, thym,
128	***Campo de Borja joven (de 1 à 3 ans)***	Cabillaud sauce vigneronne		
154		Pastilla au pigeon		
192		Foie de veau à la vénitienne		
106		Brochet au beurre blanc		
218	***Cariñena crianza (de 3 à 5 ans)***	Pot-au-feu		
60	***Cariñena joven (de 1 à 3 ans)***	Saucisson chaud en brioche		
188	***Navarra (de 2 à 5 ans)***	Navarin d'agneau		
162		Poitrine de veau farcie		
88		Mouclade charentaise		
90		Coquilles Saint-Jacques aux lentilles		
46		Jambon persillé à la bourguignonne		
134	***Rioja (de 2 à 20 ans)***	Poulet rôti		

230	***Rioja (de 2 à 20 ans)***	Paella	boudin grillé, côtes de porc à l'ail, poulet aux pommes de terre, perdrix chasseur, canard sauvage à l'orange, civet de lièvre aux poivrons verts, fromage manchego, roncal, poires auvin rouge	laurier, romarin, sauge, poivrons rouges, champignons, truffes, olives noires, ail, cacao, saindoux, huile d'olive
194		Ris de veau aux morilles		
154		Pastilla au pigeon		
70		Macaronade aux truffes		
74		Risotto aux champignons sauvages		
196		Rognons de veau		
154	***Somontano (de 2 à 8 ans)***	Pastilla au pigeon		
122		Lamproie à la bordelaise		
164		Jarret de veau en croûte		
138		Magret de canard		
230	***Somontano (1 an)***	Paella	Beignets d'aubergine	
	CATALUÑA (Catalogne)			
172	***Alella (de 1 à 2 ans)***	Blanquette de veau	Calamars à la romaine, cardons aux palourdes, moules marinières, spaghetti aux calamars, seiche à l'aïoli, beignets de morue, œufs brouillés aux gambas, parrillada de poissons (assortiment de poissons grillés), morue en sauce catalane, lotte aux amandes, anchois frais au vinaigre, sardines en escabèche, daurade au four, baudroie aux champignons, sole panée, paella de pâtes, suquet de poissons (avec ail et pommes de terre)	Citron, orange, pêche blanche, poire, fruits secs, noisettes, pomme verte, vanille, safran, gingembre, anis, fenouil, estragon, céleri, poivre blanc, ail, persil, huile d'olive
40	***Ampurdán-Costa Brava blanc ou rosé (de 1 à 2 ans)***	Crème belle aurore		
66		Quiche lorraine		
90	***Penedés (de 1 à 5 ans)***	Coquilles Saint-Jacques aux lentilles		
88		Mouclade charentaise		
46		Jambon persillé à la bourguignonne		
76	***Conca de Barberà (de 1 à 3 ans)***	Lasagne al pesto genovese		
106		Brochet au beurre blanc		
118	***Costers del Segre (de 1 à 2 ans)***	Daurade au fenouil et jus de bouillabaisse		
124	***Terra Alta (de 1 à 2 ans)***	Morue aux haricots et coques		
222	***Tarragona rosé, rouge (de 1 à 5 ans)***	Bouillabaisse	Pain à la tomate à l'ail, escargots sauce piquante, salade de thon aux olives, poulet aux gambas, aux palourdes avec sauce aux noisettes, fèves à la catalane, romesco de poissons (en sauce tomate et poivrons rouges)	Fruits rouges, olives noires, chorizo, poivron rouge
182		Daube de bœuf		
230	***Penedés (1 an)***	Paella		
210	***Priorato (de 2 à 10 ans)***	Côte de sanglier aux poires	Champignons au chorizo, chou farci à la viande de porc et raisins, étouffée de taureau, filet de porc aux poivrons rouges, cochon de lait rôti, porc aux pêches et au moscatel, tripes à la catalane, pintade aux raisins secs, au chou, canard aux figues, lapin à l'aïoli, pot-au-feu catalan, lapin aux olives, lapin aux escargots, civet de lièvre au cacao	Puneaux, figues, fruits secs, amandes grillées, pignons de pin, cannelle, safran, noix muscade, clou de girofle, cacao, truffes, thym, romarin, sauge, huile d'olive
74		Risotto aux champignons sauvages		
70		Macaronade aux truffes		
208		Faisan Souvaroff		
252	***Priorato generoso (5 ans)***	Crème catalane		
136	***Costers del Segre merlot (de 2 à 8 ans)***	Blanc de volaille farci aux truffes		
254	***Cava***	Crêpes Suzette		
	CASTILLA-LEÓN			
220	***El Bierzo (de 1 à 2 ans)***	Raclette valaisane	Omelette à la morue, artichauts au jambon, morue aux pommes de terre, turbot au four, fromages de chèvre	Citron, miel, fruits secs, pomme au four
86		Huîtres au gratin		
94	***Rueda (de 1 à 2 ans)***	Écrevisses à la gasconne		
104		Quenelles de brochet sauce Nantua		
146	***Cigales (de 1 à 5 ans)***	Pintade au chou	Jambon de Jabugo, cocido (pot-au-feu), agneau de lait au four, cailles à la ségovienne, perdrix en sauce, jarret d'agneau aux artichauts et jambon, cailles aux truffes, civet de lièvre	Cassis, fruits noirs, figues, fruits secs, truffes, thym, laurier, origan, ail, vanille, cannelle, noix muscade, safran, oignon grillé, jambon sec, poivrons rouges, huile d'olive
186	***Ribera del Duero (de 2 à 5 ans)***	Carré d'agneau et gratin dauphinois		
206		Palombe rôtie		
180		Entrecôte à la bordelaise		
214		Lièvre en saupiquet		
156	***Toro joven (2 ans)***	Lapin au raisin de chasselas		
78	***Toro (de 2 à 8 ans)***	Foie gras de canard chaud aux pommes		
68		Cèpes à la bordelaise		
	CASTILLA-LA MANCHA			
114	***Vinos de Madrid (de 1 à 2 ans)***	Turbot sauce mousseline	Champignons à la crème, souple à l'ail	Fruits secs, pomme, crème fraîche, ail
232	***La Mancha (de 1 à 4 ans)***	Couscous marocain	Pois chiches au chorizo, veau aux champignons, boulettes de viande sauce tomate, riz au poulet, cailles au jambon, olla podrida (pot-au-feu castillan), fromage manchego	Pruneaux, figues, chorizo, jambon salé, thym, laurier, safran, ail, poivre noir, huile d'olive
150	***Méntrida (de 1 à 5 ans)***	Pigeon aux épices		
168	***Valdepeñas (de 1 à 4 ans)***	Osso buco alla milanese		
	GALICE			
83	***Rías Baixas (de 1 à 3 ans)***	Huîtres	Salade de moules, soupe de poissons, poulpe à la galicienne, calamars à la planche, empanada (tourte) aux fruits de mer, parrillada de mariscos (fruits de mer grillés), sole au vin blanc, thon à la plancha, fabada asturienne (haricots au boudin et chorizo), fromages de chèvre	Citron, pomme, poire, pêche blanche, amandes grillées, gingembre, safran, anis, estragon, persil, ail, poivron vert, huile d'olive
116		Merlu koskera		
80		Tartiflette au reblochon		
88		Mouclade charentaise		
88	***Ribeiro (de 1 à 3 ans)***	Mouclade charentaise		
56		Tartare de poisson		
198		Tête de veau sauce gribiche		
116	***Valdeorras (de 1 à 3 ans)***	Merlu koskera		
226		Choucroute alsacienne		
52		Asperges en vinaigrette et coquillages		
	ÎLES BALÉARES ET CANARIES			
130	***Binissalem (de 1 à 2 ans)***	Brandade nîmoise	Soupe verte d'Ibiza	Citron, fenouil
100	***La Palma (de 1 à 3 ans)***	Homard à la vanille		
98	***Lanzarote (de 1 à 3 ans)***	Crevettes à l'aigre-douce		
	LEVANT			
96	***Yecla (de 1 à 3 ans)***	Langoustines rôties au safran	Gaspacho, paella aux fruits de mer, zarzuela	Pomme verte, noisettes
174	***Valencia rosé ou rouge (de 1 à 5 ans)***	Barbecue ribs	Artichauts au jambon, jambon serrano	Chorizo, jambon salé, poivron rouge
54		Tomate farcie au fromage de chèvre		
230		Paella		

140	***Bullas (de 1 à 5 ans)***	Confit de canard et frites au gros sel	Œufs à la flamenca, pieds d'agneau	Pruneaux, figues, thym, laurier, romarin, jambon salé, cannelle, safran, noix muscade, ail, huile d'olive
148	***Jumilla (de 1 à 5 ans)***	Tourte de cailles aux cèpes	Langue de veau en ragoût, pot-au-feu ternera (jeune bœuf) aux poivrons	
202		Tripous aveyronnais		
230		Paella		
228	***Utiel-Requena reserva (5 ans)***	Cassoulet de fèves		
212	***Yecla ou Almansa (de 2 à 8 ans)***	Gigue de chevreuil sauce poivrade		
244	***Alicante doux (de 1 à 5 ans)***	Cannelés bordelais	Crème catalane	
		ÉTATS-UNIS		
228	***Barbera de Californie (4 ans)***	Cassoulet de fèves	*id* Italie	
64	***Chardonnay de Californie – Carneros et Monterey***	Galette d'estofinado au verjus	*id* bourgognes blancs, VDP d'Oc chardonnay	*id* bourgognes blancs, VDP d'Oc chardonnay
40	***Chardonnay de la Russian Valley, de San Luis Obispo ou de Sonoma (de 1 à 5 ans)***	Crème belle aurore	Cesar salad, salade mexicaine, stuffed clams (clams à la vapeur), clams chowder (soupe aux clams), homard du Maine grillé, moules sauce agrumes et coriandre, coquilles Saint-Jacques et crevettes au safran, gâteau de crabe, crabes mous en beignets, daurade à la Veracruz, poulet aux asperges et morilles, steaks de thon, abalone grillé, pecan pie (tarte aux noix de pécan), dinde rôtie aux pommes	
100		Homard à la vanille		
124		Morue aux haricots et coques		
110		Saumon grillé béarnaise		
118		Daurade au fenouil et jus de bouillabaisse		
96		Langoustines rôties au safran		
104		Quenelles de brochet sauce Nantua		
114		Turbot sauce mousseline		
222		Bouillabaisse		
90	***French colombard de Californie (de 1 à 2 ans)***	Coquilles Saint-Jacques aux lentilles	*id* côtes-de-saint-mont blanc	*id* côtes-de-saint-mont
80		Tartiflette au reblochon		
116	***Chenin blanc de Californie (1 à 2 ans)***	Merlu Koskera	*id* Loire Fondues, poissons de rivière et de lac, soufflé à l'américaine, épis de maïs grillés au beurre, avocats	*id* Loire
86		Huîtres au gratin		
220	***Pinot blanc de Californie (de 1 à 2ans)***	Raclette valaisane		
130	***Sauvignon blanc de Californie, de Sonoma ou de Lake County (de 1 à 3 ans)***	Brandade nîmoise	*id* sancerre, pouilly-fumé, graves blancs, entre-deux-mers ; caviar, saumon fumé, steamed oysters (huîtres à la vapeur), Louisiana crawfishes (écrevisses), gratin de crabes, poisson-chat frit, codballs (beignets de morue), Fanny doddies (palourdes cuites), Hangtown fry (huîtres et œufs frits)	*id* sancerre, pouilly-fumé, graves blancs, entre-deux-mers
172		Blanquette de veau		
76		Lasagne al pesto genovese		
198		Tête de veau sauce gribiche		
83		Huîtres		
94		Écrevisses à la gasconne		
88		Mouclade charentaise		
56		Tartare de poisson		
106	***Johannisberg riesling de l'État de Washington (de 1 à 3 ans)***	Brochet au beurre blanc		
52		Asperges en vinaigrette et coquillages		
226		Choucroute alsacienne		
260	***Icewine du lac Érié, Maryland (de 1 à 8 ans)***	Pastis gascon	*id* Eiswein allemand	*id* Eiswein allemand,
254		Crêpes Suzette	Crumble à l'abricot	
258	***Late harvest gewurztraminer des Finger Lakes (de 1 à 8 ans)***	Tarte Tatin	*id* SGN Alsace Cookies, pancakes, brownies, doughnuts, apple pie (tourte aux pommes), gingerbread, pain d'épice aux myrtilles, desserts au chocolat, cake mexicain au chocolat, melon à la menthe, zabaglione, puddings, banana split, sundaes, lemon chiffon pie (tarte au citron), brown Betty (gâteau)	
98	***Late harvest riesling de Californie (de 1 à 5 ans)***	Crevettes à l'aigre-douce		*id* SGN Alsace
252	***Sweet muscat de Californie (1 an)***	Crème catalane		*id* muscat de frontignan
248	***Cream sherry de Californie***	Croustillant d'ananas et de noix de coco, coulis de banane au rhum		*id* porto
264		Gâteau au café et au chocolat		
142	***Xérès californien***	Coq au vin jaune	*id* xérès	*id* xérès
174	***Cabernet-sauvignon de Californie – Central Valley ou Napa Valley***	Barbecue ribs	*id* bordeaux rouges, saint-julien, pauillac, saint-estèphe, etc. Barbecue, home made hamburgers, T-bone steak, dinde de Thanksgiving, oie rôtie, rôti de porc sauce aigre, oie farcie aux pommes, poulet frit au maïs, ragoût de bœuf de Boise	*id* bordeaux rouges, saint-julien, pauillac, saint-estèphe, etc.
186		Carré d'agneau et gratin dauphinois		
140	***Cabernet-sauvignon de Santacruz ou de Stag Leaps (de 2 à 15 ans)***	Confit de canard et frites au gros sel		
208		Faisan Souvaroff		
70		Macaronade aux truffes		
68		Cèpes à la bordelaise		
206		Palombe rôtie		
180		Entrecôte à la bordelaise		
214		Lièvre en saupiquet		
200	***Gamay de Californie (de 1 à 2 ans)***	Andouillette au vin blanc	*id* beaujolais ; saucisses grillées, tourte de dinde, tortillas de maïs, dirty rice, hoppin'john (riz et haricots rouges)	*id* beaujolais
174	***Grenache noir de Californie – Monterey (de 1 à 5 ans)***	Barbecue ribs	*id* châteauneuf-du-pape, priorato espagnol ; jambalaya (paella créole), pot-au-feu créole, burritos de bœuf aux haricots, caldos de res, chili con carne	*id* châteauneuf-du-pape Poivrons rouges, piment, chili
232		Couscous marocain		
136	***Merlot de Californie (de 1 à 6 ans)***	Blanc de volaille farci aux truffes	*id* saint-émilion, pomerol, gibier en sauce, plats épicés, gumbo créole (ragoût de viande et coquillages), bœuf aux canneberges, burgoo du Kentucky (porridge et viande), grillades d'agneau	*id* saint-émilion, pomerol
122		Lamproie à la bordelaise		
78		Foie gras de canard chaud aux pommes		
150		Pigeon aux épices		
134	***Merlot de Long Island (de 1 à 5 ans)***	Poulet rôti		

188	***Merlot de l'État de Washington (de 1 à 5 ans)***	Navarin d'agneau		
192		Foie de veau à la vénitienne		
74	***Mourvèdre de Californie – Monterey (de 2 à 8 ans)***	Risotto aux champignons sauvages	*id* bandol, fitou Poulet à la mole, enchiladas de dinde, chimichangas au bœuf, Philadelphia pepperpot (ragoût très épicé), porc aux haricots rouges	*id* bandol, fitou
196		Rognons de veau		
212		Gigue de chevreuil sauce poivrade		
202	***Petite syrah de Californie (de 1 à 3 ans)***	Tripous aveyronnais	*id* sancerre rouge, côtes-d'auvergne, marcillac Oxtal à l'étouffée, poivrons farcis au fromage, quesadillas	*id* côtes-d'auvergne, marcillac
174		Barbecue ribs		
54		Tomate farcie au fromage de chèvre		
58	***Pinot noir de l'Oregon, pinot noir de l'État de Washington (de 1 à 5 ans)***	Œufs en meurette	*id* bourgognes de la Côte de Nuits Escalopes panées, New England boiled dinner (pot-au-feu), Boston baked beans (petit salé aux haricots)	*id* bourgognes de la Côte de Nuits
148		Tourte de cailles aux cèpes		
48		Foies gras d'oie		
128		Cabillaud sauce vigneronne		
194		Ris de veau aux morilles		
146		Pintade au chou		
146	***Pinot noir de Californie – Carneros ou Mendocino***	Pintade au chou	*id* mercurey, montagny	*id* mercurey, montagny
60	***Pinot noir de la Russian Valley (de 1 à 5 ans)***	Saucisson chaud en brioche		
164		Jarret de veau en croûte		
218		Pot-au-feu		
162	***Sangiovese de Californie (de 1 à 5 ans)***	Poitrine de veau farcie	*id* chianti classico, patrimonio rouge Chili con carne, cuisine italienne	*id* chianti classico, patrimonio rouge
210		Côte de sanglier aux poires		
174	***Zinfandel de Californie – Sonoma, Lake County, Mendocino, Santa Cruz Mountains – rosé ou rouge (de 1 à 8 ans)***	Barbecue ribs	Grillades de bœuf, poulet Maryland, pizza, cuisine au basilic, ravioli, saucisses aux herbes, onion rings, chili con carne, émincé de porc à la mexicaine, cuisine italienne	Cassis, cerises noires, sauces aux fruits noirs, cannelle, vanille, poivre noir, sel marin, piment de Cayenne, clou de girofle, poivron vert, romarin, laurier, thym, origan, menthe poivrée, basilic, lard fumé, oignons frits, tomates séchées, ail rôti, olives vertes
156		Lapin au raisin de chasselas		
44		Plateau de charcuteries		
182		Daube de bœuf		
168		Osso buco alla milanese		
66		Quiche lorraine		
230		Paella		
120		Filets de rouget poêlés		
154		Pastilla au pigeon		
160		Côte de veau à la crème et aux morilles		
244	***Effervescents demi-secs des Finger Lakes, effervescents rosés de Mendocino – Californie***	Cannelés bordelais	*id* champagne Cheese cake	*id* champagne, cava
246		Soupe de fruits rouges		
		GRÈCE		
76	***Côtes de Meliton (de 1 à 2 ans)***	Lasagne al pesto genovese	Rougets grillés, tyropita (pâtés au fromage), caviar d'aubergine, salades de poulpes, boulettes aux courgettes, tarama (purée d'œufs de poisson), purée d'aubergines, tzatziki (yaourt au concombre), pita aux épinards et feta, crevettes au fromage de brebis, poissons grillés, crevettes, calamars farcis, rougets frits, fromage blanc aux herbes	Citron, pêche blanche, miel, fenouil, aneth
118	***Mantinia (de 1 à 2 ans)***	Daurade au fenouil et jus de bouillabaisse		
120		Filets de rouget poêlés		
130	***Robola de Céphalonie (de 1 à 3 ans)***	Brandade nîmoise		
188	***Rapsail (de 2 à 5 ans)***	Navarin d'agneau	Agneau aux aubergines, potage aux boulettes, aubergines farcies, keftedes (boulettes de viande), agneau rôti, souvlaki (brochettes), ragoût d'agneau au citron, moussaka, saucisse de Smyrne, kleftiko (lièvre aux oignons), fromages agrafaou, feta, kopanisti	Pruneaux, cannelle, cumin, poivron rouge, ail, romarin, sauge, laurier, thym, origan, champignons, poivre, céleri, clou de girofle, huile d'olive
168	***Archanès Crète (5 ans)***	Osso buco alla milanese		
174	***Côtes de Meliton (de 2 à 8 ans)***	Barbecue ribs		
232	***Gourmenissa (de 2 à 5 ans)***	Couscous marocain		
210	***Naoussa (de 2 à 8 ans)***	Côtes de sanglier aux poires		
134		Poulet rôti		
228		Cassoulet de fèves		
150	***Nemea (de 2 à 8 ans)***	Pigeon aux épices		
182		Daube de bœuf		
140		Confit de canard et frites au gros sel		
214		Lièvre en saupiquet		
222	***Patras (1 an)***	Bouillabaisse	Salade paysanne grecque, feuilles de vigne farcies	
230		Paella		
248	***Muscat de Lemnos (de 1 à 2 ans)***	Croustillant d'ananas et de noix de coco, coulis de banane au rhum	Desserts aux fruits blancs, melon, galactoboureko, biscuits aux amandes, baklava, halva (gâteau de semoule), beignets au sirop de miel, compote de figues, yaourt au miel, desserts à la vanille	Miel, fruits confits, amandes grillées
246	***Muscat de Mavrodaphné***	Soupe de fruits rouges		
48	***Muscat de Samos***	Foies gras d'oie		
258	***Vin de paille de Santorin***	Tarte Tatin		
262	***Metaxa***	Gâteau au chocolat		
		HONGRIE		
142	***Furmint (de 1 à 5 ans)***	Coq au vin jaune	Blanquette de veau, poulet rôti, poissons à la crème, galouchka (gnocchi), fogoche du lac Balaton, écrevisses, choucroute, saucisses à l'aneth	Citron, noisettes, raifort, aneth, crème aigre, yaourt
94		Écrevisses à la gasconne		
138	***Merlot du lac Balaton (de 1 à 5 ans)***	Magret de canard	*id* saint-émilion, goulash, poule au pot Ujhazi, côte de porc à la tomate, pörkölt (porc au paprika), fatanyeros (assortiment de grillades), lecso (ratatouille de poivrons), paprikache (ragoût de viande blanche au paprika), tokany (bœuf en lanière aux oignons et paprika)	*id* saint-émilion, paprika, cumin, poivron rouge, lard fumé, thym, marjolaine, saindoux

48	***Tokaj 3, 5, 6 puttonyos (de 5 à 10 ans)***	Foies gras d'oie	Strudel (gâteau roulé), rigo jancsi (gâteau au chocolat), dobostorta (gâteau au chocolat)	Miel, cannelle, cacao, noix, noisettes, marrons, nougat
248		Croustillant d'ananas et de noix de coco, coulis de banane au rhum		
264		Gâteau au café et au chocolat		
			ITALIE	
	ALTO ADIGE (Haut-Adige)			
112	***Alto Adige chardonnay (de 1 à 5 ans)***	Filets de sole au beurre citronné	Canederli (quenelles de pain au jambon)	Citron, pêche blanche, pamplemousse, vanille, miel, anis, beurre
80	***Alto Adige sylvaner (de 1 à 2 ans)***	Tartiflette au reblochon		
220	***Alto Adige traminer (de 1 à 2 ans)***	Raclette valaisane	Risotto aux asperges	
156	***Alto Adige merlot (de 1 à 5 ans)***	Lapin au raisin de chasselas	Perdrix au four	Fruits rouges, pruneau, raisins secs, lard fumé, poivre noir, beurre, fromage fondu
128	***Alto Adige pinot noir (1 à 5 ans)***	Cabillaud sauce vigneronne	*id* VDP d'Oc	
46		Jambon persillé à la bourguignonne		
	ABRUZZO (Abruzzes)			
160	***Montepulciano d'Abruzzo (1 à 5 ans)***	Côte de veau à la crème et aux morilles	Porcelet rôti à la broche	Thym, romarin, poivron rouge
120	***Trebbiano d'Abruzzo (1 à 3 ans)***	Filets de rouget poêlés		
202		Tripous aveyronnais		
	CAMPANIA (Campanie)			
222	***Greco di Tufo (de 1 à 2 ans)***	Bouillabaisse	Insalata di mare (salade de fruits de mer), pizza napolitaine, spaghetti con le vongole (palourdes), vitello tonato (veau au thon), rougets à la tomate	Citron, huile d'olive, fenouil, anchois, huile d'olive
180	***Taurasi (5 ans)***	Entrecôte à la bordelaise	Macaroni à la viande, porcheta (cochon de lait rôti) garogolato (bœuf braisé), sartù à la napolitaine (terrine de riz et de viande), mozzarella (fromage)	Thym, laurier, romarin, origan, safran, noix muscade, lard salé, poivre noir, champignons secs, huile d'olive, olives noires
	EMILIA ROMAGNA (Émilie-Romagne)			
64	***Albana di Romagna (de 1 à 2 ans)***	Galette d'estofinado au verjus	Cappelletti au poulet et champignons, morue à l'ail et au persil, ricotta (fromage)	Citron, basilic, aneth
142	***Albana du Romagna passito (de 1 à 5 ans)***	Coq au vin jaune		miel, dattes
192	***Sangiovese di Romagna (de 1 à 5 ans)***	Foie de veau à la vénitienne	Lasagne sauce bolognaise, charcuteries, jambon de Parme, mortadelle au mascarpone, zamponi (pieds de porc farcis), parmigiano reggiano	Pruneaux, cannelle, cumin, poivron rouge, clou de girofle, ail, romarin, champignons, poivre, beurre, fromage fondu
146		Pintade au chou		
	FRIULI VENEZIA GIULIA (Frioul-Vénétie Julienne)			
40	***Grave del Friuli (de 1 à 2 ans)***	Crème belle aurore	Petits artichauts à l'huile, penne rigate aux champignons, tortellini au saumon fumé, sardines au thym, rambasicci (porc au paprika), ofelle à la triestine (ravioli à la viande et aux épinards), mascarpone	Pamplemousse, zestes d'agrumes, miel, basilic, anis, champignons blancs, beurre
83	***Colli Orientali del Friuli sauvignon (de 1 à 2 ans)***	Huîtres		
106	***Friuli pinot blanc (de 1 à 2 ans)***	Brochet au beurre blanc		
252	***Picolit Colli Oriental del Friuli (de 1 à 5 ans)***	Crème catalane	Jambon de Parme et melon, Panettone, salade de figues, jambon et figues, crostolli (pâtes au sucre)	Miel, figues, dattes, cannelle
	LAZIO (Latium)			
86	***Est! Est! Est! (de 1 à 2 ans)***	Huîtres au gratin	Calamars à la romaine, aubergines au parmesan, carciofi alla giudia (artichauts), risotto aux gambas, aux fruits de mer, bruschetta, suppli (croquettes de riz), risotto alla romana, gnocchi de semoule au parmesan, capon magro (plat complet avec pain, poisson, légumes, mayonnaise), scampis grillés, gnocchi à la romaine, pâtes amatriciana, spaghetti carbonara, tripes à la romaine, saltimbocca, pecorino romano (fromage), poires au pecorino	Citron, pêche, jaune, fromage frais, vanille, fenouil, anis, ail, persil, basilic, huile d'olive
66	***Frascati (de 1 à 2 ans)***	Quiche lorraine		
90	***Orvieto (de 1 à 3 ans)***	Coquilles Saint-Jacques aux lentilles		
56		Tartare de poisson		
94		Écrevisses à la gasconne		
	LIGURIA (Ligurie)			
198	***Cinqueterre (de 1 à 2 ans)***	Tête de veau sauce gribiche	Lasagne al pesto, zuppa di dattieri (soupe de couteaux de mer), pâtes con porcini et pinoli (cèpes et pignons)	Citron, poire, champignons, vanille, beurre frais, fruits secs
	LOMBARDIA (Lombardie)			
124	***Franciacorta (de 1 à 5 ans)***	Morue aux haricots et coques	Cotechino, minestrone, haricots aux herbes, tortelli à la courge, focaccia aux oignons (sorte de pain), risotto à la milanaise, au safran, pâtes de sarrazin au taleggio (fromage)	Agrumes, fruits secs, olives vertes, safran, oignons fondus, fromage frais
114		Turbot sauce mousseline		
232	***Franciacorta (de 1 à 6 ans)***	Couscous marocain	Bollito misto (pot-au-feu), buseca (soupe aux tripes), involtini (paupiettes de veau), escalope de veau au citron, escalope panée	Pruneaux, vanille, cannelle, cumin, poivre noir, ail, thym, origan, sauge, beurre, crème fraîche
76	***Lambrusco (1 an)***	Lasagne al pesto genovese		
76	***Oltrepo Pavese rouge (1 an)***	Lasagne al pesto genovese		

	MARCHE (Marches)			
76	***Verdicchio di Castelledi di Jesi (2 ans)***		Spaghetti alla putanesca	Basilic, huile d'olive
	MOLISE	Lasagne al pesto genovese		
54	***Biferno (1 an)***	Tomate farcie au fromage de chèvre	Maccheroni alla chitarra, spaghetti au thon, latticini (fromage frais)	Lard fumé, fromage frais, champignons
	PIEMONTE (Piémont)			
96	***Roero Arneis (de 1 à 2 ans)***	Langoustines rôties au safran	Sottoaceti (macédoine), fonduta (fondue fromage et truffes), bagna cauda (légumes sauce anchois), polenta	Citron, truffes, câpres, champignons, olives, beurre, crème fraîche
76		Lasagne al pesto genovese		
138	***Barbaresco (de 5 à 15 ans)***	Magret de canard	Cèpes à l'huile, cannelloni à la piémontaise, riz au poulet et safran, pâtes aux truffes blanches, suprêmes de poulet alla valdostana (aux truffes blanches), lapin sauté et polenta, filet de bœuf au gorgonzola, fricassée d'agneau aux artichauts, gorgonzola	Fruits rouges, pruneaux séchés, truffes blanches, truffes noires, cèpes, champignons séchés, thym, romarin, poivrons rouges, céleri, cannelle, muscade, poivre noir, piment doux, safran, clou de girofle, beurre, crème fraîche, fromage fondu
140		Confit de canard et frites au gros sel		
228		Cassoulet de fèves		
168		Osso buco alla milanese		
70		Macaronade aux truffes		
182	***Barbera d'Alba (de 3 à 8 ans)***	Daube de bœuf		
74		Risotto aux champignons sauvages		
206		Palombe rôtie		
186	***Barolo (de 5 à 15 ans)***	Carré d'agneau et gratin dauphinois		
210		Côtes de sanglier aux poires		
168		Osso buco alla milanese		
70		Macaronade aux truffes		
172	***Dolcetto d'Alba (de 1 à 2 ans)***	Blanquette de veau		
200		Andouillette au vin blanc		
168	***Nebbiolo d'Alba (de 1 à 5 ans)***	Osso buco alla milanese		
162		Poitrine de veau farcie		
52	***Moscato d'Asti***	Asperges en vinaigrette et coquillages	Sorbet à l'asti spumante	Melon, poire, anis
264		Gâteau au café et au chocolat		
	PUGLIA (Pouilles)			
60	***Castel del Monte (1 an)***	Saucisson chaud en brioche	Orecchiette aux gambas et épinards, provolone (fromage), capretto ripieno (chevreau rôti et farci), schiaffetoni (gratin de rigatoni), cecatelli di ricotta	Lard fumé, poivre noir, olives noires
260	***Aleatico di Puglia liquoroso (de 2 à 8 ans)***	Pastis gascon	Tagliatelles sauce aux noix	Fruits secs, miel
	SICILIA (Sicile)			
116	***Alcamo de Sicilia (de 1 à 2 ans)***	Merlu koskera	Potage de fèves, fritto misto, poissons aux herbes en papillote, macaroni à la sicilienne, pasta con le sarde (aux anchois et sardines), spaghetti aux moules, carpaccio d'espadon, omelette aux tomates séchées, poulpes à la tomate	Citron, fruits blancs, câpres, anchois, tomates séchées, anis, fenouil, olives vertes, parmesan
88	***Etna sec (de 1 à 2 ans)***	Mouclade charentaise		
256	***Malvasia de Lipari (de 1 à 10 ans)***	Tarte fine aux pommes	Amaretti (macarons), zuppa inglese (crème anglaise), tiramisu, gâteau au mascarpone et marsala, pastière napolitaine (gâteau de Pâques), tourte de spaghetti aux raisins secs, pecorino siciliano (fromage), piccata de veau au marsala	Miel, figues sèches, dattes, raisins secs, cannelle, fromage frais
248		Croustillant d'ananas et de noix de coco, coulis de banane au rhum		
154		Pastilla au pigeon		
264	***Marsala dolce (de 2 à 10 ans)***	Gâteau au café et au chocolat		
	TOSCANA (Toscane)			
208	***Brunello di Montalcino (de 5 à 15 ans)***	Faisan Souvaroff	Lasagne à la toscane, rigatoni alla fiorentina, crostino toscano (tartine au foie de volaille), bruschetta, charcuteries, pâtes a l'arrabiata, alla lepre (lièvre), alla carreteria, alla boscaiola, poulet à la toscane, en cocotte, au citron et au parmesan, scottiglia (fricassée de volaille), veau braisé à la florentine, saltimbocca alla romana (veau roulé à la sauge), agneau de lait rôti, civet de chevreau, bistecca alla florentina, tournedos Rossini, fromages mozarella et bel paese (fromages)	Pruneaux, fruits noirs, zestes d'orange, vanille, cannelle, noix muscade, poivre noir, poivron rouge, céleri, oignon grillé, lard salé, jus de viande, olives noires, clou de girofle, champignons sauvages, truffes noires, cèpes, huile d'olive
70		Macaronade aux truffes		
212		Gigue de chevreuil sauce poivrade		
218	***Carmignano rosso (de 1 à 5 ans)***	Pot-au-feu		
192	***Chianti classico (de 3 à 10 ans)***	Foie de veau à la vénitienne		
134		Poulet rôti		
162		Poitrine de veau farcie		
150		Pigeon aux épices		
196		Rognons de veau		
162	***Vino nobile di Montepulciano (de 2 à 10 ans)***	Poitrine de veau farcie		
214		Lièvre en saupiquet		
148	***Rosso di Montalcino (de 2 à 5 ans)***	Tourte de cailles aux cèpes		
188		Navarin d'agneau		
192		Foie de veau à la vénitienne		
48	***Vin santo de Toscane, Ombrie (de 1 à 8 ans)***	Foies gras d'oie	Tagliatelles à la cannelle, panettone, panforte (gâteau aux amandes et cédrat), cantucci al miele (gâteau au miel), osso di morto, cavallucci, ricciarelli de Sienne (pâtisseries), sabayon, cantucci de Prato, gorgonzola	Miel, fruits secs, amandes grillées, figues sèches, agrumes confits, fromages bleus
258		Tarte Tatin		
98		Crevettes à l'aigre-douce		
244		Cannelés bordelais		
	TRENTINO (Trentin)			
226	***Trentin riesling (de 1 à 5 ans)***	Choucroute alsacienne	Ravioli de seigle à la ricotta	Pamplemousse, citron, anis
58	***Caldaro (de 1 à 2 ans)***	Œufs en meurette	Canedereli alla tirolese (boulettes)	
	UMBRIA (Ombrie)			
164	***Torgiano rosso (de 1 à 5 ans)***	Jarret de veau en croûte		
154		Pastilla au pigeon		

	VENETO (Vénétie)			
130	***Breganze sec (de 1 à 2 ans)***	Brandade nîmoise	Beignets de fleurs de courgette, pansotti aux épinards, pasta et fagioli (pâtes aux haricots secs), soupe de moules, soupe de poisson au safran, risotto au beurre et au parmesan, risi et pisi (petits pois), papardelle aux seiches, risotto à l'encre, spaghetti aux fruits de mer, alle vongole, filets de sole aux artichauts et basilic, sole à la sauce aigre-douce, anguille à la tomate, polenta	Citron, pêche blanche, vanille, anis, fenouil, basilic, ail et persil, tomates séchées, olives vertes, anchois
76	***Soave (de 1 à 4 ans)***	Lasagne al pesto genovese		
110		Saumon grillé béarnaise		
118		Daurade au fenouil et jus de bouillabaisse		
136		Blanc de volaille farci aux truffes		
174	***Amarone della Valpolicella (de 2 à 8 ans)***	Barbecue ribs	Tagilerini au jus de porc, pintade con la peverada, gibier à poil, lièvres et chevreuils en civet	Pruneaux, romarin, lard salé, ail, piment fort
44	***Bardolino (de 1 à 2 ans)***	Plateau de charcuteries	Carpaccio de bœuf	Fruits rouges, jus de viande
76		Lasagne al pesto genovese		
230		Paella		
168		Osso buco alla milanese		
262	***Recioto della Valpolicella, Soave (de 2 à 10 ans)***	Gâteau au chocolat	Baicoli (gâteau au citron)	Miel, vanille, oignons fondus, fromages bleus
192		Foie de veau à la vénitienne		
246		Soupe de fruits rouges		
254		Crêpes Suzette		
78		Foie gras de canard chaud aux pommes		
76	***Valpolicella (de 1 à 4 ans)***	Lasagne al pesto genovese	Taleggio, asagio (fromages)	
168		Osso buco alla milanese		
	VINO DA TAVOLA (vin de table)			
104	***Chardonnay (de 1 à 5 ans)***	Quenelles de brochet sauce Nantua		Miel, fruits secs, vanille
100		Homard à la vanille		
68	***Cabernet-sauvignon (de 2 à 8 ans)***	Cèpes à la bordelaise	*id* Bordelais	*id* Bordelais
194	***Merlot (de 1 à 5 ans)***	Ris de veau aux morilles		
122		Lamproie à la bordelaise		
168	***Ombrie, Toscane (de 2 à 8 ans)***	Osso buco alla milanese	*id* Chianti classico	*id* Chianti classico
		JAMAÏQUE		
262	***Stinking rhum (de 5 à 15 ans)***	Gâteau au chocolat		
		LIBAN		
98	***Kefraya lacrima d'oro (de 1 à 8 ans)***	Crevettes à l'aigre-douce	Cuisine exotique, katayel, mhallabiyé (crème au riz), dattes confites, loukoum, halva (gâteau de semoule), ma'moul (gâteau aux pistaches), gâteau au safran	Miel, fleur d'oranger
232	***Vin rouge de la Bekaa (de 2 à 8 ans)***	Couscous marocain	Méchoui, mezzés (hors-d'œuvre), taboulé, chich kebab (brochettes de mouton), falafel égyptiens (boulettes de viandes), faisan à la libanaise, poulet aux pignons, moghrabiyé (couscous), kibbé (viande hachée) au four, chawourma (tranches d'agneau rôties)	Pruneaux, cannelle, cumin, coriandre, safran, pignons de pin, poivrons, tomates confites, ail, romarin, thym, huile de sésame
134		Poulet rôti		
154		Pastilla au pigeon		
		MAROC		
232	***Beni M'Tir (6 ans)***	Couscous marocain	Tagines aux pruneaux, aux coings et gombos, aux olives, aux tomates, aux aubergines confites, méchoui, tangia de Marrakech, poulet au citron confit, briouats à la viande, dlaa (épaule d'agneau au miel), brochettes grillées, kefta (boulettes) en tajine, pieds d'agneau aux poix chiches, pigeon aux amandes	Pruneaux, cumin, coriandre, cannelle, miel, amandes grillées, clou de girofle, noix muscade, ras el hanout, safran, noix, piment rouge, poivre noir, citron confit, beurre smen, huile d'olive
232	***Beni Snassen (3 ans)***	Couscous marocain		
186	***Guerrouane (de 2 à 4 ans)***	Carré d'agneau et gratin dauphinois		
232		Couscous marocain		
154	***Rosé de Boulaouane (1 an)***	Pastilla au pigeon	Salades de poivrons, de carottes au cumin, salades de laitue aux oranges, salade d'aubergines, purée de fèves, cervelle de veau M'chermel, couscous au poisson	Framboises, cerises, poivre, gingembre, menthe
232		Couscous marocain		
222	***Guerrouane rosé (1 an)***	Bouillabaisse		
232	***Koudiat rosé (1 an)***	Couscous marocain		
		NOUVELLE-ZÉLANDE		
180	***Cabernet-sauvignon (5 ans)***	Entrecôte à la bordelaise	*id* médoc, pauillac, margaux, etc.	*id* médoc, pauillac, margaux, etc.
206		Palombe rôtie		
228		Cassoulet de fèves		
96	***Chardonnay (de 1 à 5 ans)***	Langoustines rôties au safran	*id* bourgognes blancs, VDP d'Oc, limoux	*id* bourgognes blancs, VDP d'Oc, limoux
160		Côte de veau à la crème et aux morilles		
100		Homard à la vanille		
40		Crème belle aurore		
114		Turbot sauce mousseline		
226	***Chenin blanc (de 1 à 3 ans)***	Choucroute alsacienne	*id* Alsace	
154	***Muscat sec (1 an)***	Pastilla au pigeon	*id* VDP du Roussillon	*id* VDP du Roussillon
56	***Sauvignon blanc (de 1 à 2 ans)***	Tartare de poisson	*id* sancerre, pouilly-fumé, anjou blanc sec, graves blancs	*id* sancerre, pouilly-fumé, anjou blanc sec, graves blancs
83		Huîtres		
88		Mouclade charentaise		
112		Filets de sole au beurre citronné		
118		Daurade au fenouil et jus de bouillabaisse		
200		Andouillette au vin blanc		
94		Écrevisses à la gasconne		
220	***Sémillon (2 ans)***	Raclette valaisane	*id* graves blancs	*id* graves blancs
172	***Pinot noir (de 1 à 5 ans)***	Blanquette de veau	*id* côte-de-beaune	*id* côte-de-beaune
58		Œufs en meurette		

156	***Pinot noir (de 1 à 5 ans)***	Lapin au raisin de chasselas	*id* côte-de-beaune	*id* côte-de-beaune
202		Tripous aveyronnais		
		PORTUGAL		
198	***Vinho verde (1 an)***	Tête de veau sauce gribiche	Gaspacho portugais, soupe verte, croquettes de morue, açorda de fruits de mer, soupe au pain, poissons grillés, sardines grillées, morue à la portugaise, aux oignons, aux pommes de terre et olives, caldeirada (ragoût de poissons), crevettes grillées à la sauce tomate, lamproie au curry, calamars aux poivrons, crustacés à la planche, asperges aux amandes	Citron, pêche blanche, curry, coriandre, anis, fenouil, aneth, olives vertes
83		Huîtres		
56		Tartare de poisson		
116		Merlu koskera		
90	***Bairrada blanc (1 an)***	Coquilles Saint-Jacques aux lentilles		
124	***Minho blanc (1 an)***	Morue aux haricots et coques		
222	***Dão rosé (1 an)***	Bouillabaisse	Charcuteries, salades, soupe à la pierre	
134	***Dão rouge (de 1 à 5 ans)***	Poulet rôti	Côte de veau, côte de porc alentejana, aux lentilles, poulet aux champignons séchés, chevreau au four, grillades de bœuf, bifteak à la portugaise, estouffades, agneau rôti, foie de veau mariné au vin rouge, tripes en ragoût, foie de veau à la mode de Lisbonne, perdrix au jambon, porc aux coquillages, au cumin, canard au chorizo, pêches au vin rouge	Pruneaux, fruits noirs, cannelle, cumin, coriandre, safran, poivre noir, cayenne, lard salé, oignons grillés, champignons, poivron rouge, olives noires, huile d'olive
194		Ris de veau aux morilles		
136		Blanc de volaille farci aux truffes		
210	***Douro rouge (de 2 à 8 ans)***	Côtes de sanglier aux poires		
206		Palombe rôtie		
70		Macaronade aux truffes		
252	***Madère boal (de 5 à 30 ans)***	Crème catalane	Rognons au madère, gibier sauce poivrade, ovos molos	Café, cacao, lard salé, poivre noir, noix muscade, cannelle
254		Crèpes Suzette		
260	***Madère malmsey***	Pastis gascon		
264		Gâteau au café et au chocolat		
258	***Madère malvasia***	Tarte Tatin		
244		Cannelés bordelais		
142	***Madère sercial***	Coq au vin jaune		
248	***Madère verdelho***	Croustillant d'ananas et de noix de coco, coulis de banane au rhum		
212	***Porto Vintage (de 5 à 30 ans)***	Gigue de chevreuil sauce poivrade	Agneau rôti, porc mariné et pain de maïs frit	Cassis, vanille, poivre noir, thym, romarin
196		Rognons de veau		
214		Lièvre en saupiquet		
264	***Porto LBV (de 5 à 30 ans)***	Gâteau au café et au chocolat	Daubes et civets, gibier à poil	Cacao, café, cannelle, cumin, safran
262		Gâteau au chocolat	Lampreia de ovos (gâteau d'œufs et fruits confits), figues fourrées aux amandes, lard céleste, gorges d'ange, tarte aux amandes, pudding au riz	
244	***Porto tawny (de 5 à 30 ans)***	Cannelés bordelais		
252		Crème catalane		
		ROUMANIE		
256	***Cotnari***	Tarte fine aux pommes	Desserts aux pommes, au café, au chocolat	Fruits secs, miel, noix, café
244		Cannelés bordelais		
220	***Feteasca alba (de 1 à 2 ans)***	Raclette valaisane	Poissons de rivière, écrevisses	Citron, fenouil
46	***Pinot noir (de 1 à 5 ans)***	Jambon persillé à la bourguignonne	*id* VDP d'Oc	
		SUISSE		
226	***Genève aligoté (1 an)***	Choucroute alsacienne		
136	***Genève chardonnay (de 1 à 4 ans)***	Blanc de volaille farci aux truffes	*id* bourgogne, *id* côtes-du-jura, cardons à la moelle, filets de perche du lac Léman, boudin blanc de veau, grelatte jurassienne (aspic de porc) ; id Alsace	*id* bourgogne, *id* côtes-du-jura Citron, câpres, curry, fromage fondu
100		Homard à la vanille		
114		Turbot sauce mousseline		
94	***Genève pinot blanc (de 1 à 2 ans)***	Écrevisses à la gasconne		
86		Huîtres au gratin		
76	***Neuchâtel Auvernier (de 1 à 2 ans)***	Lasagne al pesto genovese	Tourte au lard et au fromage, aux pommes de terre, émincé de veau au vin blanc	Citron, oignons fondus, fromage gratiné, lard fumé, curry, safran
220	***Valais arvine (de 1 à 4 ans)***	Raclette valaisane		
90		Coquilles Saint-Jacques aux lentilles		
220	***Valais fendant de Sion (de 1 à 2 ans)***	Raclette valaisane		
80		Tartiflette au reblochon		
116		Merlu koskera		
40	***Valais malvoisie (de 1 à 2 ans)***	Crème belle aurore		
52	***Valais muscat sec (de 1 à 2 ans)***	Asperges en vinaigrette et coquillages		
64	***Valais pinot blanc (2 ans)***	Galette d'estofinado au verjus		
112		Filets de sole au beurre citronné	Fondue au vacherin, malakoffs (croûtes au fromage), truites saumonées au bleu, papet (potée aux poireaux), gruyère, emmenthal, sbrinz, tête-de-moine, tilsit, appenzell, vacherin ou mont-d'or ; *id* Alsace, poissons à la crème	Citron, fruits blancs, pomme verte, vanille, curry, safran, noisettes grillées, poireaux, oseille, fromage fondu, crème fraîche, beurre frais
106		Brochet au beurre blanc		
66	***Vaud Dézaley (de 1 à 2 ans)***	Quiche lorraine		
88	***Vaud Épesses chasselas (de 1 à 2 ans)***	Mouclade charentaise		
220	***Vaud Féchy (de 2 à 4 ans)***	Raclette valaisane		
172		Blanquette de veau		
130	***Vaud pinot blanc (1 an)***	Brandade nîmoise		
	Vaud Yvorne (de 1 à 2 ans)	Quiche lorraine		
78	***Valais amigne de Vétroz (de 2 à 10 ans)***	Foie gras de canard chaud aux pommes	Brünsli, leckerli (gâteau miel et noisettes), tresse (pain), cuchaule (brioche au safran), desserts au chocolat	Miel, fruits confits, cannelle, vanille, anis, safran
154		Pastilla au pigeon		
260	***Valais petite arvine (5 ans)***	Pastis gascon		
154		Pastilla au pigeon		
54	***Neuchâtel œil-de-perdix (de 1 à 2 ans)***	Tomate farcie au fromage de chèvre		
120		Filets de rouget poêlés		

200	***Genève gamay (de 1 à 2 ans)***	Andouillette au vin blanc	Pâté en croûte, longeole (saucisse), *id* Côte chalonnaise, bernerplate, rösti, tripes bouillies à la vinaigrette, canard au vin rouge, saucisses de veau, potée de la Broye, sil (pain au vin rouge et raisins secs)	Framboises, cerises, vanille, lard fumé, oignon grillé, safran, poivre noir, beurre frais, saindoux
198		Tête de veau sauce gribiche		
160	***Neuchâtel, Genève, Zurich pinot noir (de 1 à 4 ans)***	Côte de veau à la crème et aux morilles		
128		Cabillaud sauce vigneronne		
46		Jambon persillé à la bourguignonne		
192		Foie de veau à la vénitienne		
162		Poitrine de veau farcie		
156		Lapin au raisin de chasselas		
58	***Ticino merlot (de 1 à 5 ans)***	Œufs en meurette	Minestrone ticinese, osso buco, ravioli, cuisine italienne du Nord	Pruneaux, thym, romarin, origan, olives noires, clou de girofle, safran, huile d'olive
218		Pot-au-feu		
164		Jarret de veau en croûte		
202		Tripous aveyronnais		
148		Tourte de cailles aux cèpes		
146	***Valais dôle (de 1 à 4 ans)***	Pintade au chou	Potée du cardinal Schiner	
66	***Valais humagne rouge (de 1 à 3 ans)***	Quiche lorraine		
246	***Eau-de-vie de framboise***	Soupe de fruits rouges		
			TUNISIE	
232	***Coteaux de Carthage rosé ou rouge (de 1 à 4 ans)***	Couscous marocain	Charcuteries, bricks, brochettes, boulettes à la viande, couscous tunisien, cuisine italienne, espagnole, daubes et civets	Pruneaux, cumin, coriandre, harissa, safran
168		Osso buco alla milanese		
230	***Coteaux de Tebourba rosé (1 an)***	Paella		
52	***Muscat sec de Kelibia (1 an)***	Asperges en vinaigrette et coquillages	*id* VDP, muscat sec du Roussillon	Miel, amandes grillées, pignons de pin
154		Pastilla au pigeon		
230	***Thibar rosé (1 an)***	Paella	Salades	
			URUGUAY	
146	***Tannat (de 2 à 10 ans)***	Pintade au chou	*id* madiran, béarn, irouléguy, churrascos (grillades), bori bori (boulettes de viande au maïs), asados, pamplonas, milanesas, chivitos	*id* madiran, béarn, irouléguy
212		Gigue de chevreuil sauce poivrade		
68		Cèpes à la bordelaise		
138		Magret de canard		
182		Daube de bœuf		
70		Macaronade aux truffes		
			YOUGOSLAVIE	
262	***Slivovitza***	Gâteau au chocolat		

Crédits photographiques

L'emplacement des photographies est indiqué par les abréviations suivantes : d (droite), g (gauche), h (haut), b (bas), c (centre), f (fond de page).

Couverture : haut, D. Czap • bas, de gauche à droite, Scope/D. Czap (x 2), P. Guy, D. Czap
Quatrième de couverture : Scope/D. Czap (x 3), P. Guy (h)

© **Adagp**, Paris 2000, Jean Béraud Paris, *La pâtisserie Gloppe*, 1889 - Musée Carnavalet, Paris : 264-265
L. Bianquis : 5 (b), 24 (g), 25 (x 3), 73 (c), 75, 77, 79, 81, 109, 149, 171, 177, 185, 211, 215, 235 , 255, 257
Charlus : 4 (x 3), 5 (c), 18 (x 3 h), 24 (c), 25 (x 2), 28 (b), 36, 41, 42, 43 (b), 44, 47, 48 (h), 53, 55, 57, 59, 63, 65, 67, 69 (h), 78 (h), 85, 87, 91, 93, 95, 97, 99, 101, 105, 111, 113, 115, 117, 119, 121, 122, 127 (h), 129, 131 (h), 135, 137, 139, 141, 145 (h), 147, 153, 155, 157, 161, 163, 167, 173, 181, 187, 189, 193, 195, 197, 199, 201, 203, 207, 209, 213, 219, 221(h), 222 (h), 224 (g), 225, 227, 229, 231, 238, 242 (c), 245, 247, 251 (h), 253, 259, 263, 267 (h)
D.R. Chantal Clayeux - restaurant *Chez Victoria* (Paris XVe) : 261 (d)
P. Galet : 108 (h), 169 (h x 2), 184 (c)
Photothèque Hachette : 8, 9 (x 3), 10, 11 (h), 12 (x 3), 13, 14, 15, 21, 23, 43 (x 2 h), 165 (c), 256 (x 2), 258, 262 • **Photothèque Hachette/M. Sanner** : 18 (b x 2), 43 (h), 158, 224
C. Sarramon : 40

Scope

• **J.-L. Barde** : 5 (h), 17, 20 (g), 21 (x 3), 22, 26-27, 29, 33 (b), 34-35, 48-49, 50, 51, 60-61, 62, 69 (b), 72 (g), 73, 106-107, 129, 130-131, 144 (x 2), 174-175, 176, 182-183, 204, 210, 216, 240-241, 261 (g)
• **P. Beuzen** : 100, 250-251 • **P. Blondel** : 107 (c) • **D. Czap** : 16, 19, 20 (g x 2), 31 (b), 82, 178, 236 (h)
• **P. Desclos** : 102 • **M. Gotin** : 168-169, 192, 232-233 • **J. Guillard** : 4 (hg), 4-5, 11 (b), 28 (x 3 h), 30, 31 (x 2 ch), 33, 37, 58, 61, 70-71, 72 (x 2 h), 73 (b), 76 (b), 80, 88-89, 96, 108, 124-125 (x 3), 126-127 (x 2), 135, 136, 142-143, 164-165, 166-167, 170, 221 (b), 222-223 (x 2), 230, 239, 248-249, 252, 254, 266-267 • **M. Guillard** : 6-7, 86-87, 242-243 • **P. Guy** : 38, 132, 190, 236 (b)
• **F. Hadengue** : 184, 234• **N. Hautemanière** : 90-91 • **Kactus/Hugues** : 152 (c)
• **S. Matthews** : 150-151, 152-153 • **M. Plassart** : 57, 240-241 (f) • **L. Sayegh** : 25 (b), 32

L'Éditeur tient à remercier tous ceux qui, trop nombreux pour être mentionnés ici, ont contribué à la réalisation et à l'illustration de cet ouvrage.

Achevé d'imprimer sur les presses de l'imprimerie MAME à Tours
N° d'imprimeur : 02072295
Dépôt légal : 24148 - octobre 2002
ISBN : 2.01.236461.6
23.51.6461.0/04